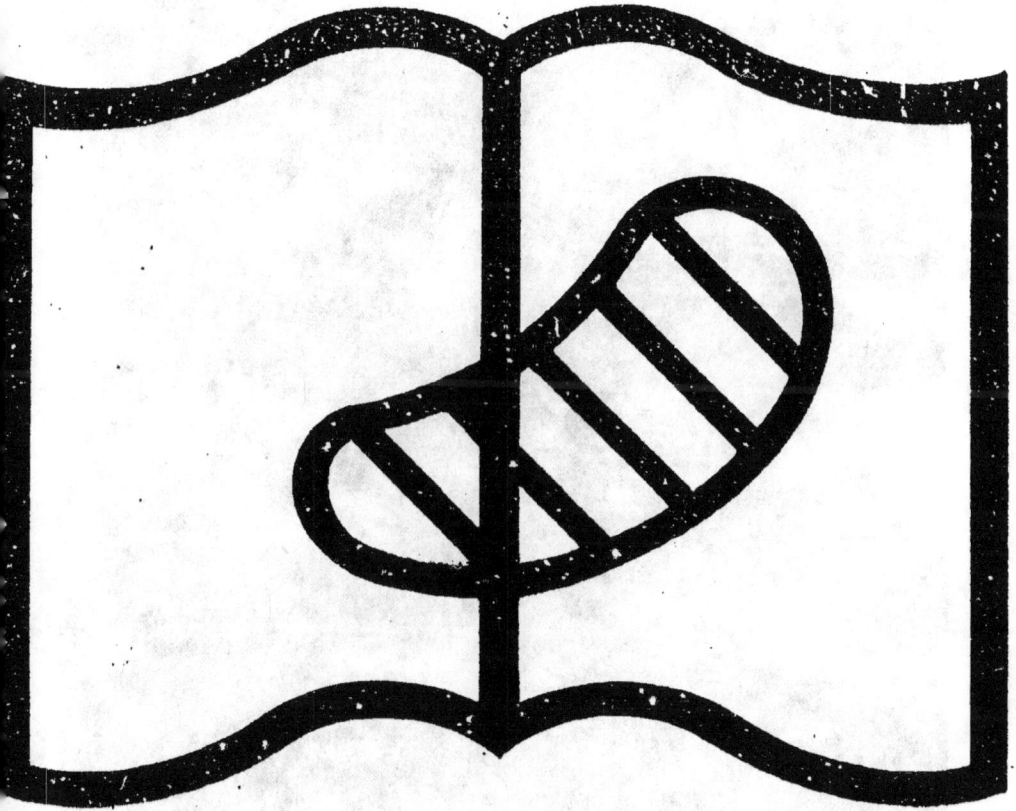

Original illisible

NF Z 43-120-10

Symbole applicable
pour tout, ou partie
des documents microfilmés

LA SCIENCE

SOMMAIRE DE LA BIBLIOTHÈQUE

DE LA SCIENCE SOCIALE

AU 1ᵉʳ JANVIER 1878

La Bibliothèque de *la science sociale* a pour point de départ *les Ouvriers européens*, c'est-à-dire, les études faites en Europe, puis continuées dans les autres contrées, selon la méthode d'observation dite des *monographies de familles*; elle aura pour conclusion une *Synthèse sociale*. Chacun des ouvrages intermédiaires s'appuie sur des faits exposés dans les ouvrages antérieurement publiés. Tous ces ouvrages ont entre eux des liens intimes. On peut donc souvent abréger l'exposé spécial à l'un d'eux en renvoyant le lecteur aux autres. Ces renvois sont indiqués par des chiffres précédés de deux lettres caractéristiques. Celles-ci sont marquées ci-dessous en regard de chaque ouvrage. Voir, en outre, ci-après les indications, sur les renvois, données au verso des trois titres : *Introduction, L'organisation des familles, Épilogue*.

TITRES DES OUVRAGES	Dates des éditions extrêmes.	Signes de renvoi.
Les Ouvriers européens.	1855-1878	OE
Les Ouvriers des Deux Mondes	1858-1875	OM
La Réforme sociale.	1864-1874	RS
L'Organisation du travail.	1870-1871	OT
L'Organisation de la famille.	1870-1875	OF
La Paix sociale après le désastre (1871)	1871-1876	PS
La Correspondance sur les Unions.	1872-1876	CU
La Constitution de l'Angleterre	1875	CA
La Réforme en Europe et le Salut en France. . .	1876	RE

LES
OUVRIERS EUROPÉENS

ÉTUDES

SUR LES TRAVAUX, LA VIE DOMESTIQUE

ET LA CONDITION MORALE DES POPULATIONS OUVRIÈRES

DE L'EUROPE

D'APRÈS LES FAITS OBSERVÉS DE 1830 À 1855

avec des épilogues indiquant les changements survenus depuis 1855

DEUXIÈME ÉDITION EN SIX TOMES

LES OUVRIERS EUROPÉENS

(2ᵉ ÉDITION)

TOME CINQUIÈME

LES OUVRIERS
DE L'OCCIDENT

IIᵐᵉ SÉRIE — POPULATIONS ÉBRANLÉES

ENVAHIES PAR LA NOUVEAUTÉ, OUBLIEUSES DE LA TRADITION

PEU FIDÈLES AU DÉCALOGUE ET A L'AUTORITÉ PATERNELLE

SUPPLÉANT MAL A LA RARETÉ CROISSANTE DES PRODUCTIONS SPONTANÉES

PAR LA COMMUNAUTÉ, LA PROPRIÉTÉ INDIVIDUELLE ET LE PATRIMOINE

PAR

F. LE PLAY

Ancien Conseiller d'État, ancien Sénateur, Inspecteur général des Mines,
Commissaire général (1855-1862-1867)
aux Expositions Universelles de Paris et de Londres.

TOURS
ALFRED MAME ET FILS, LIBRAIRES-ÉDITEURS

PARIS, DENTU, LIBRAIRE
PALAIS-ROYAL, 19, GALERIE D'ORLÉANS

M DCCC LXXVIII

LES OUVRIERS EUROPÉENS

(2ᵉ ÉDITION)

TOME CINQUIÈME

LES OUVRIERS

DE L'OCCIDENT

IIᵉ SÉRIE — POPULATIONS ÉBRANLÉES

ENVAHIES PAR LA NOUVEAUTÉ, OUBLIEUSES DE LA TRADITION

PEU FIDÈLES AU DÉCALOGUE ET A L'AUTORITÉ PATERNELLE

SUPPLÉANT MAL A LA RARETÉ CROISSANTE DES PRODUCTIONS SPONTANÉES

PAR LA COMMUNAUTÉ, LA PROPRIÉTÉ INDIVIDUELLE ET LE PATRONAGE

PAR

F. LE PLAY

Ancien Conseiller d'État, ancien Sénateur, Inspecteur général des Mines,
Commissaire général (1855, 1862, 1867)
aux Expositions Universelles de Paris et de Londres.

TOURS

ALFRED MAME ET FILS, LIBRAIRES-ÉDITEURS

PARIS, DENTU, LIBRAIRE
PALAIS-ROYAL, 19, GALERIE D'ORLÉANS

M DCCC LXXVIII

SOMMAIRE

DU TOME CINQUIÈME.

Introduction exposant la constitution sociale des races ébranlées de l'Occident. — L'organisation des familles décrite, en neuf chapitres, sous forme de monographies. — Précis méthodique et alphabétique touchant l'organisation des familles et la constitution sociale des races de l'Occident (II° série. — Populations ébranlées).

Épilogue de 1877. — Table analytique des matières.

INTRODUCTION

TOUCHANT

LA CONSTITUTION SOCIALE

DES RACES DE L'OCCIDENT

IIme SÉRIE — POPULATIONS ÉBRANLÉES

Des localités où les classes dirigeantes oublient le Décalogue.

D'APRÈS LES FAITS OBSERVÉS, DE 1829 À 1855,

Pour la 1re édition (in-folio) des *Ouvriers européens.*

SOMMAIRE

DE L'INTRODUCTION

—

§ 1er. Les trois degrés de souffrance correspondant aux populations stables, ébranlées ou désorganisées, décrites dans les six tomes des *Ouvriers européens*. — § 2. Causes générales d'ébranlement qui agissent sur les familles décrites au tome V. — § 3. Caractères spéciaux de l'ébranlement imprimé aux neuf régions qu'habitent les familles décrites au tome V. — § 4. 1re région. — Compagnon-menuisier de Vienne (Autriche). — § 5. 2e région. — Tisserand de Godesberg (province rhénane). — § 6. 3e région. — Compositeur-typographe de Bruxelles (Belgique). — § 7. 4e région. — Mineur de Pontgibaud (Auvergne). — § 8. 5e région. — Paysan-basque du Labourd (France). — § 9. 6e région. — Manœuvre-agriculteur du Morvan (Nivernais). — § 10. 7e région. — Bordier de la Champagne pouilleuse (plaines crayeuses de la Marne et de l'Aube). — § 11. 8e région. — Maître-blanchisseur de Clichy (banlieue de Paris). — § 12. 9e région. — Charpentier (du Devoir) de Paris. — § 13. Résumé du tome V : comment se produit, dans les sociétés de l'Occident, la transition de l'ébranlement à la désorganisation.

Exemple
des signes de renvoi au § 10 de l'Introduction,
employés :

dans le texte même de cette Introduction et dans
  le Précis de ce volume. . . . . 10.
— l'Épilogue de ce volume. . . . . In. 10.
— les 5 autres volumes des *Ouvriers européens*. . . V, In. 10.
— les autres ouvrages de la Bibliothèque. . . . . ŒE, V, In. 10.

LA
CONSTITUTION SOCIALE
DES RACES ÉBRANLÉES DE L'OCCIDENT

§ 1.

LES TROIS DEGRÉS DE SOUFFRANCE CORRESPONDANT AUX POPULATIONS STABLES, ÉBRANLÉES OU DÉSORGANISÉES, DÉCRITES DANS LES SIX TOMES DES *OUVRIERS EUROPÉENS.*

La prospérité des populations stables qui sont l'objet des trois volumes précédents n'est point exempte de souffrance. Le bien est toujours mélangé de mal, même chez les races qui possèdent, en toute perfection, les sept éléments essentiels à une bonne constitution sociale (IV, In. 7). La souffrance, en effet, est inhérente à la nature humaine : elle se présente, selon les lieux, avec des variétés infinies ; mais toutes les nuances du mal peuvent être rattachées à trois cas principaux.

Chez les races stables décrites dans les trois volumes précédents, la souffrance n'est, ni générale, ni permanente : elle est purement locale et accidentelle. Même dans les localités très-circonscrites, elle n'imprime point aux familles un caractère distinctif. Parmi les maux auxquels n'échappent point les régions les plus prospères figurent les maladies individuelles, les épidémies, les épizooties et surtout les fléaux atmosphériques qui ravagent parfois, en quelques instants, de vastes territoires (II, In. 5).

Chez les races ébranlées, que le présent volume décrit en neuf monographies, la souffrance devient en beaucoup de lieux le caractère habituel des familles. Elle est, en général, modérée ou récente : elle ne trouble point encore la paix sociale dans les foyers domestiques, ni dans les ateliers de travail; tous les caractères de la paix paraissent subsister dans l'État. Les observateurs peu attentifs se persuadent aisément que l'ancien état de prospérité se perpétue; mais, si les gouvernants se laissent abuser par ce calme trompeur, la société est déjà en péril. Les pauvres sont plus nombreux; leur dénûment est plus héréditaire; et, lors même que le pain quotidien ne manque pas encore, les familles ont perdu la sécurité de l'avenir, c'est-à-dire le genre de bien-être que les races stables préfèrent à tous les autres. L'instabilité et la souffrance créées par l'état d'ébranlement grandissent si on n'y oppose pas les vrais remèdes : elles atteignent surtout les ouvriers, mais elles n'épargnent pas les patrons.

Ailleurs enfin la souffrance se perpétue et s'aggrave. Elle envahit alors progressivement toutes les parties du corps social; et l'on voit naître l'état de désorganisation décrit au tome VI.

§ 2.

CAUSES GÉNÉRALES D'ÉBRANLEMENT QUI AGISSENT SUR LES FAMILLES DÉCRITES AU TOME V.

Selon les faits exposés aux tomes II, III et IV, la stabilité persiste chez toutes les races, quand le Décalogue et l'autorité paternelle conservent leur empire sur les esprits et les cœurs. Les populations simples, frugales et très-éparses, qui récoltent les productions spontanées des steppes de l'Orient et des rivages maritimes du Nord, vivent dans une paix inébranlable tant qu'elles restent soumises à la loi suprême et à son principal gardien. Les sociétés complexes, lettrées et agglomérées, soumises aux influences urbaines de l'Occident, ne conservent cet état de paix qu'avec le concours supplémentaire de deux autres forces morales, la religion et la souveraineté, qui deviennent, sous ce régime, des moyens indispensables de prospérité.

Ainsi appuyées sur le Décalogue et l'autorité paternelle, puis unies par la religion et la souveraineté, les nations lettrées s'élèvent, dans l'ordre matériel et intellectuel, au-dessus des pasteurs et des pêcheurs-côtiers; mais elles leur restent fort inférieures au point de vue moral. Elles sont plus facilement ébranlées que les races primitives dont la science repose uniquement sur la révélation du Déca-logue éternel et sur la pratique d'un art invariable. Aux époques de progrès, elles ont, il est vrai, le concours de deux classes de personnes employées aux services de la religion et de la souveraineté; mais ces classes sont moins dévouées aux ouailles et aux gouvernés que les pères aux enfants : elles se corrompent plus aisément; elles deviennent alors des agents actifs de décadence; et, si la réforme tarde trop à se produire, elles poussent à une ruine certaine le peuple qu'elles devaient protéger. Tel a été l'état de choses offert par les nations fameuses de l'antiquité; et je ne connais que la Chine qui ait échappé à cette catastrophe suprême. Les nations modernes, et, à leur tête, l'Italie, la péninsule ibérique, l'Autriche et la France se sont laissé dominer successivement par cette loi de l'histoire. Depuis l'époque si improprement nommée « la renaissance », toutes ont grandi par l'alliance intime de la religion et de la souveraineté; toutes ont décliné par la corruption des hommes préposés à la direction de ces deux forces morales.

Telles sont les causes de l'ébranlement qui s'est surtout produit de nos jours dans le sud-ouest de l'Europe, mais qui envahit maintenant de proche en proche les autres régions de ce continent. Quant aux caractères spéciaux de l'ébranlement, ils varient à l'infini et ils s'aggravent à mesure que les sociétés deviennent plus compliquées, ou, selon l'expression usuelle, « plus civilisées ». A ne considérer que les localités où ont été étudiées les familles décrites dans ce volume, les phénomènes sociaux qui accompagnent l'ébranlement se comptent par centaines. Toutefois, dans cette matière délicate, il ne faut pas confondre l'effet avec la cause : en général, ces phénomènes ne sont que les véhicules des maux dont le principe est dans la défaillance des hommes qui, ayant le devoir de garder la loi morale, se plaisent à la violer. Ainsi, par exemple, les chemins de fer, les bateaux à vapeur et les télégraphes auraient évidemment offert un puissant concours à saint Paul, dont l'œuvre fut si souvent entravée par la difficulté des communications. Si, de nos jours, la corruption apparaît partout avec ces nouveaux moyens d'action, c'est que les hommes chargés d'enseigner le vrai ont moins de zèle et de talent que les égarés ou les méchants adonnés à la propagation de l'erreur. Une remarque analogue s'applique à tous les phénomènes d'ébranlement ou de désorganisation signalés dans les deux derniers volumes de cet ouvrage.

Cependant, c'est ici le lieu d'indiquer le contraste qui existe dans les causes de ces deux sortes de désordres sociaux. Le mal actuel de l'Europe, malgré ses innombrables apparences, n'a véritablement qu'une source, la violation du Décalogue éternel; mais, dans ses effets pernicieux, il agit avec deux degrés d'intensité fort différents. Quand les classes dirigeantes d'une localité manquent, par faiblesse, aux prescriptions de la loi suprême, le mal est guérissable; et la société est simplement ébranlée. Quand, au contraire, inspirées par l'orgueil, elles prétendent substituer à cette loi leurs propres inventions, elles privent la société de ses fondements : elles la désorganisent et la poussent à sa destruction.

§ 3.

CARACTÈRES SPÉCIAUX DE L'ÉBRANLEMENT IMPRIMÉ AUX NEUF RÉGIONS QU'HABITENT LES FAMILLES DÉCRITES AU TOME V.

Les faits sociaux exposés en grand nombre dans ce volume signalent implicitement, par divers symptômes, les vices qui se sont introduits dans la constitution sociale des régions qu'habitent les familles groupées en neuf chapitres. Dans chacun de ces chapitres, j'ai coordonné, pour en faire l'objet d'un paragraphe spécial (17), les inconvénients principaux que ces vices entraînent, en ce qui touche le bien-être et la sécurité des familles. Je dois résumer ici ces inconvénients d'une manière encore plus succincte. Je vais surtout montrer comment les vices et les erreurs émanant de la violation du Décalogue éternel ébranlent, en définitive, tous les éléments de la vie publique et de la vie privée des nations.

§ 4.

1re RÉGION. — COMPAGNON-MENUISIER DE VIENNE (AUTRICHE).

Les campagnes de la Moravie, pays natal de la famille décrite dans ce chapitre, offrent, dans leur constitution sociale, des vices qui ont lourdement pesé sur la jeunesse des deux époux. Les conséquences de ces premières épreuves ont suivi les jeunes adultes dans le cours de leurs migrations. Elles n'ont pas été sans influence sur la condition précaire que le ménage s'est créée dans la ville de Vienne, après beaucoup d'efforts et de mécomptes. Je n'entrevois d'ailleurs, en dehors des qualités exceptionnelles qui pourraient se développer chez les jeunes enfants de ce ménage, aucune cause qui puisse arracher la famille à une situation où la gêne est habituelle et touche parfois au dénûment.

L'ouvrier se rattache par sa naissance à la race slave; mais il n'y a pas trouvé les éléments de bien-être propres aux communautés de même race qui peuplent les régions comprises entre le Danube et l'Adriatique. Dans celles de ces régions qui sont soumises à l'Empire autrichien, les communautés slaves, tout en conservant leurs traditions caractéristiques, n'ont plus la stabilité de celles qui dépendent de l'Empire ottoman (IV, 1, 22). Elles n'existent plus en Moravie, au moins dans les localités où sont nés les deux époux. Les familles slaves se sont plus ou moins confondues avec les excellentes populations allemandes de l'Autriche; et, de nos jours, elles souffrent d'un mal commun. Trop agglomérées dans les campagnes, elles ne savent point émigrer à l'étranger. Elles ont pour unique débouché les villes où, jusqu'à ces derniers temps, elles étaient protégées par les corporations urbaines d'arts et métiers et par le compagnonnage. La concurrence des nouvelles usines à engins mécaniques détruit maintenant, par la force des choses, cette antique organisation manufacturière. Sauf pour une minorité qui se distingue par ses talents et sa prévoyance, il n'y a plus, dès lors, ni stabilité pour les maîtres, ni sécurité pour les ouvriers.

Sous les mêmes influences, l'ébranlement se communique, dans le régime du travail, à toutes les régions de l'Empire autrichien. A Vienne, en particulier, la majorité des ouvriers doit, à la moindre crise, recourir à l'assistance publique pour compléter les moyens de subsistance fournis par le salaire. Cet état de gêne est aggravé, sans utilité matérielle et au détriment de l'ordre moral, par les règlements publics qui font obstacle au mariage des pauvres. Jusqu'à ce jour, cet état de souffrance a été adouci par un reste de bonnes traditions, par les sentiments paternels des classes dirigeantes et par la soumission habituelle des gouvernés; mais, si une prompte réforme ne survient, il amènera infailliblement la perte de la paix sociale et la désorganisation de la société.

§ 5.

2ᵐᵉ RÉGION. — TISSERAND DE GODESBERG
(PROVINCE RHÉNANE).

L'histoire des tisserands du Rhin comprend à peu près celle des populations attachées aux manufactures du nord-ouest de l'Allemagne. Au milieu du moyen âge, lorsque le tissage cessa d'être une industrie spéciale à chaque foyer, les premiers tisserands s'établirent dans les campagnes contiguës aux villes qui étaient en situation de centraliser le commerce des tissus. Ils conservèrent à leur atelier nouveau la stabilité du domaine rural dont ils étaient sortis; et ils s'assurèrent deux solides moyens de subsistance. Ils réunissaient, en effet, deux professions. Comme bordiers ruraux, ils faisaient les grandes récoltes et certains travaux urgents pour le compte d'un agriculteur voisin; et, en échange, ils obtenaient de lui une habitation avec des dépendances rurales et des sub-

ventions qui leur assuraient en partie les moyens d'existence. Comme tisserands, ils fabriquaient annuellement
une quantité, à peu près fixe, de produits pour le compte
d'un commerçant établi dans la ville voisine. Ils rece-
vaient en retour un salaire à l'aide duquel on pouvait
compléter les moyens de subsistance et constituer les
dots des frères et des sœurs de l'ouvrier-associé. L'ouvrier
travaillait exclusivement pour ses deux patrons; et ceux-ci
se croyaient tenus de lui assurer, en toute éventualité,
des moyens de subsistance. Ce régime restait en vigueur
au commencement du XIXe siècle; et il se conserve encore
partiellement en quelques lieux. Presque partout il est
remplacé par un état d'indépendance mutuelle pour les
deux parties, d'instabilité et de souffrance pour l'ouvrier.
Celui-ci traverse, en nomade, des habitations urbaines à la
recherche du travail : il exige et obtient de forts salaires
aux époques de prospérité commerciale; il tombe dans le
dénûment aux époques de détresse, sans autre appui que
la charité publique. Enfin, cette situation précaire est de
plus en plus compromise, même aux époques de prospérité, par les usines nouvelles où le tissage s'opère à
l'aide des machines.

Dans le bassin rhénan, comme dans les autres régions
manufacturières, les usines à engins mécaniques troublent également le filage, le tissage et presque tous les
travaux qui s'opéraient précédemment au moyen des
bras. Jusqu'à ce jour, il est vrai, à Elberfeld, à Solingen
et dans les autres localités de la plaine saxonne, où les
machines sont mises en action par la force de l'eau, les
anciennes coutumes de patronage se sont conservées;
mais l'invasion inévitable des machines à vapeur détruira,
tôt ou tard, cette situation au détriment des ouvriers,
puis de la société entière. Les mines de houille de la

Ruhr recevront un développement considérable. Elles augmenteront l'ébranlement qui commence à se produire, si les exploitants de cette immense richesse ne se montrent pas plus modérés et plus perspicaces que ne l'ont été jusqu'à présent ceux des riches bassins houillers d'Angleterre, de France et de Belgique.

Dans le sud-ouest de l'Allemagne, les causes d'ébranlement sont moins nombreuses et moins puissantes. L'industrie manufacturière est peu développée; les mines de houille manquent; les forêts abondent et concourent, par leur influence bienfaisante, à la stabilité des populations. Malheureusement, les gouvernants de cette région y ont introduit, vers le milieu du xviiie siècle, des éléments de désorganisation dont les traces subsistent encore. Comme les souverains du Nord, ceux du Midi ont témoigné leur mépris pour la loi suprême : ils ont donné l'exemple des mauvaises mœurs; ils ont été les patrons de Voltaire et des encyclopédistes; ils se sont ainsi constitués les promoteurs du mal qui désorganise aujourd'hui l'Occident. A cette époque, en effet, la cour de France propageait avec plus d'éclat la corruption des mœurs; mais, du moins, elle condamnait en principe, par ses impuissantes décisions, les révoltes de l'orgueil contre Dieu et sa loi. Or, ce crime n'a jamais été commis en France que par les assemblées révolutionnaires. Les tendances hostiles à l'autorité paternelle ont également pris naissance, dans le midi de l'Allemagne, au xviiie siècle. Les habitudes de partage égal, qui sont un sûr moyen de saper cette autorité, qui ont désorganisé la famille et la propriété dans plusieurs régions du Palatinat, se sont propagées à cette époque; et l'on en retrouve çà et là les effets dans cet ouvrage. L'ébranlement produit sous ces influences est visible dans la monographie ayant pour objet : « le Luthier du Werdenfels. »

§ 6.

3me RÉGION. — COMPOSITEUR-TYPOGRAPHE DE BRUXELLES (BELGIQUE).

L'histoire de la Belgique montre, mieux encore que celle du bassin rhénan, comment se sont constitués, depuis le moyen âge, les domaines ruraux, les borderies et les fabriques rurales collectives, puis les corporations urbaines d'arts et métiers. A Gand, comme à Tyr, à Carthage et à Florence, ces corporations firent naître des dynasties de riches fabricants. Elles conférèrent, en effet, aux fabriques urbaines une stabilité comparable, sous plusieurs rapports, à celle des domaines ruraux. Les houilles, extraites du riche bassin qui traverse la Belgique entière, y ont singulièrement développé l'activité manufacturière. Dès le siècle dernier, les nouveaux ateliers avaient désorganisé les corporations urbaines. Depuis 1830, une prépondérance irrésistible est acquise aux usines à engins mécaniques, mises en action par la vapeur. Sous ces influences ont disparu, non-seulement les institutions positives qui, dans les villes et les manufactures agglomérées, donnaient la stabilité aux ateliers de travail et la sécurité aux ouvriers, mais encore les idées et les sentiments qui sont la base de toute paix sociale.

Jusqu'à la fin du siècle dernier, les idées, les mœurs et les institutions transmises par la coutume faisaient régner la paix dans chaque foyer et chaque atelier, même au milieu des calamités nationales les plus violentes. Aujourd'hui, même quand la nation présente tous les symptômes généraux de la prospérité, la discorde détruit le bien-être individuel jusque dans les moindres éléments du corps social. La souffrance pèse sur toutes les classes avec des caractères différents : chez les maîtres, elle n'apparaît guère que dans les intérêts moraux ; chez les serviteurs, elle se manifeste à la fois dans l'ordre moral et dans l'ordre matériel. C'est principalement sur l'ouvrier urbain que pèsent les inconvénients de l'antagonisme qui a remplacé, dans les ateliers de travail, l'ancien régime d'harmonie.

En effet, dans les grands ateliers organisés au moyen âge et développés à la renaissance, les ouvriers avaient des situations qui étaient en rapport avec leurs aptitudes, et ils y obtenaient les satisfactions légitimes qu'ils pouvaient désirer. Tous s'attachaient à la maison qui assurait leur avenir et pourvoyait à l'établissement de leurs enfants. Les types imprévoyants et inférieurs étaient efficacement protégés. Les types prévoyants et habiles devenaient les auxiliaires du maître : ils s'élevaient dans la hiérarchie locale ; et leurs enfants, les mieux doués, trouvaient au dehors de hautes situations, avec l'appui de la maison-souche. Les ouvriers urbains appréciaient beaucoup ces avantages : ils s'élevaient à la maîtrise par le talent et la vertu, mieux qu'ils ne le font actuellement.

De nos jours, il est vrai, les ouvriers doués de qualités exceptionnelles montent rapidement aux plus hauts degrés de la hiérarchie sociale ; mais ces fortunes rapides ne nous apportent, ni la paix, ni la stabilité ; elles sont, au contraire, une des principales causes de l'ébranlement actuel ; loin de calmer, elles irritent les sentiments de haine et d'envie que les inégalités sociales de notre temps inspirent aux ouvriers. Dans le Nord et l'Orient, les qualités communes qui distinguent les majorités soumises à la loi morale constituent dans les villes de solides bourgeoisies ; et, dans ce milieu, se forment lentement les familles qui comblaient, aux degrés supérieurs de la hiérarchie, les vides produits par les corruptions émanant de la richesse, de la science et du pouvoir. Dans l'Occident, la paix sociale était mieux assurée autrefois par ce recrutement progressif que par les subites fortunes contemporaines. L'ancien état de choses est presque désorganisé de notre temps, surtout en Belgique, en France, et dans les autres localités soumises au partage forcé des héritages. Le petit atelier, créé par une vie entière de travail et de vertu, est rarement agrandi par un héritier continuant la tradition paternelle. Les enfants pervertis par la loi, ont le désir de s'en partager les lambeaux. Tous, dès le début de leur carrière, voient leur propre avenir en dehors de l'atelier patrimonial. Les plus prévoyants, confiants dans leurs forces, recommencent, dans une autre condition, sans profit pour leur postérité, l'œuvre éphémère des parents. Les moins énergiques et les moins prévoyants suivent une voie plus facile et s'attachent, en qualité de salariés, à la grande industrie. Ils forment, dans leur classe, la majorité; et c'est parmi eux que se rencontrent les types les plus charmants du régime actuel. Les hommes doués de ces dispositions abondent chez les classes pauvres. Ils participent aux tendances dominantes de la femme : ils se préoccupent moins de leur avenir que de la satisfaction immédiate des autres (I, 20). Dans les foyers domestiques et les ateliers de travail de l'Orient et du Nord, comme dans ceux de l'Occident où l'esprit de solidarité se perpétue, ces hommes ont un excellent emploi de leur qualité maîtresse : ils se dévouent à la prospérité de la maison qu'ils servent; et ils trouvent dans l'affection du maître leur principale satisfaction personnelle, la sécurité de leur famille, le bien-être et souvent la fortune de leurs descendants. Dans les maisons ébranlées de l'Occident, cette

qualité précieuse reste stérile, pour l'ouvrier comme pour
le maître. En effet, quand ce dernier a lui-même rompu
les rapports sociaux qui étendaient aux ateliers les sentiments de la famille, les ouvriers voient en lui un étranger, sinon un ennemi. Ils cherchent dans certaines pratiques d'association un appui que ne comporte pas la
défaillance des associés. Ils épuisent sans profit leurs
trésors de dévouement à résoudre un problème insoluble :
créer la sécurité d'un groupe d'hommes chez lequel
règnent la haine, l'imprévoyance et le dénûment.

La Belgique est, en Occident, l'une des contrées où
les populations urbaines se transforment rapidement dans
le sens que je viens d'indiquer. Au début de mes études,
le mal était déjà grand. Il me fut signalé, avec l'expression de vives inquiétudes, par mes amis de Namur, de
Bruxelles et de Liége, pendant les six années (1829-1835)
que je consacrai à la visite de toutes les usines à fer
de ce pays. A cette époque, en effet, beaucoup d'hommes
influents apercevaient encore avec clairvoyance la nécessité des coutumes qui avaient maintenu jusqu'alors la
paix sociale dans leur ville. Ils pourvoyaient avec solli-
tude au bien-être de chaque famille qui avait près d'eux
une situation précaire ; mais ils écartaient avec vigilance
toute nouveauté qui aurait eu pour effet d'augmenter le
nombre de ces familles. Depuis quarante ans, j'ai vu une
transformation complète s'opérer dans les idées et les
mœurs de la Belgique. Les descendants de ceux qui m'en-
seignaient, en 1835, les conditions de la paix urbaine
ne croient plus être responsables du bien-être des classes
que dirigeaient leurs pères. Les ouvriers, de leur côté,
ne voient plus dans leurs maîtres une classe dirigeante.
Les plus modérés considèrent leurs chefs comme des
rivaux qu'ils ont à combattre en s'associant ; et les meil-

leurs consacrent leur dévouement à ces associations impuissantes pour le bien. Ces sentiments ont été peints avec une confiance naïve dans la monographie du chapitre III. Les espérances fondées sur l'assistance mutuelle des ouvriers (III, 18) seront probablement déçues; et l'on peut craindre que cette déception ne suggère aux associés des idées, puis des actes, hostiles à l'ordre social. Ceux qui ont charge de la paix publique ne sauraient méconnaître ce danger; et la voie à suivre leur est tracée à la fois par l'histoire du passé et par les exemples de paix qui se conservent sous nos yeux. Ils ont le devoir de revenir aux traditions de patronage avant que l'ébranlement actuel des foyers et des ateliers n'aboutisse à une désorganisation.

§ 7.

1re RÉGION. — MINEUR DE PONTGIBAUD (AUVERGNE).

L'Auvergne figure au premier rang parmi les provinces françaises qui, sous l'ancien régime, faisaient régner, par le travail et la vertu, une solide constitution sociale. La famille-souche était le principal objet des sympathies individuelles, à tous les degrés de la hiérarchie sociale. « Il faut que la maison fume », disaient tous les membres des générations fécondes qui se succédaient; et tous agissaient et se concertaient pour aider l'héritier choisi par le père de famille à remplir sa lourde charge, c'est-à-dire à perpétuer, au foyer et à l'atelier, la pratique du Décalogue. Les familles les plus recommandables aspiraient à l'honneur de fournir à leurs voisinages le meilleur prêtre. Celui-ci n'était pas moins dévoué que les laïques à la prospérité des familles; et il était près d'elles le plus ferme

auxiliaire de l'autorité paternelle. Sous ces influences, la
religion associée aux souverainetés du père et du monarque
présidait, dans chaque paroisse, au gouvernement des
âmes et à la direction des intérêts. Les trois formes de la
propriété immobilière secondaient l'action des quatre
forces morales. Elles assuraient à toutes les classes le pain
quotidien : la communauté favorisait l'élévation des jeunes
ménages et retardait la chute des familles ébranlées; la
propriété individuelle perpétuait la prospérité et l'indépendance chez les paysans et les artisans ruraux qui formaient le fond de la population ; le patronage était le lien
entre toutes les classes et soutenait une forte race de
tenanciers. Éloignés des rivages maritimes, les Auvergnats
ne songeaient pas, comme les Normands, à diriger vers
les colonies les vigoureux rejetons de leurs familles-souches. Les riches paysans qui occupaient sur leur domaine
tous les bras de la maison-souche donnaient deux destinations principales aux enfants qui ne pouvaient y trouver
place. Ils établissaient les uns, sur les moindres parcelles
disponibles, en qualité de bordiers; et ceux-ci complétaient, par les produits de l'émigration périodique, les
ressources que donnait la borderie. Ils fournissaient aux
autres les dots nécessaires pour émigrer définitivement à
l'intérieur de la France ou dans les pays étrangers. Les
familles de grands propriétaires, comme celles des autres
provinces fécondes, apportaient également leur appoint à
l'émigration riche. En résumé, les gentilshommes, les
paysans et les bordiers de l'Auvergne donnaient autrefois
à la France la force d'expansion qui ne lui est plus pro-
curée, à l'époque actuelle de stérilité, que par les Belges,
les Allemands et les Piémontais.

    Les lois de succession de la Terreur, même avec les
adoucissements du Consulat et les contre-poids de l'Empire,

ont profondément blessé les sentiments sur lesquels repo-
sait, en Auvergne, l'organisation des familles. Elles ont
d'abord suscité dans les esprits de vives répugnances.
Pendant longtemps, elles furent considérées comme non
avenues; et les populations restèrent fidèles à leurs coutumes. Mais, peu à peu, le terrible engin de destruction,
inventé par les niveleurs et les légistes de l'ancien régime,
braqué contre notre malheureuse race par Tronchet et
Robespierre, a produit ses effets inévitables. Les agents
préposés au partage forcé des immeubles ont d'abord soumis aux contraintes de la loi les classes urbaines qui sont
immédiatement exposées à leurs coups. Comme je l'ai
indiqué dans cette monographie, le fléau destructeur s'est
ensuite étendu des villes aux campagnes contiguës. Les
premières victimes ont été les célèbres communautés de
ménages ruraux, que les premiers promoteurs de la révolution signalaient à l'admiration des contemporains comme
modèles du bien-être et de la vertu. De nos jours, le mal
a pris le caractère d'une inondation qui désole les trois
classes de la population rurale, dans les régions qui s'étendent au pied des hautes montagnes de l'Auvergne; et c'est
ce qui se produit notamment dans la localité qu'habite
la famille décrite. Heureusement, les plateaux herbus qui
forment les sommets du Puy-de-Dôme et du Cantal sont
encore intacts. C'est dans ces montagnes que se conserve
une des races les plus énergiques de l'ancienne France.
C'est là que les hommes dévoués à notre patrie peuvent,
sans quitter le territoire, recueillir les moyens pratiques
de la réforme.

Cette monographie fait encore entrevoir un autre moyen
de salut pour la localité décrite. L'espoir d'un meilleur
avenir se rattache aux riches filons métallifères que les
institutions vicieuses de l'ancien régime avaient fait aban-

donner. Le patronage rural, désorganisé par la loi des successions, est interdit moins formellement par la loi qui préside aujourd'hui à l'exploitation des mines.

§ 8.

5ᵐᵉ RÉGION. — PAYSAN-BASQUE DU LABOURD (FRANCE).

La forte constitution sociale qui est maintenant détruite au milieu des campagnes de la basse-Auvergne n'est encore qu'ébranlée dans les vallées du pays basque français. Ici, comme dans toute la France, l'invasion du mal a été provoquée par la loi qui contraint les familles à se partager les propriétés immobilières ; mais la résistance à cette invasion a été mieux assurée par la force des mœurs et la nature des lieux.

La tradition des Basques est celle de toutes les contrées à familles-souches. Selon la coutume, le père institue héritier-associé, et marie près du foyer, celui de ses enfants aînés qui est le plus apte à continuer l'œuvre des aïeux. Il exploite, de concert avec lui, l'immeuble patrimonial ; et, après avoir strictement pourvu aux besoins des deux ménages, il emploie le surplus des produits à doter ses autres enfants. Lorsque le plus jeune est doté, on commence à assurer l'avenir de la nouvelle génération, aussi nombreuse que la précédente : on marie près du foyer commun de l'aïeul et de l'héritier associé, un des enfants aînés de ce dernier, puis on dote successivement les autres. Enfin, quand la mort survient, l'aïeul laisse l'immeuble patrimonial à son héritier, à la charge de continuer à son exemple, au profit des générations nouvelles, l'œuvre des ancêtres. Les chefs de famille se succèdent ainsi, en pleine paix, au même foyer, tant que l'un des enfants ne réclame pas, aux termes de la loi, le droit de démembrer le domaine incorporé à la famille depuis une longue suite de siècles. Le péril imminent de cette localité est donc le fléau qui menace ou désole, depuis 1793, la France entière. Les Basques français n'ont donc plus, dans le lieu décrit au chapitre v, la stabilité et le bien-être qui se conservent chez les Basques espagnols, à 2 kilomètres plus loin sur l'autre frontière. Cependant ils ne sont pas encore désorganisés : ils ne sont qu'ébranlés. Il serait encore temps de les sauver en rendant aux familles la liberté dont elles jouissaient depuis vingt-cinq siècles au moins. Les contraintes matérielles du partage forcé n'ont guère été jusqu'à présent qu'une menace ; et les effets en ont été conjurés par l'action énergique d'une force morale, *le respect de la tradition des ancêtres*; c'est la force qui, ayant pour principe la révélation primitive transmise par les fils de Noé, autorise les historiens à classer la race chinoise au-dessus de toutes les autres. Quant aux circonstances locales qui ont perpétué cet inappréciable bienfait dans le pays basque, ce sont précisément celles qui règnent en Chine depuis quarante-deux siècles. Deux de ces causes doivent être citées au premier rang : l'usage exclusif d'un langage rebelle aux échanges littéraires a tenu les Basques à l'abri de la corruption émanant des langues classiques; l'habitation sur un territoire montagneux, éloigné des grandes voies commerciales, leur a épargné le contact corrupteur des peuples riches et commerçants.

La monographie de la maison Belescabiett offre, dans ses détails, les faits que je viens de résumer. Elle démontre surtout, par un trait particulier, la puissance de la force morale inhérente au respect de la tradition des ancêtres. La fille qui était l'aînée de sa génération devait, selon la coutume, être choisie comme « héritière-associée ». Toutefois, les parents pensèrent que la maison serait moins bien gouvernée par le futur mari de leur fille que par leur fils cadet. La fille aînée se rendit à leur opinion : elle abandonna l'héritage à Jean Belescabiett qui gouverne encore ; et elle se contenta, pour sa part d'héritage, de la soulte en argent stipulée pour chaque enfant. Jean n'a pu remplir toutes les obligations qui lui ont été imposées. L'héritière dépossédée sait qu'elle ne recevra jamais rien de ce qui lui est dû. Elle pourrait se faire rembourser en exigeant la vente du domaine patrimonial ; mais elle considère l'usage de ce droit comme un attentat que sa conscience ne saurait supporter.

§ 9.

5ᵐᵉ RÉGION. — MANŒUVRE-AGRICULTEUR DU MORVAN (NIVERNAIS).

Depuis un temps immémorial, le Morvan possède les trois éléments d'une forte race rurale (III : III, 19 ; IV, 17). Cette race a souvent donné le bon exemple. Sous la décadence de l'ancien régime, comme la Vendée et la Bretagne, elle a peu cédé aux corruptions propagées par la cour ; et, au milieu des dix révolutions violentes du nouveau régime, elle a participé aux améliorations matérielles sans trop en abuser. Les populations de ces montagnes ont été moins ébranlées que celles des plaines contiguës par l'une des plus funestes mesures de la Convention : par la loi du 7 mars 1793 qui imposa à la France le partage forcé de la propriété immobilière, ou, en d'autres termes, la destruction des foyers domestiques et des ateliers de travail. Les grands propriétaires, qui conservaient, dans le Morvan, les sentiments du Gentleman, aperçurent tout d'abord les conséquences de cet attentat des terroristes. Les pères de famille résistèrent, autant qu'il dépendait d'eux, à une pression qui dépassait les actes les plus odieux des monarques flétris par l'histoire. Ils voulurent transmettre à leurs descendants les coutumes du Décalogue éternel. Ils comprirent qu'ils ne pouvaient continuer sûrement cette suprême mission en dehors du domaine patrimonial. En se reportant par la pensée aux impressions de leur premier âge et à l'histoire de leur famille, ils virent le devoir que leur traçait la résistance à une forme nouvelle de tyrannie. Ils s'assurèrent que rien ne pourrait suppléer aux forces morales développées chez les enfants par l'ensemble des influences émanant de la résidence, des tombeaux, des images, des écrits et des autres objets qui perpétuent la mémoire des ancêtres.

Courbés sous le poids des travaux qui procurent le pain quotidien, les paysans et les bordiers ne conservèrent pas, aussi fidèlement que le Gentleman voisin, l'intelligence des principes qui auraient assuré la perpétuité de leurs maisons. Ils résistèrent moins à l'impulsion donnée par les gens d'affaires et les officiers publics, qui s'enrichissent par le partage forcé des foyers domestiques et des domaines ruraux. Sous cette pernicieuse influence, les paysans sont souvent descendus à la condition de bordiers ; et ceux-ci se sont transformés en propriétaires-indigents, puis en manœuvres dépourvus de toute propriété, comme l'est celui que décrit le chapitre VI. Quelque Gentleman, infidèle à la tradition, a été atteint, de loin en loin, par la machine de destruction et ses terribles agents : les propriétés, soumises aux licitations après décès, ont été partagées entre les paysans, ou acquises par des étrangers non résidents ; mais la plupart des anciennes familles ont résisté. Par le bon exemple et l'emploi des forces morales, elles ont inculqué à leurs enfants le respect du domaine patrimonial ; ceux-ci ont renoncé au droit de s'en partager les lambeaux ; ils se sont contentés de soultes en argent ; et ils ont vu avec satisfaction l'héritier choisi par le père accepter l'honneur de représenter les ancêtres et supporter les charges qui grèvent le domaine au profit de la population du voisinage. Quant à la constitution de ces soultes, chaque génération, stimulée par l'intérêt commun, y a pourvu par les bonnes mœurs, la sobriété et la simplicité des habitudes, par la recherche des fonctions publiques et des entreprises lucratives compatibles avec la condition de la famille, enfin par le placement judicieux des épargnes. Trop souvent aussi, la stérilité systématique du mariage est venue en aide à cette œuvre de conservation, au détriment de l'intérêt public ; et, dans ce cas, le domaine du Gentleman a pu s'arrondir, lors des licitations forcées qui détruisaient les races de bordiers et de paysans. L'histoire sociale du Morvan démontre donc que le régime révolutionnaire a surtout pesé sur ces derniers : il a ébranlé ou détruit les petits et les moyens domaines ruraux, c'est-à-dire ceux où se conservaient, plus sûrement encore que dans les grands domaines, les bonnes pratiques du travail et de la vertu.

Le Morvan a beaucoup profité des avantages matériels dus au perfectionnement des voies de communication et au progrès des méthodes d'agriculture ou de pâturage. Ces avantages ont été acquis aux grands propriétaires beaucoup plus qu'aux petits, car chez ces derniers les simples cultures potagères des borderies tendent à devenir prépondérantes. Pour apprécier les inégalités survenues, à cet égard, parmi les classes extrêmes du Morvan, il faut se reporter aux diverses productions fournies par le travail des agriculteurs ou par la croissance spontanée des forêts.

Les sommets de la chaîne principale et des chaînons secondaires du Morvan sont occupés par les forêts de chêne, de hêtre et de charme, qui fournissent une partie du bois de chauffage consommé à Paris. Les bois de la localité décrite (1) sont récoltés sur les chaînons du versant occidental; et ils sont transportés, par charrettes (à bœufs), à une distance moyenne de 8 kilomètres, sur le versant opposé, près d'un ruisseau appartenant au bassin de l'Yonne. De là, ils sont amenés à Clamecy, par flottage à bûches perdues; puis à Paris, par flottage en trains. De vastes réservoirs d'eau, construits près de la source des ruisseaux, lâchent périodiquement, depuis quatre siècles, les « flots » nécessaires au départ des bûches. De 1825 à 1855, des améliorations immenses ont été apportées aux chemins sur lesquels a lieu ce charretage. Ces nouvelles voies ont contribué partout, dans de larges proportions, à augmenter les revenus des propriétaires forestiers.

Jusqu'en 1830, la méthode de culture était pastorale plus qu'agricole. À l'époque où furent recueillis les premiers éléments de cette monographie, le sol des métairies était subdivisé en petits enclos par de fortes haies vives plantées d'arbres. Chaque enclos, nommé *Chaintre*, produisait d'abord des herbes, lesquelles étaient successivement broutées par les bœufs, par les chevaux, puis par les moutons. Peu à peu, le genêt (*Spartium scoparium*, L.) envahissait ce pâturage; et, après 6 années environ, on l'arrachait pour l'incinérer et pour rendre ainsi au sol l'élément calcaire qui lui fait généralement défaut. Après une année de défrichement et de labours, on récoltait successivement, en quatre années, un sarrasin, deux seigles et une avoine. Enfin, on abandonnait de nouveau, pendant six années, le Chaintre à la production spontanée de l'herbe et du genêt. Les nouvelles voies de charretage ont permis d'amener à bas prix, sur les sols porphyriques du Morvan, la chaux produite sur les terrains calcaires de la plaine contiguë. Le sol a pu dès lors être maintenu en état constant de fertilité par un assolement quadriennal donnant successivement : un fourrage de racines, le froment, un fourrage de légumineuses et l'avoine. Les Chaintres sont devenus des champs; les fourrages artificiels ont doublé les ressources que continuent à fournir les prairies arrosées par les ruisseaux; la production des grains et des bestiaux s'est beaucoup accrue; et le prix en augmente rapidement, à la faveur des chemins de fer qui permettent de les transporter jusqu'aux grands marchés du nord et du midi de la France.

Cette transformation simultanée des cultures et des voies de communication a augmenté rapidement le revenu des grands propriétaires. Elle a donné un surcroît de bonheur aux familles qui ont joui avec modération de ce nouvel avantage et qui en ont tiré les ressources nécessaires pour pratiquer plus fidèlement les prescriptions du Décalogue. Enfin, quand il en a été de même chez toutes les familles riches d'une région, celles-ci ont apporté un supplément considérable à la puissance de l'État. Ce développement matériel, complété par le progrès moral, s'est produit en plusieurs localités, notamment dans celle que décrit la sixième monographie. Toutefois, ce n'est pas là le trait dominant de la situation actuelle, même dans le Morvan. Selon la tradition commune de l'humanité, l'accroissement des richesses a souvent amené, sinon la corruption des mœurs, tout au moins les fléaux du luxe et de l'absentéisme. Tous les détails de l'existence se sont compliqués. Les repas donnés aux réunions de voisins, ou aux autorités religieuses, civiles et militaires, amenées par leurs fonctions dans la localité, ont eu pour bases non plus les produits du domaine, mais les raretés du mar-

ché de Paris. C'est également de Paris que proviennent
les mobiliers, les vêtements et les équipages. Les chevaux sont achetés à grands frais en Normandie et dans
les pays étrangers. Ils sont nourris, logés et servis, avec
un luxe qui répond au prix d'achat. Cette nouveauté a
détruit, non sans dommage pour le pays, la race indigène, sobre et robuste, qui se nourrissait presque sans
frais dans les Chaintres, sous l'abri économique des haies
vives et des genêts. Les familles riches, résidant toute
l'année sur le domaine patrimonial, deviennent une rare
exception : elles affluent à Paris, aux sources d'eaux
thermales, aux bains de mer et aux autres lieux de
plaisir. Dans ces stations successives, les femmes et les
jeunes filles ont sous les yeux des spectacles presque aussi
corrupteurs que le furent ceux de la cour de France,
entre les années 1661 et 1774. Sous ces influences malsaines, le luxe dévore improductivement des richesses
qui seraient fécondes si on en faisait un meilleur emploi.
Il n'améliore qu'en apparence la condition du riche et il
aggrave celle du pauvre, en brisant les liens qui unissaient
autrefois les deux classes. Or, les rapports mutuels du
maître et du serviteur, comme ceux du patron et de l'ouvrier, ne comportent point les sentiments d'indifférence :
on voit donc les propensions à l'antagonisme remplacer,
de proche en proche, l'ancien esprit de dévouement. Sous
ce régime, la constitution sociale est faussée. A chacun
manque précisément ce qu'il doit le plus désirer : au
pauvre, le patronage qui assure le pain quotidien; au
riche, les satisfactions que donnent l'obéissance et le respect des subordonnés.

La désorganisation complète de la société est, il est
vrai, conjurée par les traditions de patronage qui subsistent çà et là. Tel est le cas de la localité décrite dans la

6ᵉ monographie ; toutefois le danger est partout imminent. Au fond, le riche n'a pas plus de sécurité que le pauvre. Il a gagné de gros revenus ; mais il a perdu des biens inestimables qu'il possédait il y a un siècle. Les avantages de l'ancien régime social étaient à la fois matériels et moraux ; et ils faisaient le bonheur de toutes les classes. Ils sont définitivement enlevés, au riche comme au pauvre, par les transformations opérées sur le sol ; mais des biens équivalents leur seraient promptement rendus par la réforme morale du pays. Quelques traits choisis entre beaucoup d'autres, dans la vie privée du Morvan, en 1755, feront entrevoir au Gentleman de ce pays, comme à ceux de la France entière et des autres régions ébranlées, comment ils peuvent commencer, par l'amélioration de leurs idées et de leurs mœurs, celle que les gouvernants doivent apporter aux institutions.

Les habitations, éparses dans les montagnes, les forêts, les Chaintres et les prairies d'un voisinage, n'étaient pas réunies, comme elles le sont aujourd'hui, par d'excellentes voies carrossables, à pentes douces et à longs circuits. Cependant les rapports de sociabilité entre les châteaux étaient plus faciles, plus fréquents, plus intimes et plus charmants. Les distances étaient plus promptement franchies sur les sentiers abrupts que traçaient, selon les lignes de plus grande pente, les bestiaux allant au ruisseau, au pâturage ou à la glandée. Les maîtres ne retardaient pas, en attendant les journaux de Paris, le départ pour les visites journalières ; et ils ne le subordonnaient pas indéfiniment à la réception de la dernière mode. Les autorités de l'écurie n'étaient point instituées ; et elles n'opposaien pas leur *veto* aux visites projetées, en alléguant les égards dus à la santé des carrossiers anglais ou mecklembourgeois. Dans chaque domaine, les Chaintres contenaient des troupes nombreuses de chevaux, à demi sauvages, durs à la fatigue et insensibles aux intempéries. Dans chaque famille, les deux sexes étaient également renommés comme piétons infatigables et comme cavaliers intrépides. La chasse et la pêche étaient un moyen essentiel d'alimentation : elles se combinaient journellement avec les visites entre voisins; et, comme les deux modes de transport, elles excluaient les vêtements luxueux. Les plaisirs de l'hospitalité étaient d'ailleurs obtenus à peu de frais. Les repas de voisinage étaient moins recherchés, mais plus fréquents et non moins copieux qu'aujourd'hui. Les visiteurs, quelque nombreux qu'ils fussent, ne prenaient jamais leur hôtesse au dépourvu. Chaque maison avait toujours une forte réserve de provisions, formées par les produits de la basse-cour, de la porcherie, du troupeau de moutons et d'un immense pigeonnier; par le gros gibier des forêts, le menu gibier des Chaintres ou des friches et les oiseaux de passage des diverses saisons; par les produits variés des petits ruisseaux et le gros poisson des étangs disséminés aux sources des ruisseaux de flottage. Les domestiques constituaient des dynasties qui se perpétuaient à côté de celles des maîtres. Sauf quelques soins complétant ceux que les maîtres donnaient aux vieillards et aux malades, ils étaient peu employés au service des personnes, car les valides de tout âge se suffisaient à eux-mêmes. Leurs principales occupations consistaient à seconder les maîtres pour l'exploitation de la forêt et du domaine réservé, le dressage des chevaux, les travaux de la chasse et de la pêche, la préparation de la nourriture, la confection et l'entretien des vêtements ou du linge, enfin pour la culture des rapports de voisinage et l'accomplissement des devoirs de l'hospitalité. Tous, contents du présent, sans inquiétude sur l'avenir de leurs enfants, étaient assoclés aux intérêts, aux pensées et à la vie intime de la famille. Ils habitaient avec elle une vaste pièce, où brûlait sans cesse un immense foyer, où s'accomplissaient les actes journaliers de la vie commune, y compris la prière qui en était la conclusion obligée[1].

Ces habitudes se modifiaient profondément, selon le degré d'aisance des familles, chez les deux autres classes de la population rurale. Toutefois, même chez les bordiers les plus pauvres, elles offraient quelque analogie et dérivaient d'un même esprit. Le chef de famille donnait l'exemple du respect des traditions. Il pratiquait autant qu'il dépendait de lui, comme le grand propriétaire, les coutumes qui assuraient la continuité à la vie morale, et qui garantissaient la stabilité dans la conquête du pain quotidien. Ces coutumes se perpétuaient, dans la chaumière comme dans le château, sous l'inspiration d'une règle commune : transmettre, à l'héritier choisi par le père, le foyer domestique et l'atelier de travail des ancêtres. Ce choix du père portait sur celui de ses enfants qui était le plus apte à se conformer aux prescriptions du Décalogue, et à procurer un sort heureux aux rejetons qui sortaient de la maison paternelle, comme à ceux qui y restaient. Sur ce dernier point, le principe d'un bon gouvernement domestique était le même à tous les degrés de la hiérarchie sociale. C'était celui qui se perpétue encore de nos jours chez toutes les races stables du Nord (III, In. 1 et 5) et de l'Occident (IV, ix, 17). Le père et son héritier-associé s'inspirent constamment de trois préoccupations : imprimer à la commu-

---

1. En 1789, ces coutumes du foyer domestique étaient ponctuellement conservées en France, dans beaucoup de localités (iv, 20). A l'époque où je commençai l'étude du Morvan, l'ancienne salle commune était réduite au rôle de cuisine. La *salle à manger* et le *salon* étaient devenus d'un usage habituel; mais les chasseurs et les pêcheurs, même ceux du voisinage, se reposaient encore de préférence devant l'énorme bûche de l'ancien foyer.

nauté l'impulsion aboutissant au travail le plus productif; réduire la consommation journalière au simple nécessaire indiqué par la coutume locale, et, en conséquence, élever l'épargne annuelle à ses limites supérieures; enfin, partager également cette épargne entre tous les enfants des générations successives, soit qu'ils émigrent au dehors, soit qu'ils préfèrent vivre célibataires au foyer paternel. Sous ce régime, le bien-être individuel était garanti par l'organisation même de la famille. Il était complété par les excellents rapports sociaux qui régnaient entre les trois classes rurales. Les devoirs de patronage, comprenant la direction morale et l'assistance matérielle, s'exerçaient de haut en bas quand il fallait remédier à certaines défaillances accidentelles; et c'est ainsi qu'un véritable esprit de communauté unissait le grand et le moyen propriétaire au plus pauvre bordier. Le trait le plus utile et le plus apparent de cette communauté était la coutume qui autorisait le bordier à faire paître, sur les sentiers et les haies du Gentleman, la chèvre qui fournissait la provision de lait indispensable aux enfants. Au milieu de l'ébranlement actuel, c'est le respect de ce droit spécial qui conserve, çà et là, dans le Morvan les derniers restes de paix sociale (VI, 1).

Sous ce régime, chaque individu possédait certains éléments de bonheur que les plus riches n'ont plus aujourd'hui, malgré l'accroissement de leurs fortunes. La sécurité régnait, sans le concours des gendarmes et des fonctionnaires de l'État. Les maladies contagieuses, qui déciment les hommes et les bestiaux, n'avaient point encore pour véhicules les voies rapides de transport. Les contagions plus redoutables, celles qui émanent des cabarets, des ateliers de travaux publics (VII, 18) et de plusieurs formes de publicité, restaient à peu près inconnues.

Enfin, aux époques de guerre, les moindres localités se défendaient avec succès contre des assaillants pourvus des plus terribles moyens de destruction. Alors, en effet, les jeunes gentilshommes avaient fait, aux armées, l'apprentissage de la guerre. Retirés sur leurs domaines, ils y étaient entourés d'anciens soldats qui avaient servi sous leurs ordres, dans un des corps provinciaux. On possédait donc partout des forces disciplinées dont les éléments, retranchés derrière des haies boisées et des forêts éparses, étaient réunis par un réseau inextricable de petits sentiers. Ces fortifications naturelles constituaient un moyen d'indépendance utile à la patrie comme à la localité, parce qu'il était acquis à une race soumise au Décalogue éternel et à la tradition nationale. La défense de ces grands intérêts passionnait les populations qui étaient établies dans ces foyers de résistance. Les récits faits par des hommes qui avaient pris part aux guerres des pays de Chaintres ont été une des plus vives impressions de ma jeunesse.

§ 10.

7ᵐᵉ RÉGION. — BORDIER DE LA CHAMPAGNE POUILLEUSE (PLAINES CRAYEUSES DE LA MARNE ET DE L'AUBE).

Les vastes plaines de la Champagne pouilleuse sont l'une des contrées de la France où la vie rurale a subi l'ébranlement le plus profond, où la maladie sociale prend, çà et là, les caractères de la désorganisation. La race et les lieux offrent parfois des traits repoussants, qui tendent à devenir caractéristiques et dominants dans toutes les plaines de même nature. Ces traits s'aggravent encore dans les plaines plus fertiles et plus riches du Laonnais et de la Picardie. Je me suis interdit de décrire ces degrés extrêmes

de corruption dans un livre que je destine aux biblio-
thèques de famille. En choisissant le sujet de ce chapitre, je
ne suis point descendu jusqu'aux derniers degrés où m'ont
conduit les devoirs de l'observation méthodique. Je me
suis arrêté à une famille dont le chef est momentanément
tombé fort bas, mais dans laquelle la femme a conservé,
au milieu de ses défaillances, certaines qualités éminentes.
Ces qualités ont arrêté le ménage sur les pentes de la
dégradation. Elles l'ont même aidé à remonter cette pente
en l'appuyant sur la seule force morale qui reste à ces
populations : sur l'amour de la propriété immobilière.

Dans la localité prise pour exemple, l'ébranlement de
la constitution sociale se reconnaît tout d'abord aux symptômes les plus fâcheux. Les trois premiers commandements
du Décalogue, ceux qui rappellent, en termes sommaires,
les devoirs de l'homme envers Dieu, sont complétement
oubliés. Les enfants ne respectent guère l'autorité paternelle que dans les limites établies par la force des choses;
et les parents ne pratiquent pas tous les devoirs qui sont la
contre-partie du respect prescrit par le quatrième commandement. Quant aux adultes, ils sont peu enclins à introduire, dans leur voisinage, des éléments de paix et d'union;
et, par exemple, ils sont impropres au recrutement du
clergé. En beaucoup de localités, il n'existe plus qu'un curé
pour quatre anciennes paroisses; et les prêtres seraient
plus rares encore en Champagne s'ils n'étaient pas fournis
partiellement par les autres provinces. Les trois éléments
essentiels à un bon régime rural (IV, In. e) sont détruits
ou ébranlés. Le Gentleman a presque entièrement disparu.
Le bordier est propriétaire-indigent, ou simple salarié,
comme l'était, avant sa réforme, celui qui est décrit au
chapitre VII. Le paysan possède presque tout le territoire :
il constitue la vraie classe dirigeante; mais il est loin de

posséder toutes les qualités qui ont été indiquées ci-dessus pour le Morvan. Il forme une des races les plus énergiques de l'Europe; et il applique cette énergie à l'acquisition successive de petites parcelles de terre, éparses par milliers dans la banlieue du village qu'il habite. Acharné au gain, dur au travail, âpre à l'épargne, voyant dans la stérilité du mariage un correctif indispensable aux contraintes du partage forcé, il franchit rapidement les échelons de la petite propriété. Les propriétaires qui montent le plus haut partent souvent du niveau inférieur où l'unique moyen de succès est le travail des bras. Quand ils ont franchi une moitié de la carrière, ils prennent pour auxiliaires un nombre croissant de salariés; mais ils ne se croient pas moralement tenus d'exercer un patronage sur ces « petites gens ». Ainsi armé d'énergie et d'égoïsme, l'homme prévoyant conquiert aisément un petit domaine sur un sol que le partage forcé émiette et remue sans cesse. La jeunesse et l'âge mûr lui ont procuré les vives satisfactions attachées à la fondation d'une œuvre utile; mais la vieillesse lui apporte inévitablement une suite de déceptions cruelles. Quand les forces physiques commencent à défaillir, le père constate avec découragement que ses efforts de quarante années aboutissent au désespoir pour lui-même et qu'ils ne laisseront aucune trace durable pour sa postérité. De nombreuses confidences, recueillies dans le cours de longues enquêtes, m'ont ouvert les yeux sur le vice fondamental de cette déplorable organisation de la société. Le vieillard subit une torture perpétuelle, infligée par les sentiments de son entourage et par sa propre pensée : il se sent gênant et inutile dans une société qui assigne à l'homme, comme but suprême, la création d'un édifice éphémère. Les erreurs des sophistes contemporains sont évidentes pour tout observateur qui compare cette constitution sociale des Champenois avec celle des races qui croient que le premier des devoirs est de conserver, au foyer domestique, les traditions du Décalogue et de l'autorité paternelle. Sous ce régime de tradition, en effet, tous les âges participent aux satisfactions accumulées par l'expérience des siècles. Le vieillard meurt avec la conviction que, jusqu'à son dernier jour, il a rempli une grande mission en perpétuant la mémoire de ses aïeux et en guidant sa postérité dans les voies du bonheur.

Les désordres sociaux signalés ci-dessus dérivent du partage forcé des héritages. Depuis 1793, ils affaiblissent ou ravagent la France entière. Toutefois, en Champagne et dans quelques localités de moindre étendue, le mal s'est manifesté, depuis cette époque, avec des caractères particuliers : il a été à la fois plus destructeur et plus contagieux que dans les autres contrées. Une cause locale a produit ces conséquences exceptionnelles : c'est le morcellement antérieur du sol en parcelles indéfiniment divisibles. L'arme agressive inventée par la passion révolutionnaire, puis empoisonnée par l'art des légistes, détruit la société française en désorganisant l'ordre matériel qui donnait la force et la stabilité aux familles rurales. Heureusement, d'autres domaines ruraux résistent depuis soixante ans à ce terrible engin de destruction. Ils se conservent même, en beaucoup de localités, malgré les âpres convoitises des agents acharnés à la ruine des familles. Tel est le cas pour les domaines annexés aux exploitations des forêts; pour ceux qui sont consacrés à l'élevage des chevaux ou du gros bétail, et qui se composent surtout de pâturages enclos de haies vives, fortifiées par de grands arbres; pour ceux du pays de Caux, par exemple, où les propriétaires de tout rang conservent l'une des plus judicieuses traditions du Nord, où ils persistent à résider dans des habitations isolées, protégées par des rideaux d'arbres séculaires contre la violence des vents marins. Dans ces diverses localités, les idées et les mœurs qui sont la principale force des races d'hommes se sont perpétuées dans les mêmes familles, grâce à la transmission intégrale des domaines ; et il est même resté des traces précieuses, de ces traditions nationales, dans beaucoup de cas où les licitations après décès ont fait passer l'héritage à des étrangers. Il semblerait qu'à défaut des anciens propriétaires les arbres ont gardé quelque impression des souvenirs du passé.

La Champagne crayeuse n'a jamais offert à ses habitants les conditions naturelles les plus favorables au règne du bien ou à la répression du mal. Elle ne possède, ni les steppes fertiles des races patriarcales de l'Orient (II, In. 3), ni les rivages poissonneux et le rude climat des familles-souches du Nord (III, In. 6). Les premiers colons de la Champagne et des régions contiguës n'ont pu s'y créer des moyens permanents de subsistance, ni par l'industrie pastorale, ni par la pêche côtière. Après avoir détruit par la chasse les grands animaux qui peuplaient la forêt vierge, ils ont cherché un supplément de ressources alimentaires dans le défrichement des plaines les plus propres à la culture des céréales. Toutefois, en se livrant ainsi, par nécessité, à l'agriculture, les tribus de chasseurs ne renoncèrent point aux idées et aux mœurs qu'avait créées le premier mode de subsistance. Les enfants se partagèrent le champ défriché par leurs parents, comme ils s'étaient jusqu'alors partagé l'héritage des armes de chasse et des engins de pêche fluviale. Par son action réitérée, cette coutume mobilisa, pour ainsi dire, le sol arable ; et elle perpétua, dans la famille, vouée désormais à l'agriculture, l'instabilité que la chasse avait instituée chez les ancêtres. À l'époque où les Grecs recueillirent les premiers éléments de l'histoire des Gaulois, les habitants de la Champagne pouilleuse étaient tombés dans la déplorable condition qu'ont ramenée et qu'empirent chaque jour les trois faux dogmes de 1789, et l'institution qui en émane logiquement, le partage forcé de 1793. Selon toute apparence, le présent est même inférieur aux pires époques du passé. L'agriculture est la plus arriérée de l'Europe, car l'antique assolement triennal y garde ses plus mauvaises pratiques : le grain d'automne, suivi du grain de printemps, puis d'une maigre jachère broutée par des moutons sous le régime de la vaine pâture (VI, III, 19). Le travail, stimulé par la passion du gain et par la conquête de la propriété, soutient encore une classe dirigeante ; mais le progrès incessant d'un matérialisme grossier menace d'une désorganisation prochaine les familles et les voisinages.

Cependant, l'exposé de ces faits n'autorise personne à désespérer de l'avenir. La Champagne pouilleuse est, il est vrai, une de nos régions les plus malades ; mais c'est en même temps l'une de celles qui seraient le plus aptes à suivre une bonne impulsion. Le territoire entier est occupé par des paysans illettrés qui ont oublié les principes conservateurs de toute société ; mais la réforme n'y sera pas entravée par ces riches oisifs, si communs de nos jours, qui, se bornant à proclamer la croyance à ces principes, se dispensent du labeur opiniâtre qui seul en amènera la restauration. Dès qu'ils auront compris le danger des faux dogmes de 1789, les gouvernants transformeront aisément la Champagne avec le concours des paysans. Ils n'auront qu'à s'inspirer de la méthode scientifique, c'est-à-dire, à prendre pour guides l'histoire du passé et la pratique actuelle des peuples prospères. Au moyen âge, le christianisme et le patronage féodal rétablirent la stabilité dans les foyers domestiques et les ateliers ruraux. Le bien-être régnait en Champagne, non-seulement sur les collines boisées à domaines agglomérés, mais en outre sur les territoires morcelés de la plaine crayeuse. De nos jours, mes concitoyens trouveront un enseignement encore plus persuasif dans les régions morcelées qui s'étendent du Palatinat jusqu'au centre de la Saxe. Les Allemands emploient deux procédés principaux pour conserver ou rendre la prospérité aux campagnes qui ont été ébranlées par un mauvais régime antérieur. Ils font appel aux forces morales du Décalogue et de l'autorité paternelle pour maintenir des familles stables sur un sol morcelé (IV, II, 18). Sur le vœu émis par la majorité d'une commune, les gouvernements autorisent, par la loi écrite, les propriétaires à convertir leurs champs morcelés en domaines agglomérés (IV, II, 20).

§ 11.

8ᵐᵉ RÉGION. — MAITRE-BLANCHISSEUR DE CLICHY
(BANLIEUE DE PARIS).

Paris et sa banlieue offrent aujourd'hui à l'observateur la population la plus ébranlée de l'Europe. C'est en ce lieu que se concentrent, depuis 1789, les éléments de désorganisation qui étendent désormais leur action à toutes les régions occidentales du Continent. Dix révolutions violentes, accomplies dans le cours de 62 ans, confèrent à Paris cette triste spécialité. Chacune de ces révolutions a fait grandir le cercle où la précédente avait exercé son action. Celle de 1830 avait envahi tout le sud-ouest du Continent. L'avant-dernière, celle de 1848, a étendu l'ébranlement de la société européenne, vers le Nord et l'Orient, jusqu'à Copenhague, Berlin et Pesth.

Cependant, il serait injuste de considérer les vices et les erreurs de la population indigène comme la cause unique de ce désordre social. Assurément, les salons parisiens ont développé avec persévérance la corruption dont les germes ont été semés, de 1661 à 1774, par la cour de France; et ils ont ainsi exercé sur le Continent une influence pernicieuse. Mais les erreurs, qui, plus que les vices, sont les agents actuels de désorganisation, ont été importées à Paris des pays étrangers. La plus dangereuse de ces erreurs, le scepticisme irréligieux, prit naissance en Allemagne et en Angleterre, au xviie siècle, à la vue des fléaux déchaînés par les guerres de religion. Les lettrés des deux pays se firent, au siècle suivant, les apologistes des innombrables variétés de cette doctrine : Bolingbroke l'inocula à deux reprises aux salons de Paris; puis les souverains allemands se firent ouvertement les patrons des lettrés français qui se l'approprièrent.

Au nombre des maîtres qui enseignent aujourd'hui l'erreur ou le vice, et surtout parmi ceux qui en propagent les applications, les Français de toute condition remplissent assurément un rôle actif; mais je doute que leur action, dans l'œuvre du mal, puisse être réputée prépondérante. Les Parisiens qui, sous ce rapport, semblent à première vue occuper le premier rang, ne sont pas, au fond, les plus dangereux : aujourd'hui, comme il y a un siècle, ils sont secondés et même stimulés par une multitude d'influences venant du dehors. Les étrangers qui possèdent de grandes richesses viennent, de toutes parts, chercher à Paris des satisfactions que ne tolérerait pas l'opinion de leur pays natal; et, par leurs prodigalités, ils attirent et acclimatent toutes les corruptions qui rendirent célèbres certaines capitales de l'antiquité. Les égarés et les déclassés de toute sorte, chassés de leur pays, affluent pour propager à Paris les nouveautés hostiles à l'ordre social; et on les y trouve en évidence aux époques des grandes catastrophes. Enfin, les incapables de toute catégorie fournissent aussi un large contingent. Dans les pays étrangers contigus à la frontière de France, j'ai souvent observé un système de charité publique qui est, à la fois, onéreux et inquiétant pour notre pays. Les municipalités réduisent leurs charges d'assistance ou de police en acheminant vers Paris les individus qui troublent la paix sociale ou qui ne peuvent subvenir à leurs propres besoins.

On s'explique aisément que le grand foyer de désorganisation soit constitué à Paris par tant d'influences délétères. Toutefois, on entrevoit, en même temps, que le mal a pour origine le monde entier plus encore que la France. Il a trois sources principales : le sensualisme raffiné des riches, corrompus par l'oisiveté; l'orgueil des lettrés, en révolte contre le Décalogue; enfin les formes nouvelles de dégradation qui développent le paupérisme héréditaire à mesure que s'accumulent les richesses. Je vois, dans l'histoire, que les villes parvenues à ce degré de corruption touchent à une ruine prochaine. D'un autre côté, je constate, depuis près d'un demi-siècle, que l'influence démoralisante de Paris sur la France entière s'accroît plus rapidement encore que le mal intérieur. Enfin, depuis notre neuvième révolution violente (celle de 1848), je vois se multiplier les gens de bien qui, perdant tout espoir de régénération, ne songent plus qu'à s'assurer les dernières satisfactions du temps présent ou les félicités de la vie éternelle. Ce sont ces dernières situations d'esprit qui ont constitué de tout temps le principal symptôme des races en décadence. Le devoir de chacun envers soi-même est donc surtout d'échapper à cette inertie du découragement. Le devoir envers les autres est de signaler les bons exemples qui abondent encore, plutôt que d'insister sur les maux déchaînés par les égarés et les méchants.

C'est à ce point de vue que je me suis placé, dans les tomes V et VI, pour décrire Paris et sa banlieue. J'ai mentionné les symptômes d'ébranlement et de désorganisation, en glissant sur ceux qu'il convenait de ne pas signaler plus explicitement. J'ai d'ailleurs choisi, parmi les familles observées, celles qui me fournissaient l'occasion d'indiquer certaines vertus conservées par les ouvriers parisiens, ou restaurées, sous la pression des récentes catastrophes, chez d'autres classes de la population.

La découverte de ces vertus, dans un tel milieu, est un sujet de consolation à nos époques de souffrance ; et elle m'a soutenu dans mes espérances de réforme. En voyant nos gouvernants se préoccuper surtout des nouveautés qui multiplient les richesses, je n'ose pas croire que le moment de la vraie réforme soit arrivé pour Paris ; mais je n'hésite pas à affirmer que celle-ci serait facile si tous les hommes de tradition faisaient leur devoir. Les vertus presque surhumaines qui sont maintenant à l'œuvre donneraient bientôt une impulsion décisive : elles feraient sortir du grand foyer de corruption la restauration européenne de l'ordre moral.

§ 12.

9ᵐᵉ RÉGION. — CHARPENTIER (DU DEVOIR) (DE PARIS).

Les ouvriers parisiens doivent être classés parmi ceux dont la stabilité est le moins assurée, de nos jours, par la nature des lieux et la force des institutions. Les productions spontanées, qui, dans le Nord et l'Orient, offrent aux

populations clair-semées d'amples moyens de subsistance, ne sont ici représentées que par de faibles traces
(IV, In. 2). Le Décalogue, l'autorité paternelle, la religion
et la souveraineté, c'est-à-dire les quatre forces morales
qui, chez les populations agglomérées, aident l'homme à
trouver en lui-même les ressources que ne donnent plus
les libéralités de la nature, sont tombés en oubli (IV, In. 7).
Enfin, les trois forces matérielles, c'est-à-dire les trois
formes de propriété qui président à l'organisation des
moyens de subsistance, n'offrent plus à la population
ouvrière qu'un médiocre secours.

L'ascendant moral et le rôle utile des sept éléments
principaux d'une bonne constitution sociale ont été détruits
par les vices et surtout par les erreurs de l'ancien régime
en décadence. Les classes dirigeantes issues de nos révolutions, et même celles qui sortent chaque jour de la
classe ouvrière, ne se sont guère préoccupées jusqu'à ce
jour de remédier aux désordres sociaux qui régnaient
avant 1789, et qui ont été depuis lors singulièrement
aggravés. Elles souffrent beaucoup, mais moins que leurs
ouvriers, de l'ébranlement imprimé à la société. D'un autre
côté, elles se sentent responsables; et elles s'entendent
avec les gouvernants pour donner le change à la nation.
Elles lui persuadent que le vice radical de l'ancien régime
était dans les institutions, et non dans la corruption des
autorités qui les avaient en garde. Enfin, les hommes qui
tiennent à honneur de rester fidèles aux bonnes traditions
de leurs ancêtres hésitent trop à prononcer le *med culpâ*
du passé; et, par cela même, ils restent impuissants à
reconquérir, sur les contemporains, l'ascendant social
qu'ils exerceraient au grand profit de l'époque actuelle.
Sous l'influence de cette coalition tacite des classes dirigeantes, la connaissance de l'histoire est complétement

faussée parmi nous. Il est donc tout naturel que les ouvriers parisiens accordent encore leur confiance aux révolutions qui sont la source principale de leurs maux. On
s'explique qu'ils demandent, à l'esprit de nouveauté et aux
inventions les plus dangereuses, l'assistance que semble
leur refuser l'esprit de tradition.

Cependant, après 194 années de lente décadence et
de brusques révolutions, la vieille constitution française
n'est point encore complétement détruite. En me référant
à la précédente monographie (11), j'ai montré comment la
conquête de la propriété individuelle par le travail soutient encore les bonnes familles de la banlieue. La communauté a suscité, depuis 1848, des espérances chimé-
riques (IV, In. 3); mais elle offre encore aux maux des
ouvriers quelques palliatifs utiles (VIII, 21). Enfin, le patronage lui-même est moins désorganisé que ne le déclarent
les lettrés contemporains. Beaucoup de familles, appartenant à la bourgeoisie parisienne, exercent une influence
heureuse sur l'éducation professionnelle de leurs serviteurs : à ce sujet, la reconnaissance des ouvriers s'est souvent fait jour dans le cours de mes enquêtes; et on en
retrouve la trace, par exemple, non-seulement dans les
monographies de Paris (IX, 12), mais encore dans celles
des régions éloignées (IV, IV, 12).

Certaines classes d'ouvriers concourent, avec celles qui
ont été signalées pour la banlieue (VIII, 19 et 20), à retarder
la désorganisation de la vie parisienne. Les plus nombreuses
exercent une influence personnelle qui a pour appui les
bonnes mœurs contractées dès l'enfance dans la vie rurale.
Tel est le cas des Auvergnats - émigrants qui viennent, des
hautes montagnes du Cantal (IV, 19), exercer à Paris les
professions de portefaix, de porteurs d'eau, de brocanteurs
et de petits marchands en boutique. La force de résis-

tance, opposée au mal ambiant, est encore plus digne
d'admiration chez les charpentiers parisiens. Elle est
conservée, dans ce corps d'état, par les rites traditionnels
du compagnonnage (IX, 13). Ces rites, comme ceux de la
religion qui y sont liés intimement, sont les auxiliaires de
la loi morale; et leur origine, comme celle du Décalogue
lui-même, se perd dans la nuit des temps. La monographie
des charpentiers (du Devoir) suffirait, au besoin, pour
démontrer l'erreur des lettrés contemporains, qui font
consister essentiellement le progrès des sociétés dans « le
développement de l'esprit humain ». A ce point de vue,
en effet, on ne saurait comprendre le spectacle que nous
avons sous les yeux. Il serait inexplicable que des hommes
illettrés et des esprits incultes restassent unis par l'amitié
et la paix dans le milieu même que les classes savantes et
raffinées désorganisent par leurs haines et leurs discordes.

§ 13.

RÉSUMÉ DU TOME V : COMMENT SE PRODUIT, DANS LES SOCIÉTÉS DE L'OCCIDENT, LA TRANSITION DE L'ÉBRANLEMENT A LA DÉSORGANISATION.

Les faits exposés dans ce volume acheminent le lecteur
vers la conclusion définitive de cet ouvrage. Aujourd'hui,
comme aux autres époques de l'histoire, les hommes qui
possèdent le pouvoir, la science et la richesse, ne font pas
tous leur devoir; mais ceux qui l'enfreignent ne sont plus,
comme aux temps de la renaissance, les seuls auteurs du
mal. Ils ont pour alliés involontaires et pour auxiliaires
inconscients les propagateurs des inventions mémorables
qui augmentent aujourd'hui, dans des proportions inouïes,
les ressources matérielles de l'humanité. Faute de lumières

suffisantes sur la distinction du bien et du mal, les promoteurs des nouvelles entreprises ont ébranlé les constitutions sociales en brisant les rapports traditionnels qui
assuraient aux populations la stabilité et la paix. Ce résultat est souvent signalé dans ce volume : dans les campagnes, il est surtout produit par le passage des ouvriers
nomades attachés aux ateliers de travaux publics (VII, 1 s);
dans les villes manufacturières et sur les bassins houillers, par les agglomérations de familles dégradées ou
instables (VIII, 17).

Sous l'action énergique de l'industrie moderne, on voit
apparaître presque partout, en Occident, les deux degrés
successifs de la décadence, avec deux caractères très-
distinctifs. Tant que la paix sociale se maintient sans
recours à la force armée, le mal n'est qu'un ébranlement. Il se transforme en une désorganisation quand cette
force devient un moyen nécessaire de gouvernement local.
La souffrance matérielle et la multiplication des pauvres
sont le trait commun aux deux régimes; mais la transition de l'un à l'autre se produit surtout dans l'ordre
moral. Sous le premier régime, les classes dirigeantes
oublient la loi suprême en cédant à l'excitation des appétits sensuels. Sous le second, le peuple entier se révolte
contre elles, en s'inspirant de la souffrance, de l'orgueil
et du faux enseignement des lettrés. Ces nuances se montrent souvent dans les faits exposés au tome VI.

L'ORGANISATION

DES FAMILLES

DÉCRITES, EN NEUF CHAPITRES, SOUS FORME DE MONOGRAPHIES

ÉTUDES

SUR LES TRAVAUX, LA VIE DOMESTIQUE,
ET LA CONDITION MORALE DES OUVRIERS DE L'OCCIDENT

IIme SÉRIE. — POPULATIONS ÉBRANLÉES

D'APRÈS LES FAITS OBSERVÉS, DE 1829 A 1855,

Pour la 1re édition (in-folio) des *Ouvriers européens*

SOMMAIRE

DES MONOGRAPHIES

SOMMAIRE DES PRÉCIS DE MONOGRAPHIES

Exemple
des signes de renvoi au § 4 du ch. V des Monographies,
employés :

dans le texte même de ces Monographies et dans

ce volume. v, 4.

— les 5 autres volumes des *Ouvriers européens*. . . V, v, 4.

— les autres ouvrages de la Bibliothèque . . . . . . OE, V, v, 4.

L'ORGANISATION DES FAMILLES

CHAPITRE I

COMPAGNON-MENUISIER

DE VIENNE (AUTRICHE)

OUVRIER-TACHERON
dans le système des engagements momentanés,

D'APRÈS LES RENSEIGNEMENTS RECUEILLIS SUR LES LIEUX,
EN MAI 1853,

PAR MM. A. DE SAINT-LÉGER ET F. LE PLAY.

OBSERVATIONS PRÉLIMINAIRES

DÉFINISSANT LA CONDITION DES DIVERS MEMBRES DE LA FAMILLE.

Définition du lieu, de l'organisation industrielle et de la famille.

§ 1.

ÉTAT DU SOL, DE L'INDUSTRIE ET DE LA POPULATION.

La famille habite, dans le faubourg du Wieden, situé au sud-ouest de la ville de Vienne, la rue dite *Caroligasse*, à un kilomètre environ de la porte de Carinthie. L'ouvrier, chef de cette famille, a été attaché, pendant la majeure partie de sa vie, à la corporation (*Innung*) des menuisiers (18). Celle-ci est encore organisée sur les mêmes bases qui étaient adoptées par les anciennes corporations d'arts et métiers de la France, de l'Angleterre et des autres pays du Nord (III, I, 18). Sa principale spécialité est de pourvoir aux besoins de la population urbaine agglomérée, soit dans la ville proprement dite, soit dans les faubourgs. En ce moment, l'ouvrier travaille pour le compte d'une grande fabrique d'outils, tels que rabots, varlopes et scies, qui vend ses produits dans toute l'étendue de l'empire autrichien. Cette fabrique achève et monte les outils préparés par plusieurs usines situées dans les provinces. Ses opérations se sont développées en vertu d'un privilége par lequel le souverain a placé cette industrie hors du cadre des corporations urbaines, c'est-à-dire dans la condition où les grandes usines de France et d'Angleterre prirent leur essor dans le cours des deux derniers siècles.

L'ouvrier a choisi son habitation à proximité du fabricant auquel il est maintenant attaché, et qui demeure lui-même dans la principale rue du faubourg (*Wiedenhaupt-Strasse*). Il n'est lié en principe à ce fabricant que par un engagement momentané : cependant, les habitudes créées par le régime des corporations subsistent encore dans la population viennoise; et l'ouvrier se complaît dans la pensée que les relations qui l'attachent à son patron resteront permanentes. Le patron lui-même aime à encourager cette disposition, en accordant de petites subventions (7) qui lui concilient l'affection de la famille. La supériorité avec laquelle il exerce son industrie lui a d'ailleurs permis de repousser, jusqu'à ce jour, les atteintes de la mauvaise concurrence et de remplir envers ses ouvriers les devoirs du patronage.

§ 2.

ÉTAT CIVIL DE LA FAMILLE.

La famille comprend les deux époux, avec cinq enfants, savoir :

1. Jacob V**, chef de famille, né à Biernitz (Moravie), marié depuis 12 ans. 38 ans.
2. Francisca F**, sa femme, née à Stepanau (Moravie).............. 36 —
3. Carl V**, leur fils aîné, né à Vienne............................ 15 —
4. Christina V**, leur fille aînée, née à Vienne................... 11 —
5. Jacob V**, leur 2e fils, né à Vienne............................ 7 —
6. Wilhelmina V**, leur 2e fille, née à Vienne.................... 4 —
7. Franz V**, leur 3e fils, né à Vienne............................ 1 — 1/2

Les vieux parents des deux époux vivent à Biernitz et à Ste-panau dans une situation peu aisée, sans recourir à leurs enfants, qui seraient d'ailleurs dans l'impossibilité de les assister.

Bien qu'issue d'une race slave, la famille n'en a point con-servé les habitudes. Elle a adopté les mœurs urbaines de l'Alle-magne ; et, dans leur pratique individuelle, les deux époux ne gardent aucune trace des traditions qui distinguent les Slaves du Danube et de l'Adriatique (IV, 1, 22). Le contraste est surtout frappant, en ce qui touche les coutumes des fiançailles et du mariage (23).

§ 3.

RELIGION ET HABITUDES MORALES.

Les deux époux ont reçu au lieu natal une éducation reli-gieuse, dont l'influence s'est momentanément effacée pendant l'existence nomade qui a précédé le mariage. Aujourd'hui, ils suivent régulièrement les prescriptions de l'Église catholique : ils assistent aux exercices du culte (21) ; ils prennent part à la communion pascale ; et ils observent les prescriptions concernant la nourriture, autant que leur situation de fortune le permet.

Les deux époux ont reçu l'un et l'autre au lieu natal les élé-ments de l'instruction primaire ; et ils ont fait dès sept ans leur première communion. Le jeune garçon reçu apprenti a dû, con-formément aux règlements de la corporation, continuer à rece-voir l'instruction donnée au catéchisme et à pratiquer ses devoirs religieux. Devenu enfin « compagnon », il n'a pu entreprendre son « tour d'Autriche », et recevoir le passe-port qui l'autorisait à voyager, qu'en produisant les certificats constatant que, pen-dant la durée de son apprentissage, il avait rempli, sous ce rapport, ses obligations.

Attirés à Vienne par le désir de se créer un petit capital, les deux futurs époux paraissent avoir mené l'un et l'autre une conduite assez régulière. Ils ont cédé, à la vérité, à l'influence des mœurs relâchées de ce grand centre de population et des règlements locaux qui tendent à empêcher les mariages (17 et 22); mais l'union illégitime qu'ils ont contractée d'abord a été plus tard régularisée. Depuis lors, la famille a pu être considérée, au point de vue des habitudes morales, comme un des types les plus estimables de la population viennoise. La sollicitude des deux époux se concentre tout entière sur les intérêts de la communauté. Ils travaillent avec un zèle soutenu, sans se laisser jamais déranger par le goût du plaisir; et, à cet égard, ils se distinguent honorablement parmi les familles de même condition qui habitent le voisinage. Ils vivent avec sobriété et se privent de toute boisson spiritueuse. Les soins qu'exigent leurs enfants sont leur unique distraction.

Les deux époux rentrent d'ailleurs, par le manque de prévoyance, dans les habitudes dominantes de la population ouvrière de Vienne. La jeune fille, avant son mariage, avait une disposition prononcée pour l'épargne; et elle a concouru efficacement à l'établissement du ménage (6). Mais le découragement produit par une faillite, qui a privé le ménage de son petit capital, et l'accroissement incessant de la famille (2) ont peu à peu détruit tout germe de cette disposition. L'Auteur a même eu occasion d'observer, à cet égard, des nuances qu'il a paru intéressant de consigner dans une note spéciale (20).

§ 4.

HYGIÈNE ET SERVICE DE SANTÉ.

Le mari est rarement malade, mais la santé de la femme se dérange fréquemment depuis la naissance de sa première fille. Les enfants ont tous une santé faible et un tempérament lymphatique, qu'ils paraissent devoir à la résidence du ménage dans un rez-de-chaussée humide, où l'influence du soleil ne se fait pas suffisamment sentir.

Les compagnons menuisiers de Vienne sont ordinairement traités, lorsqu'ils sont malades, dans un hôpital où la corporation dispose d'un certain nombre de lits (18). L'ouvrier auquel s'applique spécialement la présente monographie recevrait, en cas de maladie, des secours aux frais de son patron qui lui en a fait la promesse formelle (7). Dans ces dernières années, la femme et les enfants ont toujours été traités aux frais de la commune. Lorsqu'un cas de maladie survient, l'ouvrier s'adresse à la section de son quartier (*Gemeinde Vorstand*) pour se faire délivrer un certificat d'indigence, constatant qu'il reçoit habituellement un subside de la commune (7). Sur le vu de cette pièce, le médecin du quartier vient visiter les malades à domicile. Les frais de médicaments sont supportés par une caisse placée sous la direction du curé de la paroisse, qui vise, à cet effet, les ordonnances faites par le médecin. Un pharmacien désigné par les règlements délivre gratuitement les médicaments contre la remise des bons ainsi visés.

§ 5.

RANG DE LA FAMILLE.

L'ouvrier occupe dans sa corporation le rang de compagnon (*Geselle*) (18). Il n'a jamais eu le désir de s'élever à la condition de maître (*Meister*), même à l'époque où il possédait un petit capital (12). Il a toujours compris qu'il n'avait, ni l'initiative, ni les aptitudes nécessaires pour devenir chef de maison. En s'attachant à un grand fabricant qui exerce sur lui un patronage bienveillant, l'ouvrier a trouvé une situation conforme à ses goûts et à ses besoins. Il est rétribué à la tâche pour fabriquer des outils d'après quelques modèles invariables : il peut donc travailler dans son ménage en compagnie de sa femme et de ses enfants. Il jouit ainsi jusqu'à un certain point de l'indépendance du chef de métier. Cependant, l'ouvrier ne se fait point illusion à cet égard : il comprend bien qu'en cas de maladie ou de revers imprévus, il devrait demander assistance à son patron, et à la bienfaisance publique. A cet égard, l'ouvrier montre un sens droit et une résignation dignes d'éloge; mais on ne saurait trop redire que les classes dirigeantes ont le devoir d'améliorer de telles situations.

Moyens d'existence de la famille.

§ 6.

PROPRIÉTÉS.

(Mobilier et vêtements non compris.)

IMMEUBLES 0ᶠ 00

La famille n'a jamais eu la pensée qu'il lui fût possible de s'élever à la propriété d'un immeuble : l'ouvrier n'a même point le désir de devenir « maître » dans sa corporation.

ARGENT 0ᶠ 00

Lors de son entrée en ménage, la femme a apporté à la communauté une somme de 800 francs, qui, après l'achat des meubles et des vêtements, s'est réduite à 565 francs. Cette somme, placée à intérêt par l'ouvrier chez le maître pour le compte duquel il travaillait, a été enlevée au ménage par la banqueroute de ce dernier. Découragée par cet événement, surchargée d'enfants et suivant d'ailleurs les habitudes dominantes de la population, la famille a perdu toute propension à reconstituer son épargne (22).

MATÉRIEL SPÉCIAL des travaux et industries 168ᶠ 80

1° *Pour l'exercice du métier de menuisier.* — 1 établi en bois de charme, 22ᶠ50; — assortiment de rabots et varlopes (100 pièces environ), 90ᶠ00; — assortiment de scies (8 pièces), 13ᶠ50; — assortiment de ciseaux (15 pièces), 7ᶠ20; — assortiment de limes, de râpes et compas (20 pièces environ), 9ᶠ00. — Total, 142ᶠ20.

2° *Pour la fabrication des gants.* — Instrument pour la couture des gants, 18ᶠ40; — aiguilles, dé, objets accessoires, 1ᶠ20. — Total, 19ᶠ60.

3° *Pour le blanchissage du linge et des vêtements.* — Chaudrons en fonte, baquets, cuvier, seaux, paniers et cordes, 7ᶠ00.

VALEUR TOTALE des propriétés 168ᶠ 80

§ 7.

SUBVENTIONS.

Établie au milieu d'une population très-agglomérée, la famille ne jouit d'aucune de ces subventions territoriales qui fournissent ailleurs des occasions permanentes de travail, et qui contribuent d'une manière si efficace au bien-être des ouvriers européens. Les subventions que reçoit la famille se composent exclusivement d'objets de consommation et de services. Ils proviennent à la fois du patron pour le compte duquel l'ouvrier travaille, de la commune et de deux associations de bienfaisance.

Le patron accorde la provision de combustible nécessaire pour le chauffage domestique, en faisant une remise d'un tiers sur le prix de vente du bois, et d'un demi sur le prix de vente des copeaux ; il fait la même remise sur les copeaux employés pour la confection des lits. Il donne ses vieux habits à l'ouvrier; chaque fois qu'il rencontre les jeunes enfants, il leur donne une petite somme avec laquelle on subvient aux achats de livres et de matériel pour l'école primaire. A l'occasion des grandes fêtes, il distribue aux enfants quelques vêtements neufs. Enfin, lorsque les enfants ont été éprouvés par la maladie, il accorde une indemnité spéciale, à l'aide de laquelle on leur distribue momentanément une nourriture plus substantielle que celle du ménage. Deux des maîtres menuisiers pour le compte desquels l'ouvrier a été employé (12), et qui ont gardé de lui un bon souvenir, prennent plaisir à faire à ses enfants quelques cadeaux de vêtements. Le principal commis de la fabrique donne aussi, de temps en temps, ses vieux vêtements à l'ouvrier. En raison de l'état de pénurie où la famille est plongée, le patron a dispensé celle-ci de contribuer à l'alimentation d'une caisse de secours mutuels établie dans sa maison pour subvenir aux frais de maladie de ses ouvriers, et à laquelle chaque ouvrier paie par semaine 22 centimes. Ainsi qu'on l'a indiqué précédemment (4), le patron s'est engagé, dans le cas où l'ouvrier serait malade, à prendre à sa charge tous les frais de traitement.

La commune, prenant en considération l'état d'indigence résultant du nombre des enfants dont la famille est chargée, lui accorde des secours réguliers en argent prélevés sur deux fonds constitués, l'un par l'Empereur, l'autre par une société de bienfaisance. La famille n'est point, du reste, visitée directement par des personnes appartenant à des sociétés de ce genre. En cas de maladie de la femme ou des enfants, la commune assure, à titre gratuit, les soins d'un médecin.

Enfin, une société de bienfaisance, placée sous la direction du curé de la paroisse, fait délivrer, à titre gratuit, les médicaments ordonnés par le médecin de la commune.

Toutes ces allocations, on peut le remarquer, ont pour la plupart le caractère d'une aumône. Celles qui sont supportées par l'État, par la commune et par les sociétés de bienfaisance, ont en définitive pour résultat de permettre aux chefs d'industrie de faire travailler leurs ouvriers moyennant un salaire réduit. Elles tendent, par conséquent, à accumuler, dans les grandes villes, des populations qui, sans cette excitation factice, resteraient attachées aux districts ruraux. Sous ce rapport, il y a lieu d'examiner sérieusement si les sociétés de bienfaisance des grandes villes de l'Occident, tout en obéissant aux plus généreuses inspirations, ne sont pas amenées à fausser, au grand danger des institutions sociales, un principe salutaire de l'ancienne économie européenne. Ce principe, transmis par la coutume, imposait à chaque chef d'industrie le devoir de subvenir aux besoins de tous ceux qui lui étaient attachés.

§ 8.

TRAVAUX ET INDUSTRIES.

TRAVAUX DE L'OUVRIER. — Le travail unique, exécuté pour le compte du patron (1), a pour objet la confection de pièces en bois destinées au montage des tranchants d'acier, des lames de scie, des fers de rabots et de varlopes, lesquels sont fabriqués dans les usines rurales appartenant au même chef d'industrie

La rétribution est établie en raison du nombre de pièces fabriquées. Pendant l'année 1852, qui a présenté des conditions moyennes, eu égard à l'activité des travaux et au montant des salaires, l'ouvrier a gagné une somme totale de 773ᶠ 07, avec un travail effectif de 288 journées environ, ce qui attribue à chaque journée un salaire moyen de 2ᶠ 684.

On peut considérer cependant comme travail accessoire quelques additions faites par l'ouvrier aux outils composant son petit atelier (6 et 16, B), de même que quelques réparations faites, de loin en loin, aux objets de bois faisant partie du mobilier domestique. La direction exclusive donnée dès l'enfance à son activité et le manque de toute occasion de travail qui ne se rattache pas à la profession de menuisier rendent l'ouvrier impropre à toute autre occupation.

Travaux de la femme. — La nombreuse famille que la femme doit soigner la détourne du travail industriel auquel elle s'appliquait autrefois avec succès. Elle l'oblige à consacrer la majeure partie de son temps aux travaux du ménage, à l'achat et à la cuisson des aliments, aux soins de propreté, à l'entretien des vêtements et du linge, et surtout au soin des enfants.

Pressée par une nécessité impérieuse, la femme, qui a toujours fait preuve d'habitudes laborieuses, parvient encore, au milieu de ces occupations, à consacrer environ 120 journées de travail effectif à la confection des gants, industrie qu'elle exerce depuis longtemps pour le compte d'un fabricant, et dans laquelle elle a acquis une véritable habileté. Douée de beaucoup d'intelligence, la femme réussit bien, depuis qu'elle est dans la gêne, à confectionner elle-même la plupart des vêtements de toile et de coton nécessaires à la famille. Enfin, le blanchissage des vêtements et du linge, que beaucoup d'ouvriers viennois font exécuter à prix d'argent et dont la femme se charge elle-même, doit encore être considéré comme une des industries lucratives concourant au bien-être de la famille.

Travaux du fils aîné. — Cet enfant, aujourd'hui âgé de quinze ans, vient d'être reçu en qualité d'apprenti par un maître de la corporation des menuisiers, chez lequel il est nourri et logé. Il reçoit de temps en temps chez les pratiques de son maître quelques petites gratifications, au moyen desquelles on subvient en partie à l'achat de ses vêtements ; le surplus de cette dépense est encore à la charge de la famille.

Industries entreprises par la famille. — Les industries qui peuvent être considérées comme personnelles à l'ouvrier sont les spéculations qu'il fait à l'occasion du travail de sa profession, soit en substituant le système de la tâche au système du salaire journalier, soit en fournissant lui-même les outils. On peut encore y rattacher la fabrication partielle de ces outils et l'entretien des objets de bois faisant partie du mobilier domestique.

Les industries exercées par la femme sont, comme on vient de l'indiquer, la confection d'une partie des vêtements et le blanchissage des vêtements et du linge de la famille.

Mode d'existence de la famille.

§ 9.

ALIMENTS ET REPAS.

La famille fait en toute saison trois repas, qui sont toujours pris dans l'intérieur du ménage, savoir : le déjeuner à 8 heures, le dîner à midi, le souper à 7 heures.

Le déjeuner se compose invariablement d'une infusion de café pur (18 grammes), avec lait (0^{lit} 700) et sucre (56 gr.), dans laquelle on trempe de petits pains frais de froment (*Säm-men*), au nombre de onze et pesant environ 550 grammes.

Le dîner se compose toujours d'une soupe (*Suppe*) ou d'un mets de farine (*Mehlspeise*), auxquels on joint souvent un plat de légumes (*Zuspeise*). Ces mets offrent une grande variété : ils se préparent tous avec des quantités d'aliments qui, pour chaque mets, restent invariables pendant toute l'année, et que la ménagère achète pour chaque repas, sans jamais en faire provision (20).

La soupe à la viande (*Fleischsuppe*), l'une des plus employées, se prépare avec : eau, 2^{lit} 82; viande de bœuf, 280 grammes; poumons de bœuf, 35 grammes; sel, 25 grammes; légumes verts, carottes et oignons. A cette soupe on joint des préparations de céréales très-diverses, savoir : des boulettes de pâte (*Knödel*), une sorte de vermicelle (*Nudeln*), de petits pains secs, du riz, de l'orge mondé et du gruau de froment.

La soupe à la graisse (*eingebrannte Suppe*) se prépare avec : graisse de porc, 70 grammes; farine de froment (2e qualité), 57 grammes; sel, 30 grammes; on trempe avec ce bouillon 350 grammes de pain de seigle.

La famille s'applique, autant que ses ressources le lui permettent, à observer l'abstinence des jours maigres; elle mange alors de la soupe aux pommes de terre (*Erdäpfelsuppe*) ou de la soupe à la crème (*Rahmsuppe*). Pour préparer cette dernière, on fait un mélange avec : crème de lait de vache, 0^{lit} 354; 1 œuf; et farine, 57 grammes; on fait bouillir ce mélange avec : eau, 2^{lit} 13; sel, 12 grammes; et un peu d'anis; enfin, on trempe avec ce bouillon 350 grammes de pain de seigle.

Le mets de légumes se mange ordinairement avec la viande de la soupe; il se prépare avec des choux conservés (*Kraut*) et des pommes de terre employées isolément ou mélangées. Ces légumes, après avoir été cuits à l'eau, sont assaisonnés avec une sauce composée de graisse, de farine et d'eau.

Les Mehlspeise sont encore plus variés que la soupe; le plus estimé, nommé *Kugelupf*, et que l'on prépare seulement dans les grandes solennités, est composé de farine de froment, d'œufs, de lait, de ferment et de raisins d'Italie.

Le souper se compose invariablement de pain et d'une infusion de café au sucre, en quantités indiquées ci-après : café, 18 grammes; sucre, 56 grammes; eau, 0^{lit} 720; petits pains frais au nombre de 12, pesant environ 600 grammes.

La famille ne joint jamais de spiritueux aux aliments qu'on vient d'indiquer; elle ne fait usage d'aucune autre boisson que le café, pas même d'eau pure. L'Auteur n'a jamais remarqué ailleurs cette particularité; elle n'est pas rare chez les ouvriers viennois vivant avec sobriété.

§ 10.

HABITATION, MOBILIER ET VÊTEMENTS.

La famille occupe deux petites pièces de rez-de-chaussée, prenant leur jour sur la cour intérieure d'une grande maison, et offrant une surface totale de 32 mètres carrés, savoir : 1 cuisine à 1 fenêtre, 9^{mq}; 1 chambre à coucher à 3 lits et atelier, 23^{mq}. Le père couche dans l'un des lits avec le jeune garçon de quatre ans; la mère couche dans le second avec le plus jeune enfant et les deux filles couchent dans le troisième.

La famille peut, en outre, disposer une fois chaque quinzaine d'un grenier qui, les jours de pluie, sert au séchage du linge. La cour de la maison, le corridor qui donne accès au logement et le logement lui-même sont blanchis à la détrempe; mais le logement proprement dit est tenu avec peu de propreté.

Les meubles et les ustensiles ne signalent aucune tendance à adopter les habitudes de la vie bourgeoise. La valeur en peut être approximativement évaluée ainsi qu'il suit :

MEUBLES : ne présentant que le strict nécessaire.   201^f 10

1° *Lits.* — 3 lits en bois commun, 10^f 80; — 3 paillasses remplies de copeaux, 8^f 10; — 3 couvertures de plumes, 67^f 50; — 3 oreillers de plumes, 27^f 00; — 3 étuis de couverture en indienne, 12^f 60; — 3 étuis pour oreillers, en étoffe de coton de couleur à carreaux, 5^f 40; — 1 petit lit garni, à roulettes, dans lequel le jeune enfant repose pendant la journée, 17^f 10. — Total, 148^f 50.

2° *Mobilier des deux pièces.* — 1 armoire en bois peint, 9^f 00; — 1 coffre à vêtements fermant à clef, 10^f 00; — 1 chiffonnière, 2^f 70; — 1 table à manger, 0^f 90; — 1 table à ouvrage, 0^f 90; — 3 petites images encadrées, présents faits par des amis, 0^f 45; — 2 coffres en bois blanc, pour linge et vêtements, 3^f 60; — 4 chaises en paille, 3^f 30; — 1 miroir de 2 décimètres carrés, 0^f 15; — 1 horloge à poids, 3^f 60; — 1 poêle-cuisine en tôle, ayant coûté neuf, avec ses tuyaux, 18^f 00. — Total, 52^f 60.

USTENSILES : ne comprenant que ce qui est absolument nécessaire aux besoins du ménage..............   11^f 37

1° *Pour le service de l'alimentation.* — 12 pots en terre, assortis, pour la préparation des aliments indiqués plus haut (9), 1^f 35; — 6 tasses à café en faïence blanche, 0^f 90; — 7 plats et assiettes en faïence grossière, 0^f 45; — 1 verre à boire, 0^f 22; — cuillers, fourchettes et couteaux, 0^f 30; — 1 rouleau de bois pour travailler la pâte de farine et ustensiles divers de cuisine, 1^f 15. — Total, 4^f 37.

2° *Pour usages divers.* — 1 lampe à huile, en verre, enchâssée dans un bloc de bois, 0ᶠ 80; — 2 seaux, 2 paniers, menus ustensiles de cuisine et objets divers, 6ᶠ 20. — Total, 7ᶠ 00.

Linge de ménage : objets indispensables...... 26ᶠ 20

3 draps de dessous, de toile mélangée (chanvre et coton), 8ᶠ 20; — 3 étuis de couvertures et 3 étuis d'oreillers en toile blanche (de rechange), 18ᶠ 00.

Vêtements : ceux du dimanche, acquis avant le mariage, quand les deux époux n'étaient point surchargés de famille, indiquent un ancien état d'aisance : le non-renouvellement de ces vêtements et l'état actuel des vêtements de travail indiquent, au contraire, un état habituel de pénurie....... 240ᶠ 65

Vêtements de l'ouvrier (77ᶠ 10).

Vêtements du dimanche (portés seulement à l'église, remplacés par les vêtements de travail dès le retour à la maison).— 1 redingote de drap bleu, 5ᶠ 60; — 1 habit de drap noir, 16ᶠ 20, — pantalons de drap noir (pour l'hiver), 7ᶠ 90; — pantalons de laine fine (pour l'été), 6ᶠ 55; — pantalons de croisé de coton blanc (pour l'été), 3ᶠ 25; — pantalons de coton à carreaux (pour l'été), 3ᶠ 10; — 1 gilet de soie noire, 2ᶠ 85; — 1 gilet de piqué de coton blanc, 2ᶠ 60; — 1 devant de chemise de coton, à plis, 0ᶠ 25; — 1 cravate de soie noire, 1ᶠ 05; — 1 chapeau de feutre noir, déjà réparé deux fois, 2ᶠ 10; — 1 paire de bottes, 1ᶠ 60. — Total, 53ᶠ 05.

2° *Vêtements de travail.* — 4 chemises de lin, durant chacune 5 ans, 8ᶠ 75; — 1 redingote de drap, achetée à la friperie, 3ᶠ 80; — 1 redingote d'été, 0ᶠ 95; — 1 vieille redingote d'été, donnée par le patron, 1ᶠ 20; — 2 vieux pantalons de drap, donnés par le patron, 3ᶠ 20; — 2 pantalons de coton, 2ᶠ 25; — 2 tabliers de travail, en toile bleue forte, 1ᶠ 25; — 3 gilets de coton, reçus en présent du commis de la fabrique, 0ᶠ 70; — 2 paires de caleçons en toile blanche (pour l'hiver), 1ᶠ 10; — vieilles cravates de coton et de soie, reçues en présent du patron, 0ᶠ 25; — bas (l'ouvrier n'en porte jamais, pas même le dimanche); — 2 paires de savates en cuir, sans talon, 0ᶠ 60. — Total, 24ᶠ 05.

Vêtements de la femme (134ᶠ 75).

1° *Vêtements du dimanche.* — 1 robe de noce, en soie grise foncée, portée seulement aux 5 grandes fêtes annuelles, conservée soigneusement pour être donnée comme robe de noce à la jeune fille, 40ᶠ 25; — 1 robe de laine, portée les jours de beau temps, soigneusement conservée (confectionnée par le tailleur), 22ᶠ 10; — 1 robe de coton à carreaux, portée 2 ans, comme vêtement de dimanche, avant d'être portée comme vêtement journalier (de confection domestique), 3ᶠ 80; — 2 jupons de dessous en coton blanc (confection domestique), 5ᶠ 35; — 1 jupon de dessous, pour l'hiver, en coutil épais (*Parket*), 3ᶠ 10; — 1 châle de laine noire (*schwartz Obertuch*), 6ᶠ 20; — 3 mouchoirs de cou, en soie de France, 6ᶠ 45; — 1 chapeau de soie avec rubans de soie, acheté pour la noce, 2ᶠ 60; — 1 bonnet de soie noire, 1ᶠ 00; — 2 bonnets de batiste blanche, portés les jours de mauvais temps, 3ᶠ 75; — 4 paires de bas de coton blanc, durant chacune 5 ans, 2ᶠ 90; — 1 paire de bottines lacées (cuir et velours), achetée pour la noce, 1ᶠ 05; — 1 paire de souliers en cuir, 0ᶠ 90; — 2 paires de gants (confection domestique), 0ᶠ 45. — Total, 99ᶠ 90.

2° *Vêtements de travail.* — 4 chemises de lin et de coton, 7ᶠ 50; — 3 vieilles robes de coton de couleur, ayant servi précédemment comme vêtement du dimanche, 6ᶠ 15; — 1 vieux jupon blanc, ayant servi comme vêtement du dimanche, 1ᶠ 20; — 1 vieux jupon de coutil (*Parket*), ayant servi comme vêtement du dimanche, 1ᶠ 65; —

1 vieux jupon d'indienne, donné en présent par une dame chez laquelle la femme a
été en service, 0ᶠ 80; — 5 paires de vieux bas de coton blanc, ayant déjà servi 5 ans
pour les dimanches, 0ᶠ 95; — 6 mouchoirs de cou, en coton imprimé, 1ᶠ 90; —
1 paire de vieux souliers, ayant servi pour les dimanches (pour la maison), 0ᶠ 50; —
2 paires de bottines, en cuir et en vieux drap, pour sortir et pour aller à l'église les
jours de mauvais temps, 3ᶠ 35; — 1 bonnet d'hiver, en soie noire, 1ᶠ 30; — 4 bonnets
d'été, en coton blanc (confection domestique), 1ᶠ 40; — 1 manteau (*Mantel*), en coton
noir, doublé de gris, 8ᶠ 15. — Total, 34ᶠ 85.

VÊTEMENTS DE 4 ENFANTS faisant partie du ménage (28ᶠ 80).

VALEUR TOTALE du mobilier et des vêtements....   479ᶠ 32

§ 11.

RÉCRÉATIONS.

Les deux époux, même avant le mariage, ont toujours été
peu portés vers les récréations, telles que les théâtres, les bals
publics, les guinguettes, qui sont, pour la population ouvrière de
Vienne, une occasion de dépenses considérables. La seule récréation donnant lieu à une dépense, que la famille se permette de
loin en loin, est d'ajouter un plat à l'ordinaire du ménage, et
particulièrement de préparer une bonne soupe et un Kugelupf (9)
aux cinq grandes fêtes de l'année. La récréation ordinaire consiste à faire, le dimanche, une promenade avec tous les enfants,
sur les remparts situés entre la ville proprement dite et les faubourgs. Quelquefois on conduit les enfants jusqu'au parc public
(le *Prater*). L'existence sévère à laquelle cette famille est condamnée forme un contraste frappant avec celle qui est acquise à
la plupart des ouvriers ruraux. Les enfants surtout souffrent
beaucoup de l'état habituel de réclusion qui leur est imposé dans
un logement peu aéré et dans une cour privée de soleil (10).

Histoire de la famille.

§ 12.

PHASES PRINCIPALES DE L'EXISTENCE.

Les simples événements qui ont marqué, jusqu'à ce jour,
l'existence de l'ouvrier décrit dans la présente monographie

indiquent parfaitement l'organisation des corporations urbaines d'arts et métiers (18), qui subsistent encore dans cette partie de l'Europe, et qui ont joué dans l'Occident un rôle si considérable (III, VIII, 17; IV, VII, 20). L'histoire particulière des deux époux est d'ailleurs bien propre à signaler les dangers du régime nouveau, qui enlève incessamment aux campagnes, pour l'accumuler dans les villes, la partie la plus laborieuse et la plus entreprenante de la population.

Né en Moravie dans un bourg de six cents âmes, l'ouvrier, après avoir joui, jusqu'à l'âge de onze ans, de toute la liberté compatible avec les exercices de l'école primaire et du catéchisme, a été placé comme apprenti, pendant quatre ans, chez un menuisier du bourg, ami de la famille. A l'expiration de ce délai, ce jeune homme fut reçu compagnon, et continua à travailler en cette qualité, pendant un an, chez son maître.

Parvenu à l'âge de seize ans, le compagnon se détermina à faire son tour d'Autriche : c'est ainsi qu'il exerça successivement sa profession : à Znaïm pendant trois mois; à Kremnitz et à Pulkau pendant six mois; pendant deux semaines seulement à Speyer et à Salzburg, qu'il fut obligé de quitter faute d'ouvrage. Dans cette partie de son voyage, qui fut la plus pénible pour lui, il profita souvent des priviléges accordés par l'usage, et se procura des moyens d'existence, tantôt en s'adressant aux bureaux des corporations de menuisiers, aux maîtres ou même aux compagnons, tantôt en se présentant aux couvents d'hommes ou de femmes appartenant au culte catholique, tantôt enfin en demandant aux paysans la nourriture et l'abri. L'ouvrier fut plus heureux en Styrie; et il y compléta son tour de deux années, en séjournant successivement à Ischl, à Grätz et à Bruck.

Arrivé enfin dans la capitale avec le désir de s'y fixer définitivement, l'ouvrier s'attacha successivement à quatre maîtres de la corporation des menuisiers, chez lesquels il travailla douze ans, toujours pourvu d'ouvrage, mais sans avoir le désir de s'élever au-dessus de la condition de compagnon et sans faire aucune épargne. Le salaire journalier, qui, dans les dernières années de son célibat, s'était élevé progressivement jusqu'à 2ᶠ 70, fut alors employé, jusqu'à l'époque de son mariage, à introduire plus de recherche dans la nourriture, et à acquérir les vêtements de choix dont l'énumération est donnée au § 10.

La femme, née également dans un petit bourg de Moravie, resta jusqu'à onze ans dans la maison paternelle, où elle s'initia à la tenue d'un ménage, tout en suivant les exercices du catéchisme et de l'école. Douée d'intelligence et de dextérité manuelle, elle y acquit des notions assez étendues de lecture, d'écriture et de calcul, de couture, de marque et de tricot. Elle fut d'abord placée en service à cinq lieues du pays natal, dans une maison bourgeoise de la ville de Brunn. Ayant été frustrée des gages annuels de 10ᶠ 80 qui avaient été stipulés en sa faveur, elle entra à douze ans dans une nouvelle maison, où elle reçut pendant deux ans des gages de 13ᶠ 50; elle fut ensuite admise, pendant trois ans, aux gages de 14ᶠ 40, dans une grande maison où elle se perfectionna dans les travaux de couture. Conformément aux règlements de police, elle revint alors au pays pour s'y faire délivrer un passe-port, puis elle vint de nouveau servir à Brunn pendant une année aux gages de 63 francs. Agée de dix-huit ans et en possession d'une épargne de 45 francs, elle se décida alors à aller chercher fortune à Vienne, en payant pour son voyage en diligence une somme de 9 francs.

Le jour de son arrivée, elle trouva dans une auberge un gîte pour la nuit, au prix de 0ᶠ 20; mais, dès le lendemain, elle se procura un logement garni, au prix de 1ᶠ 10 par semaine, en parcourant la ville et en se guidant à l'aide de ces écriteaux qui indiquent que dans telle maison on a un lit à louer pour une fille ou pour un garçon. Enfin, trois jours après son arrivée, elle était en possession d'une place de femme de chambre chez un bourgeois de la ville, grâce à l'intervention d'un bureau de placement, auquel elle dut donner une indemnité de 1ᶠ 35.

Dans cette première condition, où elle resta six mois, elle avait 15 francs de gages mensuels, plus une indemnité de 3 francs, à l'aide de laquelle elle devait acheter elle-même le pain nécessaire à sa nourriture; les autres aliments étaient fournis par le maître. Dans une seconde place, qui lui manqua également après six mois par le décès du maître, elle obtint, outre la nourriture complète, 20 francs par mois, plus une indemnité de 5 à 12 francs au nouvel an. Dans une troisième place enfin, où, par un événement fortuit, elle ne resta qu'un an, elle n'obtint avec la nourriture que des gages mensuels de 15 francs.

Découragée par ces changements réitérés de situation, la jeune fille, alors âgée de vingt ans, prit le parti de s'attacher à l'industrie ; et elle débuta dans cette nouvelle carrière chez un filateur de laine. Grâce à sa dextérité, à sa bonne conduite et à ses habitudes laborieuses, elle put gagner de suite un salaire journalier de 0^f 84, qui, après un apprentissage de trois mois, fut porté à 2^f 25. Malheureusement, après un an, la banqueroute du fabricant vint lui enlever ce moyen d'existence.

Après quelques recherches et un court noviciat, la jeune fille parvint à se faire employer chez un marchand d'estampes en qualité de colorieuse, au prix de 2^f 30 par jour; mais, ce travail lui étant donné d'une manière trop intermittente, elle dut aborder une nouvelle profession et se livrer à la couture des gants pour le compte d'un fabricant de cet article, qui lui a fourni de l'ouvrage jusqu'à ce jour. Elle était alors compagne de lit, dans une maison garnie, d'une jeune ouvrière qui s'était liée d'amitié avec elle et qui menait une conduite peu régulière. C'est dans ces circonstances qu'elle commença à se lier avec l'ouvrier qu'elle épousa trois ans plus tard. A cette époque elle avait accumulé à la caisse d'épargne une somme de 800 francs, que les frais d'entrée en ménage réduisirent de 235 francs, savoir : achat de meubles et de linge, 80^f 00; — frais de mariage, 38^f 00; — complément des habits de noce de la femme, 50^f 00; — complément des habits de noce du mari, 67^f 00. — Total, 235^f 00.

Le ménage, en possession de 565 francs environ, fruit des économies que la femme avait faites avant le mariage, n'ayant charge que d'un seul enfant, disposant des recettes des deux époux, se trouvait alors dans un état d'aisance qui ne tarda pas à s'évanouir. La banqueroute du maître chez lequel l'ouvrier travaillait depuis plusieurs années dépouilla la famille de l'épargne qu'elle avait placée chez lui. La naissance de nouveaux enfants vint tarir les recettes provenant du travail de la femme. Nonobstant l'appui qui lui fut constamment prêté par son nouveau maître, la famille tomba peu à peu dans l'état de pénurie que constate la présente monographie, et qui ne paraît pas devoir prendre fin. Il est probable, en effet, que, lorsque les enfants seront en âge de se suffire à eux-mêmes, les parents, devenus vieux, ne pourront plus se créer par leur travail des ressources suffisantes. Les enfants, d'un tempéramment lymphatique et d'une santé chétive, éprouveront vraisemblablement de sérieuses difficultés à se créer une situation indépendante; en sorte que la majeure partie de cette famille paraît devoir se rattacher dorénavant à ces populations misérables qui envahissent peu à peu toutes les grandes villes de l'Occident.

§ 13.

MŒURS ET INSTITUTIONS ASSURANT LE BIEN-ÊTRE PHYSIQUE ET MORAL DE LA FAMILLE.

La famille décrite dans la présente monographie, condamnée aujourd'hui, à raison de la surcharge d'enfants (2), à un état permanent de pénurie, tomberait dans une misère profonde si la maladie ou des infirmités précoces venaient tarir les recettes dues au travail de l'ouvrier. Cet état de misère menace les deux époux, dans le cas où ils parviendraient à une vieillesse avancée. Il n'y a pas lieu d'espérer, en effet, que leurs enfants puissent un jour les soutenir, pas plus qu'eux-mêmes ne seraient en mesure aujourd'hui de soutenir leurs propres parents.

Les corporations (18), dont les derniers vestiges apparaissent dans la présente monographie, garantissaient le bien-être des ouvriers en limitant le nombre des maîtrises, lequel était fixé en raison des besoins permanents de la population urbaine. Le salaire accordé aux compagnons était lui-même fixé traditionnellement en raison des besoins d'un ménage; et, en cas de surcharge d'enfants, il était complété par quelque subvention émanant de la corporation. Les nouvelles méthodes de travail multiplient les grandes usines (1) qui sortent du cadre trop étroit des anciennes corporations : elles ont en fait abrogé ces institutions, et détruit les garanties qui y étaient attachées (19). Ces usines sont dorénavant autorisées à accumuler dans les villes des quantités indéfinies d'ouvriers, sauf, dans les cas de détresse commerciale, à laisser ces derniers sans autre moyen d'existence que la charité publique.

Le fabricant auquel est attaché l'ouvrier décrit dans la présente monographie, l'un des premiers qui aient introduit chez les menuisiers de la ville de Vienne les habitudes de la grande industrie, a pu, jusqu'à ce jour, combattre par son habileté les excitations de la mauvaise concurrence, et conserver en partie envers les ouvriers qu'il emploie les habitudes de patronage propres à l'ancienne économie industrielle (7). Néanmoins, l'étendue considérable donnée aux opérations de cette entreprise n'a pu être obtenue qu'en établissant un tarif de salaires réellement insuffisant pour les familles chargées d'enfants. Le déficit qui se produit dans le budget domestique laisse les familles dans l'état le plus précaire; il est à peine comblé par des subventions émanant à la fois de la commune ou des sociétés de bienfaisance (7). Cet état de choses paraît devoir encore s'aggraver quand la grande industrie qui ne fait que de naître en Autriche aura pris plus de développement. Il n'est pas probable que le remède se trouve dans le maintien des anciennes corporations, qui ne peuvent plus se concilier avec le développement irrésistible des grandes manufactures. Ici cependant, comme cela est déjà constaté dans plusieurs contrées engagées depuis longtemps dans les voies nouvelles, on comprendra bientôt qu'on ne peut s'écarter impunément des principes conservateurs de toute société. La liberté dont l'industrie ne saurait dorénavant se passer impose aux patrons qui en profitent certaines obligations. Si ces dernières n'étaient pas remplies, la force des choses ramènerait l'intervention de la loi. Déjà, sous l'influence de bonnes traditions, ou à la suite de dures épreuves (III, IX, 18), l'initiative intelligente des patrons a signalé sous ce rapport, dans certains districts manufacturiers, la voie qu'il convient de suivre.

§ 14. — BUDGET DES RECETTES DE L'ANNÉE.

SOURCES DES RECETTES.	ÉVALUATION approximative des sources de recettes.
	VALEUR des propriétés.
SECTION Ire.	
Propriétés possédées par la famille.	
ART. 1er. — PROPRIÉTÉS IMMOBILIÈRES.	
(La famille ne possède aucune propriété de ce genre)...............................	»
ART. 2. — VALEURS MOBILIÈRES.	
MATÉRIEL SPÉCIAL des travaux et industries :	
Pour l'exercice du métier de menuisier..	142f 20
Pour la fabrication des gants (travail de la femme)...............................	19 60
Pour le blanchissage du linge (travail de la femme)..............................	7 00
ART. 3. — DROIT AUX ALLOCATIONS DE SOCIÉTÉS D'ASSURANCES MUTUELLES.	
(La famille ne fait partie d'aucune société de ce genre)............................	»
VALEUR TOTALE des propriétés...........................	168 80
SECTION II.	
Subventions reçues par la famille.	
ART. 1er. — PROPRIÉTÉS REÇUES EN USUFRUIT.	
(La famille ne reçoit aucune propriété en usufruit).................................	
ART. 2. — DROITS D'USAGE SUR LES PROPRIÉTÉS VOISINES.	
(La famille ne jouit d'aucun produit de ce genre)................................	
ART. 3. — ALLOCATIONS D'OBJETS ET DE SERVICES.	
ALLOCATIONS concernant la nourriture......................................	
— concernant l'habitation..	
— concernant le vêtement..	
— concernant les besoins moraux et le service de santé........................	
— concernant les industries...	

§ 14. — BUDGET DES RECETTES DE L'ANNÉE.

RECETTES.	MONTANT DES RECETTES.	
	VALEUR des objets reçus en nature.	RECETTES en argent.
SECTION Ire.		
Revenus des propriétés.		
ART. 1er. — REVENUS DES PROPRIÉTÉS IMMOBILIÈRES.		
(La famille ne jouit d'aucun revenu de ce genre).............	»	»
ART. 2. — REVENUS DES VALEURS MOBILIÈRES.		
Intérêt (5 p. 100) de la valeur de ce matériel.............	»	7 11
— — —	»	0 98
— — —	0f 35	»
ART. 3. — ALLOCATIONS DE SOCIÉTÉS D'ASSURANCES MUTUELLES.		
(La famille ne reçoit aucune allocation de ce genre).............	»	»
TOTAUX des revenus des propriétés.............	0 35	8 09
SECTION II.		
Produits des subventions.		
ART. 1er. — PRODUITS DES PROPRIÉTÉS REÇUES EN USUFRUIT.		
(La famille ne jouit d'aucune propriété de ce genre).............	»	»
ART. 2. — PRODUITS DES DROITS D'USAGE.		
(La famille ne jouit d'aucun produit de ce genre).............	»	»
ART. 3. — OBJETS ET SERVICES ALLOUÉS.		
Secours permanent en argent distribué par la commune, à raison de surcharge d'enfants, sur un fonds accordé par l'Empereur.	»	11 25
Secours permanent distribué sur les fonds créés par une société de bienfaisance ...	»	6 75
Remises faites par le patron sur la valeur du bois et des copeaux employés pour le chauffage domestique, savoir :		
Sur les copeaux employés comme combustible.............	10 95	»
Sur les copeaux employés pour remplir les paillasses des lits.	1 20	»
Sur le bois employé comme combustible.............	9 75	»
Vêtements vieux et neufs accordés par divers, savoir :		
Vieux vêtements donnés à l'ouvrier : par son patron, 1f 08 ; — par le commis du patron, 0f 49 ; — à la femme, par une ancienne maîtresse, 0f 60.	2 17	»
Vêtements vieux et neufs donnés aux enfants par le patron.	6 25	»
Livres et matériel d'école donnés par le patron.............	1 80	»
Secours de la médecine et de la pharmacie :		
Maladies de l'ouvrier : frais payés par le patron.............	4 20	»
Maladies de la femme et des enfants :		
Honoraires du médecin payés par la commune.............	6 45	»
Médicaments payés par une société de bienfaisance.	3 17	»
Nourriture de choix donnée aux enfants aux frais du patron...	4 85	»
Bois donné par le patron pour la fabrication des outils............. (16, B)	2 38	»
TOTAUX des produits des subventions.............	53 17	18 00

§ 16. — BUDGET DES RECETTES DE L'ANNÉE (SUITE).

SOURCES DES RECETTES (SUITE).

DÉSIGNATION DES TRAVAUX ET DE L'EMPLOI DU TEMPS.	QUANTITÉ de travail effecté.	
	père	mère
	journées	journées

SECTION III.
Travaux exécutés par la famille.

	père	mère
TRAVAIL PRINCIPAL, exécuté à la tâche au compte d'un chef d'industrie : Confection d'outils en bois (scies, rabots et varlopes)............	238	»
TRAVAIL PRINCIPAL, spécial à la femme : Travaux de ménage : préparation des aliments, soins donnés aux enfants, soins de propreté concernant l'habitation et le mobilier, entretien des vêtements...............	»	170
TRAVAUX SECONDAIRES : Fabrication des outils en bois employés par l'ouvrier lui-même.........	3	»
Entretien des meubles en bois du ménage........	2	»
Fabrication des gants au compte d'un chef d'industrie (c'était le travail principal de la femme quand le ménage n'était pas surchargé d'enfants).........	»	125
Blanchissage des vêtements et du linge...........................	»	32
Raccommodage des vêtements............	»	8
Confection des vêtements neufs...	»	7
NOTA. — Le fils aîné, placé chez un maître menuisier, en qualité d'apprenti, commence à se livrer au travail...............	»	»
TOTAUX des journées de tous les membres de la famille.......	293	342

SECTION IV.
Industries entreprises par la famille
(à son propre compte).

SPÉCULATIONS relatives aux travaux de menuiserie exécutés par l'ouvrier pour le compte d'un chef d'industrie...

    Substitution du travail à la tâche au travail à la journée................................. ....
    Fourniture du matériel de fabrication.. ....

SPÉCULATIONS relatives à la confection des gants, exécuté par la femme pour le compte d'un chef d'industrie....

    Substitution du travail à la tâche au travail à la journée................................. ......
    Fourniture du matériel de fabrication.. .....

INDUSTRIES entreprises au compte de la famille :

    Fabrication et entretien des outils employés par l'ouvrier lui-même........ ....
    Entretien des objets en bois du mobilier domestique............. ....
    Blanchissage des vêtements et du linge de la famille................................. ....
    Confection des vêtements neufs de la famille.. ...

§ 14. — BUDGET DES RECETTES DE L'ANNÉE (SUITE).

PRIX des salaires journaliers.		RECETTES (SUITE).	MONTANT DES RECETTES	
père	mère		VALEUR des objets reçus en nature.	RECETTES en argent.
fr. c.	fr. c.	**SECTION III.**		
		Salaires.		
		[Non compris la portion des salaires considérée comme le bénéfice des spéculations (S⁰ⁿ IV).]		
2 35	»	Salaire que recevrait un journalier exécutant le même travail et ne fournissant que son travail...................... (16, A)	»	670f80
»	»	(Aucun salaire ne peut être attribué à ces travaux)..........	»	»
1 75	»	Salaire total attribué à ce travail.........................	5f25	»
1 55	»	....	3 10	»
»	0 78	Salaire que recevrait une ouvrière exécutant le même travail à la journée....................................... (16, C)	»	97 50
»	0 75	Salaire total attribué à ce travail................... (16, D)	24 00	»
»	»	(Aucun salaire ne peut être attribué à ce travail)...........	»	»
»	0 714	Salaire total attribué à ce travail.	5 00	»
»	»	(Les menues gratifications accordées à cet enfant, logé chez son maître, ne figurent pas ici parmi les recettes du ménage)....	»	»
		TOTAUX des salaires de la famille.............	37 35	774 30

			CALCUL des salaires journaliers moyens.		
		SECTION IV.			
		Bénéfices des industries.			
		(Y compris la portion des salaires considérée comme le bénéfice des spéculations.)			
		Salaire que recevrait un journalier exécutant le même genre de travail et ne fournissant que son travail (S⁰ⁿ III)........................	2f 35		
		Supplément de salaire résultant de cette substitution...................	0 24	»	69 20
		— de salaire résultant de cette fourniture...............	0 094	»	27 07
		TOTAL du salaire journalier moyen de l'ouvrier.... (16, A)	2 684		
		Salaire que recevrait une ouvrière exécutant à la journée le même genre de travail.....................	0 78		
		Supplément de salaire résultant de cette substitution...................	0 105	»	13 12
		— de salaire résultant de cette fourniture...................	0 015	»	1 88
		TOTAL du salaire journalier moyen de la femme..... (16, C)	0 900		
		Bénéfice résultant de cette industrie............................ (16, B)	2 52	»	
		— compris dans le salaire attribué pour le travail (S⁰ⁿ III)................	»	»	
		— résultant de cette industrie...................... (16, D)	12 80	»	
		— compris dans le salaire attribué pour le travail (S⁰ⁿ III)................	»	»	
		TOTAUX des bénéfices résultant des industries ...... (16, E)	15 32	111 27	

NOTA.— Outre les recettes portées ci-dessus en compte, les industries donnent lieu à une recette de 17f 42 (16, E), qui est appliquée de nouveau à ces mêmes industries. Cette recette et les dépenses qui la balancent (15, S⁰ⁿ V) ont été omises dans l'un et l'autre budget.

		TOTAUX DES RECETTES de l'année (balançant les dépenses)..... (1,017f85)	106 19	911 66

§ 45. — BUDGET DES DÉPENSES DE L'ANNÉE.

DÉSIGNATION DES DÉPENSES.	POIDS et PRIX des ALIMENTS		MONTANT DES DÉPENSES.	
			VALEUR des objets consommés en nature.	DÉPENSES en argent.
	POIDS consommé	PRIX par kilogr.		

SECTION Ire.

Dépenses concernant la nourriture.

ART. 1er. — ALIMENTS CONSOMMÉS DANS LE MÉNAGE.

[Par l'ouvrier, la femme, les enfants (sauf l'aîné, nourri chez le maître dont il est apprenti), pendant 365 jours.]

	POIDS consommé	PRIX par kilogr.	VALEUR en nature	DÉPENSES en argent
CÉRÉALES :				
Petits pains de froment, du poids de 50 gr., achetés frais chez le boulanger, pour déjeuners, 252^k à 0^f 420; — achetés demi-frais, pour soupers, 242^k à 0^f 368 ; — du poids de 35 gr., achetés secs, pour confection de soupe et de Mehlspeise, 45^k à 0^f 423 (9)...	539.40	0^f 397	»	213^f 86
Farine de froment de 1re qualité, pour Kugelupf et autres Mehlspeise de choix (9)..................	56 0	0 326	»	18 25
Farine de froment de 2e qualité, pour mets ordinaires, sauces et soupes maigres..................	60 0	0 244	»	14 64
Riz, pour soupes grasses..................	6 0	0 800	»	4 80
Orge mondé, pour soupes grasses..................	5 0	0 536	»	2 68
Gruau de froment, pour soupes grasses..................	2 0	0 540	»	1 08
Poids total et prix moyen..............	668 0	0 385		
CORPS GRAS :				
Graisse de porc, pour soupes, Mehlspeise et légumes..........	34 0	1 500	»	51 00
Beurre de vache, pour soupes, Mehlspeise et légumes, des jours maigres	7 5	1 450	»	10 87
Huile d'olive (de Lombardie), pour salades et pommes de terre..	1 5	2 143	»	3 21
Poids total et prix moyen..............	43 0	1 513		
LAITAGES ET ŒUFS :				
Lait de vache, pour déjeuner et Mehlspeise..................	296 0	0 214	»	63 34
Crème, pour soupes et Mehlspeise..................	3 0	1 250	»	3 75
Lait caillé pour soupes, mangé dans l'été avec des petits pains secs..................	35 4	0 172	»	6 09
Fromage du pays vénitien et de Lombardie, mangé comme régal dans quelques rares occasions..................	0 2	1 600	»	0 32
Œufs, pour la soupe et les Mehlspeise, 320 pièces à 0^f 037......	18 6	0 637	»	11 84
Poids total et prix moyen..............	353 2	0 242		
VIANDES ET POISSONS :				
Viande de bœuf pour la soupe..................	46 3	0 721	»	33 38
Foie de bœuf, ordinairement associé à la viande pour la confection de la soupe..................	10 2	0 780	»	7 96
Viande de porc, mangée bouillie ou rôtie (*Braten*) les dimanches et fêtes..................	16 4	0 937	»	15 37
Poissons (ils n'entrent que très-exceptionnellement dans la consommation du ménage)..................	»	»	»	»
Poids total et prix moyen..............	72 9	0 778		

§ 45. — BUDGET DES DÉPENSES DE L'ANNÉE (SUITE).

DÉSIGNATION DES DÉPENSES (SUITE).	POIDS et PRIX des ALIMENTS		MONTANT DES DÉPENSES.	
	POIDS consommé	PRIX par kilogr.	VALEUR des objets consommés en nature.	DÉPENSES en argent.
SECTION Iʳᵉ.				
Dépenses concernant la nourriture (suite).				
LÉGUMES ET FRUITS :				
Tubercules : Pommes de terre..........................	113ᵏ0	0ᶠ 180	»	20ᶠ 34
Légumes farineux secs : Haricots blancs, 2ᵏ7 à 0ᶠ333; — pois verts, 1ᵏ5 à 0ᶠ404; — lentilles, 12ᵏ2 à 0ᶠ320...............	16 4	0 330	»	5 41
Légumes verts à cuire : Choucroute, 190ᵏ à 0ᶠ21, 39ᶠ90; — choux frais, 17ᵏ à 0ᶠ044, 0ᶠ75; — haricots verts, 18ᵏ à 0ᶠ092, 1ᶠ67; — légumes divers, 20ᵏ à 0ᶠ08, 1ᶠ60.............	245 0	0 179	»	43 92
Légumes racines : Navets, carottes (peu), 23ᵏ à 0ᶠ07, 1ᶠ61.....	23 0	0 070	»	1 61
Légumes épices : Oignons, 3ᵏ2 à 0ᶠ24, 0ᶠ77; — persil, 5ᵏ7 à 0ᶠ04, 0ᶠ23...................................	8 9	0 112	»	1 00
Salades : Laitue et romaine, 11ᵏ à 0ᶠ082, 0ᶠ90.................	11 0	0 082	»	0 90
Cucurbitacées : Concombres, 2ᵏ5 à 0ᶠ30, 0ᶠ75...............	2 5	0 300	»	0 75
Fruits pour les enfants : Cerises, 2ᵏ8 à 0ᶠ15, 0ᶠ42; — raisins, 1ᵏ2 à 0ᶠ16, 0ᶠ19; — pommes à cuire et à manger crues, 18ᵏ à 0ᶠ13, 2ᶠ34; — poires, 1ᵏ7 à 0ᶠ16, 0ᶠ27............	23 7	0 136	»	3 22
Fruits pour toute la famille : Prunes pour gâteaux, 5ᵏ6 à 0ᶠ27, 1ᶠ51; — raisins secs d'Italie, pour la confection du Kugelhuf, (9), 0ᵏ7 à 0ᶠ650, 0ᶠ45................................	6 3	0 311	»	1 96
Poids total et prix moyen..........	449 8	0 176		
CONDIMENTS ET STIMULANTS :				
Sel, 7ᵏ3 (le ménage ne fait aucune conserve salée)...........	7 3	0 321	»	2 31
Poivre, 0ᶠ18; — anis, 0ᶠ14; — safran, 1ᶠ04.................	0 2	6 800	»	1 36
Vinaigre pour les salades et les pommes de terre.............	6 8	0 127	»	0 86
Ferment pour la confection du Kugelupf (9).................	1 9	0 250	»	0 48
Matières sucrées : Sucre blanc en pain, acheté par portions de 56 grammes	40 9	1 599	»	65 40
Boissons aromatiques : Café pur, sans chicorée, en poudre, acheté par portions de 18 grammes.................................	12 7	2 567	»	32 60
Poids total et prix moyen..........	69 8	1 476		
BOISSONS FERMENTÉES :				
La famille ne prend aucune boisson, pas même de l'eau avec les aliments : seulement, aux cinq grandes fêtes de l'année, elle boit 7 litres de bière valant...........................	7	0 200	»	1 40

ART. 2. — ALIMENTS PRÉPARÉS ET CONSOMMÉS EN DEHORS DU MÉNAGE.

(Aucune nourriture n'est prise en dehors du ménage).......................			»	»
TOTAL des dépenses concernant la nourriture.................			»	645 99

DÉSIGNATION DES DÉPENSES (SUITE).	MONTANT DES DÉPENSES.	
	VALEUR des objets consommés en nature.	DÉPENSES en argent.
SECTION II.		
Dépenses concernant l'habitation.		
LOGEMENT :		
Loyer des deux pièces de rez-de-chaussée habitées par la famille (10)	»	146f 40
MOBILIER :		
Entretien des meubles en bois par l'ouvrier lui-même, 3f 10 ; — achat d'ustensiles et de linge, 6f 15	3f 10	6 15
Entretien du lit : copeaux pour la paillasse, 2f 40...........................	1 20	1 20
CHAUFFAGE :		
Bois (déchets de bois d'œuvre), 23f 40 ; — copeaux, 12f 15....................	17 25	18 30
ÉCLAIRAGE :		
Huile, 23k 7 à 1f 08, 25f 62 ; — mèches de coton, 1f 50..............	»	27 12
TOTAUX des dépenses concernan' l'habitation.........	21 55	199 17
SECTION III.		
Dépenses concernant les vêtements.		
NOTA. — La famille, plongée dans un état permanent de pénurie, renouvelle à peine les vêtements les plus indispensables ; elle use surtout ceux qu'elle a acquis à une époque antérieure de bien-être.		
VÊTEMENTS DE L'OUVRIER :		
Achat de vêtements.. (16, F)	2 17	13 38
VÊTEMENTS DE LA FEMME :		
Achat de vêtements.. (16, F)	2 90	16 24
VÊTEMENTS DES ENFANTS :		
Achat de vêtements.. (16, F)	8 35	14 85
BLANCHISSAGE :		
Blanchissage du linge et des vêtements.... .... (16, D)	40 60	13 27
TOTAUX des dépenses concernant les vêtements.........	54 02	57 74
SECTION IV.		
Dépenses concernant les besoins moraux, les récréations et le service de santé.		
CULTE :		
Dépenses fixes et accidentelles (21)............................... .	»	3 86
INSTRUCTION DES ENFANTS :		
(Gratuite, sauf le matériel.) — Frais pour deux enfants : livres, 0f 82 ; — papier, 0f 80 ; — plumes, 0f 18..	1 80	»
SECOURS ET AUMÔNES :		
Donné à de vieux ouvriers de la corporation des menuisiers ou à des compagnons en voyage (12) : argent, 0f 45 ; — pain, 0f 30 ; — part du dîner de la famille (dépense comprise dans celles de la Soc I.)...................................	»	0 75
RÉCRÉATIONS ET SOLENNITÉS :		
Signalées seulement par des repas un peu plus substantiels que ceux des jours ordinaires, et par la consommation d'une petite quantité de bière. (Frais portés en compte à la Son I.)...	»	»

§ 15. — BUDGET DES DÉPENSES DE L'ANNÉE (SUITE).

DÉSIGNATION DES DÉPENSES (SUITE).	MONTANT DES DÉPENSES.	
	VALEUR des objets consommés en nature	DÉPENSES en argent.

SECTION IV.

Dépenses concernant les besoins moraux, les récréations et le service de santé (suite).

SERVICE DE SANTÉ :

Les frais de maladie sont supportés par le patron de l'ouvrier, par la commune et par des associations de bienfaisance (7) : ils s'élèvent moyennement pour cette famille à.....	18ʳ67	»
TOTAUX des dépenses concernant les besoins moraux, les récréations et le service de santé..................	20 47	4ʳ61

SECTION V.

Dépenses concernant les industries, les dettes, les impôts et les assurances.

DÉPENSES CONCERNANT LES INDUSTRIES :

Frais d'entretien et de renouvellement des outils de menuisier...................	10 15	4 15
NOTA. — Les autres dépenses concernant les industries entreprises au compte de la famille montent à................................ (16, E) 52ʳ85		
Elles sont remboursées par les recettes provenant de ces mêmes industries, savoir :		
Objets employés pour la consommation du ménage et portés à ce titre dans le présent budget.......................... 35ʳ43		
Argent appliqué de nouveau aux industries (14, Sᵉᵉ IV) comme emploi momentané du fonds de roulement, et qui ne peut conséquemment figurer parmi les dépenses du ménage......... 17 42 } 52 85		

INTÉRÊTS DES DETTES :

La famille est endettée presque constamment, envers les fournisseurs d'aliments, d'une somme de 15 à 20 francs; l'habitude où elle est d'acheter ses aliments par petites quantités entraîne un supplément de dépense qui correspond à un intérêt fort élevé (20) et qu'on se borne à mentionner ici pour mémoire...................	»	»

IMPÔTS :

Un maître menuisier de la corporation (18) paie, pour chaque compagnon qu'il emploie, un impôt de 11ʳ25; mais le compagnon lui-même ne supporte directement aucune charge de ce genre...................	»	»

ASSURANCES CONCOURANT A GARANTIR LE BIEN-ÊTRE PHYSIQUE ET MORAL DE LA FAMILLE :

La famille n'est assurée à aucune société d'assurance mutuelle : en cas de maladie, elle est secourue par le patron, par la commune et par des sociétés de bienfaisance (7) ; en cas d'infirmité permanente ou de vieillesse, elle ne pourrait compter que sur les ressources fournies par la charité publique...................	»	»
TOTAUX des dépenses concernant les industries, les dettes, les impôts et les assurances...................	10 15	4 15

ÉPARGNE DE L'ANNÉE :

La famille, surchargée d'enfants, ne peut faire aucune épargne : il en serait encore ainsi alors même qu'il y aurait diminution de charges et accroissement de ressources ; la tendance de la famille, en toute éventualité, serait de porter sa dépense au niveau de sa recette (20).......	»	»
TOTAUX DES DÉPENSES de l'année (balançant les recettes).... (1,017ʳ85)	106 19	911 66

§ 46.

COMPTES ANNEXÉS AUX BUDGETS.

SECTION I.

COMPTES DES BÉNÉFICES

Résultant des industries entreprises par la famille (à son propre compte).

	RECETTE par journée.	VALEURS en nature.	VALEURS en argent.

	RECETTE par journée.	en nature.	en argent.
A. — SPÉCULATIONS RELATIVES AUX TRAVAUX DE MENUISERIE EXÉCUTÉS PAR L'OUVRIER.			
RECETTES.			
Un journalier exécutant le même genre de travail recevrait par journée................	2f 350		
L'ouvrier reçoit, en outre, par journée, en sa qualité de tâcheron, c'est-à-dire en compensation des avantages qu'assure à son maître la substitution du travail à la tâche au travail à la journée... ..	0 240	»	69f 20
Enfin, il reçoit encore, à raison de la fourniture de ses outils, une indemnité supplémentaire de...	0 094	»	27 07
Le salaire de chaque journée s'élève donc effectivement à...	2 684		
La recette supplémentaire due à la qualité de tâcheron et à la fourniture des outils monte donc, pour l'année entière, c'est-à-dire pour 288 journées de travail, à un total de.............................		»	96 27
DÉPENSES.			
Nulles...		»	»
Bénéfice résultant de l'industrie............................		»	96 27
B. — FABRICATION ET ENTRETIEN DES OUTILS NÉCESSAIRES A LA PROFESSION DE MENUISIER, ET EMPLOYÉS PAR L'OUVRIER LUI-MÊME.			
RECETTE.			
Valeur des outils fabriqués par l'ouvrier...................		10f 15	4 15
DÉPENSES.			
Fers et lames achetés à prix réduit chez le patron..........		»	4 15
Bois reçu du patron à titre de subvention..................		2 38	»
Travail de l'ouvrier, 3 journées à 1f 75...................		5 25	»
Bénéfice résultant de l'industrie........................		2 52	»
Totaux comme ci-dessus.............		10 15	4 15
C. — SPÉCULATIONS RELATIVES A LA CONFECTION DES GANTS (TRAVAIL DE LA FEMME).	RECETTE par journée.		
RECETTES.			
Une ouvrière exécutant le même travail à la journée recevrait seulement........................	0f 780		
La femme reçoit, en outre, à raison de la substitution du travail à la tâche au travail à la journée...	0 105	»	13 12
Elle reçoit aussi pour la fourniture du matériel de la fabrication...	0 015	»	1 88
Le salaire de chaque journée s'élève donc à.............	0 900		
La recette supplémentaire due au travail à la tâche et à la fourniture du matériel monte donc, pour 125 journées, à un total de................		»	15 00

DÉPENSES.	VALEURS en nature.	en argent.
Nulles...	»	»
Bénéfice résultant de l'industrie..................................	»	15ᶠ00

D. — BLANCHISSAGE DES VÊTEMENTS ET DU LINGE DE LA FAMILLE.

RECETTE.

Prix qui serait payé pour le blanchissage des mêmes objets..............	40ᶠ60	13 27

DÉPENSES.

	en nature	en argent
Savon, 7ᶠ80; — eau-mère de savonnerie, 0ᶠ39........................	»	8 19
Bois, 5ᶠ85; — copeaux, 1ᶠ95..	3 45	4 35
Bleu, 0ᶠ39; — empois fabriqué à la maison, 0ᶠ34...................	»	0 73
Intérêts (5 p. 100) de la valeur du matériel.......................	0 35	»
Travail de la femme, 32 journées à 0ᶠ75............................	24 00	»
Bénéfice résultant de l'industrie.................................	12 80	»
Totaux comme ci-dessus..........	40 60	13 27

E. — RÉSUMÉ DES COMPTES DES BÉNÉFICES RÉSULTANT DES INDUSTRIES (A et D).

RECETTES TOTALES.

	en nature	en argent
Produits en nature et recettes en argent employés pour les besoins de la famille.............	50 75	111 27
Recettes en argent à employer de nouveau pour les industries elles-mêmes..	»	17 42
Totaux...........................	50 75	128 69

DÉPENSES TOTALES.

	en nature	en argent
Intérêts des propriétés possédées par la famille et employées par elle aux industries.. (14, Sᵒⁿ I)	0 35	»
Produits des subventions reçues par la famille et employées par elle aux industries.. (14, Sᵒⁿ II)	5 83	»
Salaires afférents aux travaux exécutés par la famille, employés par elle pour les industries................................... (14, Sᵒⁿ III)	29 25	»
Dépenses en argent qui devront être remboursées par des recettes résultant des industries..	»	17 42
Totaux des dépenses (52ᶠ85).............	35 43	17 42
Bénéfices totaux résultant des industries..........................	15 32	111 27
Totaux comme ci-dessus..............	50 75	128 69

SECTION II.

COMPTES RELATIFS AUX SUBVENTIONS.

NOTA. — Ces comptes se rapportent à des opérations fort simples : ils ont été, en conséquence, établis dans le budget lui-même.

SECTION III.

COMPTES DIVERS.

F. — Compte de la dépense annuelle concernant les vêtements.

Art. 1er. — Vêtements de l'ouvrier.

	DURÉE des vêtements.	Achats.	Travail.	Subventions.	Total.
Vêtements du dimanche :					
1 paire de bottes avec 6 réparations.........	5 ans.	3f 75	»	»	3f 75
Renouvellement des vêtements usés (complétement suspendu, vu la pénurie actuelle de la famille)........	....	0 60	»	»	0 60
Vêtements de travail :					
4 chemises à 3f 75 la pièce.................	1 à 2	2 40	0f 60	»	3 00
1 redingote de drap, achetée à la friperie......	15	0 60	»	»	0 60
1 vieille redingote d'été, achetée à la friperie...	8	0 39	»	»	0 39
1 vieille redingote d'été, donnée par le patron..	10	»	»	0f 32	0 32
2 vieux pantalons de drap, donnés par le patron..	8	»	»	0 76	0 76
2 pantalons d'été, de coton, achetés neufs.....	6	0 90	»	»	0 90
2 tabliers de travail en toile bleue..........	1	0 90	»	»	0 90
3 vieux gilets de coton reçus en présent du commis de l'usine...................	4	»	»	0 24	0 24
2 vieilles cravates, données par le commis de l'usine...................	4	»	»	0 15	0 15
2 paires de caleçons en coton bleu, achetés neufs..................	6	0 77	»	»	0 77
2 paires de savates en cuir, achetées vieilles...	1	0 90	»	»	0 90
Totaux des vêtements de l'ouvrier...	....	11 21	0 60	1 57	13 38

Art. 2. — Vêtements de la femme.

Vêtements de travail et du dimanche :					
4 chemises à 3f 35 la pièce...............	6	1 80	0 30	»	2 10
3 robes de coton de couleur (portées souvent le dimanche et les jours de travail)............	5	2 70	1 62	»	4 32
3 jupons blancs (pour dimanches et jours de travail).................	14	0 77	0 10	»	0 87
2 jupons de coutil (pour dimanches et jours de travail)................	16	0 65	0 06	»	0 71
1 vieux jupon d'indienne, reçu en présent d'une ancienne maîtresse de maison...............	3	»	»	0 60	0 60
2 bonnets de soie noire, pour dimanches......	7	0 51	»	»	0 51
1 bonnet de soie noire, pour jours de travail...	3	0 75	»	»	0 75
2 bonnets blancs, fins, pour dimanches.......	10	0 72	»	»	0 72
2 bonnets blancs, communs, pour jours de travail...................	4	0 45	0 22	»	0 67
4 paires de bas de coton blanc, pour dimanches	5	0 72	»	»	0 72
5 vieilles paires de bas, pour jours de travail...	3	»	»	»	»
Chapeau de soie avec rubans (entretien).......	15	0 27	»	»	0 27
6 mouchoirs de cou, en coton imprimé........	6	0 75	»	»	0 75
1 paire de souliers en cuir, servant d'abord pour dimanches...................	4	0 90	»	»	0 90
2 paires de bottines, en cuir et en vieux drap..	4	1 50	»	»	1 50
Entretien des vêtements du dimanche (suspendu presque complétement, vu la pénurie actuelle de la famille)...................	....	0 85	»	»	0 85
Total des vêtements de la femme..	....	13 34	2 30	0 60	16 24

Art. 3. — Vêtements des enfants.

Vêtements du dimanche et des jours de travail.	....	1 50	2 10	6 25	14 85
Total de la dépense concernant les vêtements............		26 05	5 00	8 42	44 47

ÉLÉMENTS DIVERS DE LA CONSTITUTION SOCIALE

FAITS IMPORTANTS D'ORGANISATION SOCIALE; PARTICULARITÉS REMARQUABLES; APPRÉCIATIONS GÉNÉRALES; CONCLUSIONS.

§ 17.

CAUSES D'ÉBRANLEMENT ANCIENNES DANS LES CAMPAGNES SLAVES DE LA MORAVIE, RÉCENTES DANS LA VILLE DE VIENNE, OBSERVÉES SPÉCIALEMENT DANS LA FAMILLE DÉCRITE.

Les deux époux ont, l'un et l'autre, subi dans leur enfance et leur jeunesse, des vicissitudes dures et nombreuses. Grâce à un heureux caractère, soutenu par la patience et la résignation, ils sont parvenus à une situation tolérable dans laquelle ils conservent la paix de l'esprit et s'appuient sur certains éléments de stabilité. Toutefois, en étudiant dans ses détails la vie journalière de la famille, on voit souvent apparaître des symptômes de gêne; et l'on comprend que les familles stables décrites aux trois volumes précédents, si elles étaient tout à coup réduites à une telle situation, concevraient de graves inquiétudes pour leur avenir, et perdraient peu à peu les sentiments qui les attachent à la tradition des ancêtres, à l'atelier de leur patron, à leur localité et à leur patrie.

Les ouvriers d'origine slave qui affluent aujourd'hui dans la ville de Vienne ont été, dès leur enfance, engagés dans la voie qui aboutit à ce résultat. Ils ont subi les influences qui, sauf quelques exceptions locales, ébranlent ou désorganisent l'Occident. Au premier rang de ces influences figurent ici : le peuplement exagéré des campagnes et la multiplication trop rapide de l'agglomération urbaine; la destruction des communautés slaves qui formaient autrefois le fond de la population rurale (IV, 1, 22), en procurant la paix et la stabilité aux ménages imprévoyants;

l'ébranlement des corporations allemandes d'arts et métiers (18)
qui assuraient le bien-être aux débris de ces communautés, réfu-
giés dans les villes; enfin et surtout, l'entraînement irréfléchi
vers la nouveauté qui ne tient plus compte des meilleures traditions de l'humanité. Les souffrances infligées aux ouvriers par
ces transformations sociales ont leur principale origine dans
l'oubli du IVᵉ commandement de Dieu : les maîtres qui président
à la direction des foyers domestiques et des ateliers de travail
ne se croient plus obligés de traiter leurs serviteurs comme leurs
enfants. Les patrons, en particulier, égarés par une fausse doctrine (III, VII, 19), se dispensent des devoirs de protection à
l'égard de leurs ouvriers, sous prétexte de leur donner la liberté.

Quant aux calamités qui ont pesé spécialement sur la famille
décrite, elles ont surtout pour origine la désorganisation des
deux familles d'où sont sortis les époux : ils n'ont point été protégés dans leur enfance; et ils sont maintenant incapables de
venir en aide à leurs vieux parents. Ils n'ont point eu à Vienne
la protection nécessaire à leur extrême jeunesse : les familles
instables, auxquelles ils ont été d'abord attachés, en qualité
d'ouvrier et de servante, n'ont pu leur procurer la stabilité.
L'ancienne corporation urbaine dont l'ouvrier dépend, étant
ébranlée par la concurrence des grandes fabriques, ne l'a guère
protégé; et la banqueroute de l'un des maîtres qu'a servis l'ouvrier a enlevé au ménage le petit capital qu'avait apporté la
femme (6). Les institutions publiques n'ont pas été plus favorables au ménage : celles qui entravent le mariage ont en partie
provoqué le concubinage qui a précédé l'union légitime des
époux; les secours accordés par la ville aux ouvriers indigents
ont pour résultat définitif d'y accumuler des familles qui auraient
trouvé une meilleure situation dans des fabriques rurales. Ces
causes d'ébranlement se reproduisent dans la plupart des agglomérations manufacturières de l'Occident. Elles naissent seulement en Autriche; mais elles grandissent, depuis longtemps, en
Angleterre, en France et en Belgique. L'analyse méthodique des
souffrances qui en résultent peut donc enseigner les moyens de
guérison : elle arrêtera ces pays sur la pente où ils glissent.

§ 18.

ORGANISATION DES ANCIENNES CORPORATIONS URBAINES D'ARTS ET MÉTIERS DE L'AUTRICHE ET DE L'ALLEMAGNE MÉRIDIONALE.

Les métiers qui pourvoient aux besoins des populations urbaines de l'Autriche et de l'Allemagne méridionale sont encore exercés, pour la majeure partie, par des corporations fermées (*Innungen* ou *Zünfte*), dans lesquelles le nombre des chefs d'industrie est rigoureusement limité, et ne peut être augmenté que par une décision de l'autorité administrative. Ces branches d'industrie sont à peu près organisées sur les principes qui sont encore pratiqués en Suède (III, 1, 18) et qui restèrent en vigueur en France et en Angleterre jusqu'à la fin du dernier siècle.

Les corporations de menuisiers, qui présentent ici un exemple de cette organisation industrielle, comprennent, comme toutes les autres, trois sortes d'agents : les apprentis (*Lehrjungen*), les compagnons (*Gesellen*) et les maîtres (*Meister*).

Les apprentis, dont le nombre est limité pour chaque maître, sont ordinairement choisis parmi les fils de maîtres ou de compagnons. Ils entrent ordinairement en fonctions vers l'âge de 11 ans, après que le père a passé au bureau de la corporation un contrat liant à la fois le maître et l'enfant jusqu'au terme de l'engagement, qui varie de trois à quatre années. Dans le premier cas étudié à l'occasion de la présente monographie, il a été payé, dans une petite ville de Moravie, pour l'ouvrier alors âgé de 11 ans : au commencement de l'apprentissage, 6ᶠ 24 ; à la fin de l'apprentissage, 10ᶠ 40. A Vienne, pour le fils aîné mis en apprentissage à l'âge de 12 ans, il a été payé : au commencement de l'apprentissage, 2ᶠ 60 ; à la fin de l'apprentissage, 3ᶠ 64.

En raison de la connexion intime qui existe entre l'atelier et le ménage, les occupations de l'apprenti se rattachent à la fois à l'industrie et à la domesticité. Dans la plupart des petites villes de l'empire, les apprentis menuisiers n'ont pas seulement à aider le maître et le compagnon dans tout ce qui concerne l'exercice

de la profession ; ils sont, en outre, directement affectés au service du ménage. L'ouvrier décrit dans la présente monographie
a dû, pendant toute la durée de son apprentissage (12), exécuter
tous les ordres de la maîtresse de maison. Il était spécialement
chargé de fendre et de scier le bois de chauffage, de cirer les
souliers du maître et des compagnons, de faire les courses au
dehors, de cultiver le jardin et de soigner les animaux domestiques. Ces fonctions, toutefois, n'ont pas un caractère blessant
pour l'apprenti, qui ordinairement les remplit de concert avec
les enfants mêmes du patron. Bien que faisant partie du ménage,
l'apprenti n'était pas admis, comme l'étaient les compagnons, à
la table du maître. Sous ce rapport, il existe ordinairement une
démarcation tranchée, que le maître lui-même ne pourrait supprimer sans blesser les compagnons, toujours enclins à faire
sentir durement leur autorité aux apprentis.

A la fin de l'apprentissage, et lorsque sa capacité a été dûment
constatée par la corporation, le jeune ouvrier est élevé au grade
de compagnon ; et il peut, en cette qualité, être admis à travailler
chez tous les maîtres menuisiers de l'Empire. Après s'être per-
fectionné pendant un an ou deux dans la localité même où il
s'est formé, le compagnon complète son éducation en voyageant
pendant deux années au moins, et en s'initiant, pendant deux
ou trois mois, à la connaissance des méthodes de travail en usage
dans les principales villes qu'il visite successivement. C'est surtout dans cette partie de sa carrière que le jeune ouvrier peut
apprécier les avantages de cette antique organisation. Il trouve
dans chaque ville un bon accueil au bureau de la corporation ; et
il est immédiatement adressé aux maîtres qui peuvent lui fournir
de l'ouvrage. Lorsque le travail manque, il peut du moins
compter sur un subside qui lui fournit le moyen de se reposer
une journée entière, et de se rendre à l'une des villes du voisinage. Les secours donnés directement par les maîtres et les compagnons de la localité mettent au besoin le voyageur dans le cas
d'y prolonger son séjour. Si les moyens de subsistance manquent
pendant le trajet d'une ville à l'autre, le compagnon est ordinairement accueilli dans les couvents. Il est même autorisé par

l'usage à demander la nourriture et l'abri chez les paysans et, au besoin, à mendier sur les chemins. Les compagnons de voyage comptent si bien sur l'assistance d'autrui, que les plus prévoyants, au moment de quitter une de leurs stations de travail et d'étude, disposent rarement d'une épargne supérieure à 2 florins (5f 20). Au reste, le compagnon en voyage, ou établi définitivement dans une résidence, est libre de travailler pour tout maître qui veut bien lui donner du travail. Il n'y a aucune limite au nombre d'ouvriers que celui-ci peut employer; mais cette limite est posée en fait par le nombre d'apprentis toléré pour chaque maître.

Pour s'élever au rang de maître, le compagnon doit justifier de son aptitude. A cet effet, il doit produire les certificats délivrés par les patrons chez lesquels il a travaillé; il doit, en outre, exécuter, sous les yeux d'un maître, un chef-d'œuvre (*Meisterstück*), qui est soumis à l'appréciation d'un comité commis, à cet effet, par la corporation; enfin, il doit obtenir à prix d'argent la cession d'une maîtrise (*Meisterrecht*). Le prix de cet établissement varie selon le bénéfice annuel moyen obtenu par le dernier titulaire; il varie par conséquent, avec la ville, d'après l'importance de la clientèle. A Vienne, plusieurs maîtres menuisiers emploient seulement trois ou quatre compagnons, tandis que d'autres en emploient jusqu'à soixante; il n'est donc pas étonnant que le prix des maîtrises y varie de 600f à 5,200f. La concurrence pour l'achat d'un établissement est, au reste, fort modérée; beaucoup de compagnons, comprenant qu'ils ne possèdent pas les qualités nécessaires pour réussir dans une situation plus élevée, préfèrent rester dans leur condition et placer à intérêt la somme qu'ils pourraient consacrer à l'acquisition d'une maîtrise. En revanche, beaucoup de maîtres cèdent à crédit leur clientèle à celui de leurs compagnons qu'ils savent être le plus capable de la faire prospérer.

Les maîtres de chaque corporation veillent à ce qu'aucun compagnon ne travaille directement pour le compte d'un bourgeois. La police est bientôt instruite des contraventions de ce genre qui peuvent avoir lieu; le délinquant, immédiatement arrêté, est conduit devant le conseil de la corporation. Celui-ci prononce la confiscation des outils, avec une amende qui s'élève pour la première fois à 33ᶠ 50 et pour la seconde à 67 francs. En cas de récidive, le compagnon, mis au ban de tous les ateliers de la corporation, est en fait exclu de la ville.

En cas de maladie, les ouvriers qui désirent rester dans leur ménage y reçoivent un subside; ceux qui préfèrent être admis à l'hôpital y sont traités dans des lits spéciaux dont la corporation dispose constamment. Les frais de traitement sont supportés par une caisse alimentée par une retenue opérée sur le salaire de chaque compagnon. Pour l'année entière et pour chaque ouvrier, le montant de cette retenue varie de 5ᶠ 40 à 10ᶠ 80.

§ 19.

CAUSES QUI MENACENT D'UNE DISSOLUTION PROCHAINE LES ANCIENNES CORPORATIONS URBAINES D'ARTS ET MÉTIERS.

La principale cause qui restreint incessamment le champ d'activité des corporations est précisément celle qui en a depuis longtemps amené l'abrogation en France et en Angleterre. Les mémorables découvertes qui ont illustré notre âge tendent essentiellement à faire fabriquer dans des usines, munies d'engins et de moteurs puissants, les objets que les corporations d'arts et métiers produisaient autrefois, par le travail manuel, dans leurs petits ateliers domestiques. Ces petits ateliers fabriquent encore la plupart des objets que produit l'ouvrier décrit dans la présente monographie. Cependant, dans cette spécialité même, les grandes usines commencent à livrer les bois d'outils mentionnés précédemment (8), les parquets, les bois à moulures, à tenons et à mortaises. Les ouvriers précédemment attachés aux maîtrises urbaines sont donc attirés peu à peu vers ces grandes manufactures, qui prennent de jour en jour, dans le système industriel, un ascendant plus décidé.

La présente monographie offre un exemple remarquable de cette transformation de l'industrie manufacturière, qui commence à se propager dans toutes les parties de l'empire autrichien. Le fabricant auquel est attachée la famille dirige trois grandes usines à moteurs hydrauliques, éparses dans les provinces, et dont les produits se concentrent à Vienne pour y recevoir la dernière main. Il livre à presque tous les ateliers industriels de l'empire, et même à beaucoup d'ateliers situés à l'étranger, les scies, les rabots, les varlopes, et les autres outils nécessaires au travail du bois, qui étaient précédemment fabriqués à un prix plus élevé par les forgerons et les menuisiers de toutes les corporations urbaines. Il réunit, en fait, sous sa direction un grand nombre d'ouvriers qui, dans l'ancienne organisation industrielle, étaient disséminés dans plusieurs centaines de petits ateliers domestiques. Toutes les découvertes qui font la gloire de notre époque concourent à opérer une transformation analogue dans toutes les autres branches d'industrie, et par suite dans la condition physique et morale des ouvriers qui en dépendent. Telles sont surtout : la propagation de l'emploi du charbon de terre, de la machine à vapeur et des autres moteurs inanimés; le perfectionnement incessant des machines propres à ouvrer les matières textiles, les métaux, le bois; la construction des chemins de fer et des canaux.

Quelques gouvernements ont vainement tenté de limiter directement le nombre des grandes manufactures qui se créent sur ces nouvelles bases. L'expérience a prouvé que le monopole attribué à quelques grands établissements, dont la formation exige une longue suite d'efforts, offrait, pour la société, des inconvénients plus graves que ceux qui ont été justement opposés à la conservation du monopole des petites fabriques urbaines; car le nombre de celles-ci peut toujours être porté, par une simple décision de l'autorité administrative, au niveau des besoins sociaux.

Aussi, dans les contrées mêmes de l'Autriche et de l'Allemagne méridionale, où l'on a cru devoir conserver jusqu'à ce jour le principe constitutif des corporations fermées d'arts et métiers, le champ d'activité de ces petits ateliers se restreint sans cesse au profit des grandes manufactures. Les intérêts qui en réclament le maintien ont de jour en jour, dans la constitution sociale, moins de prépondérance; les garanties de sécurité et de bien-être qu'elles offraient aux populations ouvrières disparaissent peu à peu, à mesure que celles-ci n'exercent plus leur bienfaisante tutelle. Les nouvelles garanties de ce genre, dont le besoin se fait sentir plus vivement que jamais, doivent désormais être cherchées en dehors de cette antique organisation. Il semble donc qu'il n'y a plus guère convenance à maintenir cette impuissante institution, et à contrarier, par des restrictions matérielles, les sentiments de liberté et l'esprit d'initiative qui forment l'âme de la nouvelle organisation industrielle.

§ 20.

RÉPUGNANCE QUE MONTRENT CERTAINES FAMILLES CONTRE TOUTE HABITUDE D'ÉPARGNE.

On a souvent attribué implicitement à l'insuffisance du salaire le manque de ressources où se trouvent ordinairement les ouvriers parvenus au terme de leur carrière d'activité. Cette circonstance est sans doute l'une des causes du dénûment qui pèse sur tant de familles; mais elle n'a pas toute l'importance qu'on pourrait, au premier aperçu, être tenté de lui attribuer. Ce qui le démontre surabondamment, c'est que, dans beaucoup de groupes industriels où il existe diverses catégories d'ouvriers, ceux qui s'adonnent à l'épargne d'une manière habituelle sont rarement les plus rétribués (III, IV, 3). Le principe de la propension pour l'épargne se trouve dans une disposition morale, qui conseille aux chefs de famille de s'abstenir des jouissances qu'ils auraient pu se procurer par l'emploi immédiat des sommes épargnées, et surtout dans la prévoyance qui leur fait apercevoir, comme conséquence directe de l'épargne, des jouissances d'un ordre plus élevé : la sécurité et l'indépendance. A cet égard, des observations dues à un contact prolongé avec la famille décrite dans la présente monographie ont mis en lumière plusieurs circonstances qui sont bien dignes de fixer l'attention de personnes ayant charge d'une nombreuse population ouvrière.

L'un des détails les plus caractéristiques du régime économique de cette famille est l'habitude d'acheter séparément, pour
chaque repas, la quantité d'aliments qui doit y être consommée ;
de là, un surcroît considérable de dépenses, au sujet duquel j'ai
fait, de concert avec la mère de famille, une enquête approfondie.
A cette occasion j'ai constaté, par exemple, que les 56 grammes
de sucre achetés pour chaque déjeuner et pour chaque souper (9)
coûtent en détail 0^f 090, tandis que la même quantité achetée par
doses de 560 grammes (une livre viennoise) ne revient qu'à
0^f 075. La mère de famille a donc parfaitement compris qu'elle
réaliserait, sur ce seul article de nourriture, une économie de
17 p. 100, si elle pouvait se résoudre à modifier son système
d'achat. Après avoir donné cette démonstration, en comparant,
au moyen de la balance, le poids de dix acquisitions en détail à
celui d'une acquisition en gros, j'ai conseillé à la mère de
famille : 1° d'acheter en gros une première livre de sucre, de
manière à être dispensée, les cinq jours suivants, de faire dix
achats en détail ; 2° de mettre de côté, les jours suivants, les
sommes partielles qui eussent été consacrées à ces dix achats ;
3° d'employer, le soir du cinquième jour, les 0^f 900 ainsi accumulés, savoir : 0^f 75 pour acheter une nouvelle provision de
cinq jours, et 0^f 15 pour alimenter une tirelire consacrée à
l'épargne. Pour encourager la mère de famille à entrer dans ce
système d'ordre et d'économie, je lui ai proposé d'avancer
à titre de don la somme nécessaire à la première acquisition ; de
lui donner, en outre, chaque semaine, en toute propriété, une
somme égale à l'épargne qui serait versée dans la tirelire confiée
à la garde d'une personne demeurant à peu de distance, et qui
consentait obligeamment à se prêter à cette petite œuvre de
bienfaisance ; enfin, je lui ai recommandé d'étendre le bénéfice
de cette convention à deux autres articles de la consommation
journalière, pour lesquels l'avantage d'un meilleur régime n'était
pas moins évident. De son côté, la mère de famille devait contracter l'obligation morale de suivre le régime nouveau avec une
complète régularité.

Cette convention fut d'abord acceptée avec une profonde

gratitude ; mais, après la première épreuve, la mère de famille
vint me prier instamment de vouloir bien la relever de l'obligation qu'elle avait contractée. Je trouvai alors un vi. intérêt à
rechercher quels sentiments faisaient repousser une convention
qui, sans priver la famille d'aucun avantage acquis, lui assurait
une épargne annuelle de 65 francs ; cette analyse me conduisit
aux résultats suivants :

1° La famille se résigne parfaitement à borner la consommation de chaque repas à une quantité déterminée d'aliments,
fixée depuis longtemps en raison de ses ressources et achetée à
cet effet ; mais il y a pour tous les membres privation intolérable à se limiter ainsi en présence d'une provision étalée sous
leurs yeux.

2° Par suite de la même disposition d'esprit, la famille, qui
supporte parfaitement les privations que lui impose, la veille du
jour de paie, la consommation un peu exagérée des jours précédents, ne pourrait, sans se soumettre à une violence pénible,
supporter ce sacrifice, dans le temps même où elle aurait à sa
disposition l'épargne hebdomadaire.

3° Enfin, la difficulté que les deux époux éprouvent à supporter ces petites épreuves ne doit pas être seulement attribuée
à l'excitation des appétits matériels ; elle tient aussi à des causes
morales, dont la force ne peut être méconnue. La mère de
famille, obligée de repousser chaque jour les demandes de ses
petits enfants avertis de la présence du sucre et des autres provisions, et de s'interdire constamment le plaisir qu'elle eût
éprouvé à les satisfaire, trouvait cette situation beaucoup plus
pénible que ne l'eussent été des privations imposées par la
nécessité.

Ce dernier sentiment, qui se lie aux plus charmants instincts
de l'humanité, est certainement celui qui s'oppose le plus à la
propagation des habitudes d'épargne. Beaucoup de faits analogues se sont offerts à moi dans le cours de mes observations.
J'ai donc été conduit à me demander si l'on améliore le caractère
moral d'une nation en développant, chez les classes populaires,
la prévoyance au détriment d'une propension aussi honorable.

A ce point de vue, je me trouve conduit à considérer avec respect ces antiques constitutions de l'Orient qui, garantissant contre toute éventualité le bien-être des populations et permettant à celles-ci de se livrer sans arrière-pensée d'intérêt à toutes les impulsions du cœur, imposent exclusivement à une minorité largement pourvue les préoccupations et les calculs de la prévoyance. Assurément, ce juste tribut payé à l'esprit d'un autre âge ne doit point détourner les peuples occidentaux de poursuivre la voie où ils sont engagés; car la liberté et l'indépendance individuelle conduiront peut-être, un jour, les classes populaires vers une condition préférable à celle que leur assurait cette douce quiétude de l'ancien régime. Mais ce progrès doit être acheté au prix de quelques dures épreuves : la contrainte morale qu'impose l'initiation à la prévoyance sera toujours pour les classes populaires la première condition de l'affranchissement.

§ 21.

PRATIQUES DU CULTE ET DÉPENSES QU'ELLES IMPOSENT A LA FAMILLE DÉCRITE.

Chaque dimanche les deux époux avec leurs enfants aînés assistent à la messe, mais à des heures différentes, afin que l'un d'eux puisse exercer toujours à la maison la surveillance qu'exigent les deux plus jeunes enfants. L'après-midi, le père assiste à vêpres avec les trois enfants aînés. Cette assiduité n'est pas seulement imposée par le sentiment du devoir; elle est due également à ce que les pompes du culte sont, pour tous les membres de la famille, la plus agréable diversion aux habitudes de la vie ordinaire.

L'église où se rend la famille n'offre pas cette division de classes qui est si commune dans les temples protestants (III, VI, 3 et 20), et qui commence même à s'introduire dans plusieurs églises catholiques de l'Occident. Il y a fort peu de places réservées, et toutes les autres peuvent être occupées à titre gratuit.

Chaque dimanche, la famille tient à honneur de contribuer

aux quêtes faites à l'église pour diverses destinations. Les enfants eux-mêmes offrent, comme leurs parents, une petite pièce de monnaie.

La famille contribue également à la quête faite à domicile, une fois l'an, pour l'entretien du matériel de l'église.

Pour un baptême, la famille a toujours fait, même aux moments de la plus grande pénurie, un don volontaire montant à 2f 25, savoir : pour le prêtre, 1f 50 ; — pour l'assistant du prêtre, 0f 75.

La famille, ayant perdu un enfant âgé d'un an, a dû faire, à l'occasion de son inhumation, une dépense montant à 9f 30, savoir : achat du cercueil, 2f 25 ; — rétribution du clergé, 4f 50 ; — rétribution du porteur, 0f 90 ; — fleurs artificielles et couronnes déposées sur le cercueil, puis sur le tombeau, 1f 65.

La dépense moyenne peut être établie approximativement ainsi qu'il suit pour chacune des dix dernières années. — Dépenses fixes, 2f 03, savoir : quête à l'église, 1f 95 ; — quête à domicile, 0f 08. — Dépenses accidentelles, 1f 83, savoir : part de 4 baptêmes, 0f 90 ; — part d'un enterrement d'enfant, 0f 93. — Total général, 3f 86.

§ 22.

RÈGLEMENTS ÉTABLIS DANS LA VILLE DE VIENNE, TOUCHANT LE MARIAGE DES OUVRIERS.

A Vienne, comme dans la plupart des communes de l'Allemagne méridionale, l'administration pose en principe que l'autorisation de contracter mariage ne peut être accordée qu'à ceux qui peuvent assurer à une famille des moyens suffisants d'existence. L'ouvrier qui est dans l'intention de se marier doit se procurer auprès de son patron un certificat constatant qu'il reçoit par journée de travail un certain minimum de salaire : il doit également obtenir de l'autorité communale un certificat de bonnes mœurs.

Les frais qu'entraîne le mariage obligent d'ailleurs l'ouvrier à se plier, au moins pendant quelque temps, à certaines habitudes d'ordre et d'économie. Indépendamment des dépenses imposées seulement par l'usage et par les convenances, ces frais montent au moins à 16ᶠ 80, savoir : autorisation délivrée par la police, 1ᶠ 31; — actes dressés à la mairie et mariage civil, 7ᶠ 88; — actes dressés à l'église, publication des bans et cérémonie du mariage religieux, 5ᶠ 25; — extrait de l'acte de mariage, 1ᶠ 31; — indemnités à divers agents, 1ᶠ 05.

La famille décrite dans la présente monographie a dû faire, en outre, une dépense de 21ᶠ 40, savoir : 2 alliances d'or conservées à la maison pendant toute la vie des deux époux, 5ᶠ 30; — repas donné aux parents et aux amis, 12ᶠ 60; — frais divers spéciaux au mariage et distincts de ceux qui se rapportent à l'acquisition du mobilier et des vêtements, 3ᶠ 50.

Dans les habitudes de la population ouvrière de Vienne, ce sont ordinairement les filles qui épargnent avant le mariage les sommes au moyen desquelles on subvient à ces diverses dépenses, et surtout celles qui sont nécessaires à l'acquisition du mobilier et des vêtements. Il en a été ainsi pour la famille décrite dans la présente monographie (12).

Les unions illicites que ces règlements tendraient à provoquer sont sévèrement interdites par la police viennoise; les prescriptions de ce genre qu'on avait laissées tomber en désuétude sont rigoureusement appliquées depuis les événements de 1848. On ne tolère dans aucun cas la cohabitation ordinaire d'un couple qui ne peut produire son acte de mariage : les personnes surprises en contravention sont mises en demeure, ou de se marier si d'ailleurs elles justifient de convenables moyens d'existence, ou d'être renvoyées aux lieux de leur naissance.

Ainsi qu'on en fait ailleurs la remarque, ce régime restrictif ne paraît pas avoir en fait l'efficacité que lui attribuent les administrations allemandes. Dès lors, il est difficile de le concilier avec les règles de la morale et les justes droits de la dignité humaine.

Parmi les moyens qui peuvent le mieux conjurer le développement de la pauvreté, figurent au premier rang une bonne organisation de la famille et l'établissement d'un régime régulier

d'émigration. Les communautés slaves détruites depuis longtemps au lieu de naissance de l'ouvrier viennois (2) offrent, à
cet égard, de beaux modèles à l'Empire autrichien (IV, 1, 22).
Grâce à leur excellente organisation, les communautés du
Danube et de l'Adriatique ne voient jamais un péril social dans
le mariage; et elles se plaisent à l'honorer (23).

§ 23.

LES FIANÇAILLES ET LE MARIAGE CHEZ LES RACES SLAVES CONTIGUËS AU DANUBE ET A L'ADRIATIQUE.

Les traditions nationales des races slaves établies dans le
bassin du Danube et sur les rivages de l'Adriatique ont imprimé
un grand caractère de solennité à l'union de l'homme et de la
femme. Tout ce qui la prépare est, conformément à la coutume des races modèles, inspiré par le besoin de développer
chez les jeunes époux les vertus sur lesquelles reposera la prospérité de la famille et d'amortir, dans un acte aussi grave, les
aveugles entraînements de la passion. Les fiançailles sont en
pleine vigueur, et restent conformes à la pensée de l'institution.
Elles astreignent les deux futurs époux à une sorte d'apprentissage de la vie nouvelle où ils vont entrer; elles les dressent à
préparer les ressources matérielles nécessaires à l'existence de la
famille qu'ils vont former. En cette matière, les rites des fiançailles
suppléent utilement à l'enseignement des principes abstraits.
En effet, les mœurs qui en sont l'expression se conservent aisément, grâce à des coutumes invariables, faciles à transmettre de
génération en génération. Les peuples heureux et paisibles se
montrent attachés à ces rites traditionnels, sans songer même à
rechercher les motifs de leur existence. La coutume du bien
reste ainsi au-dessus de tout examen et de toute discussion; et
l'attrait des fêtes nationales vient jeter un charme inouï sur les
actes les plus graves et sur les sacrifices que peuvent réclamer la
pratique du bien et la répression des mauvais penchants. L'ob-

servation des faits sociaux révèle partout l'importance extrême des cérémonies domestiques conservées par la tradition. Il serait difficile aux hommes de nouveauté d'en faire une critique fondée. Il serait facile, au contraire, à un observateur de signaler les principes de moralité cachés sous ces pratiques, aussi curieuses pour le touriste ami du pittoresque que respectables pour le philosophe et l'homme d'État. C'est à ce point de vue que vont être décrites ici, d'après M. Boguichitch[1], écrivain de race dalmate, quelques-unes des coutumes observées, dans les pays slaves de la vallée du Danube et des côtes de l'Adriatique, au sujet des fiançailles et des mariages.

Le premier point auquel s'attache cet auteur, c'est à réfuter l'assertion de quelques écrivains, tels que MM. Unger et Camphausen, concernant la prétendue polygamie de certaines populations slaves. Il établit que, chez tous les Slaves, la monogamie est le principe fondamental de la famille. Ces écrivains ont commis l'erreur de prendre pour des institutions sociales définies les désordres moraux qu'ont apportés, chez quelques Cosaques des frontières, les habitudes de brigandage et l'immigration incessante d'aventuriers, rebut de toutes les nations. Ils ont d'ailleurs été abusés par une traduction infidèle de l'auteur Ivanow, qui écrivait à la fin du siècle dernier.

Suivant M. Boguichitch : « Les noces sont toujours précédées des fiançailles. Un père ne promet sa fille en mariage que lorsqu'elle est âgée de seize à vingt ans; mais les garçons se marient ordinairement entre leur vingtième et vingt-cinquième année... Le paysan prend une femme pour augmenter le nombre des bras dans la famille. Les enfants eux-mêmes ne sont pas une charge, car on les fait servir, dès leur première jeunesse, à l'exploitation du domaine. Les intérêts économiques sont d'un très-grand poids dans la conclusion des mariages, surtout chez les nombreuses familles, qui vivent en communauté. Si l'association ne possède qu'un petit nombre de ménages, les garçons

1. Boguichitch, *Recueil des coutumes actuelles chez les Slaves méridionaux*, texte slave, analysé par M. Fedor Demelitch, dans un ouvrage intitulé : *le Droit coutumier des Slaves méridionaux*.

se marient avant vingt ans; s'il y en a trop, on ajourne ordinairement le mariage... Lorsqu'une communauté se trouve menacée
dans son existence, parce qu'elle n'a plus qu'un seul héritier,
celui-ci doit se marier après la mort de son père, quand même il
n'aurait pas atteint sa quinzième année. On lui cherche une fille
sage et bonne ménagère; et, comme il est trop jeune encore pour
conduire la maison, c'est sa femme qui dirige les travaux domestiques. Hors ce cas tout à fait exceptionnel, il est rare qu'un
garçon épouse une fille plus âgée que lui, si ce n'est seulement
en Bulgarie. Les maisons bulgares retardent souvent le mariage
des filles pour tirer parti de leur travail avant qu'elles ne s'éloignent de la communauté. D'une autre part, les pères recherchent
une fiancée forte, habituée au travail et ayant acquis l'expérience
des choses domestiques; et ces qualités ne se rencontrent guère
chez une fille trop jeune. »

Il paraît qu'aux temps anciens on fiançait assez souvent des
enfants au berceau pour perpétuer entre ceux-ci des rapports de
tendre affection formés entre les parents. Mais on a reconnu les
inconvénients de cette coutume, et on y a complétement renoncé.
Cet exemple montre bien les causes de la supériorité des coutumes anciennes. Contrairement à ce qu'enseignent avec passion
et contre toute raison les partisans des nouveautés, une coutume
est bonne précisément parce qu'elle est vieille. Si on l'a suivie
si longtemps, c'est qu'on lui a reconnu des avantages; et l'on a
peu à peu laissé tomber en désuétude toute coutume qui offrait
des inconvénients. C'est donc le bon sens qui conseille aux peuples
modèles de respecter toute coutume antique; de la croire, pour ce
motif seul, bienfaisante; et de ne la modifier qu'avec une sorte de
répugnance, sous l'empire de nécessités évidentes. L'esprit révolutionnaire qui, depuis plus d'un siècle, désorganise l'occident de
l'Europe, s'attache à propager le contre-pied de cette vérité.
Ainsi ont péri, par exemple chez les Français, beaucoup de
coutumes recommandables. On a même parfois opposé à ces
coutumes des lois écrites qui maintiennent l'esprit d'erreur, sans
autre motif que la haine aveugle du passé. Quelquefois même,
ces lois coercitives sont défendues avec un zèle intéressé par des

classes de personnes qui tirent profit des désordres mêmes que ces nouveautés ont fait éclore. On eût évité ces mesures fatales, si, au lieu de prendre pour principes des idées préconçues, on avait, selon la véritable méthode des sciences d'observation, consulté sans parti pris l'expérience des peuples modèles qui sont en possession du souverain bien : la paix sociale. Rien n'est donc plus salutaire que l'œuvre entreprise, chez les Slaves méridionaux, par des savants tels que M. Boguichitch, dans le dessein de défendre la coutume séculaire de leur race contre la tyrannie imprudente des légistes à principes théoriques.

Chez les Slaves du Danube et de l'Adriatique, la première des institutions concernant le mariage est celle des fiançailles.

« Le temps qui sépare les fiançailles du mariage n'est pas exactement déterminé; il varie entre deux mois et trois ans. Les fiançailles ont ordinairement lieu, selon les contrées, à la Saint-Martin ou au carnaval; et le mariage n'est célébré qu'à l'automne suivant. A cette époque de l'année, la maison est pourvue de tout ce qui lui est nécessaire pour l'hiver. Le gain, fait à l'étranger par les associés qui voyagent, est également rentré à l'arrière-saison. On peut donc pourvoir aux dépenses de la noce. »

« Si le garçon a lui-même choisi sa future, ses parents ne contrarient pas son choix, pourvu que le conseil de famille l'ait autorisé d'une manière générale à se marier. Mais, dans le cas où le jeune homme n'aurait pas encore trouvé la fille de son choix, c'est le père qui lui en propose une; et le fils adhère ordinairement par obéissance. La fille est alors demandée en mariage à ses parents; mais la première visite se fait toujours de grand matin pour que la demande reste ignorée du voisinage en cas de refus. Comme les Serbes sont très-susceptibles dans ces sortes d'affaires, et qu'un refus leur causerait beaucoup de peine, ils emploient généralement un intermédiaire. C'est parfois le *Domatchin* (chef de famille) du jeune homme qui va lui-même sonder le terrain. En général, avant de demander solennellement la main d'une fille, on s'assure de son consentement et de celui de sa famille. A Gradiska, le jeune homme cherche une occasion favorable, et dans le plus grand secret, pour savoir de la fille elle-même si elle consentirait à l'épouser. Mais les filles de cette contrée, qui sont très-espiègles, laissent quelquefois languir assez longtemps les pauvres garçons avant d'accepter leur offre. On ne refuse jamais directement la main d'une fille ; on trouve toujours une excuse polie pour déguiser un refus : tantôt l'affection des parents qui ne pourraient se séparer de leur fille; tantôt la grande jeunesse de la fille, qui ne leur permet pas de songer à la marier. Si les parents n'ont pas été prévenus de la proposition de mariage, ils invitent le prétendant à revenir dans quelque temps, afin qu'ils puissent s'enquérir des intentions de leur fille. Les démarches préliminaires ayant été faites, c'est le père du jeune homme qui rend la première visite. Il est accompagné de quelques-uns de ses plus proches parents. Dans divers endroits de la Croatie, c'est la mère qui va faire la demande en mariage; une de ses amies l'accompagne. Elle apporte du *Raki,* espèce de ratafia ; et, dès qu'elle voit la fille disposée à se marier, elle prend un verre et lui demande si elle veut boire de son Raki. Si la fille répond oui, c'est un consentement. La mère offre alors à la jeune fille les provisions qu'elle a apportées et elle donne à chacune des femmes de la maison un foulard de laine ou une serviette. Le prétendu se rend aussi quelquefois avec plusieurs de ses amis chez les parents de la fille ; ce sont toujours les amis qui font la demande en mariage. Ils offrent de la liqueur et du pain aux membres de la famille en leur faisant un discours solennel, pendant lequel le prétendu distribue des pommes aux enfants; et il en jette une à la jeune fille, s'il l'aperçoit quelque part. En Serbie, c'est un intermédiaire, nommé *Provodadgeiya,* qui fait la demande en présentant à la jeune fille un bouquet de basilic au milieu duquel se trouvent quelques pièces de monnaie. Si elle accepte le bouquet, elle consent. Le même usage existe en Bulgarie ; mais c'est le prétendu qui apporte le bouquet. Les fiançailles se terminent rarement à cette première visite. A Brod, dans les confins militaires, on en fait quatre. Après la mère, c'est le père qui va voir la fille; puis vient le tour du Domatchin; et, à chaque visite, on se fait mutuellement des cadeaux. La quatrième, à laquelle assistaient tous les parents de la fille, n'est plus en usage ; mais on dédommage la fiancée par le don d'une petite somme d'argent. Quant aux cadeaux, la fille les partage entre ses parents et les enfants. Les chevaux ne sont pas oubliés ; car la fiancée leur envoie des foulards de couleur qui servent à les parer le jour des noces. Lorsqu'on a obtenu le consentement de la fille et celui de ses parents, le père du prétendu invite ses amis à venir le voir ; et il leur annonce le mariage de son fils en les engageant à faire avec lui une visite à la prétendue. La demande en mariage est alors renouvelée d'une manière solennelle ; et le père de la fille donne de nouveau son consentement à peu près dans ces termes : « Je « donne la main de ma fille au vaillant N***, que Dieu soit « avec eux ! »

'« En Croatie, les invités vont ensuite déjeuner dans le voisinage ; et, pendant ce temps, la prétendue revêt ses habits de fête et se rend à l'église avec une femme de la communauté. Puis, accompagnée d'un ami de son prétendu, elle fait une visite à tous ses parents pour demander à chacun d'eux de consentir à son mariage. Après toutes ces visites, on va s'inscrire chez le prêtre ; et tous les invités se rendent chez le père de la jeune fille, où la journée se termine gaiement par le souper des fiançailles. C'est le prétendu qui fournit toujours le vin ; mais en certains cas le Domatchin de la fiancée met sa cave à la disposition des convives. Pendant le souper, les fiancés échangent entre eux les anneaux et se partagent les cadeaux. La fiancée reçoit une pomme dans laquelle plusieurs pièces d'argent sont à demi enfoncées ; puis elle donne un mouchoir à son fiancé. A Lika, la fille est parée ce jour-là comme au jour des noces. Son frère la conduit de sa chambre dans la salle du festin ; et, la présentant aux convives, il s'écrie : « Qui veut prendre soin de ma sœur? » Le témoin de la noce répond : « Dieu et moi ! » Il prend ensuite la main de la fiancée, lui met un anneau au doigt et une pièce d'argent dans la main ; et, s'adressant aux convives, il leur dit : « J'offre cet anneau à cette honnête fille ; qu'il soit pour elle « un gage d'amour et de foi ! » Puis il se tourne trois fois de gauche à droite vers l'Orient, embrasse la fiancée sur la joue, lui offre une pomme avec des pièces d'argent que la mère garde pour les remettre plus tard à sa fille; et il prononce d'un ton solennel les paroles suivantes : « Que Dieu donne sa bénédiction « aux deux fiancés! qu'ils jouissent ensemble d'une longue et « heureuse vie! — *Amen!* » répondent en chœur tous les assistants. Si le prétendu offre lui-même la pomme à sa prétendue, celle-ci la prend; mais, au lieu de la donner à sa mère, elle la cache dans son sein. A Risan, le père du prétendu offre l'anneau au père de la fiancée qui le remet à sa femme; et celle-ci le transmet ensuite à sa fille.

« L'anneau des fiançailles joue toujours le rôle fondamental; mais la manière dont il est offert varie assez d'un pays à l'autre. A Risan, c'est le père du prétendu qui l'offre au père de la jeune fille; celui-ci le passe à la mère qui le garde jusqu'au jour des noces. A Seravéyo (Bosnie), l'anneau est offert par le témoin du mariage, mais il reste jusqu'aux noces placé devant l'image d'un saint. Ailleurs, cet anneau est offert par le frère du prétendu; il prend les mains de la fiancée, les joint dans l'attitude de la prière et lui glisse au doigt l'anneau nuptial en faisant le signe de la croix et en invoquant la Sainte-Trinité. »

« En Bulgarie, le jeune homme, après avoir obtenu le consentement de la jeune fille, va lui faire une visite quelques jours plus tard avec ses parents. Celle-ci présente alors un bouquet à son prétendu, et on convient à cette visite des cadeaux qui doivent être donnés, ainsi que du jour où le mariage sera célébré. On fixe également le prix de l'*Ogrluk,* ou cadeau que le fiancé doit donner à sa future belle-mère. Pendant le souper, c'est la fille qui sert à table. Mais les véritables fiançailles, qui sont toujours célébrées devant un prêtre, n'ont lieu qu'à la troisième réunion des deux familles, et c'est la mère de la jeune fille qui, ce jour-là, échange les anneaux. Le fiancé paie alors le souper, ainsi que la moitié du prix convenu pour l'Ogrluk de sa future belle-mère. Les deux prétendus baisent ensuite la main de leurs parents, et puis on distribue les cadeaux. Chez les Serbes, en général, le prétendu se rencontre rarement avec sa fiancée. A Risan, on ne lui permet de la voir et de l'embrasser qu'après de longues supplications ; mais elle résiste toujours, s'arrache de ses bras et s'enfuit. Dans le Monténégro, il ne la voit qu'à la troisième visite faite avec son père ; et c'est alors qu'on échange les cadeaux. Il donne à la fille des pantoufles, et il reçoit d'elle une chemise ; mais, jusqu'au jour des noces, il ne fréquente plus la maison de sa future. Chez les Monténégrins, le jour des noces est fixé dans une réunion qui s'appelle *Svila* (la soie). On détermine également à cette visite le nombre des convives qui doivent prendre part aux fêtes. La Svila a lieu deux ou trois semaines avant les noces. Le fiancé n'y assiste jamais, mais il envoie deux petits tonneaux de Raki, l'un pour la maison de la fille, et l'autre pour ses parents qui font partie du clan. Trois personnes se rendent à la Svila, chez la prétendue, et lui apportent de la toile pour faire des chemises, de la soie à broder, et un sequin. Les cadeaux ayant été offerts, on boit du Raki, avec tous les parents de la fille. Les membres du clan de celle-ci se réunissent alors devant l'église ; les chefs de la maison boivent du Raki, et toute l'assemblée exprime de cette manière son assentiment au mariage. On fixe encore à la Svila la somme que le futur doit payer pour les cadeaux de noces. Dès que les anneaux sont échangés et les présents distribués, la foi est solennellement engagée. Parfois, la pomme, qui joue à cette occasion un rôle si important dans le cérémonial des Serbes, remplace l'anneau ; et le couple se regarde comme fiancé, si la jeune fille accepte la pomme. Les fiançailles étant terminées, la prétendue ne danse plus dans aucun bal ; elle ne sort jamais seule, et jusqu'à son mariage elle mène une vie très-laborieuse et très-retirée. A Risan, dès que la fille s'est engagée par sa promesse de mariage, son fiancé doit lui fournir la chaussure ; mais il reçoit en échange, le dimanche et les jours de fête, un bouquet de fleurs naturelles jaunies à l'or. »

Ces fiançailles si solennellement accomplies lient les deux futurs d'une façon à peu près indissoluble. Si cet engagement n'est pas respecté, c'est surtout la volonté de la jeune fille qui vient à le rompre. De tels exemples sont très-rares chez les Serbes. La coutume du Monténégro, de l'Herzégovine, veut que la jeune fille, dès qu'elle est fiancée, cesse de fréquenter les jeunes gens du village. Si elle déroge à cette convenance, on considère le fiancé comme dégagé de tout lien avec elle. Les jeunes filles bulgares qui veulent être relevées de leurs promesses de fiançailles se rendent chez l'archiprêtre et lui expriment leur désir. Celui-ci leur adresse une remontrance et les congédie. Si elles persistent, elles y retournent bientôt et la même scène se renouvelle. Enfin, après une troisième demande et une troisième admonestation inutile, les fiançailles sont déclarées nulles. En général, l'opinion publique est plus sévère pour le fiancé qui manque à sa foi. Chez les montagnards dalmates, une pareille insulte est l'origine d'une véritable guerre à main armée entre les deux familles; la paix ne renaît que si le jeune homme consent à épouser sa fiancée ou lui paie une somme d'argent en expiation de son offense. Les Monténégrins avaient naguère la même coutume; de plus, dans cette contrée et en Herzégovine, l'auteur d'un pareil manque de foi était contraint de quitter le pays, s'il voulait échapper à l'obligation du mariage. Son frère cadet, s'il en avait un plus âgé que la fiancée, était cependant agréé pour tenir son engagement à sa place. Les Bulgares, moins rigoureux, admettent la rupture de l'engagement des fiançailles, moyennant composition; celui des deux qui retire sa parole paie à l'autre une certaine somme d'argent.

Comme au moyen âge, en Occident, la parenté crée une foule d'empêchements pour les mariages. « Le peuple, ainsi que l'Église, » dit M. Boguichitch, « distingue trois sortes de parenté : la parenté du sang, l'affinité par alliance, et la parenté spirituelle, qui établit un véritable empêchement de mariage entre le parrain, son filleul et sa famille. En Serbie et dans quelques contrées de la Croatie, on ajoute, à ces divers empêchements, la confraternité et l'adoption. En Croatie, on ne se marie pas non plus dès qu'il y a parenté, sans même chercher à quel degré. Le peuple n'approuve jamais de tels mariages quand le haut clergé accorde des dispenses. »

La coutume interdit en général les mariages entre consanguins jusqu'au quatrième ou cinquième degré. Le mariage est encore interdit entre frères et sœurs de lait. Dans plusieurs pays slaves, Dalmatie, Herzégovine, Monténégro, l'adoption, consacrée par une cérémonie religieuse, crée une parenté spirituelle qui exclut les mariages entre les enfants de l'adopté et ceux de l'adoptant.

Les motifs qui guident les jeunes gens ou les familles dans le choix de la fiancée sont inspirés par le désir d'introduire au foyer de famille une nouvelle ménagère bien élevée, sage et laborieuse. La beauté ne leur paraît pas une considération de première importance. On remarque qu'en général les jeunes gens tiennent à épouser des filles de la contrée, sauf les restrictions imposées par les liens de parenté même éloignée indiqués ci-dessus. Les jeunes filles regardent, au contraire, comme un honneur d'être recherchées par un jeune homme d'un pays éloigné. « O ma « mère, » dit une chanson populaire de ces contrées, « donne- moi en mariage bien loin de nous, à l'étranger, afin que je puisse me glorifier de ma famille. »

Les différences de religion sont de très-grands obstacles au mariage. Les chefs de maison serbes s'y opposent dans ce cas. On n'admet pas que le prétendu change de religion pour se marier; au contraire, la jeune fille ne peut s'unir à un jeune homme d'une autre religion qu'en embrassant celle du futur. La pensée qui semble avoir inspiré toute la coutume est d'éviter qu'il y ait diversité de religion entre les enfants d'une même famille. Les lois écrites qui ont été introduites en Hongrie et en Croatie ont autorisé les mariages mixtes et rendu cette diversité très-fréquente. Mais l'opinion publique continue à y voir une cause de funestes divisions entre frères et sœurs.

Le goût des mœurs sévères, chez les Slaves du Danube et de l'Adriatique, est évidemment lié au maintien de la coutume nationale. Il est compromis par les lois écrites dues à l'influence des idées de l'Occident. Ainsi rien ne paraît plus odieux aux Serbes que l'état de concubinage; mais, en Hongrie, en Croatie, surtout dans les villes, l'opinion publique est, sur ce point, beaucoup plus indulgente. Elle en rejette, non sans raison, la faute sur les lois et sur les ordonnances militaires, qui mettent des entraves au mariage. D'ailleurs le mariage tardif légalise tout à leurs yeux.

La coutume consacre une complète liberté des futurs conjoints; et il est très-rare que les parents imposent quelque contrainte à leurs enfants. Elle ôte ainsi tout motif aux enlèvements de jeunes filles. Chez les Slaves autrichiens et en Serbie, les lois punissent d'ailleurs le rapt; mais, dans les autres contrées, la coutume seule le prévient. « En Bulgarie, lorsqu'une fille, qui veut se marier malgré sa famille, entre chez le prétendu de son choix, elle s'assied au foyer domestique et remue le feu. Cela signifie qu'elle cherche un asile. Le chef de la famille la reçoit. Le mariage s'ensuit presque toujours; mais les parents de la fille n'y assistent pas. La maison du fiancé économise alors les dépenses nuptiales; et parfois, dans ce seul but, on simule une fuite ou un enlèvement. Cependant de tels mariages ne peuvent être conclus avant que le prêtre n'ait acquis la conviction qu'il n'y a aucun empêchement légal et que la fille n'est pas victime d'une violence.

La séduction suivie d'abandon par le fiancé est un crime rare, mais honni et jugé digne d'un châtiment exemplaire. Ce châtiment, indéterminé dans sa nature, parce qu'on n'a lieu de l'appliquer que par exception, de loin en loin, est allé, dans certains cas, jusqu'à la mort du coupable. C'est chez les Serbes que se rencontre surtout cette implacable sévérité. Jamais chez eux on n'admet, pour une telle honte, aucune compensation en argent. Les Slaves autrichiens sont plus accommodants, parce que leurs mœurs sont moins austères. Les Bulgares veulent que le séducteur épouse celle qu'il a séduite; mais, si celle-ci renonce au mariage, ils livrent le coupable aux tribunaux qui lui appliquent les peines édictées par la loi. Les Monténégrins et les Dalmates ont recours aux armes, et ce sont surtout les frères de la jeune fille qui se font les champions de l'honneur domestique. Mais, ce qui effraye surtout les jeunes hommes tentés de commettre un pareil méfait, c'est la crainte des malédictions qui les poursuivent à tout jamais. M. Boguichitch cite à ce propos le passage suivant d'une belle chanson serbe bien connue dans le peuple : « La terre tremble lorsqu'une fille séduite prononce une malédiction. Sa plainte monte jusqu'à Dieu, et les larmes qui coulent de ses yeux s'enfoncent dans la terre jusqu'à la profondeur de trois lances. »

« Il est rare, » selon M. Boguichitch, « qu'on traite la question de la dot aux fiançailles. Ceci n'a lieu que dans les localités, fort rares, où les filles reçoivent des immeubles en se mariant. La dot est remise généralement la veille de la noce, et quelquefois deux jours auparavant, dans la maison du futur. »

Le cérémonial de la noce est réglé d'une façon très-minutieuse par la coutume. Il comporte une grande solennité et a évidemment pour but de donner à tous, mariés, parents et gens du voisinage, la plus haute idée de l'acte qui s'accomplit. Voici quelques renseignements choisis parmi ceux qu'a réunis M. Boguichitch. « Le mariage est pour les Serbes un des actes les plus solennels de la vie. Ce n'est pas seulement une grande fête de famille : c'est comme une fête publique; car tout le village est heureux d'y apporter sa part de joie. Les convives de la noce sont accostés par tout le monde et salués du nom cérémonieux que les Serbes ne se donnent pas dans leurs relations ordinaires. On se découvre devant le cortége nuptial, mais les convives n'ôtent jamais leur chapeau, pas même à la table du festin. Ils portent tous des bâtons ornés de rubans de diverses couleurs; le bâton est chez le Serbe un signe de distinction. Il n'y a que les hauts personnages du village qui aient le droit d'en avoir à la promenade. Le menu peuple n'en porte jamais. Quelle activité! quel mouvement dans une maison où les noces vont avoir lieu! On frotte, on balaye, on nettoie l'habitation durant toute une semaine. Les filles s'occupent de leur toilette et les femmes préparent le repas nuptial dans la cuisine, surtout les gâteaux, qui jouent un si grand rôle pendant les fêtes du mariage. La veille des noces, divers rôtis tournent sur les broches autour d'un grand feu, et chacun est heureux de donner un coup de main; car, ce soir-là, on attend le futur avec ses amis. Sur le littoral croate, les noces ont toujours lieu un dimanche; mais la fête commence le samedi soir. Dès le coucher du soleil, quatre femmes vont en chantant de porte en porte; elles se rendent ensuite devant la

maison du fiancé, qui paraît sur le seuil en habits de fête et
distribue aux chanteuses des gâteaux et du vin. Une foule de
petits bambins qui les suivent réclament aussi leur part ; et la
jeune fiancée ne les oublie pas devant la porte de sa maison. Elle
prend dans un grand tamis des prunes et des figues sèches, des
morceaux de pain doux, des amandes, des roses, et les jette au
milieu des petits criards, qui se disputent gaiement et s'arrachent
toutes ces friandises. La même scène a lieu devant la maison du
fiancé, mais c'est une de ses plus proches parentes qui distribue les
mêmes cadeaux aux enfants. La nuit venue, on ferme toutes les
portes de la maison de la fiancée pour n'être point surpris par
les convives, parce qu'ils doivent payer leur entrée. On est
attentif au moindre bruit extérieur ; et dès qu'on entend un
chant lointain, car les convives de la noce chantent toujours, on
éteint les lumières, et le plus grand silence règne dans la maison.
Mais les chants se rapprochent et voilà qu'on frappe à la porte.
Personne ne répond. On frappe une seconde fois. Point de
réponse encore. L'impatience gagne les convives et on frappe
avec plus de force. Une voix de l'intérieur se fait entendre : « Au
« nom de Dieu, qui frappe donc si tard ?—De pauvres voyageurs, »
répond une voix du dehors, « des honnêtes gens qui cherchent
« leur brebis égarée. Peut-être pourrez-vous nous en donner des
« nouvelles. Ouvrez-nous donc la porte. » Mais le Domatchin ne se
rend pas à cette supplication, et il réplique : « Il est trop tard. Vous
« viendrez demain chercher votre brebis. » Comme cette réponse ne
satisfait pas les visiteurs nocturnes, l'un d'eux prend la parole et
dit : « Ah ! mes braves gens, celui qui a une affaire urgente n'a
« pas le temps d'attendre jusqu'au lendemain. Ouvrez-nous la
« porte, car le temps est bien mauvais. » Et l'on se met alors à
chanter en chœur : « De la neige jusqu'aux genoux, de l'eau
« jusqu'aux épaules. » Mais la porte reste toujours fermée, et les
colloques durent encore longtemps. Enfin l'entrée devient libre,
et le premier qui franchit le seuil offre du vin à tous les assistants. Ce vin est apporté par les convives dans une grande
outre. Après que tout le monde a bu, le Domatchin fait défiler
toutes les filles de la maison devant les visiteurs, afin qu'ils cher-

chent leur brebis perdue. La fiancée arrive toujours la dernière. Dès que son futur l'aperçoit, il l'embrasse; la musique commence alors à jouer, et on se met à table. Puis les jeunes garçons et les jeunes filles chantent et dansent; et, quand on s'est bien amusé, on se sépare avant minuit, mais pour recommencer joyeusement le lendemain.

M. Boguichitch, après avoir décrit les rites analogues, mais variés à l'infini, qui précèdent le mariage, s'étend sur les cérémonies qui touchent à la conclusion. Il signale, entre autres exemples, les traits suivants : « Le moment le plus solennel et le plus touchant de la journée des noces, c'est lorsque la mariée prend congé de ses parents, de ses frères, de ses sœurs, et qu'elle dit adieu à toutes les compagnes de sa jeunesse, ainsi qu'aux associés de sa maison. Dans les contrées où la fiancée ne rentre plus au foyer paternel, lorsqu'elle en sort pour aller à l'église, elle fait ses adieux avant la cérémonie religieuse, c'est-à-dire au moment où elle quitte pour toujours la maison de ses parents. Mais, dans les autres contrées, les adieux se font ordinairement après le dîner ou après le souper. La malle de la mariée est apportée au milieu de la chambre. On la recouvre entièrement d'un long et grand tapis sur lequel le jeune couple se met à genoux. Le père s'approche d'eux et leur demande ce qu'ils désirent. « Père, ta bénédiction, » répondent-ils. Le père met alors ses mains sur leur tête courbée, et, s'adressant à son gendre, il lui recommande sa fille et lui dit d'être tout à la fois un père et un frère pour elle. « Ma puissance paternelle, » ajoute-t-il, « cesse maintenant. Prends donc ma fille sous ta garde et sois « désormais son protecteur, son soutien, durant toute ta vie. » Il récite ensuite la prière de la bénédiction. La mère prononce rarement quelques paroles; mais elle se jette en sanglotant dans les bras de sa fille et la tient longtemps embrassée. Pendant que les femmes pleurent, quatre convives mettent la malle sur leurs épaules, et un cinquième porte le tapis. »

« Enfin, le cortége se met en marche. En Croatie, les filles chantent : « Adieu maintenant, pauvre vieille mère »; et cette chanson mélancolique dure jusqu'aux approches de la maison du

nouveau marié. On change alors le rhythme, et l'air retentit
subitement du chant plus joyeux : « Attends, attends-nous, très-
« chère mère ». Dans l'Herzégovine, les parents de la mariée
suivent le cortége jusqu'à une certaine distance de leur maison et
souhaitent encore une fois bon voyage à leur fille, qui doit tourner
la tête vers ses parents, pour que ses enfants ressemblent à sa
famille. Dans ces contrées, la future quitte la maison paternelle
avant la cérémonie religieuse. C'est de la demeure du futur qu'elle
se rend à l'église. Les parents du jeune homme attendent les
nouveaux époux sur le seuil de leur maison. La mère tient à la
main une coupe, d'argent ou de métal, qui ne doit jamais être
transparente; et, avant que le témoin ait présenté la nouvelle
épouse, le marié de...nde à sa mère ce que renferme cette
coupe, « c'est du miel et ta bonne volonté, mon cher fils, »
répond la mère. Les témoins jettent plusieurs pièces d'argent
dans la coupe, et la mère boit alors quelques gouttes du liquide
que la coupe renferme. Cette cérémonie se renouvelle trois fois. Le
marié prend ensuite la coupe, et la présente à sa femme, qui boit
également; il avale ce qui reste et met l'argent dans sa poche. »

« La malle est alors portée dans la maison; mais, avant
d'entrer, le cortége se rend au puits du village, dont il fait trois
fois le tour. Cette espèce de procession terminée, les nouveaux
époux jettent en l'air leur pomme avec quelques pièces de monnaie, mais de manière qu'elle ne tombe pas dans l'eau, ce qui
n'est pas très-facile; car une foule d'enfants entourent le puits et
cherchent à attraper la pomme en l'air. On entre ensuite à la maison. Partout où passe le cortége, on offre du vin aux convives; et
les femmes leur jettent du froment. Pendant le souper, la première
fille d'honneur distribue des cadeaux à tous les convives au nom
de la mariée, en leur disant : « La jeune mariée vous offre ce
« cadeau; il est petit, mais l'amitié est grande ». Les convives distribuent aussi des présents de noces. Ils mettent une obole dans une
grande assiette placée sur la table. Dans le Monténégro, c'est le
premier garçon d'honneur qui distribue les présents de la mariée. »

« Après l'échange des cadeaux, le témoin conduit le nouveau couple dans sa chambre. Le mari ôte lui-même la couronne

nuptiale de la tête de sa femme ; et, pendant que les convives se régalent jusqu'à l'aube, les jeunes mariés se couchent en présence du témoin. Ainsi se termine le premier jour de noces sur tout le littoral croate. »

« Les fêtes nuptiales se terminent rarement en une journée ; elles durent souvent deux semaines. » Elles se composent surtout, après le jour de la noce : de visites ; de messes célébrées à des jours fixés, afin d'appeler la bénédiction de Dieu sur le nouveau ménage ; de repas de famille destinés à multiplier les rapports entre les nouveaux alliés. Le lendemain, a lieu la cérémonie du *Poillevatschina* (ablution). On apporte solennellement aux mariés l'eau avec laquelle ils vont se laver les mains et le visage devant les dignitaires de la noce. »

« L'entrée des nouveaux mariés dans l'église a toujours lieu en grande pompe le premier dimanche après la noce. La jeune épouse porte sa robe nuptiale et cette journée est encore une fête pour toute la famille. Dans quelques contrées, la mariée va ainsi parée à l'église pendant trois dimanches consécutifs. »

La consommation du mariage n'a pas habituellement lieu dans cette période de cérémonies et de fêtes. Elle est parfois différée de plusieurs mois ; mais le mariage est considéré comme irrévocable et indissoluble, dès que les fiancés ont juré, devant le ministre du culte, de se prendre pour époux. Il se consomme plus tard discrètement sans aucune cérémonie spéciale.

Les idées récemment propagées en Occident ne font envisager ces respectables traditions des fêtes de famille, et surtout les rites qui en assurent si efficacement le maintien, que comme des puérilités sans raison, mêlées de superstitions dangereuses pour l'indépendance individuelle. L'institution des fiançailles, à peu près tombée en oubli dans les mœurs modernes, est remplacée par une précipitation irréfléchie. Quant aux cérémonies de la noce, chacun sait que le souffle de l'esprit de nouveauté emporte chaque jour quelque lambeau des coutumes qui subsistent encore.

AD. FOCILLON.

CHAPITRE II

TISSERAND

DE GODESBERG (PROVINCE RHÉNANE)

OUVRIER-TACHERON

dans le système des engagements momentanés,

AVEC UN PRÉCIS DE LA MONOGRAPHIE AYANT POUR OBJET

LE LUTHIER DU WERDENFELS (21),

D'APRÈS LES RENSEIGNEMENTS RECUEILLIS SUR LES LIEUX,
EN 1848,

PAR MM. A. DE SAINT-LÉGER ET A. COCHIN.

OBSERVATIONS PRÉLIMINAIRES

DÉFINISSANT LA CONDITION DES DIVERS MEMBRES DE LA FAMILLE

Définition du lieu, de l'organisation industrielle et de la famille.

§ 1.

ÉTAT DU SOL, DE L'INDUSTRIE ET DE LA POPULATION.

L'ouvrier demeure dans la commune de Godesberg, en face du Siebengebirge, à 6 kilomètres S. de la ville de Bonn, rive gauche du Rhin. Le sol est précisément situé à la limite commune de la grande nappe de terrains d'alluvion, qui compose la plaine saxonne (III, IV, 17) avec la Néerlande, et du massif de schistes argileux de transition que le Rhin traverse depuis l'embouchure de la Nahe jusqu'au Siebengebirge. Le terrain est en partie con-

sacré à des cultures de céréales, de légumes et de fruits propres
à cette région de l'Allemagne. Il est surtout occupé par une
forêt domaniale dont le voisinage influe essentiellement sur le
bien-être des ouvriers de la commune (18). Toute cette contrée
est peuplée de tisserands travaillant dans leurs habitations, disséminées en partie au milieu des campagnes, en partie groupées
dans les villes et dans les bourgs, à proximité des comptoirs
établis par les marchands qui exploitent le commerce des fils et
des tissus. Ces marchands, qui ont en même temps plus ou moins
le caractère de fabricants, remettent aux tisserands les fils
importés d'Angleterre ou fabriqués dans le pays même; puis ils
expédient dans les diverses parties de l'Allemagne du Nord les
tissus confectionnés moyennant un salaire qui varie selon l'état
d'activité des affaires. Dans l'organisation primitive de ces petits
ateliers, la femme et les enfants exploitaient toujours plusieurs
branches d'agriculture, qui complétaient largement les ressources
fournies par le travail du chef de famille. Mais les avantages
dérivant de cette organisation diminuent depuis que les ouvriers
tendent à quitter les campagnes pour se fixer dans les villes (19);
ils ont été en partie conservés par la famille décrite dans la présente monographie. L'exploitation agricole dirigée par la femme
a pour objet, d'une part, la culture d'un jardin potager et d'un
champ à pommes de terre; de l'autre, l'entretien d'une vache
laitière et la préparation du beurre et du fromage. La proximité
de la ville de Bonn est pour la famille une source d'aisance, car
elle donne plus de valeur aux produits que la femme va vendre
elle-même au marché; en outre, le village de Godesberg, résidence favorite d'étrangers qu'y attire la beauté des lieux, offre
lui-même, pendant l'été, un débouché avantageux à ces produits.

Les tisserands du district de Bonn sont attachés, par des
engagements momentanés, à des fabricants d'indiennes habitant
pour la plupart les villes voisines : ceux-ci, en traitant avec les
ouvriers, se réservent ordinairement leur coopération exclusive
jusqu'à l'achèvement d'un certain nombre de pièces d'étoffe. Ils
leur fournissent presque toujours les métiers à tisser; et cette
circonstance conserve quelque stabilité dans les rapports mutuels

des patrons et des ouvriers ; mais on ne trouve plus qu'un petit nombre d'anciennes maisons qui entretiennent des relations à peu près permanentes avec les tisserands qu'elles emploient.

§ 2.

ÉTAT CIVIL DE LA FAMILLE.

La famille comprend les deux époux et trois enfants, savoir :

1. HEINRICH B**, chef de famille, né à Godesberg, marié depuis 13 ans.   39 ans.
2. JOHANNA N**, sa femme, née à Brohl...................... .....   32 —
3. Frantz B**, leur fils aîné, né à Godesberg........................   12 —
4. Maria B**, leur fille aînée, née à Godesberg.....................   9 —
5. Wilhelm B**, leur second fils, né à Godesberg....................   6 —

Dans cette condition, les familles conservent la fécondité. Le fils aîné s'établit ordinairement au foyer ; les autres enfants se fixent pour la plupart dans les villes manufacturières de la contrée.

§ 3.

RELIGION ET HABITUDES MORALES.

La famille professe la religion catholique romaine; tous les membres accomplissent leurs devoirs religieux; cependant la femme fréquente l'église avec plus d'assiduité que son mari. Les deux époux se distinguent, au reste, l'un et l'autre par leurs bonnes mœurs; et ils jouissent d'une bonne renommée.

§ 4.

HYGIÈNE ET SERVICE DE SANTÉ.

La localité est salubre; tous les membres de la famille jouissent ordinairement d'une bonne santé. Dans les maladies graves, on a recours à l'un des nombreux médecins établis dans ce district; dans les simples indispositions, on fait usage de recettes transmises par tradition ou indiquées par des empiriques.

§ 5.

RANG DE LA FAMILLE.

L'ouvrier appartient à la catégorie des tâcherons; il est payé suivant le poids et la qualité du coton tissé, ou suivant le nombre de pièces d'étoffe qu'il fabrique avec une qualité et sur des dimensions déterminées. L'ouvrier n'a point assez d'aisance et il n'a point assez de tendance à l'épargne pour s'assurer la propriété du métier qu'il emploie, et, à plus forte raison, pour spéculer sur l'achat du fil de coton qu'il élabore : il reçoit toujours du fabricant ces moyens de travail.

Moyens d'existence de la famille.

§ 6.

PROPRIÉTÉS.

(Mobilier et vêtements non compris.)

IMMEUBLES RURAUX...................... 0ᶠ 00

La famille a loué son habitation et tous les immeubles ruraux qu'elle exploite.

ANIMAUX DOMESTIQUES entretenus toute l'année... 110ᶠ 00

1 vache dont les principaux moyens de subsistance sont les herbes récoltées par la famille dans la forêt domaniale, 110ᶠ 00.

MATÉRIEL SPÉCIAL des travaux et industries..... 5ᶠ 00

Pour la culture d'un jardin et d'un champ à pommes de terre. — 2 bêches, 1 pioche, 1 râteau, 5ᶠ 00.

Le métier à tisser dont se sert l'ouvrier ne lui appartient pas : il lui est ordinairement prêté par le fabricant.

VALEUR TOTALE des propriétés........ 115ᶠ 00

Sous le régime de la fabrique collective du Rhin, tous les tisserands ne sont pas aussi complétement dépourvus d'immeubles. La possession du foyer domestique et du métier à tisser est pour cette classe le premier symptôme du bien-être.

§ 7.

SUBVENTIONS.

Le chef d'industrie pour lequel travaille l'ouvrier n'exerce sur lui aucun patronage. Il le rétribue au moyen d'un salaire rigoureusement déterminé d'après la quantité de produits fabriqués. Le sentiment de la prévoyance étant peu développé chez l'ouvrier et sa femme, la famille serait exposée à de grandes privations pendant les époques de chômage et de maladie, si des subventions indépendantes du salaire ne leur assuraient pas quelques moyens permanents de subsistance. Ces subventions sont fournies par le domaine public, propriétaire des forêts voisines de Godesberg, et par les propriétaires voisins. Elles procurent à la famille le bois consommé pour le chauffage domestique, et principalement l'herbe et le foin nécessaires pour la nourriture d'une vache. Pendant le printemps, l'été et une partie de l'automne, la famille est autorisée, par l'usage et la tolérance des propriétaires du pays, à arracher de l'herbe sur les bords des chemins et sur les lisières des forêts domaniales ou des propriétés privées. En outre, pendant les trois jours qui précèdent la fête de la Saint-Jean, la famille tout entière, hommes, femmes et enfants, est autorisée à couper à la faucille, à faner et à transporter à dos, hors de la forêt domaniale, toute la quantité de foin qu'elle peut extraire d'un canton dont les limites sont fixées par les gardes forestiers. Ce mode de concession, établi par la tradition, assure à la famille, pour ses animaux domestiques, une quantité de foin proportionnelle au nombre de bras dont elle dispose, et par conséquent au nombre de bouches qu'elle a à nourrir. Cette subvention, à laquelle les populations attachent un vif intérêt, est l'occasion d'une diversion très-recherchée aux travaux ordinaires. Elle rappelle, avec de moindres proportions et moins de bien-être, la fête des foins de la Sibérie (II, III, 11).

L'administration communale, prenant en considération la situation gênée où se trouve souvent la famille, lui accorde l'exemption des frais d'école.

En résumé, les subventions nécessaires à la subsistance d'une famille non initiée au sentiment de la prévoyance, celles qui ailleurs émanent ordinairement d'un patron, chef d'industrie, sont ici fournies par la commune et par le domaine public. Les familles qui ne participent point aux avantages dérivant de la propriété individuelle ont pour compensation, dans cette localité, la coutume qui les autorise à récolter certaines productions spontanées d'une forêt de l'État.

§ 8.

TRAVAUX ET INDUSTRIES.

TRAVAUX DE L'OUVRIER. — Le travail principal de l'ouvrier a pour objet le tissage d'étoffes, blanches ou écrues, de coton, pour le compte d'un fabricant (1). Les travaux secondaires sont la culture d'un jardin-verger et d'un champ à pommes de terre, et la récolte du foin dans les forêts domaniales. Ces derniers travaux n'occupent qu'un petit nombre de journées.

TRAVAUX DE LA FEMME. — Le travail principal comprend les diverses occupations qui se rattachent à l'exploitation d'une vache laitière (6). La femme récolte journellement, pendant la belle saison, l'herbe nécessaire à la nourriture de cette vache; elle prend part, avec toute la famille, à la récolte du foin dans la forêt domaniale (7); elle recueille le lait et le convertit partiellement en beurre et en fromage; enfin elle vend elle-même, au marché de Bonn ou à Godesberg, ceux de ces produits qui ne sont pas réclamés par les besoins de la famille. Les travaux secondaires de la femme sont : les travaux de ménage; la culture du jardin-verger et du champ à pommes de terre; enfin la récolte, dans la forêt et le transport, à dos, du bois mort.

TRAVAUX DU FILS AÎNÉ. — Le fils aîné consacre aux exercices de l'école la majeure partie de son temps : il seconde, en outre, sa mère dans la plupart des travaux qu'elle exécute.

INDUSTRIES ENTREPRISES PAR LA FAMILLE. — La principale industrie de la famille est la spéculation que fait l'ouvrier sur son occupation principale en substituant, comme cela a toujours lieu pour les travaux de ce genre, le travail à la tâche au travail à la journée. Les autres industries ont pour objet l'exploitation de la vache laitière, du jardin-verger et du champ à pommes de terre.

Mode d'existence de la famille.

§ 9.

ALIMENTS ET REPAS.

Les céréales, dont le son n'est séparé qu'en partie, sont consommées presque exclusivement à l'état de pain. La viande se mange seulement le dimanche et le lundi. La petite quantité de bière qui entre dans l'alimentation est bue par la famille les dimanches et les fêtes, surtout au cabaret. La particularité la plus remarquable du régime alimentaire de la famille est la consommation considérable de café : cette décoction est prise deux fois par jour, au déjeuner et au goûter, sans addition de sucre. Cette boisson, plus économique que les boissons fermentées, est fort en usage dans les autres contrées de l'Allemagne du Nord, en Hollande, en Belgique et dans le nord de la France. La conserve de choux (*sauer Kraut*), fabriquée à la maison par tous les membres réunis de la famille (20), joue un rôle fort important dans l'alimentation. Ce mets national est toujours assaisonné avec un corps gras.

§ 10.

HABITATION, MOBILIER ET VÊTEMENTS.

La famille habite une chaumière comprenant un rez-de-chaussée de deux pièces, au-dessus duquel se trouve un grenier à foin ; à côté se trouvent le jardin et l'étable pour la vache.

Le mobilier et les vêtements ont une apparence qui révèle l'état de pauvreté de la famille :

MEUBLES : en très-mauvais état............   **56ᶠ 00**

1° *Lits.* — 1 lit pour les deux époux, et 2 lits pour les enfants, 37ᶠ 00.

2° *Mobilier.* — 1 table, 4ᶠ00; — 4 chaises, 3ᶠ00; — 1 mauvaise armoire pour le linge et les vêtements, 7ᶠ00; — 1 mauvais dressoir pour vaisselle, 2ᶠ00; — 1 fourneau en briques, 3ᶠ00. — Total, 19ᶠ00.

USTENSILES : pour la plupart en mauvais état...   **13ᶠ 00**

2 chaudrons et 1 casserole en fonte émaillée; pots et assiettes en terre vernissée; bouteilles et verres; cuillers et fourchettes en fer étamé; tonne à choucroute. — Total, 13ᶠ00.

LINGE DE MÉNAGE : peu abondant et mal entretenu................   **20ᶠ 00**

Quelques draps de lit, serviettes et torchons, 20ᶠ00.

VÊTEMENTS : ils sont mal entretenus et témoignent d'un état habituel de pénurie................   **65ᶠ 00**

VÊTEMENTS DE L'OUVRIER (25ᶠ00).

1° *Vêtements du dimanche.* — 1 redingote de drap vert; 1 pantalon et 1 gilet en drap noir; cravate en coton imprimé; bottes; chapeau en feutre. — Total, 16ᶠ50.

2° *Vêtements de travail.* — 1 gilet à manches en drap; pantalon et gilet en toile; 2 chemises; 2 paires de bas de laine; 1 paire de souliers; 1 mouchoir de poche. — Total, 8ᶠ50.

VÊTEMENTS DE LA FEMME (26ᶠ00).

1° *Vêtements du dimanche.* — Corsage, jupe et tablier d'indienne; jupon d'étamine; 2 petits châles de laine imprimée; 3 paires de bas; 2 paires de souliers; 1 bonnet garni de dentelles. — Total, 18ᶠ00.

2° *Vêtements de travail.* — Vieux vêtements du dimanche; corsage, jupe, tablier et petit châle d'indienne; 2 chemises; 3 bonnets. — Total, 8ᶠ00.

VÊTEMENTS DES ENFANTS (14ᶠ00).

Ils sont composés en grande partie des vieux habits des parents.

VALEUR TOTALE du mobilier et des vêtements.....   **154ᶠ 00**

§ 11.

RÉCRÉATIONS.

Le tabac à fumer est la principale récréation de l'ouvrier : il s'y livre à peu près constamment, aussi bien pendant le travail que pendant les moments de repos. Il fait au cabaret une consommation d'eau-de-vie modérée. Les dimanches, et surtout les jours de fête patronale, la famille entière prend le plaisir de la danse et consomme au cabaret une petite quantité de bière.

Histoire de la famille.

§ 12.

PHASES PRINCIPALES DE L'EXISTENCE.

Les enfants, avant leur première communion, partagent leur temps entre les exercices de l'école et les travaux domestiques. Ils prennent déjà avec leurs parents une part active aux travaux agricoles, et surtout à la récolte et au transport du foin, à l'époque de la Saint-Jean (7). Les garçons, vers l'âge de 14 ans, deviennent tisserands-apprentis chez leur père ou chez un habitant du village ou des petites villes de la contrée. Les filles, vers 13 ans, commencent à assister leur mère dans tous ses travaux.

Quelques années après avoir satisfait aux obligations du service militaire, vers l'âge de 25 à 27 ans, les jeunes ouvriers se marient et continuent à travailler, comme auparavant, pour le compte d'un fabricant. Ils se plient temporairement à la nécessité de l'épargne pour former le capital nécessaire à l'acquisition d'une vache; mais, aussitôt que ce but est atteint, les deux époux adoptent les habitudes d'imprévoyance qui dominent au milieu de cette population. Désormais ils règlent leurs dépenses d'après leurs recettes, en faisant appel autant que possible au crédit que les marchands de la localité consentent à leur accorder.

La population a conservé quelques-unes des habitudes de stabilité de la plaine saxonne (III, III, 19) : parmi les plus utiles, figure au premier rang la cohabitation du père et de l'un des fils. Assez ordinairement le fils aîné, après son mariage, continue à habiter la maison paternelle avec sa femme et ses enfants. Peu à peu, à mesure que les parents s'approchent de la vieillesse, il prend la direction des affaires de la famille, et conserve aussi les rapports avec les fabricants. Lorsque le père et la mère ne peuvent plus travailler, c'est le fils qui, avec sa femme et ses enfants devenus grands, subvient exclusivement aux besoins de la famille. Les fils qui ne peuvent s'établir dans la maison paternelle cèdent, pour la plupart, à la tendance qui désorganise de plus en plus l'ancien système des petits ateliers ruraux (19). Au lieu de se fixer dans la campagne, ils vont s'établir dans les villes, à proximité des comptoirs fondés par les négociants qui leur fournissent le travail et centralisent le commerce des produits (17).

§ 13.

MŒURS ET INSTITUTIONS ASSURANT LE BIEN-ÊTRE PHYSIQUE ET MORAL DE LA FAMILLE.

Le travail de l'ouvrier ne produit que des ressources insuffisantes. L'existence de la famille repose en partie sur la subvention domaniale qui lui fournit le moyen d'entretenir une vache laitière (7). C'est en effet par l'exploitation de cet animal domestique que la famille obtient des recettes en argent assez considérables : la provision de lait et de beurre, ainsi que le fumier nécessaire à la production des pommes de terre et des autres légumes servant à la consommation du ménage. Cet exemple et tous les cas analogues qu'on a eu occasion d'observer prouvent que, parmi les nombreux systèmes de subvention usités en Europe, les allocations forestières de cette nature, et en général les allocations d'herbes destinées à la nourriture des animaux, sont celles où une valeur déterminée, attribuée aux ouvriers, fructifie le mieux entre leurs mains (IV, 1, 7). Assurément, ces sortes de droits d'usage ont parfois quelques inconvénients pour le régime forestier; mais, à un point de vue élevé d'utilité publique, et même au point de vue spécial de l'intérêt des propriétaires de forêts (18), ces inconvénients ne peuvent être mis en balance avec les avantages que met en évidence l'étude de la famille décrite dans la présente monographie. Cette vérité est encore plus évidente dans les localités de l'Occident, où, en l'absence de telles subventions, la paix sociale est compromise.

§ 44. — BUDGET DES RECETTES DE L'ANNÉE.

SOURCES DES RECETTES.	ÉVALUATION approximative des sources de recettes.
	VALEUR des propriétés.

SECTION Iʳᵉ.

Propriétés possédées par la famille.

ART. 1ᵉʳ. — PROPRIÉTÉS IMMOBILIÈRES.

(La famille ne possède aucune propriété de ce genre)... »

ART. 2. — VALEURS MOBILIÈRES.

ANIMAUX DOMESTIQUES entretenus toute l'année :

    1 vache.. 110ᶠ00

MATÉRIEL SPÉCIAL des travaux et industries :

    Outils pour la culture du jardin et du champ à pommes de terre................... 5 00

ART. 3. — DROIT AUX ALLOCATIONS DE SOCIÉTÉS D'ASSURANCES MUTUELLES.

(La famille ne fait partie d'aucune société de ce genre) .... »

VALEUR TOTALE des propriétés (sauf déduction des dettes mentionnées, 15, Sⁿ V) . 115 00

SECTION II.

Subventions reçues par la famille.

ART. 1ᵉʳ. — PROPRIÉTÉS REÇUES EN USUFRUIT.

(La famille ne reçoit aucune propriété en usufruit)............. ....

ART. 2. — DROITS D'USAGE SUR LES PROPRIÉTÉS VOISINES.

DROIT sur les herbes à récolter dans les forêts domaniales pour la production du foin.............. ...
  — sur l'herbe de la lisière des routes............................... ....
  — sur le bois mort des forêts domaniales...

ART. 3. — ALLOCATIONS D'OBJETS ET DE SERVICES.

ALLOCATIONS concernant l'instruction des enfants........................ ....

§ 44. — BUDGET DES RECETTES DE L'ANNÉE.

RECETTES.	MONTANT DES RECETTES.	
	VALEUR des objets reçus en nature.	RECETTES en argent.
SECTION Irᵉ.		
Revenus des propriétés.		
ART. 1ᵉʳ. — REVENUS DES PROPRIÉTÉS IMMOBILIÈRES.		
(La famille ne jouit d'aucun revenu de ce genre).................	»	»
ART. 2. — REVENUS DES VALEURS MOBILIÈRES.		
Intérêt (6 p. 100) de la valeur de cette vache........................... (16, C)	»	6ᶠ60
Intérêt (5 p. 100) de la valeur de ces outils............................ (16, B)	0ᶠ25	»
ART. 3. — ALLOCATIONS DES SOCIÉTÉS D'ASSURANCES MUTUELLES.		
(La famille ne reçoit aucune allocation de ce genre).........................	»	»
TOTAUX des revenus des propriétés...........	0 25	6 60
SECTION II.		
Produits des subventions.		
ART. 1ᵉʳ. — PRODUITS DES PROPRIÉTÉS REÇUES EN USUFRUIT.		
(La famille ne jouit d'aucun produit de ce genre).........................	»	»
ART. 2. — PRODUITS DES DROITS D'USAGE.		
Herbe évaluée sur pied à... (16, C)	»	39 06
Bois (900 kil.) évalué sur pied à..................................... (16, E)	13 45	»
ART. 3. — OBJETS ET SERVICES ALLOUÉS.		
Instruction donnée aux enfants aux frais de la commune : frais par famille d'ouvriers..	6 00	»
TOTAUX des produits des subventions..............	19 45	39 06

§ 14. — BUDGET DES RECETTES DE L'ANNÉE (SUITE).

SOURCES DES RECETTES (SUITE).

DÉSIGNATION DES TRAVAUX ET DE L'EMPLOI DU TEMPS.	QUANTITÉ DE TRAVAIL EFFECTUÉ.		
	père	mère	fils aîné
	journées	journées	journées
SECTION III.			
Travaux exécutés par la famille.			
TRAVAIL PRINCIPAL, exécuté à la tâche, au compte d'un chef d'industrie :			
Tissage d'étoffes blanches de coton.............................	300	»	»
TRAVAUX SECONDAIRES, exécutés au compte de la famille :			
Culture du jardin-verger de 0ʰ03..............................	5	6	3
Culture du champ à pommes de terre de 0ʰ10...................	5	8	4
Soins donnés à la vache, fabrication du beurre et transport au marché.......	»	100	10
Récolte et transport d'herbes pour la vache.....................	»	20	20
Récolte du foin dans les forêts domaniales et transport à 1 kilomètre et demi de distance..	6	6	6
Travaux du ménage : préparation des aliments, soins donnés aux enfants, soins de propreté concernant la maison et le mobilier, entretien et blanchissage des vêtements et du linge..	»	120	»
Récolte et transport de bois mort..............................	»	8	8
NOTA. — Le fils aîné exécute ses travaux comme auxiliaire de la mère.			
TOTAUX des journées de tous les membres de la famille......	316	268	51

SECTION IV.

Industries entreprises par la famille

(à son propre compte).

SPÉCULATIONS relatives aux travaux de tissage exécutés par l'ouvrier..............................
    Substitution du travail à la tâche au travail à la journée................................ ......

INDUSTRIES entreprises au compte de la famille :
    Culture du jardin-verger et du champ à pommes de terre...
    Exploitation de la vache...

§ 14. — BUDGET DES RECETTES DE L'ANNÉE (SUITE).

PRIX DES SALAIRES JOURNALIERS.			RECETTES (SUITE).	MONTANT DES RECETTES.	
				VALEUR des objets reçus en nature.	RECETTES en argent.
père	mère	fils aîné			
fr. c.	fr. c.	fr. c.			

SECTION III.

Salaires.

(Non compris la portion des salaires considérée comme le bénéfice des spéculations du tâcheron, S^on IV.)

père	mère	fils aîné		valeur en nature	recettes argent
1 15	»	»	Salaire que recevrait un journalier exécutant le même genre de travail.............................	»	345'00
0 50	0 37	0 12	Salaire total attribué à ce travail...................	5'08	»
0 50	0 37	0 12	—	5 94	»
»	0 37	0 17	— .... (16, C)	29 54	9 16
»	0 37	0 17	—	10 80	»
1 00	0 74	0 17	—	11 46	»
»	»	»	(Aucun salaire ne peut être attribué à ces travaux).....	»	»
»	0 37	0 12	Salaire total attribué à ce travail.................	3 92	»

TOTAUX des salaires de la famille............ 66 74 | 351 16

SECTION IV.

Bénéfices des industries.

(Y compris la portion des salaires considérée comme le bénéfice des spéculations du tâcheron, S^on III.)

	CALCUL du salaire journalier moyen.	valeur en nature	recettes argent
Un journalier exécutant le même genre de travail recevrait (S^on III)	1'15		
Supplément de salaire résultant de cette substitution......... ... (16, A)	0 16	»	47 48
TOTAL du salaire journalier moyen de l'ouvrier........	1 31		
Bénéfice résultant de cette industrie.............................. (16, B)		14 38	»
— .... (16, C)		»	39 06
TOTAUX des bénéfices résultant des industries... .... (16, D)		14 38	86 54

NOTA.—Outre les recettes portées ci-dessus en compte, les industries donnent lieu à une recette de 40'90 (16, D), qui est appliquée de nouveau à ces mêmes industries; cette recette et les dépenses qui la balancent (15, S^on V) ont été omises dans l'un et l'autre budget.

TOTAUX DES RECETTES de l'année (balançant les dépenses)........ (587' 18) | 100 92 | 486 36

§ 45. — BUDGET DES DÉPENSES DE L'ANNÉE.

DÉSIGNATION DES DÉPENSES.	POIDS et PRIX des ALIMENTS		MONTANT DES DÉPENSES.	
	POIDS consommé	PRIX par kilog.	VALEUR des objets consommés en nature.	DÉPENSES en argent.
SECTION Ire.				
Dépenses concernant la nourriture.				
ART. 1er. — ALIMENTS CONSOMMÉS DANS LE MÉNAGE.				
(Par l'ouvrier, la femme, 3 enfants de 12, 9 et 6 ans, pendant 365 jours.)				
CÉRÉALES :				
Seigle, évalué à l'état de pain contenant beaucoup de son (le pain acheté chez le boulanger)......................	1,022k0	0f135	»	137f97
CORPS GRAS :				
Beurre de vache........................... (16, C)	20 0	1 850	37f00	»
Gras de lard (employé à l'état de mélange avec le gras de bœuf)..	18 0	1 660	»	29 88
Gras de bœuf (employé à l'état de mélange avec le gras de lard) ..	0 5	1 600	»	0 80
Huile de colza................................	0 5	1 600	»	0 80
Poids total et prix moyen...........	38 5	1 758		
LAITAGES ET ŒUFS :				
Lait de vache............................... (16, C)	60 0	0 080	4 80	»
VIANDES ET POISSONS :				
Viande de boucherie : Bœuf ou vache......................	73 0	0 670	»	48 91
Poissons (aliment accidentel qui ne peut être compté dans la consommation régulière de la famille)................	»	»	»	»
Poids total et prix moyen.............	73 0	0 670		
LÉGUMES ET FRUITS :				
Tubercules : Pommes de terre....................... (16, B)	940 0	0 045	21 84	20 46
Légumes farineux secs : Haricots et lentilles..................	15 0	0 100	»	1 50
Légumes verts à cuire : Pois verts, haricots verts (dominants), choux mangés verts ou à l'état de conserve (20).				
Légumes racines : Navets.........				
Légumes épices : Oignons.......... .... (16, B)	350 0	0 055	11 81	7 44
Salades diverses.....................				
Cucurbitacées : Concombres........				
Fruits à pepin et à noyau : Pommes................... (16, B)	20 0	0 100	2 00	»
Poids total et prix moyen.............	1,325 0	0 050		
CONDIMENTS ET STIMULANTS :				
Sel.............................	24 0	0 270	»	6 48
Épices : Poivre..........................	»	»	»	0 25
Vinaigre..............................	9 0	0 100	»	0 90
Boissons aromatiques : Café..................	20 0	1 900	»	38 00
Poids total et prix moyen.............	53 0	0 861		
BOISSONS FERMENTÉES :				
Bière bue au cabaret, les dimanches et fêtes................	48 0	0 330	»	15 84
ART. 2. — ALIMENTS PRÉPARÉS ET CONSOMMÉS EN DEHORS DU MÉNAGE.				
(Aucune nourriture n'est consommée en dehors du ménage.)...................			»	»
TOTAUX des dépenses concernant la nourriture........			77 45	308 43

§ 45. — BUDGET DES DÉPENSES DE L'ANNÉE (SUITE).

DÉSIGNATION DES DÉPENSES (SUITE).	MONTANT DES DÉPENSES.	
	VALEUR des objets consommés en nature.	DÉPENSES en argent.
SECTION II.		
Dépenses concernant l'habitation.		
LOGEMENT :		
Loyer, 41f62; — entretien de la maison, 1f50....................................	»	43f12
MOBILIER :		
Draps de lit, 5f94; — ustensiles divers (achetés pour remplacer ceux qui sont mis hors de service), 2f00..	»	7 94
CHAUFFAGE :		
Bois mort, 900 kil. à 1f93.......................... (16, E)	17f37	»
ÉCLAIRAGE :		
Huile, 4k2 à 1f60..	»	6 72
TOTAUX des dépenses concernant l'habitation........	17 37	57 78
SECTION III.		
Dépenses concernant les vêtements.		
VÊTEMENTS DE L'OUVRIER :		
Achats et travaux de confection.......................... (16, F)	»	31 19
VÊTEMENTS DE LA FEMME :		
Achats et travaux de confection.......................... (16, F)	»	33 75
VÊTEMENTS DES ENFANTS :		
Achats et travaux de confection..........................	»	15 00
BLANCHISSAGE :		
Savon noir, 12k2 à 0f53, 6f47; — blanchissage de bonnets (par une ouvrière spéciale), 5f40...	»	11 87
TOTAL des dépenses concernant les vêtements.............	»	91 81
SECTION IV.		
Dépenses concernant les besoins moraux, les récréations et le service de santé.		
CULTE :		
Sacrements et offrandes............................	»	1 00
INSTRUCTION DES ENFANTS :		
Frais de l'école payés par la commune (14, Sⁿ II), 6f00; — livres, plumes et papier, 2f00..	6 00	2 00
SECOURS ET AUMÔNES :		
Quelques morceaux de pain distribués comme aumône : compris dans la nourriture de la famille (Sⁿ I)...	»	»

§ 15. — BUDGET DES DÉPENSES DE L'ANNÉE (SUITE).

DÉSIGNATION DES DÉPENSES (SUITE).	MONTANT DES DÉPENSES.	
	VALEUR des objets consommés en nature.	DÉPENSES en argent.
SECTION IV.		
Dépenses concernant les besoins moraux, les récréations et le service de santé (suite).		
RÉCRÉATIONS ET SOLENNITÉS :		
Tabac à fumer, 5ᵏ 28 à 2ᶠ65, 13ᶠ99 ; — dépenses de cabaret et eau-de-vie, 1ᶠ85.....	»	15ᶠ84
SERVICE DE SANTÉ :		
Rétribution du médecin et achat de médicaments.................................		5 00
Totaux des dépenses concernant les besoins moraux, les récréations et le service de santé...	6ᶠ00	23 84
SECTION V.		
Dépenses concernant les industries, les dettes, les impôts et les assurances.		
DÉPENSES CONCERNANT LES INDUSTRIES :		
NOTA. — Les dépenses concernant les industries entreprises au compte de la famille montent à.. (16, D) 158ᶠ79		
Elles sont remboursées par les recettes provenant de ces mêmes industries, savoir :		
Argent et objets employés pour les consommations du ménage et portés à ce titre dans le présent budget......................... 117ᶠ89 } 158 79		
Argent et objets appliqués de nouveau aux industries (14, Sⁿ IV), comme emploi momentané du fonds de roulement, et qui ne peuvent conséquemment figurer parmi les dépenses du ménage.......................... 40 90 }		
INTÉRÊT DES DETTES :		
Intérêt (15 p. 100) des objets de consommation achetés à crédit (30ᶠ00), perçu par les marchands, sous forme d'augmentation des prix de vente au comptant portés au présent budget..	»	4 50
IMPÔTS :		
(La famille ne paie pas d'impôts directs)................................	»	»
ASSURANCES CONCOURANT A GARANTIR LE BIEN-ÊTRE PHYSIQUE ET MORAL DE LA FAMILLE :		
[Ainsi qu'on l'a fait remarquer (12 et 13), l'achat de la vache laitière est le seul acte de prévoyance que la famille consente à s'imposer.]............................	»	»
Total des dépenses concernant les industries, les dettes, les impôts et les assurances.................................	»	4 50
ÉPARGNE DE L'ANNÉE :		
La famille, dépourvue de l'esprit de prévoyance, ne fait jamais d'épargne à dater du moment où elle a pu acquérir la propriété d'une vache laitière..................	»	»
Totaux des dépenses de l'année (balançant les recettes).. ...... (587ᶠ18)	100 82	486 36

	VALEURS	
	en nature.	en argent.

§ 46.

COMPTES ANNEXÉS AUX BUDGETS.

SECTION I.

COMPTES DES BÉNÉFICES

Résultant des industries entreprises par la famille (à son propre compte).

A. — Spéculations relatives aux travaux de tissage exécutés par l'ouvrier.

RECETTES.

	en nature	en argent
Somme obtenue des travaux de tissage :		
Tissage de 176 pièces d'étoffe de 37 mètres de longueur, à 2f23 la pièce...	»	392f48
Salaire qu'obtiendrait un journalier exécutant le même genre de travail..	»	345 00
Somme obtenue en sus du salaire que recevrait un journalier exécutant le même genre de travail..........	»	47 48

DÉPENSE.

Nulle........	»	»
Supplément de salaire résultant de la substitution du travail à la tâche au travail à la journée...........	»	47 48
Total comme ci-dessus............	»	47 48

B. — Culture du jardin-verger de 0h03 et du champ à pommes de terre de 0h10.

RECETTES.

		en nature	en argent
Légumes divers du jardin, consommés par le ménage........ 350 kil. à 0f055... (15, Son I)		11f81	7 44
Pommes......... 20 à 0 100... (15, Son I)		2 00	»
Pommes de terre.... 940 à 0 045... (15, Son I)		21 84	20 46
Totaux............		35 65	27 90

DÉPENSES.

	en nature	en argent
Loyer du jardin............	»	7 44
Loyer du champ à pommes de terre............	»	20 46
Fumier............ (C)	10 00	»
Travaux de la famille............	11 02	»
Frais du matériel spécial :		
Intérêt (5 p. 100) de la valeur des outils (5f00)......	0 25	»
Entretien de ces outils : frais insignifiants............	»	»
Bénéfice résultant de l'industrie............	14 38	»
Totaux comme ci-dessus..........	35 65	27 90

	VALEURS	
	en nature.	en argent.

C. — Exploitation de la vache laitière.

Recettes.

	en nature.	en argent.
Beurre consommé par le ménage...................... 20 kil. à 1f85.....	37f 00	»
Beurre vendu.............................. 40 à 1 85....	»	74f 00
Lait consommé par le ménage.... .... 60 litr. à 0 08....	4 80	»
Lait et résidu de la fabrication du beurre, vendus...........	»	5 46
Fromage, vendu........................... 8 kil. à 0f79.....	»	6 32
Veau, vendu à l'âge de 2 à 3 mois.......................	»	11 10
Fumier, employé pour l'exploitation agricole..................... (B)	10 00	»
Totaux.........................	51 80	96 88

Dépenses

	en nature.	en argent.
Intérêt (6 p. 100) de la valeur de la vache (110f 00)......	»	6 60
Nourriture :		
Herbes (14, Sco II), évaluées sur pied à une somme égale au bénéfice résultant de l'exploitation de la vache.....................	»	39 06
Travaux de la famille........................... (14, Sco III)	51 80	9 16
Diminution annuelle de la valeur de la vache...............	»	3 00
Bénéfice résultant de l'industrie........................	»	39 06
Totaux comme ci-dessus............	51 80	96 88

D. — Résumé des comptes des bénéfices résultant des industries (A à C).

Recettes totales.

	en nature.	en argent.
Produits employés en nature pour la nourriture de la famille..... (15, Sco I)	77 45	27 90
Produits en nature et recettes en argent à employer de nouveau pour les industries elles-mêmes (40f 90)...........................	10 00	30 90
Recettes en argent appliquées aux dépenses du ménage.................	»	113 46
Totaux..............................	87 45	172 26

Dépenses totales.

	en nature.	en argent.
Intérêts des propriétés possédées par la famille et employées par elle aux industries.................................. (14, Sco I)	0 25	6 60
Produits des subventions reçues par la famille et employées par elle aux industries................................. (14, Sco II)	»	39 06
Salaires afférents aux travaux exécutés par la famille pour les industries......................... (14, Sco III)	62 82	9 16
Produits des industries dépensés en nature et dépenses en argent qui devront être remboursés par les recettes résultant des industries (40f 90)..........	10 00	30 90
Totaux des dépenses (158f 79).............	73 07	85 72
Bénéfices totaux résultant des industries..................... (14, Sco IV)	14 38	86 54
Totaux comme ci-dessus..................	87 45	172 26

	VALEURS	
	en nature.	en argent.

SECTION II.
COMPTES RELATIFS AUX SUBVENTIONS.

E. — Récolte du bois mort.

RECETTE.

Bois récolté : 900 kil. valant, à 1f93...............................	17f 37	»

DÉPENSES.

Travaux de la famille.............................. (14, Son III)	3 92	»
Valeur à attribuer au bois avant la récolte.............................	13 45	»
Total comme ci-dessus.............	17 37	»

	PRIX d'achat.	DURÉE	DÉPENSE annuelle.

SECTION III.
COMPTES DIVERS.

F. — Compte de la dépense annuelle pour vêtements (achats et travaux de confection).

Art. 1er. — *Vêtements de l'ouvrier.*

Vêtements du dimanche :

	PRIX d'achat.	DURÉE	DÉPENSE annuelle.
1 redingote en drap vert.........................	15f 00	3 ans.	5f 00
1 gilet en drap noir.............................	3 60	3	1 20
1 pantalon de drap noir........................	11 00	3	3 67
1 cravate en coton.............................	1 25	3	0 42
Bottes.......................................	11 10	3	3 70
1 chapeau en feutre...........................	5 00	10	0 50

Vêtements de travail :

1 gilet de drap à manches......................	5 00	2	2 50
Pantalons et gilet en toile.....................	4 00	1	4 00
1 mouchoir de calicot..........................	0 65	1	0 65
2 chemises....................................	3 70	1	3 70
2 paires de bas de laine.......................	1 50	1	1 50
1 paire de souliers............................	4 35	1	4 35
Total.......			31 19

Art. 2. — *Vêtements de la femme.*

Vêtements du dimanche :

1 robe d'indienne.............................	6 60	3	2 20
1 jupon en laine..............................	5 60	2	2 80
1 tablier en coton.............................	1 80	1	1 80
1 fichu d'étoffe de laine commune..............	3 70	6	0 62
1 fichu d'étoffe de laine fine..................	5 00	6	0 83
2 paires de bas...............................	1 80	1	1 80
2 paires de souliers...........................	7 40	1	7 40
1 bonnet garni de dentelle....................	22 20	12	1 85

Vêtements de travail :
Vieux vêtements du dimanche.

1 robe d'indienne.............................	5 00	1	5 00
1 tablier d'indienne...........................	0 90	1	0 90
1 fichu d'indienne............................	0 80	1	0 80
2 chemises...................................	5 50	1	5 50
2 bonnets....................................	2 25	1	2 25
Total......................................			33 75

ÉLÉMENTS DIVERS DE LA CONSTITUTION SOCIALE

FAITS IMPORTANTS D'ORGANISATION SOCIALE;
PARTICULARITÉS REMARQUABLES;
APPRÉCIATIONS GÉNÉRALES; CONCLUSIONS.

§ 17.

RAPPEL DE L'ÉTAT DE STABILITÉ QUI EXISTAIT AUTREFOIS DANS LES CAMPAGNES MANUFACTURIÈRES DU BASSIN RHÉNAN. CAUSES D'ÉBRANLEMENT OBSERVÉES AUJOURD'HUI DANS LA POPULATION LOCALE ET SPÉCIALEMENT DANS LA FAMILLE DÉCRITE.

Dans la vallée du Rhin, le tissage des fils pour la fabrication des étoffes de laine, de lin et de chanvre, a d'abord été une « industrie domestique » sous le régime qui se conserve encore en beaucoup de contrées. Des exemples de cette organisation ont été signalés notamment en Suède (III, 1, 18 et 20), et dans la plaine saxonne (III, III, 19). Comme en Toscane, dans les Pays-Bas, en France et en Angleterre, le tissage est devenu ensuite une fabrication spéciale. Les tisserands ont d'abord été des « artisans ruraux » travaillant, pour les besoins de la localité où ils étaient établis, dans la situation que conservent encore beaucoup de charpentiers, de maçons et de forgerons. Enfin, à mesure que la fabrication des étoffes devenait l'objet d'un grand commerce, à l'intérieur du pays et dans les pays étrangers, les tisserands se sont inspirés de la coutume qui régnait dans la vie rurale. Continuant à résider sur la borderie qu'ils occupaient en qualité de propriétaires ou, plus habituellement, de tenanciers, ils se sont attachés à un patron qui exploitait, dans la ville voisine, le nouveau commerce; et ils lui ont livré tous les produits qu'ils pouvaient fabriquer. Le patron urbain et ses tisserands ruraux, quoique disséminés sur le sol, formaient réellement une unité : ils ont ainsi constitué ce type de grande industrie que j'ai nommé dans cet ouvrage, « la fabrique rurale collective ». Ces transformations successives se sont opérées dans la vallée du Rhin sous les mêmes influences qui ont été indiquées pour l'Angleterre (III, VIII, 17).

Depuis le moyen âge, les fabriques collectives formées de tisserands ont été souvent agitées, avec la société tout entière, par les discordes politiques qui émanaient de la corruption des classes dirigeantes. Mais chaque fabrique et chaque foyer ont conservé la paix sociale et la stabilité, aussi longtemps que les maîtres, restant soumis au Décalogue, ont pratiqué les devoirs de protection et d'assistance envers leurs ouvriers et les serviteurs attachés à leur maison. Telle était encore, au commencement de ce siècle, la situation de la fabrique rurale collective du Rhin.

Sous ce régime de stabilité, la fabrique rhénane se recommandait à certains caractères essentiels. Le tisserand-tenancier résidait à la campagne ; et il était lié à deux maîtres, dans le système des engagements volontaires permanents. Le propriétaire rural, sur le domaine duquel la famille résidait, lui donnait l'usufruit perpétuel de l'habitation et de ses dépendances agricoles, la provision de combustible, le pâturage et le droit de récolte du foin nécessaires aux vaches laitières ; et il recevait, en échange, à l'époque des grands travaux, un certain nombre de journées de travail fournies par l'ouvrier ou par les membres de sa famille. Dans les cas où la redevance normale en journées était dépassée de gré à gré, le propriétaire accordait, en sus des subventions ordinaires, une partie proportionnelle des quantités de céréales nécessaire à la subsistance de la famille. Le fabricant, pour le compte duquel l'ouvrier travaillait, au moins pendant les deux tiers de l'année, lui livrait régulièrement le fil à tisser et lui payait le salaire fixé par l'usage, pour chaque pièce d'étoffe rendue, lorsque le fil était mis en œuvre. Selon la coutume, le fabricant était tenu de fournir au moins une certaine quantité de fil au tisserand ; et il était interdit à ce dernier de travailler pour le compte d'un autre fabricant. Au moyen de son salaire, la famille se procurait le complément de la provision de céréales, le sel, la boisson fermentée, certains objets de vêtement, les récréations favorites et, en général, toutes les satisfactions qui n'étaient pas assurées par les subventions. Cet état de bien-être était permanent : il pouvait, à la vérité, être interrompu par quelque calamité nationale; mais alors les deux patrons partageaient la souffrance de l'ouvrier. On ne voyait jamais le pain quotidien des populations compromis par les moindres vicissitudes de l'agriculture et du commerce, ou par les défaillances physiques et morales des chefs de famille.

Dans plusieurs localités, les familles de tisserands se désorganisent en s'agglomérant dans les villes où sont établis les comptoirs des fabricants (19). Elles se déplacent surtout aux époques où les demandes de tissus se multiplient, car alors il leur est plus facile qu'aux ouvriers ruraux de se procurer les salaires élevés qu'offrent à l'envi les fabricants en quête d'ouvriers. Mais elles paient cher cette imprudence, lorsque les comptoirs, encombrés de produits, ne reçoivent plus de commandes. Elles ont alors perdu leurs deux patrons. Privées des anciennes subventions rurales, elles ont pour unique moyen de subsistance le salaire manufacturier qui reste insuffisant en temps ordinaire, qui fait complétement défaut aux époques de crise. De là des souffrances cruelles qui n'ont pour palliatif que la charité publique. Quant aux patrons, ne pouvant plus compter sur leurs ouvriers dès que le travail abonde, ils ne sont plus contraints par la coutume de les assister lorsqu'il fait défaut.

Depuis le milieu du dernier siècle, les fabriques de tissus de l'Occident s'engagent de plus en plus dans cette fausse voie; et, en ce moment, beaucoup de fabricants s'efforcent de propager les machines qui détruisent le métier de tisserand, comme l'invention d'Arkwright détruit progressivement, depuis 1769, le métier de la fileuse. Alors même que, comme en Suède (III, 1, 20), les fabricants de tissus comprennent l'intérêt national qui se lie à la conservation d'une forte race de tisserands, les familles se désorganisent elles-mêmes, sous l'influence de trois causes principales. Elles s'accumulent dans les villes, sous un régime d'habitations instables prises à loyer. Elles renoncent, par conséquent, à la vie rurale qui leur assurait la jouissance perma-

nente (nue propriété ou usufruit) du foyer domestique. Elles
perdent, en outre, en même temps que le foyer domestique, les
traditions de la famille-souche, les subventions territoriales et le
patronage du fabricant.

Le tisserand décrit dans la présente monographie est entré
dans cette voie. Il ne peut plus s'appuyer, ni sur un patron
rural, ni sur un patron urbain; mais il a conservé les autres
avantages de l'ancien régime social. Il est ébranlé, mais non
désorganisé.   F. L-P.

§ 18.

HEUREUSE INFLUENCE QU'EXERCENT SUR LES OUVRIERS LES SUBVENTIONS FORESTIÈRES; PRINCIPES ÉCONOMIQUES QUI EN CONSEILLENT LE MAINTIEN.

Les subventions ayant pour objet les produits accessoires des
forêts sont, sans contredit, celles qui, en Europe, exercent la
plus heureuse influence sur le bien-être des ouvriers. Cette
influence résulte d'un ensemble de causes qui peuvent être résumées succinctement.

Les forêts couvrent encore une partie considérable de la surface de l'Europe; en sorte que les richesses naturelles qui s'y
produisent se trouvent à la portée de populations fort nombreuses. On y peut recueillir chaque année des produits variés et
fort importants, auxquels il n'y a guère lieu d'attribuer une
valeur marchande, en ce sens que la vente qui en serait faite
indemniserait rarement le propriétaire des frais de récolte et de
transport. Ces produits ont cependant une valeur considérable
pour les populations voisines, qui peuvent consacrer à ces travaux un temps pour lequel elles ne trouveraient souvent aucune
autre destination utile. Ils forment de nombreuses catégories, au
premier rang desquelles il convient de citer : les bois morts, les
végétaux sous-ligneux, et les arbrisseaux couvrant improductivement le sol et fournissant des combustibles précieux; les fruits
de toute sorte et spécialement les châtaignes, les glands, les

noisettes et amandes, les fruits à pepin et à noyau et les fruits-baies employés comme aliments immédiats ou servant à la fabrication des boissons fermentées; les graines oléagineuses, les faînes, par exemple, propres à la préparation des huiles; les champignons, qui forment, en certaines contrées, un des principaux articles de l'alimentation (II, I à v); les feuilles employées comme litière et comme engrais; enfin les fruits et surtout les herbes destinées à la nourriture des animaux domestiques.

Dans les contrées où la solidarité s'est maintenue entre les propriétaires du sol et les populations, les droits d'usage attribués à ces dernières n'ont jamais été contestés. Des coutumes, fort curieuses pour la plupart, ayant pour but de réglementer l'exercice de ces droits et d'en prévenir les abus, y sont en vigueur depuis un temps immémorial. La localité qu'habite la famille décrite dans la présente monographie en offre elle-même un exemple intéressant (7). Ailleurs, au contraire, la rupture brusque des anciens rapports sociaux a mis en opposition tous les intérêts; elle a habitué chacun à exercer son droit jusqu'aux plus extrêmes limites. Sous cette influence, beaucoup de propriétaires se sont réservé la disposition exclusive de tous les produits du sol, même de ceux dont ils ne peuvent tirer parti. La rigueur avec laquelle ils interdisent les subventions forestières précédemment acquises aux populations introduit dans la constitution sociale des germes nombreux d'irritation et de mésintelligence; car les anciens usagers, tout en respectant en principe le droit du propriétaire, supportent impatiemment des restrictions qui leur nuisent sans profiter à personne. Souvent même, la perturbation économique qu'entraîne le nouveau régime retombe en partie sur les propriétaires eux-mêmes.

En effet, l'octroi des subventions qu'on vient d'énumérer ne cause à la propriété forestière aucun dommage appréciable; et il est fort rare que ce dommage se manifeste par la diminution du produit brut. Enfin il arrive même souvent que le bien-être acquis aux populations, sous la bienfaisante influence de droits d'usage convenablement réglés, rejaillit directement sur le propriétaire et se résume en un accroissement du produit net. Dans

l'Europe centrale, où l'abondance des bras réduit presque
toujours au strict nécessaire les recettes des ouvriers, les familles
demandent en moins au salaire ce qu'elles obtiennent à titre de
subvention. La générosité du propriétaire de forêts lui est donc
profitable, en ce sens qu'elle lui assure, à un moindre prix, le
travail des bûcherons, des charretiers et des autres catégories
d'ouvriers qu'il emploie. Dans tous les cas, d'ailleurs, les subventions forestières augmentent considérablement les recettes
annuelles des familles qui en jouissent. Celles-ci en tirent ordinairement de précieuses ressources pour le chauffage, l'alimentation, les transports et les industries domestiques. Ainsi la famille
présentement décrite se procure, avec la récolte d'herbes faite
chaque année dans la forêt voisine, le moyen d'entretenir
une vache qui lui assure une recette annuelle de 150 francs
environ. Le principe d'économie sociale qui vient d'être signalé
se trouve donc nettement établi par les chiffres de cette monographie. On en retrouve la confirmation dans toutes les régions
de l'Europe.

§ 19.

SITUATION COMPARÉE DES OUVRIERS ATTACHÉS, DANS LE NORD-OUEST DE L'ALLEMAGNE, AUX PETITS ATELIERS RURAUX ET AUX USINES A APPAREILS MÉCANIQUES.

La famille décrite dans cette monographie appartient à un
régime manufacturier où les ouvriers travaillent dans leurs propres habitations disséminées pour la plupart au milieu des campagnes. Ils joignent toujours à leur industrie principale l'exploitation et même l'élevage des animaux domestiques, la culture des
plantes potagères et des fruits, et plusieurs autres catégories de
travaux agricoles.

Ce système, combiné avec celui des corporations urbaines
d'arts et métiers, a été pendant longtemps l'unique base de l'industrie européenne (III, VIII, 17). Mais, depuis le commencement du dernier siècle, et surtout dans le cours de celui-ci, il a

beaucoup perdu de son importance. Cette décadence est due à
la fois à l'altération du système et à la concurrence chaque jour
plus active que font aux petits ateliers ruraux les usines à appareils mécaniques. Ici, comme dans les autres contrées manufacturières, il y a un grand intérêt à constater, par l'étude de la
condition physique et morale des ouvriers, les avantages et les
inconvénients de l'un et de l'autre régime.

Dans cette partie de l'Allemagne, les ouvriers travaillant dans
leur propre habitation obéissent presque tous à une tendance
funeste. Ils quittent peu à peu la campagne pour se grouper
dans les bourgs et dans les petites villes. Ils restreignent en même
temps le cercle de leurs travaux agricoles ; et ils demandent, en
plus grande proportion, au travail manufacturier leurs moyens
d'existence. Le groupe dont ils font partie abandonne chaque
jour son ancien caractère de fabrique rurale pour prendre celui
d'une fabrique urbaine. Perdant eux-mêmes la stabilité et la
sécurité que donne l'agriculture, ils tombent de plus en plus dans
la situation précaire qui, depuis le commencement de ce siècle,
a été, dans l'Occident, le caractère dominant des populations
manufacturières agglomérées. Cette situation met à jour un des
plus graves inconvénients du régime des petits ateliers : l'absence
de patrons intelligents, prenant souci du bien-être des populations. Dans cette organisation sociale, en effet, les familles ne
se trouvent pas rattachées à un patron par les liens qu'établit la
permanence des relations. Elles travaillent successivement, selon
des conventions éphémères, fondées sur les hasards de « l'offre
et de la demande », pour le compte de divers marchands exploitant le commerce de la localité. Ceux-ci sont loin de conjurer
par leur influence les fâcheux effets de l'imprévoyance des
ouvriers. Loin de les retenir dans les conditions de sécurité que
donne le séjour de la campagne, les fabricants tendent à les attirer, par l'appât d'un salaire plus élevé, dans les bourgs et dans
les villes : ils les accumulent près de leurs comptoirs, où il leur
est plus facile de surveiller l'exécution des commandes.

Les ouvriers attachés aux usines à appareils mécaniques,
dont les chefs ont conservé les habitudes de patronage de l'an-

cienne économie européenne, se trouvent dans une situation plus heureuse. Ce contraste n'est nulle part mieux marqué que dans les provinces rhénanes, par la comparaison des ouvriers décrits dans la présente monographie et de ceux qui sont attachés aux grandes usines de la contrée d'Elberfeld (III, ɪv, 20).

§ 20.

PRÉPARATIONS TRADITIONNELLES DES CONSERVES DE CHOUX (*sauer Kraut*) ET DE LÉGUMES DIVERS.

La conserve de choux, ou choucroute, est préparée, dans cette localité et dans la majeure partie de l'Allemagne, de la manière suivante. Les familles qui ne se livrent pas elles-mêmes à ce travail font couper en petits fragments, par un ouvrier loué à cet effet, leur provision de choux. On tasse fortement dans des barils, au moyen d'un pilon de bois, les choux ainsi coupés, par couches successives, et on saupoudre chaque couche avec du sel. On pose un couvercle sur la couche supérieure lorsque le baril est rempli, et, par-dessus, on charge de grosses pierres, qui soumettent la masse à une pression constante. Après six semaines, il s'est produit une fermentation acide : la masse s'est affaissée; elle se trouve recouverte d'une saumure naturelle, et l'on peut commencer à faire usage du produit. Chaque fois que l'on prend la provision de la journée, on doit replacer le couvercle et les pierres qui tiennent la masse comprimée. Avant de cuire la choucroute, on la débarrasse de la saumure dont elle est imbibée, en la laissant, pendant quelques heures, en digestion dans de l'eau froide.

D'autres légumes, les haricots verts par exemple, se préparent à peu près de la même manière, avec cette différence que le travail, étant moins pénible que pour les choux, est toujours exécuté dans des réunions où sont conviées les voisines. Elles ont lieu successivement dans chaque maison, sous la direction de la mère de famille. Ces travaux en commun sont, pour les femmes, une sorte de récréation; ils s'appliquent également, dans certaines localités, à la préparation des choux, et rappellent les réunions qui ont lieu en Sibérie pour le même objet (II, III, 11).

§ 21.

PRÉCIS DE LA MONOGRAPHIE AYANT POUR OBJET

LE LUTHIER DU WERDENFELS (HAUTE-BAVIÈRE).

I. Définition du lieu, de l'organisation industrielle et de la famille.

Le luthier présentement décrit est un ouvrier-tâcheron attaché à un fabricant dans le système des engagements momentanés. Il est en même temps ouvrier-propriétaire.

Le bourg de Mittenwald, qu'habite la famille, est situé par 47° 26' de latitude Nord et par 8° 35' de longitude Ouest, au centre de la chaîne des Alpes de la Haute-Bavière, près des frontières du Tyrol, dans la vallée de l'Isar. Ce cours d'eau prend sa source dans les montagnes du Karwendel, à quelques kilomètres de Mittenwald. Le bourg est situé à 934 mètres au-dessus du niveau de la mer ; et les montagnes qui bordent la vallée s'élèvent à 2,500 mètres. Les sommets et les ravins de ces montagnes sont couverts de neige jusqu'au commencement de juin, et les bourrasques du sirocco soufflant par le col de Seefeld ajoutent à la rigueur du climat en provoquant de brusques variations de température. Le sol de la vallée se compose d'un gravier calcaire, mêlé de mica et d'autres débris descendus des montagnes environnantes ; celles-ci sont couvertes de forêts jusqu'à une hauteur d'environ 1,500 mètres. Leurs premiers contre-forts sont formés de schistes bitumineux, d'ardoises, de marnes et de grès, qui constituent principalement le sol des forêts. C'est là qu'on trouve, sur les pentes, de bons pâturages où l'on mène les troupeaux dans la belle saison. La terre arable ne se rencontre qu'au fond de la vallée et sur les coteaux qui la bordent. La culture de ces coteaux, commencée en 1588, a été abandonnée, puis reprise, il y a trois ans, pour aider les propriétaires-indigents et remédier au morcellement de la propriété, qu'on doit considérer comme une des plaies sociales de cette contrée. La largeur de la vallée varie de 1 à 2 kilomètres. Les sinuosités décrites par le cours de l'Isar la divisent en trois parties : au milieu le bourg et quelques cultures ; au nord, les champs et au sud les pâturages des bêtes laitières qui, pendant la belle saison, sont retenues près du bourg pour les besoins journaliers. Le pâturage a, dans cette commune, plus d'importance que la culture proprement dite. Il a pour ressources les droits d'usage et de pâture accordés par l'État, sur ses terres et dans ses forêts. Il y a trois classes distinctes de particuliers propriétaires : les grands, les moyens et les petits. Parmi ces derniers sont les luthiers et ouvriers de toute sorte ; ils possèdent, en général, de 40 à 50 ares, et ils suppléent à l'insuffisance de cette propriété en prenant, à loyer, des champs dans les villages voisins. Un petit nombre de familles s'occupe uniquement d'agriculture. Les terres labourables sont en petite quantité ; elles sont excessivement morcelées par suite du partage des héritages ; et beaucoup d'habitants de la commune doivent demander à un autre travail les moyens de subsistance que l'agriculture ne peut leur fournir. Les familles qui allient aux travaux de culture le commerce des bestiaux, des foins et des bois, sont les seules qui ne s'adonnent en aucune façon à l'industrie manufacturière. La loi communale n'accorde l'autorisation de se marier dans la commune qu'aux membres de cette commune. Pour en faire partie, il faut posséder une maison ou au moins un logement comportant la jouissance des droits communaux de pâture, d'affouage et d'abatage, dans le domaine de l'État. Le luthier, comme les autres gens de métier de Mittenwald, est à la fois propriétaire, cultivateur, nourrisseur et ouvrier-tâcheron. Il travaille généralement chez lui, avec ses propres outils, et reçoit du fabricant, qui le paie aux pièces, les matières nécessaires à son travail. Il n'est nullement lié à un seul fabricant. Il travaille, tantôt pour l'un, tantôt pour l'autre, à moins que des avances faites sur le travail à exécuter ne le lient temporairement à l'un des deux fabricants luthiers de Mittenwald. Ceux-ci font, en outre, le commerce de détail des objets nécessaires aux

besoins de la vie et des outils employés pour la fabrication de
leurs articles. Les ouvriers achètent souvent chez eux, et à crédit, avec remboursement par à-compte sur le travail à venir, les
objets dont ils ont besoin dans leur ménage. Ils se trouvent
souvent ainsi engagés pour de longs termes avec tel ou tel fabricant. Le luthier exécute ses commandes à l'aide des membres de
sa famille; et l'un des fils, au moins, suit habituellement la
profession de son père, qui a été son maître d'apprentissage. Les
filles aident aussi quelquefois à la fabrication des violons comme
colleuses, polisseuses et vernisseuses. La femme s'occupe du
ménage, des foins et des bestiaux; et elle n'assiste son mari dans
son métier que par exception. Comme on le voit, l'organisation
industrielle des luthiers de Mittenwald est une fabrique collective demi-rurale. Bien que la loi sur les corporations fermées
(I, 18) soit encore en vigueur, les luthiers de Mittenwald sont
rangés dans les métiers libres, et affranchis des conditions d'apprentissage et de compagnonnage de ces corporations. Pour être
luthier, il faut être membre de la commune, avec l'approbation
de la police du district. Cependant quelques membres de familles
de luthiers, qui ont perdu leurs propriétés par accident ou par
imprévoyance et défaut d'ordre, ont obtenu l'autorisation de travailler à leur compte; mais non pas celle de se marier. La commune doit les tolérer, car le lieu de leur naissance leur donne
certains droits; mais ce sont des exceptions que l'on cherche à
éviter. On nomme ces individus des « soi-même » (*Selbstler*), ou
personnes ne vivant que pour elles-mêmes et par elles-mêmes,
sans participation à tous les droits communaux.

La famille comprend les deux époux et trois enfants. Le père,
né à Mittenwald, est âgé de 47 ans et marié depuis 19 ans.
Sa femme, née à Mittenwald, est âgée de 48 ans. Ils ont eu
14 enfants : 7 garçons et 4 filles sont décédés; 3 garçons sur-
vivent, et sont âgés de 20, 16 et 8 ans. La fécondité des mariages
est habituelle à Mittenwald : il y a, dans le bourg, une famille
qui compte 24 enfants; beaucoup d'autres en ont de 12 à 16.
Par contre, la mortalité est grande parmi les enfants. Bien que
dans le pays la plupart des mariages se concluent sous l'empire

de considérations d'intérêt, notre luthier en choisissant sa femme a suivi son inclination. En général, les hommes se marient entre 30 et 40 ans, et les filles entre 20 et 30; les lois communales retardent les mariages (1, 22). Ces lois ont souvent une triste conséquence : la naissance d'un assez grand nombre d'enfants illégitimes.

Jusqu'au commencement du siècle actuel la religion catholique a seule été tolérée dans le comté du Werdenfels. Bien que le gouvernement bavarois traite aujourd'hui tous les cultes avec une égale impartialité, les habitants continuent à professer avec ferveur la religion catholique. Les luthiers font presque tous partie de sociétés chorales, pour la musique sacrée, vocale ou instrumentale. Dans toutes les maisons du comté et de la Haute-Bavière, il y a, chez les familles catholiques, un petit autel placé dans la chambre commune; et un autre dans la chambre des parents. Ces autels occupent la place principale, vis-à-vis de l'entrée. Ils sont ornés d'un crucifix, de tableaux de dévotion et de fleurs artificielles.

L'ouvrier qui est catholique, ainsi que toute sa famille, a toujours pris part, avec les autres luthiers, à un anniversaire qui, jusqu'en ces derniers temps, était célébré au mois d'octobre en mémoire des luthiers décédés. Cette cérémonie se composait d'une grand'messe et d'un *Libera* chanté hors de l'église. Chacun mettait à l'offrande 0ᶠ 04 : et les frais du service étaient répartis entre tous les luthiers qui payaient environ 0ᶠ 22 chacun. Un fabricant luthier se chargeait toujours des arrangements à prendre pour cette solennité. L'augmentation des dépenses nécessaires à la vie a récemment fait tomber cette pieuse solennité en désuétude. La famille suit régulièrement les préceptes de l'Église; elle participe à toutes les cérémonies et processions d'usage, surtout pendant la semaine des Rogations. Tous ses membres vont chaque matin à la messe, excepté pendant le temps de la fenaison. Après le déjeuner on fait la prière, qui se compose d'un *Pater*, d'un *Ave Maria*, d'un *Credo* et de sept fois *Gloria in excelsis Deo*, récités à haute voix. Avant le dîner et avant le souper, on récite trois *Pater* et trois *Ave*. La famille communie au moins

quatre fois par an; les enfants font leur première communion à
onze ans. L'ouvrier ne permet jamais à aucun membre de sa
famille de travailler le dimanche, ni les jours de fête, lors même
que le curé en donne l'autorisation. Il prétend que le travail fait
en de telles circonstances ne peut être profitable.

La famille faisait autrefois, comme la plupart des habitants
du bourg, des pèlerinages aux églises de la Sainte-Vierge à
Absams, de la vallée de Riss en Tyrol, ou d'Ettal dans l'arrondissement du Werdenfels. Ces voyages coûtaient chaque année,
à l'ouvrier, la valeur de plusieurs journées de travail. L'augmentation progressive du prix des choses nécessaires à la vie a forcé
dernièrement la famille à supprimer ces voyages dispendieux.
Elle se borne maintenant à faire les prières annuelles dans
l'église de la vallée de Riss, située à une petite distance et d'où
l'on peut revenir le lendemain du départ. Toutefois la dépense
annuelle, y compris le paiement ordinaire des chaises à l'église
de Mittenwald, atteint encore en moyenne la somme de 20 francs.
La mère de famille ne peut plus, à cause de ses infirmités, faire
des voyages dans les montagnes; elle remplit ses devoirs religieux à l'église du village. L'instruction religieuse, fréquentée
par les jeunes gens jusqu'à l'âge de dix-huit ans, ainsi que le
prêtre leur en fait un devoir, contribue grandement à la conservation des idées religieuses et des bonnes mœurs. Le nombre
des enfants illégitimes, assez grand dans la Haute-Bavière, a sen-
siblement diminué depuis une dizaine d'années à Mittenwald,
sous l'influence de l'instruction ecclésiastique améliorée depuis son
organisation à la suite du Concordat. La plupart des enfants
naturels sont légitimés par mariage subséquent; et c'est même ce
qui est arrivé pour le fils aîné de l'ouvrier. L'enseignement scolaire, assez négligé autrefois, a reçu, depuis le commencement du
siècle, une impulsion nouvelle qui, se combinant avec le maintien
des croyances religieuses, a produit l'amélioration des mœurs.
On rencontre rarement, dans les dernières générations, des personnes qui ne sachent lire, écrire, et au moins un peu calculer.
Dans l'école, les garçons sont séparés des filles; celles-ci sont
confiées aux soins des sœurs pauvres de Notre-Dame, qui leur

donnent à la fois l'instruction religieuse, l'enseignement scolaire et les premières notions de travaux manuels. Les habitants de Mittenwald se font remarquer par leur assiduité au travail; et, pour ce motif, les agents forestiers les emploient pour les travaux qui s'exécutent chaque année dans le domaine de l'État à l'occasion du flottage du bois.

Soumis aux nécessités d'une vie modeste et restreinte, ils se montrent gais et satisfaits de leur sort. La paix se maintient habituellement parmi eux sans l'intervention de l'autorité; et même, en 1848, lorsque dans des communes voisines l'emploi de la force armée fut parfois nécessaire, les gens de Mittenwald se bornèrent à exposer leurs griefs et demeurèrent dans une parfaite tranquillité. Leur loyauté est connue; le vol y est exceptionnel, et les menus délits champêtres et forestiers y sont fort rares. Sous l'empire de cette discipline morale, l'esprit d'association s'est développé d'une façon remarquable.

La régularité de sa conduite, le sage exercice de l'autorité paternelle, l'assiduité au travail, l'esprit de prévoyance et d'épargne, ont désigné le chef de famille à la confiance de ses concitoyens, qui l'ont élu curateur des pauvres. Les soins de cette fonction honorifique sont assez onéreux pour qu'il redoute une réélection à l'expiration de son mandat.

La vallée de l'Isar est généralement assez salubre. Les épidémies de fièvres typhoïdes, assez fréquentes par suite des marécages de l'arrondissement de Gries, dont fait partie la maison du luthier, attaquent principalement les enfants. L'ouvrier dont nous parlons perdit presque tous les siens attaqués de cette funeste maladie; ceux qui lui restent jouissent d'une très-bonne santé. En outre, la population est sujette aux rhumatismes, aux catarrhes et à d'autres affections pulmonaires. Les bûcherons et les flotteurs sont souvent atteints de la goutte dans un âge avancé. Chez les jeunes filles, on observe particulièrement la chlorose et ses suites ordinaires. Quant aux fièvres froides, elles sont inconnues dans le pays.

Jusqu'en ces derniers temps le service de santé était confié à un chirurgien autorisé à guérir les maladies de peu de gravité et qui devait, dans les cas sérieux, se consulter avec le médecin du bailliage demeurant à une distance de 20 kilomètres. Depuis dix ans, le gouvernement a placé, dans le bourg, un médecin de district, sous le contrôle immédiat du médecin de bailliage et ayant le droit de tenir une pharmacie. La commune alloue à ce médecin une subvention annuelle de 450 francs. Les indigents de l'endroit reçoivent de lui des soins gratuits. Dans la famille décrite ici, la mère, affaiblie par de nombreuses couches, ne peut presque plus travailler. Le père souffre quelquefois de légères congestions causées par le travail assidu auquel il se livre dans un espace trop restreint. Les habitants de Mittenwald sont en général sains et robustes. Aussi atteignent-ils ordinairement un âge assez avancé; nous y avons vu des luthiers de 79 ans qui étaient encore de très-bons ouvriers.

L'ouvrier, objet de ce précis, se distingue par sa loyauté et sa bonne réputation. Stable dans son métier, il fabrique des violons d'une qualité hors ligne qui se vendent un prix fort élevé.

II. Moyens d'existence de la famille.

Immeubles : maison et petit jardin y attenant, 1,724ᶠ 00; — terres situées à 4 kilomètres de la maison, comprenant 112 ares de terres cultivées et de prairies, 1,379ᶠ 00. — Ces divers immeubles proviennent principalement de la succession du père de l'ouvrier. Ils s'améliorent ou s'accroissent chaque année grâce aux épargnes et au travail de la famille. — *Argent :* l'ouvrier conserve chez lui, pour les besoins du ménage, une petite somme d'environ 22 francs. — *Animaux domestiques entretenus toute l'année :* 2 vaches, 1 veau, 1 chèvre, 329ᶠ 00. — *Matériel des travaux et industries :* outils de lutherie, 138ᶠ 00; — outils et instruments de culture, de cueillette et d'élevage, 123ᶠ 00; — ustensiles destinés au blanchissage ainsi qu'à l'entretien des vêtements et du linge, 11ᶠ 00. — *Valeur totale des propriétés,* 3,726ᶠ 00.

Dans les pays de montagnes, et surtout dans les Alpes, les subventions jouent un rôle prépondérant parmi les moyens d'existence de la population rurale. Elles ont pour origine des droits d'usage ou des allocations d'objets et de services accordés par des personnes bienfaisantes, ou par l'État sur ses domaines. Le pays où vit notre luthier est un de ceux où les subventions sont le plus largement assurées aux ouvriers. L'administration forestière, sur les coupes qu'elle fait exécuter dans les forêts de l'État, alloue à chaque famille une quantité de bois de chauffage qui se décompose comme il suit : 3 mètres cubes, à titre de droit fixe, moyennant une redevance de 0ᶠ 15 par mètre cube ; 2ᵐᶜ 16 à titre gracieux, et à raison de 0ᶠ 75. Le bois rond des rameaux des arbres désignés et coupés n'est pas compté dans ces mesures et constitue une plus-value qui ne coûte que la main-d'œuvre et le transport ; on s'en sert pour le chauffage, l'éclairage et les menus besoins domestiques. Les bois concédés doivent être coupés et débités aux places assignées dans la montagne ; ensuite on les fait sortir et descendre dans la vallée. Les bois de construction et les bois de clôture ne sont point compris dans la précédente subvention. La quotité de cette nouvelle allocation est fixée et contrôlée chaque année par les agents forestiers. L'ouvrier reçoit annuellement 15 mètres environ de ces bois (mesure linéaire) et paie un droit de 0ᶠ 86. De plus, il reçoit 8 à 10 pièces de tige pour les clôtures, moyennant un droit de 0ᶠ 20. La valeur calculée de tous les bois reçus comme subventions peut être évaluée à 62ᶠ 00. L'ouvrier jouit encore d'un droit de pacage pour ses vaches sur le domaine de l'État. Il n'a d'autre redevance à payer que sa quote-part du salaire du bouvier. On peut évaluer à 105ᶠ 00 la valeur annuelle de cette subvention. Le droit de récolte des litières pour les bestiaux est évalué annuellement à une somme de 32ᶠ 00 ; le droit à payer est de 0ᶠ 50 environ. La famille du luthier jouit encore de quelques petites subventions : l'instruction n'est pas complétement gratuite à Mittenwald ; mais le prix en est réduit, par des fondations religieuses, à 3ᶠ 00. Les copeaux, provenant des bois servant à faire les violons, constituent une subvention évaluée à 2ᶠ 00. Enfin des cadeaux divers faits à la famille entrent aussi en ligne de compte, savoir : à la femme, 30 têtes de choux données par un parent et valant 1ᶠ 00 ; présent de 1 florin (2ᶠ 15),

fait par le même lors du dernier accouchement de la femme,
et 0ᶠ 22 aux enfants.

Travaux de l'ouvrier. — L'ouvrier a pour travail principal
la fabrication des violons pour le compte du fabricant. Il consacre,
à ce travail et aux travaux accessoires, 293 journées, savoir :
fabrication des violons, 251; exploitation des subventions, 12;
culture des terres et soins donnés aux animaux domestiques, 24;
fonctions de curateur des pauvres, 6. Le salaire de l'ouvrier est
variable et peut être estimé en moyenne à 1ᶠ 72 par jour. —
Travaux de la femme. — La femme consacre tout le temps
compatible avec sa mauvaise santé aux occupations suivantes :
travaux divers du ménage; préparation des aliments; soins
donnés aux animaux; blanchissage du linge; confection et
entretien des vêtements et du linge; filage du lin ou du chanvre et tricotage des fils. Elle se fait aider par une couturière
ou une femme à la journée. Elle consacre ses moments perdus
à entretenir le petit jardin de la maison, et à blanchir à la chaux
les murs des chambres. L'ouvrier estime à 1ᶠ 15 le travail journalier que fait sa femme; car, lorsqu'elle est incapable de se
livrer à ses occupations, il paie à la femme de journée 0ᶠ 29,
plus la nourriture, évaluée à 0ᶠ 86 par jour. — *Travaux du
fils aîné.* — Le fils aîné ne travaille comme luthier que pendant l'hiver. Il fait alors, en 52 journées, de 36 à 42 corps de
violons de qualité inférieure; sa journée est évaluée à 1ᶠ 40.
Il consacre en outre comme journalier, à divers travaux, 115
journées payées moyennement 0ᶠ 86. Ce garçon, vivant dans
la famille, remet à son père toutes les sommes qu'il reçoit à
titre de salaire. Il participe en outre aux travaux domestiques
et aux soins des bestiaux. — *Travaux du deuxième fils.* —
Le deuxième fils de l'ouvrier est encore apprenti luthier et ne
sait faire que des manches de violons. Le chef de famille pourrait l'envoyer à l'école d'apprentissage; mais, soit qu'il lui
déplaise de voir celui-ci travailler sans salaire, soit qu'il pense
lui donner lui-même de meilleures leçons, il tient à le garder chez
lui. Ce fils est employé une dizaine de jours chaque année pour
les travaux hydrauliques de la commune à raison de 1ᶠ 08 par

jour. — *Travaux du troisième fils.* — Le troisième fils va encore
à l'école et ne fait aucun travail que l'on puisse évaluer.

III. Mode d'existence de la famille.

L'alimentation de la famille est frugale et appropriée aux
ressources de la saison. Elle a pour bases : les céréales, pain de
seigle et de froment mélangés, mets divers de pâte de farine
d'orge, froment ou maïs, bouillies de farine de maïs; le fromage
mou ; les pommes de terre diversement accommodées ; le café au
lait de chèvre, non écrémé, avec du pain. Les fruits-baies (fraises
et airelles) se trouvent en grande quantité dans les montagnes
boisées qui entourent les environs de Mittenwald. Les enfants
vont en chercher les jours de repos. Les indigents, principalement les vieilles femmes et les enfants, font, pendant la saison,
un petit métier de cette cueillette qui s'exerce gratuitement sur
le domaine de l'État. Les champignons abondent dans les forêts,
mais on n'en mange point dans la famille. La viande n'entre
dans l'alimentation que les jours de grande fête ; c'est alors un
plat de bœuf bouilli. Le jour de la fête du bourg ou le Mardi-
gras, on y joint du veau rôti. La famille boit habituellement de
l'eau ; de loin en loin un peu de bière. L'eau-de-vie n'est consommée que durant les travaux des champs, et en petite quantité, par le père et les fils qui l'accompagnent. La famille fait par
jour quatre repas : 1° le déjeuner (entre 7 et 8 heures du matin):
panade, café (pendant les travaux agricoles), bouillie de farine
de froment ou de gruau de maïs; — 2° le dîner (à 11 heures):
pommes de terre au beurre et au sel, nouilles de fromage mou
frites au beurre et mangées avec de la choucroute ou d'autres
légumes; pendant les travaux dans les bois le dîner ne comprend
que le pain et l'eau-de-vie; mais le souper suivant se compose
de bouillie de maïs et d'un pot de bière; — 3° le goûter, appelé
Mérande (à 3 heures) : café ou petite bière, pain; pendant la
fenaison ou les fortes chaleurs, lait caillé; — 4° le souper : soupe
au lait ou panade, avec les restes du dîner, s'il y en a. Lorsqu'il
travaille au dehors sur le domaine de l'État, le fils aîné emporte,

comme provision hebdomadaire, 3 kilogrammes de farine, un demi-kilogramme de beurre fondu et 1 1/2 kilogramme de pain. Il prépare avec ces matières une sorte de brioche nommée *Nocken*.

La maison du luthier est située dans le quartier le plus élevé du bourg, nommé le *Gries* (gravier); elle a 15 mètres de profondeur sur 8 mètres de largeur. Derrière la maison se trouve le petit jardin potager, cultivé avec soin, d'une superficie de 4 ares. Au rez-de-chaussée se trouve la chambre commune, qui sert d'atelier à l'ouvrier; elle est seule chauffée en hiver. Elle est encombrée des établis de l'ouvrier placés devant les fenêtres sur deux côtés de la chambre. Toute la maison est tenue avec une extrême propreté. Le mobilier se réduit, sauf quelques images encadrées, au strict nécessaire. Il provient presque complétement d'héritages et se fait remarquer par sa simplicité et surtout par sa propreté. Il comprend les différents objets désignés ci-après. — *Meubles :* 2 lits, avec leur garniture; 2 armoires; 2 tables; 4 chaises; 2 crucifix; 5 images religieuses; 1 bénitier en faïence; 10 ouvrages de piété, 644' 00. — *Ustentiles :* assez nombreux et bien entretenus, 47' 00. — *Linge de ménage :* peu abondant, 111' 00. — *Vêtements :* les habitants du comté de Werdenfels n'ont, à proprement parler, aucun costume qui leur soit propre. L'ancien costume national a disparu durant le siècle dernier. Les luthiers sont vêtus à la manière des petits bourgeois. — Vêtements de l'ouvrier : habit ou redingote descendant un peu au-dessous du genou, manteau de couleur sombre, chapeau à haute forme cylindrique élargie vers le haut, pantalon de drap noir pour les jours de fête, jaquette de coton, culotte de peau de chèvre ou pantalon de toile, casquette et souliers de montagne, les jours de travail, 181' 00 (habits de fête, 85' 00; habits de travail avec le linge de corps, 96' 00). — Vêtements de la femme, 104' 00 : ils n'ont rien de caractéristique. L'usage de porter des chapeaux verts en forme de pain de sucre a disparu depuis une dizaine d'années; la mère de famille se coiffe, selon la mode actuelle, avec un mouchoir de coton à fleurs, arrangé avec assez de goût. — Vêtements du fils aîné, 127' 00. — Vêtements du deuxième fils, 122ᶠ 00. — Vêtements du troisième fils, 36ᶠ 00. — *Valeur totale*, 1,372ᶠ 00.

La fréquentation des cabarets, le soir, constitue, dans toute la Bavière, la principale récréation des hommes. En été ils y jouent aux quilles pour quelques litres de bière; en hiver, les quilles sont remplacées par le jeu de cartes. L'ouvrier et son fils aîné suivent cette coutume, mais avec une grande modération, et seulement les dimanches et jours fériés après les vêpres. Leur dépense au cabaret ne dépasse point 50 francs par an. Les deux autres garçons étant encore obligés de fréquenter l'école du dimanche, dont les règlements défendent de hanter les cabarets, s'amusent avec leurs camarades en faisant de petites promenades dans les rues du bourg ou aux environs. L'ouvrier fume quelquefois pendant ses heures de loisir. Le dîner qui avait lieu autrefois, à l'occasion de l'anniversaire célébré en mémoire des luthiers décédés, a été supprimé récemment parce que, en raison de l'augmentation progressive des choses nécessaires à la vie, le nombre des souscripteurs, pour le repas, diminuait chaque année. Les pèlerinages aux chapelles du voisinage de Mittenwald sont une récréation pour les membres de la famille qui peuvent y prendre part. La coutume italienne de se réunir le soir entre voisins, durant la belle saison, de s'asseoir sur des bancs aux portes des maisons et de faire la causette, existe encore à Mittenwald. Ce sont surtout les jeunes gens des deux sexes qui dominent dans ces réunions où se forment des relations qui, par la suite, deviennent des liaisons permanentes. L'hiver on se réunit dans la chambre commune, on cause et on file; souvent même les rouets sont mis de côté et la soirée se termine par une danse au son d'une cithare ou de tout autre instrument. Comme les jeunes filles sont l'âme de ces réunions, il n'y en a jamais de semblables chez le luthier; mais le fils aîné se rend souvent chez des voisins pour prendre part à cette innocente distraction. De son côté, la mère de famille fait et reçoit quelquefois de petites visites. La famille entière, réunie chez l'ouvrier le dimanche soir, goûte alors, dans une causerie intime, sa meilleure récréation.

IV. Histoire de la famille.

Le père du luthier ici décrit était maître tailleur à Mittenwald.
Il abandonna son état pour contracter avec l'administration
forestière un engagement concernant la fabrication de la poix au
compte de l'État. Plus tard, voulant apprendre un métier à son
fils, il le mit en apprentissage chez un de ses frères qui était
luthier et habitait aussi Mittenwald. L'ouvrier exerça ce métier,
sans discontinuer, dans son pays natal, d'où il ne sortit que dans
deux occasions : une fois pour se présenter à la conscription, à
Munich, et une autre fois pour témoigner, au tribunal de la
même ville, dans une affaire étrangère à la famille. Devenu
soldat, par le sort, il passa chez ses parents les six ans de service imposés par la loi. Il n'eut jamais d'uniforme ; il travaillait,
tantôt comme journalier, tantôt comme luthier, selon l'occasion
et les saisons. Il fit à cette époque la connaissance de sa femme ;
et il l'épousa lorsqu'il reçut son congé définitif, à l'âge de 27 ans.
— La femme du luthier, fille d'un charpentier de Mittenwald,
fréquenta l'école jusqu'à 15 ans. Elle entra alors en service
chez un aubergiste de Wallgau, près de Mittenwald, où elle ne
resta que huit jours, par suite d'une grave maladie que fit sa
mère. Elle revint lui donner ses soins et depuis ne quitta plus
Mittenwald. Cependant elle avait déjà fait la connaissance de son
mari. Cette liaison se continua tout le temps que celui-ci fut
sujet aux devoirs militaires. Elle donna naissance à son premier
enfant qui fut légitimé par le mariage, au moment où le service
militaire du père étant fini, celui-ci put satisfaire aux conditions imposées par la loi communale pour la célébration du
mariage, ainsi qu'il a été dit précédemment. Le père et la mère
préparèrent donc leur mariage par l'acquisition d'une petite
maison, qu'ils payèrent, en partie comptant, en partie par tempérament. Le mariage fut célébré, et les dépenses à ce sujet se
montèrent à 88ᶠ 00 ; savoir : notariat et bailliage, 13ᶠ 00 ; réception comme membre de la commune, 19ᶠ 00 ; frais d'église et
repas de noces à l'auberge, 56ᶠ 00. Les dépenses du repas de

noces furent remboursées par des dons en argent, faits par les invités à ce repas, selon l'usage du pays, de manière que les deux époux avaient le lendemain un reliquat disponible de 19' 00. La femme apporta en dot sa part de l'héritage de ses parents, s'élevant à 97' 00. Sa part ne put être versée en argent et elle reçut en échange une terre située sur la montagne; plus 4 matelas, du linge et des armoires, le tout évalué à 215' 00; enfin un legs de 43' 00, souvenir d'une cousine, et quelques économies. Les époux sont mariés sous le régime de la communauté, ainsi qu'il est mentionné au contrat, mais sans aucune déclaration de la sorte de communauté adoptée; la loi, du reste, s'en rapporte elle-même, pour ce détail, à la coutume du lieu. Le père de l'ouvrier, étant devenu veuf, ne survécut que peu de temps à sa femme; il mourut quatre ans environ après le mariage de son fils. Celui-ci reçut alors sa part de l'héritage paternel. Cet héritage se composait d'un champ et d'une prairie ayant une valeur de 474' 00. Or, depuis le régime de partage égal introduit au XVIIIe siècle, au détriment des populations, on a conservé la coutume d'attribuer les immeubles au fils cadet. En cette qualité, le luthier dut remettre à son frère aîné une soulte équivalente à la moitié de la valeur de ces immeubles.

V. Budget domestique annuel et avenir de la famille.

Recettes de la famille. — Revenus des propriétés, 165' 00; — produits des subventions, 208' 00; — salaires, 1,388' 00; — bénéfices des industries domestiques, 265' 00. — *Total des recettes,* 2,026' 00.

Dépenses de la famille. — Nourriture, 914' 00; — habitation, 182' 00; — vêtements, 405' 00; — besoins moraux, récréations et service de santé, 105' 00; — dettes, impôts et assurances, 20' 00. — *Total des dépenses,* 1,626' 60.

Les recettes de l'année ne sont pas absorbées par les dépenses et donnent un excédant annuel de 400'. C'est l'épargne de la famille, c'est la récompense de sa vie modeste et laborieuse,

c'est l'une des causes de son bien-être et de sa sécurité. Le
patronage de l'État combiné avec la communauté organisée par
les institutions communales donne pour fondement au bien-être
de la population un système de subventions largement établies.
Le patronage de l'État assure aux ouvriers le bois de chauffage,
de construction et de clôture, le pacage pour les bestiaux, la
cueillette sur les domaines nationaux. La commune organise,
par un système de communauté, l'assistance des pauvres et le
service scolaire. La coutume en matière de transmission des
biens a été profondément ébranlée et l'influence des gouvernants
s'emploie plutôt à favoriser les nouveautés qu'à raffermir la tradition des familles-souches du temps passé. Le partage égali-
taire passe de plus en plus dans les mœurs, sous l'empire d'une
loi écrite qui, au milieu du siècle dernier, établit le régime des
partages égalitaires pour les successions *ab intestat*. Le nouveau
code bavarois consacra ce régime pour toutes les successions, en
le miligeant par une large quotité disponible (moitié ou deux tiers
d'une part d'enfant). Le morcellement des biens, la désorganisation des familles se développent sous cette influence, le malaise
s'accroît, et la commune effrayée de cet état de choses cherche
un palliatif dans la communauté. Elle se prépare, au moyen du
défrichement, des biens communaux plus étendus. Dans la
famille ici décrite, la propriété individuelle joue un rôle important, surtout à cause des bonnes mœurs et des habitudes
d'épargne qui la garantissent et l'augmentent. Mais les atteintes
de l'esprit de nouveauté qui tend à transformer les familles et à
les rendre instables menacent sérieusement le bien-être de la
population et lui font déjà sentir les premiers symptômes de la
souffrance.   J. DALL' ARMI.

CHAPITRE III

COMPOSITEUR-TYPOGRAPHE

DE BRUXELLES (BELGIQUE)

OUVRIER-JOURNALIER

dans le système des engagements momentanés,

D'APRÈS LES RENSEIGNEMENTS RECUEILLIS SUR LES LIEUX,
EN NOVEMBRE 1857,

PAR M. J. DAUBY.

OBSERVATIONS PRÉLIMINAIRES

DÉFINISSANT LA CONDITION DES DIVERS MEMBRES DE LA FAMILLE.

Définition du lieu, de l'organisation industrielle et de la famille.

§ 1.

ÉTAT DU SOL, DE L'INDUSTRIE ET DE LA POPULATION.

La famille habite l'un des faubourgs les plus considérables de
Bruxelles, celui de Louvain, dans la commune de Saint-Josse-
ten-Noode. Cette commune, située en grande partie dans un
vallon, forme une sorte de long boyau, qui s'étend depuis le
quartier Léopold jusqu'à la rivière *la Senne* (station du chemin
de fer du Nord) et qui contourne la capitale sur une longueur
de 2^{km} 3.

Depuis un petit nombre d'années, la commune de Saint-
Josse-ten-Noode a acquis une importance considérable. Sa population était, en 1826, de 1,340 habitants; en 1836, de 5,000;

en 1846, de 14,850; en 1856, de 17,700. Elle s'élève aujourd'hui à plus de 18,000 habitants, malgré le morcellement qu'a subi la commune, en 1853, morcellement qui lui a enlevé, au profit de Bruxelles, un territoire de 141 hectares, comprenant actuellement 5,000 âmes (le quartier Léopold).

Le territoire actuel est de 100 hectares. La commune comprend 35 rues, et 27 impasses ou allées habitées principalement par la classe ouvrière. Il s'y trouve 2,600 maisons, construites en maçonnerie. En octobre 1846, époque d'un recensement général, Saint-Josse-ten-Noode comptait 120 maisons non habitées et 2,283 maisons habitées.

Ces 2,283 maisons comprenaient 13,517 pièces occupées par 3,782 ménages; sur ce nombre, 808 ménages habitaient une pièce par famille; 983, deux pièces; et 1,991, trois pièces et plus par famille.

La famille de l'ouvrier qui fait l'objet de la présente monographie habite l'une des impasses du versant Est de la commune. Cette impasse est remarquable par sa bonne tenue et par sa population exceptionnelle. Le côté gauche de l'impasse se compose de vastes jardins au milieu desquels se trouvent quelques habitations de plaisance. Le côté droit est bordé de maisons habitées par des ouvriers aisés, par des employés d'un rang supérieur et par des rentiers.

La commune de Saint-Josse-ten-Noode est à la fois agricole, industrielle et commerçante. L'industrie typographique y compte plusieurs établissements d'une certaine importance. Une centaine d'ouvriers de cette profession y sont domiciliés. Bruxelles, avec sa banlieue, renferme environ 700 ouvriers typographes, dont 500 compositeurs et 200 pressiers ou conducteurs de machines à imprimer. Presque tous ces ouvriers sont affiliés à des sociétés ayant pour objet le maintien des salaires, l'assistance mutuelle et la prévoyance (18). Le principe de l'égalité et même de l'invariabilité des salaires est depuis longtemps mis en pratique chez les ouvriers de ce corps d'état; toutefois, cette invariabilité a subi dans ces derniers temps quelques modifications (19). Les ouvriers se divisent en deux catégories principales : les ouvriers *aux pièces* et les ouvriers *en conscience* ou *à la journée.* Les derniers se distinguent, en général, par un travail plus suivi et mieux rétribué. Bien que les rapports des patrons et des ouvriers soient, en principe, fondés sur un régime d'engagements momentanés, il n'est pas rare de voir des ouvriers employés depuis un grand nombre d'années chez le même maître. Ainsi, l'ouvrier décrit dans la présente monographie travaille depuis 17 ans dans le même atelier.

§ 2.

ÉTAT CIVIL DE LA FAMILLE.

La famille comprend les deux époux, et quatre enfants, savoir :

1. JEAN-FRANÇOIS D***, chef de famille, marié depuis 15 ans, né à Bruxelles.. 34 ans.
2. CATHERINE B***, sa femme, née à Bruxelles.................. 35 —
3. Henri-Octave D***, leur premier fils, né à Bruxelles......... 14 —
4. Armand-Constant D***, leur second fils, né à Bruxelles....... 12 —
5. Adolphe-Joseph D***, leur troisième fils, né à Bruxelles....... 10 — 1/2
6. Antoinette-Constance D***, leur fille, née à Saint-Josse-ten-Noode .... 1 —

Le père et la mère, ainsi que l'un des frères de l'ouvrier, vivent encore. Le père exerce la profession de cordonnier, dans la même commune; quoique âgé de 65 ans, il jouit d'une santé parfaite et trouve en grande partie dans son état les moyens de pourvoir à son entretien et à celui de sa femme, qui est ménagère. Le frère de l'ouvrier exerce la profession de compositeur-typographe et travaille dans le même atelier que ce dernier; il demeure avec ses parents, auxquels il vient faiblement en aide. La femme a perdu son père depuis dix ans. La mère de celle-ci habite, avec l'un de ses fils, la ville de Louvain où elle vit du produit d'un immeuble dont, de commun accord, ses enfants lui ont laissé la jouissance. La femme de l'ouvrier a, en outre, un autre frère et deux sœurs qui, tous trois mariés, trouvent dans leur travail une existence honorable.

§ 3.

RELIGION ET HABITUDES MORALES.

Les deux époux sont nés de parents catholiques. L'ouvrier n'a reçu qu'une instruction religieuse insuffisante ; voué au travail depuis l'âge de neuf ans, c'est à peine s'il a pu dérober quelques semaines à ses occupations pour la fréquentation du catéchisme. La rude école de l'adversité et du travail lui a inculqué des sentiments moraux et religieux qui ne l'ont jamais quitté. Chaque dimanche, il se rend régulièrement à l'office divin avec ses fils. Pour ces derniers, c'est une véritable punition lorsqu'ils ne peuvent accompagner leur père à la messe qui inaugure le jour du repos hebdomadaire. Pendant la saison favorable, une courte promenade a lieu après l'office du matin. Le père saisit ordinairement cette occasion pour faire admirer, par ses enfants, la grandeur des œuvres du Créateur, en leur recommandant de penser à lui dans toutes leurs actions ; tout en développant leur intelligence, il leur inculque ainsi peu à peu des sentiments moraux, dont il se plaît à constater fréquemment les bons effets.

Les repas du matin et du soir sont toujours précédés d'une prière mentale, et, ostensiblement, du signe de la croix. Avant le dîner, qui a lieu en commun, l'un des enfants, à tour de rôle, récite la prière à haute voix. Pour rien au monde l'un ne céderait son tour à l'autre ; et, lorsqu'une absence quelconque vient intervertir le tour d'habitude, c'est un tableau charmant à contempler que de voir l'insistance de l'un d'eux pour remplacer le manquant dans l'accomplissement de cette fonction.

La femme n'y participe que rarement. Depuis la naissance de son dernier enfant, elle est presque entièrement absorbée par les soins de son ménage, et n'observe guère plus qu'accidentellement les pratiques du culte ; elle abandonne du reste volontiers à son mari la direction morale de ses fils, pour laquelle elle se sent insuffisante.

L'ouvrier est doué d'un caractère assez irritable. Il attache cependant beaucoup de prix à l'estime de son patron et de ses camarades. Il ambitionne surtout la réputation d'ouvrier éclairé, laborieux et honnête; c'est en poursuivant sans cesse ce but qu'il a su se créer, par son seul travail, une position honorable qu'il s'efforce chaque jour d'améliorer.

Il n'a guère fréquenté l'école que depuis sept jusqu'à neuf ans. Cependant, les exigences de la profession qu'il a embrassée, secondées par une volonté persévérante, lui ont fait acquérir par lui-même une instruction moyenne assez solide. Il consacre tous ses instants de loisir à l'étude des faits littéraires, économiques et sociaux, dont il peut se procurer les éléments. Il a écrit plusieurs petits ouvrages dans ce genre qui ont obtenu quelques succès. C'est ainsi que, dans un concours scientifique et littéraire qui eut lieu à Bruges, en 1853, il obtint une médaille de vermeil et fut nommé membre correspondant d'une société savante; le mémoire qu'il écrivit à cette occasion reçut les honneurs de l'impression. En 1856, il obtint une autre médaille à l'exposition d'économie domestique de Bruxelles, pour le manuscrit d'un livre spécialement destiné aux classes ouvrières, et dans lequel il expose, sous forme de conseils, les points principaux qui peuvent intéresser le bien-être physique et moral des ouvriers, sous le triple point de vue de la vie sociale, de l'atelier et de la famille. Cet ouvrage reçut l'approbation de plusieurs personnages éminents qui donnèrent à l'ouvrier quelques marques d'encouragement (7).

Il occupe, du reste, parmi ses compagnons un rang distingué. Dans plusieurs circonstances graves, où il s'agissait de la défense des intérêts de la corporation, il a été chargé de la représenter, de concert avec quelques autres de ses collègues (19). Il a pris également une part active à la fondation des associations dont il fait partie (18).

Les trois enfants fréquentent l'école communale de Saint-Josse-ten-Noode; les deux aînés se font remarquer par leur intelligence; le plus jeune est moins bien doué.

Quant à la femme, elle est à peu près complétement dépourvue d'instruction (12). Mais elle rachète ce défaut par beaucoup de bon sens et par un dévouement de tous les instants aux soins du ménage.

Enfin, les deux époux sont de mœurs régulières, vivent en bonne union et évitent toute discussion qui pourrait influer défavorablement sur la moralité des enfants. Il y a quelques années, des contrariétés domestiques relatives à l'administration de son ménage (12), jointes à son extrême jeunesse, avaient failli entraîner l'ouvrier dans une mauvaise voie. Mais il ne tarda pas à revenir à des sentiments plus louables, s'étant aperçu combien son erreur était contraire aux intérêts physiques et moraux de la famille.

§ 4.

HYGIÈNE ET SERVICE DE SANTÉ.

L'ouvrier est de taille assez élevée (1ᵐ 74), et annonce un tempérament sanguin et nerveux; bien qu'il jouisse d'une bonne santé, il est cependant d'une faible constitution, circonstance qui l'a exempté du service de la milice. Sauf quelques affections d'enfance, telles que la rougeole et la scarlatine, il n'a jamais été atteint que d'une maladie grave, le typhus, qui a failli l'emporter quelques mois après son mariage. Ce fut à la suite de cette maladie qu'il résolut de s'affilier à une société de secours mutuels (13), à laquelle il participe depuis bientôt quatorze ans, sans avoir été, pécuniairement, plus de quatorze jours à la charge de cette société.

La femme est de taille moyenne (1ᵐ 65), assez bien constituée et d'un tempérament lymphatique-sanguin. A l'époque de son mariage, elle annonçait une disposition à la phthisie pulmonaire, qui éclata deux ans plus tard et qui la tint languissante pendant neuf mois. Une grossesse heureuse détermina alors chez elle une brusque secousse qui changea le caractère de sa maladie, et la rendit à la santé et aux soins de son ménage, gravement compromis par ce dispendieux événement (12). Sauf une affection des yeux, qui dura quelques semaines, elle n'a éprouvé depuis lors aucune maladie sérieuse. Ses quatre couches se sont accomplies sans accidents. En somme la santé de la mère de famille est peu satisfaisante. Il semble que les préoccupations matérielles ne sont point suffisamment balancées chez elle par celles de l'ordre intellectuel et moral.

L'aîné de ses enfants a éprouvé les diverses affections inhérentes au jeune âge ; comme son père, il a été atteint du typhus, mais compliqué d'une fièvre miliaire (suette) qui fit disparaître les symptômes les plus alarmants de la première maladie. Depuis son rétablissement, il a éprouvé un affaiblissement de la vue, et une angine pulmonaire. Ces deux affections sont dans la période de déclin. — Pendant cinq à six années, les maladies se sont succédé chez le puîné pour ainsi dire sans interruption, et ont offert un caractère de gravité qui a mis vingt fois sa vie en danger. Il a été à peu près complétement aveugle pendant cinq mois ; à peine relevé d'une rougeole à symptômes alarmants, il se cassa la jambe à l'âge de quatre ans. Aujourd'hui il est parfaitement rétabli. — Le fils cadet de l'ouvrier jouit d'une constitution robuste ; il fut également atteint de la fièvre typhoïde, à un degré fort grave, ainsi que de la rougeole. D'une intelligence médiocre, mais doué d'un caractère franc et serviable, il présente le tempérament lymphatico-sanguin de sa mère. — Enfin, la fille de l'ouvrier, âgée d'un an seulement, a été exempte jusqu'à ce jour de toute affection morbide.

Les charges du service de santé ont été assez considérables dans les premières années du mariage de l'ouvrier. Cependant, les années suivantes ayant été moins défavorables à cet égard, on peut les évaluer, année moyenne, à 20ᶠ 00, soit pour les quinze années à 300ᶠ 00, compris la contribution mensuelle que paie l'ouvrier à la société de secours mutuels dont il fait partie (18). Toutefois, par un arrangement récent conclu avec le médecin de son association, ce dernier assure à la famille de l'ouvrier, à partir de l'année 1858, les soins médicaux moyennant 6ᶠ 00 par an (non compris les médicaments). Cet avantage est acquis, du reste, à tous les membres de la même société (18).

§ 5.

RANG DE LA FAMILLE.

Indépendamment de la position aisée que le salaire élevé et les habitudes laborieuses de l'ouvrier assurent à la famille, celui-ci occupe, dans sa corporation, un rang distingué (3). Son aptitude et sa bonne conduite ont promptement déterminé son patron à lui confier la direction des ateliers, ainsi que les écritures d'administration et de correspondance. Celles-ci sont assez compliquées, vu les nombreux détails que comporte la spécialité de cet établissement. Avant la révolution belge de 1830, ses parents jouissaient d'une certaine aisance, due à leur travail. Mais un patriotisme peut-être exagéré a poussé le père à remplir trop fréquemment les devoirs militaires institués à cette époque. Cette circonstance plongea la famille dans la détresse, à tel point qu'à l'âge de neuf ans l'ouvrier fut forcé d'abandonner l'école pour l'atelier, afin de venir en aide au ménage, dont, à quatorze ans, il supportait presque toutes les charges (12).

La femme est issue d'une famille recommandable, dont la direction un peu faible du père, jointe à de nombreux malheurs domestiques, avait gravement compromis les intérêts. Plusieurs membres de la famille de la femme occupent des positions honorables dans le notariat, dans la médecine et dans le commerce. L'ouvrier est à peu près la seule personne de sa famille qui ait conservé quelques relations avec l'un d'eux. Bien qu'obligé de tirer toutes ses ressources de son travail, l'ouvrier n'a jamais eu recours à aucun établissement charitable, ni à aucune assistance privée, malgré les moments difficiles qu'il a traversés. Cette circonstance, dont il tire un légitime sentiment de fierté, a puissamment contribué à assurer son indépendance.

Chez le chef de famille, heureusement doué sous le rapport moral, cette situation incertaine, entre celles de l'ouvrier et du bourgeois, n'engendre ni haine, ni envie. Il n'en est pas de même chez plusieurs autres typographes de Bruxelles.

Moyens d'existence de la famille.

§ 6.

PROPRIÉTÉS.

(Mobilier et vêtements non compris.)

IMMEUBLES................................... 0ᶠ 00

La famille ne possède point d'immeuble et ne retire aucun intérêt de la maison qui fait partie de l'héritage laissé par le père de la femme. Cette maison est le reste d'un ancien état de prospérité; et la veuve en conserve la jouissance exclusive jusqu'à sa mort.

ARGENT................................... 51ᶠ 71

Somme déposée à la caisse d'épargne, à l'intérêt de 3 p. 100. Elle provient de travaux d'écritures de l'ouvrier faits pour le compte d'autrui. Ce capital, qui était primitivement de 100ᶠ 00, fut augmenté jusqu'à concurrence de 160ᶠ 00, y compris les intérêts. Divers événements de famille, tels que les dépenses occasionnées par la première communion de deux de ses enfants, ont obligé l'ouvrier d'y faire plusieurs brèches; et, d'un autre côté, les dures circonstances qui pèsent depuis quelques années sur les classes ouvrières, notamment le haut prix des denrées, ne lui ont pas encore permis de les réparer.

MATÉRIEL SPÉCIAL des travaux et industries.... 66ᶠ 00

1° *Instruments de travail.* — 2 composteurs en fer, 10ᶠ00; — 2 composteurs en bois, 1ᶠ 00; — 1 pince d'imprimerie, 2ᶠ25; — 1 visorium pour fixer la copie, 1ᶠ00; — 1 couteau à filet, 0ᶠ 50. — Total, 14ᶠ 75.

2° *Livres spéciaux et fournitures de bureau, nécessaires à la correction des épreuves à domicile et à divers travaux d'écritures.* — 1 dictionnaire de l'Académie française avec son complément (reliés), 40ᶠ 00; — 1 dictionnaire flamand-français, 5ᶠ 00; — 1 manuel grammatical, 0ᶠ 75; — 1 grammaire française-latine, 2ᶠ 00; — 1 tableau des verbes français, 0ᶠ 50; — encriers, plumes, porte-plumes, crayons, règle et papier, 3ᶠ 00. — Total, 51ᶠ 25.

VALEUR TOTALE des propriétés............... 117ᶠ 74

§ 7.

SUBVENTIONS.

La seule subvention dont jouisse la famille est l'instruction donnée gratuitement aux enfants dans l'école communale, fréquentée par les trois garçons jusqu'au mois d'août dernier. A cette époque, l'aîné, ayant obtenu le prix d'excellence, a dû la quitter, conformément aux règlements. Les deux autres ont continué le restant de l'année. Pour obtenir cette instruction dans une école privée, la famille aurait dû payer, par enfant, une rétribution mensuelle de 4ᶠ 00, soit, pour les onze mois de l'année scolaire de deux enfants, 88ᶠ 00, et, pour sept mois de l'aîné, 28ᶠ 00, ensemble, 116ᶠ 00. A cette subvention, il faut ajouter 15ᶠ 00 pour fréquentation de l'Académie des beaux-arts, pendant trois mois, par l'aîné des fils.

Dans le courant de l'année 1857, l'ouvrier a obtenu de la libéralité du gouvernement un subside (300ᶠ 00) pour l'aider dans la publication d'un ouvrage qu'il avait composé en vue de la classe ouvrière (3). La presque totalité de ce subside, accordé en retour de la livraison de 500 exemplaires de son œuvre, a servi à solder les frais d'impression de l'ouvrage. On peut encore mentionner ici, à titre de subventions, les cadeaux de livres qui lui sont faits de temps à autre par son patron et les auteurs, ainsi que quelques objets d'ameublement et d'ornement qui lui sont donnés par ses camarades à l'occasion de sa fête. Ces objets de luxe se remarquent aisément au § 10 dans l'énumération du mobilier; leur valeur annuelle s'élève à 20 ou 25 francs.

§ 8.

TRAVAUX ET INDUSTRIES.

TRAVAUX DE L'OUVRIER. — Le travail de l'ouvrier est exécuté à l'heure, tant à l'atelier qu'à domicile, pour le compte d'un

patron. Il a pour objet la composition, la mise en pages typographiques, la lecture des épreuves, la tenue des écritures relatives à l'administration de l'imprimerie, enfin, une surveillance
générale sur l'ensemble de l'atelier où travaillent les compositeurs. L'ouvrier est rétribué à raison de 0ᶠ 50 par heure. Le
travail effectif est, en moyenne, de onze heures par jour. Lorsque
l'ouvrage donne faiblement, la journée du lundi se termine à
quatre heures de l'après-dînée, mais, en revanche, l'ouvrier a assez
régulièrement un travail supplémentaire de quelques heures le
dimanche, à domicile. A moins de circonstances extraordinaires,
qui ne se présentent que trois à quatre fois par an, l'atelier est
fermé le dimanche et les jours de fêtes observées. Le salaire est
payé très-régulièrement chaque quinzaine, le samedi soir; et ce
jour de paie n'est jamais pour l'ouvrier une occasion de dépense.

TRAVAUX DE LA FEMME. — La femme consacre tout son
temps aux soins du ménage, à la confection, à l'entretien et au
blanchissage du linge et des vêtements de la famille. Elle excelle
dans tous les travaux de couture. Avant son mariage, elle exerçait la profession de tailleuse et était maîtresse ouvrière dans
son dernier atelier. Dans les premiers temps de son union, elle
travaillait pour diverses personnes; mais, depuis une dizaine
d'années, les soins de la communauté la réclament exclusivement.
Elle est active et diligente, et son logis est cité comme un modèle
de bonne tenue, malgré les embarras qu'occasionnent inévitablement les enfants.

TRAVAUX DES ENFANTS. — Le fils aîné vient d'entrer, en qualité d'apprenti, dans l'établissement où est occupé son père; et il
y reçoit un salaire de 10ᶠ par mois. Les autres enfants n'exécutent aucun travail.

INDUSTRIES ENTREPRISES PAR LA FAMILLE. — L'ouvrier a
pour industrie la surveillance exercée par lui dans l'atelier de
l'imprimerie. Selon la nature des travaux et en cas d'urgence,
il trouve, en outre, dans la lecture d'épreuves à domicile des
ressources supplémentaires qui peuvent être portées en moyenne
à 6ᶠ50 par quinzaine. La femme a pour principale industrie la confection et le blanchissage du linge et des vêtements de la famille.

Mode d'existence de la famille.

§ 9.

ALIMENTS ET REPAS.

La famille fait, en communauté, trois repas principaux par jour : ceux du matin, du midi et du soir. Pendant la saison d'été, le mari fait, en outre, à l'atelier un second déjeuner, et en toute saison un goûter à quatre heures et demie.

Le *déjeuner* se compose invariablement de café au lait, ou le plus souvent au sucre, avec pain beurré. Le pain est de première qualité.

Le *dîner* comprend une soupe à la viande ou aux légumes, un plat de pommes de terre ou d'autres légumes suivant la saison, de la viande bouillie, ou plus souvent rôtie, soit de bœuf, soit de veau ; de temps à autre, la viande est remplacée par une volaille, un lapin ou par quelque morceau de charcuterie. Le dîner est fréquemment suivi d'un petit dessert composé de fruits : noix, cerises, prunes, pommes, poires, abricots, raisin (provenant de la vigne de la maison), et toujours d'une tasse de café. C'est l'ordinaire de chaque jour, sauf le vendredi, où la viande est remplacée par du poisson (*Stockfisch,* morue, harengs et anguilles) ou par des œufs. Pendant la saison d'été, les diverses salades prédominent dans l'alimentation de la famille.

Le *goûter* a lieu au logis pour la femme et les enfants, lors de la rentrée de l'école, et se compose : pour le mari, de pain, de fromage ou de viande, et de bière (*Faro*) ; pour la femme et les enfants, de café et de pain.

Le *souper,* pris lors de la rentrée de l'atelier, se compose de viande froide ou de fromage de Hollande, avec pain beurré et de la bière pour boisson ; le plus souvent celle-ci est remplacée par le café, qui est la boisson toujours préférée par la famille.

En somme, la famille se nourrit convenablement et ne se laisse manquer de rien sous ce rapport. Cependant, sauf le jour de l'an, ou dans quelque occasion solennelle, elle ne consomme, ni vin, ni liqueurs; et elle boit rarement de la bière. Hors du domicile, l'ouvrier fait une consommation très-modérée de bière, par exemple, le dimanche, ou dans quelque réunion des sociétés dont il fait partie.

La famille ne prend point à crédit les denrées qu'elle consomme; et elle s'écarte en cela de l'usage suivi par la généralité des ouvriers. Il en résulte qu'elle les achète généralement à meilleur compte.

§ 10.

HABITATION, MOBILIER ET VÊTEMENTS.

La famille occupe seule, depuis quatre ans, une petite maison, sur le mur de laquelle s'élève une vigne d'environ 12 mètres de développement. Cette maison est composée de quatre pièces d'habitation, dont deux au rez-de-chaussée et deux au 1er étage, d'une cave, d'un grenier et d'une cour, ayant une superficie totale de 84 mq. La hauteur des pièces du rez-de-chaussée est de 2m 80; — celle des pièces du 1er étage, de 2m 10; — la hauteur moyenne du grenier (toiture en pente), de 2m 20; — et celle de la cave, de 1m 90.

Bien que les pièces habitées soient séparément assez exiguës, la famille est logée à l'aise; et l'ouvrier est bien décidé à faire tous les sacrifices compatibles avec sa position, pour conserver ce qu'il appelle « son luxe et son repos », car il a passé par une longue succession de logements, composés, tantôt d'une grande pièce, tantôt de plusieurs chambres, où il a éprouvé des désagréments de toute espèce.

La famille paie actuellement un loyer mensuel de 18f, soit par an 216f. Le propriétaire supporte les frais de contribution.

Une pompe commune aux habitations contiguës est placée à côté de la maison et fournit une eau très-pure. Il n'existe pas de citerne, mais l'eau de pluie est recueillie dans plusieurs grandes cuves superposées.

Sauf quelques objets donnés en cadeau à l'ouvrier par les

compagnons de son atelier, à l'occasion de sa fête patronale (7),
le mobilier est exempt de toute recherche de luxe, mais il est
tenu avec propreté. Il peut être évalué ainsi qu'il suit :

MEUBLES 904ᶠ 50

1° *Lits.* — 2 bois de lit en hêtre, avec lattes et traverses en chêne, 35ᶠ 00 ; —
1 matelas de laine, 25ᶠ 00 ; — 1 matelas de *Zostère*, 14ᶠ 00 ; — 3 paillasses, 21ᶠ 00 ; —
1 traversin de plume, 8ᶠ 00 ; — 3 oreillers, 8ᶠ 00 ; — 1 couverture de laine, 15ᶠ 00 ; —
3 couvertures de coton, 18ᶠ 00 ; — 1 berceau pour la fille, avec garniture, 15ᶠ 00. —
Total, 159ᶠ 00.

2° *Meubles du cabinet (rez-de-chaussée).* — 1 commode en orme, 18ᶠ 00 ; — 1 table
avec toile cirée et tapis, 10ᶠ 50 ; — 1 pendule en bronze doré, 48ᶠ 00 ; — 2 vases en
porcelaine fine, avec fleurs artificielles, 20ᶠ 00 ; — 2 grands cadres contenant des images
de prix, coloriées, 20ᶠ 00 ; — 4 cadres plus petits contenant des portraits, 8ᶠ 00 ; —
1 cadre renfermant l'attestation d'une récompense obtenue par l'ouvrier, 5ᶠ 00 ; —
1 petite glace, 3ᶠ 00 ; — 2 médaillons en plâtre (sujets religieux), 2ᶠ 00 ; — 2 petites
statuettes d'étagère en porcelaine de Saxe, 9ᶠ 00 ; — 1 Saint-Joseph en imitation d'al-
bâtre (biscuit), 2ᶠ 00 ; — 6 chaises en bois de cerisier, 20ᶠ 00 ; — 1 fauteuil en bois de
hêtre, 8ᶠ 00 ; — 1 jardinière avec fleurs naturelles, 10ᶠ 00 ; — 1 paravent de cheminée,
1ᶠ 00 ; — 3 médailles encadrées, dont 1 en vermeil et 2 en bronze, 30ᶠ 00. — Total,
214ᶠ 50.

3° *Meubles de la cuisine.* — 1 grande armoire en bois blanc, 8ᶠ 00 ; — 1 table en
bois de hêtre, 5ᶠ 00 ; — 5 chaises et 1 fauteuil en hêtre, garnis de paille, 18ᶠ 00 ; —
1 chaise d'enfant, 5ᶠ 00 ; — 1 poêle (cuisinière), avec tuyaux, 14ᶠ 00 ; — 1 statuette
(*Gutenberg*), 4ᶠ 00 ; — 1 cage d'oiseau, 2ᶠ 00. — Total, 56ᶠ 00.

4° *Meubles de la chambre de travail.* — 1 grand pupitre, avec rayon pour livres,
28ᶠ 00 ; — 2 tables en bois de hêtre, 6ᶠ 00 ; — 1 armoire en bois d'orme, 3ᶠ 00 ; —
1 petite armoire en bois de cerisier, 5ᶠ 00 ; — 1 petit poêle, avec tuyaux, 7ᶠ 00 ; —
4 chaises en hêtre, garnies de paille, 8ᶠ 00 ; — 1 glace, 1ᶠ 50. — Total, 58ᶠ 50.

5° *Meubles de la chambre à coucher et du grenier.* — 1 petite table en bois de
hêtre, 3ᶠ 00 ; — 2 chaises en hêtre, recouvertes en paille, 4ᶠ 00 ; — 1 cadre contenant
l'image du Christ, 2ᶠ 00 ; — 1 crucifix et diverses images religieuses près du lit des
enfants, 1ᶠ 50 ; — divers vieux meubles hors d'usage, 6ᶠ 00. — Total, 16ᶠ 50.

6° *Livres.* — L'ouvrier possède une petite bibliothèque composée d'environ
300 volumes et brochures. Une partie de ces volumes, à la composition ou à la correction typographique desquels il a participé activement, sont dus à la libéralité de son
patron ou des auteurs pour qui ils ont été faits (7). Une autre partie, parmi laquelle se
trouvent quelques ouvrages scientifiques et littéraires, a été acquise par l'ouvrier lui-
même. Enfin, d'autres volumes, au nombre de 25, sont des ouvrages classiques obtenus
en prix à l'école communale par ses enfants. — Valeur approximative, 400ᶠ 00.

USTENSILES : en quantité suffisante et tenus avec propreté 235ᶠ 25

1° *Dépendant des cheminées et des poêles.* — 2 pelles à feu, 1ᶠ 00 ; — 2 crochets,
1ᶠ 50 ; — 1 grille, 1ᶠ 00 ; — 2 seaux à charbon de houille, 2ᶠ 00 ; — 1 panier à braise,
0ᶠ 25. — Total, 5ᶠ 75.

2° *Employés pour le service de l'alimentation.* — 1 carafe et 6 verres en cristal,
10ᶠ 00 ; — 1 service à café et à thé en porcelaine, 25ᶠ 00 ; — 1 service à liqueurs, avec
étagère en fer-blanc, 15ᶠ 00 ; — 1 pinte (1/2 litre) en faïence fine, à dorures, 5ᶠ 00 ; —

6 assiettes en faïence, 6ᶠ00; — 15 assiettes en terre blanche commune, 4ᶠ50; — 2 jattes en porcelaine, 2ᶠ50; — 6 jattes en terre blanche de pipe, 1ᶠ00; — 1 saladier, 1 poivrier et 6 verres communs, 2ᶠ00; — 1 terrine en faïence, 1ᶠ50; — 1 terrine à beurre et 2 coquetiers en faïence, 1ᶠ50; — 5 vases en terre commune vernissée, 2ᶠ50; — 1 cruche à eau, 1ᶠ00; — 6 couverts en argentane, avec grande louche, 25ᶠ00; — 1 louche en fer étamé, 1ᶠ25; — couteaux, cuillers et fourchettes, 5ᶠ00; — pots et bouteilles, 4ᶠ00; — 3 seaux en zinc, 11ᶠ00; — 1 casserole en fer battu, 5ᶠ00; — 1 poêlon en fer battu, 1ᶠ25; — 1 marabout et 1 bouilloire en cuivre rouge, 12ᶠ00; — 1 cafetière et 1 bouilloire en fer-blanc, 5ᶠ00; — 1 moulin à café, 3ᶠ00; — 1 passoire en fer-blanc, 1ᶠ00; — 1 panier à marché en fer-blanc, 3ᶠ00; — 1 cabas en fer-blanc, 2ᶠ50; — 1 cabas en osier, 1ᶠ00; — 2 paniers à légumes, 2ᶠ00; — menus objets, 1ᶠ50. — Total, 161ᶠ00.

3° *Employés pour les soins de propreté.* — 2 grandes brosses et 2 balais, 5ᶠ00; — 1 brosse à habit et 2 brosses à bottes, 2ᶠ00; — 2 fers à repasser, 2ᶠ00; — 2 pots à l'eau, 1ᶠ50; — 1 bassin (lavabo) en faïence, 2ᶠ00; — 3 rasoirs, avec accessoires, 4ᶠ50; — 1 miroir à barbe, 1ᶠ50. — Total, 18ᶠ50.

4° *Employés pour usages divers.* — 1 lampe carcel, 20ᶠ00; — 1 quinquet en cuivre, 5ᶠ00; — 2 chandeliers en cuivre, 5ᶠ00; — 1 grand tonneau pour recueillir l'eau de pluie, 6ᶠ00; — 2 tonneaux plus petits, 7ᶠ00; — 3 portemanteaux, 2ᶠ00; — 1 carreau à coudre avec accessoires, 3ᶠ00; — 1 paire de mouchettes et 1 éteignoir, 1ᶠ00; — menus objets, 1ᶠ00. — Total, 50ᶠ00.

LINGE DE MÉNAGE : proprement tenu, mais n'excédant pas le nécessaire........................ 84ᶠ00

2 draps de lit en toile, 12ᶠ00; — 6 draps de lit en coton, 21ᶠ00; — 12 draps d'enfant, 12ᶠ00; — 2 serviettes de table, 5ᶠ00; — 5 rideaux de fenêtre en mousse-line, 15ᶠ00; — 4 rideaux de fenêtre en coton, 4ᶠ00; — 12 essuie-mains de toilette, 8ᶠ00; — 4 essuie-mains en chanvre commun, 2ᶠ00; — 6 torchons divers, 2ᶠ00.

VÊTEMENTS : les vêtements des époux n'affectent aucune recherche; quoique peu nombreux, ils sont cependant en bon état et entretenus avec soin.................... 730ᶠ00

VÊTEMENTS DE L'OUVRIER, semblables à ceux de la bourgeoisie (317ᶠ50).

1° *Vêtements du dimanche.* — 1 paletot-redingote en drap bleu, 65ᶠ00; — 1 re-dingote en drap noir, 30ᶠ00; — 1 gilet en satin noir, 12ᶠ00; — 1 pantalon en drap noir, 18ᶠ00; — 1 chapeau de soie, 12ᶠ00; — 1 écharpe en satin noir, 8ᶠ00; — 1 paire de bottes, 15ᶠ00. — Total, 160ᶠ00.

2° *Vêtements de travail.* — 1 paletot d'hiver en drap vert, 25ᶠ00; — 1 redingote en drap noir, 15ᶠ00; — 1 pantalon en étoffe de laine, 13ᶠ00; — 1 pantalon en étoffe de coton, 3ᶠ00; — 2 gilets à manches en étoffe de laine, 8ᶠ00; — 2 blouses de tra-vail en toile bleue, 9ᶠ00; — 6 chemises en coton, dont 2 fines, 18ᶠ00; — 3 cravates longues, en coton et laine, 1ᶠ50; — 1 cravate longue, en mérinos, 2ᶠ00; — 2 cale-çons en tricot de coton, 4ᶠ00; — 2 camisoles en tricot de coton, 4ᶠ00; — 2 paires de bas de laine, 4ᶠ00; — 4 paires de bas de coton, 6ᶠ00; — 1 paire de bottes, 10ᶠ00; — 1 paire de pantoufles, 5ᶠ00; — 1 casquette, 2ᶠ00; — menus objets, 3ᶠ00. — Total, 132ᶠ50.

3° *Bijoux.* — 1 montre en argent guilloché, 25ᶠ00.

VÊTEMENTS DE LA FEMME, costume populaire (171ᶠ 50).

1° *Vêtements du dimanche.* — 1 robe en laine brune, 16ᶠ 00 ; — 1 châle en laine, 15ᶠ 00 ; — 1 jupe en mousseline, 8ᶠ 50 ; — 1 corsage de soie noire, 6ᶠ 00 ; — 1 tablier de soie noire, 5ᶠ 00 ; — 1 paletot de soie noire, 6ᶠ 00 ; — 1 bonnet monté, 6ᶠ 00 ; — 1 jupon en basin blanc, 4ᶠ 00 ; — 3 chemisettes fines, 5ᶠ 00 ; — 6 mouchoirs en toile fine, 4ᶠ 00 ; — 2 paires de manches en mousseline, brodées, 4ᶠ 00 ; — 3 paires de bas blancs, 5ᶠ 50 ; — 1 paire de bottines, 5ᶠ 00. — Total, 90ᶠ 00.

2° *Vêtements de travail.* — 1 jupon en orléans, 8ᶠ 00 ; — 1 jupon en mérinos noir, 2ᶠ 00 ; — 1 paletot de cotonnade, 3ᶠ 00 ; — 2 jaquettes en coton, 5ᶠ 00 ; — 2 tabliers de cotonnade, 3ᶠ 00 ; — 1 tablier en toile bleue, 2ᶠ 00 ; — 1 bonnet en tulle noir, 3ᶠ 50 ; — 4 bonnets de nuit, 4ᶠ 00 ; — 6 chemises en coton, 15ᶠ 00 ; — 1 paire de bas en laine noire, 3ᶠ 00 ; — 2 paires de bas en coton, 4ᶠ 00 ; — 3 mouchoirs de cou, 3ᶠ 00 ; — 2 paires de gants, 2ᶠ 50 ; — 1 paire de souliers, 5ᶠ 00 ; — 1 paire de pantoufles, 2ᶠ 50. — Total, 65ᶠ 50.

3° *Bijoux.* — 1 anneau d'or, 7ᶠ 00 ; — 1 broche en or émaillé, 6ᶠ 00 ; — 1 paire de boucles d'oreilles, 3ᶠ 00. — Total, 16ᶠ 00.

VÊTEMENTS DES ENFANTS, tenus avec soin (241ᶠ 00).

1° *Vêtements des trois garçons.* — 2 blouses en velours noir, 20ᶠ 00 ; — 1 blouse en mérinos noir, 6ᶠ 00 ; — 6 blouses en cotonnade, 18ᶠ 00 ; — 2 paletots en drap noir, 18ᶠ 00 ; — 2 paletots en mérinos noir, 10ᶠ 00 ; — 3 pantalons de drap, 18ᶠ 00 ; — 3 pantalons en étoffe de coton, 7ᶠ 00 ; — 3 gilets en étoffe de laine, 6ᶠ 00 ; — 6 bonnets en drap, 9ᶠ 00 ; — 9 chemises en coton, 17ᶠ 00 ; — 6 paires de bas, 6ᶠ 00 ; — 6 cols en percale blanche, 3ᶠ 00 ; — 3 cravates de cotonnade, 2ᶠ 00 ; — 9 mouchoirs en coton, 4ᶠ 50 ; — 3 écharpes en laine, 3ᶠ 00 ; — 3 bonnets de nuit, 1ᶠ 50 ; — 6 paires de bottes et souliers, 25ᶠ 00. — Total, 174ᶠ 00.

2° *Vêtements de la fille.* — 1 douillette en soie noire, 6ᶠ 00 ; — 5 robes en laine, 20ᶠ 00 ; — 6 camisoles en basin blanc, 6ᶠ 00 ; — 6 chemises en coton blanc, 4ᶠ 00 ; — 5 tabliers en jaconas blanc, 5ᶠ 00 ; — 2 chapeaux en soie, 8ᶠ 00 ; — 3 bonnets garnis, 4ᶠ 00 ; — 6 bonnets en percale blanche, 3ᶠ 00 ; — 3 bonnets en mousseline, 3ᶠ 00 ; — 4 mouchoirs de cou, 2ᶠ 00 ; — 2 paires de bas de laine, 2ᶠ 00 ; — 4 paires de bas de coton, 2ᶠ 50 ; — 1 paire de souliers en étoffe, 1ᶠ 50. — Total, 67ᶠ 00.

Une grande partie des vêtements des enfants provient des vieux effets des époux, et sont généralement confectionnés par la femme.

VALEUR TOTALE du mobilier et des vêtements...   1,950ᶠ 75

§ 11.

RÉCRÉATIONS.

Depuis quelques années, les deux époux s'accommodent parfaitement de récréations douces et de plaisirs de famille en rapport avec leurs moyens. Pendant la belle saison ils font assez régulièrement une promenade à la campagne le dimanche et les jours fériés. Quelquefois ils visitent une des localités des environs de Bruxelles situées sur une ligne de chemin de fer, telles que Vilvorde, Boitsfort et Ruisbrouk ; c'est alors un plaisir bien vif pour les enfants de revenir par la voie ferrée. Pendant l'hiver, la famille reste assez ordinairement au logis, le dimanche ; le père seul sort vers le soir, et va, dans un faubourg limitrophe, jouer aux dominos avec quelques vieux amis, qui tous ont au moins le double de son âge. Quelquefois l'ouvrier conduit sa famille au spectacle, à l'Opéra, au Vaudeville ou au Cirque ; et plus souvent à des soirées chantantes instituées par des membres de sa corporation, dans un local spécial. Ce sont de vraies réunions de famille, dans lesquelles toute chanson licencieuse est sévèrement proscrite. Dans ces réunions, il se fait aussi des lectures sur des questions se rattachant aux intérêts généraux des classes ouvrières en Belgique, et particulièrement des typographes, mais restant toujours étrangères à la politique.

La famille trouve aussi quelques amusements dans les relations qu'elle entretient avec ses parents. Chaque événement de famille, naissance, mariage ou fête patronale, est d'ailleurs l'occasion d'un petit repas en commun, où règne une franche cordialité. Habituellement, chaque année l'ouvrier se rend à Louvain, à l'époque de la kermesse de cette ville, pour y visiter les parents de sa femme ; quelquefois, celle-ci ou l'un de ses enfants l'accompagne. Deux ou trois de ces parents leur rendent leur visite aux fêtes nationales de septembre, qui se célèbrent avec un certain éclat à Bruxelles.

Parmi les récréations, et outre un banquet de corps, auquel assistent annuellement la généralité des ouvriers typographes (20), il faut citer aussi le repas donné chaque année par l'ouvrier à ses compagnons, à l'occasion de sa fête (la Saint-Joseph), en retour du présent que ces derniers lui offrent (7). Mais le principal agrément de l'ouvrier est l'étude, à laquelle il sacrifierait volontiers toute récréation, si ce n'étaient les soins que réclame sa santé et les besoins de distractions pour les siens : ceux-ci ont toujours de la peine à l'arracher à ses travaux littéraires en vue d'un plaisir quelconque. C'est par ce trait de mœurs, sinon par les habitudes de prévoyance, que l'ouvrier se rattache à la bourgeoisie.

Histoire de la famille.

§ 12.

PHASES PRINCIPALES DE L'EXISTENCE.

L'ouvrier est né à Bruxelles, en 1824; son père, qui était bottier-cordonnier, travaillait avec le concours de plusieurs ouvriers pour une bonne clientèle. Il jouissait d'une position aisée, due principalement à son activité. Cette position fut gravement compromise par la révolution belge de 1830, qui, tout en lui enlevant le plus grand nombre de ses clients, l'obligea à des devoirs civiques, auxquels il sacrifia ses intérêts privés. Deux ans plus tard, sa famille était plongée dans un état voisin de la misère. En 1833, la pénurie du ménage devint telle, que l'ouvrier, alors âgé de 9 ans seulement, fut obligé de quitter brusquement l'école, où il n'avait encore acquis que les premiers éléments de lecture et d'écriture. Il entra alors en apprentissage, dans une librairie de la ville. Il fut employé aux commissions, et plus tard à la confection des bandes d'adresses. Au bout de quinze mois de travail opiniâtre, il était parvenu à acquérir une instruction élémentaire passable; mais le faible salaire qu'il recevait (7ᶠ par mois) engagea sa mère à lui chercher un emploi plus lucratif. Un nouveau journal quotidien venait d'être créé à Bruxelles : il y entra en qualité d'apprenti-compositeur et de leveur de feuilles à la presse. Ses doubles fonctions l'obligeaient à un travail de dix-huit heures par jour, interrompu seulement par les courses que nécessite la partie typographique d'un journal. Même en hiver, il devait se trouver à l'atelier depuis cinq heures du matin jusqu'à onze heures du soir. Le dimanche n'interrompait point ce travail meurtrier, pour lequel il recevait un salaire de 5ᶠ par semaine. Au bout d'un an, ne voyant point d'amélioration dans sa position, il se décida, malgré le peu d'habileté qu'il avait pu acquérir pour la composition, à changer d'atelier. Il réussit mal d'abord; mais, à la suite d'un nouveau

changement, il parvint à se faire admettre dans un établissement
où il se forma complétement. Au bout de quinze mois, il rentra
dans son premier atelier, avec un salaire de 15' par semaine
pour un travail journalier de huit heures et demie.

L'ouvrier visita successivement plusieurs ateliers pour se
perfectionner dans son état. Enfin, il entra, en 1840, dans l'imprimerie où il est resté jusqu'à ce jour.

Les luttes que l'ouvrier eut à soutenir, dans les temps d'épreuve
que nous venons de rappeler, affaiblirent sa constitution au point
de motiver son exemption définitive du service militaire. A la
suite de quelques contestations avec ses parents, provoquées par
ses relations avec sa future, il se maria à l'âge de dix-neuf ans,
sans autres ressources qu'une somme de 100' que voulut bien
lui avancer son patron, et qui servit à acquérir les meubles et
effets les plus indispensables. Malheureusement, la maladie vint
à plusieurs reprises éprouver le jeune ménage (4).

Les couches de la femme, l'inexpérience de celle-ci, qui,
voulant d'abord aller au delà de ses moyens, s'était creusé, à
l'insu de son mari, un gouffre de dettes, enfin, mille contrariétés
domestiques, faillirent amener les deux époux dans une voie
fatale. Cependant, l'ouvrier ne perdit point courage. Comprenant le danger de sa position, il réforma son train de vie, et s'interdit toute dépense superflue. Au bout de trois années, il vit
ses efforts couronnés de succès : ses dettes payées, son mobilier
augmenté, le bien-être général répandu sur toute sa famille.
Enfin une réforme radicale dans la manière d'agir de sa femme,
qui s'associa courageusement à son entreprise, compléta ces
résultats et sauva la jeune famille si cruellement éprouvée, de
façon à lui assurer aujourd'hui le contentement et le bien-être.

Catherine B*** est née, vers la fin de 1822, à Bruxelles. Son
père, serrurier de profession, était chef de métier, et il exerçait
son industrie dans sa propre maison. Doué d'un esprit inventif,
mais appliqué à des choses d'un intérêt douteux pour une famille
de douze enfants, dominé par la passion de la pêche à laquelle il
employait souvent le temps du travail, il ne tarda pas à se
trouver dans une situation difficile.

Dans cet état de choses, Catherine fut chargée de la garde des plus jeunes enfants, au détriment de son instruction. Plus tard, on lui fit embrasser la profession de tailleuse, afin qu'elle pût venir en aide d'une manière plus efficace à la communauté. Comme on lui retirait habituellement la totalité de son gain, elle ne possédait aucune épargne à l'époque de son mariage, et n'apporta pour dot que certains effets d'une faible valeur.

En résumé, la famille, grâce à la bonne conduite et à la persévérance des deux époux, ainsi qu'à l'active surveillance qu'ils exercent sur leurs enfants, jouit actuellement d'une position relativement heureuse.

§ 13.

MŒURS ET INSTITUTIONS ASSURANT LE BIEN-ÊTRE PHYSIQUE ET MORAL DE LA FAMILLE.

La famille décrite dans la présente monographie trouve une certaine garantie de bien-être dans les qualités distinguées que l'on observe chez l'ouvrier. Néanmoins, ces qualités ne sont pas de celles qui, sous un régime de liberté industrielle, peuvent le faire parvenir à la condition de patron. Quoiqu'on puisse remarquer dans sa vie une aisance qui, sans rien retrancher du nécessaire, permettrait de prélever pour l'épargne une part sur les recettes, il ne montre aucune tendance de ce genre. On peut conclure, de la direction même de sa prévoyance, qu'il se sent destiné à rester toujours dans la condition d'ouvrier, et qu'il ne songe pas à obtenir une situation plus indépendante ou plus sûre.

Depuis quatorze ans, l'ouvrier est affilié à la Société typographique de secours mutuels, qui, moyennant une contribution mensuelle de 1^f 50, assure à ses membres, en cas de maladie, un secours pécuniaire, des soins médicaux et des médicaments (18). Il fait également partie d'une autre association, qui a pour double but le maintien des salaires et l'allocation d'une indemnité en cas de chômage forcé. Ces sortes d'associations peuvent alléger certaines souffrances accidentelles de l'ouvrier;

et elles lui donnent la quiétude d'esprit nécessaire pour ses médi-
tations d'économie sociale. Cependant elles ne devraient pas le
dispenser des efforts qu'exigerait un plus haut degré de prévoyance ; car elles laisseraient la famille dans le dénûment si
son chef venait à lui manquer.

Depuis l'abolition des anciennes corporations manufacturières agglomérées dans les villes, les ouvriers sont souvent
exposés au dénûment. Ceux mêmes qui pratiquent honorablement leurs devoirs professionnels, sans se soumettre rigoureusement aux privations que commande la prévoyance, ne sont
jamais à l'abri du danger. Les causes de l'ébranlement survenu,
à cet égard, dans la situation des classes ouvrières, sont souvent
indiquées dans cet ouvrage ; et elles sont résumées plus loin (17)
pour la Belgique.

L'histoire de l'ouvrier décrit dans la présente monographie
atteste l'exactitude de ce tableau. Né dans une famille d'artisans élevée à l'aisance par le travail, mais ruinée subitement
par la révolution de 1830, il s'est trouvé, dès sa plus tendre
enfance, plongé dans un complet dénûment. Doué d'excellentes
qualités qui lui permettraient d'occuper un rang honorable dans
la bourgeoisie, il n'a aucune propension à l'épargne. Il emploie
tout son salaire à s'assurer, en famille, le confort matériel, complété par des récréations intellectuelles et morales. Il est vrai
qu'à ce niveau des sociétés urbaines, la nouvelle génération
n'est pas toujours frappée, ainsi qu'il est arrivé dans la famille
présentement décrite, par la ruine de l'atelier paternel ; mais elle
n'y trouve plus un avenir assuré. Le défaut de sécurité est surtout frappant dans la constitution sociale de la Belgique et des
autres contrées qu'ébranle sans relâche le partage forcé de la
propriété immobilière. Cette dure servitude, imposée par la loi,
perpétuée par l'intérêt apparent du fisc et par le zèle intéressé
de nombreux officiers publics, détruit, à chaque génération, les
foyers et les ateliers créés par le travail et la vertu des pères de
famille. Dans cette œuvre incessante de destruction, ce qui a pu
subsister momentanément grâce à la sagesse des individus est
bientôt désorganisé par l'asservissement universel de la famille.

§ 14. — BUDGET DES RECETTES DE L'ANNÉE.

SOURCES DES RECETTES.	ÉVALUATION approximative des sources de recettes.
	VALEUR des propriétés.
SECTION Iʳᵉ.	
Propriétés possédées par la famille.	
Aʀᴛ. 1ᵉʳ. — Pʀᴏᴘʀɪᴇ́ᴛᴇ́ꜱ ɪᴍᴍᴏʙɪʟɪᴇ̀ʀᴇꜱ.	
(La famille ne possède aucune propriété de ce genre)........................	»
Aʀᴛ. 2. — Vᴀʟᴇᴜʀꜱ ᴍᴏʙɪʟɪᴇ̀ʀᴇꜱ.	
Mᴀᴛᴇ́ʀɪᴇʟ ꜱᴘᴇ́ᴄɪᴀʟ des travaux et industries :	
Matériel de la profession de compositeur et de correcteur d'imprimerie.............	66ᶠ 00
Aʀɢᴇɴᴛ :	
Somme déposée à la caisse d'épargne......	51 71
Aʀᴛ. 3. — Dʀᴏɪᴛꜱ ᴀᴜx ᴀʟʟᴏᴄᴀᴛɪᴏɴꜱ ᴅᴇ ꜱᴏᴄɪᴇ́ᴛᴇ́ꜱ ᴅ'ᴀꜱꜱᴜʀᴀɴᴄᴇꜱ ᴍᴜᴛᴜᴇʟʟᴇꜱ.	
Sᴏᴄɪᴇ́ᴛᴇ́ de secours mutuels, 300 membres; encaisse, 7,000ᶠ 00; quote-part............... ..	23 33
— de prévoyance contre le chômage, 300 membres; encaisse, 10,000ᶠ 00; quote-part.....	33 33
Vᴀʟᴇᴜʀ ᴛᴏᴛᴀʟᴇ des propriétés............................	174 37
SECTION II.	
Subventions reçues par la famille.	
Aʀᴛ. 1ᵉʳ. — Pʀᴏᴘʀɪᴇ́ᴛᴇ́ꜱ ʀᴇ̧ᴜᴇꜱ ᴇɴ ᴜꜱᴜꜰʀᴜɪᴛ.	
(La famille ne reçoit aucune propriété en usufruit)........................	
Aʀᴛ. 2. — Dʀᴏɪᴛꜱ ᴅ'ᴜꜱᴀɢᴇ ꜱᴜʀ ʟᴇꜱ ᴘʀᴏᴘʀɪᴇ́ᴛᴇ́ꜱ ᴠᴏɪꜱɪɴᴇꜱ.	
(La famille ne jouit d'aucun droit de ce genre)........	
Aʀᴛ. 3. — Aʟʟᴏᴄᴀᴛɪᴏɴꜱ ᴅ'ᴏʙᴊᴇᴛꜱ ᴇᴛ ᴅᴇ ꜱᴇʀᴠɪᴄᴇꜱ.	
Aʟʟᴏᴄᴀᴛɪᴏɴꜱ concernant les besoins moraux........................	

§ 14. — BUDGET DES RECETTES DE L'ANNÉE.

RECETTES.	MONTANT DES RECETTES.	
	VALEUR des objets reçus en nature.	RECETTES en argent.
SECTION Iʳᵉ.		
Revenus des propriétés.		
Art. 1ᵉʳ. — Revenus des propriétés immobilières.		
(La famille ne jouit d'aucun revenu de ce genre)............................	»	»
Art. 2. — Revenus des propriétés mobilières.		
Intérêt (5 p. 100) de la valeur de ce matériel...........................	3ᶠ30	»
Intérêt (3 p. 100) de cette somme.................................	»	1ᶠ55
Art. 3. — Allocations des sociétés d'assurances mutuelles.		
Valeur de l'allocation, supposée égale à la contribution annuelle, 24ᶠ50...........	»	»
— — — 8 00...........	»	»
(Ces sommes n'étant que la rentrée de sommes égales payées par la famille, sont omises ici, comme les dépenses qui les balancent.)		
Totaux des revenus des propriétés.................	3 30	1 55
SECTION II.		
Produits des subventions.		
Art. 1ᵉʳ. — Produits des propriétés reçues en usufruit.		
(La famille ne jouit d'aucun revenu de ce genre)............................	»	»
Art. 2. — Produits des droits d'usage.		
(La famille ne jouit d'aucun produit de ce genre)............................	»	»
Art. 3. — Objets et services alloués.		
Instruction gratuite donnée aux enfants dans l'école de la commune...............	116 00	»
Fréquentation gratuite des cours de l'Académie des beaux-arts, par l'aîné des fils..	15 00	»
Total des produits des subventions................	131 00	»

§ 44. — BUDGET DES RECETTES DE L'ANNÉE (SUITE).

SOURCES DES RECETTES (SUITE).

DÉSIGNATION DES TRAVAUX ET DE L'EMPLOI DU TEMPS.	QUANTITÉ DE TRAVAIL EFFECTUÉ.		
	père de famille	mère de famille	fils aîné
	journées	journées	journées
SECTION III.			
Travaux exécutés par la famille.			
TRAVAUX exécutés à la journée au compte d'un chef d'industrie :			
Travail ordinaire, de composition typographique (journées de 11 heures)......	333,3	»	»
— supplémentaire : lectures d'épreuves, écritures diverses..............	23,1	»	»
Travaux d'apprenti-commis rétribués au mois (10f 00) et exécutés au compte d'un chef d'industrie........	»	»	90
Travaux de ménage, achat et préparation des aliments, soins donnés aux enfants, soins de propreté concernant l'habitation et le mobilier.................. ...	»	220	»
Confection et réparation des vêtements et du linge à l'usage de la famille	»	50	»
Blanchissage du linge et des vêtements....................................	»	43	»
TOTAUX des journées des membres de la famille..........	356,4	313	90

SECTION IV.

Industries entreprises par la famille

(à son propre compte).

ENTREPRISE relative aux travaux de composition typographique exécutés par l'ouvrier au compte du chef d'industrie...

TRAVAIL de surveillance que l'ouvrier exerce dans l'atelier de composition...

INDUSTRIES entreprises au compte de la famille :

    Entreprise de corrections d'épreuves et de tenue d'écritures..

    Confection et préparation des vêtements et du linge de la famille......................................

    Blanchissage du linge et des vêtements de la famille.................................. ....,......

§ 14. — BUDGET DES RECETTES DE L'ANNÉE (SUITE).

| | | | | MONTANT DES RECETTES. | |
				VALEUR des objets reçus en nature.	RECETTES en argent.
			RECETTES (SUITE).		

PRIX DES SALAIRES JOURNALIERS.

père de famille	mère de famille	fils aîné		VALEUR des objets reçus en nature.	RECETTES en argent.
fr. c.	fr. c.	fr. c.			
			SECTION III.		
			Salaires.		
4 50	»	»	Salaire total attribué à ce travail d'après le nombre des journées............................	»	1,499 85
4 50	»	»	Salaire total attribué à ce travail..................	»	103 95
»	»	0 33	— — —	»	30 00
»	»	»	(Aucun salaire ne peut être attribué à ces travaux)....	»	»
»	1 10	»	Salaire total que recevrait une ouvrière exécutant le même travail..	55 00	»
»	1 00	»	Salaire total que recevrait une ouvrière exécutant le même travail.............................	43 00	»
			TOTAUX des salaires de la famille.............	98 00	1,633 80

			SECTION IV.	CALCUL lu salaire journalier moyen.		
			Bénéfices des industries.			
			Salaire moyen que recevrait un simple ouvrier compositeur, en 333 j., 3..	4 50		
			Supplément de salaire accordé pour ce travail......................	0 50	»	166 65
			TOTAL du salaire journalier moyen de l'ouvrier......	5 00		
			Bénéfice résultant de cette industrie................................... (16, A)		»	61 55
			— — .... (16, B)		70 50	»
			— — .... (16, C)		58 25	»
			TOTAUX des bénéfices résultant des industries.................		128 75	228 20

NOTA. — Outre les recettes portées ci-dessus en compte, les industries donnent lieu à une recette de 60f 06 (16, D), qui est appliquée de nouveau à ces mêmes industries ; cette recette et les dépenses qui la balancent (15,Sᵉⁱⁱⁱⁱⁱⁱⁱ IV) ont été omises dans l'un et l'autre budget.

| | | | TOTAUX DES RECETTES de l'année (balançant les dépenses)... (2,224f 60).... | 361 05 | 1,863 35 |

§ 15. — BUDGET DES DÉPENSES DE L'ANNÉE.

DÉSIGNATION DES DÉPENSES.	POIDS et PRIX des ALIMENTS		MONTANT DES DÉPENSES.	
	POIDS consommé	PRIX par kilogr.	VALEUR des objets consommés en nature.	DÉPENSES en argent.
SECTION Ire.				
Dépenses concernant la nourriture.				
Art. 1er. — Aliments consommés dans le ménage.				
(Par l'ouvrier, sa femme et leurs 4 enfants, pendant 365 jours.)				
CÉRÉALES :				
Pains ronds de 1k, première qualité ou pain blanc............	836 40	0f 390	»	326f 04
Petits pains (Pistolets) pour la soupe, pesant chacun 0k 120 et coûtant 0f 05, 100 pièces...................	12 0	0 417		5 00
Couques ou Pistolets beurrés, consommés à l'occasion de quelques petites solennités, pesant chacun 0k 100, et coûtant 0f 05, 50 pièces................	5 0	0 500		2 50
Farine de froment, première qualité, pour la cuisine et pour quelques pâtisseries............................	12 0	0 700	»	8 40
Riz pour soupes et mets divers...................	12 0	1 000	»	12 00
Vermicelle et semoule...................	8 0	0 960	»	7 68
Pâte d'Italie, macaroni...................	5 0	0 960	»	4 80
Poids total et prix moyen...............	890 0	0 412		
CORPS GRAS :				
Beurre pour la cuisine...................	54 8	3 000	»	164 40
Graisse de bœuf et de porc, extraite dans le ménage, employée pour la cuisine...................	2 0	2 000	»	4 00
Poids total et prix moyen...............	56 8	2 965		
LAITAGE ET ŒUFS :				
Lait écrémé pour le café et pour la soupe...................	10 0	0 250	»	2 50
Fromage blanc...................	26 0	0 400	»	10 40
— de Bruxelles, dit Letekees...........................	11 0	2 000	»	22 00
— de Hollande....	10 0	2 160	»	21 60
Œufs diversement accommodés, 380 pièces à 0f 06....	22 0	1 036	»	22 80
Poids total et prix moyen...............	79 0	1 004		
VIANDES ET POISSONS :				
Viande de bœuf, 52k à 1f 20 (déduction faite de 1k de graisse)..	52 0	1 200	»	62 40
— de veau...................	56 0	1 200	»	67 20
Viande de porc, 6k à 1f 80 (déduction faite de 1k de graisse). 10f 80; — charcuterie, 10k à 2f 16, 21f 60...................	16 0	2 025	»	32 40
Volailles : 6 poulets...................	6 0	1 500	»	9 00
Gibier : 12 lapins...................	18 0	1 000	»	18 00
Poissons : Stockfisch, morue, anguilles et harengs............	26 0	0 800	»	20 80
Poids total et prix moyen...............	174 0	1 200		

§ 15. — BUDGET DES DÉPENSES DE L'ANNÉE (SUITE).

DÉSIGNATION DES DÉPENSES (SUITE).	POIDS et PRIX des ALIMENTS		MONTANT DES DÉPENSES.	
	POIDS consommé	PRIX par kilogr.	VALEUR des objets consommés en nature.	DÉPENSES en argent.
SECTION Iʳᵉ.				
Dépenses concernant la nourriture (suite).				
LÉGUMES ET FRUITS :				
Pommes de terre, blanches et rouges.........................	400ᵏ0	0ᶠ100	»	40ᶠ00
Légumes farineux secs : Haricots blancs...............	10 0	0 500		5 00
Légumes verts à cuire : Haricots verts, 12ᵏ à 0ᶠ450, 5ᶠ40 ; — pois verts, 20ᵏ à 0ᶠ480, 9ᶠ60 ; — choux-fleurs, 5ᵏ à 0ᶠ400, 2ᶠ00 ; — choux rouges et verts, 30ᵏ à 0ᶠ150, 4ᶠ50 ; — asperges, 6ᵏ à 0ᶠ400, 2ᶠ40 ; — chicorée, 5ᵏ à 0ᶠ150, 0ᶠ75 ; — oseille, 1ᵏ à 0ᶠ200, 0ᶠ20..................................	79 0	0 315	»	24 85
Légumes racines : Carottes, 30ᵏ à 0ᶠ350, 10ᶠ50 ; — poireaux, 6ᵏ à 0ᶠ360, 2ᶠ16 ; — navets, 4ᵏ50 à 0ᶠ250, 1ᶠ12 ; — salsifis, 1ᵏ à 0ᶠ240, 0ᶠ24...	41 5	0 337	»	11 02
Légumes épices : Oignons, 25ᵏ à 0ᶠ400, 10ᶠ00 ; — échalotes, 1ᵏ à 1ᶠ050, 1ᶠ05	26 0	0 425	»	11 05
Salades diverses................................	51 0	0 380	»	19 38
Cucurbitacées : Cornichons......................	0 5	1 000	»	0 50
Fruits : Cerises, 18ᵏ à 0ᶠ220, 3ᶠ96 ; — pommes, employées en grande partie pour potages, 130ᵏ à 0ᶠ440, 57ᶠ07 ; — poires, 26ᵏ à 0ᶠ600, 15ᶠ60 ; — fraises, 4ᵏ4 à 0ᶠ700, 3ᶠ08 ; — groseilles, 1ᵏ5 à 0ᶠ750, 1ᶠ12 ; — pêches et abricots, 2ᵏ à 2ᶠ900, 5ᶠ80 ; — grosses noix, 9ᵏ à 0ᶠ300, 2ᶠ70 ; — raisins, provenant de la vigne de la maison, 5ᵏ5 à 1ᶠ00, 5ᶠ50......	196 4	0 483	»	94 83
Poids total et prix moyen.................	804 4	0 261		
CONDIMENTS ET STIMULANTS :				
Sel blanc....................................	20 0	0 300	»	6 00
Poivre, girofle et noix muscade....................	0 9	2 000	»	1 80
Vinaigre pour salades et pour la cuisine....................	20 0	0 200	»	4 00
Matières sucrées : Sucre blanc, 20ᵏ à 1ᶠ50, 30ᶠ00 ; — cassonade, 9ᵏ à 1ᶠ18, 10ᶠ62.	29 0	1 400	»	40 62
Boissons aromatiques : Café acheté en fèves brûlées, non moulues, 21ᵏ à 2ᶠ75, 57ᶠ75 ; — chicorée, 8ᵏ à 0ᶠ35, 2ᶠ80........	29 0	2 088	»	60 55
Poids total et prix moyen............. ..	98 9	1 142		
BOISSONS FERMENTÉES :				
Bière (Faro) achetée au litre.......................	25 0	0 240	»	6 00
Eau-de-vie...................................	1 0	1 000	»	1 00
Poids total et prix moyen............	26 0	0 270		
ART. 2. — ALIMENTS PRÉPARÉS ET CONSOMMÉS HORS DU MÉNAGE.				
Nourriture prise accidentellement au cabaret par l'ouvrier et sa famille.......			»	21 00
Boissons : Bières diverses, consommées notamment par l'ouvrier................			»	22 84
TOTAL des dépenses concernant la nourriture................			»	1,197 36

§ 45. — BUDGET DES DÉPENSES DE L'ANNÉE (SUITE).

DÉSIGNATION DES DÉPENSES (SUITE).	MONTANT DES DÉPENSES.	
	VALEUR des objets consommés en nature.	DÉPENSES en argent.
SECTION II.		
Dépenses concernant l'habitation.		
LOGEMENT :		
Loyer de la maison occupée par la famille (18ᶠ00 par mois), déduction faite de la valeur du raisin produit par une treille.......................... (15, Sᵒⁿ I)	»	210ᶠ50
Réparations et entretien..	»	18 00
MOBILIER :		
Entretien et rempaillage de chaises.....................................	»	10 00
CHAUFFAGE :		
Houille (charbon gailleteux), 2,000ᵏ à 24ᶠ le mille......................	»	48 00
Braise et bois...	»	8 00
ÉCLAIRAGE :		
Chandelles, 24ᵏ à 1ᶠ66, 39ᶠ84 ; — huile, 4 lit. à 1ᶠ05, 4ᶠ20 ; — voilleuses, 3 boîtes à 0ᶠ18, 0ᶠ54 ; — allumettes chimiques, 26 boîtes à 0ᶠ05, 1ᶠ30 ; — grosses allumettes, 1ᶠ50....	»	47 38
TOTAL des dépenses concernant l'habitation..........................	»	311 88
SECTION III.		
Dépenses concernant les vêtements.		
VÊTEMENTS :		
Vêtements du chef de famille ; frais d'achat et confection domestique...... (16, B et E)	20ᶠ00	62 25
— de la femme ; — — ..... (16, B et E)	22 50	50 50
— des enfants ; — — ..... (16, B et E)	74 50	51 50
Réparation du linge et des vêtements................................... (16, B)	8 50	0 25
BLANCHISSAGE :		
Blanchissage du linge et des vêtements................................. (16, C)	101 25	49 50
TOTAUX des dépenses concernant les vêtements...................	226 75	214 00
SECTION IV.		
Dépenses concernant les besoins moraux, les récréations et le service de santé.		
CULTE :		
Dépenses accidentelles : location de chaises à l'église....................	»	5 12
INSTRUCTION DES ENFANTS :		
Frais d'école payés par la commune, 116ᶠ00 ; — fréquentation gratuite des cours de l'Académie des beaux-arts par le fils aîné, pendant 3 mois, à 5ᶠ00 par mois, 15ᶠ00 ; — livres, papier, plumes, crayons, encre, 12ᶠ50..........................	131 00	12 50
SECOURS ET AUMÔNES :		
Secours à des camarades de l'ouvrier, ou à leurs veuves et orphelins, aumônes diverses, 8ᶠ00 ; — souscription à la société de secours mutuels, pour les veuves des membres décédés, 4ᶠ50 (voir Sᵒⁿ V)..........................	»	8 00

§ 15. — BUDGET DES DÉPENSES DE L'ANNÉE (SUITE).

DÉSIGNATION DES DÉPENSES (SUITE).	MONTANT DES DÉPENSES.	
	VALEUR des objets consommés en nature.	DÉPENSES en argent.

SECTION IV.

Dépenses concernant les besoins moraux, les récréations et le service de santé (suite).

RÉCRÉATIONS ET SOLENNITÉS :		
Repas donné par l'ouvrier à l'occasion de sa fête, 28ᶠ00 ; — banquet annuel de compagnonnage, 5ᶠ50 ; — frais de voyages, 10ᶠ00 ; — spectacles, 6ᶠ00 ; — tabac à fumer et cigares consommés par l'ouvrier, 12ᶠ60 ; — reliure de livres, 9ᶠ09............	»	71ᶠ19
SERVICE DE SANTÉ :		
Frais de médecin, 8ᶠ00 ; — médicaments, 5ᶠ50 ; — souscription à la société de secours mutuels, contribution et amendes, 20ᶠ00 (voir Sᵒⁿ V)......................	»	13 50
TOTAUX des dépenses concernant les besoins moraux, les récréations et le service de santé...................................	131ᶠ00	110 31

SECTION V.

Dépenses concernant les industries, les dettes, les impôts et les assurances.

DÉPENSES CONCERNANT LES INDUSTRIES :		
Intérêt de la valeur du matériel de travail de l'ouvrier.........................	3 30	»
NOTA. — Les autres dépenses concernant les industries montent à....... 262ᶠ01		
Elles sont remboursées par les recettes provenant de ces mêmes industries, savoir :		
Argent et objets employés pour les consommations du ménage ou faisant partie de ses épargnes et portés à ce titre dans le présent budget.. 201ᶠ95		
Argent appliqué de nouveau aux industries (14, Sᵒⁿ IV), comme emploi momentané du fonds de roulement, et qui ne peuvent conséquemment figurer parmi les dépenses du ménage. 60 06	262 01	
INTÉRÊTS DES DETTES :		
(La famille n'a aucune dette, ni aucun effet engagé au mont-de-piété.)............	»	»
IMPÔTS :		
(La famille ne supporte directement aucun impôt.)......................	»	»
ASSURANCES CONCOURANT A GARANTIR LE BIEN-ÊTRE PHYSIQUE ET MORAL DE LA FAMILLE :		
Contribution payée par l'ouvrier à la société typographique de secours mutuels, 12 mois à 1ᶠ50, 18ᶠ00 ; — amendes pour manque de présence aux séances, 2ᶠ00 ; — contribution au profit des veuves des membres décédés, 4ᶠ50 (ces dépenses sont omises ici comme les recettes qui les balancent)...................................	»	»
Contribution payée par l'ouvrier à l'association de prévoyance et de maintien des salaires, 12 mois à 0ᶠ50, 6ᶠ00 ; — amendes pour manque de présence aux séances (dépenses omises ici comme les recettes qui les balancent)..................	»	»
TOTAL des dépenses concernant les industries, les dettes, les impôts et les assurances.................................	3 30	»
ÉPARGNE DE L'ANNÉE :		
(La famille ne fait aucune épargne ; tout ce qu'elle gagne est employé à accroître son bien-être.)...	»	»
TOTAUX DES DÉPENSES de l'année (balançant les recettes)... (2,224ᶠ60)	361 05	1,863 55

§ 16.

COMPTES ANNEXÉS AUX BUDGETS.

SECTION I.

COMPTES DES BÉNÉFICES

Résultant des industries entreprises par la famille (à son propre compte).

	VALEURS	
	en nature.	en argent.
A. — ENTREPRISE DE CORRECTION D'ÉPREUVES ET DE TENUE D'ÉCRITURES.		
RECETTE.		
Salaire payé par le patron...................................	»	171f06
DÉPENSES.		
Achat de chandelles, 2k3 à 1f66.........................	»	3 81
— d'encre, de plumes et de papier...............	»	1 75
Travail de l'ouvrier, 23 j., 1 à 4f50.....................	»	103 95
BÉNÉFICE résultant de l'industrie........................	»	61 55
Total comme ci-dessus............	»	171 06
B. — CONFECTION ET RÉPARATION DES VÊTEMENTS ET DU LINGE DE LA FAMILLE.		
RECETTE.		
Prix qui serait payé pour la confection des mêmes objets..............	125f50	5 00
DÉPENSES.		
Achat de laine, fil et aiguilles nécessaires à la confection..............	»	5 00
Travail de la femme : 50 journées à 1f10..............	55 00	»
BÉNÉFICE résultant de cette industrie....................	70 50	»
Totaux comme ci-dessus..........	125 50	5 00
C. — BLANCHISSAGE DES VÊTEMENTS ET DU LINGE.		
RECETTE.		
Prix qui serait payé pour le blanchissage des mêmes objets..............	101 25	49 50

	VALEURS	
DÉPENSES.	en nature.	en argent.
Savon noir, 39ᵏ à 0ᶠ64, 24ᶠ96; — savon blanc, 6ᶠ00; — bleu, 10ᶠ40; — empois, 1ᶠ30; — sel de soude, lorsque l'eau de pluie manque, 3ᶠ84.........	»	46ᶠ50
Charbon pour le repassage..	»	3 00
Travail de la femme : 43 journées à 1ᶠ00........................	43ᶠ00	»
BÉNÉFICE résultant de cette industrie.................	58 25	»
Totaux comme ci-contre.........	101 25	49 50

D. — RÉSUMÉ DES COMPTES DES BÉNÉFICES RÉSULTANT DES INDUSTRIES (A à C).

RECETTES TOTALES.

	en nature	en argent
Produits employés pour les vêtements de la famille..................	226 75	54 50
Recettes en argent à employer de nouveau pour les industries elles-mêmes	»	60 06
Recettes en argent appliquées aux dépenses de la famille..............	»	111 00
Totaux.........................	226 75	225 56

DÉPENSES TOTALES.

	en nature	en argent
Salaires afférents aux travaux exécutés par la famille pour les industries.....	98 00	103 95
Dépenses en argent qui devront être remboursées par des recettes provenant des industries.	»	60 06
Totaux des dépenses (262ᶠ01)........	98 00	164 01
BÉNÉFICES TOTAUX résultant des industries (190ᶠ30)......	128 75	61 55
Totaux comme ci-dessus....	226 75	225 56

SECTION II.

COMPTES RELATIFS AUX SUBVENTIONS.

(Ces comptes ont été établis en détail dans le budget lui-même.)

SECTION III.

COMPTES DIVERS.

E. — COMPTE DE LA DÉPENSE ANNUELLE CONCERNANT LES VÊTEMENTS.	PRIX d'achat des objets.		
ART. 1ᵉʳ. — *Vêtements de l'ouvrier.*			
Vêtements du dimanche :			
1 paletot-redingote en drap bleu, avec collet en velours........	68ᶠ00	»	4 00
1 redingote en drap noir...............................	40 00	»	4 00
1 gilet de satin noir...................................	12 00	»	2 00
A reporter............	120 00	»	10 00

	PRIX d'achat des objets.	VALEURS en nature.	VALEURS en argent.
Art. 1er. — *Vêtements de l'ouvrier* (suite).			
Report........	120f 00	»	10f 00
Vêtements du dimanche (suite) :			
1 pantalon en drap noir....	20 00	»	2 00
1 chapeau de soie............	13 50	»	1 50
1 écharpe de satin noir..............	10 00	»	1 00
1 paire de bottes..............	16 00	»	8 00
Vêtements de travail, dont quelques-uns sont portés le dimanche, lorsqu'ils sont neufs :			
1 paletot d'hiver en drap vert.........	66 00	»	3 00
1 redingote en drap noir..............	30 00	»	2 00
1 pantalon en étoffe de laine............	13 50	2f 50	2 00
1 pantalon en étoffe de coton.........	6 00	2 00	1 00
2 gilets à manches, en étoffe de laine............	9 00	1 50	3 00
2 blouses de travail en étoffe bleue.........	10 50	1 50	2 00
6 chemises en coton blanc, dont 2 fines..	21 50	6 00	8 00
3 cravates de coton et laine..............	2 00	1 50	0 50
1 cravate de mérinos noir..........	3 00	0 50	0 50
2 caleçons en tricot de coton.........	4 50	1 00	2 00
2 camisoles en tricot de coton.........	5 00	1 00	1 50
4 paires de bas de coton............	6 00	1 50	1 50
2 paires de bas de laine............	4 50	1 00	2 00
1 paire de pantoufles.........	5 50	»	5 50
1 paire de bottes, plusieurs fois raccommodée............	15 00	»	7 50
1 casquette en drap noir.......	2 75	»	2 75
Totaux............	385 25	20 00	62 25
Art. 2. — *Vêtements de la femme.*			
Vêtements du dimanche :			
1 robe en laine brune............	20 00	1 00	1 50
1 châle en laine	18 00	»	3 00
1 jupe en mousseline..........	10 50	1 50	2 00
1 corsage de soie noire............	10 50	1 00	2 50
1 tablier de soie noire.........	6 00	0 50	0 50
1 pardessus de soie noire.	12 25	0 50	1 25
1 bonnet monté...........	6 00	»	3 00
1 jupon de basin blanc.........	5 00	1 00	1 50
3 chemisettes en tulle en toile brodé.........	6 00	1 50	1 50
6 mouchoirs blancs en toile d'Écosse.........	3 00	0 50	0 50
3 paires de bas de coton blanc.........	6 00	1 00	1 00
2 paires de manches en mousseline brodée.........	5 00	0 50	0 50
1 paire de bottines..........	5 00	»	2 50
Vêtements de travail :			
1 jupon en étoffe de laine et coton, dite *orléans*.........	9 00	1 50	3 00
1 jupon de mérinos noir.........	9 00	0 50	1 00
2 jaquettes en étoffe de coton de couleur.........	6 00	0 50	2 50
1 pardessus en cotonnade.........	5 00	0 25	0 75
3 tabliers de cotonnade.........	4 00	0 50	1 50
1 tablier de toile bleue.........	2 50	1 00	1 50
1 bonnet de tulle noir, avec rubans de soie.........	5 00	2 00	3 00
4 bonnets de coton blanc, avec dentelle.........	6 00	1 75	2 25
6 chemises de coton blanc.........	18 00	3 00	3 00
Mouchoirs de poche et de cou, gants et bas.........	17 50	2 50	6 25
Chaussure : 1 paire de souliers et 1 paire de pantoufles.........	9 00	»	4 50
Totaux......................	206 25	22 50	50 50
Art. 3. — *Vêtements des enfants.*			
Vêtements du dimanche et des jours de travail..................	»	74 50	51 50

ÉLÉMENTS DIVERS DE LA CONSTITUTION SOCIALE

FAITS IMPORTANTS D'ORGANISATION SOCIALE;
PARTICULARITÉS REMARQUABLES;
APPRÉCIATIONS GÉNÉRALES; CONCLUSIONS.

§ 17.

ÉTATS SUCCESSIFS DE STABILITÉ ET D'ÉBRANLEMENT,
EN BELGIQUE.

Les agglomérations urbaines et manufacturières de la Belgique se sont formées, pour la plupart, sous les influences qui ont été signalées pour l'Angleterre (III, VIII, 17). En Belgique, comme dans ce pays et dans la majeure partie de l'Occident, les populations rurales traversèrent une époque critique, lorsque les excellentes institutions du moyen âge leur eurent procuré les conditions d'un développement régulier. Les familles, vouées depuis longtemps à la culture des terres les plus fertiles de chaque localité, durent improviser des moyens supplémentaires de subsistance. Pour établir près d'elles leurs rejetons, elles fondèrent en premier lieu de nouveaux domaines en défrichant les forêts de qualité inférieure et les territoires de toute sorte qui ne fournissaient que de médiocres litières ou de maigres pâturages. Après avoir ainsi complété la race de paysans que le sol pouvait nourrir, elles s'appliquèrent à établir, entre les domaines de ces derniers, une nouvelle série de générations. Elles créèrent, à cet effet, une foule de petites propriétés que je désigne dans cet ouvrage sous le nom de « borderie », qui leur est donné dans plusieurs provinces de la France centrale. Cette institution a beaucoup augmenté la force des campagnes. En effet, les bordiers ruraux ont constitué leurs familles sur des lambeaux épars qui restaient généralement sans valeur entre les grands domaines des gentilshommes et les moyennes propriétés des paysans. Sur des parcelles qui atteignaient rarement 20 ares,

qui étaient éloignées des habitations et qui n'avaient antérieurement aucun emploi, ils ont créé des familles stables et de petits
domaines florissants. Ceux-ci sont essentiellement composés
d'une habitation à laquelle confinent une étable, un jardin-verger,
une chènevière, un champ, souvent même quelques arbres fournissant le combustible au ménage et un espace herbu destiné au
parcours des jeunes animaux. Malgré la stérilité initiale du sol,
la borderie offre ordinairement une fertilité supérieure à celle des
champs contigus. Ce résultat a été obtenu grâce aux engrais
fournis par l'habitation et l'étable, grâce surtout au travail de la
famille qui, sans déplacement, trouve toujours, sous sa main,
l'emploi fructueux du moindre instant de loisir. La femme, les
enfants, les vieillards et les infirmes qui complètent la famille,
suffisent généralement à la culture de la borderie ; et ils en tirent
en grande partie, outre l'habitation, les moyens de subsistance.
Le bordier peut donc consacrer tout son temps, soit aux services
spéciaux que réclame le voisinage, soit à la fabrication de produits manufacturés dont le commerce est centralisé par quelques
négociants de la localité. Il obtient, comme rétribution de ce
travail, un salaire qui reçoit deux emplois principaux : l'achat
des céréales, des corps gras, du sel et des autres objets que ne
produit pas la borderie ; la constitution de la dot nécessaire à
l'établissement des frères et des sœurs de l'héritier. C'est ainsi
que les fabriques collectives rurales se sont constituées, dès la plus
haute antiquité, dans les régions contiguës aux ports maritimes
qui en exportaient les produits[1]. Parmi ces fabriques, celles qui
ont pour objet le tissage des étoffes ont presque partout figuré au
premier rang. J'ai indiqué, au chapitre précédent, comment les
bordiers-tisserands se sont multipliés au moyen âge sur des bases
solides et comment ils s'ébranlent de nos jours (II, 17).

Quand les campagnes furent occupées autant que le com-
portaient les méthodes du travail agricole, les rejetons surabon-
dants des familles rurales commencèrent à s'agglomérer dans les

1. Il est écrit dans la Bible, au sujet des vertus de la mère de famille : « Elle a fait
un linceul, elle l'a vendu, et elle a donné une ceinture au marchand chananéen. »
(*Proverbes*, XXXI, 24). Ces produits étaient expédiés par le port de Tyr.

fabriques urbaines. A l'époque de la Renaissance, celles-ci prirent un grand développement en Belgique comme en Italie. Elles eurent d'abord pour spécialité les objets destinés à la consommation des habitants, et ceux qu'on ne pouvait fabriquer dans les campagnes avec le même degré de perfection. Ces fabriques grandirent, à mesure que le commerce se développait dans les ports du littoral; et elles eurent pour complément le personnel des tisserands ruraux attirés par les négociants qui centralisaient depuis longtemps à la ville le commerce de leurs produits (II, 17). C'est ainsi que se rapprochèrent, en Belgique comme dans la vallée du Rhin, les premiers rudiments des villes manufacturières qui ont pris de nos jours de si grandes proportions.

Les classes dirigeantes qui présidèrent à cette transformation des sociétés de l'Occident comprenaient bien le danger auquel elles s'exposaient en renonçant aux éléments de sécurité que la production des denrées alimentaires procure aux campagnes. Elles se préoccupèrent, en conséquence, d'assurer aux populations des villes toutes les compensations compatibles avec la nature des choses. Ces excellentes institutions urbaines étaient encore en vigueur dans le Nord et l'Orient pendant la première partie de mes voyages. Elles avaient laissé beaucoup de traces en Belgique à l'époque (1829-1835) où je visitai souvent ce pays.

Sous le régime institué au moyen âge dans les villes manufacturières, chaque famille avait deux garanties principales de stabilité. Elle possédait en propre la maison qu'elle habitait dans la cité; et souvent un jardin potager dans la banlieue. L'atelier était lié intimement au foyer; et le travail que la famille y pratiquait avait, en quelque sorte, comme le travail agricole, la solidité de la propriété immobilière. Les produits manufacturés des ateliers urbains offrent, il est vrai, des caractères qui leur sont propres : ils ne répondent point, au même degré que les denrées agricoles, à des besoins impérieux; la production n'en est point limitée, comme celle des domaines ruraux, par les dimensions invariables du sol; enfin les acheteurs d'une cité sont moins inféodés, par la difficulté des transports, à la boutique de leur rue, que ne le sont ceux d'un petit marché rural, aux domaines de leur voisinage. Mais, depuis une époque fort reculée, on a remédié à cette infériorité organique des ateliers urbains, en en limitant la production. Partout, on a eu recours au même moyen : on a fixé invariablement le nombre des maîtres et des ouvriers qu'ils emploient. Ces règlements constituaient la charte fondamentale des corporations urbaines d'arts et métiers. Ils conféraient aux ateliers des villes une clientèle fixe; et, par suite, une stabilité comparable à celle que la nature des choses assure aux ateliers des campagnes. Dans les uns, comme dans les autres, le maître pouvait compter sur un débouché permanent; il était donc en mesure d'assurer la subsistance de l'ouvrier. Une maîtrise urbaine avait, à quelques égards, la solidité d'un domaine rural. Une clientèle, comme un fonds de terre, pouvait déchoir momentanément sous un maître vicieux ou négligent; mais elle offrait toujours une base solide sur laquelle on pouvait asseoir la subsistance de l'ouvrier; et elle reprenait toute sa valeur sous la direction de l'héritier-associé qui, au milieu de dures épreuves, avait compris l'importance suprême de l'activité et de la vertu.

En résumé, depuis le moyen âge jusqu'au xviii° siècle, la stabilité des villes manufacturières et le bien-être des populations reposaient sur trois coutumes principales. Le maître possédait en propre les immeubles formés par le foyer domestique, l'atelier de travail et leurs dépendances. Il possédait, en outre, une part nettement réglée, dans la clientèle des acheteurs urbains ; et il pouvait, entre certaines limites, en augmenter l'importance par ses talents et ses vertus. Il était autorisé, par les pouvoirs locaux, à employer un nombre déterminé de compagnons et d'apprentis; mais il était tenu, sous la pression des mœurs, de leur assurer des moyens permanents de subsistance.

Toutes ces garanties de stabilité et de bien-être manquent de nos jours aux populations manufacturières de l'Occident. La plupart des familles habitent des logements ou exploitent des ateliers qui sont donnés en location par des capitalistes. Rien ne tempère la concurrence qui règne entre les maîtres. La coutume et les mœurs ne les contraignent plus à pourvoir, en toute éventualité, au bien-être de leurs ouvriers. Lors donc que surviennent les chômages engendrés par les crises commerciales et par les calamités publiques, tous les ateliers en ressentent le contrecoup. Les maîtres placés dans les situations les moins favorables sont renversés par le choc; les plus habiles et les mieux établis n'échappent à la ruine qu'en congédiant une partie de leurs ouvriers et en réduisant le salaire de ceux qu'ils conservent. Les ouvriers sont généralement dépourvus d'épargne : c'est donc sur eux que retombe surtout le poids des souffrances amenées par l'instabilité des fabriques urbaines.

Même dans les contrées où la famille conserve ses libertés traditionnelles, les manufactures urbaines deviennent de plus en plus une cause d'ébranlement. Comme je l'ai indiqué aux trois volumes précédents, le mal qui a pour symptôme l'antagonisme envahit rapidement l'Orient, le Nord et les oasis de paix sociale qui subsistent encore dans l'Occident. L'avenir de l'Europe est déjà sérieusement compromis. Ceux qui président à ses destinées ont donc le devoir de s'unir dans une commune pensée de réforme. Ils doivent, avant tout, s'entendre sur les causes du mal actuel; mais, pour ne point s'épuiser en efforts superflus, ils sont d'abord tenus de comprendre la distinction nette qui existe entre les faits qu'impose la nature des choses et ceux qu'amènent l'erreur ou la corruption des hommes. Cette distinction est établie dans cet ouvrage pour une multitude de cas particuliers. Je la résume ici en quelques mots.

Depuis les origines de l'histoire jusqu'au moyen âge de l'Occident, le travail manufacturier n'a guère eu pour siége que le foyer domestique. Tel était le cas surtout pour les tissus qui ont toujours été au premier rang parmi les produits manufacturés. Les femmes juives, au temps de Salomon, fondaient en partie sur cette fabrication la prospérité de leurs ménages[1]; et c'est dans ces mêmes conditions que les jeunes filles de la plaine saxonne fabriquent encore leurs trousseaux (III, III, 19). Les

---

1. Voir, par exemple, les *Proverbes* : XXXI, 10 et 24.

métaux, c'est-à-dire les matières les plus manufacturées que livrent les industries extractives, ne pouvaient, comme les tissus, être fabriqués près du foyer où la famille se chauffe et prépare ses aliments. Le travail était exécuté dans des ateliers spéciaux disséminés sur les gîtes qui recèlent la matière première exploitée, et dans les bois qui fournissent le combustible nécessaire aux foyers ardents où s'opère la fusion. Mais dans les ateliers de la métallurgie, comme dans ceux des foyers domestiques, l'effort nécessaire à la production était appliqué directement par l'ouvrier à la matière première. C'est dans ces conditions que l'on fabrique encore l'étain dans le détroit de Malacca, le fer et l'acier dans l'Indoustan. On a justement classé autrefois les époques successives de l'histoire par l'apparition de certains produits du travail manufacturier : il est aujourd'hui plus opportun de les caractériser par la nature des forces qui ont été employées dans les principales branches de la production. A ce point de vue, les époques qui ont précédé le xve siècle doivent, dans leur ensemble, être nommées : *l'âge des ateliers à bras.*

L'époque suivante s'étend du xve siècle au milieu du xviiie. Son début est marqué, dans la· métallurgie, par les inventions qui substituèrent, aux soufflets mus par les bras, les grandes machines soufflantes mises en action par la force de l'eau ou des animaux. Des inventions analogues s'appliquèrent peu à peu aux industries manufacturières. Elles consistent généralement en deux engins : l'un remplace le travail de la main ; l'autre, la force de l'homme. Cette époque a beaucoup aggloméré les manufactures et les usines métallurgiques dans les vallées où les forces motrices abondent : elle peut être appelée *l'âge des engins mécaniques.*

Quant à l'époque actuelle, elle a surtout remplacé, dans les usines métallurgiques, le bois par le charbon de terre. Ce même combustible produit la vapeur qui met en action les engins mécaniques, qui transporte par terre et par eau les matières premières et les produits, qui enfin devient l'agent calorifique universel des ateliers de travail et des foyers domestiques. A tous ces titres, notre temps sera justement réputé : *l'âge de la houille.*

Chacun des trois âges a créé de nouveaux moyens de travail; et il les a superposés à ceux des âges précédents, sans les détruire. Tous ont concouru à agglomérer les populations manufacturières. Ce mouvement est aujourd'hui plus rapide que jamais; et nous avons vu, en quelques années, naître des villes populeuses qui, aux âges précédents, auraient exigé les efforts de plusieurs siècles. Traversée dans toute sa longueur par un bassin houiller, la Belgique produit autant de combustible que plusieurs grands États du continent [1] : c'est l'un des territoires européens où les populations sont le plus agglomérées; c'est aussi l'un de ceux qui justifient le mieux les réflexions présentées dans ce paragraphe.

Cependant, l'agglomération excessive des ouvriers dans les usines à la houille n'entraîne pas nécessairement la souffrance et la discorde qui désolent les régions manufacturières de l'Occident. Le bien-être et la paix s'y conservent chez les patrons qui voient, dans leur atelier, une famille; qui, en conséquence, remplissent envers leurs ouvriers les devoirs prescrits par le IVe commandement du Décalogue. Ces bons exemples abondent encore au milieu de l'entraînement général de notre époque. Comme je l'ai indiqué précédemment (III, VII, 19), le fléau de l'antagonisme est propagé surtout par les maîtres qui ont été pervertis par les théories d'Adam Smith et les actes de Turgot; qui, sous prétexte de liberté et d'égalité, laissent sans protection les serviteurs du foyer et de l'atelier. C'est dans la pratique de ce devoir qu'existe encore en beaucoup de lieux, et que se trouvera de plus en plus, le remède aux maladies sociales qui, après avoir désorganisé les villes, commencent à ébranler les campagnes.

En résumé, les manufacturiers de l'Occident oublient les règles de la prudence et violent une loi de l'ordre matériel, en accumulant les richesses dans des villes peuplées de pauvres et en agglomérant les hommes sur un territoire qui ne suffit pas à les nourrir. Sur ces deux points, ils renouvellent la faute que

1. En 1855, la Belgique extrait de son sol 10 millions de tonnes métriques, c'est-à-dire dix fois plus que l'empire autrichien, et autant que la France entière.

commirent, dans l'antiquité, les princes-marchands de Tyr[1] et les classes dirigeantes des autres cités fameuses. Assurément, la souffrance actuelle n'est point sans remède : comme les anciens, nous avons près de nous les exemples des Autorités sociales; et, pour revenir au bien, nous n'avons qu'à les imiter. Mais, si nous fermons les yeux à la lumière, et si nous persévérons dans le mal, les villes dont nous sommes si fiers auront le sort de Tyr, de Carthage et de Babylone.   F. L.-P.

§ 18.

ASSOCIATIONS DE SECOURS MUTUELS ET DE PRÉVOYANCE FONDÉES PAR LES OUVRIERS TYPOGRAPHES DE BRUXELLES.

En vue de garantir leur bien-être physique et moral, les ouvriers typographes de Bruxelles ont créé par eux-mêmes diverses associations de prévoyance.

Parmi celles-ci, il faut citer d'abord la Société typographique de Secours mutuels fondée en 1820, et qui a été le noyau de cette pépinière d'associations mutuelles, dont aujourd'hui la Belgique est fière à juste titre, et qui a contribué pour une large part à assurer le bien-être et l'indépendance des ouvriers.

En 1832, une fraction dissidente de la Société typographique de Secours mutuels s'érigea en association distincte. L'ouvrier décrit dans la présente monographie se fit admettre dans cette dernière en 1844, et n'a cessé d'y participer jusqu'à ce jour.

Par une contribution mensuelle plus élevée, comme par une meilleure répartition des secours, cette société, composée d'ailleurs d'éléments plus jeunes que l'ancienne, ne tarda pas à dépasser celle-ci en prospérité.

Il en résulta une sorte d'antagonisme, que vint encore augmenter une circonstance fâcheuse.

Plusieurs années désastreuses et un acte d'infidélité mirent

1. Voir beaucoup de traits dans la Bible; notamment : *Ésaïe*, xxiii, 3, 8, 9.

l'ancienne société à deux doigts de sa perte. Dans sa détresse, elle s'adressa à la jeune association, pour se confondre avec celle-ci ; mais, en présence des intérêts de ses membres, cette dernière ne crut pas devoir accepter ces propositions. Pour parer à la situation, l'ancienne société dut prendre alors diverses mesures extraordinaires, à l'aide desquelles elle parvint, après plusieurs années d'efforts, à rentrer dans un état normal.

Frappés des inconvénients qui résultaient de cette division d'intérêts, désireux surtout de mettre fin à l'antagonisme dont nous venons de parler, l'ouvrier et plusieurs de ses compagnons tentèrent à diverses reprises de réunir les deux associations rivales. Après de nombreux pourparlers, ce but fut atteint en octobre 1856.

Aujourd'hui l'Association typographique compte 300 membres. Le relevé des opérations du premier semestre de 1857, établi ci-après, peut donner une idée de son importance et du bien-être qu'elle répand parmi ses membres. Les recettes se répartissent ainsi qu'il suit, savoir : cotisations mensuelles, 2,538'00 ; — amendes et contraventions, 235'75 ; — rentrée des cotisations mensuelles et amendes arriérées, 52'75 ; — contributions pour décès, 256'25 ; — intérêts de bons du Trésor, 180'00 ; — règlements et affiliations, 28'50. — Total des recettes, 3,291'25. — Les dépenses forment un total de 3,672'13, savoir : indemnités pécuniaires payées aux associés malades pendant le semestre, 3,100'00 ; — honoraires du médecin, médicaments, bains et frais de décès, 572'13. — Il y a donc eu pour le 1er semestre un déficit de 380' 88 : l'encaisse, au 1er janvier 1857, était de 7,691' 30 ; il restait, par conséquent, au premier jour du deuxième semestre, un encaisse de 7,310' 42.

Comme l'expérience l'a prouvé depuis longtemps, le second semestre de l'année est généralement moins défavorable que le premier. Tout fait espérer qu'il en sera encore de même cette fois, et que l'équilibre des recettes et des dépenses, rompu un instant, sera maintenu.

Les statuts de la Société typographique de Secours mutuels étant pris pour modèle dans un grand nombre de sociétés de ce genre établies en Belgique, il ne sera pas inutile de donner ici quelques détails sur son organisation.

La société est composée de typographes (compositeurs ou imprimeurs) ayant au moins quatre années de service; elle a pour but unique d'accorder à ses membres des indemnités en cas de maladie. Pour être reçu membre, il faut jouir d'une moralité irréprochable, habiter Bruxelles ou ses faubourgs, dans le rayon des barrières, et être présenté par un associé. Nul candidat ne peut être admis avant l'âge de dix-huit ans, ni au delà de quarante. Le nombre des sociétaires est illimité. L'association est indissoluble et ne peut, en aucun cas, se réunir à une société qui aurait un autre but. Elle est régie par une commission élue dans son sein. Cette commission s'adjoint un médecin et elle traite avec un pharmacien. Elle se réunit extraordinairement dans le courant des mois de juin et de décembre de chaque année, à l'effet de régler les comptes semestriels et de les approuver, conjointement avec trois membres qui sont nommés par l'association à la séance précédente. Ces comptes sont soumis aux assemblées générales des mois suivants. Indépendamment de la cotisation mensuelle ordinaire, dont le prix est de 1ᶠ 50, et de la contribution extraordinaire exigible au décès de chaque associé, et dont le taux est de 0ᶠ 25, les membres sont astreints à un droit d'affiliation dont la quotité a varié selon l'âge, mais qui est aujourd'hui fixé uniformément à 15ᶠ 00. Toutefois, en vue de faciliter les admissions, on dispense les membres de payer cette affiliation : dans ce cas, ils n'ont droit à l'indemnité pécuniaire qu'un an après leur admission.

Tous les secours de médecine et de pharmacie sont fournis aux frais de l'Association. L'associé malade reçoit, en outre, pendant les trois premiers mois de la maladie, 2ᶠ 50 par jour ; puis, pendant les trois mois suivants, 1ᶠ 50 ; et pendant les six derniers mois, 1ᶠ 00. On tient compte des jours de maladie à dater du moment où le certificat du médecin a été délivré, et les paiements se font tous les cinq jours, par les soins des visiteurs ou commissaires nommés à cet effet. Les accidents sont assimilés aux maladies. Le sociétaire malade peut, si bon lui semble, se faire traiter par un médecin autre que celui de l'Association. Cependant, dans ces cas, les honoraires du praticien sont à la charge du membre, qui doit en outre faire viser les ordonnances prescrites, par l'un des commissaires, pour avoir droit gratuitement aux médicaments. Dans ce cas aussi le président a le droit de faire constater l'état du malade, toutes les fois qu'il le juge nécessaire, par le médecin de la Société. Toutefois, si la maladie ne rentre pas dans la spécialité du médecin, celui-ci désigne un remplaçant. En cas de décès d'un membre, l'Association fournit le cercueil et se charge des frais d'inhumation. L'associé décédé, en ville ou dans les faubourgs, est conduit à sa dernière demeure dans un corbillard suivi par une députation de douze sociétaires. Au décès d'un associé, et lorsque celui-ci a acquitté, depuis trois mois au moins, son droit d'affiliation, il est alloué une somme de 50ᶠ 00 à la veuve ou aux enfants. A défaut de femme ou d'enfants, le secours sert à solder les dettes du défunt, et à rémunérer les personnes qui lui ont donné des soins. Cette touchante sollicitude, qui s'étend même au delà de la tombe, a produit jusqu'ici d'excellents effets et a toujours relevé le moral des moribonds. Cette disposition, comme beaucoup d'autres, est due à l'initiative de l'ouvrier décrit dans la présente monographie.

A côté de la Société typographique de Secours mutuels, et poursuivant un but non moins louable, s'est élevée l'Association libre des compositeurs-typographes de Bruxelles, dont le cercle d'opérations embrasse le maintien des salaires d'après une base équitable et l'assistance envers ses membres privés de travail. Cette Société, dont les fondements furent jetés dans une assemblée générale des compositeurs-typographes de Bruxelles et de ses faubourgs, tenue le 3 janvier 1842, et qui fut définitivement constituée le 15 février suivant, a pris naissance à la suite de diverses tentatives de diminution des salaires de la part de quelques patrons. Ralliant l'élite des ouvriers compositeurs-typographes de Bruxelles, s'appuyant sur les lois et sur la constitution belge, dont les dispositions libérales assuraient à son action l'efficacité nécessaire, écartant de ses réunions toutes les questions qui n'avaient pas directement rapport aux intérêts professionnels, elle prit bientôt un développement notable et exerça sur le marché du travail une influence également salutaire pour les ouvriers et les patrons. L'indemnité qu'elle accorde actuellement aux ouvriers privés de travail est de 18ᶠ 00 par quinzaine. L'indemnité accordée par jour pour abandon égal des travaux, en cas d'atteinte portée au taux habituel de la main-d'œuvre, est répartie ainsi qu'il suit : pendant les deux premiers mois de chômage pour cette cause, 3ᶠ 00 ; pendant les deux mois suivants, 2ᶠ 50 ; pendant les deux derniers mois, 1ᶠ 50. On déduit toutefois de cette allocation le gain que peut réaliser l'associé indemnisé, sauf celui qui provient du travail exécuté la nuit, le dimanche ou les jours fériés. Ce dernier reste toujours acquis à l'ouvrier. Toutefois, la Société ne tarda pas à se convaincre que son action ne serait complète que du jour où elle pourrait venir pécuniairement en aide à ses membres privés de travail pour des causes autres que des abaissements de salaires. Une caisse de secours fut instituée dans ce but, au mois d'août 1846. Après quinze mois, elle fut transformée en une Caisse de prévoyance qui, en assurant un secours plus élevé, délimitait strictement les droits et les devoirs de ses membres. Cette caisse est alimentée au moyen d'un prélèvement de 60 p. 100 sur la recette mensuelle générale de la Société. La moyenne annuelle des recettes est de 1,302ᶠ 00 ; le montant des indemnités payées est de 1,129ᶠ 00 et le nombre d'associés (sans travail) indemnisés est de 45. L'Association libre, qui exige de ses membres une conduite à l'abri de tout reproche et des capacités reconnues, compte 300 sociétaires. Mais il est à remarquer que les compositeurs seuls peuvent en faire partie. Les imprimeurs typographes, de leur côté, ont créé à Bruxelles une institution analogue, qui comprend environ 150 adhérents.

Indépendamment des Sociétés qui viennent d'être décrites, il existe encore à Bruxelles une Association coopérative d'ouvriers compositeurs et pressiers, composée d'une cinquantaine de membres. Cette association, à laquelle Jean-François D*** ne participe point, est en voie de progrès. Elle a pour but essentiel de garantir des ressources à ses membres, en cas de vieillesse ou d'infirmités.

Par ce qui précède, on voit que les ouvriers de ce corps d'état ont mis largement à profit le principe d'association, basé sur l'assistance mutuelle. Aussi un fait digne de remarque, c'est que pas un des affiliés aux sociétés de ce genre ne participe aux secours publics, circonstance qui contribue puissamment au maintien de leur dignité et de leur indépendance. Les promoteurs de ces institutions se flattent d'avoir prouvé que les ouvriers, lorsqu'ils le veulent fermement, savent toujours se suffire à eux-mêmes.

§ 19.

AUGMENTATION APPORTÉE, EN 1857, AU SALAIRE DES OUVRIERS COMPOSITEURS-TYPOGRAPHES.

La cherté des denrées alimentaires et des objets les plus indispensables à l'existence avait fait naître dans ces derniers temps une situation qui pesait durement sur les classes ouvrières. Elle avait créé pour celles-ci un état de gêne qui provoqua partout la sollicitude des gouvernements et des patrons. En Belgique notamment, dans un grand nombre de professions, les chefs d'industrie augmentèrent spontanément le salaire de leurs ouvriers (20), pour le mettre plus en rapport avec un état de choses qui paraissait devoir être permanent. Le gouvernement lui-même et les chambres législatives s'associèrent à cette œuvre de haute justice sociale, en augmentant les traitements des petits employés de l'État. Presque seule jusqu'au mois de février 1857, la typographie bruxelloise était restée en dehors de ce mouvement général. Profondément affecté de cette situation, Jean-François D***, avec l'aide de plusieurs de ses compagnons, provoqua, à cette époque, une réunion composée des représentants des principaux ateliers typographiques de Bruxelles ; et, au bout de trois séances, vingt-quatre patrons avaient donné leur consentement au principe de l'élévation du taux des salaires qui, depuis plus de vingt-cinq ans, n'avait guère varié. Cette augmentation fut, de commun accord, portée à 0ᶠ 50 par journée de travail, ou l'équivalent pour le travail aux pièces, c'est-à-dire à environ 17 p. 100, avec quelques restrictions pour les travaux en cours d'exécution ou à l'égard desquels des contrats avaient été passés.

Ce résultat remarquable fut obtenu sans cris, sans éclat. Les ouvriers se bornèrent à exposer leur situation à leurs patrons. Le plus grand nombre de ceux-ci, guidés d'ailleurs par des sentiments d'humanité et de convenance sociale qui leur font le plus grand honneur, s'empressèrent d'accéder au désir de leurs ouvriers. Ils n'ont pas eu à regretter cette condescendance. Il a été prouvé ainsi une fois de plus que les bons salaires font les bons ouvriers.

§ 20.

BANQUETS OU RÉUNIONS ANNUELLES DES OUVRIERS TYPOGRAPHES.

Frappés des inconvénients que pouvait offrir l'erreur ou l'isolement des ouvriers compositeurs-typographes qui se montraient indifférents à la marche des associations de prévoyance et de maintien des salaires (18), récemment instituées, quelques-uns de leurs membres les plus actifs tentèrent un nouvel effort en vue de rapprocher les ouvriers de cette catégorie. Ils projetèrent une fête annuelle à laquelle devaient être conviés patrons et ouvriers. Un plein succès répondit aux démarches d'une commission qui avait officieusement été instituée dans ce but; plusieurs maîtres imprimeurs et plus de 200 ouvriers répondirent à son invitation. La plupart des journaux de Bruxelles rendirent compte de cette fête de famille, qui laissa parmi ces ouvriers les plus agréables souvenirs. Afin de laisser aux typographes de ces journaux la faculté d'y assister, on choisit le jour de Noël. Huit jours plus tard, le dernier jour de l'année, un bal réunit les femmes et les filles des ouvriers. Pendant plusieurs années consécutives, les fêtes typographiques furent accueillies avec une faveur de plus en plus marquée. Les ouvriers venaient s'y entretenir de leurs espérances, des devoirs de leur état; quelques-uns y signalaient les progrès accomplis sous le stimulant des associations mutuelles; d'autres y indiquaient des améliorations tendant à augmenter le bien-être général; enfin chacun venait y retremper ses forces et ranimer le courage de ses camarades. Plusieurs notabilités scientifiques et littéraires ne dédaignèrent point d'assister à ces fêtes. Les typographes de Paris et des principales villes de la Belgique, Gand, Liége, Mons, Namur, Louvain, Anvers et Verviers, y envoyèrent des délégués officiels chargés d'y exprimer les sentiments affectueux de leurs confrères pour la typographie bruxelloise, qui se créait ainsi de précieuses relations. Les associations ouvrières des autres professions de Bruxelles tinrent également à honneur de se faire représenter à ces banquets, qui ranimaient entre tous ces ouvriers le sentiment de la solidarité. A l'exemple de leurs confrères de la capitale de la Belgique, les typographes des provinces instituèrent des fêtes analogues dans leurs villes respectives. L'ouvrier qui fait l'objet de la présente monographie eut l'honneur d'être délégué par ses compagnons pour la première réunion de ce genre qui se tint en province, celle de Namur; et il se rappelle avec bonheur la réception distinguée et sympathique qu'on lui fit dans cette circonstance.

Cependant, les événements de 1848, dont le souffle politique anima plus ou moins les réunions de tous les genres, imprimèrent à ces fêtes une autre direction qui, pour quelque temps, amena leur transformation. En abandonnant le caractère de *fêtes de famille* qui les avait distinguées jusque-là, et qui en assurait le succès, ces réunions perdirent un nombre notable de leurs adhérents habituels. Elles ont néanmoins recouvré aujourd'hui leur premier caractère; et elles sont célébrées, tantôt au nom d'une association typographique, tantôt au nom d'une autre; et les questions qui s'y traitent se rapportent uniquement à leurs intérêts physiques et moraux, en dehors de tout esprit de politique militante.

CHAPITRE IV

MINEUR DES FILONS ARGENTIFÈRES

DE PONTGIBAUD (AUVERGNE)

OUVRIER-PROPRIÉTAIRE ET TÂCHERON

dans le système des engagements momentanés,

D'APRÈS LES RENSEIGNEMENTS RECUEILLIS SUR LES LIEUX.
EN 1850,

SELON LES INDICATIONS DE M. F. LE PLAY,

PAR M. E. LANDSBERG.

OBSERVATIONS PRÉLIMINAIRES

DÉFINISSANT LA CONDITION DES DIVERS MEMBRES DE LA FAMILLE.

Définition du lieu, de l'organisation industrielle et de la famille.

§ 1.

ÉTAT DU SOL, DE L'INDUSTRIE ET DE LA POPULATION.

L'ouvrier demeure dans la commune de Barbecot, canton et arrondissement de Pontgibaud (Puy-de-Dôme), à proximité de riches mines d'argent et de plomb. Ces mines, dont les premiers travaux datent au moins de la domination romaine, se composent de nombreux filons encaissés dans les roches primitives de granite et de gneiss qui forment le massif des montagnes centrales de la France. Au-dessus de cette formation, s'élève la chaîne trachytique et volcanique des *Puys*, composée de masses et surtout de cônes trachytiques recouverts, çà et là, de nappes basaltiques et de laves modernes. Le terrain primitif, en présence de la chaîne des Puys qui le domine, apparaît à l'observateur comme une vaste plaine ondulée ; et cette plaine est propre à la culture du seigle et du sarrasin. Le terrain trachytique, quoique plus fertile, produit peu de céréales, à raison de son élévation et de ses pentes abruptes ; mais il se recouvre, jusqu'aux sommets les plus élevés, de riches pâturages. Le basalte seul est frappé d'aridité. En résumé, le pays se suffit à lui-même pour les céréales de qualité commune ; il exporte des bestiaux et reçoit, des fertiles plaines de la Limagne et des coteaux voisins, le vin, les légumes et les fruits. L'exploitation des mines, seule branche d'industrie naturalisée dans ce district, livre au commerce des produits considérables.

La population de la commune de Barbecot se compose à la fois de propriétaires-cultivateurs et de mineurs. Les premiers possèdent, en général, une maison avec ses dépendances, des champs à céréales produisant au delà des besoins de la famille, et la quantité de prairies nécessaire pour nourrir une trentaine de brebis. Les ouvriers, tout en s'adonnant au travail des mines, continuent cependant à être liés d'une manière intime, soit par eux-mêmes, soit par leur famille, aux travaux de l'agriculture. Cette classe s'est formée d'ailleurs depuis peu de temps (19). Avant que les mines ne fussent remises en activité, les ouvriers qui n'étaient point pourvus d'une quantité de terre suffisante émigraient régulièrement à Paris, à Lyon et dans les autres grandes villes de France, pour y chercher des moyens de travail. Conformément aux habitudes caractéristiques des montagnards émigrants, ils revenaient périodiquement au pays avec leurs épargnes pour arrondir leur petite propriété. L'industrie des mines, rétablie à Pontgibaud depuis une vingtaine d'années, fournit maintenant aux ouvriers de cette condition un travail plus avantageux que les industries urbaines. Ces dernières continuent à être exploitées par les montagnards des autres régions de l'Auvergne dépourvues d'une industrie locale.

Les ouvriers mineurs, parmi lesquels se classe l'ouvrier décrit dans la présente monographie, sont attachés aux mines

dans le système des engagements momentanés ; plusieurs consacrent toute leur vie aux travaux de mine ; mais la plupart ne les
considèrent que comme un moyen de faire une épargne pour
acquérir ou compléter une propriété territoriale dont l'exploitation sera un jour pour eux une occupation exclusive. Sous ce
rapport, le mineur de l'Auvergne a les mêmes tendances que
l'ouvrier attaché aux mines et aux manufactures de Norvége
(III, II, 13).

Les obstacles qui s'opposent généralement en France à l'essor
de l'industrie minérale (18) ont été écartés dans cette localité
par l'intelligence et l'habileté d'une compagnie financière qui
exerce honorablement les devoirs du patronage.

§ 2.

ÉTAT CIVIL DE LA FAMILLE.

La famille comprend les deux époux et 4 enfants, savoir :

1. JACQUES M**, chef de famille, marié depuis 11 ans, né à Barbecot. 32 ans.
2. MARIE S**, sa femme, née à Pontgibaud........................ 30 —
3. Maurice M**, leur fils aîné, né à Barbecot..................... 10 —
4. Jean M**, leur 2e fils, né à Barbecot........................ 8 —
5. Henry M**, leur 3e fils, né à Barbecot...................... 5 —
6. Marguerite M**, leur fille, née à Barbecot.................... 2 —

§ 3.

RELIGION ET HABITUDES MORALES.

Les deux époux professent la religion catholique romaine, et
se livrent régulièrement, sans esprit de superstition, aux pratiques religieuses. L'ouvrier est d'un caractère doux ; cependant
la déférence et la soumission qu'il accorde à ses supérieurs ne
sont pas toujours exemptes d'une nuance de dissimulation. Les
mœurs sont bonnes, tant avant qu'après le mariage. La tendance
aux rixes sanglantes, si rare chez les Français du Nord, commence déjà à se manifester. La population tout entière montre

pour l'épargne une inclination prononcée. Malheureusement cette vertu développe souvent la tendance à négliger l'éducation des enfants et les soins dus aux malades et aux infirmes. Cette disposition efface, en ce qui concerne le vêtement, certains sentiments de convenance et de dignité personnelle. Elle conduit, par exemple, les jeunes filles à vendre, au prix de 2 francs, leur chevelure à des marchands. L'agriculteur se livre à ses travaux avec peu d'énergie, souvent avec indolence. Cet état d'inertie peut sans doute être attribué en partie à l'insuffisance de la nourriture où la viande et les boissons fermentées manquent presque entièrement; mais la cause dominante se trouve incontestablement dans l'absence de culture intellectuelle et dans les habitudes de repos contractées dès l'enfance, par suite des nécessités de la vie pastorale et pendant de longues journées d'hiver passées dans l'inaction à la douce chaleur de l'étable (10). Les travaux de labour eux-mêmes, lentement exécutés avec le concours des bœufs ou des vaches, doivent à peine être considérés comme un stimulant pour l'activité humaine. L'ouvrier mineur se montre plus intelligent et plus actif que le simple agriculteur; mais, sous ce rapport, les femmes, chez les deux catégories d'ouvriers, ont sur les hommes une supériorité décidée. Bien que soumises au même régime alimentaire, elles se distinguent par leur activité et par leur énergique application au travail. Les femmes et les jeunes filles, exercées aux travaux de ménage, savent pour la plupart lire et écrire, tandis que ces connaissances sont moins développées chez les hommes du même âge (8). La commune de Barbecot est une des localités nombreuses en France où les femmes de la classe ouvrière l'emportent sur les hommes, sous le rapport moral et intellectuel, tandis qu'il est rare d'en trouver où elles ne s'élèvent pas au moins à leur niveau. En résumé, les avantages que la culture intellectuelle exerce sur le bien-être des populations ouvrières, se montre ici avec évidence. Assurément l'utilité de l'enseignement scolaire est contestable quand elle n'est pas liée intimement à une culture correspondante des sentiments moraux ; mais les deux cultures ont été simultanément développées chez la famille décrite.

§ 4.

HYGIÈNE ET SERVICE DE SANTÉ.

Le climat est salubre, bien que rigoureux en hiver. Les travaux de l'agriculture et des mines n'ont rien de contraire à la santé; aussi beaucoup d'ouvriers atteignent-ils un âge avancé. Les ouvriers doivent à un mauvais régime alimentaire une constitution peu robuste, et leur taille reste au-dessous de la moyenne constatée pour la plupart des autres régions de la France. Les principales maladies se développent sous l'influence des refroidissements brusques dus aux vents de l'automne. Le manque de soins médicaux leur donne souvent une issue funeste. Sous ce rapport, l'industrie des mines a singulièrement amélioré la condition des ouvriers. Tous les ouvriers mineurs, en effet, et ceux qui sont attachés aux travaux des bocards et des fonderies, reçoivent les secours de la médecine, de la chirurgie et de la pharmacie, aux frais d'une caisse instituée à cet effet (7).

§ 5.

RANG DE LA FAMILLE.

Les ouvriers mineurs de cette condition appartiennent tous à la catégorie des tâcherons. Ils s'associent ordinairement au nombre de six, en deux brigades, qui exécutent alternativement les postes de jour et de nuit. On a remarqué que, lorsque le nombre des associés était plus considérable, ceux-ci ne trouvaient plus de stimulant dans le travail à la tâche, en sorte que ce mode de rétribution n'offre plus d'avantages, ni aux ouvriers, ni aux chefs d'industrie. On a également constaté ailleurs, dans plusieurs cas analogues, que l'intérêt collectif s'affaiblit lorsqu'il s'étend au delà d'un petit nombre d'associés. Ils débattent, d'ailleurs, avec les propriétaires de l'établissement, dans les conditions d'une complète indépendance, le tarif du prix fait. Par compensation, ces derniers ne sont point formellement soumis aux charges du patronage.

Moyens d'existence de la famille.

§ 6.

PROPRIÉTÉS.

(Mobilier et vêtements non compris.)

IMMEUBLES.................................... 1,250ᶠ00

1° *Habitation*. — Maison, 1000ᶠ00.

2° *Immeubles ruraux*. — Jardin de 1 are attenant à la maison, 250ᶠ00.

ARGENT...................................... 0ᶠ00

Les épargnes faites avant l'entrée en ménage et pendant les premières années du mariage ont été converties en propriétés immobilières. Chargés aujourd'hui de 4 enfants en bas âge, les deux époux parviennent seulement à force de sobriété à ne point entamer leur capital. Plus tard, lorsque le travail des enfants augmentera ses ressources, la famille pourra amasser de nouveau des sommes d'argent qui seront consacrées, de temps en temps, à l'acquisition de nouvelles propriétés.

ANIMAUX DOMESTIQUES entretenus toute l'année... 12ᶠ00

12 poules avec élèves, 12ᶠ00.

La famille fera plus tard l'acquisition d'une vache dès qu'elle sera en possession d'une prairie (12). Lorsque ce résultat sera obtenu, une économie notable pourra être faite sur les frais de nourriture; et l'épargne augmentera rapidement.

MATÉRIEL SPÉCIAL des travaux et industries..... 5ᶠ00

1° *Pour les travaux de mine*. — 1 lampe, 2ᶠ00.

2° *Pour la culture du jardin*. — 1 bêche, 3ᶠ00.

DROIT ÉVENTUEL aux allocations d'une société d'assurances mutuelles garantissant à l'ouvrier malade les secours de la médecine et de la chirurgie........ .... 0ᶠ00

VALEUR TOTALE des propriétés............. 1,267ᶠ00

§ 7.

SUBVENTIONS.

Il n'existe dans la commune, ni biens communaux, ni grandes propriétés particulières : les ouvriers ne peuvent donc jouir d'aucune subvention permanente. Cependant les familles les plus pauvres sont autorisées par l'usage à faire paître les cochons et les oies sur les voies publiques et sur la lisière des propriétés. Dans les années d'abondance, elles reçoivent, à titre gratuit, de leurs voisins plus aisés, quelques allocations de fruits.

La population ouvrière est depuis longtemps abandonnée, dans ce district, aux inspirations de son libre arbitre; cependant, les propriétaires des mines et usines de Pontgibaud commencent à exercer sur elle un patronage éclairé et bienveillant. Ainsi, ils ont pris des mesures efficaces pour prévenir la démoralisation des jeunes filles (19) attachées aux ateliers de préparation mécanique, où l'on enrichit pour la fusion les minerais bruts extraits des mines. Ils ont établi des dortoirs où les ouvrières doivent être rentrées à une heure déterminée, et dont chaque division est placée sous la surveillance d'une matrone. Les ouvrières sont également admises à faire trois repas dans un établissement spécial alimenté par une modique retenue opérée sur les salaires. D'autres établissements du même genre ont été institués en faveur des ouvriers trop éloignés de leur demeure pour retourner chaque jour au sein de leur famille. La dépense entraînée par ces établissements excède le montant des retenues opérées sur les salaires; mais l'expérience prouve qu'ils ne contribuent pas moins à la prospérité de l'entreprise qu'au bien-être des ouvriers. Aux époques de disette, les propriétaires de l'établissement délivrent aux ouvriers du blé à un taux inférieur au prix d'achat. Ils patronent une société d'assurances mutuelles qui garantit aux ouvriers malades les secours de la médecine et de la chirurgie; et ils suppléent, au besoin, à l'insuffisance de la caisse de cette Société. Sentant la nécessité d'élever le niveau moral et intellectuel de la population (1), ils s'occupent en ce moment à fonder des écoles pour donner, à titre gratuit, l'instruction aux adultes admis dans les ateliers, ainsi qu'à leurs enfants.

§ 8.

TRAVAUX ET INDUSTRIES.

TRAVAUX DE L'OUVRIER. — L'ouvrier a pour travail principal l'abatage de la roche dans les filons métallifères; il y travaille chaque mois 25 journées, en fournissant alternativement, de semaine en semaine, 6 postes de jour et 6 postes de nuit. Il fait, en outre, quelques postes supplémentaires lorsque le minerai manque pour la fonderie ou lorsque la famille doit subvenir à quelque dépense extraordinaire.

Les travaux secondaires de l'ouvrier, exécutés dans les semaines où il prend le poste de nuit, ont pour objet la culture du jardin et l'entretien de la maison et du mobilier.

TRAVAUX DE LA FEMME. — Le travail principal de la femme a pour objet les travaux de ménage qui, outre les occupations classées ordinairement sous ce nom, comprennent ici la cuisson du pain.

Les travaux secondaires de la femme sont : la culture du jardin, les soins donnés aux volailles et la vente des œufs. Une série de travaux concernant la confection des vêtements du ménage et quelques travaux de tricotage exécutés à prix d'argent. Les occupations de la femme acquerront un nouveau degré d'importance lorsque la famille aura fait l'acquisition d'un champ à céréales et d'une prairie pour entretenir une vache laitière. En attendant cette phase nouvelle, la femme contribue principalement au bien-être de la famille en se livrant à la confection des étoffes et des vêtements : elle teint, lave et file la laine; elle file le chanvre, lessive, blanchit et dévide le fil obtenu. Avec la toile qu'elle fait tisser au dehors au moyen de ce fil, elle confectionne les chemises et les draps de lit de la famille. Enfin elle confec-

tionne ses vêtements, ceux des enfants et même, en partie, ceux
du mari.

TRAVAUX DU FILS AÎNÉ, AGÉ DE DIX ANS. — Le travail principal du fils aîné est la garde des oies confiées par plusieurs
cultivateurs du voisinage. Il reçoit comme rétribution une quantité de pain supérieure à sa propre consommation. Les facilités
que donne le pâturage pour assurer un travail lucratif aux plus
jeunes enfants sont un obstacle direct à la propagation de l'instruction primaire (3). Le fils aîné, aidé de son plus jeune frère,
récolte en outre du fumier sur les voies publiques.

INDUSTRIES ENTREPRISES PAR LA FAMILLE. — Les industries
qui donnent un bénéfice à la famille sont : les spéculations faites
sur les travaux de mine par la substitution du travail à la tâche
au travail à la journée, la culture du jardin et l'exploitation des
volailles.

Mode d'existence de la famille.

§ 9.

ALIMENTS ET REPAS.

La soupe est, à Barbecot, comme dans la majeure partie de
la France, le principal aliment des familles. Elle se compose
essentiellement de pain et de beaucoup d'eau ; on l'assaisonne
avec un peu de beurre et de sel ; on y ajoute, selon la saison,
divers légumes, particulièrement des oignons, des pommes de
terre et des choux. Le pain est composé de farine de seigle,
dont le son n'est pas complétement séparé. Il est toujours confectionné par la femme. Dans la famille prise pour exemple, la
femme se sert du four d'une maison voisine, sans payer de loyer,
et à la charge seulement de fournir le combustible.

Le matin, à cinq heures, avant de partir pour la mine située
à 4 kilomètres de la maison, l'ouvrier mange la soupe, puis un
morceau de pain. Le reste de la famille déjeune un peu plus tard.

L'ouvrier emporte un morceau de pain pour son second déjeuner à huit heures ; de la soupe, du pain, un morceau de fromage ou des œufs pour son dîner, à midi. Rentré à la maison à sept heures du soir, l'ouvrier prend, avec toute la famille, de la soupe, du pain et un peu de fromage : quelquefois, à ce dernier repas de la journée, la soupe est remplacée par des pommes de terre, par des œufs ou par de la salade. Pendant l'été et l'automne, la famille ajoute des fruits à tous ses repas. Le dimanche, on cuit sur la poêle une bouillie composée d'œufs et de farine de sarrasin. On mange de la viande les jours de fête, à peu près six fois par an.

§ 10.

HABITATION, MOBILIER ET VÊTEMENTS.

L'habitation des agriculteurs et des mineurs de Barbecot consiste ordinairement en un rez-de-chaussée composé d'une chambre à feu et d'une seconde pièce qui, selon le degré d'aisance de la famille, est employée comme bûcher, comme magasin de provisions ou comme étable. La première pièce contient : d'un côté, une large cheminée avec la crémaillère pour la suspension de la marmite où se fait la soupe ; du côté opposé, une rangée de lits séparés par des cloisons et quelquefois garnis de rideaux. Lorsqu'elle est parvenue à un état moyen d'aisance, la famille possède une vache, qui est toujours logée dans la seconde pièce du rez-de-chaussée ; mais alors, pour mettre à profit la chaleur de l'étable, la famille en fait ordinairement, au moins pendant l'hiver, sa résidence et sa chambre à coucher. Dans cette dernière distribution, la première pièce est employée comme cuisine et comme salle à manger, et les provisions se conservent dans un grenier situé au-dessus.

MEUBLES : entretenus avec peu de soin......... 211ᶠ 50

1º *Lits.* — 3 bois de lit, 24ᶠ 00 ; — matelas et oreiller de plume, du lit des deux époux : valeur d'achat de 7 kil. de plume et de toile, 55ᶠ 00 ; valeur actuelle, 40ᶠ 00 ; — 2 couvertures en laine, du même lit, 21ᶠ 00 ; — 2 matelas remplis de paille d'avoine, du lit des enfants, 12ᶠ 00 ; — 4 couvertures, du lit des enfants, 24ᶠ 00 ; — 1 traversin de plume (de poule), 5ᶠ 00. — Total, 129ᶠ 00.

2° *Mobilier des deux pièces.* — 1 table, 8ᶠ 00 ; — 6 chaises (faites par l'ouvrier), à 0ᶠ 75, 4ᶠ 50 ; — 1 armoire en bois blanc pour vêtements et linge, 40ᶠ 00 ; — 1 coffre rond pour vêtements et linge, 15ᶠ 00 ; — 1 dressoir (pour vaisselle), 15ᶠ 00. — Total, 82ᶠ 50.

USTENSILES : réduits au strict nécessaire 34ᶠ 60

1° *Foyer.* — 1 crémaillère, 1ᶠ 00 ; — 1 poêle (pour les mets de farine et les pommes de terre), 3ᶠ 00. — Total, 4ᶠ 00.

2° *Service de l'alimentation.* — 2 marmites (pour soupe), 7ᶠ 00 ; — 6 assiettes en terre (écuelles), 0ᶠ 60 ; — 5 couteaux de poche, 2ᶠ 00 ; — 3 fourchettes, 0ᶠ 60 ; — 6 cuillers, 0ᶠ 90. — Total, 11ᶠ 10.

3° *Usages divers.* — 1 seau, 1ᶠ 50 ; — 1 cruche, 0ᶠ 50 ; — 1 huche fermée (pour faire le pain et pour le garder), 10ᶠ 00 ; — 1 lampe, 2ᶠ 00 ; — 1 hache, 5ᶠ 00 ; — 1 quenouille, 0ᶠ 50. — Total, 19ᶠ 50.

LINGE DE MÉNAGE : grossier et peu soigné 80ᶠ 00

10 paires de draps de lit à 8ᶠ 00 (la paire valant neuve 12ᶠ 00), 80ᶠ 00.

VÊTEMENTS : une tendance exagérée pour l'épargne conduit souvent les familles de cette localité à se refuser les vêtements qui conviendraient à leur condition (3) 258ᶠ 00

VÊTEMENTS DE L'OUVRIER (99ᶠ 00).

1° *Vêtements du dimanche.* — 1 blouse, 3ᶠ 00 ; — 2 gilets, 3ᶠ 00 ; — 1 veste et 1 pantalon en serge, 20ᶠ 00 ; — 1 pantalon d'été, 4ᶠ 00 ; — 2 paires de bas de laine, 3ᶠ 00 ; — 1 paire de souliers, 10ᶠ 00 ; — 1 chapeau, 1ᶠ 50. — Total, 44ᶠ 50.

2° *Vêtements de travail.* — 1 veste et 1 pantalon en serge, 8ᶠ 00 ; — 1 tricot en bon état, 7ᶠ 00 ; — 1 tricot en mauvais état, 3ᶠ 00 ; — 2 paires de sabots avec brides, 1ᶠ 00 ; — 1 chapeau de travail, 1ᶠ 50 ; — 1 cuir de mineur, 4ᶠ 00 ; — linge de corps : 15 chemises, 30ᶠ 00. — Total, 54ᶠ 50.

VÊTEMENTS DE LA FEMME (91ᶠ 00).

1° *Vêtements du dimanche.* — 1 robe en laine pour l'hiver (le corset est cousu à la robe : en raison de la grande quantité de bois qui entoure le buste, ce corset donne aux femmes une tenue raide et une apparence difforme), 12ᶠ 00 ; — 1 jupon en laine pour l'hiver, 8ᶠ 00 ; — 1 camisole en laine pour l'hiver, 1ᶠ 50 ; — 1 robe en coton pour l'été, 6ᶠ 00 ; — 1 jupon en coton pour l'été, 3ᶠ 00 ; — 1 tablier, 1ᶠ 50 ; — 2 mouchoirs de cou, 3ᶠ 00 ; — 2 mouchoirs de poche, 1ᶠ 00 ; — 2 paires de bas, 2ᶠ 00 ; — souliers, 3ᶠ 00 ; — bonnets en calicot (conformément à la spéculation adoptée par les jeunes filles du pays, ils ont été acquis avant le mariage avec le produit de la vente des cheveux), 2ᶠ 00 ; — 1 chapeau de paille, 0ᶠ 70. — Total, 43ᶠ 70.

2° *Vêtements de travail.* — Vieux vêtements du dimanche, 15ᶠ 00 ; — bonnets en toile, 1ᶠ 50 ; — 2 paires de sabots, 0ᶠ 80 ; — linge de corps : 15 chemises, 30ᶠ 00. — Total, 47ᶠ 30.

VÊTEMENTS DES ENFANTS (68ᶠ 00).

Ils sont confectionnés pour la majeure partie avec les vieux vêtements des parents.

VALEUR TOTALE du mobilier et des vêtements . . .   584ᶠ 10

§ 11.

RÉCRÉATIONS.

Les récréations de cette famille ont ce caractère distinctif, qu'elles ne donnent lieu à aucune dépense. Une recherche approfondie, faite pour constater ce trait exceptionnel, n'a indiqué d'autres dépenses de cette nature que l'achat de quelques friandises pour le plus jeune enfant.

L'agriculteur de ce pays n'a guère d'autre récréation que de converser le dimanche avec ses voisins et de prendre avec eux le plaisir de la promenade. Rarement il se livre à la danse, qui entraîne communément des rixes, et qui, par ce motif, est interdite par les curés. On voit quelquefois les ouvriers mineurs faire, les jours de paie, une consommation modérée de vin et de viande au cabaret. L'usage du tabac à fumer commence aussi à s'introduire parmi eux. Dans l'espèce de torpeur où ils aiment à vivre, les ouvriers de ce pays s'accommodent mieux de ce narcotique que de toute récréation mettant en activité le corps ou l'intelligence.

Les veillées d'hiver sont la principale récréation des femmes. Après avoir accompli les travaux domestiques, celles-ci se réunissent le soir dans une étable, au nombre de dix ou douze, pour coudre, filer et tricoter. La douce température de ce lieu dispense des frais de chauffage; et l'huile nécessaire à l'éclairage est fournie à tour de rôle par les divers membres de la réunion. La conversation des veillées roule ordinairement sur des affaires d'intérêt ou sur des travaux du ménage. Contrairement à ce qui arrive si souvent chez d'autres races et en d'autres contrées, la conversation est rarement alimentée par des légendes et par des récits appartenant à l'ordre surnaturel.

Ici, d'ailleurs, comme chez toutes les populations où l'esprit de prévoyance et le goût de l'épargne se sont développés, la principale récréation des familles se trouve dans les préoccupations et dans les jouissances qui se rattachent à l'administration et à l'accroissement de la propriété. Mais, par une exception assez rare chez les populations ouvrières de l'Europe, cet esprit, poussé au delà des bornes tracées par la raison, tourne parfois au détriment des familles, en comprimant l'essor de l'intelligence et des facultés physiques (3).

Histoire de la famille.

§ 12.

PHASES PRINCIPALES DE L'EXISTENCE.

Les enfants des communes rurales, surtout dans les hameaux éloignés du chef-lieu, reçoivent rarement de l'instruction dans leur premier âge. Vers l'époque de la première communion, les filles apprennent souvent à lire et à écrire ; mais les garçons, dès qu'ils ont atteint l'âge de 10 ans, sont employés à garder les vaches et les brebis de la famille ou celles des propriétaires voisins. Parvenus à l'âge adulte, les fils des propriétaires les plus aisés s'établissent de suite, en qualité d'agriculteurs, avec une dot fournie par les parents. Ceux qui ne disposent point de pareilles ressources, et qui ne peuvent s'employer aux travaux des mines, émigrent vers l'âge de 18 à 20 ans (19). Ils se rendent pour la plupart à Paris ou à Lyon, où ils conservent les habitudes de sobriété et d'économie qui leur ont été inculquées dès l'enfance. Ils s'y emploient comme porteurs d'eau, commissionnaires, marchands, brocanteurs, aides-maçons, c'est-à-dire dans toutes les professions qui n'exigent, ni un développement notable d'intelligence, ni un apprentissage spécial. Tous réalisent quelques épargnes, au moyen desquelles ils parviennent à acquérir une propriété qui leur assure au pays natal des moyens d'existence.

Les jeunes filles, de leur côté, animées du même esprit d'ordre et d'économie, parviennent toujours à se constituer une dot, soit en travaillant aux ateliers de préparation mécanique annexés aux mines de Pontgibaud, soit en prenant du service chez un cultivateur aisé du pays ou chez un bourgeois de la ville voisine. Ordinairement, lorsqu'elles se marient, elles apportent en ménage une grande quantité de linge et même l'argent nécessaire pour compléter l'acquisition de la maison, d'une vache, ou d'un terrain propre à la culture.

Dans les ménages chargés de famille, on arrive, à force d'économie et sans grever de dettes la propriété immobilière, à faire face aux dépenses résultant de l'entretien des enfants en bas âge. Lorsque les enfants sont devenus grands et concourent aux recettes du ménage, les deux époux peuvent de nouveau faire des épargnes, et ils complètent l'acquisition de la propriété qui doit, dans leurs vieux jours, les mettre à l'abri du besoin.

L'expérience a prouvé que, pour entretenir une vache, il faut au moins posséder 300 francs de terre arable. Il est rare que, dans la classe agricole, on divise les héritages ayant seulement cette valeur : ils sont ordinairement attribués à l'aîné, qui dédommage ses cohéritiers par une soulte en argent ou par une redevance annuelle. Deux agriculteurs qui ne possèdent que cette étendue de terre s'associent ordinairement pour entretenir les deux vaches avec lesquelles ils exécutent alternativement les travaux de labour. Comprenant mieux les véritables lois de la propriété rurale qu'on ne le fait ordinairement dans le nord de la France, la population de cette partie de l'Auvergne a su, jusqu'à présent, se garantir des principaux inconvénients qui s'attachent au morcellement indéfini du sol (IV, 11, 20).

Cet état de stabilité est plus ou moins ébranlé parmi les familles rurales du Puy-de-Dôme ; mais il est maintenu jusqu'à ce jour avec ténacité par celles qui habitent les montagnes du Cantal. Il faut que *la maison fume*, dit-on partout, c'est-à-dire, il faut que la maison se maintienne à un certain degré d'aisance relative ; et pour cela on institue un héritier auquel on laisse, avec l'habitation, le mobilier qui la garnit, les bestiaux de culture et, comme apanage, les champs, les prés qui l'entourent ou lui tiennent de plus près. C'est le plus souvent l'aîné des enfants qui reçoit ces avantages. Cependant il n'y a pas de règle absolue ;

la volonté du père ou les circonstances peuvent établir dans la maison, avec le titre d'aîné, un des garçons puînés et souvent une fille. Dans tous les cas, le père reçoit une dot avec la fille qui épouse son héritier; et cette dot, jointe aux épargnes faites pendant l'émigration, sert à désintéresser les autres enfants. Avec ce capital argent, les garçons émigrent et cherchent fortune. Les filles apportent à leurs maris le moyen d'augmenter les affaires ou de devenir maîtres. L'habitude de l'émigration, et les profits qui en découlent pour qui veut travailler et épargner font que souvent les enfants préfèrent une dot à la propriété de l'aîné, héritier du bien. Celui-ci se trouve en effet dans une position moins bonne pour commercer; il n'a pas reçu de capital argent, et celui qui lui vient de sa femme doit être successivement remis aux frères et sœurs qui s'établissent. La condition est accepté enéanmoins à titre de devoir, même lorsqu'elle est désavantageuse.

Le père, avons-nous dit, reçoit la dot apportée par la femme de l'héritier; et il en dispose selon les intérêts de la maison dont il reste le chef. Le nouveau ménage apporte son contingent de travail; et il vit en commun avec les parents de tous âges et à tous degrés. Plusieurs générations se trouvent ainsi réunies sous le même toit, acceptant l'autorité du chef de famille aussi longtemps que ce dernier conserve l'aptitude au commandement. Cette autorité passe sans secousses à l'héritier, lorsqu'il a fait preuve d'expérience et qu'il est d'âge à se faire obéir. Outre les enfants, le père, la mère et l'aïeul, il y a toujours dans la maison des oncles ou des tantes célibataires, travaillant au profit de la maison, regardant comme leurs les enfants qui naissent, et cependant laissant presque toujours à l'héritier leur part de la succession des grands parents et les épargnes qu'ils ont pu faire. Cette donation n'est pas, le plus souvent, déterminée par un motif de préférence ou d'affection plus grande; c'est dans l'intérêt de la maison, pour lui conserver un certain éclat, pour qu'au nom de la famille, représenté par le nom de la maison et continué même par les gendres (IV ix, 2), s'attache toujours la possession, autant que possible entière, du domaine patrimonial.

§ 13.

MŒURS ET INSTITUTIONS ASSURANT LE BIEN-ÊTRE PHYSIQUE ET MORAL DE LA FAMILLE.

La famille arrive à cette époque critique, pour toutes les populations abandonnées sans patronage positif (5 et 7) aux inspirations de leur libre arbitre, où il devient difficile de subvenir au surcroît de dépense imposé par les enfants en bas âge. Elle parvient cependant à y faire face, à force de sobriété et de résignation. Les qualités dont elle fait preuve en cette occasion sont la meilleure garantie sur laquelle elle puisse compter pour assurer son avenir. Si, en présence de privations pénibles, les deux époux ont pu conserver intact le capital qu'ils avaient accumulé dans des circonstances plus favorables, il n'est pas douteux que ce capital s'accroîtra de nouveau dès que les enfants cesseront d'être pour eux une charge, et qu'ils parviendront ainsi à se créer pour leurs vieux jours des ressources certaines.

Cependant, les vertus qui protègent cette famille dans une société où l'individu doit tout attendre de ses propres efforts, ne sont point encore acquises, tant s'en faut, à l'ensemble de la population de ce district. On peut souvent regretter, d'ailleurs, que la moralité et l'intelligence des meilleurs ouvriers ne s'étendent pas au delà de ce qui suffit pour assurer le bien-être physique. En ce qui concerne le progrès intellectuel et moral, on peut beaucoup attendre du patronage que les propriétaires des mines de Pontgibaud commencent à exercer dans la contrée. L'esprit qui les anime est celui qui se développe en Angleterre (III, IX, 18). Sous l'influence d'idées plus justes sur le principe d'une bonne constitution et avec des institutions meilleures, la richesse minérale de cette région assurerait aux générations successives d'ouvriers la sécurité qui règne dans les corporations de mines de l'Allemagne (III, III) et de la Hongrie (IV, 1). Il serait urgent de restaurer, sous cette forme, les anciennes communautés rurales de l'Auvergne (20).

§ 14. — BUDGET DES RECETTES DE L'ANNÉE.

SOURCES DES RECETTES.	ÉVALUATION approximative des sources de recettes.
	VALEUR des propriétés.
SECTION Iʳᵉ. **Propriétés possédées par la famille.**	
ART. 1ᵉʳ. — PROPRIÉTÉS IMMOBILIÈRES.	
HABITATION :	
Maison...	1,000ᶠ00
IMMEUBLES RURAUX :	
Jardin de 2 ares attenant à la maison..........................	250 00
ART. 2. — VALEURS MOBILIÈRES.	
ANIMAUX DOMESTIQUES entretenus toute l'année :	
Volailles.. (6)	12 00
MATÉRIEL SPÉCIAL des travaux et industries :	
Pour les travaux de mine.............................. (6)	2 00
Pour la culture du jardin.............................. (6)	3 00
ART. 3. — DROIT AUX ALLOCATIONS DE SOCIÉTÉS D'ASSURANCES MUTUELLES.	
SOCIÉTÉS répartissant immédiatement la contribution de la famille :	
Droit éventuel aux secours de médecine et de chirurgie, pour l'ouvrier malade......	»
VALEUR TOTALE des propriétés......................	1,267 00

SECTION II.

Subventions reçues par la famille.

ART. 1ᵉʳ. — PROPRIÉTÉS REÇUES EN USUFRUIT.

(La famille ne reçoit aucune propriété en usufruit)..

ART. 2. — DROITS D'USAGE SUR LES PROPRIÉTÉS VOISINES.

DROIT de parcours accordé, pour les volailles, sur les voies publiques et sur la lisière des propriétés..........
— sur le fumier des voies publiques..

ART. 3. — ALLOCATIONS D'OBJETS ET DE SERVICES.

ALLOCATIONS concernant la nourriture...

— concernant l'habitation...

— concernant le service de santé...

— concernant les assurances...

§ 14. — BUDGET DES RECETTES DE L'ANNÉE.

RECETTES.	MONTANT DES RECETTES.	
	VALEUR des objets reçus en nature.	RECETTES en argent.
SECTION Iʳᵉ.		
Revenus des propriétés.		
ART. 1ᵉʳ. — REVENUS DES PROPRIÉTÉS IMMOBILIÈRES.		
Intérêt (5 p. 100) de la valeur de cette maison........................	50ᶠ00	»
— — de ce jardin..	12 50	»
ART. 2. — REVENUS DES VALEURS MOBILIÈRES.		
Intérêt (6 p. 100) de la valeur de ces animaux	0 72	»
Intérêt (5 p. 100) de la valeur de ce matériel.........	»	0ᶠ10
....	0 15	»
ART. 3. — ALLOCATIONS DES SOCIÉTÉS D'ASSURANCES MUTUELLES.		
Allocation supposée égale à la contribution annuelle de la famille, 12ᶠ00. — Cette recette, n'étant que la rentrée d'une valeur égale versée à la caisse de la société d'assurance, est omise ici comme la dépense qui la balance.......... (15, Sᵒⁿ V).	»	»
TOTAUX des revenus des propriétés...............	63 37	0 10
SECTION II.		
Produits des subventions.		
ART. 1ᵉʳ. — PRODUITS DES PROPRIÉTÉS REÇUES EN USUFRUIT.		
(La famille ne jouit d'aucun produit de ce genre).................................	»	»
ART. 2. — PRODUITS DES DROITS D'USAGE.		
Aliments divers trouvés par les poules, évalués à........................ (16, C)	12 00	»
(La valeur du fumier équivaut au modique salaire attribué au travail de la récolte) (14, Sᵒⁿ III)...	»	»
ART. 3. — OBJETS ET SERVICES ALLOUÉS.		
Déficit sur les dépenses concernant la nourriture distribuée dans les ateliers contre une modique retenue effectuée sur les salaires (pour mémoire) .... (7)	»	»
Fruits reçus des agriculteurs voisins, en cas de récolte abondante, 80 kil. à 0ᶠ10 le kil...	8 00	»
Déficit sur les dépenses concernant le logement accordé aux ouvriers contre une modique retenue effectuée sur les salaires (7) (pour mémoire).....................	»	»
Contribution des propriétaires à la société d'assurances mutuelles qui alloue les secours de médecine et de chirurgie, évaluée par famille d'ouvriers à...........	3 00	»
Allocation de céréales à prix réduit faite, en cas de disette, par les propriétaires, évaluée par année et par famille d'ouvriers à.	2 00	»
TOTAL des produits des subventions......	25 00	»

§ 14. — BUDGET DES RECETTES DE L'ANNÉE (SUITE).

SOURCES DES RECETTES (SUITE).

DÉSIGNATION DES TRAVAUX ET DE L'EMPLOI DU TEMPS.	QUANTITÉ DE TRAVAIL EFFECTUÉ.		
	père	mère	fils aîné
	journées	journées	journées

SECTION III.
Travaux exécutés par la famille.

TRAVAIL PRINCIPAL, exécuté à la tâche au compte de l'administration des mines :			
Travaux de mine : travail normal......................................	300	»	»
— travail supplémentaire.......................... (8)	15	»	»
TRAVAIL PRINCIPAL, spécial à la femme, exécuté au compte de la famille :			
Travaux de ménage : préparation des aliments, y compris la cuisson du pain ; soins donnés aux enfants ; soins de propreté concernant la maison et le mobilier ; entretien et blanchissage des vêtements et du linge.................	»	180	»
TRAVAUX SECONDAIRES :			
Culture du jardin...	3	8	»
Soins donnés aux volailles, vente des produits.....................	»	6	»
Garde des oies pour trois ménages..............................	»	»	250
Récolte du fumier sur les voies publiques...	»	»	20
Entretien de la maison et du mobilier........................	5	»	»
Préparation du fil de chanvre et confection de vêtements en fil de chanvre. (16, G	»	49,5	»
Préparation et élaboration de la laine et confection de vêtements de laine.. (16, H)	»	67	»
Confection de vêtements en étoffes achetées.....................	»	10	»
Confection d'objets de tricot, à prix d'argent................. .	»	12	»
TOTAUX des journées de tous les membres de la famille..... ..	323	332,5	270

SECTION IV.
Industries entreprises par la famille
(à son propre compte).

SPÉCULATION relative aux travaux exécutés à la tâche par l'ouvrier....................
    Fourniture de l'huile d'éclairage...
    Substitution du travail à la tâche au travail à la journée.....................

INDUSTRIES entreprises au compte de la famille :
    Culture du jardin...
    Exploitation des volailles.................................
    Élaboration de la laine et du chanvre ; confection de vêtements...............
SPÉCULATION faite par la femme sur la vente de ses cheveux.........................

§ 14. — BUDGET DES RECETTES DE L'ANNÉE (SUITE).

				MONTANT DES RECETTES.	
			RECETTES (SUITE)	VALEUR des objets reçus en nature.	RECETTES en argent.

PRIX DES SALAIRES JOURNALIERS.

père	mère	fils aîné			
fr. c.	fr. c.	fr. c.	**SECTION III.**		
			Salaires.		
			(Non compris la portion des salaires considérée comme le bénéfice des spéculations du tâcheron, S⁰ⁿ IV.)		
1 50	»	»	Salaire que recevrait un journalier exécutant le même genre de travail et ne fournissant que son travail....	»	450ᶠ 00
1 50	»	»	Salaire que recevrait un journalier exécutant le même genre de travail et ne fournissant que son travail....	»	22 50
»	»	»	(Aucun salaire ne peut être attribué à ces travaux) . .	»	»
0 50	0 250	»	Salaire total attribué à ce travail....	3ᶠ 50	»
»	0 250	»	....	1 50	»
»	»	0 12	— — 150ᵏ de pain valant, à 0ᶠ 20 par kil.......	30 00	»
0 50	»	0 10	— —	2 00	»
»	»	»	— —	2 50	»
»	0 314	»	— —	17 03	»
»	0 291	»	— —	19 50	»
»	0 250	»	— —	2 50	»
»	0 250	»	— —	»	3 00
			TOTAUX des salaires de la famille.............	78 53	475 50

SECTION IV.

Bénéfices des industries.

(Y compris la portion des salaires considérée comme le bénéfice des spéculations du tâcheron, S⁰ˢ III.)

	CALCUL du salaire journalier moyen.	VALEUR des objets reçus en nature.	RECETTES en argent.
Un journalier, exécutant le même genre de travail, recevrait (S⁰ˢ III)....	1ᶠ 500	»	9 45
Supplément de salaire résultant de cette fourniture..... ... .. (16, A)	0 030	»	
— — de cette substitution........... (16, A)	0 083	»	26 20
TOTAL du salaire journalier moyen de l'ouvrier..........	1 613		
Bénéfice résultant de cette industrie....................................... (16, B)		2 25	»
— — .... (16, C)		26 08	11 88
Bénéfice compris dans l'évaluation des salaires de la femme (S⁰ˢ III).............		»	»
Ce genre de spéculation, recherché par les filles de 16 à 20 ans, peut rarement être renouvelé après le mariage... (10)		»	»
TOTAUX des bénéfices résultant des industries ...... (16, D)		28 33	47 53

NOTA. — Outre les recettes portées ci-dessus en compte, les industries donnent lieu à une recette de 34ᶠ 92 (16, D), qui est appliquée de nouveau à ces mêmes industries. Cette recette et les dépenses qui la balancent (15, S⁰ˢ V) ont été omises dans l'un et l'autre budget.

TOTAUX DES RECETTES de l'année (balançant les dépenses....... . (718ᶠ 36)		195 23	523 13

§ 15. — BUDGET DES DÉPENSES DE L'ANNÉE.

DÉSIGNATION DES DÉPENSES.	POIDS et PRIX des ALIMENTS		MONTANT DES DÉPENSES.	
	POIDS consommé	PRIX par kilogr	VALEUR des objets consommés en nature.	DÉPENSES en argent.
SECTION Irᵉ.				
Dépenses concernant la nourriture.				
ART. 1ᵉʳ. — ALIMENTS CONSOMMÉS DANS LE MÉNAGE.				
[Par l'ouvrier, la femme, 4 enfants de 10, de 8, de 5 et de 2 ans. pendant 365 jours, et un ouvrier auxiliaire (16, H) pendant 1 jour.]				
CÉRÉALES :				
Froment, évalué à l'état de pain (pour l'enfant de 2 ans).......	48ᵏ0	0ᶠ3C0	»	14ᶠ40
Seigle : partie évaluée à l'état de farine, 984 kil. (16, E) à 0ᶠ20, 196ᶠ96 ; — partie évaluée à l'état de pain, 150 kil. (14, Sᵒⁿ III) à 0ᶠ20, 30ᶠ00.............................	1,134 0	0 200	30ᶠ00	196 96
Sarrasin, évalué à l'état de grain....	80 0	0 150	»	12 00
Poids total et prix moyen...	1,262 0	0 201		
CORPS GRAS :				
Beurre de vache..................................	48 0	1 100	»	52 80
LAITAGE ET ŒUFS :				
Fromage de vache (qualité inférieure)........................	36 0	0 500	»	18 00
Œufs........... .... (16, C)	68 0	0 587	39 90	»
Poids total et prix moyen..	104 0	0 557		
VIANDES ET POISSONS :				
Viandes de boucherie : Vache.	12 0	0 700	»	8 40
Volailles : 1 vieille poule.................... .... (16, C)	1 0	0 400	0 40	»
Poissons (ils n'entrent jamais dans l'alimentation de la famille)..	»	»	»	»
Poids total et prix moyen..........	13 0	0 677		
LÉGUMES ET FRUITS :				
Tuberculés : Pommes de terre....... • .... (16, B)	265 0	0 0C0	15 90	»
Légumes verts à cuire : Choux..................	45 0	0 070	»	3 15
Légumes épices : Oignons, 10ᵏ à 0ᶠ25, 2ᶠ50 ; — persil, 1ᵏ à 1ᶠ00, 1ᶠ00... (16, B)	11 0	0 318	3 50	»
Salades diverses.............................. .... (16, B)	10 0	0 100	1 00	»
Fruits à pepin et à noyau : Pommes, poires, cerises, raisins (donnés par les voisins, 14, Sᵒⁿ II)........................	80 0	0 100	8 00	»
Poids total et prix moyen..........	411 0	0 077		
CONDIMENTS ET STIMULANTS :				
Sel..	60 0	0 500	»	30 00
Épices : Poivre......................................	0 2	5 000	»	1 00
Vinaigre...	3 0	0 300	»	0 90
Poids total et prix moyen..........	63 2	0 505		
BOISSONS FERMENTÉES :				
Elles n'entrent jamais dans la consommation normale du ménage : l'ouvrier boit un peu de vin, à titre de récréation, dans quelques circonstances exceptionnelles.....................	»	»	»	»
ART. 2. — ALIMENTS PRÉPARÉS ET CONSOMMÉS EN DEHORS DU MÉNAGE.				
(Aucune nourriture n'est consommée en dehors du ménage).....................	»	»		
TOTAUX des dépenses concernant la nourriture			98 70	337 61

§ 45. — BUDGET DES DÉPENSES DE L'ANNÉE (SUITE).

DÉSIGNATION DES DÉPENSES (SUITE).	MONTANT DES DÉPENSES.	
	VALEUR des objets consommés en nature.	DÉPENSES en argent.

SECTION II.

Dépenses concernant l'habitation.

LOGEMENT : Loyer de la maison (intérêt de la valeur de la maison), 50ᶠ00; — entretien de la maison : travaux de l'ouvrier (14, Sᵒⁿ III), 1ᶠ25...............	51ᶠ25	»
MOBILIER : Entretien : travaux de l'ouvrier (14, Sᵒⁿ III), 1ᶠ25 ; — draps de lit (16, G), 15ᶠ94......	7 41	9ᶠ75
CHAUFFAGE : Bois (fagots), 900ᵏ à 3ᶠ30 par 100 kil...	»	29 70
ÉCLAIRAGE : Huile, 6ᵏ à 1ᶠ50	»	9 00
TOTAUX des dépenses concernant l'habitation.........	58 69	48 45

SECTION III.

Dépenses concernant les vêtements.

VÊTEMENTS DE L'OUVRIER : Achats de vêtements; vêtements en toile et en laine de confection domestique; travaux de confection.. (16, F à J)	15 42	48 42
VÊTEMENTS DE LA FEMME : Achats de vêtements; vêtements en toile et en laine de confection domestique; travaux de confection.. (16, F à J)	7 47	30 69
VÊTEMENTS DES ENFANTS : Achats de vêtements; vêtements en toile et en laine de confection domestique; travaux de confection....................................... (16, F à J)	9 95	29 61
BLANCHISSAGE : Savon, 5ᵏ5 à 1ᶠ20................	»	6 60
TOTAUX des dépenses concernant les vêtements.........	32 84	115 32

SECTION IV.

Dépenses concernant les besoins moraux, les récréations et le service de santé.

CULTE : Rétribution payée au curé pour une messe dite, le jour des trépassés, à l'intention des parents morts...................................	»	2 25
INSTRUCTION DES ENFANTS : (On ne donne point d'instruction aux enfants.)...................	»	»
SECOURS ET AUMÔNES : (On n'a pas constaté que la famille fasse d'aumônes.)...................	»	»
RÉCRÉATIONS ET SOLENNITÉS : Pain d'épice pour le petit enfant; vin bu par l'ouvrier dans quelques circonstances exceptionnelles................................	»	0 50

§ 45. — BUDGET DES DÉPENSES DE L'ANNÉE (SUITE).

DÉSIGNATION DES DÉPENSES (SUITE).	MONTANT DES DÉPENSES.	
	VALEUR des objets consommés en nature	DÉPENSES en argent.
SECTION IV.		
Dépenses concernant les besoins moraux, les récréations et le service de santé (suite).		
SERVICE DE SANTÉ :		
Secours de la médecine et de la chirurgie pour l'ouvrier : payés par une société d'assurances mutuelles (13 et 14, S^{ons} I et II), 15^f00 ; — secours de la médecine et de la chirurgie pour le reste de la famille : dépense évaluée en moyenne à 1^f00.........	3^f00	13^f00
TOTAUX des dépenses concernant les besoins moraux, les récréations et le service de santé...................	3 00	15 75
SECTION V.		
Dépenses concernant les industries, les dettes, les impôts et les assurances.		
DÉPENSES CONCERNANT LES INDUSTRIES :		
NOTA. — Les dépenses concernant les industries entreprises au compte de la famille montent à................... (16, D)	67^f30	
... et sont remboursées par les recettes provenant de ces mêmes industries, savoir :		
Argent et objets employés pour les consommations du ménage et portés à ce titre dans le présent budget... .... 32^f47		
Argent et objets appliqués de nouveau aux industries (14, S^{on} IV) comme emploi momentané du fonds de roulement, et qui ne peuvent conséquemment figurer parmi les dépenses du ménage. 34 92	67 39	
INTÉRÊTS DES DETTES :		
(Aucune dette n'a été contractée par la famille.)...................	»	»
IMPÔTS :		
Impôt foncier (pour la maison et le jardin)...................	»	6 00
ASSURANCES CONCOURANT A GARANTIR LE BIEN-ÊTRE PHYSIQUE ET MORAL DE LA FAMILLE :		
Assurances contre les maladies et les blessures : contribution annuelle à une caisse d'assurances mutuelles garantissant les secours de la médecine et de la chirurgie aux ouvriers malades (13) :		
Retenue sur le salaire de l'ouvrier, 12^f00. — Cette somme ne fait que passer par la caisse de la société d'assurances, pour revenir à la famille sous forme de secours médicaux : on a donc pu l'omettre ici comme la recette (14, S^{on} I) qui la balance...........	»	»
Contribution de l'administration des mines (14, S^{on} II), 3^f00. — Cette somme est dépensée par l'ouvrier comme secours de médecine et de chirurgie, et portée à ce titre ci-dessus (S^{on} IV)...................	»	»
Assurances contre les disettes : remise sur le prix marchand du blé accordée, dans le cas de disette, par l'administration des mines...................	2 00	»
TOTAUX des dépenses concernant les industries, les dettes, les impôts et les assurances...................	2 00	6 00
ÉPARGNE DE L'ANNÉE :		
L'épargne, nulle en ce moment, vu les charges imposées par quatre enfants en bas âge, doit bientôt revenir au taux annuel de 100 à 200 francs, comme aux premières années du mariage...................	»	»
TOTAUX DES DÉPENSES de l'année (balançant les recettes)...... (718^f36)	195 23	523 13

	VALEURS	
	en nature.	en argent.

§ 16.

COMPTES ANNEXÉS AUX BUDGETS.

SECTION I.

COMPTES DES BÉNÉFICES

Résultant des industries entreprises par la famille (à son propre compte).

A. — SPÉCULATION RELATIVE AUX TRAVAUX DE MINE EXÉCUTÉS PAR L'OUVRIER.

RECETTE.

Somme obtenue des travaux de mine, en sus du salaire que recevrait un journalier exécutant le même genre de travail et ne fournissant que son travail..	»	62f 75

DÉPENSES.

Huile pour l'éclairage dans la mine : 18 kil. à 1f 50......................	»	27 00
Intérêt (5 p. 100) de la valeur de la lampe de mine (2f 00)................	»	0 10
SUPPLÉMENT DE SALAIRE résultant de la fourniture de l'huile d'éclairage.....	»	9 45
résultant de la substitution du travail à la tâche au travail à la journée.........................	»	26 20
Total comme ci-dessus...............	»	62 75

B. — CULTURE DU JARDIN DE 1 ARE POSSÉDÉ PAR LA FAMILLE.

RECETTES.

Pommes de terre.............................. .... 265 kil. à 0f 06...	15f 90	»
Oignons.. 10 à 0 25...	2 50	»
Persil.. 1 à 1 00...	1 00	»
Salades.. 10 à 0 10...	1 00	»
Total..............................	20 40	»

DÉPENSES.

Intérêt (5 p. 100) de la valeur du jardin (250f 00)........................	12 50	»
Fumier (ramassé par les enfants)............................... (14, Sᵉⁿ III)	2 00	»
Travaux de la famille..	3 50	»
Intérêt (5 p. 100) de la valeur des outils (3f 00)........	0 15	»
BÉNÉFICE résultant de l'industrie.......................................	2 25	»
Total comme ci-dessus.............	20 40	»

	VALEURS	
	en nature.	en argent.

C. — EXPLOITATION DES VOLAILLES.

RECETTES.

Œufs pour la consommation de la famille. 1,368 pièces à 0f 35 par douzaine..	39f 90	»
Œufs pour la vente.. .... 576 À 0 35.............	»	16f 80
Poulets pour la vente.................... 6 À 0 50.............	»	3 00
Vieille poule pour la consommation de la famille........................	0 40	»
Totaux......................	40 30	19 80

DÉPENSES.

Intérêt (6 p. 100) de la valeur des poules (12f00)........................	0 72	»
Nourriture :		
Son, 264 kil. à 0f03.. (E)	»	7 92
Nourriture prise sur les voies publiques, évaluée à....................	12 00	»
Travaux de la femme..	1 50	»
BÉNÉFICE résultant de l'industrie.....................................	26 08	11 88
Totaux comme ci-dessus............	40 30	19 80

D. — RÉSUMÉ DES COMPTES DES BÉNÉFICES RÉSULTANT DES INDUSTRIES
(A à C).

RECETTES TOTALES.

Produits employés en nature pour la nourriture de la famille..... (15, Soa I)	60 70	»
Recettes en argent à employer de nouveau pour les industries elles-mêmes	»	34 92
Recettes en argent appliquées aux dépenses du ménage..................	»	47 63
Totaux.............................	60 70	82 55

DÉPENSES TOTALES.

Intérêt de la valeur des propriétés possédées par la famille et employées par elle aux industries.. (14, Soa I)	13 37	0 10
Produits des subventions reçues par la famille et employées par elle aux industries .... (14, Soa II)	13 00	»
Salaires afférents aux travaux exécutés par la famille pour les industries. .... (14, Soa III)	7 00	»
Dépenses en argent qui devront être remboursées par des recettes résultant des industries...	»	34 92
Totaux des dépenses (67f39)..........	33 37	35 02
BÉNÉFICES TOTAUX résultant des industries................. . (14, Soa IV)	28 33	47 53
Totaux comme ci-dessus..............	60 70	82 55

SECTION II.

COMPTES RELATIFS AUX SUBVENTIONS.

Ces comptes, d'une grande simplicité, ont pu être établis dans le budget même (14, Soa II).

	VALEURS	
	en nature.	en argent.

SECTION III.
COMPTES DIVERS.

E. — Prix de revient du pain confectionné avec des céréales achetées.

Seigle acheté : 1,344 kil. à 0f 145 . . . .   194f 88

On en obtient : Son.	264 kil. à 0f 030. .	7 92	
— Farine pour pain de ménage.	984 à 0 190		186f 96
— Farine pour paiement de mouture.	96 (pour mémoire)		»
	,344		

Genêts, pour la cuisson du pain : 2 chars 10 00

Prix de revient du pain provenant de 984 kil. de farine. . . .   196 96

F. — Compte de la dépense annuelle pour vêtements en étoffes achetées.

	PRIX d'achat.	DURÉE.	DÉPENSE par an.
Art. 1er. — Vêtements de l'ouvrier.			
1 pantalon d'été.	4f 00	1 an.	4f 00
1 blouse.	3 00	1	3 00
2 gilets.	3 00	1	3 00
Chapeau du dimanche.	3 00	6	0 50
Chapeau de travail.	1 50	1	1 50
Souliers (y compris les réparations)	»	»	10 00
Sabots et brides.	»	»	2 20
1 cuir de mineur.	5 00	10	0 50
Total.			24 70
Art. 2. — Vêtements de la femme.			
1 robe.	6 50	1	6 50
1 jupon.	3 50	1	3 50
2 tabliers.	3 00	1	3 00
1 camisole.	2 00	1	2 00
Mouchoirs de cou et de poche.	»	»	3 00
1 chapeau de paille.	0 75	1	0 75
Sabots.	»	»	2 00
Total.			20 75
Art. 3. — Vêtements des enfants.			
Dépense approximative.			16 00

G. — Compte de la dépense annuelle pour la toile de chanvre de confection domestique.

	VALEURS	
	en nature.	en argent.

Nota. — On fait alternativement deux toiles différant de largeur et de grosseur, une année pour chemises et l'année suivante pour draps de lit.

Art. 1er. — Dépense pour le ménage tout entier pendant 2 ans.

1re année. — Confection de toile et de chemises.

	en nature.	en argent.
Achat de 12k 1 de chanvre à 1f 50.	»	18f 15
Acquisition du chanvre, 1/2 journée à 0f 25 (par la femme)	0f 13	»
Filage (3 1/4 journ. pour 1 kil. de chanvre), 39 journ. à 0f 25 (par la femme) . .	9 75	»
A reporter	9 88	18 15

	VALEURS	
	en nature.	en argent.

Art. 1er. — *Dépense pour le ménage tout entier pendant 2 ans (suite).*

1re année. — Confection de toile et de chemises (suite).

Report..........................	9f 88	18f 15
Blanchissage du fil, 3 journées à 0f 50 (par la femme)...................	1 50	»
Lessivage du fil, 3 journées à 0f 50 (on obtient 9 kil. de fil) (par la femme)..	1 50	»
Dévidage du fil, 2 journées à 0f 90 (on paierait 0f 20 par kil.) (par la femme)..	1 80	»
Tissage (on obtient 28m de toile, on paie 0f 25 par mètre).................	»	7 00
Confection de chemises (14 chemises), 14 journées à 0f 50 (par la femme, on paierait 0f 50 par chemise pour la confection)........	7 00	»
Totaux de la dépense de la 1re année.........	21 68	25 15

2e année. — Confection de toile et de draps de lit.

Achats de 10 kil. de chanvre à 1f 50............................	»	15 00
Acquisition, 1,2 journée à 0f 25 (par la femme)..................	0 13	»
Filage (2 3/4 journées pour 1 kil. de chanvre), 27 journées à 0f 25 (par la femme)...	6 75	»
Blanchissage du fil, 3 journées à 0f 50 (par la femme)............	1 50	»
Lessivage du fil, 3 journées à 0f 50 (on obtient 7k 5 de fil) (par la femme)....	1 50	»
Dévidage du fil, 2 journées à 0f 75 (par la femme)...............	1 50	»
Tissage (on obtient 18m de toile et on paie 0f 25 par mètre).........	»	4 50
Confection des 4 draps de lit, 2 journées à 0f 50 (par la femme)...........	1 00	»
Totaux des dépenses de la 2e année..........	19 38	19 50

Art. 2. — *Distribution de la dépense entre les divers emplois pour lesquels sert la toile.*

1re année. — Emploi de la toile à chemises.

Pour l'ouvrier... 3 chemises neuves........... 6m0 de toile............		6 02	7 19
— Réparations.................... 2 0.			
Pour la femme.. 3 chemises neuves........... 7 2.		6 60	7 54
— Réparations.................. 1 2.			
Pour les enfants. 8 chemises neuves........... 9 6.		9 06	10 43
— Réparations.................. 2 0.			
Totaux comme ci-dessus........ 28 0............		21 68	25 15

2e année. — Emploi de la toile à draps de lit.

Confection de 4 draps neufs................. 15m5 de toile............	10 80	16 80
Réparations........................... 2 5.................	1 58	2 70
Totaux comme ci-dessus.... .... 18 0...................	12 38	19 50

Art. 3. — *Distribution de la dépense pour une année, en moyenne.*

Chemises pour l'ouvrier....................................	3 01	3 60
— pour la femme.....................................	3 30	3 77
— pour les enfants...................................	4 53	5 21
Entretien des draps de lit..................................	6 19	9 75
Totaux.........................	17 03	22 33

H. — Compte de la dépense annuelle pour vêtements en laine de confection domestique.

Art. 1er. — *Dépense pour le ménage tout entier.*

Achat de la laine brute : 15 kil. à 1f 60.........................	»	24 00
Achat d'indigo pour teindre la laine : 6 onces à 0f 80.............	»	4 80
A reporter......................	»	28 80

	VALEURS	
	en nature.	en argent.

ART. 1er. — *Dépense pour le ménage tout entier (suite).*

Report............................	»	28f 80
Teinture de la laine avant le dégraissage (par la femme), 2 journées à 0f 50..	1f 00	»
Dégraissage (par la femme), 1 journée à 0f 50 (on obtient 7k 5 de laine pure)..	0 50	»
Cardage de la laine : 0f 30 par kil. de laine cardée.........................	»	2 25
Filage : 30 journées à 0f 25 (par la femme)................................	7 50	»
Tissage de 5 kil. de laine filée (on obtient 11 mètres de serge, on paie 0f 20 par mètre de serge obtenue)....................................	»	2 20
Foulage, 0f 04 par mètre de serge ; pour 11 mètres......	»	0 44
Façon des vêtements autres que bas et objets tricotés :		
1 journée de tailleur (pour couper les vêtements de l'ouvrier qui sont ensuite cousus par la femme) : salaire en argent, 1f 00 ; — nourriture comprise dans la nourriture du ménage (15, Son 1)................................	»	1 00
8 journées de la femme, à 0f 50............................	4 00	»
Confection de bas et d'objets tricotés (2k 5 de laine filée), 26 journées de la femme à 0f 25............................	6 50	»
Totaux........................	19 50	34 69

ART. 2. — *Distribution de la dépense sur les divers membres du ménage.*

Pour l'ouvrier...	Vêtements en serge, 5m 5 de serge.....	5 00	12 17
—	Bas et objets tricotés.......... 1k 750 de laine filée..	6 66	7 95
Pour la femme...	Vêtements en serge, 2m 2 de serge....	2 00	4 47
—	Bas............... 0k 375 de laine filée..	1 42	1 70
Pour les enfants.	Vêtements en serge, 3m 3 de serge....	3 00	6 70
—	Bas........... 0k 375 de laine filée..	1 42	1 70
Totaux comme ci-dessus..........		19 50	34 69

J. — COMPTE DE LA DÉPENSE ANNUELLE TOTALE DE LA FAMILLE POUR VÊTEMENTS.

ART. 1er. — *Vêtements de l'ouvrier.*

Achat d'étoffes et de vêtements............................ (F)	»	24 70
Chemises en toile de chanvre.......... .... (G)	3 01	3 60
Vêtements en laine : vêtements en serge.................... (H)	5 00	12 17
— bas et tricots.................... (H)	6 66	7 95
Confection d'une partie de ces vêtements par la femme : 3 journées à 0f 25...	0 75	»
Totaux......	15 42	48 42

ART. 2. — *Vêtements de la femme.*

Achat d'étoffes et de vêtements............................ (F)	»	20 75
Chemises en toile de chanvre............................ (G)	3 30	3 77
Vêtements en laine : vêtements en serge.................... (H)	2 00	4 47
— bas............................ (H)	1 42	1 70
Confection d'une partie de ces vêtements : 3 journées de la femme à 0f 25....	0 75	»
Totaux............................	7 47	30 69

ART. 3. — *Vêtements des enfants.*

Achat d'étoffes et de vêtements............................ (F)	»	16 00
Chemises en toile de chanvre............................ (G)	4 53	5 21
Vêtements en laine : vêtements en serge.................... (H)	3 00	6 70
— bas............................ (H)	1 42	1 70
Confection d'une partie de ces vêtements : 4 journées de la femme à 0f 25...	1 00	»
Totaux............................	9 95	29 61

· ÉLÉMENTS DIVERS DE LA CONSTITUTION SOCIALE

FAITS IMPORTANTS D'ORGANISATION SOCIALE; PARTICULARITÉS REMARQUABLES; APPRÉCIATIONS GÉNÉRALES; CONCLUSIONS.

§ 17.

CAUSES D'ÉBRANLEMENT OBSERVÉES CHEZ LES POPULATIONS DE LA BASSE-AUVERGNE, ET SPÉCIALEMENT DANS LA FAMILLE DÉCRITE.

Les populations rurales de la contrée qu'habite la famille décrite sont dans une situation fort inférieure à celle qui distingue les campagnes prospères de l'Orient et du Nord. Quand on se reporte, par exemple, à l'admirable organisation de la plaine saxonne (III, III, 19), cette infériorité est évidente, dans l'ordre physique et intellectuel, comme dans l'ordre moral.

Les grands propriétaires et les paysans, c'est-à-dire les deux éléments qui donnent la solidité aux bonnes organisations rurales, sont incessamment affaiblis ou détruits, dans cette partie de l'Auvergne, par le partage forcé des héritages. Les bordiers, au contraire, qui ne possèdent que leur habitation avec quelques lambeaux de terre arable, se multiplient aux dépens des deux autres. Dans cette classe même, les familles s'amoindrissent à chaque génération en se partageant le petit domaine de leurs parents; et elles marchent, pour la plupart, vers la condition de propriétaire-indigent. Abandonnés sans patronage aux durs travaux et aux préoccupations pénibles qu'imposent les incertitudes relatives à la conquête du pain quotidien, dépourvus de conseils et de bons exemples, les bordiers auvergnats déclinent en moralité plus qu'en bien-être. Ils deviennent de plus en plus étrangers aux sentiments qu'inspiraient, au dernier siècle, dans cette province, le respect de la loi morale, le dévouement aux familles-souches ou aux communautés (20) et l'amour de la patrie.

Cependant les petits propriétaires de l'Auvergne conservent encore, pour la plupart, certaines qualités qui permettent à une race déchue de se relever. Ils sont sobres et durs au travail. Ils tiennent à honneur de perpétuer leur famille dans la maison paternelle. Lors du décès des parents, les cohéritiers résistent, avec un sens droit et un louable amour de la paix, aux excitations intéressées des officiers publics préposés au partage des biens. Ils se concertent volontiers pour assurer la transmission intégrale du domaine de la famille à celui d'entre eux qui peut le mieux désintéresser les autres au moyen de soultes en argent. Enfin, ils restent fidèles aux vieilles coutumes d'émigration périodique, qui imposent aux jeunes émigrants l'obligation morale de rapporter chaque année une épargne au pays natal; qui, par conséquent, leur donnent la force d'âme nécessaire pour résister aux contacts corrupteurs qu'ils ont à subir, loin de la famille, pendant le séjour dans les villes d'émigration.

L'ouvrier décrit dans la présente monographie se distingue parmi ceux qui possèdent ces qualités. Grâce à l'ascendant personnel d'un curé, issu de l'une des bonnes familles-souches qui se sont perpétuées dans les montagnes voisines (IV, ix, 22), la famille est pénétrée de certains sentiments qui émanent d'un bon enseignement religieux. Elle ne se laisse pas dominer par la dureté de cœur qui est trop souvent développée par la vertu de l'épargne; qui pèse, d'une manière plus fâcheuse que la pauvreté, sur les individus obligés de gagner le pain quotidien sans le secours du patronage.

Au surplus, le patronage rural, qui a été désorganisé, dans la majeure partie de l'Auvergne, sous l'ancien régime par la défaillance des classes dirigeantes, depuis la Terreur de 1793 par la loi du partage forcé, vient d'être restauré dans cette localité. Ce bienfait émane de l'industrie minérale, c'est-à-dire de l'un des éléments de stabilité signalés précédemment dans plusieurs régions de l'Allemagne (III, iii; IV, 1). Les riches filons de plomb argentifère, abandonnés depuis longtemps, au milieu des obstacles suscités par les institutions vicieuses de l'ancien régime (18), sont devenus récemment l'objet d'une exploitation lucrative. Les

nouveaux exploitants se montrent animés, à un haut degré, de
l'esprit de patronage. Ils ouvriront, dans cette riche région
métallifère, une ère durable de stabilité, pourvu qu'ils ne soient
pas entravés par les discordes civiles qui ont été partout l'un des
écueils des corporations de mines métalliques.   F. L.-P.

§ 18.

CAUSES QUI ENTRAVENT, EN FRANCE, L'EXPLOITATION DES MINES MÉTALLIQUES.

Les usines à fer sont la seule branche d'industrie minérale
où l'on ait tiré parti des ressources du territoire français. Les
autres métaux, que recèlent en abondance les chaînes métallifères de Bretagne, des Vosges, du Lyonnais et des autres
montagnes centrales, des Alpes et des Pyrénées, sont à peine
exploités aujourd'hui, bien qu'ils aient été, à diverses époques,
l'objet d'entreprises florissantes.

Cet état de choses doit surtout être attribué à ce que, pendant les derniers siècles, les institutions du pays n'ont guère été
en harmonie avec les convenances propres de l'industrie minérale. Aujourd'hui même, l'organisation industrielle et surtout
les mœurs ne sont point encore en mesure de triompher des
difficultés qu'il faut surmonter dans ce genre d'entreprises.

Le caractère dominant des gîtes métallifères, dans toutes les
contrées du globe, est l'irrégularité. Les gîtes nombreux qu'on
y exploite offrent des différences énormes dans leur composition
et dans leur richesse. Chaque gîte lui-même, considéré isolément,
présente dans son allure de brusques variations qui font succéder
tout à coup la pénurie à l'abondance, et *vice versa*. Pour obtenir
d'une année à l'autre une production à peu près régulière, et en
rapport avec les capitaux consacrés à l'entreprise, avec la population et le matériel qu'on y emploie, il faut donc que les travaux soient conduits sur une grande échelle et dans de hautes
vues d'avenir. Il faut, en un mot, compenser par la multiplicité
des chances, réparties sur de nombreuses masses métallifères et

sur de longues périodes, l'inégalité qui est le caractère distinctif
de cette richesse naturelle. La prospérité des travaux séculaires
qui illustrent la Suède, la Hongrie (IV, 1), le Hartz (III, III)
et l'Angleterre ne se perpétue que si une même pensée est suivie pendant plusieurs générations, lorsque des capitaux tenus
sans cesse en réserve viennent combler, à certaines époques
malheureuses, le déficit causé par l'appauvrissement momentané
des régions exploitées, par la concurrence subite de nouveaux
centres de production, ou par les autres circonstances qui peuvent
temporairement entraver les conditions de succès.

Les contrées qu'on vient de citer, et dans lesquelles fleurit
l'exploitation des mines, offrent une organisation sociale et industrielle en rapport avec ces diverses convenances. En Angleterre,
par exemple, les mines de chaque district minéral sont concédées,
à perpétuité, à une famille puissante, dont la splendeur repose
en partie sur l'exploitation des métaux qu'elles recèlent. Cette
sorte de propriété se transmet intacte dans la famille, de génération en génération, sans morcellement, et par conséquent sans
chance de conflit entre les cohéritiers. Le propriétaire des mines
(*lord of the manor*) exploite quelquefois en régie pour son propre
compte. Plus ordinairement, il concède ses droits pour de longues
périodes à des compagnies qui offrent toutes les garanties désirables, qui courent toutes les chances de l'entreprise et qui paient
une redevance modérée, comprise ordinairement entre le qua-
torzième et le vingtième du produit brut. Cette combinaison maintient heureusement l'harmonie entre l'intérêt du moment, représenté par les concessionnaires, et l'intérêt de l'avenir, qui reste
sous la sauvegarde du propriétaire. Elle assure le maintien des
travaux, alors même que les exploitants temporaires viendraient
à manquer. En Hongrie et en Allemagne, cette haute direction,
nécessaire aux exploitations de mines, a été, en général, imprimée par les Gouvernements, secondés par de puissantes corporations (III, III, 17). Depuis plusieurs siècles, cette organisation
de la propriété maintient l'esprit de tradition, soit pour la direction technique des travaux, soit surtout en ce qui concerne le
patronage, dont les populations ouvrières ne peuvent se passer.

En France, les fécondes influences du système anglais et du système allemand ont toujours manqué. Le pouvoir souverain, qui a revendiqué depuis longtemps le droit de disposer des mines, n'a su, ni les exploiter directement en régie par ses propres agents, ni les concéder à de puissants propriétaires en situation de les féconder. Il n'a pas mieux réussi, en général, à contrôler ou à soutenir les personnes auxquelles il a directement délégué son droit, à charge d'exploitation directe. La loi, éminemment libérale en principe, qui est aujourd'hui en vigueur concède les mines à titre gratuit, sans autre obligation, pour les concessionnaires, que de tenir les travaux en activité : elle n'a cependant produit, jusqu'à ce jour, que des résultats insignifiants. Les concessionnaires directs n'ont, ordinairement, visé qu'à vendre leurs mines, à haut prix, à des capitalistes inexpérimentés; et ceux-ci, après avoir stérilement dépensé dans cette acquisition la partie principale de leurs ressources, se sont trouvés bientôt dans l'impossibilité de continuer les travaux. En général, les concessionnaires français, quoique pourvus à titre gratuit, se montrent beaucoup plus exigeants, envers les exploitants sérieux qui se présentent, que ne le sont, en Angleterre, les propriétaires jouissant sur les gîtes minéraux d'un droit absolu de possession : c'est que les premiers n'ont en vue qu'un intérêt immédiat, tandis que les derniers se laissent surtout déterminer par de hautes vues d'avenir. De son côté, l'administration française a toujours traité avec une tolérance bienveillante les concessionnaires qui ne se trouvent point en mesure de remplir leurs obligations. Le système actuel n'a donc abouti, en définitive, qu'à aliéner entre des mains incapables une partie importante de la richesse publique.

Il importe cependant que l'administration française sorte de la voie où elle est engagée. L'exploitation des mines et la fonte des minerais offrent en effet, dans un grand pays, des sources précieuses d'activité. L'importance du rôle que jouent ces arts dans l'économie des sociétés tient surtout à ce que, comme l'industrie manufacturière en général, ils offrent à l'agriculture le débouché qui résulte de la présence d'une nombreuse population ouvrière. L'extraction des métaux a, d'ailleurs, des avantages qui lui sont spéciaux, et qui ne se rencontrent pas au même degré dans les autres branches d'industrie. Elle a pour siége des régions montagneuses, peu fertiles, éloignées des grandes voies commerciales et qui, sans ce secours, resteraient étrangères à toute activité industrielle. Tirant du sein de la terre toutes les matières qu'elle élabore, elle n'absorbe pas, comme le font, par exemple, les fabriques de tissus de lin, une partie importante du territoire; et elle ne place pas le pays, comme le font les fabriques de coton, dans la dépendance des pays lointains.. En résumé, la mise en valeur d'une mine métallique, dans les conditions où la France se trouve aujourd'hui, n'enlève à l'agriculture aucun de ses moyens d'activité. Elle accroît, sous tous les rapports, la force productive et la puissance du pays, sans y jeter aucun élément de concurrence. Souvent même, il est réservé à l'industrie minérale de développer les premiers germes d'initiative et de culture intellectuelle dans des contrées qui, jusqu'alors, avaient à peine donné prise à l'activité humaine. Tel est le rôle qu'ont joué dans l'antiquité les mines d'argent de l'Espagne, et les mines d'étain de l'Angleterre. Le même cas s'est présenté, au xvi⁰ siècle, pour les mines d'argent des deux Amériques. Il se reproduit de nos jours, sur une échelle immense, pour les mines d'or de l'Oural, de l'Altaï et de la Sibérie orientale, de la Californie et de l'Australie; pour les mines d'argent de la chaîne des Andes, pour les mines de cuivre des Andes, du lac Supérieur, de l'Australie, de la Nouvelle-Zélande. En France même, où le territoire peuplé depuis longtemps ne comporte pas ces subites conquêtes sur le désert ou sur la barbarie, on a pu apprécier l'heureuse influence qu'exerce, sur l'économie sociale d'une localité, l'exploitation des gîtes métallifères. Un exemple de ce genre est fourni par les mines d'argent et de plomb de Pontgibaud, auxquelles est attachée la famille décrite dans la présente monographie. Beaucoup de montagnes métallifères offrent en France les mêmes conditions; mais il est fort rare d'y trouver, sous le régime vicieux indiqué ci-dessus, l'énergie et la persévérance déployées, depuis 1830, dans cette localité.

§ 19.

AVANTAGES ASSURÉS A PLUSIEURS MONTAGNES DE L'AUVERGNE PAR LE RÉGIME D'ÉMIGRATION ET PAR L'EXPLOITATION DES MINES MÉTALLIQUES.

La population de plusieurs montagnes de l'Auvergne est surtout formée de petits propriétaires, produisant la provision de céréales nécessaires à leur consommation. Elle s'adonne d'une manière spéciale à l'élevage des bêtes à cornes dans les pâturages communaux, qui occupent, à proximité de chaque centre de population, une étendue considérable. Cette industrie pastorale ne suffit pas, en général, pour occuper toute l'activité de la population. Les jeunes gens, parvenus à l'âge de 16 à 18 ans, resteraient donc, pour la plupart, sans moyens d'existence, si, à l'exemple de beaucoup d'autres montagnards placés dans les mêmes conditions (IV, v, 20), ils ne se créaient pas des ressources par l'émigration. Pendant les derniers siècles, les jeunes gens de cette région avaient pris l'habitude d'aller en Espagne exercer divers travaux, auxquels la population locale ne pouvait suffire; mais, depuis que ce débouché leur est fermé (v, 21), ils se dirigent vers Paris et Lyon, où ils s'emploient : les garçons, en qualité de porteurs d'eau, de portefaix et de brocanteurs; les filles, en qualité de domestiques. Plusieurs s'y fixent d'une manière définitive, sans se mêler à la population urbaine, en s'établissant comme marchands de bois et de charbons, ou en entreprenant quelque autre petit commerce de détail. Mais la majeure partie, après une émigration plus ou moins prolongée, revient s'établir au pays sur une petite propriété, dont le premier noyau a été créé par l'héritage et qui s'est accrue au moyen des épargnes. Cette contrée est l'une de celles où l'on apprécie l'heureuse influence de la transmission intégrale des petites propriétés; cependant ces habitudes commencent à se dénaturer, soit que les gens perdent les sentiments moraux qui se rattachaient aux anciennes institutions, soit qu'ils doivent se conformer au texte des nouvelles lois civiles. Cette organisation sociale est recommandable à plusieurs égards; elle offre toutefois de regrettables lacunes. Ainsi, elle développe la faculté d'épargner, plus que l'aptitude à produire; les habitudes régulières, plus que l'esprit d'initiative; elle entretient, en un mot, les vertus passives beaucoup plus qu'elle ne stimule les qualités actives (3). Les mœurs ont conservé de la pureté, parfois même une certaine dignité; cependant elles reçoivent çà et là une certaine atteinte de l'influence de quelques émigrants, qui, moins heureusement doués que la masse, se dépravent au contact des populations urbaines, et rapportent au pays natal des habitudes de démoralisation.

L'exploitation de mines d'argent et de plomb de Pontgibaud, rétablie après une longue interruption, depuis une vingtaine d'années, tend heureusement à modifier cet état de choses dans les régions qui confinent à cette localité. Les causes de cette amélioration se trouvent à la fois dans le principe même de l'activité industrielle, et dans la direction morale imprimée à la population ouvrière par une administration intelligente, animée de l'esprit de patronage. La création de ce centre d'activité a tout d'abord mis fin, dans un rayon assez étendu, aux habitudes d'émigration. Bien que les salaires soient restés à bas prix, les travaux des mines et des fonderies offrent en définitive, à la population, des occupations non moins lucratives que ne l'étaient précédemment les occupations urbaines. Les avantages du nouveau régime sont singulièrement relevés par cette double circonstance, que les jeunes gens ne sont plus obligés de renoncer à la vie de famille et qu'ils n'ont plus à supporter les pertes de temps et les frais qu'exigent des voyages à de grandes distances. Des ouvriers étrangers, judicieusement choisis par l'administration des mines pour diriger les brigades d'ouvriers indigènes, ont stimulé, par leur exemple, l'indolence locale; et, d'un autre côté, la population, pour développer plus d'activité, a dû se résoudre à améliorer un peu son régime alimentaire. Les ouvriers les plus intelligents, élevés par d'habiles combinaisons à la condition de tâcherons, n'ont pas tardé à reconnaître qu'ils produisaient davantage en se nourrissant mieux, et qu'un meilleur régime se résumait pour eux en un bénéfice net.

L'industrie minérale a surtout amélioré la condition des jeunes filles, pour lesquelles l'émigration offrait de graves inconvénients, et que leurs parents retenaient souvent inactives à la maison. Elles trouvent aujourd'hui des occupations appropriées à leur sexe dans les ateliers de préparation mécanique où les minerais sont soumis au triage et à des manipulations variées, qui en séparent les matières stériles et les rendent propres à la fusion. Prévoyant avec sollicitude les inconvénients qui pourraient résulter de la réunion d'un grand nombre de jeunes filles loin de la surveillance maternelle, l'administration a pris en leur faveur, en ce qui concerne le logement, la nourriture et les récréations, des mesures analogues à celles dont la convenance est depuis longtemps appréciée dans les ateliers industriels de l'Amérique du Nord [1].

L'initiative prise à cet égard par les directeurs des mines de Pontgibaud est un des plus précieux symptômes du mouvement de régénération qui se manifeste de plus en plus, dans quelques parties de la France, par une combinaison tutélaire de la religion et du patronage. Elle forme un contraste marqué avec l'état de choses qui subsiste malheureusement encore dans plusieurs districts manufacturiers, particulièrement dans les fabriques de Reims, de Sedan, d'Amiens et de Limoges. Beaucoup de propriétaires et de fabricants y voient avec indifférence une dégradation morale dont les peuples les plus primitifs, les nomades de l'Orient, par exemple (II, 1), ne pourraient concevoir la pensée. Cette indifférence existe même dans plusieurs villes de fabriques, où les chefs d'industrie montrent d'ailleurs, pour le bien-être matériel de la population ouvrière, une véritable sollicitude. L'opinion publique, manquant, sur ce point, à la haute mission qui lui est assignée chez les peuples prospères, n'a point assez de délicatesse ou d'énergie pour protéger de pauvres jeunes filles contre des tortures morales du caractère le plus odieux [2]. Dans quelques districts manufacturiers, le mal est arrivé à ce point, que les

1. Michel Chevalier, *Lettres sur l'Amérique du Nord,* tome Ier, p. 226.
2. Villermé, *Tableau de l'état physique et moral des ouvriers,* Paris, 1840, tome Ier, p. 258.

agents directs de la corruption sont les chefs d'industrie eux-mêmes, c'est-à-dire ceux que les lois divines et humaines chargent de la conservation de l'ordre social. Cette dépravation, il faut le dire, est plus souvent décelée par la vaniteuse indiscrétion des coupables que par la réprobation des gens de bien. En certaines localités, les personnes ayant conscience de la honte que ces désordres font peser sur la France ne pourraient même protester sans encourir le ridicule. Plusieurs personnes qui ont habité l'Angleterre affirment que ces vices y existent également. S'il en est ainsi, il faut constater du moins, en l'honneur des Anglais, que les coupables n'ont point, comme en France, le privilége de l'impunité ; qu'ils doivent se soumettre à une dissimulation profonde pour échapper aux atteintes de la justice et à la flétrissure que leur imprimerait l'opinion. Quant aux États-Unis d'Amérique, on s'accorde généralement à convenir que ce genre de désordre y est inconnu. Cet état de démoralisation, il est regrettable de le dire, est spécial à la France et à quelques parties de l'Autriche, de l'Italie et de l'Espagne. L'initiative honorable prise par l'administration des mines de Pontgibaud n'étant malheureusement qu'un fait exceptionnel, et les mœurs privées faisant défaut à cet égard, il y a pour l'autorité publique devoir d'intervenir. Le plan de réforme semble être tracé par la pratique de l'Angleterre et des États-Unis : il consisterait à définir les manœuvres de corruption ayant le caractère d'un délit, puis à autoriser les jeunes filles qui en sont victimes à réclamer un dédommagement devant les tribunaux. Il s'agit, en définitive, de rendre aux femmes une faculté qui paraît être de droit naturel et dont elles sont aujourd'hui privées par l'art. 340 du Code civil.

L'administration des mines de Pontgibaud a contribué, en outre, au progrès de l'instruction primaire; et les résultats en sont déjà appréciables. Les réformes qu'elle a introduites dans la localité offrent une complète analogie avec celles qui ont été récemment réalisées en Angleterre, sous l'influence de l'esprit religieux et des sentiments de patronage (III, ix, 18). Elle justifie, sous ces divers rapports, ce qui a été dit précédemment (18) touchant l'influence féconde de l'industrie minérale.

§ 20.

ANCIENNES COMMUNAUTÉS DE L'AUVERGNE COMPOSÉES DE MÉNAGES, PROPRIÉTAIRES RURAUX, ISSUS D'UN COMMUN ANCÊTRE.

LES QUITTARD-PINON, EN 1788.

Les communautés constituées par des ménages issus d'un commun ancêtre ne se perpétuent pas seulement chez les pasteurs nomades des steppes d'Europe et d'Asie (II, In. 3). Elles existent depuis une époque fort ancienne chez divers peuples agriculteurs; et elles sont encore le fondement de la constitution sociale chez plusieurs races slaves voisines du Danube et de l'Adriatique (IV, I, 22). Des communautés d'agriculteurs, organisées dans des conditions semblables, se sont formées aux origines du moyen âge dans plusieurs provinces de la France centrale, notamment dans le Nivernais et l'Auvergne; et elles y étaient désignées, comme chez les Slaves, sous le nom de l'ancêtre dont elles étaient issues. La communauté des Jault (VI, 22) existait encore à l'époque où j'étudiais la constitution sociale du Nivernais. Celles qui étaient désignées en Auvergne sous les noms de Quittard, Baritel, Beaujeu, Bourgade, Tarenté et Terme, étaient encore en pleine prospérité, en juillet 1788, à l'époque où Legrand d'Aussy visita la première. Cet auteur partageait les idées dont s'inspiraient la plupart des lettrés contemporains. Il paraît avoir été attiré chez les Quittard par le désir d'admirer une petite société, qui, en choisissant son chef par voie d'élection, semblait réaliser les inventions du contrat social. Mais il est curieux de constater, par le précis suivant de la lettre de Legrand d'Aussy[1], le contraste qui existe entre la paix sociale qu'observa cet auteur, et la discorde que crée, depuis 89 ans, l'application des erreurs de J.-J. Rousseau.

La communauté des Quittard habite le hameau de Pinon, situé à une demi-lieue N.-O. de la ville de Thiers. Elle forme

---

1. LEGRAND D'AUSSY, *Documents rétrospectifs sur l'Auvergne*; lettre sur la communauté des Quittard-Pinon.

quatre ménages, comprenant 19 personnes (hommes, femmes et enfants), complétés par 13 domestiques. Elle est gouvernée par deux personnes, le Maître et la Maîtresse, élus par les ménages réunis. Le Maître a l'autorité suprême; et il remplit la fonction d'un père dans sa famille. Il préside spécialement aux travaux des cultures et à toutes les affaires du dehors. La Maîtresse, sous l'autorité supérieure du Maître, préside aux affaires de l'intérieur : à la basse-cour, à la cuisine, aux services du linge et des vêtements. Elle est toujours choisie dans un ménage autre que celui du Maître.

Les mariages, sauf des cas exceptionnels, sont contractés dans le sein de la Communauté. Les dispenses nécessaires sont accordées par l'évêque de Clermont, conformément à un acte fort ancien rendu par un souverain pontife, eu égard à la sagesse dont s'inspiraient les Maîtres en adressant leurs demandes à l'autorité ecclésiastique. La prière du matin est faite dans chaque ménage ; celle du soir a lieu dans la salle commune, la cuisine, devant tous les membres groupés près d'une petite chapelle où sont placées les images du Christ et de la Vierge. Pendant les repas, faits en commun dans cette salle, les hommes sont servis par les femmes. La Communauté produit tous les aliments ainsi que les autres objets qu'elle consomme; et elle n'achète que le sel et le fer.

La Communauté vit dans un état d'aisance. Elle possède tout le hameau de Pinon, avec le moulin, les jardins, les vignobles, les terres arables, les pâturages, les châtaigneraies et les bois qui s'étendent au loin. Selon la coutume de la Communauté, ce domaine est indivisible; et il se transmet intégralement aux générations successives. Les filles qui se marient hors de la Communauté reçoivent une dot en argent de 600 livres. La terre peu fertile ne produit guère que le seigle nécessaire à la subsistance des 32 bouches des quatre ménages et de leurs domestiques. Cependant, il y a toujours un excédant pour les pauvres; et ceux-ci trouvent à Pinon un accueil bienveillant. La Communauté se développe peu, car ses quatre ménages comprennent seulement une moyenne de cinq membres. Elle n'a point

la force d'expansion nécessaire pour propager ses vertus dans
les contrées voisines. Sous ce rapport, elle reste inférieure aux
communautés slaves décrites dans cet ouvrage (IV, 1, 22 et 23).
Ces vertus étaient d'ailleurs reconnues dans la contrée par l'opinion publique; et l'auteur a exprimé, dans les termes suivants,
l'impression qu'il en a lui-même ressentie :

« Tout ce que me disaient ces braves gens, tout ce qu'ils
répondaient à mes questions, me les montrait doux, simples,
bons, et, quoique infiniment respectables, plus aimables encore.
Je me voyais dans le séjour du bonheur et de la vertu; il me semblait être sous un autre ciel et avec une autre espèce d'hommes.
Mais ce que je ne pus voir sans émotion, c'était le tableau de
concorde et d'union, de bonheur et de santé, que me présentait
cette république de parents. Je ne doute plus à présent qu'une
longue pratique de vertus n'influe, à la longue, sur les traits du
visage, et qu'elle ne lui imprime, avec le temps, un caractère particulier qui, devenant ineffaçable, finit par distinguer réellement
une race d'avec une autre. Non, ce n'est point l'enthousiasme
qui m'aveugle. A Pinon, la physionomie des hommes porte une
empreinte de loyauté. Celle des femmes offre un air de décence,
de candeur et de vertu, qu'on ne peut méconnaître, et qui est
chez elles ce qu'est chez d'autres ce caractère original qu'on
appelle air de famille. On le distingue même dans les traits des
petites filles, quoique moins développé. Je l'ai fait remarquer à
deux personnes qui m'accompagnaient; et j'en atteste tout voyageur que la curiosité pourra, comme moi, conduire à Pinon. »

LES QUITTARD-PINON, EN 1855.

La loi de partage forcé, édictée sous la Terreur, le 7 mars 1793,
n'a pas immédiatement porté tous ses fruits à Pinon. Rien
n'a été d'abord changé à une organisation sociale fondée
sur des coutumes datant de onze siècles [1]; mais peu à peu, sous
l'influence des trois régimes qui succédèrent rapidement à la

---

1. Un document, maintenant détruit, mais dont la trace a été conservée, consta-
tait l'existence de la communauté en l'an 780.

Terreur, une transformation s'opéra dans les esprits. Elle fut plus prompte chez les communautés de l'Auvergne que chez les familles-souches du Lavedan (IV, IX, 17). Les ménages soumis au Maître par le lien de l'élection ne pouvaient être, en effet, aussi fortement unis en Auvergne que l'étaient, dans les Pyrénées, les frères et les sœurs groupés sous l'autorité d'un même père. Les guerres de la Révolution, du Consulat et de l'Empire, qui avaient détruit en partie la population mâle de la France, furent d'ailleurs pour les Quittard-Pinon une cause déterminante d'ébranlement. En 1816, l'un des quatre ménages de la communauté n'était plus représenté que par une jeune fille qui ne put trouver un époux chez les trois autres : il fallut se pourvoir au dehors; et, sous la pression du Code civil, il fallut modifier l'ancien contrat de mariage en usage pour les filles de la communauté.

Étranger à la localité, le nouveau gendre introduisit la discorde dans la petite société où la paix régnait depuis un temps immémorial. La vie commune devint impossible; et le Maître, voyant que son autorité était méconnue, dut provoquer, dès 1818, la dissolution de la communauté. Cette première liquidation, qui partagea les biens mobiliers et les immeubles entre les quatre ménages, dura jusqu'en 1825; et elle fut suivie de plusieurs autres, à mesure que la mort frappait les chefs de famille. En 1855, après cette série de partages, tout n'est point encore détruit. L'ancien chef-lieu des Quittard-Pinon et la ceinture d'honneur, accordée à la communauté par le roi Louis XVI, restent la propriété d'Annet Quittard, arrière-petit-fils du Maître qui gouvernait en 1788. Ce représentant de l'antique communauté s'efforce de transmettre à son jeune fils la vénération des aïeux, que lui-même avait reçue de son père. La tyrannie du Code a pu détruire l'œuvre matérielle du VIIIe siècle : les forces morales de la famille en gardent encore le souvenir.

CHAPITRE V

PAYSAN-BASQUE

DU LABOURD (FRANCE)

PROPRIÉTAIRE-OUVRIER, A PATURAGES COMMUNAUX,

dans le système du travail sans engagements,

AVEC UN PRÉCIS DE LA MONOGRAPHIE AYANT POUR OBJET

LE MINEUR-ÉMIGRANT DE LA GALICE (23),

D'APRÈS LES RENSEIGNEMENTS RECUEILLIS SUR LES LIEUX,
EN JUIN 1856,

PAR MM. A. DE SAINT-LÉGER ET E. DELBET.

OBSERVATIONS PRÉLIMINAIRES

DÉFINISSANT LA CONDITION DES DIVERS MEMBRES DE LA FAMILLE.

Définition du lieu, de l'organisation industrielle et de la famille.

§ 1.

ÉTAT DU SOL, DE L'INDUSTRIE ET DE LA POPULATION.

La famille habite la commune d'Ainhoa, canton d'Espelette, arrondissement de Bayonne, dans la partie du pays basque français appelée le Labourd. Le village est situé sur la route de Bayonne à Pampelune, à 2 kilomètres de la frontière espagnole, dans la vallée de la Nivelle, formée par les montagnes élevées qui prolongent la chaîne pyrénéenne jusqu'au golfe de Biscaye. Il est bâti sur les schistes argileux décomposés et les calcaires du terrain crétacé qui constituent le sol de la contrée. Les schistes argileux, toujours assez frais, ne craignent pas l'humidité, parce que les pentes du terrain facilitent partout l'écoulement des eaux. Ce terrain est peu compacte, et la plupart des cultivateurs n'emploient pour labourer qu'une paire de vaches. Ceux qui, comme le propriétaire ici décrit, se servent de bœufs, se livrent en général à l'industrie des transports et spéculent sur l'engraissement de ces animaux. L'aspect du pays, dont les champs sont souvent entourés de haies et plantés de pommiers, rappelle un peu celui de la Basse-Normandie. Sur plusieurs points autour du village, les collines ont été coupées en amphithéâtre pour être livrées à la culture ; mais beaucoup de terrains, situés sur des pentes très-rapides, sont encore laissés à l'état de landes incultes. Ils se garnissent d'une épaisse végétation d'ajoncs épineux qu'on fait manger aux bestiaux en hiver, et de fougères qu'on emploie pour faire les litières. Une certaine étendue du territoire est aussi plantée en hauts taillis de chênes ou de châtaigniers, contenant en moyenne de 200 à 300 pieds d'arbre par hectare. Ces bois, exploités d'ordinaire tous les dix ans, peuvent être parcourus par les bestiaux sans inconvénients et sont presque toujours livrés au pâturage. Les propriétés communales sont très-étendues ; elles se composent de landes et de bois exploités en haut et bas taillis (7).

Le sol est assez fertile ; et, quand il est bien cultivé, il donne de 20 à 25 hectolitres de blé par hectare ; mais en général les engrais sont trop peu abondants et de trop mauvaise qualité pour entretenir ce degré de fertilité. La culture du maïs et du froment, comme céréales, celle du navet et des prairies naturelles et artificielles, comme fourrages, constituent essentiellement le système agricole du pays. La seule culture industrielle est celle du lin nécessaire à chaque ménage. L'usage des pommes de terre est encore peu répandu parmi les habitants. La famille ici décrite en a planté cette année pour la première fois, sur les pressantes sollicitations du maire de la commune (18).

La population d'Ainhoa est de 800 âmes, dont la moitié habite le village même, l'autre moitié étant disséminée dans

trois hameaux et 40 maisons isolées. A part quelques familles
vivant dans l'aisance, et pour la plupart enrichies en Amérique,
cette population se livre tout entière à l'agriculture, et se répartit, d'après les fonctions de chaque chef de famille, de la manière
suivante : petits propriétaires (tous sont petits) faisant valoir eux-
mêmes, 69; — métayers payant une rente qui varie de 15'00
à 540'00, et vivant presque tous dans la gêne à cause de la trop
grande exiguïté du domaine qu'ils exploitent, 101; — journaliers-agriculteurs, 132. — Total, 302. — Les journaliers reçoivent un salaire de 1' 25 par jour quand on ne les nourrit pas, et
de 0' 50 seulement s'ils sont nourris. Ils prennent leur habitation
à loyer et ils en paient en général le prix avec le produit de la
vente d'un porc nourri en grande partie au moyen des ressources dues aux subventions. Mais le salaire qu'ils touchent est
évidemment insuffisant, et ceux d'entre eux qui restent constamment dans le pays vivent dans un état voisin de la misère.
Aussi émigrent-ils fréquemment pour travailler en Espagne et
dans les landes de Gascogne comme tuiliers ou comme charbonniers. Quelques-uns partent chaque année pour l'Amérique;
d'autres enfin sont employés à faire la contrebande par les
entrepreneurs de fraude des communes voisines. Depuis que les
tarifs sont abaissés en France et que les marchandises anglaises
n'entrent plus en Espagne, la contrebande est devenue moins
active. Il y a, d'ailleurs, à Ainhoa même un bureau de douane;
les employés, étant obligés de savoir la langue du pays, sont
presque tous Basques. On ne les considère pas en général comme
étrangers, et les autres habitants vivent avec eux en assez bonne
intelligence. Il faut noter aussi que les collisions sont prévenues
par la tolérance de l'administration qui permet de profiter, sous
certains rapports, du voisinage de la frontière (15, S⁰ⁿ 1).

A part la fabrication du chocolat, il n'y a dans le pays
aucune industrie manufacturière; mais ceux des cultivateurs qui
sont actifs et intelligents s'occupent avec succès de l'industrie
des transports. Ils conduisent à Bayonne les charbons des forêts
voisines, les vins et les laines d'Espagne, et ils en ramènent des
planches, de la chaux qu'on emploie pour amender les terres, et

des céréales que le pays ne produit pas en assez grande quantité pour satisfaire à ses besoins.

§ 2.

ÉTAT CIVIL DE LA FAMILLE.

La famille comprend sept personnes, savoir :

1. Jean Manech Belescabiett, chef de famille, né à Ainhoa........ 51 ans.
2. Maria Etchevery (Maison-Neuve), sa femme, née à Soulaïda... 56 —
3. Graciosa, leur fille aînée, née à Ainhoa........................ 16 —
4. Maria, leur 2e fille, née à Ainhoa............................. 12 —
5. Piarrès, leur fils, né à Ainhoa.............................. 8 —
6. Gachina Segura, mère du chef de famille, née à Ainhoa......... 95 —
7. Haurramary Belescabiett, célibataire, sœur du chef de famille, née
    à Ainhoa... 50 —

Un huitième membre de la famille, qui était chargé des fonctions de pasteur du troupeau de brebis, est mort cette année même. Il était oncle du chef de famille et s'appelait : Dominica (Dominique) Oppoca. Le mariage a eu lieu entre les deux époux en 1837. La femme est de cinq ans plus âgée que le mari. Ce n'est pas là un fait anormal, mais le résultat d'un usage presque constant parmi les Basques.

§ 3.

RELIGION ET HABITUDES MORALES.

La famille pratique avec ferveur la religion catholique; et elle suit exactement les rites dont l'observance est de tradition dans le pays. Un de ses membres étant mort cette année, elle fait à l'église une offrande mensuelle de 1ᶠ 00, qui devra être continuée jusqu'à l'expiration du deuil. Aux jours de fête, on allume toujours pour elle un cierge à l'église; et tous ses membres assistent solennellement chaque année aux messes fondées autrefois par des parents à la paroisse de Saint-Jean de Luz (15,

S** iv). Ces habitudes, d'ailleurs, ne lui sont pas particulières :
l'esprit religieux s'est conservé jusqu'ici parmi les Basques, et
spécialement à Ainhoa où toutes les femmes et presque tous les
hommes pratiquent leurs devoirs de piété. Il paraît même que,
depuis quelques années, le zèle religieux s'est accru. L'autorité
du prêtre est assez respectée pour qu'il ait pu faire accepter à la
population certaines réformes en opposition avec le caractère
basque. Ainsi, il a fait supprimer les danses du dimanche dans
l'intention d'améliorer les mœurs du pays. Celles-ci avaient été
altérées par le séjour d'une garnison qui y resta pendant les
guerres civiles de la Péninsule jusqu'en 1840. A cette époque,
les enfants naturels s'étaient multipliés dans le village ; mais il y
en a moins aujourd'hui ; et presque toujours leur naissance est
légitimée par le mariage. Sous l'influence des idées religieuses
et de l'esprit de tradition, l'ancienne constitution de la famille,
fondée sur le respect de l'autorité paternelle, s'est jusqu'ici conservée parmi les Basques (IV, vII, 17). La famille qui est ici
décrite offre un heureux exemple des avantages moraux et matériels qui en résultent pour chacun de ses membres. Les enfants,
dociles et respectueux envers leurs parents, sont traités par eux
avec douceur. Une sœur du mari, restée célibataire, demeure
dans la maison, vivant avec sa belle-sœur en bonne intelligence
et l'aidant dans les travaux du ménage. Enfin, la mère du chef
de famille, âgée de 95 ans, entourée par tous de soins affectueux,
peut passer dans le calme et le repos les jours de sa vieillesse.

L'enseignement scolaire est encore peu répandu dans les
villages du Labourd. A l'exception des jeunes gens, peu de personnes savent lire et écrire le français ; mais les parents envoient
volontiers leurs enfants à l'école où on l'enseigne. Jusqu'ici les
Basques ont conservé l'usage de leur langue originale (L'Eskuara) ;
et, protégés par la difficulté de cette langue, ils ont vécu à l'abri
de toute influence étrangère. C'est à cet isolement moral qu'ils
ont dû de conserver les traditions et les habitudes qui les distinguent des autres populations françaises (20). Ils exercent
l'hospitalité avec désintéressement, à la manière des peuples
pasteurs. L'aumône chez eux est considérée comme un devoir ;

et ils la font avec une générosité qui exclut tout calcul. Ils ont à
un haut degré le respect des supériorités sociales; mais les signes
extérieurs de ce respect n'excluent pas la dignité, chez les inférieurs, dans leurs rapports avec les personnes d'une autre classe.
Entre eux, lorsqu'il s'agit d'affaires d'intérêt, ils se montrent
rusés et souvent violents dans les discussions; mais ils évitent
les procès, écoutent les conseils des sages et acceptent les décisions
du juge de paix. Respectueux envers l'autorité, ils ont pourtant
une certaine tendance à se faire justice eux-mêmes et à échapper
à quelques-unes des prescriptions de la loi. Ils ont surtout pour
le service militaire une vive répugnance, et souvent ils émigrent
dans la seule pensée de s'y soustraire. Naturellement portés à la
gaieté. les Basques aiment avec passion les plaisirs bruyants, les
jeux en commun, les fêtes et la danse (11). Mais, en général,
ils apportent une certaine modération dans les plaisirs. Quoiqu'ils
fréquentent volontiers le cabaret, ils s'enivrent rarement. Ils
recherchent, il est vrai, la bonne chère; mais dans le ménage ils
vivent avec sobriété, sans toutefois s'imposer des privations dans
un but d'épargne. La tendance à fonder l'épargne sur les privations imposées à la famille est un trait des mœurs nouvelles; elle
doit avoir pour effet de rompre l'ancien régime d'égalité des
paysans au profit des quelques familles qui s'adonnent à cette
vertu (•).

§ 4.

HYGIÈNE ET SERVICE DE SANTÉ.

Le climat est très-sain et agréable, quoique assez pluvieux.
Le village, étant rapproché de la mer et peu élevé au-dessus de
son niveau, est préservé des excès de température. Il est rare
que la neige y séjourne pendant plusieurs jours. L'eau que
boivent les habitants, fournie par des sources nombreuses, est
de bonne qualité. Les habitations, presque toutes construites sur
le même modèle, sont en général dans de bonnes conditions
hygiéniques (10). Le rez-de-chaussée n'est pas habité; il sert

d'écurie, de remise et même de cellier. C'est aussi dans une de ses divisions que, d'après un usage presque général, on conserve le fumier à l'abri des influences atmosphériques. Au moment où se développe la fermentation nécessaire pour décomposer les feuilles de fougères qui le composent en partie, ce fumier dégage des gaz qui répandent dans la maison une odeur désagréable. Les inconvénients de cette disposition, qui ne peut être que nuisible au point de vue hygiénique, sont diminués par l'aération facile des habitations et par la remarquable propreté qui y règne.

Le chef de famille et sa sœur sont tous deux bien constitués et jouissent d'une santé excellente. Leur père étant mort très-âgé, et leur mère étant parvenue presque sans infirmité à l'âge de 95 ans, ils paraissent pouvoir compter l'un et l'autre sur une longue vie. La mère de famille est peu forte et habituellement souffrante; le fils est robuste, mais les deux filles semblent avoir hérité des dispositions maladives de leur mère : elles sont faibles et lymphatiques. La fréquence de leurs indispositions a décidé la famille à prendre un abonnement près d'un médecin, à raison de 8 fr. par année. Elle s'est adressée à cet effet à un docteur du chef-lieu de canton, en l'habileté duquel on a grande confiance. Ses visites pour les personnes non abonnées se paient 3 fr.; mais il accommode ses exigences à la fortune de ceux qui réclament ses secours, et donne même ses soins gratuitement aux personnes qui ne peuvent pas le payer. Il y a, d'ailleurs, dans le village même un officier de santé qui est toujours à la disposition des malades.

§ 5.

RANG DE LA FAMILLE.

Le chef de famille appartient à la catégorie des propriétaires de domaine (*Etchecojauns*) cultivant eux-mêmes leurs terres (1). Par l'importance de sa propriété (6), il occupe une situation un peu au-dessus de la moyenne parmi ceux qui se trouvent dans des conditions analogues. Aussi a-t-il pu faire un mariage relativement riche, en épousant la fille du maire d'un village voisin, qui lui a apporté une dot de 2,200ᶠ 00. Indépendamment de la considération qui, dans le pays basque, s'attache au titre de propriétaire, cette famille jouit d'une estime méritée par la douceur des habitudes et la conduite irréprochable de ses membres. Elle offre sous ce rapport un type des anciennes mœurs basques; mais son chef n'a, ni l'activité, ni l'énergie, que possèdent ordinairement les hommes de cette race. L'exploitation du domaine patrimonial (*Etchealtea*), amoindri par diverses causes, ne suffit plus aux besoins de la famille; mais le chef de maison se préoccupe peu de cette situation. Il ne s'inquiète pas, comme ses voisins mieux avisés, de chercher des profits dans l'industrie des transports. Au surplus la décadence de la famille doit être en partie attribuée, ici comme dans le Lavedan (IV, ix, 18), à l'abrogation forcée de l'ancien régime de succession. Par ce motif, l'ancien état de choses est profondément modifié. Une classe nombreuse de salariés s'est développée dans le pays. Le supplément de travail nécessaire pour les exploitations agricoles s'achète au lieu de s'échanger; et les revenus des familles propriétaires sont ainsi diminués sans compensation. Les anciennes unités territoriales, laborieusement constituées par les générations précédentes, se détruisent peu à peu malgré les efforts que font les chefs de famille pour en assurer la conservation. Les plus intelligents considèrent le partage forcé des héritages comme une cause de destruction pour les familles. Ils provoquent l'émigration de leurs enfants pour attribuer à un héritier la transmission du domaine.

Ils retardent ainsi plus ou moins le moment du partage; mais cet événement vient tôt ou tard multiplier les types inférieurs de la population, notamment : le propriétaire indigent et le manouvrier soutenu par la charité publique. La famille ici décrite, ayant réussi jusqu'à présent à conjurer les dangers du partage, pourra se maintenir encore pendant cette génération, mais dans un état assez précaire; à la génération suivante, l'héritier lui-même sera réduit à la condition de propriétaire indigent, et ses sœurs, mariées à des manouvriers, n'auront plus pour propriété que quelques parcelles de terre d'une valeur insignifiante.

Moyens d'existence de la famille.

§ 6.

PROPRIÉTÉS.

(Mobilier et vêtements non compris.)

IMMEUBLES 6,700ᶠ 00

1° *Habitation.* — Maison comprenant au rez-de-chaussée des écuries et une remise, 1,400ᶠ 00.

2° *Bâtiments ruraux.* — Écurie pour les brebis (*Borde*), élevée sur le terrain communal, 50ᶠ 00.

3° *Domaine.* — Terre arable en trois parcelles (1ʰ 32), 3,000ᶠ 00 ; — prairies naturelles, en deux parcelles (0ʰ 66), 1,200ᶠ 00 ; — jardin potager attenant à la maison, (0ʰ 02), 150ᶠ 00 ; — lande ou fougerée fournissant de la fougère pour le fumier et de l'ajonc mangé par les animaux (2ʰ 00), 400ᶠ 00 ; — bois (0ʰ 65) en deux parcelles (ce bois contient 150 pieds de chênes exploités en haut taillis, à raison de 15 pieds chaque année ; le fonds est livré au pâturage), 300ᶠ 00 ; — châtaigneraie plantée de 20 pieds de châtaigniers et servant au pâturage (0ʰ 35), 200ᶠ 00. — Total (5ʰ 00), 5,250ᶠ 00.

ARGENT............................... .... 0ᶠ 00

La famille ne possède pas d'argent placé à intérêt ; elle n'a pas même habituellement à sa disposition une somme minime à titre d'avances. Ses faibles bénéfices à peine réalisés sont immédiatement employés pour les besoins du ménage ou pour payer les intérêts des dettes.

ANIMAUX DOMESTIQUES entretenus toute l'année. 4,112ᶠ 00

1° *Bêtes à cornes.* — 2 bœufs de labour, 350ᶠ 00 ; — 1 vache à lait, 125ᶠ 00. — Total, 475ᶠ 00.

2° *Bêtes à laine.* — 82 brebis ou agneaux et un bélier, 630ᶠ 00.

3° *Animaux de basse-cour.* — 6 poules et 2 canards, 7ᶠ 00.

ANIMAUX DOMESTIQUES entretenus seulement une partie de l'année : valeur moyenne calculée pour l'année entière. 74ᶠ 32

1° *Bêtes à cornes.* — 1 veau entretenu pendant 2 mois, et d'une valeur moyenne de 20ᶠ 00 : valeur moyenne calculée pour l'année entière, 3ᶠ 32.

2° *Bêtes à laine.* — 26 agneaux entretenus pendant 3 mois, ayant une valeur moyenne de 48ᶠ 00 : valeur moyenne calculée pour l'année entière, 4ᶠ 00.

3° *Animaux de basse-cour.* — 2 porcs entretenus pendant 8 mois, ayant une valeur moyenne de 96ᶠ 00; — 14 poulets et 6 canards entretenus pendant 4 mois, ayant une valeur moyenne de 9ᶠ 00. — Valeur moyenne des porcs, des poulets et des canards, calculée pour l'année entière, 67ᶠ 00.

MATÉRIEL SPÉCIAL des travaux et industries... 215ᶠ 20

1° *Instruments et outils pour l'exploitation du domaine de la famille et du champ qu'elle loue.* — 1 charrue sans roue, 4ᶠ 00; — 1 herse avec dents en fer, 24ᶠ 00; — 1 fourche à 3 dents en fer pour le fumier, 3ᶠ 30; — 4 fourches en bois pour faner le foin, 2ᶠ 00; — 1 faux montée, avec accessoires pour la réparer, 6ᶠ 00; — 3 faucilles, 2ᶠ 20; — 1 râteau en bois, 1ᶠ 20; — 1 petite serpe avec un manche en bois, long de 1ᵐ 50 (*Cega*), servant à couper la fougère et l'ajonc, 2ᶠ 00. — Total, 44ᶠ 70.

2° *Mobilier et outils pour l'exploitation des bœufs de labour et de transport.* — 1 char à 4 roues (essieu mobile) avec une claie qui permet de s'en servir comme tombereau, 70ᶠ 00; — joug des bœufs, 8ᶠ 00; — courroie pour l'attacher, 4ᶠ 00; — couverture en toile qu'on met aux bœufs, en été, pour les préserver des mouches, 6ᶠ 00; — râtelier et auge pour donner à manger aux bœufs, 6ᶠ 00. — Total, 94ᶠ 00.

3° *Mobilier et outils pour l'exploitation de la vache à lait.* — 1 baratte à faire le beurre, 2ᶠ 00; — 2 seaux à lait de forme conique, en bois, avec larges cercles de fer, 9ᶠ 00; — 3 moules à fromage en bois, 1ᶠ 50; — auge et râtelier pour donner à manger à la vache, 4ᶠ 00. — Total, 16ᶠ 50.

4° *Outils pour la culture du jardin, pour les travaux de terrassement et pour les travaux forestiers à exécuter sur le domaine de la famille.* — 1 bêche, 3ᶠ 00; — 2 pioches, 8ᶠ 00; — 2 houes, 6ᶠ 00; — 2 haches, 7ᶠ 00. — Total, 24ᶠ 00.

5° *Mobilier et outils pour la préparation d'une partie de la nourriture destinée aux animaux.* — 1 hache-paille servant aussi à hacher l'ajonc, 8ᶠ 00; — instrument composé d'une lame tranchante, fixée par son milieu à un long manche, et servant à hacher le navet, 2ᶠ 00; — plate-forme en bois de chêne sur laquelle le navet est haché, 4ᶠ 00. — Total, 14ᶠ 00.

6° *Mobilier servant à préparer la boisson de la famille.* — 1 cuve destinée à recevoir les pommes, 10ᶠ 00; — 1 grand tonneau avec cercles de fer, 5ᶠ 00. — Total, 15ᶠ 00.

7° *Mobilier et instruments servant au blanchissage de la famille.* — 1 cuvier pour les lessives, 5ᶠ 00; — 2 fers à repasser, 2ᶠ 00. — Total, 7ᶠ 00.

VALEUR TOTALE des propriétés............ 8,401ᶠ 52

§ 7.

SUBVENTIONS.

Il n'y a dans le pays aucun grand propriétaire qui puisse exercer un patronage sur les autres habitants; mais il est à remarquer que, sous l'influence des mœurs propres au peuple basque, les petits propriétaires et les métayers n'apportent pas dans la jouissance de leurs droits cette âpreté souvent signalée chez cette classe dans d'autres contrées. Ils exercent eux-mêmes un patronage sur les plus pauvres. C'est ainsi que la famille ici décrite, par l'abondance de ses aumônes (15, S°ⁿ IV), transmet aux plus dénués une partie des avantages qu'elle reçoit elle-même de la commune. En effet, la propriété communale consiste principalement en pâtures dont les possesseurs de bestiaux sont à peu près seuls à profiter. Le troupeau du cultivateur ici décrit vit pendant 9 mois de l'année sur cette pâture, et c'est sous l'abri élevé sur le terrain communal que ce troupeau passe les nuits. Outre cette subvention importante, la commune en fournit indirectement une autre de même nature en louant à un village voisin une lande où ceux qui ont des vaches peuvent les conduire moyennant une rétribution annuelle de 0^f 50 par tête (19). Il y a plusieurs autres subventions communales dont la jouissance est partagée par tous : l'instruction est gratuite pour les filles, à la condition de donner chaque année une faible somme à une quête faite en faveur des religieuses institutrices. On distribue annuellement 5 stères de bois à chaque ménage après le paiement d'une somme qui varie de 4 à 5 francs. Mais le transport de ce bois est coûteux, et les pauvres qui veulent en profiter doivent en abandonner la moitié au voiturier; souvent même ils ne peuvent le faire amener à ces conditions et sont obligés de renoncer au bénéfice de cette subvention. Enfin on tolère que les porcs et les volailles cherchent leur nourriture sur les voies publiques et sur les terres vagues ; et cela permet aux plus pauvres de se livrer à l'élevage de ces animaux (1). La famille ici décrite profite de toutes ces subventions qui contribuent beaucoup à son bien-être (14, S°ⁿ II).

§ 8.

TRAVAUX ET INDUSTRIES.

A l'exception de quelques journées consacrées par le cultivateur à des entreprises de transport, le travail des membres de la famille est tout entier employé pour l'exploitation de sa propriété. Ce travail même est insuffisant à certaines époques ; et chaque année on doit prendre environ 40 journées d'ouvriers pour aider dans des travaux qui ne peuvent être remis, tels que le battage des grains et le sarclage du maïs.

TRAVAUX DU CHEF DE FAMILLE. — Le travail principal du chef de famille a pour objet la culture de ses terres et les soins accessoires que nécessite l'exploitation de son domaine (18). Parmi ses travaux secondaires, les plus importants sont les soins à donner aux bœufs et au troupeau de brebis. Depuis la mort d'un oncle célibataire qui se chargeait de soigner ce troupeau, c'est le chef de famille qui va, soir et matin, le faire rentrer à l'abri communal, et l'en faire sortir. C'est lui aussi qui trait ses brebis et en rapporte le lait. Enfin il fait de fréquents voyages au chef-lieu de canton et à Elizondo, en Espagne, pour assister aux foires et marchés.

TRAVAUX DE LA FEMME. — La femme s'occupe presque uniquement des travaux de ménage : préparation des aliments, soins à donner aux enfants, soins de propreté concernant la maison et le mobilier ; entretien et blanchissage des vêtements et du linge ; confection des vêtements neufs. Elle ne sort de la maison que pour travailler au jardin ou pour aider au sarclage du maïs. Comme travail secondaire, elle s'occupe de filer le lin et d'égrener le maïs, surtout dans les soirées d'hiver. Elle contribue aussi, avec sa belle-sœur, à donner des soins aux porcs, à la vache et aux volailles.

TRAVAUX DE LA SŒUR DU CHEF DE FAMILLE. — Elle travaille principalement comme auxiliaire de son frère à la culture des terres : elle exécute ainsi le sarclage du maïs et du froment ; l'écimage, l'effeuillage, la récolte et l'égrenage du maïs ; l'étendage des fumiers, la récolte du foin. Comme travail secondaire, elle aide la femme dans presque tous les soins du ménage. C'est elle qui est chargée de la préparation et de la cuisson du pain, de la préparation du fromage et du beurre, et d'une partie des soins à donner aux animaux domestiques. Elle concourt aussi à l'entretien des vêtements de la famille.

TRAVAUX DE LA FILLE DE SEIZE ANS. — Elle aide sa mère et sa tante dans l'exécution de la plupart des travaux qui viennent d'être énumérés. C'est elle qui va le plus souvent chercher l'eau à la fontaine dans de grandes cruches, nommées *Pehara*, qu'on a l'habitude de porter sur la tête. A la maison, en hiver surtout, elle travaille à tricoter des vêtements en laine, et s'occupe de travaux d'aiguille pour la réparation et l'entretien des vêtements et du linge.

TRAVAUX DE LA GRAND'MÈRE ET DES DEUX JEUNES ENFANTS. — La grand'mère, âgée de 95 ans, tourne encore le fuseau et file un peu de lin. Les deux plus jeunes enfants vont à l'école et ne rendent à la famille que de faibles services.

INDUSTRIES ENTREPRISES PAR LA FAMILLE. — Les industries que la famille entreprend pour son propre compte sont : la culture de son domaine agricole et des champs qu'elle loue; l'exploitation des animaux domestiques qui s'y rattachent; enfin les travaux manufacturiers concernant l'élaboration du lin et du chanvre. Le chef de famille entreprend, en outre, au compte de divers, des transports de matériaux qu'il exécute avec l'aide de ses bœufs. Ces sortes de transports, faits à des distances moindres que 40 kilomètres, n'exigent jamais une absence de plus de deux jours.

Mode d'existence de la famille.

§ 9.

ALIMENTS ET REPAS.

En été comme en hiver, la famille ne fait que trois repas :

Déjeuner (8 heures) : soupe au lait; et, quand le lait manque, lard ou jambon cuit à la poêle, avec addition de fromage; quelquefois chocolat à l'eau pour la femme et les enfants.

Dîner (12 heures) : soupe au lard, ou au jambon, cuit avec des légumes.

Souper (6 heures en hiver, 8 heures en été) : soupe conservée du dîner, avec jambon; quelquefois œufs ou légumes.

Pendant les plus longues journées de l'été, et au moment des plus pénibles travaux, on fait parfois un repas supplémentaire le matin, avant de se mettre au travail, avec du pain, du fromage ou quelques légumes conservés de la veille. Les bases de la nourriture sont les légumes, cuits au lard, à la graisse ou au jambon. Le lait de vache ou de brebis y entre aussi pour une part notable. On le fait bouillir en jetant dans le vase qui le contient des pierres chauffées au foyer. Ce procédé est usité dans tout le pays parce qu'il donne, dit-on, au lait un goût agréable. Jusqu'ici la famille n'a pas fait usage de pommes de terre; on en a commencé la culture cette année seulement; mais les châtaignes, qui se mangent cuites à l'eau, les remplacent jusqu'à un certain point. Les jours maigres, on emploie, pour faire la soupe, de l'huile à la place du lard; et on mange des légumes seuls ou du poisson, spécialement de la morue. En tout temps on consomme une quantité considérable de piment, qui sert de condiment à la plupart des mets, et qui parfois se mange seul avec le pain du pays appelé *Mestura* (IV, ix, 9). Ce pain se fait avec un mélange d'une partie de farine de froment et de deux parties de farine de maïs. Il est très-compacte, non levé et d'une saveur fade sans être désagréable. La partie la plus pauvre de la population mange du pain fait avec de la farine de maïs pure (*Artoa*) qui a l'inconvénient de s'aigrir très-facilement en été. La farine de maïs sert aussi à préparer une espèce de galette qu'on fait cuire sur des charbons ou sur une plaque de fer destinée à cet usage. La famille ici décrite ne mange ordinairement que de la viande de porc; mais, pendant la moisson, on tue en général une ou deux brebis engraissées, et, le jour de la fête patronale, la table est garnie de viandes de boucherie, de volailles et d'autres mets recherchés (15, S^{on} 1). Ce jour-là, et aux repas où l'on mange l'agneau traditionnel à la Pâque et à la Pentecôte, on boit du vin dans la maison. La boisson ordinaire est une espèce de cidre qu'on prépare en versant chaque jour une quantité d'eau, égale à celle de la boisson consommée, dans un tonneau rempli de pommes concassées.

En résumé, cette alimentation est assez variée et représente une quantité de nourriture suffisante. La famille ne s'impose sous ce rapport aucune privation réelle. C'est là, d'ailleurs, un trait de caractère commun à la généralité des Basques. Ils aiment la bonne chère, et emploient la plus grande partie de leurs ressources à accroître leur bien-être, sans songer à réaliser des économies. On remarque cependant qu'un certain nombre d'individus énergiques, excités par le désir d'arriver à la propriété ou d'accroître celle qu'ils possèdent, se placent en dehors des anciennes habitudes de la population.

§ 10.

HABITATION, MOBILIER ET VÊTEMENTS.

La maison habitée par la famille est située sur la route qui traverse le village. A part les deux pignons qui sont bâtis en pierre, elle est presque uniquement construite en bois, comme toutes celles du pays. Les fenêtres sont garnies de contrevents peints en rouge selon l'antique usage des Basques ; et le toit, couvert en tuiles creuses, avance de 1 mètre environ au delà du mur qui le supporte. Le four a été bâti derrière la maison à l'entrée du jardin afin d'éviter les chances d'incendie. Le rez-de-chaussée étant réservé pour les animaux (4), le premier étage est seul habité. Il se compose de 4 chambres à coucher, d'une salle de réunion servant de salle à manger les jours de fête et d'une cuisine dans laquelle la famille habite et prend ses repas. Parmi ces pièces, les deux dernières seulement ont des cheminées. Toutes sont vastes, mais assez mal closes. Chaque année on les blanchit à la chaux ; et elles sont tenues comme tout le ménage avec cette extrême propreté qui est un des traits des mœurs basques.

Le mobilier décèle une certaine aisance. Le linge est surtout remarquable par sa finesse et sa blancheur ; il est tout en tissu de lin filé par les femmes de la maison. Ce luxe de linge est d'ailleurs général chez les Basques ; les plus pauvres ne prennent leurs repas que sur une table couverte d'une nappe, et la plupart possèdent quelques grandes pièces de toile qui servent à tendre la façade des maisons les jours où, comme à la Fête-Dieu, des processions se font dans la rue. La valeur du mobilier et des vêtements peut être établie ainsi qu'il suit :

MEUBLES : ils ont les formes consacrées par l'usage dans le pays; presque tous ont été légués aux époux par leurs parents. 784ᶠ 50

1° *Lits*. — Il y a dans la maison 3 lits montés, composés à peu près de la même manière et comprenant chacun : 1 bois de lit en chêne orné de quelques sculptures, 30ᶠ 00; — 1 ciel de lit avec garniture en étoffes anciennes, 8ᶠ 00; — 2 matelas de laine grossière, 50ᶠ 00; — 1 paillasse en paille de maïs, 6ᶠ 00; — 1 traversin en laine et plume, 7ᶠ 00; — 2 coussinettes (espèces d'oreillers) en plume commune, 10ᶠ 00; — 1 couverture en coton, 6ᶠ 00; — 1 couverture en laine très-épaisse, 10ᶠ 00. — Total (pour un seul lit, 127ᶠ 00) pour les 3 lits, 381ᶠ 00.

2 autres lits moins soignés, sans garniture et sans ciel, avec couchette en bois blanc peint, sont évalués ensemble à une somme de 180ᶠ 00.

2° *Meubles de la principale pièce, servant à la fois de chambre à coucher et de salle de réunion les jours de fêtes.* — 1 grande armoire en bois de chêne, 30ᶠ 00; — 1 vieille commode en bois de chêne, 35ᶠ 00; — 1 vieux fauteuil en paille et 3 chaises, 8ᶠ 00; — 1 miroir, 2ᶠ 00; — 1 crucifix en cuivre, 1ᶠ 00; — 1 bénitier en cristal placé avec le christ au-dessus du lit, 1ᶠ 25. — Total, 77ᶠ 25.

3° *Meubles de la chambre à coucher des parents.* — 1 grand coffre en bois de chêne pour déposer le linge sale, 8ᶠ 00; — 2 chaises, 2ᶠ 00; — 1 crucifix en cuivre, 1ᶠ 00; — 1 bénitier en cristal, 1ᶠ 25. — Total, 12ᶠ 25.

4° *Meubles de la chambre à coucher de la fille aînée.* — 1 commode en chêne presque neuve et cirée avec soin, 40ᶠ 00; — 1 petite glace, 6ᶠ 00; — 1 crucifix en cuivre et 1 bénitier en cristal suspendus près du lit, 2ᶠ 75; — 1 petite table en bois blanc, 4ᶠ 00; — 4 chaises neuves, 5ᶠ 00. — Total, 57ᶠ 75.

5° *Meubles de la chambre à coucher de la sœur du chef de famille, et d'un cabinet où couchent les plus jeunes enfants.* — 1 commode, 30ᶠ 00; — 1 miroir, 2ᶠ 00; — 3 chaises, 3ᶠ 00; — 1 crucifix et 1 bénitier, 2ᶠ 25. — Total, 37ᶠ 25.

6° *Meubles de la cuisine.* — 1 grand buffet en chêne, 20ᶠ 00; — 1 table très-basse, à peine élevée de 0ᵐ 60 et servant d'ordinaire aux repas de la famille, 4ᶠ 00; — 1 autre table plus élevée, 5ᶠ 00; — 4 petits bancs en bois sur lesquels on s'assied d'ordinaire dans la cuisine, 4ᶠ 00; — planches et rayons servant à placer les ustensiles de ménage, 6ᶠ 00. — Total, 39ᶠ 00.

7° *Livres et fournitures de bureau.* — Les chefs de famille, ne sachant, ni lire, ni écrire, ne possèdent aucun livre; les enfants n'ont que leurs livres d'école (15, Sⁿ IV).

LINGE DE MÉNAGE : assez abondant et très-bien entretenu; tout en toile de lin de très-belle qualité. 368ᶠ 00

15 draps de lit en lin, 210ᶠ 00; — 6 nappes, 60ᶠ 00; — 16 serviettes, 64ᶠ 00; — torchons et linges divers, 10ᶠ 00; — 8 toiles d'oreillers, 24ᶠ 00.

USTENSILES : presque tous de formes anciennes; ils comprennent tous les articles de cuisine et de table nécessaires pour recevoir les parents et amis aux jours de fête..... 95ᶠ 60

1° *Dépendant du foyer.* — Crémaillère, plaque de fonte, pelle, pincettes et chenets, évalués à 18ᶠ 00; — 1 plaque de fer, avec manche, pour faire cuire la galette en farine de maïs, 2ᶠ 00. — Total, 20ᶠ 00.

2° *Employés pour la préparation et la consommation des aliments.* — 3 chaudrons en cuivre, 24ᶠ 00; — 1 marmite en fer, 4ᶠ 50; — 3 soupières et 5 plats en terre vernissée, 5ᶠ 00; — 45 assiettes, 10ᶠ 00; — 12 verres, 4ᶠ 20; — 2 cruches en terre, 0ᶠ 50; — 12 tasses à café et 1 sucrier en porcelaine grossière, 7ᶠ 00; — 1 carafon en verre, 1ᶠ 50; — 24 cuillers et fourchettes en étain, 9ᶠ 60; — 1 seau en bois avec cercles de fer, 2ᶠ 00; — 2 grandes cruches en terre cuite (Pehara) dans lesquelles on va chercher l'eau à la fontaine et où on la conserve, 2ᶠ 80. — Total, 71ᶠ 10.

3° *Employés pour l'éclairage.* — 2 lampes en cuivre, 4ᶠ 00; — 2 chandeliers en fer, 0ᶠ 50. — Total, 4ᶠ 50.

VÊTEMENTS : ils conservent en général les formes traditionnelles du costume basque; mais on commence, pour les vêtements des femmes surtout, à employer, au lieu des anciennes et solides étoffes de laine, les légers tissus de coton qui coûtent moins cher.................................. 908ᶠ 75

VÊTEMENTS DU CHEF DE FAMILLE : costume basque, simple, commode et élégant; il ajoute encore à la dignité extérieure naturelle aux hommes de cette race (180ᶠ 25).

1° *Vêtements du dimanche.* — 1 veste (*Camisola*) en drap de couleur foncée, 20ᶠ 00; — 1 pantalon de drap, 18ᶠ 00; — 1 gilet en étoffe de laine rouge avec boutons en métal, 7ᶠ 00; — 1 ceinture de soie rouge, 10ᶠ 00; — 1 béret (*Bonetta*) en drap bleu, 3ᶠ 00; — 1 paire de souliers, 6ᶠ 00. — Total, 64ᶠ 00.

2° *Vêtements de travail.* — 1 veste de laine, 10ᶠ 00; — 2 pantalons de velours, 12ᶠ 00; — 1 ceinture en laine rouge, 3ᶠ 00; — 1 gilet de laine, 5ᶠ 00; — 1 manteau avec capuchon en drap grossier (*Capussailla*), 8ᶠ 00; — 2 paires de bas de laine tricotés dans la famille, 2ᶠ 00; — 1 paire de gros souliers, 5ᶠ 00; — 1 paire de chaussures en corde de chanvre (*Alpagattes, Espartinac*), 1ᶠ 25; — 14 chemises en toile de lin, 70ᶠ 00. — Total, 116ᶠ 25.

VÊTEMENTS DE LA FEMME : les parties essentielles de l'ancien costume sont conservées, mais déjà l'ensemble se modifie (214ᶠ 25).

1° *Vêtements du dimanche.* — 1 robe noire en laine, 10ᶠ 00; — 1 robe de fête en étoffe de couleur, 18ᶠ 00; — 1 manteau en étoffe de laine noire que les femmes mariées mettent pour aller aux offices (*Capac*), 40ᶠ 00; — 1 jupon en drap rouge bordé de velours noir, 10ᶠ 00; — 2 tabliers de drap, 8ᶠ 00; — 1 châle de laine, 16ᶠ 00; — 3 mouchoirs de tête, en étoffe de lin de très-belle qualité, ornés de broderies (*Mocanecac*), 10ᶠ 00; — 2 paires de bas de laine ou de coton, 2ᶠ 00; — 1 paire de souliers, 4ᶠ 00; — 6 chemises à 4ᶠ 00, 24ᶠ 00. — Total, 142ᶠ 00.

2° *Vêtements de travail.* — 2 robes en laine, 20ᶠ 00; — 1 robe d'indienne, 5ᶠ 00; — 2 jupons de drap, 8ᶠ 00; — 2 châles légers en laine, 4ᶠ 00; — 3 mouchoirs de tête, de diverses couleurs, en coton, 3ʳ 00 ; — 1 *Mantalinac*, espèce de mantille en laine noire, autrefois spéciale aux jeunes filles et dont les femmes mariées se servent aussi pour aller à l'église, 18ʳ 00 ; — 1 tablier en laine grossière, 1ʳ 00 ; — 2 paires de souliers, 6ʳ 00 ; — 1 paire de chaussures en corde de chanvre, 1ʳ 25. — Total, 66ʳ 25.

VÊTEMENTS DE LA SŒUR DU CHEF DE FAMILLE : ils sont exactement les mêmes que ceux de la femme qui viennent d'être énumérés et ont la même valeur (214ʳ 25).

VÊTEMENTS DE LA GRAND'MÈRE : ils sont les mêmes aussi que ceux qui précèdent ; mais, étant renouvelés moins souvent, ils ont une moindre valeur (120ʳ 00).

VÊTEMENTS DES 3 ENFANTS (180ʳ 00).

Par leurs formes et par les tissus qui les composent, ils tendent à s'éloigner des anciennes habitudes du pays ; ils peuvent être évalués ensemble à 180ʳ 00.

VALEUR TOTALE du mobilier et des vêtements...   2,156ʳ 85

§ 11.

RÉCRÉATIONS.

Le jeu de la balle (*Pilota*) est pour tous les Basques la récréation la plus goûtée. Il y a dans chaque village un emplacement spécial pour ce jeu, et le dimanche, après les offices, la plupart des hommes s'y réunissent. Quelques-uns seulement des plus habiles prennent part au jeu, mais les autres s'y intéressent aussi et engagent des paris sur le résultat. L'enjeu le plus ordinaire consiste en quelques verres de vin qu'on va boire ensuite au cabaret. Quelquefois cependant des sommes considérables sont engagées dans ces paris ; mais cela n'arrive guère que dans les circonstances solennelles où des défis sont portés entre les habitants de deux villages, ou bien entre des Espagnols et des Français, et quand des joueurs célèbres par leur habileté, représentent les deux partis ; des discussions et même des luttes entre vainqueurs et vaincus ne sont pas rares dans ces circonstances. Les habitants d'Ainhoa jouent entre eux à la Pilota. Mais le propriétaire ici décrit ne prend habituellement part à cette distraction, ni comme joueur, ni comme parieur ; il se contente d'y assister comme spectateur. C'est là une conséquence de son caractère tranquille et de ses goûts calmes, qui l'éloignent aussi du cabaret où il est à peine entré quelquefois depuis son mariage.

La principale récréation pour lui consiste dans les voyages qu'il fait au chef-lieu de canton ou à Elizondo, ville voisine d'Espagne, les jours de foire et de marché. Presque chaque semaine il exécute un de ces voyages à titre de distraction, car il n'a le plus souvent aucune affaire qui l'y appelle. Toute la famille prend part à la fête patronale de la commune, dont la célébration a quelque chose de sacré pour les Basques. On accourt à ces fêtes de tous les villages voisins, et ceux des habitants qui sont absents n'hésitent pas à parcourir de longues distances pour y assister. On raconte même dans le pays que plus d'une fois des soldats basques ont déserté dans ce but. A Ainhoa, la fête, qui se célèbre le 15 août, dure trois jours. La première journée est presque tout entière consacrée à la solennité religieuse. Mais, dès le soir du premier jour, un repas remarquable par l'abondance et le choix des mets réunit tous les membres de la famille et les invités. La fête continue pendant les deux journées suivantes, qui sont employées à des distractions parmi lesquelles le jeu de la Pilota occupe la première place. Les hommes s'exercent encore à pousser la barre. Les jeunes gens se livrent aux danses (saut basque, fandango espagnol), que le prêtre permet pour ce jour-là seulement, et qui s'exécutent au son des instruments nationaux, le *Chirola* et le *Tamburina*. Pendant les journées du dimanche, les jeunes filles, depuis que les danses sont supprimées, n'ont d'autres récréations habituelles que les promenades et le jeu de quilles. Pour les personnes plus âgées, les réunions que cette fête ramène chaque année sont une occasion de discuter les intérêts de la famille dont les membres, éloignés les uns des autres et souvent retenus par leurs occupations, ne peuvent se voir que rarement. En général, c'est à la suite de ces réunions que se prennent les décisions les plus importantes dans la vie de ces familles, telles que le choix d'un état pour les enfants, le partage des biens entre eux, et les mariages. Appréciées à ce point de vue, ces fêtes ont une haute portée morale. On ne doit donc pas y voir seulement des réjouissances dont les frais, relativement considérables, chargeraient inutilement le budget des paysans basques. Il convient plutôt de les considérer comme des institutions propres à conserver l'unité des familles et à resserrer les liens qui unissent leurs différents membres. Envisagées seulement comme récréations, elles ont d'ailleurs une haute importance sociale, et il serait regrettable que des motifs d'économie les fissent supprimer.

Il y a d'autres fêtes encore parmi les Basques, mais d'un caractère plus exclusivement religieux. Ainsi, dans les familles aisées, on mange à Pâques et à la Pentecôte l'agneau traditionnel, et les plus pauvres, si elles ne peuvent se procurer un agneau, célèbrent au moins ces solennités en ajoutant à leurs repas ordinaires quelques mets inaccoutumés. Enfin, chez ce peuple encore plein de ferveur et de piété, l'accomplissement des devoirs religieux a tout l'attrait d'une récréation. Pendant les offices, tous les fidèles prennent part aux chants de l'église, et aux jours de grande fête ils assistent aux cérémonies du culte comme à un spectacle qui excite à un égal degré leur respect et leur intérêt. Ces cérémonies s'accomplissent d'ailleurs avec un ordre parfait. Pendant les offices, suivant un antique usage dont la conservation est favorisée par la disposition intérieure des églises du pays basque, les sexes sont séparés. Les femmes occupent le chœur et la nef, tandis que les hommes prennent place dans les tribunes qui presque toujours garnissent les murs de la nef.

Histoire de la famille.

§ 12.

PHASES PRINCIPALES DE L'EXISTENCE.

Le propriétaire ici décrit n'était que le second d'une famille de cinq enfants, dont l'aîné fut une fille. D'après les coutumes du pays basque qui n'établissent pas de différence entre les garçons et les filles pour la qualité d'aîné (*Etcheco premua*, héritier; — *Etcheco prima* ou *Andregaya*, héritière), il n'aurait pas dû recevoir la part principale dans l'héritage paternel (Etchealtea). Mais

sa sœur aînée, une fois mariée, était sortie de la maison paternelle; et il fut choisi par ses parents comme héritier et continua-
teur de la famille dont il est aujourd'hui le chef. A ce titre, il
resta constamment dans la maison, aidant ses parents dans leurs
travaux agricoles, et apprenant par tradition à diriger l'exploitation du domaine. Il ne reçut d'ailleurs aucun autre enseignement; et il ne sait, ni lire, ni écrire. Sa seconde sœur sortit aussi
de la maison par un mariage. Son frère, le plus jeune de la
famille, apprit l'état de charpentier qu'il exerce aujourd'hui dans
le village. La troisième sœur enfin resta célibataire. Lui-même
s'étant marié et ayant acquis par la dot de sa femme un moyen
de désintéresser ses cohéritiers, un partage fut fait à l'amiable du
vivant de son père. Il reçut la part de faveur autorisée par
la loi, et, en outre, la maison, qui ne fut pas estimée comme
revenant de droit à l'héritier. On fixa à 700^f la somme qu'il
devait payer à chacun des autres enfants pour obtenir d'eux la
cession de leur part d'héritage. Tous acceptèrent, à l'exception
de la sœur aînée qui refusa cette somme comme insuffisante.
Malgré cette dissidence, elle a vécu depuis en bonne intelligence
avec son frère. Elle accepterait aujourd'hui la somme proposée,
mais les ressources manquent pour la lui payer; et le chef ne
sait pas assez l'importance qu'il y aurait à la désintéresser. Il
continue à jouir de la part de cette sœur, sans payer d'intérêt,
au nom de la mère qui en a l'usufruit depuis la mort du père.

L'histoire de cette famille est à peu près celle de toutes les
familles du pays basque placées au même niveau social parmi
les petits propriétaires. C'est chez eux une habitude constante
d'assurer la perpétuité de leur maison en choisissant parmi leurs
enfants un héritier dit « aîné » qui reçoit le préciput, dont le Code
autorise la libre disposition, et presque toujours aussi quelques
autres avantages consentis à son profit par ses cohéritiers. En
échange de ces avantages, il contracte toutes les obligations d'un
chef de famille : comme tel, il loge et nourrit les vieux parents
quand ils ne peuvent plus travailler; il conserve aussi dans sa
maison ceux de ses frères et sœurs qui, restant célibataires, ne
pourraient vivre avec la part d'héritage qui leur revient. Les

autres enfants, pour ne pas morceler la propriété, abandonnent en général leur part à l'héritier; et celui-ci les dédommage au moyen d'une somme d'argent prise habituellement sur la dot de sa femme. Cette somme sert de dot aux filles et permet aux garçons de s'établir et d'acquérir le matériel nécessaire pour exercer une profession; quelques-uns se servent de cet argent pour payer leur passage sur le navire qui les conduit comme émigrants en Amérique. Il est rare encore qu'un dissentiment entre les enfants oblige à vendre l'héritage paternel; mais déjà il arrive assez souvent que des résistances de la part de l'un d'eux créent des embarras pour l'aîné. C'est ordinairement des filles mariées et représentées par leurs maris que viennent ces résistances. Celles-ci aboutissent quelquefois à la division des propriétés, et on a constaté que les ventes de biens dues à cette cause sont devenues beaucoup plus fréquentes dans le pays pendant les vingt dernières années.

Ces habitudes des petits propriétaires se retrouvent avec certaines modifications chez les métayers. L'exploitation d'une métairie se trouve, en général, entre les mains d'une même famille depuis plusieurs générations; et le droit à cette exploitation constitue une sorte de propriété que les parents transmettent à l'un de leurs enfants, dont la position est analogue à celle de l'héritier dans les familles de propriétaires. Les autres enfants, après avoir fréquenté l'école dans leur jeunesse, reçoivent quelquefois des animaux domestiques et un matériel qui leur permet de devenir eux-mêmes métayers. Plus souvent ils émigrent; les filles vont servir comme domestiques dans les villes voisines; et les garçons devenus journaliers agriculteurs vont passer périodiquement une saison en Espagne, ou bien émigrent définitivement en Amérique (21). Les fils de journaliers, n'ayant pas d'autre ressource, fournissent un plus grand nombre d'émigrants. Toutes ces classes aspirent de plus en plus à émigrer; mais beaucoup sont empêchés de satisfaire à ce désir par l'impossibilité de réunir la somme nécessaire au paiement de leur passage (22). Depuis la révolution de 1789, le besoin d'émigration, qui créait au XVIIe siècle des colonies prospères, a cessé de se faire sentir en France. Les guerres de la révolution, du consulat et de l'empire ont décimé les populations. Le partage forcé des héritages a retenu sur le territoire à l'état de propriétaires indigents beaucoup d'individus qui eussent trouvé au dehors un sort plus heureux. Enfin ce déplorable régime a tari, chez les classes prévoyantes, les sources de la reproduction. Le personnel de l'émigration a donc fait défaut dans la majeure partie de la France; et, après le rétablissement de la paix générale, l'ancienne fécondité des mariages ne s'est guère maintenue que chez les Basques et les Béarnais, avec la transmission intégrale des domaines patrimoniaux. Les novateurs qui se dissimulent les déplorables conséquences de nos révolutions signalent comme preuve de supériorité la suppression subite de l'émigration française. Considérant l'émigration comme indice d'un état de souffrance, ils affirment que les Français n'émigrent plus parce qu'ils veulent jouir dans la métropole du bien-être qui est le fruit des nouvelles institutions. Dans leur théorie, les émigrants des régions du nord de l'Europe ne quittent le sol natal que pour échapper à un état intolérable de misère. Cette erreur est réfutée par les faits exposés au tome III (III : III, 20; IV, 10). Elle n'est pas moins démentie par les phénomènes d'émigration riche qui se produisent aujourd'hui dans les Basses-Pyrénées. En 1855, 32,000 Basques ont émigré en se dirigeant principalement vers l'Amérique du Sud; tandis que 13,000 Béarnais ont quitté ce département pour s'établir dans les diverses régions de l'intérieur. Ces émigrants ne considèrent nullement comme une calamité la nécessité de quitter le lieu natal. Ceux qui s'y procurent une situation avantageuse y restent, il est vrai, avec satisfaction; mais à défaut de ces occasions favorables les autres s'expatrient avec empressement. Tel est le cas de ceux qui vont s'établir en Amérique dans le bassin de la Plata. Ils y sont attirés par l'état de bien-être des parents et des amis qui ont trouvé dans ces régions des situations avantageuses. Si donc, pour maintenir dans la population locale un juste état d'équilibre, on devait un jour recourir à la contrainte, celle-ci devrait s'employer à entraver, plutôt qu'à exciter, la tendance spontanée des jeunes générations.

§ 13.

MŒURS ET INSTITUTIONS ASSURANT LE BIEN-ÊTRE PHYSIQUE ET MORAL DE LA FAMILLE.

La famille décrite dans la présente monographie marche vers l'état d'indigence que le partage forcé des héritages inflige de proche en proche à la plupart des petits propriétaires français. Cependant, malgré l'imprévoyance de son chef, cette famille a été jusqu'à présent préservée de la ruine grâce aux excellentes traditions du pays basque (17). La dot relativement considérable apportée par la femme a permis au paysan de garder réunis les éléments de la propriété possédée par son père. Grâce à la fertilité du sol et à la beauté du climat, cette propriété, quoique peu étendue, a pu fournir un revenu suffisant aux besoins du ménage. Aidée d'ailleurs par des subventions importantes, la famille, dont tous les membres se distinguent par des habitudes d'ordre et de tempérance, a vécu jusqu'ici dans un état de bien-être dont elle se montre satisfaite. D'un autre côté, le chef de famille a fait de grands sacrifices en argent pour désintéresser ses cohéritiers; mais il n'a pu jusqu'à ce jour acquitter une dette de 500 francs contractée par son père. Il a dû même en créer une nouvelle de 180 francs; bientôt la nécessité de rembourser une de ses sœurs, non désintéressée jusqu'ici, le forcera à faire un nouvel emprunt ou à aliéner une partie de la propriété.

Cette famille est donc dans une situation assez précaire. Elle est empêchée d'arriver à l'épargne par le manque d'énergie de son chef et par le besoin de confort de ses membres. Elle n'a d'autre ressource que l'emprunt pour parer aux éventualités de l'avenir, et il suffirait d'un incendie contre lequel la maison n'est pas même assurée pour entraîner sa ruine complète. Il convient de remarquer cependant que d'anciennes mœurs, dont la tradition se conserve dans le village d'Ainhoa et dans presque tous ceux du pays basque, assurent des secours efficaces aux familles victimes de calamités de ce genre (20).

§ 44. — BUDGET DES RECETTES DE L'ANNÉE.

SOURCES DES RECETTES.	ÉVALUATION approximative des sources de recettes.
	VALEUR des propriétés.
SECTION Iʳᵉ.	
Propriétés possédées par la famille.	
ART. 1ᵉʳ. — PROPRIÉTÉS IMMOBILIÈRES.	
HABITATION :	
Maison avec écurie...	1,400ᶠ 00
IMMEUBLES RURAUX :	
Bordo ou étable pour les brebis, élevée sur le terrain communal..................	50 00
Jardin (2 ares) attenant à la maison................................	150 00
Pré (66 ares) en 2 parcelles, 1,200ᶠ 00 ; — champs (132 ares) en 3 parcelles, 3,000ᶠ 00...	4,200 00
Lande ou fougerée (2 hectares), 400ᶠ 00 ; — bois (65 ares) de haut taillis, en 2 parcelles, 300ᶠ 00 ; — châtaigneraie, 200ᶠ 00................................	900 00
ART. 2. — VALEURS MOBILIÈRES.	
ANIMAUX DOMESTIQUES entretenus toute l'année :	
2 bœufs et 1 vache ; 83 bêtes à laine ; 6 poules et 2 canards..................... (6)	1,112 00
ANIMAUX DOMESTIQUES entretenus seulement une partie de l'année :	
2 porcs, 1 veau et 26 agneaux...................................... (6)	74 32
MATÉRIEL SPÉCIAL des travaux et industries :	
Mobilier, outils et instruments.................................. (6)	215 20
ART. 3. — DROITS AUX ALLOCATIONS DE SOCIÉTÉS D'ASSURANCES MUTUELLES.	
(La famille ne fait partie d'aucune société de ce genre).......................	»
VALEUR TOTALE des propriétés......................	8,101 52

SECTION II.

Subventions reçues par la famille.

ART. 1ᵉʳ. — PROPRIÉTÉS REÇUES EN USUFRUIT.

(La famille ne reçoit aucune propriété en usufruit)..........................

ART. 2. — DROITS D'USAGE SUR LES PROPRIÉTÉS DE LA COMMUNE.

DROIT sur le pâturage des landes communales..................................
　— sur le bois de chauffage des forêts communales..............................
　— de parcours pour les porcs et les volailles sur les voies publiques..............

ART. 3. — ALLOCATIONS D'OBJETS ET DE SERVICES.

ALLOCATIONS concernant l'instruction des enfants..............................

§ 13. — BUDGET DES RECETTES DE L'ANNÉE.

RECETTES.	MONTANT DES RECETTES.	
	VALEUR des objets reçus en nature.	RECETTES en argent.

SECTION Ire.

Revenus des propriétés.

ART. 1er. — REVENUS DES PROPRIÉTÉS IMMOBILIÈRES.

Loyer : Intérêt (5 p. 100) de la valeur de la maison..........................	70f 00	»
Intérêt (5 p. 100) de la valeur de l'étable.......	2 50	»
Intérêt (3 p. 100) de la valeur du jardin........	4 50	»
— de la valeur du pré et des champs.......	126 00	»
— de la valeur de la lande, des bois et de la châtaigneraie........	27 00	»

ART. 2. — REVENUS DES VALEURS MOBILIÈRES.

Intérêt (6 p. 100) de la valeur de ces animaux............	66 72	»
— —	4 46	»
— de la valeur de ce matériel....................	12 91	»

ART. 3. — ALLOCATIONS DE SOCIÉTÉS D'ASSURANCES MUTUELLES.

(La famille ne reçoit aucune allocation de ce genre)...............	»	»
TOTAL des revenus des propriétés............	314 09	»

SECTION II.

Produits des subventions.

ART. 1er. — PRODUITS DES PROPRIÉTÉS REÇUES EN USUFRUIT.

(La famille ne jouit d'aucun produit de ce genre)...............	»	»

ART. 2. — PRODUITS DES DROITS D'USAGE.

Herbe du pâturage, évaluée sur pied à..........................	33 16	66f 34
Bois, évalué dans la forêt à........................ (16, F)	19 00	»
Herbes et matières diverses, évaluées à...................	16 23	3 77

ART. 3. — OBJETS ET SERVICES ALLOUÉS.

Instruction gratuite pour les filles, donnée dans une école subventionnée par la commune ; dépense moyenne par famille..................	3 00	»
TOTAUX des produits des subventions............	71 39	70 11

§ 14. — BUDGET DES RECETTES DE L'ANNÉE (SUITE).

SOURCES DES RECETTES (SUITE).

DÉSIGNATION DES TRAVAUX ET DE L'EMPLOI DU TEMPS.	QUANTITÉ DE TRAVAIL EFFECTUÉ.				
	chef de famille	mère de famille	sœur du paysan	fille aînée	mère du paysan
	journées	journées	journées	journées	journées
SECTION III. **Travaux exécutés par la famille.**					
Exploitation du domaine de la famille et des torres louées par elle......	201	6	101	40	»
Exploitation des bêtes à cornes et des bêtes à laine.........	52	»	28	»	»
— du jardin potager.....................	»	12	»	»	»
— de la basse-cour.....................	»	4	»	»	»
Transports et labours exécutés par le paysan, pour divers.....	32	»	»	»	»
Travaux domestiques; égrenage du maïs.....	»	215	30	110	»
Confection et entretien des vêtements et du linge de la famille.....	»	26	12	10	»
Filage du lin et de la laine, confection d'objets tricotés en laine.....	»	29	75	30	40
Blanchissage des vêtements et du linge.....	»	35	36	»	»
Préparation et cuisson du pain.....	»	»	16	»	»
Préparation du fromage et du beurre.....	»	»	28	»	»
Impôts : prestations en nature pour chemins communaux.....	3	»	»	»	»
Courses aux foires et aux marchés.....	20	»	»	»	»
Totaux des journées des divers membres de la famille....	308	328	326	190	40

SECTION IV.

Industries entreprises par la famille

(à son propre compte).

Industries entreprises au compte de la famille :

 Exploitation du domaine et des terres louées par la famille....

 — des bêtes à cornes........

 — des bêtes à laine........

 — de la basse-cour........

§ 16. — BUDGET DES RECETTES DE L'ANNÉE (SUITE).

PRIX DES SALAIRES JOURNALIERS.					RECETTES (SUITE).	MONTANT DES RECETTES.	
chef de famille	mère de famille	sœur du paysan	fille aînée	mère du paysan		VALEUR des objets reçus en nature.	RECETTES en argent.
fr. c.	fr. c.	fr. c.	fr. c.	fr. c.			
					SECTION III.		
					Salaires.		
0 500	0 350	0 328	0 150	»	Salaire total attribué à ce travail..	141f 70	»
0 400	»	0 150	»	»	— — ..	25 00	»
»	0 250	»	»	»	— — ..	3 00	»
»	0 200	»	»	»	— — ..	0 80	»
1 000	»	»	»	»	(Aucun salaire ne peut être attribué à ces travaux)................	2 00	30f 00
»	0 250	0 250	0 150	»	Salaire total attribué à ce travail..	11 00	»
»	0 188	0 188	0 100	0 100	— — ..	26 50	»
»	0 500	0 500	»	»	— — ..	36 00	»
»	»	»	»	»	(Aucun salaire ne peut être attribué à ces travaux)................	»	»
»	»	0 200	»	»	Salaire total attribué à ce travail..	5 60	»
0 750	»	»	»	»	— — ..	2 25	»
»	»	»	»	»	(Aucun salaire ne peut être attribué à ces travaux)................	»	»
					Totaux des salaires de la famille...........	253 85	30 00

SECTION IV.

Bénéfices des industries.

Bénéfice résultant de cette exploitation........ .... (16, A)	397 78	2 00
— — .... (16, B)	1 18	255 90
— — .... (16, C)	10 00	149 16
— — .... (16, D)	89 31	9 79
Totaux des bénéfices résultant des industries........	498 27	417 85

Nota.— Outre les recettes portées ci-dessus en compte, les industries donnent lieu à une recette de 1,457f 86 (16, E), qui est appliquée de nouveau à ces mêmes industries ; cette recette et les dépenses qui la balancent (15, Sᵉᵗ V) ont été omises dans l'un et l'autre budget.

Totaux des recettes de l'année (balançant les dépenses)...... (1,655f 56)	1,137 60	517 96

§ 15. — BUDGET DES DÉPENSES DE L'ANNÉE.

DÉSIGNATION DES DÉPENSES.	POIDS et PRIX des ALIMENTS		MONTANT DES DÉPENSES.	
	POIDS consommé	PRIX par kilogr.	VALEUR des objets consommés en nature.	DÉPENSES en argent.
SECTION Ire.				
Dépenses concernant la nourriture.				
Art. 1er. — Aliments consommés dans le ménage.				
[Par le chef de famille, sa femme, sa sœur, sa mère, 3 enfants de 16, de 12 et de 8 ans pendant 365 jours, et plusieurs ouvriers auxiliaires des deux sexes (16, A et K) pendant 44 jours.]				
Céréales :				
Froment évalué à l'état de grain...................... (16, A)	730 00	0f280	204f40	»
Maïs évalué à l'état de grain : 1,590k, dont 140k achetés ... (16, A)	1,590 00	0 158	229 10	22f12
Poids total et prix moyen............	2,320 00	0 196		
Corps gras :				
Gras de lard... (16, D)	4 00	1 300	5 20	»
Lard.. (16, D)	50 00	1 400	34 00	36 00
Huile d'olive, achetée en Espagne le plus souvent...........	2 00	2 000	»	4 00
Poids total et prix moyen............	56 00	1 414		
Laitages et œufs :				
Lait de vache....................................... (16, B)	433 00	0 100	43 30	»
Lait de brebis (9)................................... (16, C)	124 00	0 050	6 20	»
Fromage fait avec du lait de brebis, mangé en grande partie à l'état frais..............	104 00	0 400	41 60	»
Œufs, 8k dont 2k achetés (144 pièces).... .... (16, D)	8 00	0 625	3 75	1 25
Poids total et prix moyen............	669 00	0 144		
Viandes et poissons :				
Viande de porc frais ou salé ; jambons................ (16, D)	120 00	1 200	144 00	»
Viande de boucherie : Veau ou vache, mangés les jours de fête (9)............................	15 00	0 800	»	12 00
— 2 agneaux mangés à Pâques et à la Pentecôte, 2 brebis tuées pendant la moisson......................	21 00	0 800	16 80	»
Boudins et saucisses fabriqués dans la famille.......... (16, D)	6 00	0 700	4 20	»
Volailles : 2 vieilles poules, 2 poulets et 2 canards mangés le jour de la fête locale (9)............................... (16, D)	4 00	0 800	3 20	»
Poissons : Morue salée (9)	10 00	0 700	»	7 00
— Sardines fraîches ou salées.....................	2 00	0 800	»	1 60
— Thon frais.................................	3 00	0 700	»	2 10
Poids total et prix moyen............	181 00	1 055		

§ 45. — BUDGET DES DÉPENSES DE L'ANNÉE (SUITE).

DÉSIGNATION DES DÉPENSES (SUITE).	POIDS et PRIX des ALIMENTS		MONTANT DES DÉPENSES.	
	POIDS consommé	PRIX par kilog.	VALEUR des objets consommés en nature.	DÉPENSES en argent.
SECTION Iʳᵉ.				
Dépenses concernant la nourriture (suite).				
LÉGUMES ET FRUITS :				
Légumes farineux secs : Haricots...........................(16, A)	96ᵏ00	0ᶠ380	36ᶠ48	»
— Pois secs..	8 00	0 250	2 00	»
Légumes verts à cuire : Pois verts............................	25 00	0 150	3 75	»
— Choux....................................	182 00	0 060	10 92	»
— Fèves des champs.......................	25 00	0 040	1 00	»
Légumes épices : Poireaux, 14ᵏ à 0ᶠ20, 2ᶠ80; — oignons et aulx,				
30ᵏ à 0ᶠ20, 6ᶠ00.........................	44 00	0 200	8 80	»
— Persil, cerfeuil............................	4 00	0 250	1 00	»
Fruits féculents : Châtaignes (9).................................	400 00	0 090	36 00	»
Fruits à pepin et à noyau : Prunes, cerises et groseilles........	8 00	0 300	2 40	»
— — Pommes à cidre.....................	25 00	0 050	1 25	»
Poids total et prix moyen.............	817 00	0 127		
CONDIMENTS ET STIMULANTS :				
Sel acheté en Espagne pour le ménage, 72ᵏ; — pour salaisons, 40ᵏ..	112 00	0 100	»	11ᶠ20
Épices : Poivre...	0 50	4 000	»	2 00
Piment (Bipherra)...	10 00	0 600	6 00	»
Café, pris à l'eau le jour de la fête locale, et à quelques autres solennités (9)...	0 50	4 000	»	2 00
Chocolat mangé à l'eau par les enfants et par la grand'mère...	10 00	1 200	»	12 00
Sucre (on n'en fait usage que dans quelques cas exceptionnels)..	4 00	1 600	»	6 40
Poids total et prix moyen.............	137 00	0 289		
BOISSONS FERMENTÉES :				
Cidre, fabriqué avec 400ᵏ de pommes concassées, sur lesquelles on verse successivement 1,000ᵏ d'eau.....................	1,000 00	0 011	0 00	10 10
Vin de Navarre, acheté en Espagne, pour les jours de grande solennité..	15 00	0 300	»	4 50
Poids total et prix moyen.............	1,015 00	0 013		
ART. 2. — ALIMENTS PRÉPARÉS ET CONSOMMÉS EN DEHORS DU MÉNAGE.				
(Aucune nourriture n'est consommée en dehors du ménage.)........			»	»
TOTAUX des dépenses concernant la nourriture..........			846 25	134 27

§ 15. — BUDGET DES DÉPENSES DE L'ANNÉE (SUITE).

DÉSIGNATION DES DÉPENSES (SUITE).	MONTANT DES DÉPENSES.	
	VALEUR des objets consommés en nature.	DÉPENSES en argent.

SECTION II.

Dépenses concernant l'habitation.

LOGEMENT :
Intérêt (5 p. 100) d'une partie (1,200' 00) de la valeur de la maison, 60' 00 ; — entretien : blanchissage à la chaux renouvelé chaque année et réparation des carreaux, 5' 50 ; — réparation de la toiture, 4' 00..............................

	60' 00	9' 50

MOBILIER :
Entretien : achat et réparations de meubles et ustensiles, 3' 00 ; — draps de lit, nappes et serviettes, 13' 75 (16, H) ; — entretien et réparations, 8 journées de travail domestique à 0' 25, 2' 00 (14, Sᵒⁿ III)..............................

	9 80	8 95

CHAUFFAGE :
Bois d'affouage, 2,000ᵏ à 1' 50 les 100ᵏ, 30' 00 (16, F) ; — bois provenant de la coupe annuelle de 15 pieds de hauts taillis sur le domaine de la famille, 2,000ᵏ à 1' 50 les 100ᵏ, 30' 00..............................

	56 00	4 00

ÉCLAIRAGE :
Chandelles de suif, 6ᵏ à 1' 40, 8' 40 ; — chandelles de résine fabriquées dans le ménage : étoupe, 1ᵏ, 1' 00 ; — résine des Landes, 10ᵏ à 0' 75, 7' 50...............

	»	16 90

ToTAUX des dépenses concernant l'habitation.......... .	125 80	39 35

SECTION III.

Dépenses concernant les vêtements.

VÊTEMENTS :

Du chef de famille.................................... (16, G, H et J)	10 85	36 57
De la femme... (16, G, H et J)	10 22	49 65
De la sœur du chef de famille........................ (16, G, H et J)	10 22	49 65
De la grand'mère.................................... (16, G, H et J)	4 17	6 75
Des trois enfants................................... (16, G, H et J)	23 74	69 85

BLANCHISSAGE ET SOINS DE PROPRETÉ :
18 lessives par année, exigeant chacune 4 journées de travail de femme à 0' 50, 36' 00 ; — savon, 11ᵏ6 à 1' 20, 14' 00 ; — cendres, 4 hectolitres, dont 1 hectolitre acheté, 3' 00 ; — intérêt (6 p. 100) de la valeur du matériel spécial, 0' 42.............. ..

	36 42	17 00

ToTAUX des dépenses concernant les vêtements...........	95 62	229 47

SECTION IV.

Dépenses concernant les besoins moraux, les récréations et le service de santé.

CULTE :
Dépenses habituelles : chaise à l'église, 1' 50 ; — argent donné aux quêtes, 1' 50 ; — messes fondées autrefois par les parents de la famille, 7' 50 ; — cierge allumé à l'église, 14' 00 ; — dépenses extraordinaires pour enterrements et baptême, évaluées à 6' 20 par année..............................

	»	30 70

INSTRUCTION DES ENFANTS :
Somme donnée à une quête faite pour des religieuses qui se chargent gratuitement de l'éducation des filles, 3' 00 ; — frais d'école payés par la commune, 3' 00 ; — école du garçon, à 0' 80 par mois pendant 10 mois, 8' 00 ; — livres, papier, plumes, pour le fils et les filles, 4' 00..............................

	3 00	15 00

SECOURS ET AUMÔNES :
L'aumône est faite en nature aux pauvres du village habité par la famille et à ceux des villages voisins : maïs donné à l'état de méture (9), 250ᵏ à 0' 158, 39' 50 ; — froment, 15ᵏ à 0' 28, 4' 20 ; — choux, 30ᵏ à 0' 06, 1' 80 ; — piment, 2ᵏ à 0' 60, 1' 20.........

	46 70	»

§ 15. — BUDGET DES DÉPENSES DE L'ANNÉE (SUITE).

DÉSIGNATION DES DÉPENSES (SUITE).	MONTANT DES DÉPENSES.	
	VALEUR des objets consommés en nature.	DÉPENSES en argent.
SECTION IV.		
Dépenses concernant les besoins moraux, les récréations et le service de santé (suite).		
RÉCRÉATIONS ET SOLENNITÉS :		
Dépenses de table faites à l'occasion de la fête locale, mentionnées dans la S⁰ⁿ I du présent budget pour une somme de 21ᶠ70 (15, S⁰ⁿ I); — dépenses diverses faites pour les enfants les jours de fête, 2ᶠ00; — dépenses du chef de famille aux foires ou bien dans ses voyages à Bayonne, 2ᶠ50................................	»	4ᶠ50
SERVICE DE SANTÉ :		
Abonnement aux soins d'un médecin pour toute la famille, 8ᶠ00; — médicaments, 3ᶠ00 .	»	11 00
TOTAUX des dépenses concernant les besoins moraux, les récréations et le service de santé..	49ᶠ70	61 20
SECTION V.		
Dépenses concernant les industries, les dettes, les impôts et les assurances.		
DÉPENSES CONCERNANT LES INDUSTRIES :		
NOTA. — Les dépenses concernant les industries entreprises au compte de la famille montent à..................................... (16, B)	2,001ᶠ75	
Elles sont remboursées par les recettes provenant de ces mêmes industries, savoir :		
Argent et objets employés pour les consommations du ménage et les aumônes, et portés à ces titres dans le présent budget........ 543ᶠ89		
Argent et objets appliqués de nouveau aux industries (14, S⁰ⁿ IV), et qui, n'étant qu'un emploi momentané du fonds de roulement, ne peuvent figurer parmi les dépenses du ménage....................................... 1,457 86	2,001 75	
INTÉRÊTS DES DETTES :		
Intérêt (5 p. 100) d'une dette de 500ᶠ00 laissée par le père du chef de famille........		25 00
Intérêt (5 p. 100) d'une dette de 179ᶠ60 nouvellement contractée par le chef de famille.	8 98	»
Intérêt (5 p. 100) d'une somme de 700ᶠ00 revenant à l'une des sœurs du chef de famille dans la succession de son père (cette somme reste due par la famille, mais jusqu'ici il n'en a pas été payé d'intérêt).................................	»	»
IMPÔTS :		
Impôt foncier, 14ᶠ87; — cote personnelle, 1ᶠ50; — cote mobilière, 7ᶠ63; — portes et fenêtres, 4ᶠ67; — impôt communal : 3 journées de corvée pour le chef de famille, 2ᶠ25; — travail d'une paire de bœufs pendant 3 jours, 9ᶠ00..........	11 25	28 67
ASSURANCES CONCOURANT À GARANTIR LE BIEN-ÊTRE PHYSIQUE ET MORAL DE LA FAMILLE :		
La famille n'a d'autre garantie de bien-être que les revenus qu'elle tire de son exploitation agricole et des industries qui en dépendent : elle ne fait aucune dépense spéciale à ce sujet.................................	»	»
TOTAUX des dépenses concernant les industries, les dettes, les impôts et les assurances....	20 23	53 67
ÉPARGNE DE L'ANNÉE :		
Recommandable par sa tempérance et la simplicité de ses habitudes, la famille manque d'activité et de prévoyance; c'est à peine si elle a l'énergie suffisante pour élever ses recettes au niveau de ses dépenses................................	»	»
TOTAUX DES DÉPENSES de l'année (balançant les recettes)...... 1,655ᶠ56)	1,137 60	517 96

§ 46.

COMPTES ANNEXÉS AUX BUDGETS.

SECTION I.

COMPTES DES BÉNÉFICES

Résultant des industries entreprises par la famille (à son propre compte).

A. — EXPLOITATION DU DOMAINE DE LA FAMILLE ET DES TERRES LOUÉES PAR ELLE.

RECETTES.

	VALEURS	
	en nature.	en argent.
Céréales : Froment (dont 150ᵏ vendus).......... 970ᵏ à 0ᶠ28..........	229ᶠ60	42ᶠ00
— Maïs.................... 2,082 à 0 158..........	338 96	»
Légumes : Haricots semés avec le maïs ou dans le jardin........................... 96 à 0 38..........	36 48	»
— Pois secs.................... 8 à 0 25..........	2 00	»
— Pois verts.................... 25 à 0 15..........	3 75	»
— Choux.................... 212 à 0 06..........	12 72	»
— Fèves semées dans le froment........ 200 à 0 04..........	8 00	»
— Poireaux et oignons, aulx............ 44 à 0 20..........	8 80	»
— Persil, cerfeuil.................... 4 à 0 25..........	1 00	»
— Piment.................... 12 à 0 60..........	7 20	»
Fruits : Fruits à pepin et à noyau............. 33 à 0 11..........	3 65	»
— Châtaignes.................... 400 à 0 09..........	36 00	»
— Cucurbitacées cultivées dans le maïs pour les porcs.... 200 à 0 02..........	4 00	»
Racines : Navets.................... 4,000 à 0 03..........	120 00	»
Fourrages : Foin naturel (première coupe et regain). 2,000 à 0 06..........	120 00	»
— Paille de froment mangée par les bestiaux.................... 2,000 à 0 01..........	80 00	»
— Fourrages verts divers : feuilles de maïs.................... 2,000 à 0 01..........	20 00	»
— Ajonc ou genêt épineux............. 5,000 à 4 00 les 1,000ᵏ....	20 00	»
— Fougère pour litière.............. 8,000 à 2 00 — ...	16 00	»
— Paille de maïs.............. 4,000 à 4 00 — ...	16 00	»
Produits divers : Lin.................... 10 à 1 75..........	17 50	»
— Bois servant au chauffage de la famille, évalué sur place à..	20 50	»
— Pâturage sous les hauts taillis et la châtaigneraie, évalué à...	50 00	»
Totaux....................	**1,162 16**	**42 00**

DÉPENSES.

	en nature.	en argent.
Intérêts de la valeur des propriétés immobilières constituant le domaine....	157 50	»
Prix de 30 journées d'ouvriers auxiliaires, à 0ᶠ50 par jour (nourriture comprise dans celle de la famille, 15, Sᵒⁿ I)............	»	15 00
Location d'un champ de 50 ares, voisin de la maison....................	»	20 00
Travaux de la famille....................	144 70	»
Travaux des bœufs.................... 90 j. à 3ᶠ00..........	270 00	»
Fumier....................	156 00	»
Semences : Froment.................... 75ᵏ à 0ᶠ28..........	21 00	»
— Maïs.................... 70 à 0 158..........	11 06	»
— Graines et plants divers....................	»	3 00
Frais du matériel spécial : intérêts (6 p. 100) de la valeur (68ᶠ70) de ce matériel (14, Sᵒⁿ I)....................	4 12	»
Entretien de ce matériel....................	»	2 00
Bénéfices résultant de l'industrie....................	397 78	2 00
Totaux comme ci-dessus....................	**1,162 16**	**42 00**

	VALEURS	
	en nature.	en argent.

B. — EXPLOITATION DES BŒUFS DE LABOUR ET DE TRANSPORT (2 BŒUFS) ET DE LA VACHE A LAIT.

RECETTES.

Vente des bœufs engraissés à demi...............................	»	350f 00
Travail des bœufs :		
Culture du domaine de la famille...................... 90 j. à 3f 00...	270f 00	»
Transports de bois pour la famille................. 4 à 3 00..	12 00	»
Travaux divers pour le maréchal et le charron.......... 7 à 3 00.	21 00	»
Labours exécutés en paiement d'une partie des intérêts d'une somme de 180f 00 due par la famille (15, Sᵒⁿ V).... 2 à 3 50...	7 00	»
Labours et charrois exécutés en paiement d'une somme due pour location d'un pacage......................... 5 à 3 00...	15 00	»
Corvée communale.............................. 3 à 3 00...	9 00	»
Transports exécutés au compte de divers :		
10 voyages à Bayonne, de deux jours chacun, laissant chacun 12f 00 nets comme salaire du travail des bœufs.............................	»	120 00
8 voyages moins longs, donnant chacun 6f 00 nets....................	»	48 00
Produits fournis par la vache à lait :		
Veau vendu chaque année.........................	»	40 00
Lait consommé par la famille.................... 433ᵏ à 0f 10...	43 30	»
Beurre de vache vendu....................... 7 à 1 20..	»	8 40
Fumier de la vache et des bœufs, évalué à.....	75 00	»
Totaux........................	452 30	566 40

DÉPENSES.

Achat des bœufs................................	»	300 00
Intérêt (6 p. 100) du capital engagé (478f 32)....	28 70	»
Intérêt (5 p. 100) de la valeur d'une partie de la maison (écurie)...........	10 00	»
Nourriture : Foins et regains................. 2,000ᵏ à 0f 06..	120 00	»
— Navets........................ 2,500 à 0 03...	75 00	»
— Paille de froment................ 2,000 à 0 04..	80 00	»
— Fourrages verts, feuilles de maïs... 2,000 à 0 01...	20 00	»
— Ajonc et genêt épineux.......... 2,000 à 4 00 les 1,000ᵏ. .	8 00	»
— Maïs en grain................ 68 à 0 158..........	10 75	»
— Pâturage sous les hauts taillis, évalué à....	40 00	»
— Pâturage, pour la vache spécialement, sur une lande louée par la commune, évalué à.......................	9 50	»
Litière : Paille de maïs.............. 1,500ᵏ à 4f 00 les 1,000ᵏ..	6 00	»
— Fougère...................... 2,000 à 2 00 — ..	4 00	»
Travaux de la famille................. ...., (14, Sᵒⁿ III)	10 70	»
Frais du matériel spécial :		
Intérêt (6 p. 100) de la valeur (124f 50) du matériel servant à l'exploitation des bœufs et de la vache......................	7 47	»
Achat de cordages, courroies en cuir pour assujettir le joug.............	»	2 00
Sommes payées au maréchal et au charron pour entretien du matériel....	21 00	7 50
Bénéfice résultant de l'industrie (y compris le bénéfice dû aux travaux de transport exécutés au moyen des bœufs).......................	1 18	256 90
Totaux comme ci-dessus...............	452 30	566 40

C. — EXPLOITATION DU TROUPEAU DE BREBIS.

RECETTES.

26 agneaux vendus pour être mangés à Pâques et à la Pentecôte, à l'âge de 2 à 4 mois........................	»	78 00
10 brebis réformées, vendues pour la boucherie....................	»	80 00
2 brebis et 2 agneaux mangés par la famille................ (15, Sᵒⁿ I)	16 80	»
A reporter......................	16 80	158 00

	VALEURS	
	en nature.	en argent.

RECETTES (SUITE).

Report..	16f 80	158f 00
Lait consommé par la famille.................. 124k à 0f05... (15, Sⁿ I)	6 20	»
Fromage consommé par la famille............ 104 à 0 40... (15, Sⁿ I)	41 60	»
Laine blanche vendue........................... 135 à 0 90	»	121 50
— noire conservée pour l'usage de la famille.. 14 à 1 00............	14 00	»
Peaux des brebis mortes et de celles qui sont mangées dans la famille : produit annuel de la vente de ces peaux, évalué à......................	»	12 00
Fumier du troupeau, évalué à................................	60 00	»
Totaux........................	138 60	291 50

DÉPENSES.

Intérêt (6 p. 100) du capital engagé (634f00)...................	38 04	»
Intérêt (5 p. 100) de la valeur de la Borde (50f00)...............	2 50	»
Nourriture : Pacage dont la location est payée par 3 journées du chef de famille avec ses bœufs..................	15 00	5 00
— Autre pacage dont la location est payée en argent............	»	70 00
— Pâturage sur le domaine de la famille, évalué à.....	10 00	»
— — sur le terrain communal, évalué à 90f00...	23 66	66 34
— Ajonc ou genêt épineux donné au troupeau en hiver, 3,000k à 4f00 les 1,000k..........	12 00	»
— Paille de maïs, 1,000k à 4f00..................	4 00	»
Litière : Fougère, feuilles d'arbre, 4,000k à 2f00 les 1,000k............	8 00	»
Travaux de la famille....................... (14, Sⁿ III)	15 40	»
Travail d'un ouvrier auxiliaire pour la tonte : 2 journées à 0f50...........	»	1 00
BÉNÉFICE résultant de l'industrie........................	10 00	149 16
Totaux comme ci-dessus..............	138 60	291 50

NOTA. — Dans ce compte on n'a pas évalué aux dépenses les chances de pertes résultant des épizooties et d'autres causes; mais on a fait la part de ces chances en admettant seulement 46 agneaux comme donnant un effet utile sur une moyenne annuelle de 60 naissances.

D. — EXPLOITATION DE LA BASSE-COUR (2 PORCS ET VOLAILLES DIVERSES).

RECETTES.

Viande de porc et lard, 180k à 1f24ᶜ........................ (15, Sⁿ I)	187 40	36 00
2 poules, 2 poulets et 2 canards mangés par la famille............ (15, Sⁿ I)	3 20	»
4 canards, 10 poulets, vendus, 11f50 ; — plumes vendues, 2f06............	»	13 56
Œufs mangés par la famille........................... (15, Sⁿ I)	3 75	»
Fumier produit..	21 00	»
Totaux........................	215 35	49 56

DÉPENSES.

Prix d'achat de deux jeunes porcs.......................	»	36 00
Intérêt (6 p. 100) du capital engagé (74f33)...................	4 46	»
Travail de la famille.....................................	0 80	»
Nourriture : Navets consommés pour l'engraissement...... 1,500k à 0f03...	45 00	»
— Maïs en grain ou en farine............ 244 à 0 158...	38 55	»
— Cucurbitacées.................. 200 à 0 02...	4 00	»
— Fèves.................. 175 à 0 04...	7 00	»
— Son de maïs et de froment dont la valeur est comprise dans celle des céréales consommées par la famille (15, Sⁿ I), pour mémoire...		
— Herbes et matières diverses ramassées sur la voie publique.....	16 23	3 77
— Débris des aliments de la famille, pour mémoire...........	»	»
A reporter........................	116 04	39 77

	VALEURS	
	en nature.	en argent.

DÉPENSES (SUITE).

Report..	116ᶠ04	39ᶠ77
Litière : Paille de maïs, fougère, feuilles d'arbres......................	10 00	»
BÉNÉFICE résultant de l'industrie....................................	89 31	9 79
Totaux comme ci-contre............	215 35	49 56

E. — RÉSUMÉ DES COMPTES DES BÉNÉFICES RÉSULTANT DES INDUSTRIE (A à D).

RECETTES TOTALES.

Produits employés en nature :

Pour la nourriture de la famille.............................. (15, Sᵒⁿ I)	845 35	36 00
Pour dépenses concernant les secours et aumônes............ (15, Sᵒⁿ IV)	46 70	»
Pour l'habitation de la famille............................. (15, Sᵒⁿ II)	32 50	»
Pour les vêtements de la famille............................. (15, Sᵒⁿ III)	31 50	»
Pour impôt (exécution de la corvée communale).............. (15, Sᵒⁿ V)	9 00	»
Pour dépenses concernant les intérêts des dettes.............. (15, Sᵒⁿ V)	7 00	»
Produits en nature et recettes en argent à employer de nouveau pour les industries elles-mêmes (1,457ᶠ86)...................................	996 36	461 50
Recettes en argent appliquées aux dépenses du ménage.................		451 96
Totaux........................	1,968 41	949 46

DÉPENSES TOTALES.

Intérêts des propriétés possédées par la famille et employées par elle aux industries.. (14, Sᵒⁿ I)	252 79	»
Produits des subventions reçues par la famille et employées par elle aux industries... (14, Sᵒⁿ II)	49 39	70 11
Salaires afférents aux travaux exécutés par la famille pour les industries... (14, Sᵒⁿ III)	171 60	»
Produits des industries dépensés en nature et dépenses en argent qui doivent être remboursés par les recettes résultant des industries (1,457ᶠ86).......	996 36	461 50
Totaux des dépenses (2,001ᶠ75)...........	1,470 14	531 61
BÉNÉFICES TOTAUX résultant des industries (916ᶠ12)......................	498 27	417 85
Totaux comme ci-dessus...............	1,968 41	949 46

SECTION II.

COMPTES RELATIFS AUX SUBVENTIONS.

F. — BOIS D'AFFOUAGE DES FORÊTS COMMUNALES.

RECETTE.

Bois à brûler : 2,000ᵏ valant, après le transport à la maison, 1ᶠ50 par 100ᵏ (y compris la valeur des cendres provenant de ce bois, 1 hectolitre et demi à 3ᶠ00 l'hect., 4ᶠ50)...	26 00	4 00

DÉPENSES.

Travail des bœufs............................. 2 journées à 3ᶠ00...	6 00	»
Travail du chef de famille..................... 2 — à 0 50..	1 00	»
Somme payée à la commune par chaque ménage pour avoir droit au bois d'affouage..	»	4 00
Valeur à attribuer au bois sur le lieu d'abatage.........................	19 00	»
Totaux comme ci-dessus.............	26 00	4 00

NOTA. — Les autres comptes relatifs aux subventions (droit de pâturage sur les propriétés appartenant à la commune ou louées par elle, et allocations concernant l'instruction des enfants)se déduisent aisément des données consignées dans le budget.

SECTION III.
COMPTES DIVERS.

G. — Compte de la dépense annuelle pour vêtements en étoffes achetées.

Art. 1er. — Vêtements du chef de famille.

	PRIX d'achat.	DURÉE.	DÉPENSE par an.
Vêtements du dimanche :			
1 béret (Bonetta) en drap bleu..........	5f00	4 ans.	1f25
1 veste (Camisola) en drap de couleur foncée............	27 00	20	1 35
1 pantalon de drap...........................	23 00	10	2 30
1 gilet en étoffe de laine rouge avec boutons en métal.......	10 00	10	1 00
1 ceinture de soie rouge.......................	15 00	30	0 50
2 mouchoirs de poche........................	2 00	10	0 20
1 paire de souliers.........................	6 00	3	2 00
Vêtements de travail :			
1 veste de laine...........................	16 00	6	2 66
2 pantalons de velours......................	16 00	3	5 33
1 ceinture en laine rouge....................	4 00	3	1 33
1 gilet de laine...........................	7 00	2	3 50
1 manteau avec capuchon en drap grossier (Capusalila)........	12 00	6	2 00
1 paire de gros souliers.....................	6 00	2	3 00
2 paires de sabots avec chaussons, à 1f00...........	2 00	1	2 00
2 paires d'Alpagattes (Espartinac), chaussures en cordes de chanvre à 1f20 la paire...........................	2 40	1	2 40
Totaux...........	153 40		30 82

Art. 2. — Vêtements de la femme.

	PRIX d'achat.	DURÉE.	DÉPENSE par an.
Vêtements du dimanche :			
3 mouchoirs de tête de couleur blanche (Mocanecac)...........	12 00	12	1 00
1 châle de laine.........................	23 00	10	2 30
1 robe noire en étoffe de laine...............	24 00	10	2 40
1 robe de fête en étoffe de couleur............	20 00	10	2 00
1 Capac, manteau en étoffe de laine que les femmes mariées mettent pour aller aux offices................	60 00	30	2 00
1 jupon en drap rouge bordé de velours noir........	10 00	10	1 00
2 tabliers de drap.........................	10 00	10	1 00
1 paire de souliers.......................	4 00	2	2 00
Vêtements de travail :			
Vieux vêtements du dimanche : 2 châles légers en laine........	6 00	3	2 00
3 mouchoirs de tête de diverses couleurs en tissu de coton.......	6 00	2	3 00
1 Mantalinac, espèce de mantille en étoffe de laine noire, autrefois spéciale aux jeunes filles, et dont les femmes mariées se servent aussi pour aller à l'église...............	24 00	12	2 00
2 jupons de drap.........................	14 00	4	3 50
1 tablier de laine........................	1 30	1	1 30
2 robes de laine, 1 de 17f00, 1 de 15f00...........	32 00	4	8 00
1 robe d'indienne.........................	7 50	2	3 75
2 paires de souliers......................	8 50	1	8 50
2 paires de sabots avec chaussons, à 1f00 la paire...........	2 00	2	1 00
Totaux...........	264 30		46 75

Art. 3. — Vêtements de la sœur du mari.

	PRIX d'achat.	DURÉE.	DÉPENSE par an.
Ces vêtements sont les mêmes que ceux de la femme, et ils nécessitent une dépense annuelle équivalente à celle qui est indiquée à l'art. 2.	264 30		46 75

Art. 4. — Vêtements de la grand'mère.

	PRIX d'achat.	DURÉE.	DÉPENSE par an.
Ces vêtements sont les mêmes aussi que ceux de la femme, mais, en raison du grand âge de la personne qui les porte, ils sont moins souvent renouvelés et ne nécessitent chaque année qu'une dépense minime évaluée à............................	»		6 00

Art. 5. — Vêtements des enfants.

	PRIX d'achat.	DURÉE.	DÉPENSE par an.
Vêtements de la fille aînée, de 16 ans :			
Dépense évaluée à.........................	»		32 00
Vêtements de la seconde fille de 12 ans :			
ils sont faits en grande partie avec les débris des vêtements des parents ; dépense approximative................	»		14 00
Vêtements du fils de 8 ans :			
Dépense approximative.....................	»		16 00

	VALEURS	
	en nature.	en argent.

H. — COMPTE DE LA DÉPENSE ANNUELLE POUR LA TOILE DE LIN DE CONFECTION DOMESTIQUE.

ART. 1er. — *Dépense annuelle pour le ménage entier.*

Acquisition de 5ᵏ de lin de qualité supérieure, à 2ᶠ00 le kil..............	»	10ᶠ00
10ᵏ de lin récolté par la famille sur ses terres, à 1ᶠ75 le kil. de lin prêt à être filé...	17 50	»
Filage au fuseau : 70 journées de travail des femmes de la famille, à 0ᶠ10 par jour..................................... (14, Sᵒⁿ III)	7 00	»
Blanchissage, lessivage et dévidage du fil : 10 journées de travail des femmes.................................... (14, Sᵒⁿ III)	1 90	»
Tissage (on obtient 33 mètres de toile et on paie au tisserand 0ᶠ30 par mètre)...	»	9 90
Total de la dépense annuelle........................	26 40	19 90

ART. 2. — *Distribution de la dépense entre les divers emplois pour lesquels sert la toile.*

Pour le chef de famille :		
2 chemises neuves..................... 6ᵐ 00 de toile....	6 40	4 80
Réparations pour 14 chemises qu'il possède.......... 2 00 —		
Pour la femme :		
1 chemise neuve.................... 2 50 —	2 40	1 80
Réparations pour 6 chemises qu'elle possède........ 0 50 —		
Pour la sœur du chef de famille :		
1 chemise neuve.................... 2 50 —	2 40	1 80
Réparations pour 6 chemises qu'elle possède.......... 0 50 —		
Pour la grand'mère :		
Réparations.................... 1 00 —	0 80	0 60
Pour les trois enfants :		
6 chemises neuves..................... 6 75 —	6 60	4 95
Réparations.................... 7 50 —		
Confection de draps de lit (il y a 15 draps dans le ménage)...................... 5 75 —	4 60	3 45
Confection de nappes et serviettes................. 4 00 —	3 20	2 50
Totaux comme ci-dessus.......... 33 00 —	26 40	19 90

J. — COMPTE DE LA DÉPENSE ANNUELLE POUR VÊTEMENTS EN LAINE DE CONFECTION DOMESTIQUE.

ART. 1er. — *Dépense annuelle pour le ménage entier.*

14ᵏ de laine brute, de couleur noire, réservée sur la dépouille du troupeau de la famille, à 1ᶠ00 le kil...........................	14 00	»
Dégraissage et cardage : 2 journées d'une ouvrière spéciale (nourriture comprise dans celle du ménage).............................	»	2 00
Filage au fuseau de 8ᵏ de laine nette (40 journées de travail des femmes de la famille)...	7 50	»
Confection de bas et autres objets tricotés : 40 j. de femme à 0ᶠ20, 8ᶠ00 ; — 14 j. à 0ᶠ15, 2ᶠ10..	10 10	»
Dépense totale........................	31 60	2 00

	VALEURS	
	en nature.	en argent.

Art. 2. — *Distribution de la dépense entre les divers membres de la famille.*

Pour le chef de famille : bas et objets tricotés....................	1ᵏ00	3ᶠ95	0ᶠ25
Pour la femme et la sœur du chef de famille : bas et objets tricotés....	3 20	12 64	0 80
Pour la grand'mère : bas et objets tricotés.....................	0 60	2 37	0 15
Pour les trois enfants : bas et objets tricotés.................	3 20	12 64	0 80
Totaux comme ci-contre................	8 00	31 60	2 00

K. — Compte de la dépense annuelle pour confection de vêtements en étoffes achetées.

Nota. — Ce sont les femmes de la maison qui font elles-mêmes la presque totalité du travail nécessaire pour l'entretien des vêtements de la famille, mais on prend pour confectionner les vêtements neufs 12 journées de couturière payées à raison de 0ᶠ35 par jour, avec la nourriture qui est compris dans celle du ménage. Les dépenses en argent et les dépenses en nature se répartissent ainsi entre les divers membres de la famille :

Pour le chef de famille :		
2 j. de travail de la sœur à...... 0ᶠ25... 0ᶠ50 ; — 2 j. de coutʳᵉ à 0ᶠ35... 0ᶠ70	0 50	0 70
Pour la femme :		
6 j. de son propre travail à...... 0 25... 1 50 ; — 2 — 0 35... 0 70	1 50	0 70
Pour la sœur du chef de famille :		
6 j. de son propre travail à...... 0 25... 1 50 ; — 2 — 0 35... 0 70	1 50	0 70
Pour la grand'mère :		
4 j. du travail de la sœur du mari à 0 25... 1 00	1 00	»
Pour les trois enfants :		
12 j. de la sœur ou de la femme à.. 0 25... 3 00 \}; — 6 j. de coutʳᵉ à 0ᶠ35... 2ᶠ10	4 50	2 10
10 j. de la fille aînée à........... 0 15... 1 50 \}		
Totaux....................	9 00	4 20

L. — Compte de la dépense annuelle totale de la famille pour vêtements.

Art. 1er. — *Vêtements du chef de famille.*

Achat d'étoffes et de vêtements.............................	»	30 82
Chemises en toile de lin...................................	6 40	4 80
Vêtements en laine : bas et tricots........................	3 95	0 25
Confection domestique : 2 journées de femme à.0ᶠ25, 0ᶠ50 ; — 2 journées de couturière à 0ᶠ35, 0ᶠ70...........................	0 50	0 70
Totaux....................	10 85	36 57

Art. 2. — *Vêtements de la femme et de la sœur du chef de famille.*

Achat d'étoffes et de vêtements.............................	»	93 50
Chemises en toile de lin...................................	4 80	3 60
Vêtements en laine : bas et tricots........................	12 64	0 80
Confection d'une partie des vêtements : travail domestique, 12 journées à 0ᶠ25, 3ᶠ00 ; — travail de couturière, 4 journées à 0ᶠ35, 1ᶠ40.................	3 00	1 40
Totaux....................	20 44	99 30

Art. 3. — *Vêtements de la grand'mère et des trois enfants.*

Achat d'étoffes et de vêtements.............................	»	68 00
Chemises en toile de lin...................................	7 40	5 55
Vêtements en laine : bas et tricots........................	15 01	0 95
Confection d'une partie des vêtements : travail domestique, 16 j. à 0ᶠ25, 4ᶠ00 ; — 10 j. à 0ᶠ15, 1ᶠ50 ; — travail de couturière, 6 j. à 0ᶠ35, 2ᶠ10..........	5 50	2 10
Totaux....................	27 91	76 60

ÉLÉMENTS DIVERS DE LA CONSTITUTION SOCIALE

FAITS IMPORTANTS D'ORGANISATION SOCIALE;
PARTICULARITÉS REMARQUABLES;
APPRÉCIATIONS GÉNÉRALES; CONCLUSIONS.

§ 17.

CAUSES D'ÉBRANLEMENT OBSERVÉES PARMI LES BASQUES FRANÇAIS, ET SPÉCIALEMENT DANS LA FAMILLE DÉCRITE.

Les familles rurales sont moins ébranlées dans le Labourd qu'elles ne le sont dans la plupart des plaines du Midi, et dans toutes les contrées du Nord. L'invasion du mal n'est point encore complète; mais elle s'accomplit journellement sous l'influence des causes qui pèsent sur l'ensemble du pays. Au premier rang de ces causes, figure la dissolution rapide des familles rurales qui formaient autrefois les fondements de la population. C'étaient des paysans qui possédaient assez de terre pour occuper tout le personnel de la maison et qui n'étaient jamais obligés de demander du travail au dehors. Les partages en nature, que les héritiers peuvent exiger maintenant à la mort du chef de famille, enlèvent incessamment aux héritiers une fraction de l'ancien domaine paternel; et tous ceux qui ne sont pas doués de qualités exceptionnelles sont acheminés par les exigences du fisc, et sous la pression des gens d'affaires, vers la condition qui devient dominante chez les ouvriers ruraux de la France, celle du propriétaire indigent.

La famille qui est l'objet de la présente monographie n'est point encore réduite à cette triste condition; mais elle peut y tomber au premier jour. Ainsi, par exemple, l'institution de l'héritier actuel, devenu chef de famille, a été accompagnée d'un acte de partage dont les conditions ont été repoussées par l'un des cohéritiers. Or, jusqu'à présent ce dernier n'a point réclamé par les voies légales ce qui lui est dû ; il n'exige même pas l'intérêt de la somme qui lui est allouée aux termes de l'acte de partage accepté par les autres cohéritiers; mais le chef de famille est désormais hors d'état de payer sa dette. La réclamation de ce paiement, si elle était produite avec rigueur, entraînerait donc fatalement la chute de la maison.

Le retard apporté à la chute imminente de cette vieille maison tient à des sentiments qui expliquent pourquoi l'ébranlement progressif de la constitution sociale du Labourd n'a point encore abouti à une désorganisation complète. La sœur de l'héritier, qui est aujourd'hui créancière de la maison paternelle (12), est empêchée par sa conscience de recourir à une revendication légale. Elle ne croit pas pouvoir adopter des mesures de contrainte, qui seraient considérées comme légitimes en d'autres contrées de la France, mais qui, dans le Labourd, seraient encore blâmées par l'opinion publique.

Cependant, on ne peut guère espérer que de tels sentiments conservent longtemps l'empire qu'ils exercent encore sur les cœurs. Ils seront bientôt détruits par les nouveautés auxquelles les sociétés de l'Occident accordent aujourd'hui une prépondérance trop absolue. La contrainte du partage forcé est maintenant secondée journellement par deux autres agents de destruction : par les écoles, qui substituent brusquement le français à l'ancien langage des Basques; par les voies rapides de communication, qui introduisent maintenant, dans les Pyrénées, les faux dogmes de l'Occident.   F. L.-P.

§ 18.

SYSTÈME DE CULTURE USITÉ DANS LE LABOURD.

Le budget et les comptes annexés (14 à 16) présentent à ce sujet d'utiles indications. Celles-ci, rapprochées des faits exposés aux paragraphes 4 et 6, peuvent fournir des détails précis sur les résultats d'une exploitation agricole dans le Labourd. Toutefois, il convient de compléter ces renseignements par un exposé sommaire du système de culture usité dans cette contrée. Ce qui va être dit à ce sujet s'applique d'une manière spéciale à la région montagneuse placée en dehors du cercle d'action des grandes villes, près desquelles les anciennes méthodes commencent à se modifier.

L'agriculture du pays basque a pour but essentiel la production des céréales. L'assolement, qui, depuis des siècles, y a été adopté en vue d'atteindre ce but, est biennal, et exclut complétement la jachère. Il comprend trois cultures qui se succèdent dans l'ordre suivant : 1° maïs, semé en mai ou juin, et récolté en octobre; 2° froment, qui remplace immédiatement le maïs après que la terre a reçu les façons convenables en octobre et en novembre, et qui se récolte au mois d'août de l'année suivante; 3° navets, semés en août et septembre, après la récolte du froment, et arrachés pendant l'hiver et le printemps jusqu'à l'époque où la terre doit être préparée pour recevoir en avril la semence de maïs. Quelquefois on remplace les navets par le *Farouch* (trèfle incarnat), qui n'occupe pas le sol pendant plus longtemps et qu'on retourne, après avoir pris une coupe, en mai pour faire place au maïs. Les petits domaines agricoles exploités par les paysans propriétaires ou métayers sont en général divisés en deux soles, de sorte que chaque famille puisse récolter à la fois du maïs et du froment. Les deux soles comprennent une étendue à peu près égale, mais on sème d'ordinaire plus de terre en maïs, parce qu'on prend sur celle qui est consacrée au froment l'espace nécessaire pour les cultures accessoires. Parmi ces dernières se range celle des pommes de terre, qui commence à se vulgariser dans le pays, et surtout celle du lin, cultivé par chaque famille à peu près dans la mesure de ses besoins. Le climat permet de semer le lin en automne, et alors on le récolte dès le mois de mai; mais le plus souvent on ne le sème qu'au printemps, comme dans le reste de la France. Enfin il faut, pour compléter cette nomenclature des produits cultivés dans le Labourd, mentionner les récoltes dérobées qui ont une certaine importance. Les fèves sont semées dans le froment et arrachées en juin. Les haricots sont jetés de place en place dans les plants de maïs, dont les tiges servent de supports. Les cucurbitacées (courges et potirons) sont de même plantées avec le maïs ; elles sont destinées à la nourriture des animaux, car, dans cette partie de la France, on ne s'en sert pas pour l'alimentation humaine.

Les fourrages, dans ce système de culture, sont fournis par les prairies naturelles ; quand l'arrosement est possible, le foin est très-abondant ; dans tous les cas, il est de bonne qualité. Les prairies artificielles, les luzernes surtout, qui peuvent donner jusqu'à quatre coupes, rendent beaucoup plus ; mais elles sont rares encore dans le pays. A ce foin s'ajoutent les navets, qui sont hachés et mêlés à l'ajonc épineux (*Ulex europæus*) pour nourrir les bestiaux en hiver ; la paille de froment, qui n'est jamais employée comme litière ; les feuilles du maïs coupées en vert. Les pâturages dans les Landes, et sous les bois de haut taillis appartenant aux particuliers ou aux communes, permettent toujours d'entretenir les animaux en été ; les brebis s'y nourrissent même pendant presque toute l'année. En hiver, quand toutes les autres ressources sont épuisées, les plus pauvres cultivateurs ont toujours à leur disposition quelques bottes d'ajonc épineux qu'on arrache sur le terrain communal ou qu'on peut acheter au prix de 1^{f}00 la charretée.

Les amendements employés dans le Labourd sont judicieusement choisis en vue d'introduire dans les terres, presque toutes argileuses, un élément propre à les rendre moins compactes. Ceux dont on se sert communément sont les sables, qu'on mêle parfois en petite quantité au fumier, et surtout la chaux qu'on répand sur la terre tous les cinq ou six ans. Une ancienne méthode d'amendement que Arthur Young vit mettre en usage dans ces contrées, en 1790[1], est aujourd'hui abandonnée. Elle consistait à couvrir le sol de paille après la récolte du froment et à mettre le feu à cette paille de manière à brûler en même temps les éteules et les mauvaises herbes. Le but qu'on se pro-

1. Arthur Young, *Voyages en France*, partie de l'ouvrage intitulé : *Cours des moissons*, t. II, p. 362.

posait dans cette opération est atteint maintenant par l'emploi
de la chaux, qui permet de réserver la paille pour des usages
plus importants. Le fumier est traité par les Basques d'une
manière toute spéciale : ils le conservent à l'abri des influences
atmosphériques dans un local voisin des écuries (5), et y favorisent le développement de la fermentation. Ce procédé a pour
but d'amener la décomposition des feuilles de fougère à nervures
épaisses et des tiges de maïs qu'on emploie uniquement pour
litière. Quand la décomposition est suffisante, le fumier res-
semble assez bien à du terreau ; en général on le répand sur la
terre, après les semences faites, au lieu de l'enfouir. On fume
toujours le maïs, et presque toujours les navets, quoique plus
légèrement ; mais le froment est d'ordinaire semé sans engrais.
Le plus souvent le fumier est insuffisant en qualité et en quantité ; aussi la terre, ne pouvant réparer les pertes que lui fait
subir une culture épuisante, donne peu de produits. Le rende-
ment moyen n'est que de vingt hectolitres à l'hectare pour le
maïs, et de douze hectolitres pour le froment.

Les bestiaux appartiennent à des races anciennes dans le
pays et adaptées aux nécessités du sol et du climat, mais peu
recommandables sous d'autres rapports. Cela est vrai surtout
des brebis qui ne fournissent qu'une laine de qualité très-infé-
rieure, et dont les formes sont peu satisfaisantes. Une partie de
leurs défauts doivent être attribués, du reste, à l'habitude qu'on
a de les traire ; et il est probable que la race ne pourra guère
être améliorée tant qu'on n'aura pas renoncé à cette habitude.
L'espèce bovine se présente dans de meilleures conditions : elle
est petite, mais élégante, et remarquable par sa sobriété et son
aptitude au travail. Les vaches sont presque toujours employées
aux travaux des champs, et ne donnent que peu de lait ; les
bœufs travaillent pendant quatre ou cinq ans, puis ils sont
engraissés et livrés à la consommation.

En résumé, dans le pays basque, la réalisation des progrès
agricoles est subordonnée à un changement dans le mode de
transmission des biens. La voie à suivre sous ce rapport est
indiquée par l'ensemble des traditions locales et par la connais-

sance des efforts que font encore aujourd'hui les chefs de famille pour continuer ces traditions, malgré les prescriptions formelles de nos lois (IV, ix, 17). Sans aucun doute, si on laissait aux paysans basques la liberté de tester, on les verrait bientôt adopter les combinaisons les plus propres à concilier l'intérêt général avec les droits individuels de chacun de leurs enfants. Le goût de l'émigration, qui s'est développé dans le pays, facili- terait d'ailleurs la solution du problème en offrant un débouché à ceux des enfants qui ne recevraient pas une part en nature. Peu à peu, et sans autre intervention, il se reconstituerait dans ces contrées une classe de petits propriétaires aisés qui, solli- cités par leur intérêt, comprendraient bientôt l'utilité ·des réformes. Disposant par eux-mêmes d'un certain capital, ou se le procurant avec facilité par voie d'emprunt, ils pourraient faire exécuter le drainage dans leurs terres trop compactes, avoir des bestiaux mieux soignés et plus nombreux, améliorer leur maté- riel, multiplier leurs prairies, organiser enfin un système régulier de défrichement, et faire disparaître peu à peu ces landes qui couvrent encore de si grandes étendues de terrain. Aujourd'hui, quoi qu'on en dise, ce défrichement ne pourrait être exécuté par les petits propriétaires sur une échelle un peu importante. L'avance de travail n'est pas, en effet, la seule que nécessite une telle entreprise : elle absorbe toujours un certain capital dont la rentrée se fait attendre. Puis on considère comme indispensable dans le pays qu'une certaine étendue de lande soit attachée à chaque exploitation agricole pour fournir la litière. C'est là sans doute une idée fausse ; mais on voit pourtant qu'elle a sa raison d'être, si on se met à la place de ces petits propriétaires qui sont dénués de ressources et qui, bien évidemment, manqueraient de litière et de pâturage pendant une année au moins, s'ils venaient à défricher leurs landes.

Le défrichement des landes, comme toute autre amélioration agricole, exige une immobilisation préalable de capitaux. Sous ce rapport, le partage forcé, qui impose aux populations rurales tant de frais pour des changements nuisibles, est un fléau pour l'agriculture.

§ 19.

L'EXPLOITATION DES BREBIS FONDÉE SUR LES PATURAGES COMMUNAUX.

Une étude attentive du compte relatif à l'exploitation du troupeau de brebis (16, c) montre que les ressources qui résultent pour la famille de cette exploitation ont sur son bien-être une influence prépondérante. En nature, le troupeau fournit de la laine pour certains vêtements (16, f), et du laitage qui tient une place importante dans l'alimentation (9). Mais c'est surtout comme source de recettes en argent que l'exploitation du troupeau est avantageuse. On voit en effet que la vente de la laine et des agneaux laisse un bénéfice de 216ᶠ 30, égalant presque la moitié de la somme totale des recettes en argent dont la famille peut disposer.

D'un autre côté, les éléments du compte indiquent que ce bénéfice résulte surtout de la nourriture qui est prise à titre gratuit par le troupeau sur le terrain communal. D'après la déclaration faite par plusieurs habitants du pays, le droit de pâture sur les communaux, pour un troupeau tel que celui dont il s'agit, se louerait 90ᶠ. Toutefois, il est évident que cette somme ne représente pas toute la valeur du service rendu à la famille par la jouissance de cette subvention communale, puisque, en cas de suppression, la famille devrait renoncer à l'exploitation de son troupeau et perdrait, par conséquent, les avantages qu'elle en retire. Un tel événement entraînerait nécessairement la ruine de cette famille. Il est naturel de croire que, si ce droit était compromis, la famille ferait d'énergiques efforts pour le conserver.

En se plaçant à un autre point de vue, on peut démontrer par ce même exemple combien est inégale dans certains cas la répartition des avantages qui résultent de la possession des biens communaux. Déjà en effet on a remarqué (7) que les habitants dépourvus de troupeau ne participent point à la jouissance de ces biens. L'exploitation de ceux-ci constitue donc un véritable

monopole pour les plus riches et les plus intelligents. Ce régime
consacre une sorte d'injustice ; mais cet inconvénient est com-
pensé par les mœurs et les coutumes qui obligent les riches à
rendre aux pauvres, sous forme de secours et d'aumônes, une
partie des revenus qu'ils tirent des communaux. Ce sont là des
compensations exceptionnelles ; mais, dans presque toutes les
contrées de la France, l'exploitation des biens communaux
entraîne des inconvénients analogues à ceux qui viennent d'être
signalés, sans qu'on puisse toujours y trouver les mêmes compensations. Cet état de choses appelle des réformes, et il importe
de le signaler à l'attention des hommes d'État.

§ 20.

ANCIENNE ORGANISATION DE L'ASSISTANCE MUTUELLE
DANS LES COMMUNES DU PAYS BASQUE.

Les habitudes d'assistance mutuelle qui existent entre les
familles d'une même commune dans le pays basque offrent un des
traits les plus remarquables des anciennes mœurs. Quoiqu'elles
aient été altérées par différentes causes, ces habitudes garantissent encore, dans une certaine mesure, la sécurité des familles.

Dans le village d'Ainhoa, par exemple, ce régime d'assistance se pratique dans toutes les circonstances difficiles de la
vie. Quand une maison a été brûlée, chacun vient au secours
du propriétaire pour l'aider à la reconstruire. Si, par suite d'un
accident grave, blessure ou maladie, une famille perd un de ses
soutiens, toutes les autres lui donnent des secours en nature ou
en argent. Si, dans une épizootie, un troupeau est détruit, tous
les cultivateurs qui possèdent des brebis contribuent à réparer
la perte du propriétaire en lui donnant quelques agneaux. Dans
d'autres circonstances moins graves, ce même esprit se révèle
encore. Ainsi, quand un conscrit part pour l'armée, on fait dans
le village une collecte à son profit parmi les jeunes gens et les
jeunes filles. Enfin l'aumône, telle qu'elle se fait parmi les
Basques, peut être considérée encore comme rentrant dans le

mode d'assistance mutuelle dont il est ici question. En général, ce n'est pas à des mendiants de profession que s'adresse l'aumône, mais à des personnes qui y cherchent un secours momentané contre l'insuffisance de leurs ressources. Dans ces limites, la mendicité s'exerce sans déshonneur parmi les Basques. « Le revenu de nos manouvriers est sans contredit insuffisant pour l'entretien d'une famille, même peu nombreuse, » écrivait M. Becass, maire d'Ainhoa, à l'auteur de cette note, « mais, » ajoutait-il avec une sorte de satisfaction, « les enfants de nos manouvriers savent de bonne heure où aller, lorsque le besoin se fait sentir dans la famille, pour obtenir un secours en nature. » Cette pensée généreuse peut être considérée comme l'expression d'une idée commune aux hommes les plus distingués de ce pays, qui tous regardent l'aumône comme un devoir. A leurs yeux, les ressources qu'elle procure sont indispensables pour assurer les conditions matérielles de l'existence à la plupart des familles de manouvriers.

Envisagées dans leur ensemble, les habitudes dont on vient de citer quelques exemples constituent véritablement un système d'assurances mutuelles contre les principales chances de perte auxquelles une famille peut être exposée. Sans doute, ce système est imparfait et insuffisant; mais il montre au moins que les garanties émanées du principe des assurances mutuelles existaient déjà sous certaines formes dans l'ancienne société. Ces garanties avaient alors des bases complétement différentes de celles qui soutiennent de nos jours les institutions positives créées dans un but analogue. En effet, elles reposaient uniquement sur un sentiment profond de solidarité, qui existait entre les membres d'une même commune, et sur l'idée de devoirs réciproques imposés par cette solidarité. Dans la société moderne, le principe de l'isolement de l'individu a prévalu; aussi, dans les pays imbus de l'esprit nouveau, les garanties qu'on vient de signaler n'existent plus et seraient repoussées par l'opinion publique. Au sentiment du devoir mutuel a succédé celui du droit individuel. Les rapports sociaux, compliqués par l'esprit d'individualisme, ne doivent pas être réglés comme ceux qui ont pour base l'esprit de communauté.

Dans ce nouvel ordre de choses, l'organisation des sociétés d'assurances et de secours mutuels garantira, pour les individus énergiques et prévoyants, les intérêts de l'avenir. Il faut reconnaître que les institutions nouvelles ne peuvent suppléer, pour les types inférieurs de la population, aux anciens modes d'assistance. Les exemples qui viennent d'être cités montrent que l'ancienne organisation sociale offrait, même aux plus dénués, des garanties efficaces de sécurité matérielle. Il y avait surtout cela de remarquable dans cette organisation que, le secours étant réciproque, la dignité de celui qui devait y recourir n'était jamais compromise.

§ 21.

ÉMIGRATION PÉRIODIQUE DES BASQUES FRANÇAIS EN ESPAGNE.

Depuis un temps immémorial, il existe chez les Basques français, comme chez presque toutes les populations des pays de montagnes, des habitudes d'émigration régulière. Les émigrants basques paraissent s'être toujours dirigés vers l'Espagne, où les appelaient des relations de commerce continuelles. Ils avaient avec la France des relations moins suivies, parce que le désert des Landes rendait les communications difficiles. Les rapports de race, la similitude du langage et des idées religieuses, les attiraient aussi vers l'Espagne, tandis qu'ils étaient repoussés de la France par l'occupation anglaise et par les guerres de religion.

Il est difficile de déterminer l'époque à laquelle cette émigration commença, mais il est probable qu'elle prit surtout son développement au moment où la découverte de l'Amérique vint donner une activité singulière au commerce de la Péninsule. Alors, en effet, les populations espagnoles furent attirées vers l'Amérique ; et elles durent être remplacées momentanément par les émigrants français. Le mouvement déterminé en France par cette émigration paraît avoir eu une grande importance. Il s'étendit jusque dans les montagnes du centre et même dans le Limousin. La tradition s'en conserve encore aujourd'hui, et l'on trouve aux environs de Madrid des Auvergnats qui viennent y exercer les professions de colporteurs et de marchands ambulants. Ces émigrants ne sont plus qu'en nombre insignifiant. Vers le milieu du xviiᵉ siècle (1669), on évaluait à deux cent mille le nombre des Français séjournant en Espagne d'une manière continue ou passagère[1]. Les Espagnols attribuaient tous les travaux pénibles et peu rétribués à ces émigrants; et ils désignaient ceux-ci par le terme méprisant de *Gavaches*. La plupart des gavaches appartenaient à la classe d'ouvriers que nous appelons encore aujourd'hui *gagne-petit*.

En général, les Basques français n'exerçaient pas les mêmes professions. Quelques-uns, *émigrants riches* (III, iv, 10) sédentaires, allaient s'établir dans les villes du nord de l'Espagne pour y faire le commerce des laines. D'autres, parmi ceux qui disposaient d'un capital, émigraient comme chefs de métier. Ils prenaient en location, ou exploitaient comme propriétaires, des établissements destinés à la fabrication des tuiles et des briques. Ils emmenaient avec eux des ouvriers engagés pour une campagne, et ceux-ci représentaient l'*émigration pauvre*. Beaucoup parmi les émigrants de cette dernière classe allaient en Espagne comme charbonniers pour préparer le charbon nécessaire aux usines à fer de la Catalogne et des provinces basques. D'autres, au contraire, allaient fournir un contingent aux travaux des routes et des ports. Revenant chaque année, ils entretenaient des relations avec les habitants, tout en conservant avec fermeté leurs mœurs et leurs habitudes propres. Occupés seulement, en Espagne, pendant la bonne saison, ils rentraient chaque hiver en France au foyer de leur famille-souche; et ils avaient à la fois, comme moyens de subsistance, leur épargne et les produits du domaine de la famille.

Tous ces genres d'émigration se retrouvent encore aujourd'hui dans le Labourd, mais sur une moindre échelle. Le nombre des Basques français qui peuvent trouver du travail en Espagne

1. Consulter à ce sujet les *Mémoires de Gourville*, p. 411, tome LII de la collection des mémoires relatifs à l'histoire de France.

diminue sans cesse. Dans la Catalogne, les Espagnols exploitent eux-mêmes les tuileries. Les Basques français, qui exploitaient autrefois cette industrie en Espagne, n'y sont plus guère employés. Les Basques espagnols se chargent aussi presque exclusivement de travailler aux routes; et ils fournissent des charbonniers qui viennent exercer leur industrie jusque dans les forêts de pins des landes de Gascogne. Partout enfin les émigrants espagnols tendent à supplanter les émigrants français. Ceux-ci sont donc obligés de chercher du travail dans une autre direction.

§ 22.

ÉMIGRATION TRANSATLANTIQUE DES BASQUES FRANÇAIS.

Les pays qui entretiennent un courant d'émigration réunissent ordinairement deux conditions. Ils accumulent, sur un espace limité, une nombreuse population qui obéit dans son développement aux lois naturelles. Ils se transmettent leurs immeubles sous un régime tel qu'à chaque génération une certaine partie de la population se trouve disponible. Celle-ci n'est point attachée au sol par la propriété foncière; et elle dispose du capital nécessaire pour payer les frais d'un établissement lointain. Ces deux conditions principales existaient sous l'ancien régime dans le pays basque; et on ne voit pas pourtant que ce pays ait jamais fourni une émigration définitive de quelque importance. Cela peut paraître d'autant plus étonnant que les populations se trouvent invitées à l'émigration par les traditions de leur race et par leur annexion à deux grands États possédant des colonies. Il faut donc expliquer ce fait et rechercher aussi comment, sans le secours d'une émigration définitive, la population du pays basque a pu se maintenir jusqu'à ces dernières années dans un état d'équilibre satisfaisant.

L'émigration définitive à l'étranger n'a pas complétement manqué dans ce pays. Il est hors de doute en effet que, dans le xvıᵉ et le xvııᵉ siècles, un certain nombre de Basques français, profitant des rapports de race et du voisinage des deux frontières, prirent part à l'émigration des Espagnols pour les colonies d'Amérique; mais le mouvement dans ce sens fut limité. Celui qui entraînait les Basques, comme émigrants périodiques, vers l'intérieur de l'Espagne eut beaucoup plus d'importance; et on a vu, au paragraphe précédent (21), que l'excédant de la population y trouva pendant longtemps du travail et des ressources qui lui manquaient en France. Cet excédant demeura, sous l'ancien régime, au-dessous de ce qu'il a été depuis. Entravée dans son essor par la fréquence des guerres sur cette frontière et par la pratique du célibat, qui était alors la règle pour la moitié au moins des enfants dans chaque famille (IV, IX, 17 et 18), la population, tout en obéissant dans son développement aux lois naturelles, ne pouvait se multiplier très-rapidement. Plus tard, le service militaire, pendant les longues guerres qui suivirent la Révolution, absorba l'élite de la jeunesse; et la contrebande, devenue une véritable industrie, fournit longtemps une occupation à tous ceux qui en manquaient. C'était le cas surtout dans les cantons voisins de la frontière, où se recrute aujourd'hui presque toute l'émigration étrangère.

Mais peu à peu ces conditions se sont modifiées sous l'influence des prescriptions du Code civil, touchant le partage des biens. Les domaines ruraux constitués sous l'ancien régime ont commencé à se diviser. Dans les cas où le partage a eu lieu, l'avénement des enfants à la propriété leur a permis à tous de se marier; et la population a dû s'accroître rapidement, car les mariages restaient féconds. On voit en effet, d'après les statistiques officielles, que l'accroissement pour tout le département des Basses-Pyrénées a été de 102,159 habitants pendant la période de 1801 à 1846. Dans les cas où la propriété restait au chef de famille, les cohéritiers, désintéressés au moyen d'une soulte en argent, se sont mariés; et leurs enfants sont tombés dans la condition de propriétaires indigents et de journaliers. En même temps que ces derniers se multipliaient, les moyens de travail étaient réduits et les salaires étaient avilis. L'émigration vers l'Espagne n'admettait plus autant de bras (21); l'aversion pour le service militaire et la suppression presque complète de la contrebande(1) concouraient encore à laisser plus de monde sans emploi. Enfin le besoin du bien-être et le goût des jouissances se développaient chez ces populations; en sorte que les classes pauvres supportaient moins facilement les privations et ressentaient plus vivement le besoin de changer de situation.

Dans cet état de choses, l'émigration était le seul moyen de conjurer une crise. Elle tendit à s'établir d'elle-même, sous l'influence de certaines causes accessoires.

Déjà depuis assez longtemps il existait un courant d'émigration commerçante, dirigée du pays basque vers les anciennes colonies espagnoles de l'Amérique, et spécialement vers le Mexique et Cuba. Cette *émigration riche* persiste encore aujourd'hui; mais elle diffère essentiellement de l'*émigration pauvre*, qui s'est développée récemment, et qui, par quelques-uns de ses traits, rappelle l'*Exode* irlandaise (IV, 11, 20). Les émigrants riches partent avec un certain capital et fondent aux colonies des maisons de commerce dans lesquelles plusieurs membres d'une même famille vont successivement faire fortune. Revenus en France avec une certaine aisance, ils achètent une propriété dans leur village et ne tardent pas à se marier. Ils reçoivent communément le nom d'*Indianos*, qui perpétue le souvenir de leur émigration. Pendant leur séjour en Amérique, ils vivent un peu en étrangers au milieu des colons espagnols. Il est rare qu'ils s'y fixent définitivement et même qu'ils s'y marient. Ils ne trouvent pas chez les femmes des colonies les qualités morales et l'aptitude aux travaux domestiques qu'ils désirent trouver dans leurs épouses. Ils préfèrent se marier avec des Basques économes, simples et étrangères aux habitudes de luxe. Le retour de ces émigrants enrichis est devenu une des causes déterminantes de l'émigration pauvre. L'origine de cette émigration remonte à l'année 1832, pendant laquelle la maison anglaise Lafone et Wilson, de Montevideo, fit recruter, dans les Basses-Pyrénées, des émigrants pour peupler une colonie dans l'Uruguay. A partir de cette époque, l'émigration se fit en partie directement par les ports français; et, comme elle devint bientôt très-importante, on ne tarda pas à s'en préoccuper dans le public et dans l'administration. Une fois établi, le mouvement de cette émigration s'accrut en effet rapidement de lui-même sous l'influence des relations établies entre les émigrés et leurs parents restés au pays. Bientôt aussi, sollicités par leurs intérêts, des armateurs de Bayonne et de Bordeaux s'occupèrent d'organiser l'émigration et la rendirent plus facile. En effet, l'exportation de ces ports pour l'Amérique du Sud étant limitée, beaucoup de navires, qui vont sur les bords de la Plata chercher des matières premières, manquent de chargement au départ. Le transport des émigrants procurant à ces navires un fret productif, les armateurs se sont efforcés de développer le mouvement d'émigration. Ils y ont réussi, et les convenances du commerce maritime ont ainsi contribué à la direction prise par l'émigration basque vers la Plata.

Il existe aujourd'hui de véritables institutions créées par les armateurs pour s'assurer le transport des émigrants. Dans chacun des districts qui en fournissent le plus, un agent spécial est chargé de les recruter. Ces agents parcourent les villages; ils se mêlent aux habitants les jours de foire et de marché, cherchant par le récit des avantages qu'on trouve en Amérique à entraîner ceux qui paraissent disposés au départ. Eux-mêmes sont d'ailleurs intéressés à obtenir des succès par l'espoir d'une prime qu'ils reçoivent à chaque engagement. Cette prime peut s'élever à 30^f quand l'émigrant paie son passage en argent; elle descend à 20^f, ou moins, si, manquant de capital, il ne peut offrir en paiement que le travail qu'il s'engage à accomplir au compte de l'armateur pendant un temps déterminé. Ce n'est pas en général au compte de l'armateur lui-même que s'exécute ce travail. Arrivé sur la Plata, il cède à un tiers ses droits à l'exécution du contrat signé par l'émigrant et reçoit en échange une certaine somme d'argent. Ces sortes d'engagements, dont la pratique était habituelle, au XVIe et au XVIIe siècle, à l'époque où l'Europe fonda la plupart de ses colonies, ont l'avantage de rendre l'émigration facile, même pour les plus pauvres. Ils ont eu d'abord beaucoup de succès parmi les Basques; mais, plus tard, des lettres écrites par les émigrants arrivés en Amérique ont révélé des abus qui devaient nécessairement se produire dans un pays où les garanties légales ont été pendant longtemps sans valeur. Il est résulté de ces engagements un véritable servage momentané; et il a été dit dans le pays que les engagés étaient réduits en esclavage. Ces bruits ont ralenti le mouvement; mais leur influence ne saurait être que momentanée, d'autant plus que les garanties données aux émigrants par une loi récente empêcheront dans l'avenir le retour des abus.

Cependant, beaucoup d'efforts sont faits dans le pays basque pour arrêter l'émigration. L'opinion générale des hommes éclairés lui est défavorable dans le département des Basses-Pyrénées. On est frappé surtout des dangers qu'elle présente pour les émigrants eux-mêmes, qui vont se jeter au milieu des guerres civiles des États riverains de la Plata. On croit d'ailleurs qu'elle n'a pas de cause sérieuse. Beaucoup de personnes, voyant dans le pays tant de landes incultes, veulent que les Basques s'appliquent à les défricher. Elles ne comprennent pas qu'il faudrait, pour des opérations de cette nature, des capitaux dont les émigrants sont dépourvus. Sous l'influence de ces idées, une propagande, agissant en sens inverse de celle des agents des armateurs, a été organisée pour discréditer l'émigration. La dénomination flétrissante de *traitants de blancs* a été appliquée aux armateurs eux-mêmes. On a donné aux faits malheureux, tels que maladies et mort des émigrants pendant la traversée, accidents arrivés en mer aux navires qui les portaient, toute la publicité possible. Des livres écrits en langue basque et résumant, sous forme de légendes en vers, ou de complaintes, tout ce qu'on peut dire sur les inconvénients de l'émigration, ont été publiés et répandus gratuitement dans tout le pays[1]. Mais ces tentatives sont restées sans succès; et l'émigration a continué.

Jusqu'ici, les Basques qui vont à la Plata ne se livrent guère aux travaux agricoles, comme les Allemands et les Irlandais le font aux États-Unis. Ils ont pour la plupart une profession; et ils emportent le matériel nécessaire pour l'exercer. Il y a parmi eux des maçons, des tuiliers, des tailleurs, mais surtout des

---

1. Voir spécialement une publication intitulée *Montebideoco Berriac* (Nouvelles de Montevideo), in-18, Bayonne, 1853.

charpentiers et des cordonniers, professions qui paraissent être bien rétribuées à Buenos-Ayres et à Montevideo. Parmi ceux qui arrivent sans avoir un état, beaucoup sont employés sous le nom de *Carneros* dans les abattoirs (*Saladeros*), où on prépare les peaux, les cornes et les viandes pour l'exportation. C'est là le plus souvent la condition de ceux qui se sont décidés à payer leur passage au moyen d'un engagement d'une durée déterminée.

Pour les Basques qui veulent échapper à la conscription ou à quelques autres prescriptions de la loi, le départ de France est rendu facile par le voisinage de la frontière. Tous les navires destinés au transport des émigrants, et qui partent de Bayonne, vont toucher à la baie de Passagès, sur la côte voisine d'Espagne. En général, ces navires prennent à Bayonne les bagages seulement; et, afin de ne pas être obligés de nourrir les émigrants pendant les lenteurs que nécessite souvent la sortie des passes de l'Adour, les capitaines leur donnent rendez-vous à Passagès. En même temps, on prend dans ce port les émigrants espagnols, qui presque tous s'embarquent sous pavillon français. Pendant l'année 1855, il est sorti dans ces conditions, du port de Passagès, 1,583 émigrants français et 1,197 émigrants espagnols.

Les faits relatifs à l'émigration basque peuvent se résumer dans les termes suivants:

1° L'accumulation d'une population nombreuse, l'insuffisance des moyens d'occupation et le bas prix des salaires ont été les causes premières et légitimes de l'émigration. Elle a été peut-être exagérée sur quelques points par l'entraînement et par les excitations des raccoleurs; mais jusqu'ici il n'y a pas là un danger réel, le prix du travail étant en général resté stationnaire ou ne s'étant accru que dans des proportions insignifiantes.

2° Si dans l'avenir la population des Basses-Pyrénées continue à se développer conformément aux lois naturelles, les conditions économiques restant d'ailleurs ce qu'elles sont aujourd'hui, il est à désirer qu'il s'établisse dans ce département un courant régulier d'émigration pour offrir un débouché au travail disponible, et pour arrêter dans ses progrès le morcellement du sol.

3° On doit regretter que, au détriment de notre nationalité, l'émigration basque se dirige à peu près exclusivement vers une terre étrangère; mais il faut reconnaître cependant qu'elle contribue à développer notre commerce dans les régions de la Plata. Il faut constater aussi que, depuis l'apaisement des troubles de ce pays, les émigrants trouvent dans les républiques riveraines de ce fleuve, et spécialement dans l'État de Buenos-Ayres, des conditions avantageuses sous le rapport moral et sous le rapport matériel.

4° En supposant qu'on tentât de modifier la direction actuelle de l'émigration des Basses-Pyrénées au profit des colonies françaises, il faudrait tenir compte de ce fait que jusqu'ici les émigrants de ce pays ne se livrent pas à l'agriculture. Il faudrait donc se préparer à vaincre les difficultés qu'on rencontrerait sans doute pour les pousser dans cette voie. Sous ce rapport, l'habitude déjà prise des engagements momentanés pour payer le prix de passage pourrait sans doute être mise à profit. Cette habitude, en effet, serait un des meilleurs moyens de fixer l'émigrant agriculteur à une exploitation, tout en assurant ses débuts contre les chances défavorables qui résultent nécessairement de l'arrivée sur une terre nouvelle. Il faudrait d'ailleurs que l'usage d'un pareil moyen fût convenablement réglementé, de manière à garantir l'ouvrier contre tout abus contraire à sa liberté et à sa dignité.

5° Enfin il faut exprimer le vœu que l'émigration, sans être entravée, soit attentivement surveillée; et qu'on prenne promptement des mesures efficaces pour empêcher le retour des abus dont les émigrants peuvent être victimes. A ce point de vue, il serait peut-être utile d'établir à Bayonne un commissariat spécial qui serait habituellement en rapport avec des agences constituées dans les principaux ports de la Plata. On parviendrait sans doute de cette manière à obtenir sur l'émigration des renseignements que les consulats n'ont pas fournis jusqu'à présent.

En ce qui concerne les mesures protectrices à prendre en faveur des émigrants, on doit regretter que, dans la loi votée en 1854, on se soit uniquement préoccupé des émigrants étrangers qui traversent le territoire français pour s'embarquer au Havre.

Il serait à désirer que des règlements spéciaux fussent adoptés pour les ports de Bayonne et de Bordeaux, par lesquels il tend à s'établir un courant régulier d'émigration française. Il faudrait aussi que les mesures protectrices s'étendissent autant que possible aux Basques qui s'embarquent dans les ports espagnols sous pavillon français.

§ 23.

PRÉCIS D'UNE MONOGRAPHIE AYANT POUR OBJET

LE MINEUR-ÉMIGRANT DE LA GALICE (ESPAGNE)

I. Définition du lieu, de l'organisation industrielle et de la famille.

Le paysan décrit dans ce précis occupe successivement chaque année trois situations. En Galice, il travaille à son propre compte sur son petit domaine, avec le concours de sa femme; et il y aura plus tard celui de ses enfants. En Andalousie, aux mines de houille, il travaille en qualité de tâcheron. Enfin, pendant le trajet accompli, aller et retour, entre les deux localités, il fait un commerce lucratif en achetant et en revendant avec bénéfice les animaux qui servent à le transporter. L'ouvrier a donc un double caractère : en Galice, il est ouvrier-propriétaire dans le système du travail sans engagements; en Andalousie, il est ouvrier-tâcheron dans le système des engagements momentanés.

Pendant la belle saison, l'ouvrier réside, avec sa famille, dans le petit village de Villalba, situé au sud-ouest de la Corogne, entre ce port et la ville de Lugo, en Galice. Pendant l'hiver, il va travailler en Andalousie, aux mines de houille de Villanueva-del-Rio, à 50 kilomètres environ au nord de Séville. Le sol que cultive la famille en Galice a pour base le granit et les autres roches cristallines qui y sont ordinairement associées; il est d'une médiocre fertilité. Nonobstant la latitude plus méridionale, à raison de son élévation au-dessus de la mer et de la proximité des hautes montagnes, ce pays donne à peu près les mêmes produits agricoles que la Bretagne, avec cette différence que le sarrasin y est remplacé par le maïs; il est particulièrement propre à l'élevage des bestiaux et à la culture du froment. La fabrication du fer est à peu près la seule branche d'industrie qui s'exerce dans le pays; mais, en revanche, la population ouvrière est parfaitement préparée à exercer une foule d'industries, dont le siége est établi dans d'autres régions de l'Espagne, et spécialement dans les grandes villes. À l'époque où prospéraient les colonies d'Amérique, les ouvriers de la Galice émigraient aux colonies; et la main-d'œuvre nécessaire aux campagnes et villes de l'Espagne était fournie par les Basques français et les Auvergnats (12). Aujourd'hui, les émigrants français sont généralement remplacés en Espagne par les petits cultivateurs de la Galice et des autres régions montagneuses du nord de l'Espagne (21). C'est ainsi, par exemple, qu'à Madrid les Galiciens exploitent en permanence la plupart des professions qui sont exercées à Paris par les Auvergnats. Mais, ce qui caractérise essentiellement ce district, c'est la classe des *ouvriers-émigrants* (IV, v, 20), qui cherchent d'abord dans les travaux pratiqués en d'autres provinces le moyen d'acquérir dans leur pays natal une propriété agricole; et qui, pendant assez longtemps encore, parviennent, à force d'activité et d'énergie, à mener de front ces mêmes travaux avec la culture de leur propriété. On peut observer ces mêmes classes, avec des caractères presque identiques, dans les montagnes du Limousin, de l'Auvergne, de la Savoie, du Piémont, du pays bergamasque, du pays de Lucques, de la Westphalie, de la Bohême et des Carpathes. On les retrouve encore, du moins avec leurs traits les plus distinctifs, dans les montagnes boisées de la Dalécarlie, en Suède, dans les forêts du nord de la Russie, et particulièrement dans celles du gouvernement de Viatka. Il en est d'ailleurs question spécialement dans le présent ouvrage pour plusieurs autres familles caractéristiques (II, v). L'ouvrier galicien est un des types les plus remarquables d'ouvriers-émigrants qu'on puisse observer en Espagne, et même dans le reste de l'Europe.

La famille comprend les deux époux et trois jeunes enfants. Le père, né à Villalba, marié depuis 4 ans, est âgé de 30 ans. Sa femme, née au même lieu, est âgée de 25 ans. Leurs 3 enfants sont âgés de 3 ans, de 2 ans et de 6 mois.

Les familles ne professent guère avec ferveur la religion catholique romaine. La femme seule pratique régulièrement ses devoirs religieux. La régularité des habitudes des deux époux est inspirée essentiellement par une tendance énergique pour l'épargne. Sous ce rapport, l'amour du travail supplée en partie aux qualités morales d'un ordre plus élevé. Les avantages de l'instruction commencent à être appréciés dans le pays ; et, sous l'impulsion des autorités provinciales, la commune emploie quelques ressources à créer les premiers rudiments d'une école primaire. Les deux époux ne méconnaissent pas ces avantages ; mais, illettrés eux-mêmes, ainsi que la majorité des habitants, ils hésiteront vraisemblablement à envoyer leurs enfants à l'école, dans la crainte de voir affaiblir, chez ces derniers, les sentiments de respect et d'obéissance.

La contrée rurale que la famille habite en Galice possède les mêmes conditions de salubrité, et la population jouit, sous le rapport de la constitution physique, des mêmes avantages qui ont été signalés pour la contrée de Santander (IV, v, 4). Pendant la fin de l'été et l'automne, les mines de houille de Villanueva, en Andalousie, sont exposées aux fièvres intermittentes. L'ouvrier se soustrait à leur pernicieuse influence en revenant, pendant cette saison, dans sa propriété de Galice. Cette circonstance contribue beaucoup à entretenir chez les ouvriers mineurs les habitudes d'émigration. Pendant son séjour aux mines d'Andalousie, l'ouvrier reçoit, en cas de maladie, aux frais du propriétaire, les secours de la médecine et de la pharmacie. En Galice, les secours de la médecine sont également donnés, à titre gratuit, par un homme de l'art subventionné par la commune. La famille doit seulement payer les médicaments.

Sous l'influence de divers sentiments qui, depuis sa première jeunesse, l'excitent sans relâche à la tempérance et à l'épargne, l'émigrant a successivement franchi les conditions de

journalier et de tâcheron. Il fait encore à la tâche les travaux de
mine qu'il exécute pendant l'hiver; mais il a déjà acquis une
propriété territoriale pour la cultiver avec le secours de sa famille.
Devant bientôt consacrer tout son temps à l'exploitation de cette
propriété, qui ne cesse de s'accroître, l'ouvrier s'élèvera définitivement au rang de propriétaire.

II. Moyens d'existence de la famille.

Les propriétés actuelles de la famille comprennent les objets
et les valeurs indiqués ci-après. — *Immeubles :* maison d'habitation, avec 1 étable, 1 grange et diverses dépendances
d'une petite exploitation agricole, 729ᶠ00; — jardin-verger
de 12 ares, attenant à la maison, 81ᶠ 00; — champs à
céréales de 208 ares, 810ᶠ 00. — *Argent :* suivant un système
très-habituel chez les ouvriers de cette condition, l'ouvrier décrit
dans ce précis s'assure à l'avance le placement de son épargne
future en achetant à crédit de la terre arable, à proximité de sa
propriété. Cette circonstance explique pourquoi, malgré sa tendance à l'économie, l'ouvrier n'a point d'argent comptant chez
lui. — *Animaux domestiques entretenus toute l'année :* 2 vaches
avec 2 élèves, 259ᶠ00; — 4 poules et 1 coq, 4ᶠ00. — Cette évaluation est faite au commencement de l'hiver, lorsque la famille
a déjà vendu 1 génisse de 2 ans 1/2 et consommé 12 poulets.
— *Animaux domestiques entretenus seulement une partie de
l'année :* 2 porcs, d'une valeur moyenne de 77 francs, entretenus pendant 7 mois : la valeur moyenne, calculée pour l'année
entière, équivaut à 45ᶠ 00. La famille engraisse annuellement
2 porcs, dont l'un est vendu et l'autre tué pour la consommation du ménage. — *Matériel spécial des travaux et industries :*
outils pour la culture du jardin, 8ᶠ 00; — instruments et outils
pour la culture des champs à céréales, 35ᶠ 00; — mobilier,
ustensiles et outils pour l'exploitation des vaches, 110ᶠ 00. —
Fonds de roulement : engagé dans le commerce de chevaux et
de mules, 150ᶠ 00. — *Valeur totale des propriétés,* 2,231ᶠ 00.
L'ouvrier reçoit, soit comme mineur, soit comme agricul-

teur, des subventions qui contribuent essentiellement au bien-être de la famille. En premier lieu, le propriétaire des mines où il travaille pendant l'été lui accorde, à titre gratuit, le logement et l'éclairage. L'ouvrier peut, en outre, faire récolter dans les *Dehesas* (IV, v, 21), c'est-à-dire dans les pâturages et les taillis communaux voisins des mines, le bois nécessaire au chauffage et à la cuisson des aliments. Il peut également chasser et pêcher à titre gratuit sur ces mêmes terrains (IV, v, 19). L'ouvrier a droit de faire paître ses bestiaux sur les terrains communaux et d'y récolter le bois de chauffage, ainsi que la litière et les herbes nécessaires à ces bestiaux. L'éducation est donnée gratuitement aux enfants dans l'école communale. Toute la famille reçoit enfin, à titre gratuit, les secours de la médecine et de la chirurgie. Les faits observés dans cette localité, et beaucoup d'autres faits analogues, prouvent que, dans certains cas, les subventions communales se concilient mieux que les subventions émanant d'un patron avec l'exercice du libre arbitre chez l'ouvrier; que, par ce motif, elles acheminent plus sûrement vers la propriété les ouvriers doués du sentiment de la prévoyance.

Travaux de l'ouvrier. — Le temps de l'ouvrier se partage entre deux occupations principales. Du 1er novembre au 31 mai : travaux d'exploitation à la mine de houille de Villanueva (Andalousie). Du 10 juin au 20 octobre : travaux agricoles sur la propriété que l'ouvrier possède en Galice et sur les propriétés voisines. Le temps qui s'écoule du 1er au 10 juin, et du 21 au 31 octobre, est absorbé par le voyage (aller et retour) entre les deux stations indiquées. Ce temps peut être considéré comme une occupation lucrative, en ce sens qu'il est employé à transporter d'un lieu à l'autre des chevaux et des mules sur lesquels l'ouvrier réalise un bénéfice assez considérable. L'ouvrier exerce donc successivement, dans le cours d'une même année, les trois professions de mineur, d'agriculteur et de marchand de chevaux. Cette aptitude variée est un des traits caractéristiques du Galicien émigrant. En Andalousie, l'ouvrier emploie quelques moments de loisir pour pêcher à la ligne dans les rivières. En Galice, ses travaux secondaires ont pour objet la culture du jardin, la récolte et le transport du bois de chauffage, des herbes et des feuilles servant de litière. — *Travaux de la femme.* — Outre les travaux de ménage, qui comprennent ici la fabrication du pain et qui constituent son travail principal, elle exécute seule tous les travaux de culture qui doivent avoir lieu entre les labours et les semailles, que l'ouvrier fait en automne avant de partir, et les récoltes, qui commencent en juillet pour le froment, aussitôt que l'ouvrier est de retour; elle cultive le jardin et soigne les animaux domestiques; dans l'hiver, elle s'occupe de l'égrenage du maïs, du filage du lin et de la confection des vêtements de la famille. — *Industries entreprises par la famille.* — Dans les travaux de mine qu'il accomplit en Andalousie, l'ouvrier spécule sur la substitution du travail à la tâche au travail à la journée. Parmi les autres industries exercées, soit par l'ouvrier, soit par la femme, et qui sont pour le ménage la source d'un bénéfice, il faut citer : la culture du jardin et des champs à céréales, l'exploitation des animaux domestiques, et enfin un commerce de chevaux et de mules qui s'exerce dans les circonstances suivantes : avant son départ de Galice, l'ouvrier achète à crédit une mule qui le porte en Andalousie et qui s'y vend avec avantage. Pendant tout l'hiver il laisse pour plus de sûreté ses épargnes entre les mains du directeur des mines; mais, à la fin d'avril, il en fait emploi en achetant dans une foire, près de Villanueva, un cheval andalous, qui le porte en Galice et qui s'y vend également avec un certain profit.

III. Mode d'existence de la famille.

Le régime alimentaire auquel se soumet l'ouvrier pendant toute la saison d'hiver, nonobstant les rudes travaux qui lui sont imposés, témoigne de son extrême sobriété. L'empire qu'il exerce sur ses appétits physiques s'explique par le désir incessant qui le porte à l'épargne. L'ouvrier, pendant son séjour aux mines d'Andalousie, prend ses repas en compagnie d'une douzaine d'autres ouvriers galiciens, qui rétribuent en commun un cantinier chargé de faire les achats de denrées, de couper et de transporter le bois de chauffage nécessaire à la cuisine et au chauffage des chambres, et de préparer les repas. Ceux-ci sont au nombre de trois : 1° le déjeuner (8 heures) : composé d'une soupe à l'huile, au sel, au pain et à l'ail ; — 2° le dîner (midi) : composé d'un mets national dit *Olla*, sorte de pot-au-feu à jus épais, où entrent le gras de lard, le sel, les pommes de terre et les pois chiches (*Garbanzos*), et qui se mange avec du pain ; — 3° le souper (7 heures) : composé de pain assaisonné de divers aliments, et particulièrement d'oranges, pendant 3 mois 1/2 (de mars en juin).—L'ouvrier, résidant avec sa famille en Galice, fait également 3 repas : 1° le déjeuner (7 heures) : composé de pain de froment ou de maïs, ou d'une bouillie (*Ferrapas*, IV, v, 10) composée de farine de maïs et de lait ; — 2° le dîner (midi) : avec une Olla, composée du lard de la provision et des légumes du jardin, et mangée avec du pain ; — 3° le souper : avec une soupe composée de pain et de lait, ou avec du pain assaisonné, selon la saison, de fromage, de salade ou de fruits. — L'organisation de la vie en commun en Andalousie présente une analogie remarquable avec celle des *Artèles* d'ouvriers émigrants de la Russie (II, v, 20).

La chaumière habitée par la famille en Galice n'a qu'un rez-de-chaussée composé de 3 pièces : un même enclos comprend, outre cette habitation, la cour, les étables, la grange et un appentis, où se placent les outils agricoles et les harnais. Le mobilier peut être évalué, avec les vêtements, à un total de 504ᶠ 75, savoir : *meubles*, 206ᶠ 30 ; — *ustensiles*, 80ᶠ 10 ; — *vêtements* (moins soignés que ceux dont le détail est présenté dans le tome précédent, IV, v, 10), 218ᶠ 35.

Les satisfactions que l'ouvrier et sa femme éprouvent à accroître leur fortune par de nouvelles épargnes, et les jouissances qu'ils trouvent à envisager l'avenir, leur tiennent évidemment lieu de toute autre diversion au travail. Cette préoccupation constante remplace complétement l'excitation que les autres ouvriers européens cherchent, pour la plupart, dans les récréations proprement dites. Parmi les récréations qui donnent lieu à une dépense, il faut noter la consommation d'une faible quantité

de vin dans les veillées d'hiver, celle du tabac de contrebande,
fumé à très-petite dose par l'ouvrier, enfin le jeu de la loterie,
qui donne à la famille une excitation agréable, sans dégénérer
en passion. Pendant son séjour aux mines, l'ouvrier évite, avec
une persévérance qui ne se dément jamais, toute récréation pouvant donner lieu à une dépense. Sa seule distraction régulière
consiste à fumer un peu de tabac. Bien que son travail donne
lieu à un grand emploi de force, il ne consomme jamais, même
pendant ses repas, de boisson fermentée. Il n'y a d'exception à
cette règle que les jours de Noël et de Pâques, et pendant les
trois derniers jours du carnaval. Après le tabac, le plaisir de la
pêche, qui ne donne lieu à aucune dépense, et qui fournit
quelques ressources à la cuisine, est la principale récréation de
l'ouvrier en Andalousie. Les *Andechas* et l'*Esbilla* (IV, v, 11)
figurent ici, comme dans toute cette région de l'Espagne, au
nombre des principales récréations de la famille.

IV. Histoire de la famille.

La famille qui est l'objet de ce précis constitue l'un des
types les plus remarquables de ces ouvriers-émigrants qui se
retrouvent également dans plusieurs autres contrées de l'Europe.
Dans le premier âge, les enfants des petits métayers et des petits
propriétaires de cette partie de la Galice fréquentent l'école communale, et secondent leur mère dans tous les travaux et particulièrement dans la garde des bestiaux. Plus tard, les garçons
secondent le père de famille, ou vont travailler, chez les propriétaires ou les métayers voisins, en qualité de journaliers ou
d'ouvriers à engagement annuel. A l'âge de 18 ans, l'ouvrier
commence à émigrer temporairement en Andalousie. Pendant
l'hiver, il s'emploie, comme journalier ou tâcheron, aux travaux
accessoires de l'exploitation houillère de Villanueva, et spécialement aux transports intérieurs, depuis les chantiers d'abatage
de la houille jusqu'au bas du puits d'extraction. Pendant l'été, il
concourt, en qualité de journalier, à la moisson des céréales
dans les grandes exploitations agricoles voisines du Guadal-

quivir. Pendant cette première période, il séjourne toute l'année en Andalousie ; il gagne environ 430ᶠ chaque année, il ne dépense que 300ᶠ et fait donc une épargne de 130ᶠ. Plus tard, sa dépense annuelle restant la même et son travail aux mines devenant plus important et mieux rétribué, il peut épargner, chaque année, une somme un peu plus considérable. A l'âge de 26 ans, l'ouvrier auquel se rapportent ces détails avait épargné, dans ces conditions, une somme de 1,350ᶠ. Il était dès lors dans les conditions réclamées par l'opinion pour prétendre à l'alliance d'une famille prévoyante. Parvenu à ce point, l'ouvrier émigrant vient se marier au pays natal ; il achète en même temps une propriété et la garnit de tout le mobilier nécessaire. Il consacre son épargne à cette destination, et donne hypothèque au vendeur pour la somme qu'il ne peut immédiatement acquitter, en s'obligeant de servir un intérêt de 6 p. 100 par an. Il reste en Galice deux années au moins pour compléter son établissement et pour le mettre en activité. Après ce délai, la jeune femme ayant acquis l'expérience nécessaire pour gérer le bien en l'absence du mari, celui-ci recommence ses émigrations : il va travailler aux mines pendant l'hiver, mais il revient toujours pendant l'été dans sa famille, pour faire, dans sa propriété, la récolte, puis les travaux de labour et les semailles de froment. A l'âge de 30 ans, il se trouve, pour ce qui concerne sa fortune et ses occupations, dans les conditions énoncées précédemment. Il met à profit ses voyages (aller et retour) pour faire un commerce assez lucratif de mules et de chevaux. L'ouvrier placé dans les conditions mentionnées ci-dessus épargne environ 350ᶠ par année. Il lui faut donc émigrer pendant 2 ou 3 années encore pour rembourser la créance qui grève sa propriété, et pour se compléter, en immeubles et en argent, un capital de 2,500ᶠ. A dater du moment où ce but est atteint, il reste sur sa propriété ; ses ressources sont désormais employées à élever la famille qui lui est venue. Les enfants passent à leur tour par les mêmes épreuves. Ceux des garçons qui ont profité des exemples de frugalité, d'ordre et d'économie donnés par les parents arrivent comme eux à la propriété. Ceux, au contraire, chez lesquels la propension à l'épargne ne se développe pas tombent dans la classe des petits métayers, et même dans celle des bordiers-agriculteurs travaillant à la journée.

V. Budget domestique annuel et avenir de la famille.

Recettes de la famille. — Revenus des propriétés, 112ᶠ 00; — produits des subventions, 142ᶠ 00; — salaires, 645ᶠ 00; — bénéfices des industries, outre une recette de 248ᶠ 00 qui est appliquée à ces mêmes industries, donnent un bénéfice de 491ᶠ 00. — *Total des recettes,* 1,390ᶠ 00.

Dépenses de la famille. — Nourriture, 645ᶠ 00; — habitation, 119ᶠ 00; — vêtements, 146ᶠ 00; — besoins moraux, récréations et service de santé, 43ᶠ 00; — dettes et impôts, 73ᶠ 00. — *Total des dépenses,* 1,026ᶠ 00.

La famille réalise donc une épargne de 364ᶠ 00, qui lui sert à rembourser partiellement les sommes dues sur les dernières acquisitions de terre arable. Les ressources sur lesquelles l'ouvrier peut surtout compter pour assurer l'avenir de sa famille sont les mêmes que celles qui sont acquises au métayer de la Vieille-Castille (IV, v); savoir : un avantage matériel, l'usufruit des biens communaux, et la facilité d'acquérir, à titre privé, des propriétés avec les épargnes annuelles; une force morale, la tempérance et l'amour du travail, entretenus par la passion de la propriété. On s'explique que ces causes de succès laissent les Galiciens inférieurs aux Saxons (III, III, 19) et qu'elles n'excluent pas l'ébranlement social dû à certains attentats contre la propriété.   P. CIA ET F. L.-P.

CHAPITRE VI

MANŒUVRE-AGRICULTEUR

DU MORVAN (NIVERNAIS)

OUVRIER-JOURNALIER

dans le système des engagements momentanés,

AVEC UN PRÉCIS DE LA MONOGRAPHIE AYANT POUR OBJET

LE FONDEUR (AU BOIS) DU NIVERNAIS (21),

D'APRÈS LES RENSEIGNEMENTS RECUEILLIS SUR LES LIEUX,
DE 1839 A 1855,

PAR MM. A. DE SAINT-LÉGER ET F. LE PLAY.

OBSERVATIONS PRÉLIMINAIRES

DÉFINISSANT LA CONDITION DES DIVERS MEMBRES DE LA FAMILLE

Définition du lieu, de l'organisation industrielle et de la famille.

§ 1.

ÉTAT DU SOL, DE L'INDUSTRIE ET DE LA POPULATION.

L'ouvrier habite la commune de Saint-Léger de Fougerette, canton et arrondissement de Château-Chinon (Nièvre). La commune, dont le sol appartient aux formations granitiques et porphyriques des montagnes du Morvan, a pour productions principales les bestiaux et le bois de chauffage destinés à l'approvisionnement de Paris : les céréales produites sont destinées à la nourriture de la population locale. Les habitants de la com-

mune formaient, en 1848, 241 ménages distincts, répartis dans
un pareil nombre de maisons. On peut résumer comme suit la
nature des professions et le nombre des personnes qui se rattachent à chacune d'elles : 1 principal propriétaire résidant dans
la commune (7), formant 1 ménage composé de 16 personnes;
— professions libérales : le curé et les sœurs institutrices de
Saint-Joseph, 5 personnes en 2 ménages ; — petits propriétaires
ayant pour principale occupation la culture de leur propriété (18),
432 personnes, formant 72 ménages; — fermiers et métayers,
possédant parfois en propre un peu de terre, ayant pour principale occupation la culture des domaines appartenant aux grands
propriétaires, 384 personnes, formant 41 ménages; — marchands et artisans : meuniers, tailleurs, tisserands, sabotiers,
maréchaux-serruriers, maçons, cabaretier, vétérinaire, empi-
rique, 135 personnes, formant 22 ménages; — bordiers-pro-
priétaires, possédant pour la plupart une maison et un jardin,
191 personnes, formant 39 ménages; — manœuvres-agriculteurs non-propriétaires, dans la condition décrite par la présente
monographie (19), 263 personnes, formant 57 ménages; —
gardes forestiers, anciens ouvriers-domestiques, 40 personnes,
formant 7 ménages. — Total, 1,466 personnes.

En représentant par 100 la totalité de l'impôt foncier de la
commune, la part payée par les 3 catégories de propriétaires se
répartit approximativement comme il suit : principal propriétaire
résidant, 50; — deux grands propriétaires non-résidants, 28; —
petits propriétaires, 22.

Les engagements qui lient les manœuvres-agriculteurs aux
métayers et aux propriétaires qui les emploient ne sont plus
permanents comme ils l'étaient dans le dernier siècle. Chaque
jour ils tendent de plus en plus à prendre un caractère essentiellement momentané. La permanence ne subsiste plus que pour un
travail déterminé, qui n'embrasse guère généralement qu'un
petit nombre de journées. Le principal propriétaire de la commune, ayant conservé jusqu'à ce jour la tradition de sa famille,
contribue par son exemple et par son ascendant à maintenir, sous
ce rapport, quelques-unes des anciennes habitudes sociales. Il

ne congédie jamais les ouvriers qui ont été une fois attachés à la partie de son exploitation qu'il administre en régie; en sorte que, de son vivant au moins, ceux-ci jouiront des avantages et de la sécurité inhérente à la condition des engagés à vie.

§ 2.

ÉTAT CIVIL DE LA FAMILLE.

La famille comprend les deux époux et quatre enfants, savoir :

1. Louis P***, chef de la famille, marié depuis 13 ans, né à Château-Chinon .... 36 ans.
2. Claudine R***, sa femme, née à Saint-Léger de Fougerette........ 33 —
3. Gilbert P***, leur fils aîné, né à Saint-Léger de Fougerette........ 12 —
4. Henriette P***, leur fille aînée, née à Saint-Léger de Fougerette... 10 —
5. Claire P***, leur 2ᵉ fille, née à Saint-Léger de Fougerette.......... 8 —
6. Marie P***, leur 3ᵉ fille, née à Saint-Léger de Fougerette.......... 5 —

§ 3.

RELIGION ET HABITUDES MORALES.

Les familles de cette condition professent toutes la religion catholique dans des conditions d'uniformité. La ferveur religieuse et l'assiduité au culte sont prononcées, surtout chez les femmes. Celles-ci reçoivent la communion à toutes les grandes fêtes; et les hommes, au moins le jour de Pâques. Les jours d'abstinence sont scrupuleusement observés par toute la famille. Les habitudes morales sont bonnes, tant avant qu'après le mariage. Les enfants naturels sont à peu près inconnus dans la commune. Il y a d'autant plus lieu de se féliciter de cet état des mœurs, que l'exiguïté des habitations ne se prête guère à l'observation des règles de la décence. Une enquête approfondie a montré que, sur 50 ouvriers de cette condition existant dans la commune, 5 seulement avaient une tendance à l'épargne et étaient en voie de s'élever à une meilleure situation. Pour représenter, dans la présente monographie, les mœurs dominantes du pays, on a dû décrire une famille qui est dénuée de tout sentiment de prévoyance, et qui consomme tout ce qu'elle gagne. Les délits les plus habituels qui se commettent dans la commune sont les soustractions de bois dans les forêts; et l'on remarque que l'importance de ces délits varie beaucoup avec la direction imprimée aux sentiments religieux. Un ancien serviteur, chargé depuis longtemps de la conservation de ces forêts, ayant spontanément remarqué l'influence exercée, touchant ces délits, par les divers ministres du culte qui s'étaient succédé depuis 40 ans dans la commune, résumait son opinion sur ce point en disant : « un bon curé vaut mieux que quatre gardes forestiers ».

§ 4.

HYGIÈNE ET SERVICE DE SANTÉ.

La localité, située à un niveau assez élevé sur les montagnes granitiques, est très-salubre et exempte de la plupart des épidémies qui sévissent dans les plaines calcaires du Nivernais et de la Bourgogne. C'est ainsi, par exemple, qu'elle n'a point été atteinte par les deux invasions du choléra qui ont eu lieu, dans les régions environnantes, en 1832 et en 1849. La population, soumise à un régime alimentaire peu substantiel, où la viande et les spiritueux manquent presque entièrement, n'a qu'une constitution faible; les maladies sont néanmoins assez rares. Pendant longtemps le service médical a fait défaut; aujourd'hui les secours sont fournis, dans les cas ordinaires de maladie, avec autant de dévouement que d'intelligence, par les sœurs de Saint-Joseph, qui tiennent l'école des filles et qui disposent d'une petite pharmacie. Le principal propriétaire de la commune supporte les frais de ce petit établissement. Les dames de sa maison contribuent par la visite des chaumières à diminuer la souffrance des malades. Elles se préoccupent surtout de conjurer les privations qu'entraînerait la maladie des chefs de famille.

§ 5.

RANG DE LA FAMILLE.

N'ayant fait l'apprentissage d'aucune profession, exerçant seulement les travaux qui n'exigent qu'un simple déploiement de force brute, dépourvu d'ailleurs d'énergie et d'esprit d'initiative, le manœuvre décrit dans la présente monographie appartient à l'une des catégories inférieures d'ouvriers français. En sa qualité de chef de ménage, il s'élève, à quelques égards, au-dessus des ouvriers-domestiques attachés par engagement annuel aux métairies et aux fermes du voisinage; mais, étranger à tout esprit de prévoyance, il est rarement en état de remplir toutes les obligations imposées à un père de famille. Les maladies, le renchérissement des denrées et les contre-coups des crises politiques le plongent de temps en temps dans un dénûment dont il ne peut sortir qu'avec l'assistance du principal propriétaire. A cet égard, celui-ci, fidèle à la tradition de sa famille, est resté « le patron de la commune ».

Moyens d'existence de la famille.

§ 6.

PROPRIÉTÉS.

(Mobilier et vêtements non compris.)

IMMEUBLES ET ARGENT.....................   0ʳ 00

Entièrement dépourvu de sentiments de prévoyance, l'ouvrier n'a, ni immeubles, ni capitaux.

ANIMAUX DOMESTIQUES entretenus toute l'année...   15ʳ 00

1 chèvre laitière, 10ʳ 00; — 2 poules et 3 poulets, 5ʳ 00.

ANIMAUX DOMESTIQUES entretenus seulement une partie de l'année......................................   24ʳ 00

1 porc d'une valeur moyenne de 36ʳ 00, entretenu pendant 8 mois : la valeur moyenne, calculée pour l'année entière, équivaut à 24ʳ 00.

MATÉRIEL SPÉCIAL des travaux et industries..... 22ᶠ 50

1° *Pour les travaux agricoles exécutés au compte du métayer.* — 1 faux, 4ᶠ 00; — 3 faucilles, 4ᶠ 00. — Total, 8ᶠ 00.

2° *Pour les travaux forestiers exécutés au compte du métayer ou du propriétaire de la métairie.* — 1 cognée, 3ᶠ 00; — 2 serpes, 3ᶠ 00. — Total, 6ᶠ 00.

3° *Pour les travaux de terrassement exécutés au compte de divers propriétaires et métayers.* — 1 pelle en fer, 1ᶠ 50; — 1 pic, 4ᶠ 00; — 2 pioches, 3ᶠ 00. — Total, 8ᶠ 50.

VALEUR TOTALE des propriétés....... . 61ᶠ 50

§ 7.

SUBVENTIONS.

Le principal propriétaire de la commune, qui possède spécialement la métairie à laquelle le manœuvre est attaché, accorde, par une tolérance fondée sur d'anciennes traditions, diverses subventions à défaut desquelles la famille ne pourrait subsister. Il autorise, à titre gratuit, le pâturage de la chèvre laitière (6) sur sa propriété. Il donne le bois mort et les débris d'exploitation gisant dans les forêts; il autorise le glanage sur ses métairies et sur les propriétés qu'il cultive en régie; il subventionne 3 sœurs de Saint-Joseph, qui donnent gratuitement aux filles l'enseignement scolaire et l'éducation religieuse. Il vient au secours de la population locale, quand surviennent les maladies, les chômages et le renchérissement des denrées. Il intervient alors de deux manières : tantôt il alloue directement des secours, tantôt il fait exécuter des travaux de terrassement dont la valeur réelle atteint rarement les deux tiers de la dépense qu'ils entraînent. D'un autre côté, la commune, avec une subvention du département et de l'État, donne, à titre gratuit, l'enseignement scolaire aux garçons dans l'école dirigée par l'instituteur communal.

L'auteur de ces subventions conserve donc à cette localité le bienfait des anciennes habitudes de protection et d'assistance. Ce régime, entretenu jusqu'à ce jour par la tradition, impose au patron des charges qui, dans notre organisation sociale, restent

sans compensation positive. Il assure, il est vrai, à ce dernier
des jouissances morales qui sont d'un grand prix pour les
natures d'élite; mais cette satisfaction est chaque jour moins
appréciée en France. Elle y devient, du moins, plus difficile à
obtenir, au milieu des sentiments d'antagonisme que développe
incessamment l'opposition des intérêts. Au point de vue matériel,
l'organisation décrite dans la présente monographie se résume
en une diminution considérable du produit net qu'obtiendrait un
propriétaire qui administrerait en réclamant tous les avantages
que lui assure le droit commun. Il n'y a donc pas lieu de s'étonner que ces derniers vestiges de l'esprit d'un autre âge deviennent
chaque jour plus rares dans notre société.

§ 8.

TRAVAUX ET INDUSTRIES.

TRAVAUX DE L'OUVRIER. — Le travail principal du manœuvre
a pour objet les opérations d'une métairie de 50 hectares environ,
qui, pendant toute l'année, est exploitée par un métayer assisté
de trois domestiques à engagement annuel. Il exécute, en outre,
divers travaux pour le compte des propriétaires, des fermiers et
des métayers du voisinage. L'ouvrier vient régulièrement, à
certaines époques, accomplir, dans la métairie à laquelle il est
attaché, les travaux auxquels le métayer et les domestiques ne
peuvent suffire; tels sont surtout les récoltes de foin et de
céréales, le battage du blé, certains sarclages, l'émondage des
haies formant les enclos où se tient le bétail, l'abatage et la
façon du bois de chauffage. Dans la saison où les travaux
agricoles et forestiers ne réclament point un supplément de
main-d'œuvre, il s'emploie à divers travaux (terrassement et
plantations) chez les propriétaires voisins et surtout chez le propriétaire de la métairie à laquelle il est attaché. Les travaux
secondaires de l'ouvrier sont : la culture du jardin-verger loué
avec la maison; la culture d'un champ à pommes de terre livré
par le métayer à l'ouvrier après un labour; la récolte et le trans-

port du combustible nécessaire à la famille. L'ouvrier fournit
en outre, comme impôt communal, 3 journées pour l'entretien
des chemins vicinaux. Faute de travail, une partie du temps de
l'ouvrier est inoccupée.

TRAVAUX DE LA FEMME. — Le travail principal a pour objet
les travaux de ménage, y compris les soins donnés à un nourrisson confié à prix d'argent par l'hospice des enfants trouvés. Les
travaux secondaires sont très-variés : en effet, la femme cultive
le jardin et le champ à pommes de terre qu'exploite la famille;
elle soigne les animaux domestiques; elle prépare (teille) le
chanvre; elle file le chanvre peigné ; elle tricote des bas de laine;
elle confectionne pour la famille des vêtements de toile et de
coton; enfin elle glane du blé et récolte du bois de chauffage.
Les femmes du pays travaillent peu en dehors du cercle des
occupations domestiques et des entreprises agricoles ou manufacturières de la famille : dans le ménage pris pour exemple, la
femme consacre plusieurs journées de travail à la fenaison, sur
la métairie à laquelle son mari est attaché. Ces nombreux travaux témoignent d'une activité et d'une énergie supérieures à
celles du mari ; ils exercent sur le bien-être de la famille une
heureuse influence.

TRAVAUX DU FILS AÎNÉ AGÉ DE 12 ANS. — Le fils aîné est
déjà placé comme domestique chez un métayer, et s'initie peu à
peu, dans cette situation, à l'exercice des travaux très-simples
confiés dans ce district au manœuvre-agriculteur.

TRAVAUX DE DEUX FILLES AGÉES DE 10 ET 8 ANS. — Ces
deux enfants fréquentent régulièrement l'école dirigée par les
sœurs religieuses attachées à la commune; elles donnent quelque
assistance à la mère dans les travaux que comporte leur âge.

INDUSTRIES ENTREPRISES PAR LA FAMILLE. — La famille
trouve une source de recettes dans trois industries : la culture
du jardin et du champ à pommes de terre; l'exploitation des
animaux domestiques et l'entretien d'un enfant confié au ménage
par l'hospice des enfants trouvés recueillis dans une ville voisine. Ce nourrisson avait été remis au ménage vers le milieu de
l'année pour laquelle le présent budget a été établi.

Mode d'existence de la famille.

§ 9.

ALIMENTS ET REPAS.

La nourriture de la famille est peu substantielle : elle se compose principalement de pain et de pommes de terre assaisonnées de lait, de sel et d'une petite quantité de corps gras (lard et huile de navette ou de chènevis). La famille fait ordinairement 3 repas, savoir :

Déjeuner (7 h.) : soupe composée de pain, de légumes, de sel avec un peu de lard, d'huile ou de lait; puis un morceau de pain sans aucun assaisonnement.

Dîner (midi) : pommes de terre cuites à l'eau et au sel, ou assaisonnées avec un peu de lard, et mangées avec du pain. Les pommes de terre sont quelquefois remplacées par de la salade. Quelquefois le repas se compose exclusivement de crêpes préparées avec la farine de sarrasin (*Polygonum sagopyrum*, L.) et cuites sur une poêle enduite de lard ou d'huile.

Souper (7 h.) : composé comme le déjeuner.

Pendant l'époque des grands travaux, les ouvriers font 4 repas : à 6 h., 11 h., 4 h. et 9 h. En hiver, la soupe est quelquefois remplacée par une bouillie d'avoine ou de farine de sarrasin assaisonnée avec du lait. On ne mange de la viande que le jour de la fête patronale de la commune.

§ 10.

HABITATION, MOBILIER ET VÊTEMENTS.

La chaumière qu'habite la famille est très-exiguë. Elle ne comprend qu'un rez-de-chaussée avec deux pièces : l'une pour la cuisine et les repas; l'autre pour le coucher, et dans laquelle les trois lits des parents, du garçon et des filles, sont presque contigus. Un petit appentis reçoit la chèvre, le porc et la provision de bois. Le jardin-verger est attenant à la maison.

Le mobilier et les vêtements, mal tenus, indiquent une situation voisine de l'indigence; ils comprennent :

MEUBLES : mal entretenus.................. 134ᶠ 00

1° *Lits.* — 1 lit en bois pour les deux époux, 12ᶠ00; — 1 matelas en plume, 20ᶠ00; — 1 traversin, 3ᶠ00; — 1 couverture de laine, 15ᶠ00; — 2 lits des enfants, 36ᶠ00. — Total, 86ᶠ00.

2° *Mobilier.* — 1 table, 6ᶠ00; — 4 chaises, 3ᶠ00; — 1 armoire, 30ᶠ00; — 1 coffre, 8ᶠ00; — 1 corbeille pour le pain, 1ᶠ00. — Total, 48ᶠ00.

USTENSILES : strictement appropriés aux besoins.   38ᶠ 00

1 chaudière, 3ᶠ00; — 2 marmites, 6ᶠ50; — 1 tourtière, 2ᶠ00; — 1 poêle, 2ᶠ00; — écuelles, fourchettes et cuillers en fer, 5ᶠ00; — 1 pétrin pour faire le pain, 10ᶠ00; — 2 sacs en grosse toile, 4ᶠ00; — 1 crémaillère, 1ᶠ50; — 1 pelle, 1ᶠ00; — 1 rouet à filer le chanvre, 3ᶠ00.

LINGE DE MÉNAGE : insuffisant et en mauvais état.   36ᶠ 00

3 paires de draps en toile de chanvre, 36ᶠ00.

VÊTEMENTS : inférieurs par la qualité et la forme.   153ᶠ 00

VÊTEMENTS DE L'OUVRIER (76ᶠ 77).

1° *Vêtements du dimanche.* — Veste, gilet et pantalon en laine pour l'hiver, 19ᶠ73; — veste, gilet et pantalon en coton pour l'été, 12ᶠ00; — 2 mouchoirs, 2 cravates, 2ᶠ67; — 1 paire de souliers, 4ᶠ67; — 2 paires de bas de laine, 2 paires de bas de coton, 5ᶠ07; — chapeau de feutre, 3ᶠ00. — Total, 47ᶠ14.

2° *Vêtements de travail.* — Vestes, gilets et pantalons vieux, 15ᶠ86; — 2 paires de sabots, 1ᶠ00; — 3 chemises neuves, 10ᶠ22; — 3 chemises vieilles, 2ᶠ55. — Total, 29ᶠ63.

VÊTEMENTS DE LA FEMME (47ᶠ 38).

1° *Vêtements du dimanche.* — Vêtements en laine, 10ᶠ00; — vêtements en coton, 6ᶠ67; — 1 jupon, 1ᶠ00; — 1 tablier, 1ᶠ16; — 1 fichu, 2ᶠ16; — 1 mouchoir, 0ᶠ75; — 2 paires de bas en laine et 2 paires en coton, 4ᶠ74; — 1 paire de souliers, 0ᶠ83; — 1 coiffe, 1ᶠ16. — Total, 28ᶠ47.

2° *Vêtements de travail.* — Robes, jupons, tabliers, fichus, coiffes, provenant d'anciens vêtements du dimanche, 9ᶠ15; — 1 mouchoir, 0ᶠ25; — 2 paires de sabots, 1ᶠ00; — 2 chemises neuves, 6ᶠ81; — 2 chemises vieilles, 1ᶠ70. — Total, 18ᶠ91.

VÊTEMENTS DES ENFANTS (28ᶠ 85).

Objets divers en toile de ménage, 8ᶠ51; — vieux vêtements des parents, 8ᶠ34; — autres objets achetés, 12ᶠ00.

VALEUR TOTALE du mobilier et des vêtements..   361ᶠ 00

§ 11.

RÉCRÉATIONS.

La principale récréation de la famille est le repas fait le jour de la fête patronale de la commune, et dans lequel, une seule fois par an, entre une certaine quantité de viande et de vin. L'ouvrier, à la fin de la moisson, prend sa part d'une autre fête, nommée *poêlée* dans le pays, et à laquelle le métayer convie tous les ouvriers qui l'ont assisté. On y mange des crêpes préparées avec une bouillie de sarrasin, cuite sur une poêle enduite de lard ou d'huile; on y boit, en outre, du vin, quand le métayer n'est pas dans la gêne. Dans le courant de l'année, la récréation favorite de l'ouvrier consiste à se rendre dans les foires et dans les marchés qui se tiennent dans les petites villes de Château-Chinon et de Moulins-Engilbert. Là, en compagnie de quelques amis, il s'informe des nouvelles du pays et prend au cabaret un repas modeste, composé de viande, de vin et de pain de froment. Il n'est pas sans intérêt de constater que cette fréquentation des foires et des marchés est la récréation la plus généralement adoptée par les populations ouvrières de cette partie de la France. Inspirée par un sentiment égoïste, elle est presque toujours nuisible à la moralité et au bien-être de la famille.

Histoire de la famille.

§ 12.

PHASES PRINCIPALES DE L'EXISTENCE.

La classe des manœuvres-agriculteurs, à laquelle appartient l'ouvrier pris pour exemple, ne s'est formée, ou du moins ne s'est développée, que depuis le commencement de ce siècle (19). Les anciens de la commune constatent que, de leur vivant, le nombre des ouvriers de cette classe a quintuplé. Il est donc

certain que, dans le siècle dernier, les manœuvres-agriculteurs
de la commune ne se composaient essentiellement que des métayers et de leurs ouvriers-domestiques, c'est-à-dire de familles
assurées de tirer en toute éventualité leur subsistance des produits
de la terre. Le développement de la population, dépassant les
besoins de l'industrie locale, a fait naître cette classe nombreuse
d'ouvriers-journaliers dont le type est décrit dans la présente
monographie. Ceux-ci, dépourvus des qualités morales qui
pourraient assurer leur indépendance, et restant inoccupés une
partie de l'année, ne trouvent un emploi lucratif qu'au moment
des récoltes, et ne vivent guère, le reste du temps, que de travaux et de subventions accordés par la bienfaisance des propriétaires voisins. Cette existence, déjà difficile et précaire, deviendra
inévitablement plus pénible encore par l'accroissement incessant de la population, à mesure surtout que la division des grandes
propriétés et l'abrogation des anciennes habitudes de patronage
qui subsistent encore priveront les manœuvres des subventions
qui ne reposent aujourd'hui que sur les traditions de famille et
sur la bienveillance des grands propriétaires de la contrée.
L'ancienne économie européenne, ou du moins la solidarité du
propriétaire et de l'ouvrier qui en est le trait fondamental, subsiste encore, en effet, dans cette localité, comme dans plusieurs
autres communes du Morvan. On y a conservé les avantages qui
restent acquis jusqu'à ce jour aux quatre cinquièmes (au moins)
des ouvriers de l'Europe continentale. Il existe encore dans le
Morvan des propriétaires qui pensent avoir mission de pourvoir
à ce que tout ouvrier, placé dans le cercle de leur influence, soit
assuré d'obtenir, en tout temps, le pain quotidien.

Les enfants des manœuvres-agriculteurs, après avoir reçu
une instruction peu complète dans les deux écoles de la commune,
restent privés de tout apprentissage de métier. Les garçons s'emploient, comme leurs pères, dans tous les travaux qui n'exigent
que de la force brute. Quelques-uns entrent comme ouvriers-
domestiques dans une métairie voisine; et, dans cette situation,
en se résignant au célibat, ils peuvent sortir de la position précaire dans laquelle ils sont nés. Ceux d'entre eux qui, par excep-

tion, se montrent animés de l'esprit de prévoyance s'élèvent tous facilement au-dessus de la condition paternelle. Ils sont très-recherchés comme ouvriers-domestiques; et ils sont ordinairement admis, par un mariage, dans la famille d'un métayer dont ils prennent plus tard la succession. Très-souvent ils sont directement placés par un propriétaire à la tête d'une métairie; dans tous les cas, ils accumulent chaque année un petit capital et se mettent bientôt en mesure d'acquérir une propriété, avec laquelle ils parviennent immanquablement à l'aisance. En revanche, des enfants de métayers et d'ouvriers-domestiques, en nombre plus considérable, ne pouvant rester, faute d'emploi ou d'aptitude, dans la condition de leurs pères, sont incessamment rejetés dans la classe des journaliers. C'est ainsi que cette classe se recrute sans cesse dans la partie la moins intelligente et la moins prévoyante de la population. La classe des manœuvres-agriculteurs se recrute encore parmi les enfants de propriétaires-cultivateurs qui, après avoir divisé l'héritage paternel, n'y peuvent plus trouver chacun pour leur activité un emploi suffisant. Souvent on voit les propriétaires-cultivateurs eux-mêmes se ruiner, pour servir les intérêts de sommes empruntées dans l'intention d'acquérir, à un taux excessif, des terres situées à proximité de leur domaine, et être ainsi réduits à cultiver comme journaliers des terres qu'ils ont antérieurement possédées (18).

L'accroissement du nombre des journaliers se lie également, dans cette localité, à l'amoindrissement de l'autorité paternelle et à la désorganisation des familles. Les métayers et les fermiers ayant l'emploi d'un grand nombre de bras retenaient autrefois près d'eux tous leurs enfants mariés et conduisaient leur exploitation sans le concours de gens étrangers à la famille. Il en est autrement aujourd'hui : dès qu'ils sont en âge de se marier, les enfants, cédant à un aveugle besoin d'indépendance, s'établissent comme chefs de ménage dans la situation la plus précaire, au lieu de conserver la sécurité et le bien-être qui leur étaient acquis dans la maison paternelle. Ici, comme en Russie (II, II, 12), ce sont surtout les jeunes femmes qui provoquent, par leurs dissensions, cette désorganisation, à laquelle nos institutions n'offrent désormais aucun contre-poids. C'est par ce motif surtout que les chefs d'exploitation agricoles, privés du concours de leurs enfants, sont obligés de recourir à l'intervention des journaliers (1).

Les diverses causes qui ébranlent, depuis le commencement du siècle, la constitution sociale du Morvan ont été singulièrement fortifiées par l'esprit de nouveauté que la presse périodique a inoculé aux populations des petites villes et des campagnes. La presse locale a exercé une fâcheuse influence en se faisant l'écho des erreurs propagées par les journaux parisiens. Après 1830, on vit, en effet, se produire sous cette influence, dans les petites villes du Nivernais, une impulsion comparable à celle que les encyclopédistes créèrent à la fin du règne de Louis XV et qui devint irrésistible, vers 1774, dans les salons parisiens, à l'avénement d'un jeune roi réformateur. A un siècle de distance, sur un théâtre très-différent, la situation était la même. Les populations rurales sentaient le poids de la souffrance propagée par la corruption de l'ancien régime, et développée par les erreurs de la révolution. Comme leurs ancêtres du xviiie siècle et leurs maîtres parisiens, les journalistes provinciaux croyaient que le peuple, porté par une tendance innée vers le bonheur, était condamné à son malheureux sort par l'action persistante des institutions traditionnelles. Avec des nuances infinies de langage, ils commencèrent l'enseignement qui prend chaque jour plus d'ascendant sur des esprits ignorants et crédules. En beaucoup de localités, cet enseignement fut corroboré par ceux mêmes dont il sapait l'influence légitime : par les clercs non préparés à réfuter les erreurs contemporaines, et par les propriétaires infidèles aux devoirs du patronage. Et c'est ainsi que l'ouvrier des campagnes, abusé par cette propagande comme celui des villes, commence à croire que le mal causé par la religion et la hiérarchie sera guéri par la science moderne et la communauté des biens. L'ébranlement imprimé aux esprits par ces erreurs s'est manifesté par des agitations populaires en 1848 : elles ont été peu sensibles, dans la localité décrite, où la permanence des travaux forestiers est assurée par la régularité de la consommation parisienne (In. 3); elles ont été plus marquées dans la région des usines à fer (22)

§ 13.

MŒURS ET INSTITUTIONS ASSURANT LE BIEN-ÊTRE PHYSIQUE ET MORAL DE LA FAMILLE.

La famille décrite dans la présente monographie appartient à la classe nombreuse des journaliers, non-propriétaires. Cette classe est multipliée de nos jours, au détriment des paysans, propriétaires ou tenanciers, après la destruction des anciennes communautés du Nivernais, qui réunissaient, dans une paix profonde, des ménages de propriétaires (20) et de fermiers (23).

La sécurité dont jouit cette famille repose en partie sur la régularité des travaux agricoles qu'exécute l'ouvrier, lesquels se ressentent moins que les travaux manufacturiers des vicissitudes politiques et commerciales. Elle doit être attribuée surtout aux subventions (7) émanant du principal propriétaire de la commune, et en général au patronage bienveillant qu'il exerce sur toute la population. Dans cette localité, comme dans beaucoup d'autres contrées de la France, le bien-être de la population dépend donc d'une cause individuelle. A certains égards, il se maintient malgré les mœurs qui tendent à prévaloir sous l'influence des nouvelles institutions civiles (17). D'une part, en effet, la mobilité de la propriété territoriale, dans un grand nombre de districts agricoles, tend incessamment à détruire le patronage et l'esprit de tradition. De l'autre, il n'est guère à espérer que des populations, dépourvues jusqu'à ce jour de l'esprit de prévoyance, puissent de longtemps suffire elles-mêmes à toutes les nécessités de leur existence. Les difficultés que fait naître aujourd'hui la constitution sociale de la France sont parfaitement caractérisées par cet exemple. Elles dérivent surtout de ce que les institutions actuelles qui, favorisent l'essor des ouvriers prévoyants, ne permettent guère aux ouvriers dépourvus de cette qualité de conserver la protection que leur assuraient les anciennes mœurs nationales (7). Depuis 1848, les populations comprennent de plus en plus que cette protection, déjà amoindrie, ne tardera pas à leur manquer tout à fait.

§ 44. — BUDGET DES RECETTES DE L'ANNÉE.

SOURCES DES RECETTES.	ÉVALUATION approximative des sources de recettes.
	VALEUR des propriétés.
SECTION Ire.	
Propriétés possédées par la famille.	
ART. 1er. — PROPRIÉTÉS IMMOBILIÈRES.	
(La famille ne possède aucune propriété de ce genre)................................	»
ART. 2. — VALEURS MOBILIÈRES.	
ANIMAUX DOMESTIQUES entretenus toute l'année :	
1 chèvre, 2 poules donnant moyennement 3 élèves................... (C)	15f 00
ANIMAUX DOMESTIQUES entretenus seulement une partie de l'année :	
1 porc, valeur calculée...................................... (C)	24 00
MATÉRIEL SPÉCIAL des travaux et industries :	
Pour les travaux agricoles et forestiers exécutés au compte du métayer auquel l'ouvrier est spécialement attaché.......................... (6)	14 00
Pour les travaux de terrassement exécutés au compte du patron de la commune (7), ou de divers propriétaires et métayers...................... (6)	8 50
ART. 3. — DROIT AUX ALLOCATIONS DE SOCIÉTÉS D'ASSURANCES MUTUELLES.	
(La famille ne fait partie d'aucune société de ce genre)......................	»
VALEUR TOTALE des propriétés (sauf déduction des dettes mentionnées, 15, S^{on} V)..	61 50

SECTION II.

Subventions reçues par la famille.

ART. 1er. — PROPRIÉTÉS REÇUES EN USUFRUIT.

(La famille ne reçoit aucune propriété en usufruit)....................................

ART. 2. — DROITS D'USAGE SUR LES PROPRIÉTÉS VOISINES.

DROIT sur les céréales à glaner sur les champs de la métairie.....................
—   sur les pâturages appartenant au patron de la commune...................
—   sur le bois mort des forêts appartenant au patron de la commune.............

ART. 3. — ALLOCATIONS D'OBJETS ET DE SERVICES.

ALLOCATION concernant la nourriture................................

—   concernant les besoins moraux.....................................

—   concernant le service de santé.....................................

§ 44. — BUDGET DES RECETTES DE L'ANNÉE.

RECETTES.	MONTANT DES RECETTES.	
	VALEUR des objets reçus en nature.	RECETTES en argent.

SECTION Iʳᵉ.

Revenus des propriétés.

Aʀᴛ. 1ᵉʳ. — Rᴇᴠᴇɴᴜs ᴅᴇs ᴘʀᴏᴘʀɪᴇᴛᴇs ɪᴍᴍᴏʙɪʟɪᴇʀᴇs.

(La famille ne jouit d'aucun revenu de ce genre).............	»	»

Aʀᴛ. 2. — Rᴇᴠᴇɴᴜs ᴅᴇs ᴠᴀʟᴇᴜʀs ᴍᴏʙɪʟɪᴇʀᴇs.

Intérêt (6 p. 100) de la valeur de ces animaux...................... (16, C)	0ᶠ 60	0ᶠ 30
— de cette valeur............................ (16, C)	»	1 44
Intérêt (5 p. 100) de la valeur de ce matériel...................... (16, F)	0 73	»
— — — .... (16, J)	»	0 42

Aʀᴛ. 3. — Aʟʟᴏᴄᴀᴛɪᴏɴs ᴅᴇs sᴏᴄɪᴇᴛᴇs ᴅ'ᴀssᴜʀᴀɴᴄᴇs ᴍᴜᴛᴜᴇʟʟᴇs.

(La famille ne reçoit aucune allocation de ce genre.)......................	»	»
Tᴏᴛᴀᴜx des revenus des propriétés................	1 30	2 16

SECTION II.

Produits des subventions.

Aʀᴛ. 1ᵉʳ. — Pʀᴏᴅᴜɪᴛs ᴅᴇs ᴘʀᴏᴘʀɪᴇᴛᴇs ʀᴇᴄᴜᴇs ᴇɴ ᴜsᴜꜰʀᴜɪᴛ.

(La famille ne jouit d'aucun produit de ce genre)......................	»	»

Aʀᴛ. 2. — Pʀᴏᴅᴜɪᴛs ᴅᴇs ᴅʀᴏɪᴛs ᴅ'ᴜsᴀɢᴇ.

Seigle (15 kil.) évalué avant le glanage à............................ (16, F)	1 48	»
Herbe broutée par la chèvre, évaluée sur pied à.................... (16, C)	20 00	»
Bois (2,000 kil.), évalué avant la récolte à...................... (16, G)	10 00	»

Aʀᴛ. 3. — Oʙᴊᴇᴛs ᴇᴛ sᴇʀᴠɪᴄᴇs ᴀʟʟᴏᴜᴇs.

Déficit que présentent au patron de la commune (7) les travaux de terrassement qu'il fait exécuter par l'ouvrier quand celui-ci est dépourvu de tout autre moyen d'existence (0ᶠ 25 par journée)......................	»	5 00
Frais de l'école des garçons, payés par la commune, le département et l'État : par famille d'ouvriers......................	5 00	»
Frais de l'école des filles, payés par le patron de la commune : par famille d'ouvriers......................	3 00	»
Secours médicaux donnés aux frais du patron de la commune : par famille d'ouvriers..	2 50	»
Tᴏᴛᴀᴜx des produits des subventions.......	41 98	5 00

§ 14. — BUDGET DES RECETTES DE L'ANNÉE (SUITE).

SOURCES DES RECETTES (SUITE).

DÉSIGNATION DES TRAVAUX ET DE L'EMPLOI DU TEMPS.	QUANTITÉ DE TRAVAIL EFFECTUÉ.		
	père	mère	fils aîné
	journées	journées	journées

SECTION III.
Travaux exécutés par la famille.

	père	mère	fils aîné
TRAVAIL PRINCIPAL, exécuté à la journée au compte d'un métayer, du patron de la commune ou de divers propriétaires et métayers :			
Travaux agricoles exécutés au compte du métayer : récolte des foins (15 j.) et des céréales (20 j.)	35	»	»
Travaux agricoles exécutés au compte du métayer : battage des grains	75	»	»
Travaux agricoles et forestiers, sarclage, façon des haies, récolte des bois	10	»	»
Travaux de terrassement exécutés au compte de divers propriétaires et métayers	90	»	»
Travaux de terrassement que le patron de la commune fait exécuter à titre de subvention	20	»	»
TRAVAIL PRINCIPAL, spécial à la femme, exécuté au compte de la famille :			
Travaux de ménage : préparation des aliments, soins donnés aux enfants et au nourrisson confié par l'hospice, soins de propreté concernant la maison et le mobilier, entretien et blanchissage des vêtements et du linge	»	135	»
TRAVAUX SECONDAIRES :			
Culture du jardin-verger, au compte de la famille	6	16	»
Culture du champ à pommes de terre, au compte de la famille	5	9	»
Soins donnés aux animaux domestiques	»	25	»
Préparation (teillage) du chanvre brut, pour le ménage	»	12	»
Filage du chanvre, pour le ménage (6 kil. de grosse filasse)	»	15	»
— pour divers (7 k 5 de bonne filasse)	»	28	»
Tricotage de bas de laine, pour la famille	»	15	»
Confection des vêtements en toile, pour la famille	»	10	»
Glanage de blé sur les terres récemment moissonnées, pour la famille	»	5	»
Récolte du combustible, pour le chauffage domestique	10	8	»
Récolte des foins pour le métayer auquel l'ouvrier est spécialement attaché	»	8	»
Prestation de travail comme impôt communal (entretien des chemins)	3	»	»
Travail du fils aîné, placé comme ouvrier-domestique chez un métayer voisin	»	»	365
NOTA. — Les 2 filles aînées exécutent quelques travaux comme auxiliaires de la mère.			
TOTAUX des journées de tous les membres de la famille	254	306	365

SECTION IV.
Industries entreprises par la famille
(à son propre compte).

INDUSTRIES entreprises au compte de la famille :
Culture du jardin-verger (4 ares)
Culture du champ à pommes de terre (12 ares)
Exploitation des animaux domestiques
Entretien d'un enfant trouvé confié par l'hospice d'une ville voisine

§ 44. — BUDGET DES RECETTES DE L'ANNÉE (SUITE).

père	mère	fils aîné	RECETTES (SUITE).	VALEUR des objets reçus en nature.	RECETTES en argent.
fr. c.	fr. c.	fr. c.	**SECTION III.**		
			Salaires.		
1 207	»	»	Salaire total attribué à ces travaux............ (16, H)	101f 87	43 00
0 983	»	»	Salaire total attribué à ce travail............. (16, J)	»	38 43
0 483	»	»	Partie du salaire qui correspond à la valeur réelle du travail............ .... (16, J et 14, Sⁿ II)	»	9 65
»	»	»	(Aucun salaire ne peut être attribué à ces travaux).....	»	»
0 50	0 25	»	Salaire total attribué à ce travail..................	7 00	»
0 75	0 50	»	— —	8 25	»
»	0 25	»	— —	6 25	»
»	0 25	»	....	3 00	»
»	0 28	»	....	4 20	»
»	0 214	»	....	»	6 00
»	0 25	»	....	3 75	»
»	0 25	»	....	2 50	»
»	0 25	»	....	1 25	»
0 50	0 25	»	....	7 00	4 00
»	0 50	»	{ argent..........	»	»
»	0 30	»	{ nourriture..........	2 40	»
0 75	»	»	....	2 25	»
»	»	0 200	{ nourriture.	88 00	»
»	»	0 041	{ entretien..		»
»	»	0 041	{ argent.............	»	15 00
			(Aucun salaire appréciable ne peut être attribué aux travaux des deux filles aînées.)		
			TOTAUX des salaires de la famille..........	237 72	166 08
			SECTION IV.		
			Bénéfices des industries.		
			Bénéfice résultant de cette industrie............ (16, A)	8 05	»
			— — .... (16, B)	23 75	
			— — .... (16, C)	3 59	44 54
			— — .... (16, D)	»	36 00
			TOTAUX des bénéfices résultant des industries....... (16, E)	35 39	80 54

NOTA. — Outre les recettes portées ci-dessus en compte, les industries donnent lieu à une recette de 25f 72 (16, E), qui est appliquée de nouveau à ces mêmes industries; cette recette et les dépenses qui la balancent (15, Sⁿ V) ont été omises dans l'un et l'autre budget.

| | | | **T TAUX DES RECETTES de l'année (balançant les dépenses)..... (570f 17)....** | 316 39 | 253 78 |

§ 15. — BUDGET DES DÉPENSES DE L'ANNÉE.

DÉSIGNATION DES DÉPENSES.	POIDS et PRIX des ALIMENTS		MONTANT DES DÉPENSES.	
	POIDS consommé	PRIX par kilogr.	VALEUR des objets consommés en nature.	DÉPENSES en argent.
SECTION Iʳᵉ.				
Dépenses concernant la nourriture.				
ART. 1ᵉʳ. — ALIMENTS CONSOMMÉS DANS LE MÉNAGE.				
(Par l'ouvrier pendant 245 jours; la femme pendant 357 jours; 3 enfants de 10, de 8 et de 5 ans pendant 365 jours, et 1 ouvrier auxiliaire pendant 1 jour 1/2.)				
CÉRÉALES :				
Froment, évalué à l'état de farine (le son en a été séparé) : provenant du grain reçu comme salaire................ (16, K)	18ᵏ0	0ᶠ360	6ᶠ48	»
Seigle, évalué à l'état de farine (le son n'en a pas été séparé) : provenant du grain reçu comme salaire, 163 kil. (16, K), 29ᶠ67; — du grain glané, 15 kil. (16, F), 2ᶠ73; — du grain acheté, 473 kil., 86ᶠ10.............................	651 0	0 182	32 40	86ᶠ10
Avoine, évaluée à l'état de farine (le son en a été séparé) : provenant du grain acheté.............................	29 0	0 250	»	7 25
Sarrasin, évalué à l'état de farine (le son en a été séparé) : provenant du grain reçu comme salaire............... (16, K)	43 0	0 220	9 46	»
Poids total et prix moyen..............	741 0	0 191		
CORPS GRAS :				
Gras de lard (pour soupe)............................	5 0	1 600	»	8 00
Huile de navette ou de chènevis (pour soupes et crêpes)......	4 6	1 600	»	7 36
Poids total et prix moyen..............	9 6	1 600		
LAITAGES ET ŒUFS :				
Lait de chèvre................................ (16, C)	400 0	0 100	40 00	»
VIANDES ET POISSONS :				
Viande de boucherie : Bœuf ou mouton....................	3 0	0 500	»	1 50
Poissons (quelques braconniers mangent seuls, de loin en loin, du poisson pêché dans les ruisseaux de la contrée)..........	»	»	»	»
Poids total et prix moyen..............	3 0	0 500		

§ 15. — BUDGET DES DÉPENSES DE L'ANNÉE (SUITE).

DÉSIGNATION DES DÉPENSES (SUITE).	POIDS et PRIX des ALIMENTS		MONTANT DES DÉPENSES.	
	POIDS consommé	PRIX par kilogr.	VALEUR des objets consommés en nature.	DÉPENSES en argent.
SECTION Iʳᵉ.				
Dépenses concernant la nourriture (suite).				
LÉGUMES ET FRUITS :				
Tubercules : Pommes de terre........................ (16, B)	800ᵏ0	0ᶠ040	32ᶠ00	»
Légumes farineux secs : Haricots..................... (16, A)	15 0	0 270	4 05	»
Légumes verts à cuire : Choux et pois verts..........				
Légumes racines : Carottes et raves				
Légumes épices : Oignons.......................... (16, A)	150 0	0 080	8 00	1ᶠ00
Salades diverses..................................				
Cucurbitacées : Citrouilles				
Fruits farineux : Châtaignes et noix : du jardin, 4 kil.; — achetées, 2 kil.	6 0	0 250	1 00	0 50
Fruits à pepin et à noyau : Pommes : du jardin, 16 kil.; — achetées, 4 kil.	20 0	0 125	2 00	0 50
Poids total et prix moyen...............	991 0	0 053		
CONDIMENTS ET STIMULANTS :				
Sel...	22 0	0 500	»	11 00
Épices : Poivre...	0 3	3 333	»	1 00
Vinaigre...	2 0	0 200	»	0 40
Poids total et prix moyen...............	24 3	0 510		
BOISSONS FERMENTÉES :				
(Voir à l'article des récréations, Sᵉⁿ IV.).................	»	»	»	»
ART. 2. — ALIMENTS PRÉPARÉS ET CONSOMMÉS EN DEHORS DU MÉNAGE.				
ALIMENTS DIVERS :				
Nourriture consommée par l'ouvrier pendant 120 jours, valant par jour 0ᶠ37.... (16, H)			44 40	»
— par la femme pendant 8 jours, valant par jour 0ᶠ30.. (14, Sᵒⁿ III)			2 40	»
— par le fils aîné pendant 365 jours, valant par jour 0ᶠ20. (14, Sᵒⁿ III)			73 00	»
Totaux des dépenses concernant la nourriture...............			255 19	127 61

§ 45. — BUDGET DES DÉPENSES DE L'ANNÉE (SUITE).

DÉSIGNATION DES DÉPENSES (SUITE).	MONTANT DES DÉPENSES.	
	VALEUR des objets consommés en nature.	DÉPENSES en argent.
SECTION II.		
Dépenses concernant l'habitation.		
LOGEMENT : Loyer de la maison, 30f00 ; — entretien, 2f00........................	»	32f00
MOBILIER : Entretien : draps de lit, 4f 19 ; — achat d'ustensiles divers, 2f00	1f87	4 32
CHAUFFAGE : Bois mort, 2,000k à 0f85 par 100 kil............ .... (16, G et I)	17 00	»
ÉCLAIRAGE : Huile, 0k61 à 1f 60 (les veillées en hiver se font en général à la lueur du feu)........	»	0 98
TOTAUX des dépenses concernant l'habitation....................	18 87	37 30
SECTION III.		
Dépenses concernant les vêtements.		
VÊTEMENTS DE L'OUVRIER : Achats d'étoffes et de vêtements ; objets de confection domestique ; travaux de confection exécutés par la femme........................	4 58	27 32
VÊTEMENTS DE LA FEMME : Achats d'étoffes et de vêtements ; objets de confection domestique ; travaux de confection exécutés par la femme........................	3 50	22 48
VÊTEMENTS DU FILS AÎNÉ : Objets reçus du métayer chez lequel le fils aîné est placé comme domestique.................................... (14, Son III)	15 00	»
VÊTEMENTS DES 3 AUTRES ENFANTS : Objets achetés et objets confectionnés dans le ménage..................	3 50	16 28
BLANCHISSAGE : Savon, 2k6 à 1f00, 2f60 ; — bleu, empois, 0f40 ; — cendres (du foyer domestique) (16, G), 3f00........................	3 00	3 00
TOTAUX des dépenses concernant les vêtements............	29 58	69 08
SECTION IV.		
Dépenses concernant les besoins moraux, les récréations et le service de santé.		
CULTE : Offrandes et quêtes........................	»	1 00
INSTRUCTION DES ENFANTS : Frais de l'école payés : pour les garçons, par la commune, le département et l'État, 5f00 ; — pour les filles, par le patron de la commune, 3f00 .... (14, Son II)	8 00	»
SECOURS ET AUMÔNES : (La famille ne fait aucune dépense de ce genre)........................	»	»

§ 15. — BUDGET DES DÉPENSES DE L'ANNÉE (SUITE).

DÉSIGNATION DES DÉPENSES (SUITE).	MONTANT DES DÉPENSES.	
	VALEUR des objets consommés en nature.	DÉPENSES en argent.

SECTION IV.

Dépenses concernant les besoins moraux, les récréations et le service de santé (suite).

RÉCRÉATIONS ET SOLENNITÉS :		
Consommation faite aux foires de l'endroit et des communes voisines (vin, bière, café, sucre, viande, fromage), 11ᶠ51; — argent de poche donné au fils aîné, 2ᶠ00.....	»	13ᶠ54
SERVICE DE SANTÉ :		
Secours médicaux payés par la commune........ ....(14, Sⁿ II)	2ᶠ50	»
TOTAUX des dépenses concernant les besoins moraux, les récréations et le service de santé.................................	10 50	14 54

SECTION V.

Dépenses concernant les industries, les dettes, les impôts et les assurances.

DÉPENSES CONCERNANT LES INDUSTRIES :		
NOTA. — Les dépenses concernant les industries entreprises au compte de la famille montent à.................................. . (16, E) 79ᶠ12		
Elles sont remboursées par les recettes provenant de ces mêmes industries, savoir :		
Argent et objets employés pour les consommations du ménage et portés à ce titre dans le présent budget.................. 53ᶠ40		
Argent et objets appliqués de nouveau aux industries (14, Sⁿ IV), comme emploi momentané du fonds de roulement, et qui ne peuvent conséquemment figurer parmi les dépenses du ménage.............................. 25 72 } 79 12		
INTÉRÊTS DES DETTES :		
Intérêt (15 p. 100) des objets de consommation achetés à crédit (15ᶠ00), perçu par les marchands, sous forme d'augmentation des prix de vente au comptant portés au présent budget.........	»	2 25
IMPÔTS :		
Impôt payé à l'État : impôt personnel et mobilier, 3ᶠ00; — impôt communal : prestation en nature pour l'entretien des chemins vicinaux (14, Sⁿ III), 2ᶠ25..........	2 25	3 00
ASSURANCES CONCOURANT A GARANTIR LE BIEN-ÊTRE PHYSIQUE ET MORAL DE LA FAMILLE :		
La famille ne s'impose aucun sacrifice pour assurer son avenir : la seule garantie sur laquelle elle puisse compter dérive du patronage exercé, conformément à une ancienne tradition, par le principal propriétaire, patron de la commune (7)........	»	»
TOTAUX des dépenses concernant les industries, les dettes, les impôts et les assurances..	2 25	5 25
ÉPARGNE DE L'ANNÉE :		
La famille ne fait jamais d'épargne, non pas surtout parce qu'elle vit dans une condition voisine de l'indigence, mais parce que l'esprit de prévoyance lui fait entièrement défaut...	»	»
TOTAUX DES DÉPENSES de l'année (balançant les recettes)..... (570ᶠ17)	516 39	253 78

	VALEURS	
	en nature.	en argent.

§ 16.

COMPTES ANNEXÉS AUX BUDGETS.

SECTION I.

COMPTES DES BÉNÉFICES

Résultant des industries entreprises par la famille (à son propre compte).

A. — CULTURE DU JARDIN-VERGER (4 ARES).

Le jardin-verger attenant à la maison est loué par l'ouvrier avec cette dernière.

RECETTES.

Haricots secs............................ 15 kil. à 0f 27....		4f 05	»
Choux et pois (mangés verts)............... 90 kil.			
Carottes et navets........................ 30			
Oignons.................................. 5 } 150 à 0 08....		8 00	4f 00
Salades.................................. 10			
Citrouilles............................... 15			
Châtaignes (d'un arbre placé à côté de la maison); — noix, 4 kil. à 0f 25; — pommes, 16 kil. à 0f 125....................................		3 00	»
Totaux...........................		15 05	4 00

DÉPENSES.

Loyer du jardin...........................	»	4 00
Travaux de la famille.................... (14, Son III)	7 00	»
Frais du matériel spécial : insignifiants..............	»	»
BÉNÉFICE résultant de l'industrie....................	8 05	»
Totaux comme ci-dessus...........	15 05	4 00

B. — CULTURE DU CHAMP A POMMES DE TERRE (12 ARES).

Le champ est donné par le métayer à l'ouvrier, en rétribution de son travail (L); le métayer a labouré le champ avant de le remettre à l'ouvrier.

RECETTE.

Pommes de terre : 1,000 kil. à 0f 04................. (15, Son I, et 16, C)	40 00	»

DÉPENSES.

Loyer évalué à... (I)	8 00	»
Travaux de la famille................................. (14, Son III)	8 25	»
Frais du matériel spécial : insignifiants....................	»	»
BÉNÉFICE résultant de l'industrie........................	23 75	»
Total comme ci-dessus..............	40 00	»

C. — EXPLOITATION DES ANIMAUX DOMESTIQUES.

Le porc est acheté en avril, engraissé en été et vendu en novembre. La chèvre
et les poules sont entretenues toute l'année.

RECETTES.

Lait de chèvre : 400 litres à 0f 10 (consommé par le ménage)..............	40 00	»
Œufs et poulets : vendus...............................	»	6 00
Porc engraissé : vendu................................	»	54 00
Totaux...........................	40 00	60 00

	VALEURS	
DÉPENSES.	en nature.	en argent.
Achat d'un jeune porc...	»	13ᶠ 0
Intérêt (6 p. 100) de la valeur de la chèvre (10ᶠ 00)............ (6)	0ᶠ 60	»
Intérêt (6 p. 100) de la valeur des poules (5ᶠ 00).............. (6)	»	0 30
Intérêt (6 p. 100) de la valeur calculée du porc (24ᶠ 00)...... (6)	»	1 44
Nourriture :		
Son : 26 kil. séparés du blé reçu comme salaire (10), à 0ᶠ 06...	1 56	»
— 12 kil. séparés de l'avoine achetée, à 0ᶠ 06.............	»	0 72
Pommes de terre : 200 kil. à 0ᶠ 04.......................... (B)	8 00	»
Herbe broutée par la chèvre sur les terres du propriétaire de la métairie : valeur estimée..................................	20 00	»
Débris de la nourriture du ménage (pour mémoire)...........	»	»
Travaux de la femme.............................. (14, Sᵒⁿ III)	6 25	»
BÉNÉFICE résultant de l'industrie.................................	3 59	44 51
Totaux comme ci-contre............	40 00	60 00

D. — ENTRETIEN D'UN ENFANT TROUVÉ CONFIÉ PAR L'HOSPICE D'UNE VILLE VOISINE.

RECETTES.

Pension de 6 mois, à raison de 6ᶠ 00 par mois.....................	»	36 00

DÉPENSES.

Frais inappréciables...	»	»
BÉNÉFICE résultant de l'industrie................................	»	36 00
Total comme ci-dessus..............	»	36 00

E. — RÉSUMÉ DES COMPTES DES BÉNÉFICES RÉSULTANT DES INDUSTRIES (A à D).

RECETTES TOTALES.

Produits employés pour la nourriture de la famille............. (15, Sᵒⁿ I)	87 05	4 00
Produits en nature et recettes en argent à employer de nouveau pour les industries elles-mêmes (25ᶠ 72).................................	8 00	17 72
Recettes en argent appliquées aux dépenses du ménage.	»	78 28
Totaux...........................	95 05	100 00

DÉPENSES TOTALES.

Intérêts des propriétés possédées par la famille et employées par elle aux industries.. (14, Sᵒⁿ I)	0 60	1 74
Produits des subventions reçues par la famille et employées par elle aux industries.. (14, Sᵒⁿ II)	20 00	»
Salaires afférents aux travaux exécutés par la famille pour les industries.. (14, Sᵒⁿ III)	21 50	»
Salaires afférents à d'autres travaux exécutés par la famille, employés par elle aux industries.. (K et L)	9 56	»
Produits des industries dépensés en nature et dépenses en argent qui devront être remboursés par des recettes résultant des industries (25ᶠ 72).........	8 00	17 72
Totaux des dépenses (79ᶠ 12)...............	59 66	19 46
BÉNÉFICES TOTAUX résultant des industries.................... (14, Sᵒⁿ IV)	35 39	80 54
Totaux comme ci-dessus....................	95 05	100 00

	VALEURS	
	en nature.	en argent.

SECTION II.

COMPTES RELATIFS AUX SUBVENTIONS.

F. — GLANAGE DES CÉRÉALES SUR LES CHAMPS DE LA MÉTAIRIE.

DÉPENSES.

Seigle : 15 kil. à 0f 182....................................	2f 73	»

DÉPENSES.

Travail de la femme............................ (14, Son III)	1 25	»
VALEUR à attribuer au seigle avant le glanage....................	1 48	»
Total comme ci-dessus...............	2 73	»

G. — RÉCOLTE DU BOIS MORT DANS LES FORÊTS DU PROPRIÉTAIRE DE LA MÉTAIRIE.

RECETTES.

Bois mort : 2,000 kil., valant après le transport à la maison, à 0f 85 par 100 kil.. (14, Son II)	17 00	»
Valeur des cendres provenant de ce bois, employées pour la lessive, puis données au métayer comme engrais............... (14, Son II, et 16, K)	8 00	»
Total...............................	25 00	»

DÉPENSES.

Travaux de la famille........................... (14, Son III)	7 00	»
Transports faits par le métayer. .... (L)	8 00	»
VALEUR à attribuer au bois avant la récolte..........................	10 00	»
Total comme ci-dessus...............	25 00	»

SECTION III.

COMPTES DIVERS.

H. — COMPTE DES SALAIRES REÇUS PAR L'OUVRIER, EN RÉTRIBUTION DES TRAVAUX AGRICOLES ET FORESTIERS EXÉCUTÉS AU COMPTE DU MÉTAYER.

RECETTES.

	SALAIRE par journée.		
Recette obtenue par l'ouvrier pour les travaux de récolte des foins et des céréales (35 journées). { nourriture..... / céréales... (K)	0f 370 / 1 205	55 12	»
Recette obtenue par l'ouvrier pour le battage des grains (75 journées)................ { nourriture..... / argent......	0 370 / 0 600	27 75	45f 00
Recette obtenue par l'ouvrier pour travaux divers (sarclage, façon de haies, récolte des bois) (10 journées)........................ { nourriture..... / objets et services...... (L)	0 370 / 1 600	19 70	»
Totaux....................		102 57	45 00

DÉPENSES.	SALAIRE par journée.	VALEURS	
		en nature.	en argent.
Intérêt (5 p. 100) de la valeur des outils agricoles et forestiers (14f 00).. (6)	»	0f 70	»
Frais d'entretien de ces outils..........................	»	»	2f 00
Salaire des travaux agricoles et forestiers } en nature...	0f 819	101 87	43 00
(120 journées)................................ } en argent............	0 358		
Totaux comme ci-contre............	....	102 57	45 00

J. — Comptes des salaires reçus par l'ouvrier, en rétribution des travaux de terrassement exécutés au compte de divers propriétaires ou métayers.

RECETTES.

	SALAIRE par journée.	en nature.	en argent.
Rétribution des travaux exécutés pour le service réel des métayers ou des propriétaires : 90 journées....................	1 000	»	90 00
Rétribution des travaux exécutés à titre de subventions pour l'ouvrier, plutôt que pour le service réel du patron qui les alloue : 20 journées..	0 750	»	15 00
Total................		»	105 00

DÉPENSES.

	SALAIRE par journée.	en nature.	en argent.
Intérêt (5 p. 100) de la valeur des outils (8f 50)............... (6)	»	»	0 42
Frais d'entretien de ces outils.............................	»	»	1 50
Salaire des travaux de terrassement.... } 90 journées..........	0 983	»	88 43
} 20 —	0 733	»	14 65
Total comme ci-dessus...................		»	105 00

K. — Compte des céréales données par le métayer a l'ouvrier, en rétribution d'une partie de ses travaux (H).

Céréales reçues par l'ouvrier.

		en nature.	en argent.
Froment : 31 kil. dont on donne au meunier 2 kil ; le reste donne : 18 kil. de farine à 0f 360................................		»	6 48
8 kil. de son à 0f 06................................		»	0 48
Seigle : 175 kil. dont on donne au meunier 12 kil. ; il reste 163 kil. à 0f 182...		»	29 67
Sarrasin : 70 kil. dont on donne au meunier 5 kil. ; le reste donne : 43 kil. de farine à 0f 220................................		»	9 46
18 kil. de son à 0f 06................................		»	1 08
Total................		»	47 17
Par contre, l'ouvrier donne au métayer les cendres du bois de chauffage après s'en être servi pour la lessive : valeur...................		»	5 00
Reste pour le montant de la rétribution........		»	42 17

L. — Compte de la valeur des objets et services divers alloués par le métayer a l'ouvrier, en rétribution d'une partie de ses travaux (H).

Objets et services alloués à l'ouvrier.

		en nature.	en argent.
Un champ à pommes de terre (labouré par le métayer) : loyer valant.......		»	8 00
Transport de 2,000 kil. de bois de chauffage, exécuté par le métayer, valant....		»	8 00
Total............................		»	16 00

Nota. — Les comptes relatifs à l'achat et à la confection des vêtements sont analogues à ceux qui ont été établis dans les premières monographies.

ÉLÉMENTS DIVERS DE LA CONSTITUTION SOCIALE

FAITS IMPORTANTS D'ORGANISATION SOCIALE;
PARTICULARITÉS REMARQUABLES;
APPRÉCIATIONS GÉNÉRALES; CONCLUSIONS.

§ 17.

CAUSES D'ÉBRANLEMENT QUI, DEPUIS LE COMMENCEMENT
DU XIXᵉ SIÈCLE, AGISSENT SUR LA POPULATION RURALE DU MORVAN

Le Morvan est la contrée où j'ai observé, avec le plus de suite, une population rurale. C'est là surtout qu'en m'aidant de la méthode, et en recueillant les souvenirs de la génération précédente, je me suis rendu compte des causes qui ébranlent la France et, de proche en proche, les autres États de l'Occident. J'ai pu même me faire une idée nette des éléments de paix et de stabilité qui régnaient, pendant le XVIIIᵉ siècle, dans la localité (1) qui m'a fourni les faits décrits dans la présente monographie. J'ai puisé en partie cette connaissance dans les récits, et encore plus dans la pratique, d'un grand propriétaire qui, né en 1766, n'est mort qu'en 1845. Il avait toujours résidé sur son domaine; et, jusqu'à son dernier jour, il garda la mémoire exacte des traditions qu'il avait recueillies dans son enfance.

Le Morvan possédait encore au XVIIIᵉ siècle, au milieu d'un état de paix et de stabilité, les trois types du gentleman, du paysan et du bordier, qui font encore la force des bonnes constitutions rurales (III : III, 19; IV, 17). Depuis l'époque de la Terreur, ces trois classes ont été ébranlées sans relâche par le partage forcé des héritages. Celles qui ont le plus souffert sont précisément les paysans et les bordiers, que les niveleurs de 1793 prétendaient favoriser par leurs inventions iniques. Les anciens paysans, comme ceux qui se sont plus récemment élevés à cette même condition, n'ont pu la perpétuer chez leurs descendants; et

ceux-ci ont été, pour la plupart, refoulés dans la classe des bordiers. Une déchéance analogue se manifeste chez ces derniers :
leurs enfants s'acheminent de plus en plus vers la condition de
propriétaire indigent. Dans ces deux classes, les chefs de famille
les plus intelligents ont d'abord trouvé, dans le concours de l'opinion (v, 17) et dans le respect de leurs enfants, le moyen d'élu-
der les contraintes de la loi et de transmettre intégralement, à la
génération suivante, leurs moyens et leurs petits domaines. Malheureusement, l'action persistante d'une mauvaise loi, puis
l'ébranlement spécial imprimé à la France par la révolution de
1830, ont enlevé aux familles ce moyen de salut. Révoltés contre
la coutume, rebelles à la volonté des parents, secondés par les
agents du fisc, excités par les officiers publics préposés à l'accomplissement des partages, les cohéritiers des anciennes familles
ont exigé la destruction des domaines patrimoniaux. Dès lors,
les pères prévoyants n'ont pu assurer à leur race quelque
chance de stabilité qu'en limitant leur postérité par la stérilité
systématique du mariage. Mais, en définitive, ce remède, laissé
seul à la sollicitude des parents, est pire que le mal. Le père
de famille est souvent déçu dans ses calculs par la mort prématurée de son unique héritier; et il meurt lui-même dans l'isolement, avec la pensée que le domaine créé par les aïeux et amélioré par son travail sera morcelé par des collatéraux ou acquis
par des étrangers. La nation est frappée plus sûrement encore
par ce régime antisocial de stérilité. Les nouveaux chefs de
famille, n'étant plus choisis par leurs pères au sein de générations nombreuses, tombent rapidement au-dessous du niveau
moral où restent les races fécondes; le personnel de l'émigration riche fait complétement défaut. Les Français s'affaiblissent
et se dégradent sur leur territoire; et ils perdent tout ascendant
au dehors, car ils s'y trouvent partout en présence de rivaux
innombrables, qui sortent des races fécondes et envahissent paci-
fiquement le monde entier.

Excepté sous l'odieux régime de confiscation édicté par la
Terreur, les grands propriétaires ont été mieux en mesure que
les paysans et les bordiers d'échapper aux contraintes du partage

forcé. Ce résultat est dû à plusieurs causes, et spécialement à une erreur fondamentale des niveleurs de la révolution. Sous l'ancien régime social, les gentilshommes, qui, comme ceux du Nord-ouest de la France, faisaient leur devoir en résidant sur leur domaine, étaient tenus de se soumettre gratuitement au service militaire et à d'autres devoirs publics fort onéreux ; en sorte qu'aux époques de grandes calamités nationales ils étaient obligés d'aliéner leurs biens. Ceux-ci passaient par lambeaux aux classes exemptes de ces lourds devoirs et enrichies, comme le sont encore de nos jours les financiers, par les malheurs publics. Sous le régime actuel, qui prétend imposer à tous les Français « la liberté systématique et l'égalité providentielle », le grand propriétaire peut, comme le paysan, défendre son domaine par la stérilité du mariage ; mais, mieux que lui, il est en situation d'envahir les fonctions rétribuées par l'État et d'accumuler les capitaux qui lui permettront au besoin de pourvoir plusieurs héritiers, sans morceler le domaine patrimonial. Ce nouveau régime est donc évidemment fâcheux pour le trésor public et pour les petits contribuables.

Je suis même loin de le recommander aux sympathies des grands propriétaires qui en profitent. Ceux-ci n'y trouvent point la source d'un ascendant légitime ; car le partage forcé des héritages et la multiplication des fonctions rétribuées blessent les vrais intérêts, matériels ou moraux, de la nation entière. Toutefois, pour provoquer une réforme indispensable, on ne saurait trop constater que les pauvres sont opprimés par le régime actuel encore plus que les riches. Les petits propriétaires s'affaiblissent et souffrent, en morcelant leurs domaines patrimoniaux. Les grands propriétaires habiles s'enrichissent en recherchant les emplois publics et en s'adonnant aux professions lucratives exercées dans les villes. D'un autre côté, les plus riches perdent leur ascendant social en délaissant leurs résidences rurales ; et ils condamnent leurs descendants à la déchéance inévitable qu'infligent l'oubli de la loi morale et l'abandon du devoir. Telles sont les influences qui produisent, sous nos yeux, la décadence rapide de notre race ; mais la responsabilité du mal ne retombe pas exclusivement sur les lettrés de l'encyclopédie et les novateurs contemporains; elle s'étend à la plupart de nos gouvernants des deux derniers siècles. A cet égard, l'histoire jugera sévèrement les monarques qui corrompirent par leurs exemples les grands propriétaires de l'ancien régime, et surtout les tyrans de la Terreur dont les lois immorales enlèvent aux nouveaux enrichis le pouvoir de transmettre à la génération qui les suit leurs talents et leurs vertus. En France, grâce à la fertilité du climat, à la fécondité du sol et à la proximité des grandes voies commerciales, les hommes qui naissent avec des facultés éminentes peuvent accumuler de grandes richesses. La nation est donc incessamment menacée par la corruption qui en émane. En présence de ce danger toujours imminent, les gouvernants de la France ont deux devoirs principaux : donner eux-mêmes l'exemple du bien ; contraindre moralement les riches à éviter le mal. Pour atteindre ce dernier but, ils doivent exciter les grands propriétaires à conquérir, par le dévouement aux intérêts sociaux, la considération publique, c'est-à-dire le seul avantage qu'ils puissent désirer. Quand les riches ne servent pas gratuitement l'État par leur activité et leurs vertus, ils le corrompent par leur oisiveté et leurs vices. Aux bonnes époques de notre histoire, le christianisme et la monarchie ont conjuré ce danger en réagissant contre l'esprit d'antagonisme et d'instabilité émanant de la famille instable des Gaulois. Depuis la conquête faite par Hengist et Horsa et le refoulement complet des Bretons à l'ouest de l'Angleterre, ce même problème reste encore mieux résolu par les habitudes de paix et de stabilité que conserve la famille-souche des Anglo-Saxons.

Au-dessous de ces influences générales qui président au bien-être des nations, il existe des causes locales qui ont pour effet de perpétuer, malgré le vice ou l'erreur des particuliers et des gouvernants, le rôle bienfaisant de la grande propriété. Ainsi, par exemple, certains travaux ne prospèrent que sous le régime de la grande industrie. Cette vérité est mise en évidence par les exploitations de gîtes métallifères décrites aux volumes précédents. J'ai même indiqué au chapitre IV de ce volume comment la restauration d'un riche groupe de mines remédie, en Auvergne, depuis quelques années, à la décadence matérielle et morale de la région contiguë. Les charges d'une telle réforme seraient à peu près inaccessibles à la petite propriété.

Les forêts ne prospèrent également que sous le régime de la grande propriété. Ce principe d'économie sociale est justifié par l'expérience des siècles; et, malgré les contraintes du partage forcé des immeubles, il est confirmé depuis 85 ans pour le Morvan. Dans cette contrée, comme dans le Hartz, la Hongrie et la Carinthie, le propriétaire ne peut tirer un parti avantageux des bois qu'il exploite annuellement que s'il dispose d'amples moyens de transport. Les bois, après avoir été séchés sur les coupes opérées dans les forêts qui occupent les sommets des montagnes, sont charriés par les attelages des métairies cultivées sur les pentes. La propriété des forêts et des domaines ruraux contigus est réunie dans les mêmes mains; car, s'il en était autrement, tous les profits de l'exploitation forestière passeraient aux charretiers qui consentiraient à transporter les bois aux lieux de livraison. D'un autre côté, le bien-être des bûcherons et des agriculteurs repose sur le patron qui réunit les deux sortes de propriétés. Dans le cas opposé, les forêts, ayant perdu toute valeur, seraient défrichées; les sommets des montagnes, n'étant plus protégés par les arbres contre l'action des eaux, seraient dénudés; et les cultures situées sur les pentes seraient incessamment ravagées. Les deux régions du territoire deviendraient, il est vrai, indépendantes l'une de l'autre; et le sol y pourrait être partout indéfiniment divisé. L'empire du partage forcé s'établirait dès lors sans résistance; le sol des anciennes forêts marcherait rapidement vers la stérilité, et les domaines ruraux vers la propriété indigente.

Cependant la grande propriété n'offre tous ses avantages aux populations que si le propriétaire réside sur les lieux pour en accomplir les devoirs. Or, la constitution sociale du Morvan reste en grande partie intacte, en ce qui touche l'organisation de la propriété; mais l'absentéisme de quelques grands propriétaires lui a fait subir un premier degré d'ébranlement. Ce fléau

social a des causes nombreuses ; et il a pris en d'autres régions
de l'Occident, des caractères plus dangereux. Cette désorganisation sociale a commencé au xviiᵉ siècle en France et dans les
États allemands. Elle est aggravée chaque jour par le progrès
des richesses, par la multiplication des voies rapides de communication et par la centralisation administrative des sociétés. Les
riches, qui recherchent les jouissances du luxe et des plaisirs
sensuels, s'accumulent dans les villes. Ceux qui voudraient pratiquer gratuitement les devoirs traditionnels de la grande propriété sont, depuis deux siècles, chassés des campagnes par la
tyrannie ombrageuse des gouvernants et par la jalousie de leurs
fonctionnaires salariés.

Dans le Morvan, comme dans toutes les régions montagneuses, la construction des nouvelles voies de transport contribue beaucoup à l'ébranlement des anciennes sociétés. Elle a
augmenté les fortunes et diminué les résistances opposées à
l'activité humaine par les forces de la nature ; mais elle n'a point
eu pour effet d'accroître le bonheur des populations. Les classes
rurales, auxquelles le patronage de la grande propriété est nécessaire, voient presque partout diminuer les bienfaits qui en émanent. Les grands propriétaires eux-mêmes ne trouvent plus dans
leurs résidences certains attraits qui les y retenaient autrefois.
Ils abandonnent leurs résidences pour s'accumuler dans les
lieux de plaisir qui se multiplient à l'infini ; et c'est ainsi que
des innovations, qui pourraient être bienfaisantes si elles étaient
accompagnées de certaines compensations, deviennent, en Europe, une cause active de décadence.   F. L.-P.

§ 18.

INSTABILITÉ ACTUELLE DE LA PETITE PROPRIÉTÉ RURALE
EN FRANCE.

Comme on l'a indiqué précédemment (12), le partage forcé
des héritages est une cause continuelle de désorganisation pour
la petite propriété immobilière. Ici, comme dans la majeure

partie de la France, les familles qui s'élèvent aux premiers échelons de la propriété à force de travail et d'épargne subissent
presque toutes les mêmes épreuves. Les ouvriers les plus recommandables emploient leur vie entière à réunir les immeubles
nécessaires à la subsistance d'une famille; mais les enfants détruisent bientôt l'œuvre des parents en se partageant en nature
les lambeaux de leur héritage. Les générations nouvelles ont donc
à recommencer, sans plus de succès, les entreprises ainsi désorganisées. Mais, comme les vertus qui distinguent le créateur
d'une petite fortune agricole sont, en général, exceptionnelles,
les héritiers, accumulés sur le sol, retombent dans une situation
inférieure à celle de leurs parents. Les uns, adonnés aux
jouissances matérielles, dissipent ce qui leur est échu et arrivent
bientôt à un état de dénûment. Les autres, plus retenus mais
incapables de calculer les chances de la moindre entreprise, se
livrent à de fausses spéculations. Ils achètent à tout prix, en
se grevant d'hypothèques, la terre qui leur est indispensable
pour compléter leur exploitation désorganisée par le partage.
Ils multiplient improductivement les constructions, et emploient,
en un mot, à consommer leur ruine les efforts qui, sous un
meilleur régime, auraient assuré le bien-être de la famille.

Assurément, les plus intelligents réussissent, nonobstant ces
difficultés, comme ils le feraient dans tout autre système social.
Mais le plus grand nombre échoue; et le caractère moral de la
race est affecté par les vicissitudes qui frappent les familles. Trop
souvent, la minorité intelligente met à profit cette instabilité pour
exploiter l'inexpérience des populations, et c'est ordinairement
dans ces conditions que se développe la petite usure, le plus
grand fléau des populations rurales. Parmi les millions de propriétaires que signale, en France, le relevé des rôles de l'impôt
foncier, il en est beaucoup qui, sous l'influence de cet état de
choses, n'ont que l'apparence de la propriété.

Les petits propriétaires les plus intelligents de ce district
rural parviennent souvent à assurer la transmission du bien de
famille à un de leurs fils, en éludant de longue main, par une
série d'actes simulés, les prescriptions de la loi des successions.

L'une des combinaisons qu'ils adoptent ordinairement consiste à différer le mariage des filles jusqu'à l'époque de leur majorité. Ils les mettent alors en demeure de se passer de dot, ou de se contenter, moyennant une renonciation à tout droit sur le bien de famille, d'une dot remplaçant l'héritage en nature qu'elles exigeraient plus tard. Mais les préoccupations que ces mesures imposent aux pères de famille, les dissensions qu'elles font naître entre les enfants, la décadence où tombent les familles qui s'en abstiennent, sont une cause de souffrance pour les populations. Cette situation contraste beaucoup avec la quiétude, la bonne harmonie et le bien-être dont jouissent les régions du Nord (III, III, 19), où les petits propriétaires conservent religieusement les coutumes qui président à la transmission intégrale des biens de famille.

D'un autre côté, les propriétés rurales appartenant aux classes riches, étant groupées par fermes et par métairies, ne se divisent pas matériellement à la mort d'un chef de famille. Elles sont ordinairement vendues en bloc pour le compte des héritiers, qui ne peuvent les conserver. Ainsi qu'on l'a indiqué ailleurs (IV, VII, 21), il y a instabilité dans la possession; mais l'assiette du système d'exploitation reste éminemment stable. Les petites cultures, qu'une école politique prétend constituer par la législation actuelle, sont précisément celles qui souffrent le plus dans le nouveau régime que perpétue le Code civil.

L'instabilité de la petite propriété agricole est regrettable dans les conditions qu'on vient d'indiquer, au double point de vue du progrès de l'agriculture et du bien-être des paysans. Elle entraîne d'autres conséquences non moins graves pour la constitution sociale. Elle s'oppose, par exemple, dans les districts où la population surabonde, à l'établissement d'un système rationnel d'émigration analogue à celui qui s'est spontanément établi dans plusieurs régions du Nord (III, III, 20).

Ces considérations ne tendent nullement à entraver le développement des petites cultures de paysans-propriétaires. Elles ont, au contraire, pour objet de rectifier, sur un point essentiel, les idées de ceux qui veulent faire de ces petites cultures la base de la constitution sociale. La loi, qui autorise chaque génération à se partager matériellement, sans distinction d'aptitudes, la terre exploitée par la génération précédente, ne multiplie qu'en apparence, dans certaines contrées, le nombre des propriétaires : elle a surtout pour résultat de créer, pour les usuriers des campagnes, une proie assurée.

Les paysans qui possèdent réellement les vertus du propriétaire n'ont nullement besoin, pour prospérer, de l'assistance de la loi. Ils ne tardent pas à envahir, en les achetant par parcelles, les grandes propriétés voisines, lorsque des lois de privilège (depuis longtemps détruites en France) n'en assurent pas la conservation à une classe corrompue. Ces paysans d'élite se forment lentement, par le progrès des mœurs. Il est chimérique de penser que le nombre en puisse croître, sous l'influence de lois morcelant la terre malgré la volonté des propriétaires, soit dans le système des lois agraires de la Russie (II, II et v), soit dans le système du Code civil. Loin de là, dans la situation où se trouve maintenant en France la propriété territoriale, de telles lois produisent presque toujours le résultat opposé : elles détruisent, à chaque génération, les modestes existences que la génération précédente avait créées par le travail et la vertu.

§ 49.

CONDITION FACHEUSE DES MANŒUVRES-AGRICULTEURS, DANS PLUSIEURS RÉGIONS DE LA FRANCE.

Les changements survenus dans la constitution sociale de l'Occident ont eu, en général, pour conséquence de grandir la condition des familles morales et intelligentes, et d'amoindrir les maisons où ces qualités manquaient. Cet amoindrissement des situations est souvent sensible, en France, aux derniers degrés de la hiérarchie agricole. Les facilités mêmes qui s'offrent aux individus les plus habiles pour entrer dans les rangs de la bourgeoisie ont d'ailleurs pour effet d'abaisser incessamment le niveau intellectuel et moral de la classe d'où ils sortent. Il est évident, par exemple, qu'on ne peut rencontrer que par exception, dans cette classe, en Occident, les types distingués qu'on a signalés (II, IV, 18) dans les constitutions sociales où les individus se trouvent classés d'une manière à peu près permanente.

Dans l'ancienne organisation agricole, la classe inférieure se composait surtout d'ouvriers attachés à titre permanent aux exploitations, en qualité de domestiques, et dont la situation était garantie contre les éventualités de la maladie et des interruptions de travail. Souvent même les ouvriers de cette condition jouissaient de l'état de bien-être signalé chez le Brassier de l'Armagnac (IV, VII, 19). Cette heureuse condition résultait surtout de la solidarité établie entre les propriétaires et les ouvriers par les rapports directs, par la tradition et par la nature même des occupations. L'ancien régime national, qu'on a souvent accusé d'établir entre les diverses classes de la société d'infranchissables barrières, produisait parfois le résultat inverse. Comme la religion, qui en faisait d'ailleurs essentiellement partie, il les reliait au contraire par des sentiments et des intérêts dont la tradition se perd sous le régime actuel. Les institutions modernes, qui ont effacé toute distinction légale entre les classes, sembleraient aptes à établir entre elles des liens plus intimes que par le passé. Il est douteux cependant que ce résultat se soit produit en France. Ainsi, nous avons rarement eu occasion, dans le cours de ces études, de retrouver, dans les propriétés constituées sous l'influence de l'esprit moderne, les sentiments qui attiraient autrefois la famille du propriétaire de l'Armagnac aux repas et aux solennités de famille, sous le toit du brassier.

Ces mœurs n'étaient point particulières au Béarn : il semble qu'en en retrouvant encore des vestiges dans presque toutes les parties de la France on peut être autorisé à penser qu'elles étaient inhérentes à l'ancienne société. On trouvait encore en France, dans la première partie de ce siècle, un type qui ne se retrouve guère aujourd'hui que dans le Nord et dans l'Orient. Nous faisons ici allusion au propriétaire qui étendait son patronage à un voisinage entier; qui ouvrait, à tous ceux qui avaient besoin de conseils ou de secours, une habitation patriarcale, nommée familièrement *maison du bon Dieu*. Ce qu'on devait le plus admirer dans ces vénérables patrons, c'est qu'en faisant le bonheur de ceux qui les entouraient ils agissaient sans efforts, sans système préconçu, et avec la simplicité attachée à des actes que leur auteur considère comme la conséquence naturelle de sa condition.

En restreignant sans cesse les relations directes des propriétaires et de leurs ouvriers, le nouveau régime a diminué, relativement, les classes d'ouvriers attachés à titre permanent aux exploitations. Il a, par contre, singulièrement augmenté une catégorie d'ouvriers qui ne tiennent par aucun lien positif aux personnes qui les emploient. Leur rétribution se mesure essentiellement au nombre de journées de travail qu'ils fournissent; en sorte qu'on peut convenablement leur appliquer la dénomination générique de *journaliers-agriculteurs*. Cette classe comprend, en général, les individualités inférieures de la population rurale. Elle prend, en certaines localités, un développement qui est à la fois une source de misère pour les individus et de danger pour l'ordre public. Elle se recrute parmi les enfants de journaliers dont la multiplication (12) forme un contraste frappant avec l'état stationnaire ou décroissant des petits propriétaires. Elle reçoit tous les propriétaires-agriculteurs ruinés par l'imprévoyance, par les fausses combinaisons, par la propension exagérée pour les acquisitions territoriales et les constructions, par la tendance aux procès, par les fléaux de l'usure et de l'hypothèque, par le relâchement des liens de famille, et, en général, par les causes qui s'opposent, en France, à la stabilité de la petite propriété immobilière (13).

La classe des journaliers-agriculteurs profite peu des avantages propres à la nouvelle constitution sociale. Ces avantages ne se développent, en général, qu'en faveur de ceux qui ont assez de moralité et d'intelligence pour faire un emploi judicieux de leur libre arbitre. En revanche, elle souffre beaucoup de l'amoindrissement du patronage qui était exercé par les grands propriétaires (7). Elle est également frappée par la suppression graduelle des subventions territoriales, par les restrictions apportées à la vaine pâture et aux droits d'usage sur les biens communaux. C'est surtout pour les journaliers ruraux qu'il y a lieu de contester momentanément l'efficacité des principes les plus féconds de la nouvelle économie sociale.

L'intérêt qui s'attache aujourd'hui à cette classe de la population française a déterminé l'Auteur de ces études à la représenter, dans cet ouvrage, par quatre types, correspondant à des conditions essentiellement différentes. Le journalier de l'Armagnac (IV, vii, 19) voit son bien-être et sa sécurité assurés par un patronage positif, par la permanence de son engagement, et par l'abondance des subventions qui lui sont accordées. Privé de la plupart de ces avantages par suite du développement exagéré de la population, le journalier du Morvan (décrit dans la présente monographie) est cependant garanti des atteintes de la misère par les traditions de patronage maintenues dans la famille d'un grand propriétaire. Manquant de ce dernier appui, voyant chaque jour disparaître les derniers vestiges des subventions dont il jouissait autrefois, le journalier du Maine (VI, iii, 20) commence à descendre aux premiers degrés de l'indigence. D'un autre côté, le journalier de la Basse-Bretagne (IV, vii, 13), présentant déjà une certaine propension à l'épargne, soutenu par les droits d'usage qu'il exerce sur les biens communaux, échappe déjà, par ses sentiments et ses habitudes, aux mœurs dominantes de sa classe, et commence à monter les premiers échelons de la propriété. Comme le bordier-émigrant du Laonnais (VI, iii), malgré les défaillances individuelles qui abondent dans le voisinage, il se rattache à cette catégorie, déjà nombreuse en France, qui peut se suffire à elle-même, et s'élever à une condition supérieure sans le secours du patronage.

§ 20.

ANCIENNES COMMUNAUTÉS DU BAS-NIVERNAIS COMPOSÉES DE MÉNAGES, PROPRIÉTAIRES RURAUX, ISSUS D'UN COMMUN ANCÊTRE.

Ces institutions remarquables ont conservé, jusqu'à notre époque, l'opinion qu'avait l'ancienne société européenne touchant

les bienfaits de l'association. Les communautés du Nivernais
ont été, pour la plupart, provoquées et maintenues par les sei-
gneurs qui, voulant assurer aux paysans les avantages de ce
régime, concédaient à perpétuité des terres à certaines familles,
à charge de retour au domaine seigneurial dans le cas où les
paysans renonceraient à la communauté. Dans cet ordre de
choses, en un mot, existaient les mêmes influences qui agissent
encore aujourd'hui sur les communautés russes (II, v, 22). Ce
régime était si favorable aux tenanciers, qu'il s'est conservé
jusqu'à nos jours, dans un système de travail sans engagements,
nonobstant la suppression des droits féodaux qui en étaient la
cause première. La communauté des Jault, de Saint-Benin-des-
Bois, en est aujourd'hui le dernier exemple.

État de la communauté des Jault avant 1840.

La communauté se compose de sept ménages, dont les chefs
descendent tous d'un commun ancêtre et portent le même nom.
Les biens ruraux, leurs dépendances, les bestiaux et l'habitation
sont la propriété indivise de tous les membres. Incessamment
amélioré par le travail commun, le domaine se maintient dans
les mêmes conditions depuis plusieurs siècles. Les filles qui se
marient au dehors ont leurs droits réglés au moyen d'une dot
de 1,350 francs une fois payée; elles peuvent cependant, à toute
époque, en cas de veuvage, revenir au lieu natal. Les filles
étrangères entrant par mariage dans la communauté n'y con-
fondent pas leur dot. Celle-ci est administrée par chaque ménage
en dehors du fonds commun. Les femmes en peuvent faire la
reprise en cas de veuvage, si elles ne préfèrent pas rester dans
la communauté avec leurs enfants. Le père de famille ne transmet, à sa mort, aucun bien en propre à ses enfants; seulement
il les laisse en possession des droits indivis de propriété acquis à
tous les membres de la communauté.

Le régime intérieur de la maison offre la plus grande analogie avec celui des communautés russes. Tous les travaux s'exécutent sous la direction du Maître et de la Maîtresse, élus comme

les plus capables de faire prospérer l'association. La gestion du fonds commun, les achats et les ventes sont l'attribution principale du Maître, qui ne manque pas d'ailleurs de conférer, sur les questions les plus délicates, avec l'aide qui doit ordinairement lui succéder et avec les membres les plus intelligents. Le chef mange à une table séparée avec son aide [1]; tous les autres membres de la famille mangent en commun dans la salle de réunion. Chaque ménage habite une cellule séparée, dont les principaux meubles sont fournis par la communauté. Comme en Russie (II, II, 25), il possède en propre les autres meubles, le linge, les vêtements et l'argent provenant de la dot des femmes et de quelques travaux particuliers. Les habitudes qui se rattachent à la confection des vêtements sont exactement les mêmes qu'en Russie. La Maîtresse distribue entre les mères de famille les matières textiles provenant de l'exploitation commune; et celles-ci ont ensuite à pourvoir individuellement à la fabrication des étoffes, à la confection et à l'entretien des vêtements.

La communauté des Jault, grâce à la pureté de ses mœurs et à ses habitudes laborieuses, s'est constamment maintenue en état de bien-être. On n'a jamais eu à reprocher à aucun de ses membres une action contraire à l'honnêteté. Néanmoins, cet ordre de choses, fondé jusqu'ici sur l'autorité ferme du Maître, commence à s'altérer sous l'influence des mœurs nouvelles. On observe déjà, chez les plus jeunes membres, des symptômes de l'esprit d'individualisme; et cet esprit, s'il se développe encore, ne manquera pas d'amener la ruine de cette antique institution. M. Dupin aîné a publié, il y a deux ans, sur la communauté des Jault, une note intéressante, dans laquelle il ne se montre point frappé de ces symptômes de désorganisation; où percent, au contraire, en chaque passage, des sentiments de respect et d'admiration. Placé au point de vue des légistes français, il fait remarquer combien on devait peu s'attendre à trouver, dans l'antique charte des Jault, un ensemble si complet et des détails si judicieusement coordonnés. Il s'étonne surtout qu'une institution de l'ancien

_____

1. Cette particularité ne se présente jamais dans les communautés russes, où l'esprit d'égalité est plus marqué que chez les peuples de l'Europe centrale.

régime assure à un si haut degré la dignité humaine, le bien-
être individuel et la convenance des relations sociales. Il termine
enfin en émettant le vœu que ce débris d'un autre âge puisse se
maintenir nonobstant la pression des institutions nouvelles. En
se rattachant à cet espoir, le célèbre légiste a peut-être raison de
penser que la cour d'appel de Bourges continuera à juger selon
la coutume, et malgré la loi écrite, les questions de propriété que
soulève maintenant la situation anormale de la communauté des
Jault. Cependant, le principal danger de l'avenir n'est pas dans
les discordes intestines qui pourraient faire naître des procès. Il
se trouvera dans l'esprit de révolte, qui repousse toute autorité
non imposée par la force, qui se développera tôt ou tard au sein
des jeunes générations, et qui les portera à sortir à tout prix de
l'état d'obéissance qu'imposent ces antiques institutions.

Circonstances qui ont amené la dissolution de la communauté des Jault, d'après les renseignements transmis par M. A. de Rosemont, en novembre 1854.

Le premier symptôme de la décadence de l'institution remonte
à l'année 1816. A cette époque, Étienne, fils de François[1] alors
maître de la communauté, se retira, donnant ainsi le premier
exemple qui se fût présenté depuis 500 ans d'une renonciation
aux avantages de cette association. Il fut alors régulièrement
désintéressé par une indemnité de 1,350 francs, c'est-à-dire par
une somme égale à la dot que la communauté accordait aux
filles. Cette séparation donna lieu plus tard aux débats qui amenèrent la dissolution de la communauté. En 1843, François, fils
de cet Étienne dont il vient d'être parlé, et qui avait été élevé en
dehors de la communauté, adressa, après la mort de son père, au
tribunal de Nevers une action de partage. Le jugement rendu
en 1845 admit cette prétention de François, non comme repré-

---

1. On désignait chaque individu de la communauté par son nom de baptême suivi
de celui du père : la force des choses y avait donc établi la coutume qui règne aujour-
d'hui dans toute la Russie (II : II à V, 2) et qui a dû être suivie partout où les communautés patriarcales ont été en vigueur.

sentant de son père, dont les droits avaient été réglés, mais comme héritier par représentation de son grand-père François et de sa grand'mère, décédés dans la communauté postérieurement à la retraite d'Étienne. La cour de Bourges, à laquelle appel de cette décision avait été interjeté, aurait vraisemblablement rendu, ainsi qu'elle l'avait déjà fait en plusieurs circonstances, une décision favorable au maintien de la communauté. Mais les dissensions intérieures qui ont été signalées précédemment, et qui s'étaient envenimées depuis 1840, sous l'excitation même des débats judiciaires, amenèrent, en 1846, entre toutes les parties intéressées, un compromis fondé sur la dissolution de la communauté. La véritable cause de la disparition de ce dernier vestige d'un autre âge se trouve donc moins, en résumé, dans la pression des nouvelles lois civiles que dans la perte des sentiments de respect et d'obéissance qui sont le fondement de toutes les institutions collectives. Ces institutions ne se maintenaient en France, comme elles ne se conservent encore dans l'Orient, que par l'influence de la tradition, sanctionnée au besoin par l'autorité du seigneur. L'exemple des Jault est bien propre à montrer la faiblesse de toutes les conceptions qui prétendraient concilier le principe du travail en commun avec toutes les exigences de la liberté individuelle. On a même remarqué que cet exemple récent a fait vivement repousser, dans cette partie du Nivernais, les théories de communisme qui se sont produites pendant la révolution de 1848.

Un membre intelligent de l'ancienne communauté, qui souffrait, comme tous les autres, de l'anarchie et du désordre moral qui régnaient en 1845, et qui a prospéré depuis lors, sous le régime de la propriété privée, consulté récemment sur les causes de la décadence des Jault, résumait ainsi ses souvenirs :

« Le plus ancien maître dont le nom me soit connu est le père Niée (Née) ; je ne l'ai jamais vu, mais j'en ai souvent entendu parler à mon grand (grand-père). Il se trouva tout à coup investi de l'autorité de Maître à l'âge de trente-quatre ans, par suite d'une épidémie qui ravagea la communauté, et le laissa le plus âgé des membres survivants. Son administration fut sage et respectée. Il avait l'entière disposition du bien commun, dont il répartissait les fruits équitablement entre tous, en proportion des besoins de chacun. Les associés, de leur côté, se prêtaient de bonne grâce aux travaux qu'il leur distribuait, sûrs que le maître, qui les avait tous vus s'élever autour de lui et qui les avait toujours traités comme ses propres enfants, saurait mieux qu'eux ce qu'il était à propos de faire. En un mot, il régissait bien et tout était soumis sous lui. De son vivant, maître Niée choisit Étienne le Jault, dit le Petit-Tienne, frère de mon grand, qu'il menait partout avec lui et qui lui succéda. Sous l'administration de maître Petit-Tienne, tout continua comme par le passé : on n'allait que par les ordres du chef de la communauté. »

« Mais, sous François, mon grand, qui mourut vers 1830, âgé de quatre-vingt-quatre ans, l'esprit d'insubordination se glissa dans la communauté : les jeunes gens devinrent fiers et n'écoutèrent plus les anciens, qu'ils voulurent mener; ce que voyant, le père François disait souvent : « Cent diatres, mes « enfants, vous verrez que vous ne prospérerez plus. » De ce moment, et sous maître Claude, qui ferma la liste des Maîtres de la communauté, les choses allèrent de mal en pis : les devoirs religieux furent oubliés; les jeunes gens se mirent à jurer; ils ne voulurent plus travailler qu'à leur fantaisie pour le compte de la communauté, détournant tout ce qu'ils pouvaient, soit de travail, soit d'autres objets communs, au profit de leurs propriétés particulières, dont la règle leur interdisait cependant l'exploitation directe. Ils s'arrogèrent aussi le droit d'exiger des comptes et de surveiller la répartition des fruits. De là des défiances et souvent des querelles. Dès lors, les jours de calme et de bonheur que la communauté avait accomplis disparurent sans retour ! »

La décadence du principe de la communauté chez les paysans français se manifeste aussi dans une foule de circonstances où elle serait cependant compatible avec les exigences des mœurs modernes. Ainsi, dans les exploitations agricoles du Centre, du Midi et de l'Ouest, les métayers ne peuvent plus s'attacher, comme ils le faisaient autrefois, leurs fils mariés. Ils doivent recourir à des salariés, au détriment de tous les membres de la famille et du principe même des exploitations. Cette décadence est évidente, par exemple, dans les métairies du Nivernais (12); elle est partout la conséquence directe du partage forcé des héritages qui fut édicté par la loi du 7 mars 1793. Partout les progrès du mal ont marché de front avec l'amoindrissement de l'autorité paternelle.

On a souvent cité les fromageries (ou *fruitières*) du Jura français et de la Suisse occidentale comme un témoignage pratique des espérances que les sociétés de l'Occident peuvent fonder sur le principe de la communauté. Les fromageries sont de petits établissements où l'on fabrique journellement les *gros fromages*, dits *de gruyère*, avec le lait fourni par plusieurs agriculteurs du voisinage. Le travail est exécuté par un salarié; les dépenses et les produits de ce petit atelier sont répartis entre les associés en proportion des quantités de lait fournies. Cette organisation ne s'est guère propagée en dehors de ce district, parce qu'elle y est due à une circonstance toute particulière, à la combinaison de petites cultures et d'une fabrication exigeant chaque jour une quantité considérable de lait. Les petits cultivateurs s'associent ici pour ce détail, comme ils sont forcés de le faire ailleurs pour le labourage; mais, pour tous les autres éléments de leurs exploitations, ils gardent l'inclination la plus prononcée pour le régime individuel. Ils se retirent même de ce genre d'associations aussitôt que le développement de leurs cultures leur en fournit les moyens. Les citations fréquentes qui ont été fondées sur ce détail de notre agriculture, pour recommander le régime absolu de la communauté du travail, démontrent qu'on n'a point à ce sujet une bonne raison à produire : elles suffiraient seules à prouver que ce régime est détruit en Occident, et qu'il n'y figure désormais qu'à titre d'exception.

L'expérience des communautés européennes condamnait donc *à priori* les théories parisiennes de 1848. L'application a d'ailleurs exagéré le vice de la théorie : dans le passé, la communauté du travail a toujours exigé l'autorité du maître et l'obéissance des associés : en 1848, on voulait tout fonder sur l'égalité et la liberté.

§ 21.

PRÉCIS D'UNE MONOGRAPHIE AYANT POUR OBJET

LE FONDEUR (AU BOIS) DU NIVERNAIS

I. Définition du lieu, de l'organisation industrielle et de la famille.

La famille présentement décrite est celle d'un ouvrier-journalier, attaché à son patron dans le système des engagements volontaires permanents. Il est en voie de devenir ouvrier-propriétaire.

L'ouvrier habite la commune de Vandenesse, près de Moulins-Engilbert, arrondissement de Château-Chinon (Nièvre). Le pays, situé au pied des montagnes granitiques et porphyriques du Morvan, sur la lisière des terrains secondaires et tertiaires du Bas-Nivernais, a pour spécialités principales la culture des céréales, l'élevage des bestiaux et la fabrication de la fonte de fer. L'usine à fer, principal établissement industriel de la commune de Vandenesse, est alimentée par les minerais de fer extraits du sol environnant, ou importés des minières du Berri. Elle tire les charbons de bois des forêts du voisinage, et surtout des montagnes du Morvan. Les eaux motrices sont fournies par un grand étang, consacré, en outre, à la culture du poisson. En principe, l'ouvrier est attaché à l'usine dans le système des engagements momentanés ; mais, en fait, il est engagé à vie, car les mœurs établies ne permettent guère au propriétaire de congédier, sans motif grave, un ouvrier · de cette condition. Aux époques de chômage, le propriétaire se croit tenu d'assurer des moyens d'existence à ses ouvriers, particulièrement à ceux qui sont chargés de travaux exigeant un apprentissage spécial, ou dont la famille est attachée à l'usine depuis plusieurs générations. En général, les usines à fer au bois, étant plus exemptes de vicissitudes que les usines à la houille et les grandes manufactures, peuvent être signalées au premier rang parmi les branches d'industrie française où les anciennes habitudes de solidarité se sont conservées entre les patrons et les ouvriers. Malheureusement, cet état de choses commence à s'altérer avec des circonstances qu'on ne saurait trop regretter (22). Il en est de même pour les communautés de paysans, qui honoraient l'ancienne constitution française et qui se détruisent peu à peu sous la pression du partage forcé. La dernière de ces communautés, établie depuis plus de 500 ans près de Vandenesse, dans la commune de Saint-Benin-des-Bois, et connue sous le nom de *Communauté des Jault*, offre encore un exemple remarquable de ces institutions (20). Mais ce dernier débris de l'esprit d'un autre âge est incessamment menacé par l'action dissolvante des nouvelles lois civiles, par le développement de l'esprit d'individualisme et par l'amoindrissement des sentiments religieux au milieu des dernières générations. On remarque que ces nouvelles tendances coïncident avec l'affaiblissement et parfois avec la destruction de l'autorité paternelle. Le mal est aujourd'hui poussé à ce point, qu'il devient presque impossible à un fermier ou à un métayer de retenir auprès de lui, pour le seconder dans ses travaux, plusieurs de ses enfants. L'admission des salariés étrangers, qui était autrefois un fait exceptionnel, tend chaque jour à devenir le cas général pour ce [genre d'exploitations. Le principe de la communauté se détruit donc, dans cette contrée, même dans le cercle immédiat de la famille.

La famille se compose des deux époux et de leurs trois enfants. Le père, né à Châtillon, marié depuis 11 ans, est âgé de 36 ans. Sa femme, née à Vandenesse, est âgée de 32 ans. Ils ont trois enfants, nés à Vandenesse, âgés de 10, 9 et 6 ans. L'aîné est un garçon.

Les deux époux professent la religion catholique romaine, et pratiquent régulièrement les devoirs religieux. Ils se sont toujours distingués, aussi bien avant qu'après le mariage, par d'excellentes habitudes morales. Ils sont laborieux et élèvent leurs enfants avec sollicitude. Ces enfants fréquentent l'école communale sous le contrôle de la mère dès que leur concours n'est plus utile à la garde du cochon, dont l'élevage est un des principaux moyens de bien-être de la famille. La femme, douée d'un excellent jugement et d'un caractère ferme, exerce de l'ascendant dans les affaires de la famille. C'est surtout par suite de cette influence que le budget se résume chaque année en une épargne. Celle-ci vient régulièrement accroître un capital placé à intérêt et qui sera un jour consacré à l'acquisition d'une petite propriété. Cette constante préoccupation est, avec le sentiment religieux et les conseils donnés par le patron, la base de toutes les vertus de la famille.

La population est, de temps en temps, soumise à l'influence des fièvres intermittentes, dues aux étangs établis dans cette localité pour le service des usines et la production du poisson. L'ouvrier, en raison de la nature même de son travail, est exposé aux maladies ou aux indispositions qui sont la conséquence de la suppression brusque de la transpiration. Dans les cas graves, la famille reçoit les visites d'un médecin établi dans le voisinage.

L'ouvrier, attaché en qualité de fondeur au service d'un haut fourneau, remplit la même fonction que l'ouvrier cité précédemment (III, IX, 5). Malgré son aptitude et ses habitudes laborieuses, il se trouve retenu, sous l'empire des mêmes circonstances, dans la catégorie des journaliers. Tout en conservant cette situation, le fondeur du Nivernais s'élève progressivement, par l'épargne, à la condition de propriétaire.

II. Moyens d'existence de la famille.

La famille ne possède pas d'immeubles. — *Argent :* après avoir complété son mobilier, la famille a employé son épargne annuelle à se constituer un capital montant aujourd'hui à 210ᶠ 00, et placé provisoirement à raison de 5 pour 100 chez un fermier avec lequel l'ouvrier est en relation d'affaires et de travaux. Celui-ci fait fructifier ce capital en l'employant, à ses risques et périls, au commerce des bestiaux. Après un nouveau délai de six ans, cette épargne sera assez grossie pour que la famille puisse acquérir une propriété immobilière, et payer comptant la majeure partie du prix d'achat. — *Animaux domestiques entretenus toute l'année :* 4 poules et 1 coq, avec élèves, 11ᶠ 00. — *Animaux domestiques entretenus seulement une partie de l'année :* 1 porc d'une valeur moyenne de 55ᶠ 00, entretenu pendant six mois. La valeur moyenne calculée pour l'année entière équivaut à 28ᶠ 00. — Le porc est acheté au mois de juillet et engraissé jusqu'à la fin de décembre; on le tue alors pour les besoins du ménage. — *Matériel spécial des travaux et industries :* outils pour les travaux agricoles de la famille, 7ᶠ 00; outils pour la récolte du combustible, 3ᶠ 00. — *Valeur totale des propriétés,* 259ᶠ 00.

Suivant les anciens usages encore en vigueur dans les usines à fer (au bois), dont l'établissement remonte au moins au dernier siècle, le fondeur n'est pas exclusivement rétribué par un salaire en argent; il reçoit, en outre, du propriétaire de la forge où il travaille, certaines allocations qui ne sont point nécessairement proportionnelles au travail accompli. Telles sont : la concession à titre gratuit d'une maison d'habitation; celle du jardin de 2 ares attenant à la maison et d'une chènevière de 3 ares où se produit le chanvre nécessaire pour la confection des vêtements de la famille; la récolte à titre gratuit du bois de chauffage dans les forêts exploitées pour les besoins de l'usine; et la participation à la pêche du poisson fourni par l'étang. Pendant le chômage du haut fourneau, le propriétaire de l'usine emploie l'ouvrier à des travaux accessoires, alors même que l'utilité de ces derniers n'équivaut pas à la dépense qu'ils entraînent. En général, il exerce tous les devoirs du patronage. Le bien-être de la famille dépend, en grande partie, d'une autre subvention : le droit de faire subsister un porc sur les pâturages communaux et de récolter des orties et diverses herbes, convenables pour la nourriture de cet animal, sur la lisière de plusieurs propriétés particulières du voisinage. L'ouvrier jouit encore, par tolérance, du droit de pêcher dans les rivières voisines.

Travaux de l'ouvrier. — Le travail principal se rattache au service d'un haut fourneau dans lequel on fond, au moyen du charbon de bois, des minerais pour en obtenir de la fonte

de fer. L'ouvrier, sous les ordres d'un maître fondeur, est spécialement chargé des manipulations concernant la projection de
l'air nécessaire à la combustion, l'enlèvement des laitiers et la
coulée de la fonte. Il travaille 12 heures chaque jour, en prenant
alternativement, de semaine en semaine, les postes de jour ou de
nuit. Les travaux secondaires de l'ouvrier sont de deux sortes.
Les uns ont lieu pendant le chômage du haut fourneau : tels sont
divers travaux de construction et d'entretien dans l'usine même,
les récoltes de foins et de céréales pour un fermier voisin, et la
prestation d'une journée de travail pour l'entretien des routes
vicinales et départementales. Les autres se font pendant le temps
que laissent à l'ouvrier ses occupations principales : il profite,
par exemple, de ces moments de loisir pour faire quelques travaux
agricoles au compte de la famille, et pour pêcher, de temps en
temps, dans les rivières voisines. Lors de la pêche de l'étang de
l'usine, il donne son concours au patron ; et il est rétribué par
une portion des produits. L'ouvrier parvient encore, même pendant l'activité du haut fourneau, à disposer d'une journée pour
récolter du bois de chauffage. — *Travaux de la femme.* — Le
travail principal a pour objet les travaux de ménage. Elle les
accomplit avec intelligence et avec un esprit d'ordre remarquable. Ses travaux secondaires comprennent tout ce qui concerne l'exploitation agricole et l'entretien des animaux domestiques de la famille, l'élaboration du chanvre, et la confection des
vêtements de chanvre, de coton et de laine. Ici, comme dans
beaucoup d'autres localités où l'ouvrier doit consacrer presque
tout son temps à l'exercice de sa profession, le bien-être de la
famille est dû essentiellement à l'activité et au dévouement de la
femme. — *Travaux des enfants.* — Les enfants donnent quelque
assistance à la mère dans les travaux du ménage. L'aîné l'aide
principalement dans les travaux qui se rattachent à la garde
et à la nourriture du cochon. — *Industries entreprises par la
famille.* — Elles comprennent : l'exploitation des animaux domestiques, la culture d'un jardin et de la chènevière. Ces industries
qui, dans l'ancien système économique de la France, faisaient en
quelque sorte partie intégrante de la condition d'un ouvrier fon-

deur, tendent à disparaître dans les établissements de fondation récente. On peut même constater que, dans les usines où s'est conservée la tradition du patronage, on ne fournit plus aussi largement qu'autrefois aux ouvriers l'occasion de les exercer. La famille ici décrite ne reçoit pas du propriétaire la totalité du terrain qu'elle cultive. Pour produire les pommes de terre nécessaires à sa consommation, elle contracte une association avec le fermier pour le compte duquel l'ouvrier travaille pendant la saison des récoltes. Ce fermier lui concède 6 ares de terrain tout labouré; de son côté l'ouvrier, avec le concours de sa femme, étend sur ce terrain le fumier produit par les animaux domestiques; il l'ensemence et exécute tous les travaux de culture et de récolte. Les produits de cette petite exploitation sont partagés par moitié entre le fermier et l'ouvrier.

III. Mode d'existence de la famille.

L'ordre des repas est le même que celui qu'on a indiqué précédemment (9); mais la nourriture de la famille ici décrite est plus succulente et plus copieuse. L'amélioration du régime alimentaire est commandée par la nature même de la profession, qui impose journellement à l'ouvrier une dépense considérable de force musculaire. Contrairement à ce qui s'observe en Grande-Bretagne, dans la plupart des districts de forges (III, IX, 9), cette nécessité d'un régime relativement dispendieux n'empêche pas le fondeur français de réaliser chaque année une épargne notable, parce que la famille sait se procurer à bon marché, au moyen de combinaisons variées, et en partie par sa propre industrie, plusieurs des aliments qu'elle consomme. L'ouvrier, contenu par l'influence de sa femme, n'est pas soumis à l'empire des besoins physiques aussi complétement que l'ouvrier anglais. Ainsi, la famille, qui, dans les années d'abondance, achète pour sa consommation une provision de vin dans les vignobles du pays ou dans ceux de la Bourgogne, renonce complétement, dans les années de cherté, à l'usage de cette boisson.

L'habitation, donnée en subvention par le propriétaire de

l'usine à fer, se compose d'un rez-de-chaussée de 3 pièces.
A côté se trouvent l'étable du cochon, un poulailler, une petite
cour et un jardin de 2 ares. Le mobilier comprend les différents
objets désignés ci-après. — *Meubles :* 2 lits avec leur garniture,
2 tables, 6 chaises, 1 grande armoire, 1 étagère à vaisselle,
225ᶠ 00. — *Ustensiles :* grossiers et peu nombreux, 35ᶠ 60.
— *Linge de ménage :* 5 paires de draps en toile, 50ᶠ 00.
— *Vêtements :* ils sont simples mais soigneusement entretenus.
Ici, comme il arrive ordinairement, ce trait de la vie domestique peint parfaitement les habitudes d'ordre et d'économie qui
règnent dans la famille. — Vêtements de l'ouvrier : 1° vêtements du dimanche : 1 veste, 1 gilet et 1 pantalon de drap
(hiver) ; 1 veste, 1 gilet et 1 pantalon en étoffe de coton (été) ;
1 cravate de soie ; 1 paire de souliers ; 4 paires de bas ; 1 chapeau de feutre, 44ᶠ 00 ; — 2° vêtements de travail : (vieux
habits du dimanche) 2 cravates de coton ; 6 chemises de toile ;
4 mouchoirs de poche ; 2 paires de sabots ; 1 casquette de drap ;
18ᶠ 00. — Vêtements de la femme : 1° vêtements du dimanche : 1 robe en étoffe de laine fine, dite mérinos ; 1 tablier de
soie ; 1 robe, 1 fichu et 1 tablier d'indienne ; 1 châle de laine
imprimé ou tissé ; 3 paires de bas de coton blanc ; 2 bonnets et
2 cols en tulle brodé ; 1 paire de souliers, 56ᶠ 00 ; — 2° vêtements de travail : (vieux vêtements du dimanche) 1 robe,
1 fichu et 1 tablier d'indienne ; 4 paires de bas bleus ; 2 paires
de sabots avec chaussons ; 6 chemises ; 2 coiffes, 17ᶠ 00. — Vêtements des enfants : confectionnés en partie avec les vieux vêtements des parents, 45ᶠ 00. — *Valeur totale,* 490ᶠ 00.

La principale récréation de l'ouvrier est plus commune
en France que dans le Nord et l'Orient : c'est la conversation
faite avec les camarades dans toutes les occasions où il se rencontre avec eux. C'est aussi ce penchant à la causerie, et
nullement une propension à l'intempérance, qui attire l'ouvrier
aux cabarets de village, aux foires et aux marchés du voisinage.
Deux ou trois fois par an, la femme et les enfants accompagnent
l'ouvrier à ces foires, et y prennent, au prix d'une légère rétribution, le plaisir des spectacles ambulants. Pendant l'hiver, plu-

sieurs familles, ayant les mêmes goûts et de bonnes relations de voisinage, se réunissent dans des veillées où un travail utile s'associe à de véritables récréations. C'est ainsi qu'en élaborant le chanvre récolté pour les besoins du ménage on cause d'affaires d'intérêt, on forme des projets pour l'avenir et on écoute des récits amusants. Souvent aussi on termine les veillées par un léger repas composé de pommes de terres cuites sous la cendre du foyer, de fruits et d'un peu d'eau-de-vie. La pêche, au moyen de la ligne ou du filet, dans les rivières du pays ou dans l'étang de l'usine, est à la fois un délassement pour l'ouvrier et un moyen d'introduire quelque variété dans l'alimentation de la famille.

IV. Histoire de la famille.

Élevé dans une famille qui n'avait pas le sentiment de l'épargne, l'ouvrier n'a reçu de ses parents aucun autre héritage que quelques articles de mobilier. Suivant l'usage établi dans les anciennes usines à fer (au bois), l'ouvrier, dès son adolescence, a été initié par son père à la profession de fondeur. Il a succédé à son père quand ce dernier est devenu incapable de travail. Les vieux parents ont été nourris, jusqu'à leur mort, dans la maison du fils, avec le secours de quelques allocations faites par le propriétaire de l'usine. L'esprit d'épargne et de prévoyance, qui règne dans le ménage pris ici pour exemple, conduira infailliblement les deux époux à posséder un jour une propriété agricole, et les élèvera, par suite, au-dessus de la condition où ils sont nés. Si cet esprit se transmet aux enfants, ceux-ci, aidés par leurs parents, pourront sortir définitivement de la classe ouvrière proprement dite, et devenir fermiers, chefs d'état, entrepreneurs de travaux ou petits commerçants. Dans les familles plus nombreuses appartenant à la même profession, chez lesquelles ne se développe pas le sentiment de la prévoyance, les enfants, vu l'extinction prochaine des usines à fer (au bois) du pays, ne pourront désormais trouver les moyens d'apprentissage et de travail qui ont été à la disposition de leurs pères. La concurrence des nouvelles usines (à la houille) amenant la destruction graduelle des usines (au bois), ils n'auront guère à choisir qu'entre deux partis : devenir manœuvres-agriculteurs comme l'ouvrier décrit dans la présente monographie ; émigrer dans les localités où s'agglomèrent les usines à la houille. Là, éloignés du lieu natal, privés des influences tutélaires du patronage, des subventions, du travail agricole et des relations de parenté, rétribués exclusivement au moyen d'un salaire, engagés, en un mot, dans la condition qui tend à prévaloir au milieu des manufactures de l'Occident, ils se trouveront placés moins favorablement que ne l'étaient leurs parents pour s'élever à un plus haut degré de bien-être et de moralité.

V. Budget domestique annuel et avenir de la famille.

Recettes de la famille. — Revenus des propriétés, 14ᶠ 00 ; — produits des subventions, 88ᶠ 00 ; — salaires, 742ᶠ 00 ; — bénéfices des industries, 41ᶠ 00. — *Total des recettes,* 885ᶠ 00.

Dépenses de la famille. — Nourriture, 474ᶠ 00 ; — habitation, 77ᶠ 00 ; — vêtements, 219ᶠ 00 ; — besoins moraux, récréations et service de santé, 55ᶠ 00 ; — industries, dettes, impôts et assurances, 11ᶠ 00. — *Total des dépenses,* 836ᶠ 00.

Les recettes ne sont pas complétement absorbées par les dépenses ; elles produisent un excédant annuel de 49ᶠ 00, qui constitue l'épargne de la famille.

La famille se rattache à une organisation industrielle en voie de transformation, où un nouvel ordre économique et de nouvelles mœurs se substituent de proche en proche à l'ancien régime européen. Cette transformation s'effectue en partie sous l'influence des révolutions introduites dans la métallurgie du fer, et de l'antagonisme qui s'est développé, en ce qui concerne l'achat des bois, entre les maîtres de forges et les propriétaires de forêts (22) ; en partie et surtout sous la pression de sentiments nouveaux qui inspirent les maîtres encore plus peut-être que les ouvriers, et qui tendent à substituer, dans toutes les relations sociales, l'indépendance individuelle à la solidarité. Dans la situation où il a vécu jusqu'à ce jour, l'ouvrier a pu jouir d'une sécurité complète, soutenu par un patronage bienveillant, par des subventions variées et par des industries agricoles qui se lient parfaitement aux travaux des petites usines à fer disséminées çà et là près des forêts. Si les mêmes influences continuent à agir sur lui, il s'élèvera infailliblement à la condition de petit propriétaire. Mais, si les nouvelles tendances continuent à prévaloir, si les vices du régime forestier (22) amènent dans ce district la ruine des forges (au bois), les ouvriers seront bientôt placés dans des conditions essentiellement différentes. Ne trouvant plus de travail dans les anciennes usines, ils devront se concentrer dans les nouveaux établissements fondés à proximité des bassins houillers. Étrangers à leurs nouveaux chefs d'industrie, ou n'entrant en relation avec eux que pour débattre les conditions du salaire, tirant exclusivement de ce salaire leurs moyens de subsistance, ils resteront exposés à tous les dangers résultant de l'isolement et des vicissitudes commerciales. Ceux-là seulement pourront conjurer ces dangers, et assurer en toute éventualité l'existence de leur famille, qui posséderont à un degré éminent les conditions premières de l'indépendance, c'est-à-dire l'amour du travail, la sobriété et la prévoyance.

§ 22.

ORGANISATION VICIEUSE IMPOSÉE AUJOURD'HUI EN FRANCE AUX FORÊTS PRIVÉES ET AUX USINES A FER QU'ELLES ALIMENTENT.

En France, jusqu'à la fin du siècle dernier, les usines à fer étaient organisées sur les mêmes bases qui subsistent encore en Russie, en Suède et dans la majeure partie de l'Europe. Depuis le XVI° siècle, les nombreuses usines existant dans presque toutes les provinces y étaient considérées comme une dépendance nécessaire des grands massifs boisés. Consommant environ 20 parties de bois pour chaque partie de fer livrée au commerce, ces usines étaient, à vrai dire, le moyen d'exporter, sous un poids réduit, les produits forestiers qui, sous leur forme première, n'auraient pu supporter les frais d'un transport lointain. On

n'établissait une usine que pour consommer les bois d'une circonscription déterminée, en sorte que chacune d'elles avait pour
raison d'existence un affouage assuré. Le propriétaire qui exploitait son usine en régie n'avait pas à se préoccuper du prix des
bois. La rente qu'il tirait des forêts était fixée par le résultat
définitif des opérations de cet établissement. Le propriétaire, qui
en cédait momentanément l'exploitation à un fermier, y comprenait toujours la cession de l'affouage forestier. Dans ce cas, la
rente attribuée aux forêts ne se distinguait pas ordinairement de
celle qui était attribuée à l'usine et au cours d'eau, pas plus
qu'on ne distingue aujourd'hui les divers éléments dont se compose le fermage d'une propriété agricole. La nécessité d'une certaine corrélation entre la consistance de chaque usine et son
affouage forestier était tellement évidente, que la législation ne per-
mettait pas l'établissement d'une usine nouvelle qui n'aurait pu se
pourvoir qu'en empiétant sur le rayon d'approvisionnement des
usines déjà autorisées. Cette législation, établie sur les mêmes
motifs que celle des *Bergslags* suédois (III, 1, 22) et de la plupart
des usines européennes, subsiste encore en principe, mais elle a
été abrogée en fait : en premier lieu, par l'avénement d'usines
au charbon de terre, pourvues, par la nature même des choses,
d'une force productive indéfinie ; en second lieu, par l'abus des
tendances économiques qui conseillent d'assurer, dans tous les
modes d'activité humaine, la plus grande part possible à l'initiative individuelle et à la liberté. Plusieurs circonstances spéciales
ont, en outre, contribué à modifier la jurisprudence suivie précédemment en matière de permission d'usines. Les lois de
douane de 1822, en élevant le droit d'entrée imposé aux fers
étrangers, firent d'abord hausser considérablement le prix des
fers sur le marché intérieur. Le Gouvernement, pour donner
satisfaction aux consommateurs, que lésait cet état de choses,
dut autoriser beaucoup d'usines au bois, qui se créèrent alors en
plus grand nombre que les usines au charbon de terre. L'administration forestière, à qui revenait plus particulièrement la mission d'apprécier l'insuffisance des affouages de bois acquis aux
nouvelles usines, ne s'opposa guère à leur établissement. Se

plaçant en dehors du point de vue qui avait jusqu'alors préoccupé l'administration publique, visant uniquement à donner plus de valeur aux produits des forêts domaniales, elle favorisa, autant qu'il dépendit d'elle, les tendances imprudentes provoquées par la hausse artificielle du prix des fers.

D'un autre côté, l'influence des nouvelles lois civiles n'ayant pas cessé, depuis 1793, de morceler la propriété, la liaison des forges et des forêts s'est rompue dans la majeure partie de la France. Peu à peu, les usines au bois, renonçant à leur ancien caractère, se sont placées, pour l'acquisition de leur principale matière première, dans les mêmes conditions que les filatures, par exemple, pour l'achat des matières textiles. Elles ont perdu la stabilité, trait distinctif de l'agriculture et de l'industrie minérale et des autres industries extractives, pour tomber dans la situation instable et précaire propre aux établissements de l'industrie manufacturière. Dans la lutte désormais engagée entre les deux sortes d'usines à fer, il deviendra chaque jour plus difficile aux usines au bois de se maintenir, si l'on ne revient pas aux principes consacrés par la tradition européenne.

En effet, les usines au charbon de terre sont médiocrement grevées par l'achat du combustible; leurs charges se composent en grande partie de l'intérêt annuel des capitaux immobilisés, c'est-à-dire de frais qui restent invariables, quelle que soit l'importance de la fabrication. Ces usines trouvent donc avantage à continuer leurs travaux, alors même que le prix des fers tombe au-dessous du taux normal. Les exploitants des mines de charbon, ne pouvant eux-mêmes entrer en chômage sans se condamner à une véritable ruine, s'empressent d'ailleurs, à ces époques de crises commerciales, de mettre le prix du combustible en harmonie avec le prix des fers.

Dans les mêmes circonstances, les usines au bois ne peuvent échapper à la ruine ou au chômage que si le prix des bois, qui entre parfois pour deux tiers dans le prix de revient du fer, subit une réduction proportionnelle à la baisse survenue dans le prix du métal. Or c'est ce qui arrive rarement tout d'abord, quand le propriétaire de forêts et le maître de forges se trouvent dans un état habituel d'antagonisme. Dans le débat qui s'établit, le propriétaire de forêts méconnaît souvent l'intérêt qui lui commanderait d'aider le maître de forges à soutenir la concurrence des usines au charbon de terre; alléguant la probabilité d'une hausse, il conteste toujours que le prix de la récolte prochaine puisse s'établir d'après le prix actuel du fer. Dans ce conflit stérile, les contractants se trouvent rarement placés, l'un devant l'autre, dans une situation égale, et presque toujours l'un des intérêts se trouve sacrifié.

L'une des conséquences les plus fâcheuses de cet antagonisme est l'état stationnaire des usines alimentées par le combustible végétal. Le maître de forges, qui n'est point en position de monopoliser le commerce des bois, sait que tout perfectionnement introduit dans son industrie ne profite qu'au propriétaire de forêts, qui s'empresse d'escompter ce progrès à son profit et d'augmenter le prix du combustible en proportion de la diminution obtenue dans les frais de fabrication. Le maître de forges se garde donc, en général, d'immobiliser de nouveaux capitaux en vue d'améliorations dont il ne retirerait aucun fruit, et qui rendraient sa situation plus difficile. C'est ainsi qu'au milieu du progrès général des établissements industriels, et des usines au charbon de terre en particulier, les usines au bois continuent, pour la plupart, à opérer, en France, avec le matériel du dernier siècle. Elles restent, par conséquent, pour ce qui concerne la perfection des méthodes, beaucoup au-dessous des beaux établissements du nord (II, v, 17) et du centre (IV, 1, 20) de l'Europe, pour lesquels ces causes d'immobilité n'existent pas. Un tel état de choses, qui ne laisse pas de milieu entre l'immobilité et le monopole, ne saurait subsister longtemps à une époque où le progrès incessant des procédés de travail et l'établissement d'une loyale concurrence sont les conditions premières d'existence pour les ateliers industriels et de sécurité pour les populations. Il faut donc que, sous peine de ruine ou d'oppression, les propriétaires de forêts et les maîtres de forges reviennent, par l'association volontaire, à l'état de solidarité qui règne dans le reste de l'Europe, et dont ils auraient dû ne jamais s'écarter.

La réorganisation des forêts et des usines au bois a, pour la France, un grand intérêt social. Il serait regrettable, en effet, que les populations attachées à un millier d'usines disséminées dans toutes les régions agricoles de la France fussent arrachées violemment à d'excellentes conditions de bien-être et de moralité, et allassent grossir, en quelques points du territoire, ces agglomérations industrielles que provoquent l'exploitation et l'emploi du charbon de terre. Les détails donnés dans la présente monographie, touchant l'existence du fondeur (au bois) du Nivernais, prouvent combien il importe à la métallurgie française de conserver ces types sociaux.

Cet ouvrier réunit la plupart des conditions de bien-être et de stabilité qui sont propres à ceux du Nord et de l'Orient. Pendant l'époque du travail industriel, il partage son temps entre ce travail et une petite exploitation agricole propre à la famille. Pendant l'époque du chômage, qui coïncide avec celle des récoltes, il fournit à l'agriculture un complément de main-d'œuvre. Les contrées où ces deux genres d'exploitations se prêtent ainsi un mutuel secours sont dispensées d'entretenir des journaliers-agriculteurs à existence précaire, ou d'appeler du dehors des ouvriers émigrants dont le contact est souvent nuisible à la moralité des ouvriers sédentaires.

Les ouvriers des usines trouvent, en général, un charme particulier dans cette alternance des travaux de l'industrie et de l'agriculture. Stimulés par des combinaisons ingénieuses relatives au mode de rétribution, ils prennent un vif intérêt aux travaux des champs ; souvent même ils s'y livrent avec une sorte de passion. On a déjà signalé explicitement ce trait de mœurs pour le forgeron russe (II, III, 11), qui considère comme une époque de fête et de repos le temps pendant lequel il exécute les travaux de fenaison avec le concours de sa famille et de ses voisins. Le tisserand du Rhin (II, 7) se trouve dans le même cas. Les usines métallurgiques de France présentent beaucoup de traits analogues; et il y a lieu de penser que cette inclination des populations ouvrières est en harmonie avec les convenances de l'hygiène.

A cette occasion, il n'est pas sans intérêt de remarquer que l'ancienne économie industrielle faisait souvent une large part aux convenances personnelles des ouvriers. Les relations intimes qui les unissaient au patron amenaient naturellement celui-ci à prendre en considération leurs désirs, leurs besoins, le soin de leur santé, leurs répugnances. Ces considérations influaient non-seulement sur la fixation des jours de repos et de chômage, mais encore sur la nature même des méthodes de travail. Il serait inexact de dire, d'une manière générale, que les procédés nouveaux, fondés sur l'emploi de la houille, conviennent moins que les anciens procédés à la santé des ouvriers; parfois, au contraire, la science a introduit de précieuses améliorations dans l'hygiène des ateliers. On peut affirmer, cependant, que l'industrie moderne, forcée d'agir sur une grande échelle avec le concours des machines, et de se plier à d'impérieuses nécessités, ne peut plus tenir compte, comme on le faisait autrefois, des inclinations ou des antipathies des populations vouées aux travaux manuels. Sous ce rapport, il y a encore lieu de désirer que la conservation des usines au bois contribue à maintenir en France ces excellentes habitudes industrielles.

§ 23.

COMMUNAUTÉS, COUTUMIÈRES OU TAISIBLES, DU NIVERNAIS, COMPOSÉES DE MÉNAGES FERMIERS DE DOMAINES RURAUX.

Ces institutions remontent aux premières époques du moyen âge où les bras manquaient à la culture du sol. Les grands propriétaires et les tenanciers étaient alors également intéressés à conserver dans les mêmes familles l'exploitation des domaines. L'avenir d'une exploitation était peu assuré quand le fermier n'avait qu'un héritier; et, dans ce cas, le domaine pouvait être repris par le propriétaire. Au contraire, cette reprise était interdite quand le fermier laissait plusieurs héritiers, vivant en communauté « au même pot, sel et chanteau de pain ».

On a vu comment les communautés de propriétaires ruraux de l'Auvergne (IV, 20) et celles du Nivernais (20) ont disparu sous l'action dissolvante du Code civil. Les communautés de fermiers ont résisté, au contraire, dans plusieurs localités où les propriétaires n'ont point eu intérêt à morceler leurs domaines. Il en existe encore un grand nombre, à l'extrémité méridionale du Morvan, dans les cantons de Luzy, d'Issy-l'Évêque, de Mesvres et de Goulon-sur-Arroux. Ces communautés conservent à peu près l'organisation qu'elles avaient à l'origine. Par leur solidité et leurs mœurs patriarcales, elles font un contraste étrange avec les agriculteurs qui les entourent.

Le personnel de toutes les communautés est variable suivant l'importance du domaine exploité. Dans un domaine de 100 à 140 hectares, le personnel est de vingt à trente individus des deux sexes et de tout âge. A chaque vacance du *maître* et de la *maîtresse*, le remplacement se fait à l'*élection*. La maîtrise ne confère aucun avantage pécuniaire. Le maître et la maîtresse ne peuvent jamais être *mari* et *femme*. Cette prohibition résulte d'un usage traditionnel ; toutefois, lorsqu'une communauté est devenue trop nombreuse et qu'elle *essaime*, un père et une mère ayant des enfants forts se détachent de la communauté principale et ils deviennent, dans ce cas, maître et maîtresse de droit du nouvel essaim qu'ils conduisent dans un autre endroit où ils forment souche à leur tour.

Une fois l'élection faite, le nouvel élu demande l'investiture au propriétaire du domaine qui a son *veto :* s'il le prononce, l'élection recommence ; s'il ratifie, ce qui a lieu toujours, il donne l'accolade, c'est l'acceptation. A moins d'incapacité notoire ou de minorité, les suffrages appellent à la maîtrise, par ordre de primogéniture, les fils du maître décédé, et même, tant est grand le respect pour l'aînesse, la minorité n'est pas toujours un obstacle à la maîtrise ! Ainsi, il y a quelques années, un jeune garçon de 18 ans fut, dans la commune de Millay (canton de Luzy), élu maître de la communauté. Il la gouverna et la gouverne encore avec tant d'intelligence que les affaires, mauvaises lors de son entrée en fonctions, sont aujourd'hui dans un état prospère. La maîtrise ainsi dévolue a la double consécration de la primogéniture et de l'élection. La primogéniture ne donne pas un droit absolu : elle n'est qu'une désignation traditionnelle et spéciale, qui peut être ou ne pas être ratifiée par l'élection. Le maître élu commande à tous. Lui seul est connu à l'extérieur. C'est avec lui qu'on traite, et il oblige ses communs. Dans les cas graves, il demande leur avis. Il est entouré d'un grand respect. Nul ne le contredit; et, pourtant, ils sont tous égaux, tous soumis aux mêmes travaux, au même régime et ont même bénéfice. Un étranger vient-il à la communauté traiter d'une affaire? Le maître parle; et, lors même qu'il ferait une opération onéreuse, aucune observation ne lui serait adressée. Il est le maître! Une soumission pareille semble d'autant plus étrange, de nos jours, que le maître, pour faire respecter son autorité, n'a, comme sanction, aucune pénalité à imposer. Cette classe de paysans est infiniment stable, laborieuse, morale et modeste, quoique généralement aisée. On peut considérer, dans un domaine, comme « immeuble par destination », la famille réunie en communauté taisible.

La vie de cette classe est intimement liée à la constitution du sol et aux conditions primordiales de la vie matérielle. Défiante à l'endroit des idées nouvelles, elle a conservé fidèlement les traditions nationales, religieuses et patriarcales. La communauté a sa racine dans le droit coutumier. Elle a traversé trois révolutions qui ont profondément modifié l'état social. Par ces commotions ont été emportées presque partout les communautés agricoles; mais, dans ce coin de la France, elles n'ont presque pas été effleurées. A quoi tient une telle longévité?

A notre avis, ce phénomène a trois causes. La première est la situation topographique : les communautés placées au milieu des montagnes, loin des routes et des centres industriels, ont été peu en contact avec les idées nouvelles. La seconde est l'excellence de ce régime pour les travaux agricoles. La troisième est la sagesse et la moralité de certains usages coutumiers, parfaitement appropriés à la vie des champs.

En effet, tant au point de vue matériel qu'au point de vue moral, les communautés de ménages offrent à leurs membres, dans les divers âges et les diverses circonstances de la vie, toutes les garanties de bonheur et de sécurité désirables ici-bas. L'homme

valide y trouve, en tout temps, un travail approprié à ses forces.
S'il est malade, on lui prodigue des soins affectueux et désintéressés. On travaille pour lui, et sa part dans les bénéfices continue
à se produire avec celle des autres associés. Il meurt sans
inquiétude sur l'avenir de sa femme et de ses enfants. Sa veuve
a le choix entre deux partis : rentrer dans la communauté
qu'elle a quittée, c'est-à-dire, chez ses propres parents, ce qui
ne lui serait pas permis comme femme mariée; rester dans la
communauté dont son mari était parsonnier. Dans cette dernière
situation, elle est pourvue et respectée; elle y forme, en travaillant, son pécule personnel ; et, lorsque l'âge et les infirmités la
rendent impropre au travail, elle devient *reposante;* elle est
nourrie, soignée gratuitement ; mais elle n'a plus droit au pécule.

Les orphelins, eux, sont les enfants de la communauté. Leur
père n'est pas mort : il est, par une bienveillante fiction, simplement endormi. Ils continuent la *tête* de leur père. Leur carrière est toute tracée : ils s'initient au travail; ils ont sous les
yeux des exemples pratiques d'ordre, d'économie, d'honnêteté,
de bienfaisance et d'amour de Dieu. Le vieillard y rencontre le
repos qu'il a gagné; et ses vieilles années sont entourées de déférence et de respect. De cette façon, en temps prospère, la communauté est une source de bonheur et, dans l'adversité, elle
devient un asile.

Toutes ces communautés sont très-jalouses de transmettre
intacte à la génération qui vient la réputation de probité qu'elles
ont reçue de leurs ancêtres. Les membres s'en tiennent tous soli-
daires; et leur *moi* individuel s'efface devant le *moi* collectif de
la communauté. Lorsque l'on considère l'existence si calme, si
bien abritée, si heureuse, et pourtant si laborieuse, de ces utiles
associations, on regrette qu'elles ne soient pas plus nombreuses.
Cependant des hommes éminents pensent que le régime de communauté comprime l'essor des supériorités naturelles et gêne le
libre développement des aptitudes personnelles; que, de là,
découle une iniquité en ce que les fruits du travail et de l'intelligence sont inégalement répartis. Théoriquement, cela est vrai ;
mais, dans la pratique des communautés agricoles, il n'en est

pas ainsi. D'abord, un Newton ne naît pas tous les jours dans une ferme; y naîtrait-il, que son génie saurait bien sortir de l'enveloppe de la communauté. Et puis, la communauté n'a rien de coercitif à l'égard de ses membres; chacun est libre d'y rester ou de la quitter. Les jeunes gens qui en sortent forment deux catégories. Les uns apprennent un état, puis font leur tour de France; et découragés, après mille déceptions, ils finissent par revenir au chef-lieu de canton voisin, pour y ouvrir boutique ou magasin. Les autres se livrent au commerce des comestibles (*Rocatier*) pour l'approvisionnement des forges du Creusot; et, lorsqu'ils ont amassé une somme suffisante, ils se font *Blatiers*. Mais le commerce des blés est soumis à une grande fluctuation; et souvent, après deux ans de travail, le blatier est ruiné. Alors, il sollicite l'ouverture d'un cabaret au chef-lieu du canton. C'est là que se retrouvent, après des vicissitudes diverses, mais aigris et envieux, le *fruit sec* de l'industrie et le *fruit sec* du commerce. Tous deux, comme deux braconniers, tiennent en joue les communautés d'où ils sont sortis. Aussitôt qu'un membre dont ils sont présomptifs héritiers vient à mourir, le coup part, et la balle atteint au cœur la communauté; car la demande en liquidation et partage est le signal de la dispersion. Conséquemment, le régime de la communauté ne comprime pas les membres; au contraire, la liberté qu'elle leur laisse amène fréquemment sa ruine.

Mais les communautés ont un défaut que ne pardonne pas l'esprit utilitaire de notre époque. Leur fidélité aux traditions anciennes les rend routinières, et même rétives aux nouvelles méthodes de culture. Satisfaites des bénéfices qu'elles réalisent, elles ne veulent rien exposer aux risques de l'expérimentation; elles fuient les comices agricoles. Comme leurs mœurs et leurs idées, leur mode de culture est resté stationnaire. Néanmoins, si l'absentéisme n'était pas, dans cette contrée, aussi fréquent, le propriétaire, qui a toujours une grande influence sur l'esprit des fermiers, pourrait les amener insensiblement à entrer dans la voie des améliorations.   V. DE CHEVERRY.

CHAPITRE VII

BORDIER
DE LA CHAMPAGNE POUILLEUSE

OUVRIER-PROPRIÉTAIRE, TACHERON ET JOURNALIER,

dans le système des engagements momentanés,

D'APRÈS LES RENSEIGNEMENTS RECUEILLIS SUR LES LIEUX,
EN 1856,

PAR M. E. DELBET.

OBSERVATIONS PRÉLIMINAIRES

DÉFINISSANT LA CONDITION DES DIVERS MEMBRES DE LA FAMILLE.

Définition du lieu, de l'organisation industrielle et de la famille.

§ 1.

ÉTAT DU SOL, DE L'INDUSTRIE ET DE LA POPULATION.

L'ouvrier habite la commune de Beaumont, canton de Suippes, département de la Marne, sur la route de Reims à Châlons, à 20 kilomètres de chacune de ces villes. Ce pays appartenait à la Champagne dite « pouilleuse », à cause de sa proverbiale réputation de stérilité. Le sol, s'étendant en longues plaines ondulées, y est en effet aride et pauvre. Au sommet des collines et sur leurs pentes, la craie se montre uniquement. Dans les vallées, elle se mêle à un gravier calcaire qui souvent la recouvre. C'est une terre légère, éminemment perméable, qui jamais ne reçoit assez d'eau; facile à travailler d'ailleurs, à ce point qu'un seul cheval y conduit la charrue et que les femmes se chargent souvent du soin de labourer. Ce terrain devient pourtant fertile quand il reçoit les engrais convenables. Ainsi, autour des villages, il produit de riches moissons de céréales et de belles prairies artificielles (trèfles, sainfoins et luzernes); mais les habitants de ces villages, peu nombreux relativement à l'étendue de leurs territoires, manquant d'ailleurs de capitaux, donnent tous leurs soins aux champs voisins de leurs habitations, fumés déjà depuis longtemps. Ils appliquent aux meilleurs de ces champs une culture perfectionnée et soumettent les autres à l'antique assolement triennal. Aux plus éloignés, ils ne demandent qu'une maigre récolte d'avoine tous les cinq ans environ. Cette récolte s'obtient sur un seul labour et dépend presque exclusivement des circonstances atmosphériques. Assez belle quand l'année est pluvieuse, elle manque presque absolument quand la saison est sèche. Pendant les années qui suivent, la terre ainsi traitée est abandonnée à la vaine pâture sous le nom de « peleux » ou « savarts ». Elle se couvre lentement, en trois années, d'une chétive végétation de graminées (genres *Poa*, *Phleum*, L.), au milieu desquelles dominent de nombreuses espèces d'euphorbes (*Euphorbia Lathyris*, *E. Cyparissias*, L.,). Ces plantes, que le mouton ne mange pas, diminuent encore la valeur de ce maigre pâturage. Aussi les propriétaires, et spécialement ceux qui n'habitent pas sur les lieux, ont-ils recherché d'autres moyens de tirer parti de leurs terres. Depuis vingt ans surtout, une vaste étendue de ces savarts a été plantée en pins (*Pinus sylvestris*, L.), qui déjà ont modifié l'aspect du pays, et qui fournissent aux habitants, presque privés de bois jusqu'alors, un combustible à des prix relativement modérés.

Le lieu où a été construite la maison de l'ouvrier décrit dans cette monographie, quoique situé sur une grande route et à 3 kilomètres seulement de la rivière de Vesles, était récemment encore à l'état de savart. Mais de grands travaux entrepris sur ce point par l'État y ont créé des conditions nouvelles. Ces travaux ont eu pour but de creuser un souterrain de

2,400 mètres sous une montagne de craie pour faire passer un canal du bassin de la Vesles dans celui de la Marne. Commencés en 1840, ils ont retenu sur les lieux, pendant six années, beaucoup d'ouvriers, d'employés et d'entrepreneurs. Il a fallu loger les uns et les autres, et peu à peu des constructions ont été élevées par l'administration et par des spéculateurs. C'est à ce dernier titre que l'ouvrier décrit dans la présente monographie entreprit un des premiers la construction d'une maison, espérant s'y loger à moins de frais que dans les garnis et comptant en louer une partie à d'autres ouvriers. On pourra voir quelles heureuses conséquences cette spéculation entraîna pour son avenir (12).

Ainsi fut créé, sous le nom de Moulin-de-Beaumont, un centre nouveau de population, principalement composé de cabaretiers et d'ouvriers turbulents, auxquels vinrent se joindre quelques habitants des villages voisins. En 1846, les travaux ayant été subitement suspendus, toute la partie nomade de cette population se dispersa ; et il ne resta plus que ceux qui s'étaient créé dans le pays des intérêts durables. Parmi ces derniers se trouvait le sujet de cette monographie, devenu propriétaire d'une maison.

Dès lors les éléments si divers de cette population tendirent à se fondre et à constituer une unité normale et durable. Elle existe tout au moins au point de vue moral ; mais la singulière situation du village, aux confins de quatre communes et de deux arrondissements, ne lui permet pas de former une unité administrative.

§ 2.

ÉTAT CIVIL DE LA FAMILLE.

La famille comprend 4 personnes, savoir :

1. Victor M**, né près d'Épinal (Vosges).................... 43 ans.
2. Marie C**, sa femme, née à Châlons (Marne)............... 34 —
3. Eugénie-Augustine M**, leur fille aînée.................... 15 — 1/2
4. Augustine-Eugénie M**, leur fille cadette.................. 13 —

Le mariage, qui a eu lieu en 1839, a été précédé de relations illicites. Un enfant, né avant le mariage, est mort en bas
âge.

§ 3.

RELIGION ET HABITUDES MORALES.

La famille appartient à la religion catholique romaine, mais
ne la pratique en aucune manière. L'ouvrier, né au milieu d'une
population religieuse, et élevé dans une famille d'une piété remarquable, a conservé pendant quelque temps en Champagne sa
ferveur et ses habitudes de pratique religieuse. Mais bientôt il a
cédé aux influences du milieu où il vivait; et, depuis plusieurs
années, il n'est pas entré dans une église. Cependant, les effets
de l'éducation première sont encore sensibles chez lui. Il parle
des idées et des choses de la religion avec une gravité respectueuse qu'il n'est pas habituel de rencontrer chez les populations
voisines. Au lieu de suspendre dans sa maison ces insignifiantes
enluminures qui se retrouvent partout dans ces campagnes, il l'a
ornée de quelques images grossières représentant des sujets religieux et au milieu desquelles se remarquent les tableaux de
première communion de ses deux filles. La femme, sous ce rapport, n'a guère subi l'influence du mari; elle est restée dans cet
état de complète indifférence qui caractérise les habitants des
quatre villages voisins. Parmi ces villages, aucun n'a de curé;
les offices n'y sont célébrés que de loin en loin; et encore la
plus grande partie de la population s'abstient-elle d'y assister.
Tous pourtant se soumettent aux cérémonies qui confèrent le
titre de chrétien; mais on fait faire la première communion aux
enfants à un âge où cet acte ne peut avoir aucune influence
morale sur eux. Les parents considèrent la préparation nécessaire comme une charge et un ennui. Souvent même, quand elle
se prolonge, ils menacent le prêtre de retirer leurs enfants, s'il ne
consent à les débarrasser au plus tôt. Ces dispositions à l'indifférence, sinon à l'hostilité, ont été aggravées encore par le séjour
qu'ont fait dans le pays les ouvriers du canal (1). Ces ouvriers

ont singulièrement contribué à détruire, dans les villages qu'ils ont fréquentés, la pureté relative des mœurs et la dignité dans les habitudes qui se retrouvent encore chez les populations agricoles non mêlées. Cette fâcheuse influence (18) s'est exercée particulièrement sur les habitants du hameau nommé Moulin-de-Beaumont, qui ont dans le voisinage une réputation trop méritée de mauvaises mœurs et d'improbité. La famille ici décrite se distingue entre les autres par sa droiture, par son amour du travail et par sa disposition à l'épargne; mais, sous plusieurs rapports, elle reste à leur niveau. La mère, qui a été séduite à 16 ans par son mari, ne paraît pas craindre le même danger pour ses filles qui arrivent au même âge. Elle les laisse presque sans surveillance au milieu des ouvriers logés chez elle; elle tolère même, pour ne pas perdre une occasion de gain, que ces ouvriers amènent dans la maison et sous les yeux de ses filles des prostituées avec lesquelles ils vivent dans un état de véritable promiscuité. Le mari déplore cet état de choses, mais il n'intervient pas pour le modifier; et lui-même ne donne pas toujours de bons exemples. Quand il s'adonne à l'ivresse, il oppose les coups aux reproches de sa femme; et il est brutal envers ses enfants. La femme, douée d'un caractère énergique et d'une vigueur physique suffisante, sait d'ailleurs se défendre dans ces luttes. Il lui est même arrivé plusieurs fois d'aller chercher son mari de vive force et de le ramener du cabaret avant qu'il ait eu le temps de s'enivrer. Ces scènes déplorables, devenues plus rares depuis quelques années, ne laissent pas de trace entre les deux époux; mais elles ont une funeste influence sur le caractère des enfants, chez lesquels elles détruisent le respect des parents. Aussi ces derniers doivent-ils souvent, pour se faire obéir, recourir aux menaces et aux coups.

Cette population, si étrangère aux pratiques religieuses et dont les mœurs ont ce caractère de brutalité, est pourtant intelligente et douée de précieuses qualités. Elle est sobre, active, laborieuse, portée à l'épargne et susceptible d'enthousiasme militaire. Elle sent le besoin de l'instruction : ces villages, qui n'ont pas de curé, ont tous un instituteur; et l'école est fréquentée par la presque totalité des enfants. Ceux de Moulin-de-Beaumont vont à une école distante de 3 kilomètres ; et, malgré la difficulté résultant de cet éloignement, les parents ne laissent guère les enfants y manquer. Aussi tous savent-ils lire et écrire : l'ouvrier et sa femme sont tous les deux en état d'établir un compte. Leurs deux filles, intelligentes d'ailleurs, ont fréquenté l'école jusqu'à l'âge de 13 ans ; et elles y ont acquis une instruction élémentaire assez complète.

§ 4.

HYGIÈNE ET SERVICE DE SANTÉ.

Le climat de la localité est sain. Comme le pays est découvert et situé sur un point élevé, les vents s'y font sentir d'une manière désagréable, sans être nuisibles à la santé. Quelquefois, cependant, le vent du nord-est y apporte des miasmes paludéens empruntés aux marécages tourbeux de la Vesles. Mais les fièvres intermittentes qui en résultent n'ont jamais atteint les membres de la famille. L'eau potable manque dans le pays ; et on est obligé de l'extraire de puits creusés dans la craie, à une profondeur de 35 mètres. Cette eau, d'une teinte blanchâtre, se boit sans être filtrée. Elle n'a d'ailleurs aucun goût désagréable ; et il ne paraît pas qu'elle exerce une fâcheuse influence sur la santé.

Tous les membres de la famille jouissent d'une bonne constitution. La femme et les filles n'ont jamais été malades sérieusement ; et, malgré le peu de soin avec lequel elles marchent pieds nus en été, cette habitude n'a causé jusqu'ici aucun accident. L'ouvrier, quoiqu'il ait été réformé pour défaut de taille, est robuste et soutient, sans boire de vin, les rudes travaux de la maison. Depuis quelques années, il a pris l'habitude de boire alors un mélange d'eau et de vinaigre, ou d'eau et d'eau-de-vie, auquel il attribue une vertu fortifiante toute spéciale. En exécutant les travaux de terrassement, il a souvent été blessé, mais jamais d'une manière grave. Il a dû pourtant quelquefois interrompre ses travaux, à cause du retour assez fréquent d'une maladie, suite des excès de sa vie de garçon. Dans ce cas, au lieu d'avoir recours au médecin, éloigné de 4 kilomètres, et dont les visites se paient 4ᶠ, il va se faire soigner à l'hôpital de Reims, où on le reçoit par tolérance. Cette facilité avec laquelle il se décide à entrer dans un hôpital est un des traits qui le séparent le plus nettement des habitants des campagnes voisines. Les plus pauvres parmi eux ont une invincible répugnance pour le séjour dans une maison hospitalière; et dire à un homme qu'il mourra à l'hôpital, ou que quelqu'un des siens y est mort, est considéré dans le pays comme une très-grave injure.

§ 5.

RANG DE LA FAMILLE.

L'ouvrier appartient à la catégorie des ouvriers-propriétaires. Il possède en effet une maison, un champ et un jardin (6). Mais cette possession, qui exerce sur lui une influence morale très-salutaire, ne tient pas encore une place considérable dans sa vie active et dans ses revenus. Il lui suffit de quelques journées de travail pour cultiver le champ et le jardin. Dans quelques années, quand l'un et l'autre auront été convenablement fécondés, cette propriété acquerra plus d'importance. Déjà la femme pense à louer une vache pour l'année prochaine; et plus tard à en garder une définitivement. Jusqu'ici la condition de l'ouvrier a été celle d'un journalier et tâcheron agriculteur. Dans ce pays, le travail à la journée est la règle pour cette catégorie d'ouvriers; mais, sous ce rapport, l'ouvrier se distingue des autres par son goût pour le travail à la tâche, qu'il recherche en toute occasion. Il va même jusqu'à se charger de petites entreprises dans certains cas, et se vante d'y réussir grâce à l'exactitude de ses prévisions. Bon ouvrier, d'ailleurs, faisant bien et vite ce qu'il entreprend à la tâche, travaillant consciencieusement quand on l'emploie à la journée, il est recherché par les cultivateurs voisins, malgré ses dispositions à l'insolence lorsqu'il est en état d'ivresse. C'est par ces qualités qu'il a pu se former une clientèle chez les

cultivateurs des villages voisins. Sa femme aussi a su se créer une
clientèle comme couturière; et, quand elle n'a pas de journées ou
quand les besoins du ménage la retiennent à la maison, elle
s'occupe presque constamment à exécuter quelque travail d'aiguille entrepris à la tâche. Ces travaux complètent avantageu-
sement les nombreux services qu'elle rend à la famille.

En résumé, dès aujourd'hui la famille atteint une condition
supérieure à celle des journaliers-agriculteurs proprement dits.
Déjà elle a pu franchir les premiers échelons de la propriété.
Placée en dehors de tout patronage, elle a dû son élévation
rapide à l'incident (1) qui lui a procuré une spéculation très-
profitable (2). Sans le secours de cette circonstance, la famille
serait probablement restée à un niveau inférieur. L'ouvrier aurait
conservé ses habitudes nomades; et la femme n'aurait pu en
triompher malgré ses énergiques efforts.

Moyens d'existence de la famille.

§ 6.

PROPRIÉTÉS.

(Mobilier et vêtements non compris.)

IMMEUBLES : acquis en totalité avec les épargnes de la
famille. 1,320ᶠ 00

1° *Habitation.* — Maison avec appentis pour un porc et des lapins, 1,100ᶠ 00.

2° *Immeubles ruraux.* — Jardin (3 ares) attenant à la maison, 100ᶠ 00 ; — champ
(33 ares) acheté 50ᶠ 00, mais déjà fertilisé et valant 120ᶠ 00. — Total, 220ᶠ 00

ARGENT 20ᶠ 00

L'ouvrier, jusqu'ici, n'a pu réunir une somme d'argent assez
importante pour être placée à intérêt. Ses épargnes, à peine réalisées, ont été employées à embellir la maison, à payer l'acquisition du jardin et du champ. Toutefois, il a le goût du placement
à intérêt, et son intention est d'employer de cette manière une
partie de ses épargnes à venir. Il aime à avoir chez lui une certaine somme disponible et gardée par sa femme.

ANIMAUX DOMESTIQUES entretenus seulement une partie de l'année.. 31ᶠ 00

1 porc d'une valeur moyenne de 40ᶠ 00, entretenu pendant 7 mois : la valeur moyenne calculée pour l'année entière est de 23ᶠ 00 ; — 15 lapins élevés chaque année : 8 sont vendus, 5 sont mangés par la famille, 2 mères sont conservées pour la reproduction ; ces lapins ont une valeur moyenne de 24ᶠ 00 ; chacun d'eux est entretenu pendant 4 mois : la valeur moyenne calculée pour l'année entière est de 8ᶠ 00.

Le jeune porc est acheté au printemps et engraissé avec des pommes de terre, du son et de la farine d'orge ; on le tue vers le mois de décembre.

MATÉRIEL SPÉCIAL des travaux et industries...   170ᶠ 50

1° *Outils pour la culture des jardins et des champs.* — 2 bêches, 6ᶠ 00 ; — 1 binette (outil double composé d'un crochet à deux dents et d'une palette en fer), 1ᶠ 50 ; — 1 crochet à deux dents en fer, 2ᶠ 00. — Total, 9ᶠ 50.

2° *Outils pour la récolte des céréales.* — 2 faux montées, avec accessoires pour les réparer, 16ᶠ 00 ; — 3 faucilles, 2ᶠ 50 ; — 2 fléaux à battre en grange, 3ᶠ 00. — Total, 21ᶠ 50.

3° *Outils pour les travaux de terrassement et l'abatage des arbres.* — 2 pioches, 10ᶠ 00 ; — 2 pelles en fer, 5ᶠ 00 ; — 1 pelle en bois, 1ᶠ 00 ; — 1 brouette, 8ᶠ 00 ; — 1 cognée, 4ᶠ 00 ; — 1 serpe, 2ᶠ 50 ; — 1 petite hache, 2ᶠ 00 ; — 1 lampe de mineur, 2ᶠ 50. — Total, 35ᶠ 00.

4° *Outils pour la fabrication des carreaux de terre.* — 2 moules doubles à carreaux, 2ᶠ 00 ; — 1 petit cuvier en bois, 4ᶠ 00. — Total, 6ᶠ 00.

5° *Ustensiles employés pour le blanchissage.* — 1 petit cuvier, 2ᶠ 50 ; — 1 battoir, 1ᶠ 00 ; — 1 auge à laver, 2ᶠ 00 ; — 1 fer à repasser, 1ᶠ 00. — Total, 6ᶠ 50.

6° *Outils pour les réparations exécutées dans la maison.* — 1 ciseau, 2ᶠ 00 ; — 1 plane, 3ᶠ 00 ; — 1 scie, 5ᶠ 00 ; — 1 marteau, 1ᶠ 00 ; — 1 truelle, 2ᶠ 00 ; — 1 marteau à tailler la pierre ou la craie, 3ᶠ 00. — Total, 16ᶠ 00.

7° *Mobilier pour l'industrie du logeur exercée exceptionnellement par la famille en 1845 et en 1856.* — 4 paillasses, 16ᶠ 00 ; — 4 matelas de laine ou de plume, 60ᶠ 00. — Total, 76ᶠ 00.

VALEUR TOTALE des propriétés............. 4,541ᶠ 50

§ 7.

SUBVENTIONS.

Le régime de la petite propriété est depuis longtemps établi dans les villages voisins ; et chacun y revendique avec âpreté la jouissance de ses droits. Aussi le domaine des subventions qui dépendent de la bienveillance y est-il fort restreint. Sous ce rapport, la situation des journaliers qui s'élèvent aux premiers échelons de la propriété est ici moins favorable que dans les vallées voisines où se trouvent des grands propriétaires plus tolérants que les petits propriétaires des plateaux.

Quelques traces d'anciennes habitudes s'y retrouvent pourtant encore. Ainsi, on permet généralement au batteur en grange d'emporter chez lui les liens des gerbes battues. Partout le glanage est toléré; et la famille en profite pour recueillir chaque année quelques boisseaux de grains. Elle ramasse pour ses lapins l'herbe qui croît dans les fossés des routes; et, plus tard, elle pourra la faire paître par sa vache. La commune dont elle dépend possède une assez grande étendue de biens indivis; mais la famille ne peut en profiter. Ces biens, composés uniquement de savarts (1), ne peuvent être exploités que par les propriétaires possédant des moutons. Les plus riches habitants sont donc les seuls qui puissent en jouir, tandis que l'ouvrier, à qui la commune demande chaque année trois jours de prestation, ne reçoit d'elle aucun dédommagement. La principale subvention pour cette famille consiste dans la récolte des excréments d'animaux sur la voie publique. Avant que l'ouverture du chemin de fer eût diminué la circulation sur la route de Reims à Châlons, cette ressource avait une grande importance. La femme se levait avant le jour afin d'être prête pour le passage des rouliers dont l'étape se trouvait au village voisin; et, grâce à cette vigilance, elle pouvait, presque sans perte de temps, ramasser chaque semaine un mètre cube de fumier. La vente de ce fumier, à 5f 50 le mètre cube, soutint la famille, en 1847, au moment où l'ouvrier, n'ayant pu encore se créer des relations dans le voisinage, restait inoccupé. La famille ramasse encore maintenant plus d'un mètre cube d'excréments par mois; et c'est ce fumier qui, joint à celui du porc et des lapins, lui fournit l'engrais nécessaire à la culture du jardin et du champ. Faute de cet engrais, la culture ne produirait rien sur cette terre stérile. On peut encore mentionner au nombre des subventions les sommes d'argent reçues par les enfants, de leurs parrains et marraines, en échange de cadeaux en nature, de moindre valeur, que ces enfants leur offrent au jour de l'an.

§ 8.

TRAVAUX ET INDUSTRIES.

TRAVAUX DE L'OUVRIER. — Le travail principal de l'ouvrier se rattache à l'agriculture. Depuis la récolte des foins (15 juin) jusqu'à celle des avoines (25 août), il est presque constamment occupé à faucher. A la fin de l'été, pendant tout l'automne et une partie de l'hiver, il bat en grange ou concourt à quelques autres travaux agricoles, tels que le curage des étables et le transport des fumiers. Cependant, dans ce pays de petite propriété, où la plupart des cultivateurs exécutent eux-mêmes la plus grande partie de leur besogne, ces travaux ne suffisent pas à l'occuper toute l'année. Au printemps surtout il reste disponible et se livre alors à des travaux secondaires assez productifs, tels que les terrassements nécessaires à la construction et à l'entretien des routes et du canal. Enfin, il fabrique des carreaux de terre avec lesquels on bâtit les maisons du pays ; et il arrache des peupliers ou d'autres bois sur les bords de la Vesles.

TRAVAUX DE LA FEMME. — Le travail principal de la femme est celui qu'elle exécute comme couturière, à la journée ou à la tâche, et dont le salaire est une des principales ressources de la famille. Comme travail secondaire, pendant la moisson, elle ramasse la gerbe derrière l'ouvrier quand il fauche le froment ou le seigle ; elle-même coupe le froment à la faucille ; dans l'hiver, elle aide quelquefois son mari à battre en grange. Elle fournit en outre plusieurs journées pour laver les lessives. Active et laborieuse, elle trouve encore le temps de veiller aux travaux de son ménage qui est tenu avec un certain soin. C'est elle qui confectionne, répare et blanchit les vêtements de toute la famille ; c'est elle aussi qui cultive presque seule le champ et le jardin attenant à l'habitation et qui ramasse, avec l'aide des enfants, le fumier sur la voie publique.

TRAVAUX DES ENFANTS. — Depuis deux ans, la fille aînée a été envoyée pendant une partie de l'année en apprentissage à Châlons dans une maison de lingerie. Elle n'est pas payée, mais elle reçoit la nourriture gratuitement. Quand son apprentissage sera achevé, elle entrera, comme domestique, dans une maison des villes voisines. Chez ses parents, elle aide sa mère dans les travaux d'aiguille et la remplace dans les soins du ménage; mais, depuis son séjour à la ville, elle ne se soumet qu'avec la plus vive répugnance à certains travaux de la campagne. On la force pourtant, malgré sa résistance, à battre en grange et à ramasser le fumier sur la route. C'est à la plus jeune fille que revient surtout cette dernière tâche; elle s'en occupe pendant le temps qu'elle ne passe pas à l'école. Déjà aussi elle peut suppléer sa mère dans les soins à donner aux animaux; et elle lui permet ainsi de s'absenter. Enfin, en été, c'est elle qui porte la nourriture à son père occupé aux champs.

INDUSTRIES ENTREPRISES PAR LA FAMILLE. — La culture du jardin et du champ, l'engraissement d'un porc et l'élevage des lapins sont les industries habituellement entreprises par la famille. La substitution du travail à la tâche au travail à la journée lui procure chaque année des bénéfices assez importants; mais il faut spécialement signaler la spéculation exceptionnelle, relative au logement des ouvriers nomades, à laquelle elle se livre de loin en loin (19). Déjà, au moment de la construction de la maison, une spéculation analogue lui a permis d'acquitter, en une seule année, la dette contractée pour cet objet. Dorénavant ses résultats seront moins importants; ils doivent néanmoins exercer encore une heureuse influence sur l'avenir de la famille et donner un bénéfice annuel qui a été estimé à une moyenne de 40' 00.

Mode d'existence de la famille.

§ 9.

ALIMENTS ET REPAS.

Pendant l'été, l'habitude du pays est de faire quatre repas. L'heure et la composition en sont réglés comme il suit :

Premier déjeuner (de 4 à 5 heures) : composé de pain et de vin; le vin est souvent remplacé par un petit verre (5 centilitres) d'eau-de-vie de marc.

Second déjeuner, appelé aussi dîner (9 heures) : soupe avec légumes et pain, le plus souvent faite au lard ou au salé.

Goûter (2 heures) : pain mangé avec le lard cuit dans la soupe du matin, ou, si le lard manque, avec du fromage.

Souper (de 7 à 8 heures) : soupe comme au dîner; souvent on ne mange à ce repas que des légumes froids et quelquefois des herbes frites dans la poêle avec du lard. Ce mets est appelé « salade au lard. »

En hiver on ne fait que trois repas : on dîne à 11 heures et on soupe à 6 heures. Le matin, on continue à prendre la goutte (5 centilitres) d'eau-de-vie, avec du pain et du fromage. L'usage de l'eau-de-vie prise de cette manière tend à devenir général, surtout depuis que le prix élevé du vin ne permet plus d'en boire. Les femmes mêmes n'y échappent pas, spécialement dans la classe des journaliers. La plupart ne prennent pas d'eau-de-vie chez elles; mais, quand elles vont en journée, elles réclament le petit verre; et les laveuses de lessive y ont un droit déjà consacré par l'usage. Il y a dans la famille ici décrite des habitudes de sobriété remarquables, surtout si on réfléchit aux durs travaux que supporte l'ouvrier pendant la moisson. Quand il travaille à la journée dans cette saison, il reçoit par jour une bouteille et demie de vin. Chez lui, il le remplace presque toujours, soit par une piquette légère, soit par de l'eau additionnée d'un peu de vinaigre ou d'eau-de-vie (4). Dans tout autre moment, la boisson habituelle est de l'eau. L'alimentation se compose essentiellement de pommes de terre, choux, haricots et autres légumes cuits au lard, dont le bouillon sert pour la soupe. Assez souvent aussi, le soir en été, on mange une soupe au lait; mais c'est surtout quand le lard et le salé manquent. Presque jamais on ne mange de viande de boucherie à cause de son prix élevé. Les ouvriers nomades ont répandu dans le pays l'usage de certains aliments nouveaux, tels que le café au lait et le riz. Ce dernier est fort goûté de l'ouvrier; et la famille l'introduirait dans sa nourriture ordinaire, si elle pouvait se le procurer en gros à un prix convenable.

§ 10.

HABITATION, MOBILIER ET VÊTEMENTS.

La maison, bâtie en carreaux de terre et en blocs de craie taillés, est dans une situation agréable, sur le bord d'une grande route et au milieu d'un petit jardin où se trouve un puits qui fournit l'eau pour les besoins du ménage. Le jardin doit être plus tard entouré de murs ; et déjà l'ouvrier en a lui-même construit quelques mètres. Le sol, uniquement composé de craie, a été défoncé et remplacé par des terres plus fertiles ramassées sur la route. On y cultive, outre les légumes, quelques plantes d'agrément ; et seize pieds d'arbres fruitiers y ont été récemment plantés. L'habitation est commodément distribuée et paraît saine, quoique le sol n'ait reçu, ni plancher, ni carrelage. Elle se compose de deux pièces au rez-de-chaussée et d'un grenier disposé en mansarde. La première pièce sert de cuisine ; et on y trouve tout ce qui peut être utile dans un ménage : une cheminée, un évier, un four à cuire le pain, longtemps désiré par la femme et nouvellement construit grâce à ses efforts. La seconde pièce sert de chambre à coucher aux parents et aux enfants ; elle est munie d'un poêle qu'on chauffe avec de la houille et autour duquel on passe les soirées d'hiver. La mansarde communique avec la première pièce au moyen d'un escalier en bois construit par l'ouvrier. On y place les légumes et les provisions de toute espèce, destinées aux animaux domestiques. C'est aussi dans cette mansarde que couchent les ouvriers nomades logés par la famille dans certaines occasions (8). Il règne dans la maison une certaine propreté. Les murs sont fréquemment blanchis à la chaux ; et ils sont garnis de planches sur lesquelles on range les ustensiles du ménage. Plusieurs parties du mobilier sont en assez mauvais état ; chaque chose est à sa place ; l'ensemble offre un aspect satisfaisant.

MEUBLES : presque tous achetés d'occasion et en état de vétusté; ils sont tenus cependant avec quelque soin.. 292ᶠ 50

1° *Lits*. — 1 lit pour les époux : 1 bois de lit fait par l'ouvrier, 8ᶠ 00; — 1 paillasse, 4ᶠ 00; — 1 matelas de laine, 30ᶠ 00; — 1 traversin, 4ᶠ 00; — 2 oreillers, 6ᶠ 00; — 1 couverture de laine, 10ᶠ 00; — 1 couvre-pied piqué, composé d'une couche de laine entre deux toiles de perse et fait par la femme, 12ᶠ 00; — rideaux en perse grossière, 4ᶠ 00; — 1 édredon en duvet d'oie, 10ᶠ 00; — 1 lit pour les deux filles : 1 bois de lit fait par l'ouvrier en planches à peine dégrossies, 4ᶠ 00; — 1 paillasse, 3ᶠ 00; — 1 matelas de laine grossière, 20ᶠ 00; — 1 traversin, 3ᶠ 00; — 2 couvertures de laine, 10ᶠ 00. — Total, 123ᶠ 00.

2° *Meubles de la chambre à coucher.* — 7 chaises en mauvais état, 4ᶠ 00; — 1 armoire en chêne achetée d'occasion, 40ᶠ 00; — 1 commode assez élégante achetée d'occasion, 35ᶠ 00; — 1 poêle en faïence avec un tuyau en tôle, 30ᶠ 00; — 1 horloge récemment achetée, 18ᶠ 00; — 2 miroirs, 2ᶠ 50; — 3 gravures, dont 2 encadrées, 1ᶠ 50. — Total, 131ᶠ 00.

3° *Meubles de la chambre servant de cuisine.* — 3 tables en bois blanc, dont l'une est munie de tiroirs pour le pain, 16ᶠ 00; — 2 bancs en bois blanc placés autour de la table principale, 5ᶠ 00; — 1 dressoir composé de planches fixées contre un des murs de la chambre, 2ᶠ 00; — 3 gravures, dont 2 encadrées, 1ᶠ 50; — 1 petit meuble en osier (*salix viminalis*, L.), destiné à recevoir les cuillers et les fourchettes, 1ᶠ 50; — 1 lampe avec crémaillère pour la suspendre, 2ᶠ 50; — 2 vases à fleurs en porcelaine de rebut, 0ᶠ 50. — Total, 29ᶠ 00.

4° *Livres et fournitures de bureau.* — Livres d'école des enfants et plusieurs exemplaires de l'*Almanach liégeois*, que l'ouvrier achète chaque année, 2ᶠ 50; — encrier, plumes, papier, livre de comptes sur lequel l'ouvrier inscrit les sommes qui lui sont dues à différents titres, 2ᶠ 00. — Total, 4ᶠ 50.

LINGE DE MÉNAGE : fait de toile grossière et réduit au strict nécessaire................................... 54ᶠ 00

6 paires de drap en chanvre, 48ᶠ 00; — 8 torchons ou serviettes et vieux linges, 6ᶠ 00.

USTENSILES : communs, en partie usés, comprenant seulement le nécessaire................................... 76ᶠ 70

1° *Dépendant de la cheminée.* — 2 chenets, 1 crémaillère, 1 pelle, 1 pincette, 10ᶠ 00.

2° *Employés pour la préparation et la cuisson du pain.* — 1 auge en bois blanc pour pétrir le pain, 2ᶠ 00; — 4 corbeilles en osier dans lesquelles on place la pâte pour lui donner la forme de pain, 2ᶠ 00; — 1 pelle en bois de hêtre, de 1ᵐ 50 de long, servant à enfourner le pain, 2ᶠ 50; — 1 fourgon en fer avec manche en bois pour tirer la braise du four, 3ᶠ 50. — Total, 10ᶠ 00.

3° *Employés pour la cuisson et la consommation des aliments.* — 1 marmite et 1 chaudron en fer, 9ᶠ 00; — 1 grande soupière et 3 plus petites en terre vernissée, 2ᶠ 50; — 14 assiettes et 2 casseroles en terre vernissée, 3ᶠ 20; — 2 plats et autres ustensiles en grosse terre cuite, 2ᶠ 00; — 2 bouteilles de forme ronde, en terre dite de grès, servant à porter la boisson aux champs, 1ᶠ 00; — 7 verres à boire et 6 bouteilles en verre brun, 2ᶠ 50; — 3 couvercles pour plats et soupières, en fer étamé, 1ᶠ 50; — 1 poêlon en fer battu, 4ᶠ 00; — 10 cuillers et 10 fourchettes en fer étamé, 2ᶠ 50; —

3 cuillers à pot en fer étamé, 1ᶠ 50 ; — 4 couteaux de poche (il n'y a pas dans la maison de couteaux de table), 3ᶠ 00 ; — 2 seaux en bois avec cercles en fer, dans lesquels se conserve l'eau servant aux besoins du ménage, 5ᶠ 00. — Total, 37ᶠ 70.

4° *Employés pour soins de propreté.* — 1 plat à barbe, 0ᶠ 50 ; — 2 rasoirs et ustensiles divers servant à l'ouvrier pour se faire la barbe, 4ᶠ 00 ; — 2 brosses pour souliers et habits, 1ᶠ 50. — Total, 6ᶠ 00.

5° *Employés pour usages divers.* — 1 bassinoire en cuivre, cadeau des parents de la femme, 5ᶠ 00 ; — 1 chaufferette (*Couvet*) en cuivre, 2 chaufferettes (Couvets) en terre cuite avec accessoires, 4ᶠ 50 ; — 4 paniers en osier, dont 2 en mauvais état, servant à ramasser le fumier, 2ᶠ 50 ; — 1 panier en paille et osier mêlés (ce panier a été fait par le père de la femme et donné par lui à son gendre pour porter les provisions aux champs ; les parois en sont très-épaisses, et, l'air n'y pénétrant pas, la boisson et les aliments s'y conservent frais), 1ᶠ 00. — Total, 13ᶠ 00.

VÊTEMENTS : choisis exclusivement en vue de l'utilité ; sans formes spéciales ; presque tous en coton ; raccommodés jusqu'à usure complète........................... 362ᶠ 20

VÊTEMENTS DE L'OUVRIER (sans affinité avec le costume bourgeois) (121ᶠ 00).

1° *Vêtements du dimanche.* — 1 veste de gros drap, 12ᶠ 00 ; — 1 blouse de toile bleue neuve, 7ᶠ 00 ; — 1 gilet en étoffe de laine, 4ᶠ 00 ; — 1 pantalon de laine, 4ᶠ 00 ; — 1 cravate de laine, 2ᶠ 00 ; — 1 paire de souliers, 9ᶠ 00 ; — 6 mouchoirs de poche en coton, 3ᶠ 00 ; — 1 chapeau de feutre gris et 1 casquette, 4ᶠ 00 ; — 6 paires de chaussettes en laine et coton, 6ᶠ 00. — Total, 51ᶠ 00.

2° *Vêtements de travail.* — Vieux vêtements du dimanche (pour mémoire) ; — 1 gilet avec manches en coton, 1ᶠ 50 ; — 2 pantalons en toile bleue légère, 4ᶠ 00 ; — 2 gilets tricotés en coton, 3ᶠ 00 ; — 1 paire de souliers plusieurs fois réparés, 3ᶠ 00 ; — 1 paire de bottes en cuir rouge, dit de Russie, pour exécuter des travaux de terrassement dans des lieux humides, 15ᶠ 00 ; — 3 paires de sabots, à 0ᶠ 60 la paire, avec chaussons tricotés par la femme ou confectionnés par elle avec de vieux vêtements, 2ᶠ 50 ; — 8 chemises en grosse toile de chanvre, 40ᶠ 00 ; — 1 ceinture, dite de gymnastique, dont l'ouvrier fait usage pour se serrer les reins pendant le travail, 1ᶠ 00. — Total, 70ᶠ 00.

VÊTEMENTS DE LA FEMME (sans propension à l'élégance : les vêtements du dimanche sont portés toutes les fois que la femme va travailler en journée comme couturière) (110ᶠ 20).

1° *Vêtements du dimanche.* — 1 robe de laine, 10ᶠ 00 ; — 2 jupons de laine, 5ᶠ 00 ; — 1 tablier de laine noire, 3ᶠ 00 ; — 1 corset, 2ᶠ 00 ; — 2 fichus d'indienne imprimée, 2ᶠ 00 ; — 6 mouchoirs de poche en coton, 4ᶠ 00 ; — 4 paires de bas de laine, 8ᶠ 00 ; — 2 bonnets, 6ᶠ 00 ; — 1 paire de sabots de luxe avec dessus de cuir, 1ᶠ 50 ; — 1 paire de souliers, 5ᶠ 00. — Total, 46ᶠ 50.

2° *Vêtements de travail.* — Vieux vêtements du dimanche (pour mémoire) ; — 1 robe d'indienne, 4ᶠ 00 ; — 1 tablier d'indienne, 1ᶠ 50 ; — 4 paires de bas de coton, 6ᶠ 00 ; — 4 mouchoirs de tête (*marmottes*) en indienne, 4ᶠ 00 ; — 2 camisoles en coton, 6ᶠ 00 ; — 2 jupons, l'un d'hiver et l'autre d'été, faits avec de vieux vêtements, 7ᶠ 00 ; — 2 coiffes de travail en indienne (*béguinettes*), 1ᶠ 00 ; — 2 chapeaux de paille grossière (*casquettes*), 2ᶠ 00 ; — 2 paires de sabots, 1ᶠ 20 ; — 2 paires de chaussons faits par la femme avec de vieux vêtements, 2ᶠ 00 ; — 1 paire de gros souliers, 5ᶠ 00 ; — 10 chemises en toiles de chanvre et de coton, 30ᶠ 00. — Total, 69ᶠ 70.

Vêtements de la fille aînée (le goût de la parure est vivement réprimé par les parents) (100ᶠ 00).

Ces vêtements sont semblables à ceux de la mère : quelques-uns, comme les camisoles, les chaussures, sont communs à la mère et à la fille. Cette dernière possède quelques objets spéciaux de toilette : 2 bonnets garnis de rubans à couleurs éclatantes et 2 mouchoirs de cou en soie.

Vêtements de la fille cadette (confectionnés avec les vieux vêtements de la mère et de la fille aînée) (25ᶠ 00).

On lui achète seulement chaque année une robe et une paire de souliers d'une valeur de 7ᶠ 00.

Valeur totale du mobilier et des vêtements... 779ᶠ 40

§ 11.

RÉCRÉATIONS.

Les deux principales récréations de l'ouvrier sont l'usage du tabac à fumer et la fréquentation du cabaret, où il passe quelquefois des journées entières à jouer aux cartes (3). Il y consomme du vin, de l'eau-de-vie et aussi, surtout depuis que le vin est cher, des gouttes (5 centilitres) de liqueurs nouvelles. Celles-ci sont formées de mélanges bizarres, qui doivent être nuisibles à la santé. Ces habitudes, restes d'une ancienne vie de désordre, l'entraînent à des dépenses qui tiennent encore une place importante dans son budget (15, Sᵒⁿ IV). Mais, depuis quelques années, il montre une certaine tendance à remplacer les stations au cabaret par les soins à donner à la maison, au jardin et au mobilier. La possession de son champ surtout est pour lui une source continuelle de distraction; il s'occupe activement de l'exploiter de la manière la plus intelligente et la plus profitable pour lui. Déjà même il a arrêté un plan de culture perfectionnée, d'après les observations qu'il a faites dans les fermes et les villages voisins. Il doit commencer cette année l'exécution de ce plan et le poursuivre dès qu'il disposera des capitaux et des engrais indispensables. Les préoccupations qui résultent pour lui de ces études lui ont permis de se distraire des regrets que lui a causés la perte récente d'un petit chien, animal

intelligent auquel il avait lui-même enseigné de nombreux exercices. La loi nouvelle, qui frappe les chiens d'un impôt, l'ayant
forcé de se défaire de ce compagnon qui le suivait partout, il a
conçu de cette perte un vif chagrin et il ne peut encore rappeler
ce souvenir sans émotion. La femme va plusieurs fois par an à
Reims et à Châlons, les jours de foire ou de marché, pour les
acquisitions. Elle assiste alors à quelques spectacles forains et y
conduit quelquefois ses enfants, sa plus jeune fille surtout, pour
laquelle elle a une préférence marquée (15, S°ⁿ IV). Mais ses
récréations les plus ordinaires sont les visites assez fréquentes
qu'elle fait à ses parents, seule ou accompagnée de ses filles.
Celles-ci vont voir aussi un frère de leur père, établi dans un village
voisin. Il y a ainsi des relations assez suivies entre les membres
de la famille, quoiqu'on ne trouve, chez ses chefs, ni estime
réciproque, ni affection mutuelle. Aux fêtes des villages, on se
réunit presque toujours pour souper; et, quand on tue le porc,
on ne manque pas de s'envoyer quelques parties de l'animal; et
parfois même, celles-ci se mangent en commun. Il règne dans
ces réunions de parents et de voisins une assez franche cordialité; mais on ne s'y abstient pas de propos grossiers, auxquels les
femmes mêmes prennent part devant les enfants. A la suite de
ces dîners, les jeunes filles, et quelquefois les femmes, prennent
part à la danse du village, tandis que les hommes s'enferment
au cabaret, où ils s'enivrent assez souvent.

Histoire de la famille.

§ 12.

PHASES PRINCIPALES DE L'EXISTENCE.

La femme, née de parents jardiniers et propriétaires, assez
aisés, a été élevée dans des habitudes d'ordre et d'économie.
Elle a appris d'abord à travailler comme tisseuse pour la
fabrique de Reims. Mais l'application des appareils mécaniques
ayant rendu ce travail plus difficile pour les ouvriers isolés dans

les campagnes, sa famille a compris qu'il fallait lui donner une
autre direction et l'a mise en apprentissage chez une couturière.
Pourvue de cet état, elle se serait sans doute mariée convenablement dans le pays sans les circonstances qui ont amené près
d'elle son mari. Celui-ci, dont les parents étaient pauvres, fréquente l'école dans sa jeunesse et se livre à des travaux agricoles (3). A dix-huit ans (en 1831), conformément aux habitudes des Vosgiens de son district, il émigre et vient en
Champagne, comme colporteur, pour y vendre des articles de
mercerie. Guidé par un frère aîné, il réussit bien d'abord dans
son commerce. Mais, pendant qu'une maladie le retient à l'hôpital de Châlons, sa pacotille se détériore ; et, cette perte de son
capital lui ôtant toute ressource, il tombe dans la domesticité.
Bientôt (en 1834) commence pour lui une vie de désordres et
de continuels changements qui doit durer dix années, et dont il
aura dans la suite tant de peine à sortir. Il passe, comme domestique, dans plusieurs maisons où il reste à peine quelques mois.
Il demeure plus longtemps chez un meunier ; mais il fréquente
les ouvriers nomades venus dans le voisinage pour travailler au
canal (1) ; et il prend avec eux des habitudes qui obligent ce
maître tolérant à le renvoyer. Jeté au milieu de ces ouvriers, il
travaille avec eux et subit complétement leur influence. Peu après
il séduit Marie C**, âgée de seize ans, qui, déjà mère, devient
sa femme malgré la volonté des parents. Malheureusement son
mariage ne modifie pas ses habitudes ; et des querelles sans cesse
renaissantes l'obligent à s'éloigner de la maison de son beau-
père, où il avait d'abord été admis. Il va chercher du travail
dans les Ardennes, comme terrassier d'abord, puis comme
domestique. Mais sa conduite ne change pas ; et sa famille est
dans le plus complet dénûment, malgré les efforts de sa femme,
dont le faible salaire doit encore servir en partie à payer les
dettes du mari. Renvoyé à la fin par ses maîtres et ne pouvant plus
nourrir sa femme et son enfant, il la laisse retourner au foyer
paternel, tandis qu'il vient lui-même chercher une occupation
à Moulin-de-Beaumont, où les travaux du souterrain sont commencés (1). Il y retrouve les ouvriers nomades ; et, n'étant plus

surveillé, ni soutenu par sa femme, il tombe au dernier degré de l'abaissement, changeant à chaque instant de travail, chargé de dettes et presque toujours ivre. Son intelligence cependant ne s'altère pas au même degré que ses mœurs. C'est alors en effet qu'il conçoit l'idée d'une spéculation qui doit le conduire à la propriété (1 et 8). La femme, désirant l'arracher à cette vie de désordre, décide son père à lui fournir, par l'appui du crédit dont il jouit, les moyens de réaliser cette spéculation. La maison est construite en 1844 ; et l'ouvrier s'y installe avec sa femme, revenue près de lui. Dès lors commence pour lui une vie nouvelle pendant laquelle il tend à se relever graduellement du triste état où il était tombé. Devenu plus rangé, et maintenu dans la bonne voie par le désir qu'il a de devenir propriétaire définitif de sa maison et par l'active surveillance de sa femme, il se met au travail avec énergie. Sa femme apporte au travail une ardeur encore plus soutenue. Très-occupée comme couturière, elle se livre en outre à une spéculation fort lucrative concernant la nourriture et le logement des ouvriers (8). Le ménage réalise ainsi des bénéfices considérables; les dettes du mari sont payées d'abord, puis on rembourse les emprunts faits pour bâtir la maison ; et, après quinze mois d'efforts, ils en sont enfin propriétaires. Mais, les travaux du souterrain venant à cesser, avec eux disparaissent les sources de bénéfices. Quelques désordres viennent encore troubler le ménage; et l'ouvrier retombe dans le découragement. Sur le point de reprendre sa vie nomade, il est retenu par l'amour de sa propriété naissante et par les énergiques efforts de sa femme. Bientôt il se met aux travaux agricoles et se procure le matériel nécessaire pour ces travaux (6). Pendant les années difficiles de 1847 à 1850, que la famille traverse péniblement (7), il apprend à supporter les privations. Peu à peu, il se crée des relations qui lui assurent du travail; le ménage peut acheter quelques meubles et compléter la maison. En même temps, les deux enfants s'élèvent, et on satisfait aux dépenses que nécessite leur instruction. Enfin, la famille acquiert un jardin en 1853, un champ en 1854, et arrive à la situation financière dont le précis est indiqué précédemment (6).

§ 13.

MŒURS ET INSTITUTIONS ASSURANT LE BIEN-ÊTRE PHYSIQUE ET MORAL DE LA FAMILLE.

L'avenir de la famille est assuré par l'amour du travail et le goût de l'épargne, que les deux époux possèdent maintenant à un haut degré. A une époque où ils étaient moins avancés, leurs premiers succès ont été dus à l'intelligence avec laquelle ils ont su découvrir et exploiter l'industrie du logeur (12). Les bénéfices de cette industrie leur ont permis d'atteindre rapidement à la propriété ; et ils ont pu s'y maintenir, aidés par deux subventions importantes. L'heureuse influence exercée sur l'ouvrier par la possession d'une maison a fait naître chez lui de précieuses qualités. Le développement de ces qualités, et en particulier de la tempérance qui, peu à peu, remplace les anciens vices, contribuera dans l'avenir à accélérer les progrès de la famille. L'intelligence dont le mari fait preuve dans la direction des intérêts matériels et l'ardeur pour l'économie que montre la femme dans la conduite du ménage complètent ces garanties de prospérité. Cependant, une lacune grave subsiste dans cet état de perfectionnement : les parents ont été incapables d'inculquer à leurs deux filles une pratique raisonnée de l'ordre moral. La mère de famille, qui a été séduite, à l'âge de seize ans, par l'homme qui est devenu son époux, ne se préoccupe point du danger auquel ses filles sont exposées journellement par les contacts les plus corrupteurs ; et elle ne fait rien pour les en éloigner. C'est surtout sous ce rapport que l'avenir de la génération suivante reste incertain jusqu'à ce jour (17). La famille s'élève progressivement à la condition de bordier rural, possédant, outre l'habitation, un jardin potager et un champ. Elle tire un grand secours de deux engrais, qui sont ramassés sur la grande route contiguë à ces deux pièces de terre, pour fertiliser un sol crayeux presque stérile (7). Ces engrais sont, pour les populations agglomérées des campagnes, l'équivalent des matières recueillies par les chiffonniers urbains (VI, VII).

§ 14. — BUDGET DES RECETTES DE L'ANNÉE.

SOURCES DES RECETTES.	ÉVALUATION approximative des sources de recettes.
	VALEUR des propriétés.

SECTION Iʳᵉ.
Propriétés possédées par la famille.

ART. 1ᵉʳ. — PROPRIÉTÉS IMMOBILIÈRES.

HABITATION :	
Maison avec appentis...	1,100 00
IMMEUBLES RURAUX :	
Champ (33 ares)...	120 00
Jardin (3 ares) attenant à la maison..........................	100 00

ART. 2. — VALEURS MOBILIÈRES.

ARGENT :	
Somme gardée au logis comme fonds de roulement................	20 00
ANIMAUX DOMESTIQUES entretenus seulement une partie de l'année :	
1 porc : valeur calculée........................(6)	23 00
15 lapins : valeur calculée.....................(6)	8 00
MATÉRIEL SPÉCIAL des travaux et industries :	
Outils pour la culture du jardin et du champ..................	9 50
— pour la récolte des céréales............................	21 50
— pour les travaux de terrassement et pour l'abatage du bois.	35 00
— pour l'entretien de la maison et les réparations du mobilier.	16 00
— pour la fabrication des carreaux de terre................	6 00
Ustensiles pour le blanchissage...............................	6 50
Mobilier pour l'industrie du logeur...........................	76 00

ART. 3. — DROITS AUX ALLOCATIONS DE SOCIÉTÉS D'ASSURANCES MUTUELLES.

(La famille ne fait partie d'aucune société de ce genre.).....	»
VALEUR TOTALE des propriétés (sauf déduction des dettes mentionnées, 15, Sⁿ V)....	1,541 50

SECTION II.
Subventions reçues par la famille.

ART. 1ᵉʳ. — PROPRIÉTÉS REÇUES EN USUFRUIT.

(La famille ne reçoit aucune propriété en usufruit)..

ART. 2. — DROITS D'USAGE SUR LES PROPRIÉTÉS VOISINES.

DROIT sur le fumier des voies publiques...
— sur l'herbe des voies publiques..
— de glaner après la moisson..
— sur le pâturage communal...

ART. 3. — ALLOCATIONS D'OBJETS ET DE SERVICES.

ALLOCATIONS concernant les besoins moraux.......................................
— concernant les industries...................................

§ 14. — BUDGET DES RECETTES DE L'ANNÉE.

RECETTES.	MONTANT DES RECETTES.	
	VALEUR des objets reçus en nature.	RECETTES en argent.
SECTION Ire.		
Revenus des propriétés.		»
ART. 1er. — REVENUS DES PROPRIÉTÉS IMMOBILIÈRES.		
Intérêt (5 p. 100) de la valeur de la maison...	55ᶠ00	»
Intérêt (3 p. 100) de la valeur de ce champ...................... (16, A)	3 60	»
— — de ce jardin............................... (16, B)	3 00	»
ART. 2. — REVENUS DES VALEURS MOBILIÈRES.		
(Cette somme ne procure aucun revenu.)............................	»	»
Intérêt (6 p. 100) de cette valeur.................................. (16, C)	1 38	»
— — .... (16, D)	0 48	»
Intérêt (5 p. 100) de la valeur de ces outils.............. (16, A et B)	0 47	»
— — — .... (16, E)	»	1ᶠ08
— — — .... (16, G)	»	1 75
— — —	0 80	»
— — — .... (16, J)	0 32	0 30
Intérêt (5 p. 100) de la valeur de ces ustensiles..................	»	»
— — de ce mobilier................................	»	3 80
ART. 3. — ALLOCATIONS DES SOCIÉTÉS D'ASSURANCES MUTUELLES.		
(La famille ne reçoit aucune allocation de ce genre.)......................	»	»
TOTAUX des revenus des propriétés...............	65 05	6·93
SECTION II.		
Produits des subventions.		
ART. 1er. — PRODUITS DES PROPRIÉTÉS REÇUES EN USUFRUIT.		
(La famille ne jouit d'aucun produit de ce genre)......................	»	»
ART. 2. — PRODUITS DES DROITS D'USAGE.		
Fumier évalué avant la récolte.........................	»	36 75
Herbe évaluée sur pied à..................................	3 00	7 00
Épis évalués avant la récolte.........................	»	4 00
(La famille, faute de bestiaux, ne peut profiter de ce droit.)............	»	»
ART. 3. — OBJETS ET SERVICES ALLOUÉS.		
Cadeaux reçus par les enfants, de leurs parrains et marraines, en échange d'objets de moindre valeur..	»	8 00
Permission d'emporter les liens des gerbes battues ; paille des liens évaluée à.......	1 50	»
TOTAUX des produits des subventions...............	4 50	55 75

§ 14. — BUDGET DES RECETTES DE L'ANNÉE (SUITE).

SOURCES DES RECETTES (SUITE).

DÉSIGNATION DES TRAVAUX ET DE L'EMPLOI DU TEMPS.	QUANTITÉ DE TRAVAIL EFFECTUÉ.			
	père	mère	fille aînée	2ᵉ fille
	journées	journées	journées	journées

SECTION III.
Travaux exécutés par la famille.

	père	mère	fille aînée	2ᵉ fille
Récolte des foins et des céréales; battage du seigle et du froment pour semences, à la journée............	40	»	»	»
Mêmes travaux exécutés à la tâche en juin, juillet, août, septembre.....	40	20	»	»
Battage de toute espèce de grains, à la tâche (au seizième), en automne, en hiver et au commencement du printemps.	105	8	30	»
Transport et étendage des fumiers au printemps et en automne; terrassements exécutés à la journée..........	35	»	»	»
Travaux de construction et d'entretien des routes, à la journée; travaux de terrassement au canal..............	38	»	»	»
Fabrication des carreaux de terre, exécutée à la tâche, au printemps...	20	»	»	»
Abatage de peupliers et autres bois, exécuté à la tâche...............	20	»	»	»
Prestation en nature pour l'entretien des chemins communaux........	8	»	»	»
Travaux d'aiguille, à la journée........	»	80	»	»
Travaux d'aiguille entrepris à la tâche et exécutés à la maison........	»	90	70	»
Lavage de lessives....................	»	8	»	»
Travail exécuté en apprentissage chez une lingère...............	»	»	165	»
Travaux de ménage, préparation des aliments, soins de propreté concernant la maison et le mobilier.......	»	»	»	»
Entretien des vêtements et du linge; confection de vêtements neufs....	»	85	40	15
Récolte de l'herbe et glanage.........	»	36	»	»
Récolte du fumier sur la voie publique...............	»	8	»	»
Blanchissage de la famille............	»	20	10	45
Exploitation du champ et du jardin....	»	16	»	»
Entretien de la maison, du mobilier et des outils..............	6	10	»	»
Soins donnés aux animaux............	15	»	»	»
Aide donnée à la grand'mère pour les travaux de ménage............	»	7	»	15
TOTAUX des journées de tous les membres de la famille.......	323	338	315	75

SECTION IV.
Industries entreprises par la famille
(à son propre compte).

INDUSTRIES entreprises au compte de la famille :
 Culture du champ (33 ares)..
 Culture du jardin (3 ares)..
 Engraissement d'un porc..
 Élevage de 15 lapins..
 Récolte de céréales entreprise à la tâche............................
 Battage en grange entrepris à la tâche..............................
 Abatage du bois entrepris à la tâche................................
 Fabrication des carreaux de terre entreprise à la tâche..............
 Travaux à l'aiguille entrepris à la tâche par la femme de l'ouvrier......
 Spéculation relative au logement et à la nourriture d'ouvriers nomades, entreprise par la famille de temps à autre.

§ 14. — BUDGET DES RECETTES DE L'ANNÉE (SUITE).

père	mère	fille aînée	2ᵉ fille	RECETTES (SUITE)	VALEUR des objets reçus en nature.	RECETTES en argent.
fr. c.	fr. c.	fr. c.	fr. c.	**SECTION III.** **Salaires.**		
3 00	»	»	»	Salaire total attribué à ce travail...........	40ᶠ00	80ᶠ00
3 00	1 25	»	»	Salaire partiel — ......(16, E)	»	145 00
1 75	0 75	0 30	»	— — ......(16, F)	»	198 75
2 00	»	»	»	Salaire total —	10 00	60 00
2 00	»	»	»	— —	»	76 00
1 50	»	»	»	Salaire que recevrait un journalier exécutant le même travail..............(16, J)	»	30 00
1 25	»	»	»	Salaire que recevrait un journalier exécutant le même travail..............(16, G)	10 00	15 00
2 00	»	»	»	Somme que devrait payer l'ouvrier pour être dispensé de ce travail...........	6 00	»
»	1 30	»	»	Salaire total attribué à ce travail...........	56 00	48 00
»	1 30	0 25	»	Salaire partiel — ......(16, H)	»	134 50
»	1 70	»	»	Salaire total —	5 60	8 00
»	»	0 50	»	— —	82 50	»
»	»	»	»	(Aucun salaire ne peut être ici évalué)......	»	»
»	0 75	»	»	Salaire total attribué à ce travail...........	27 00	»
»	0 75	»	»	— —	»	6 00
»	1 00	0 25	0 20	— — ...... (16, L)	31 50	»
»	0 75	»	»	— — ......(16, M)	12 00	»
1 25	0 85	»	»	— — ..(16, A et B)	16 00	»
1 00	»	»	»	— —	15 00	»
»	0 50	»	»	— — ..(16, C et D)	3 50	»
»	»	»	0 30	— —	4 50	»
				TOTAUX des salaires de la famille.............	319 60	801 25

SECTION IV.
Bénéfices des industries.

Description	VALEUR des objets reçus en nature.	RECETTES en argent.
Bénéfice résultant de cette industrie...(16, A)	9 05	»
— — ....(16, B)	8 13	»
— — ....(16, C)	11 85	»
— — ....(16, D)	3 02	»
— de cette entreprise.......................................(16, E)	»	32 50
— — ....(16, F)	»	40 60
— — ....(16, G)	»	5 00
— — ....(16, J)	»	6 00
— — ....(16, H)	»	16 00
— de cette spéculation, évaluée à une moyenne annuelle de..........	»	40 00
TOTAUX des bénéfices résultant des industries	32 05	140 10

NOTA.— Outre les recettes portées ci-dessus en compte, les industries donnent lieu à une recette de 163ᶠ97 (16, K), qui est appliquée de nouveau à ces mêmes industries. Cette recette et les dépenses qui la balancent (15, Sᵒⁿ V) ont été omises dans l'un et l'autre budget.

	VALEUR des objets reçus en nature.	RECETTES en argent.
TOTAUX DES RECETTES de l'année (balançant les dépenses)..... (1,425ᶠ23)	421 20	1,001 03

§ 15. — BUDGET DES DÉPENSES DE L'ANNÉE.

DÉSIGNATION DES DÉPENSES.	POIDS et PRIX des ALIMENTS		MONTANT DES DÉPENSES.	
	POIDS consommé	PRIX par kilogr.	VALEUR des objets consommés en nature.	DÉPENSES en argent.
SECTION Ⅰʳᵉ.				
Dépenses concernant la nourriture.				
ART. 1ᵉʳ. — ALIMENTS CONSOMMÉS DANS LE MÉNAGE.				
(Par l'ouvrier pendant 315 jours, la femme pendant 257 jours, la fille aînée pendant 200 jours, la plus jeune fille pendant 350 jours.)				
CÉRÉALES :				
Seigle pur, évalué à l'état de farine..................	600ᵏ0	0ᶠ 320	»	192ᶠ00
Froment à l'état de farine, pour pâtisseries de ménage.........	2 0	0 500	»	1 00
Riz mangé au lait.	2 0	1 800	»	3 60
Poids total et prix moyen...	604 0	0 325		
CORPS GRAS :				
Beurre de vache.....................................	20 0	1 700	»	34 00
Graisse de porc......................... ....(16, C)	10 0	1 800	3ᶠ60	14 40
Lard, mangé cuit avec des légumes, ou frit dans la poêle avec de la salade........................(16, C)	70 0	1 800	1 48	124 52
Huile douce (mélange de plusieurs espèces) pour les salades........	1 0	2 500	»	2 50
Poids total et prix moyen..............	101 0	1 787		
LAITAGES ET ŒUFS :				
Lait de vache (204 litres), mangé en soupe ou avec du café.....	214 0	0 097	» »	20 80
Œufs : 144 pièces.....	8 0	0 750	»	6 00
Fromage blanc sec du pays, mangé en toute saison.............	23 0	1 000	»	23 00
Fromage de lait caillé, mangé en été...........	12 0	0 250	»	3 00
Fromage gras, dit de Troyes, mangé surtout en hiver et en automne.	8 0	1 250	»	10 00
Poids total et prix moyen..............	265 0	0 237		
VIANDES ET POISSONS :				
Viandes de boucherie : Quelques bas morceaux (tête, foie).....	5 0	0 800	»	4 00
Viande de porc salé ou frais.........................(16, C)	32 0	1 600	12 15	39 05
Viande de lapin. ....(16, D)	5 0	1 500	7 50	»
Poissons : Harengs salés..............................	2 0	1 500	»	3 00
Poids total et prix moyen..............	44 0	1 493		

§ 45. — BUDGET DES DÉPENSES DE L'ANNÉE (SUITE).

DÉSIGNATION DES DÉPENSES (SUITE).	POIDS et PRIX des ALIMENTS		VALEUR des objets consommés en nature.	DÉPENSES en argent.
	POIDS consommé	PRIX par kilogr.		

SECTION Iʳᵉ.

Dépenses concernant la nourriture (suite).

LÉGUMES ET FRUITS :				
Tubercules : Pommes de terre.......................... (16, A)	350ᵏ0	0ᶠ085	29ᶠ75	»
Légumes farineux secs : Haricots (dont 32ᵏ achetés).... (16, A)	64 0	0 500	16 00	16ᶠ00
— Lentilles (dont 10ᵏ achetés).... (16, B)	35 0	0 370	9 25	3 70
— Pois secs....................	4 0	0 435	»	1 74
Légumes verts à cuire : Choux mangés de septembre en mars............................. (16, A)	450 0	0 043	6 45	12 90
— Haricots et pois verts...... (16, B)	15 0	0 420	6 30	»
— Laitue, chicorée, mangées frites au lard................................	15 0	0 300	»	4 50
Légumes épices : Oignons........................... »	30 0	0 100	»	3 00
— Poireaux.........................	5 0	0 100	»	0 50
— Persil, cerfeuil, aulx, oseille.......... (16, B)	4 0	0 750	» 00	»
Légumes racines : Carottes, navets...................... »	12 0	0 400	»	4 80
Fruits à pepin et à noyau : Cerises, prunes, dites de Damas, mangées en septembre, pommes, raisin de vigne....................	20 0	0 500	»	10 00
— Groseilles du jardin........ (16, B)	2 0	0 500	1 00	»
Poids total et prix moyen...............	1,006 0	0 128		
CONDIMENTS ET STIMULANTS :				
Sel, 12ᵏ pour le ménage ; — 10ᵏ pour saler le porc....	22 0	0 400	»	8 80
Poivre...	0 5	3 600	»	1 80
Vinaigre..	5 0	1 000	»	5 00
Matières sucrées (sucre de canne ou de betterave)........	5 0	1 500	»	7 50
Boissons aromatiques : Café noir pris avec le lait............	1 0	4 000	»	4 00
Poids total et prix moyen................	33 5	0 809		
BOISSONS FERMENTÉES :				
Vin ou piquette..	150 0	0 200	»	30 00
Eau-de-vie de marc prise à jeun le matin.....................	10 0	1 500	»	15 00
Poids total et prix moyen................	160 0	0 281		

ART. 2. — ALIMENTS PRÉPARÉS ET CONSOMMÉS EN DEHORS DU MÉNAGE.

ALIMENTS DIVERS :				
Nourriture consommée par l'ouvrier pendant 50 jours, à 1ᶠ00 par jour...... (14, Seⁿ III)			50 00	»
— par la femme pendant 88 jours, à 0ᶠ70 par jour...... (14, Seⁿ III)			61 60	»
— par la fille de 16 ans pendant 165 jours, à 0ᶠ50 par jour.. (14, Seⁿ III)			82 50	»
— par la fille de 13 ans pendant 15 jours, à 0ᶠ30 par jour.. (14, Seⁿ III)			4 50	»
TOTAUX des dépenses concernant la nourriture................			295 08	610 11

§ 45. — BUDGET DES DÉPENSES DE L'ANNÉE (SUITE).

DÉSIGNATION DES DÉPENSES (SUITE).	MONTANT DES DÉPENSES.	
	VALEUR des objets consommés en nature.	DÉPENSES en argent.
SECTION II.		
Dépenses concernant l'habitation.		
LOGEMENT :		
Loyer (intérêt de la valeur de la maison), 55ʳ00; — entretien : travaux de l'ouvrier, 10ʳ00; — achats, 6ʳ00.........................	65ʳ00	6ʳ00
MOBILIER :		
Entretien : travaux de la famille, 5ʳ00; — achats, 13ʳ00; — intérêt des outils employés, 0ʳ80.........................	5 80	13 00
CHAUFFAGE :		
Bois de peuplier (racines et branches mortes obtenues par l'arrachage), 300ᵏ........	6 00	»
Fagots de branches de pin, 300ᵏ pour chauffer le four.............................	»	10 00
Fagots de bois dur, 300ᵏ.............................	»	15 00
Houille, 600ᵏ à 3ʳ50 les 100 kil.............................	»	21 00
ÉCLAIRAGE :		
Huile à brûler (mélange presque toujours falsifié), 16ᵏ à 1ʳ60 le kil.............	»	25 60
Chandelles très-rarement employées, 1ᵏ.............................	»	1 00
TOTAUX des dépenses concernant l'habitation..........	76 80	91 60
SECTION III.		
Dépenses concernant les vêtements.		
VÊTEMENTS :		
De l'ouvrier : frais d'achat et de confection domestique............... (16, N et O)	6 75	36 98
De la femme : — — .... (16, N et O)	9 75	36 78
Des deux filles : — — .... (16, N et O)	10 50	29 35
BLANCHISSAGE :		
Savon, 8ᵏ à 1ʳ00 le kil., 8ʳ00; — travaux de la femme (14, Sᵒⁿ III), 12ʳ00; — cendres du foyer, 4ʳ00; — intérêt des ustensiles employés, 0ʳ32.............. (16, M)	16 32	8 00
TOTAUX des dépenses concernant les vêtements.	43 32	111 11
SECTION IV.		
Dépenses concernant les besoins moraux, les récréations et le service de santé.		
CULTE :		
Aucune dépense ordinaire qui soit appréciable...................	»	»
INSTRUCTION DES ENFANTS :		
8 mois d'école à 1ʳ00 pour la plus jeune fille.................	»	8 00
Frais de livres et de papier.................	»	3 00
SECOURS ET AUMÔNES :		
Pain donné aux pauvres.................	»	1 50

§ 45. — BUDGET DES DÉPENSES DE L'ANNÉE (SUITE).

DÉSIGNATION DES DÉPENSES (SUITE).	MONTANT DES DÉPENSES.	
	VALEUR des objets consommés en nature.	DÉPENSES en argent.

SECTION IV.

Dépenses concernant les besoins moraux, les récréations et le service de santé (suite).

RÉCRÉATIONS ET SOLENNITÉS :		
Dépenses de cabaret...	»	26 00
Tabac à fumer...	»	36 00
Foires et spectacles...	»	3 50
Cadeaux offerts par les enfants à leurs parrains et marraines au jour de l'an........	»	4 00
SERVICE DE SANTÉ :		
Aucune dépense habituelle..	»	»
TOTAL des dépenses concernant les besoins moraux, les récréations et le service de santé....................................	»	82 00

SECTION V.

Dépenses concernant les industries, les dettes, les impôts et les assurances.

DÉPENSES CONCERNANT LES INDUSTRIES :

NOTA. — Les dépenses concernant les industries entreprises au compte de la famille montent à................................... 237f 10

Elles sont remboursées par les recettes provenant de ces mêmes industries, savoir :

Argent et objets employés pour les consommations du ménage et portés à ce titre dans le présent budget................ 73f 13

Argent et objets appliqués de nouveau aux industries (14, Sᵒⁿ IV) comme emploi momentané du fonds de roulement, et qui ne peuvent conséquemment figurer parmi les dépenses du ménage. 163 97 } 237 10

INTÉRÊTS DES DETTES :		
La famille n'a plus de dettes depuis plusieurs années; elle n'achète pas à crédit les objets de consommation, et n'a pas à subir une augmentation du prix de vente.....	»	»
IMPÔTS :		
Impôt foncier (cote personnelle et mobilière; portes et fenêtres)...................	»	7 20
Impôt communal; prestation en nature : 3 journées de travail à 2f 00...............	6f 00	»
ASSURANCES CONCOURANT A GARANTIR LE BIEN-ÊTRE PHYSIQUE ET MORAL DE LA FAMILLE :		
Somme versée annuellement à la caisse des incendies du département de la Marne qui, en cas d'incendie, assure à la famille douze cents fois sa mise annuelle...........	»	0 25
TOTAUX des dépenses concernant les industries, les dettes, les impôts et les assurances....................................	6 00	7 45
ÉPARGNE DE L'ANNÉE :		
Somme réservée pour l'acquisition de propriétés nouvelles ou pour être placée à intérêts..................................... (6)	»	101 76

NOTA. — L'épargne annuelle, peu considérable jusqu'ici, devra s'accroître rapidement sous l'influence des habitudes de tempérance qui, déjà, ont remplacé chez l'ouvrier les anciens vices.

TOTAUX DES DÉPENSES de l'année (balançant les recettes).... (1,425f 23)	421 20	1,004 03

	VALEURS	
	en nature.	en argent.

§ 46.

COMPTES ANNEXÉS AUX BUDGETS.

SECTION I.

COMPTES DES BÉNÉFICES

Résultant des industries entreprises par la famille (à son propre compte).

A. — CULTURE DU CHAMP DE 33 ARES (LA MOITIÉ SEULEMENT A ÉTÉ FUMÉE JUSQU'ICI).

RECETTES.

	en nature	en argent
Pommes de terre, 350ᵏ à 0ᶠ085...........................	29ᶠ75	»
Haricots, 32ᵏ à 0ᶠ50............................	16 00	»
Choux, 150ᵏ à 0ᶠ043............................	6 45	»
Plus-value acquise par le champ........................	»	16ᶠ50
Totaux......	52 20	16 50

DÉPENSES.

	en nature	en argent
Intérêt (3 p. 100) de la valeur du champ...................	3 60	»
Travaux de l'ouvrier et de sa femme	13 00	»
Fumier du porc............................	»	13 00
Fumier récolté sur la voie publique, 5ᵐᵉ à 5ᶠ25.............	26 25	»
Semences....	»	3 00
Frais du matériel spécial :		
Intérêt (5 p. 100) d'une partie (2ⁱ3) de la valeur des outils..............	0 30	»
Entretien de ces outils............................	»	0 50
BÉNÉFICE résultant de l'industrie........................	9 05	»
Totaux comme ci-dessus.............	52 20	16 50

B. — CULTURE DU JARDIN DE 3 ARES.

RECETTES.

	en nature	en argent
Légumes divers...................................	18 55	»
Fruits : groseilles...................................	1 00	»
Plus-value du jardin...................................	»	2 25
Totaux........................ ...	19 55	2 25

DÉPENSES.

	en nature	en argent
Intérêt (3 p. 100) de la valeur du jardin...................	3 00	»
Travaux de l'ouvrier et de sa famille...................	3 00	»
A reporter...................	6 00	»

	VALEURS	
	en nature.	en argent.
DÉPENSES (SUITE).		
Report	6ʳ 00	»
Fumier des lapins	»	2ʳ 00
Fumier ramassé sur la voie publique	5 25	»
Frais du matériel spécial :		
Intérêt (5 p. 100) d'une partie (1/3) de la valeur des outils (9ʳ50) ...	0 17	»
Entretien du matériel	»	0 45
BÉNÉFICE résultant de l'industrie	8 13	»
Totaux comme ci-contre	19 55	2 25

C. — ENGRAISSEMENT D'UN PORC.

RECETTES.

Porc engraissé pesant 75ᵏ, à 1ʳ60 le kil	17 23	102 77
Fumier produit	»	13 00
Totaux	17 23	115 77

DÉPENSES.

Achat d'un jeune porc	»	20 00
Intérêt (6 p. 100) de la valeur calculée	1 38	»
Paille pour litière	1 50	4 53
Son, 500ᵏ à 0ʳ13	»	65 00
Pommes de terre, 250ᵏ à 0ʳ081	»	20 25
Farine d'orge, 30ᵏ à 0ʳ20	»	6 00
Travail de la femme	2 50	»
BÉNÉFICE résultant de l'industrie	11 85	»
Totaux comme ci-dessus	17 23	115 77

D. — ÉLEVAGE DE 15 LAPINS.

RECETTES.

Vente de 8 lapins à 2ʳ00	»	16 00
5 lapins pour la nourriture du ménage, à 1ʳ50	7 50	»
2 lapins conservés pour la reproduction	»	3 50
Peaux vendues	»	0 50
Fumier produit	»	2 00
Totaux	7 50	22 00

DÉPENSES.

Intérêt (6 p. 100) de la valeur calculée	0 48	»
Herbes récoltées sur les voies publiques	3 00	7 00
Avoine, son et paille	»	15 00
Travail de la femme	1 00	»
BÉNÉFICE résultant de l'industrie	3 02	»
Totaux comme ci-dessus	7 50	22 00

v.

23

	VALEURS	
	en nature.	en argent

E. — Spéculation relative a la récolte des céréales exécutée a la tache.

RECETTE.

Somme obtenue du travail en sus du salaire que recevrait un journalier exécutant le même ouvrage et ne fournissant que les outils................	»	34f 75

DÉPENSES.

Frais du matériel spécial :		
Une partie (1/2) de l'intérêt (5 p. 100) de la valeur des outils (21f 50).....	»	0 55
Entretien de ces outils..	»	1 70
Supplément de salaire résultant de la substitution du travail à la tâche au travail à la journée (0f 54 par jour)................................	»	32 50
Total comme ci-dessus................	»	34 75

F. — Spéculation relative au battage de grains exécuté a la tache (moyennant 1 seizième du produit).

RECETTE.

Somme obtenue du travail en sus du salaire que recevrait un journalier exécutant le même ouvrage......................................	»	42 00

DÉPENSES.

Frais du matériel spécial :		
Intérêt (5 p. 100) de la valeur des outils (3f 00).....................	»	0 15
Frais d'entretien de ces outils...................................	»	1 25
Supplément de salaire résultant de la substitution du travail à la tâche au travail à la journée (0f 38 par jour)................................	»	40 60
Total comme ci-dessus................	»	42 00

G. — Spéculation relative au travail a la tache concernant l'abatage de peupliers et autres bois.

RECETTE.

Somme obtenue du travail en sus du salaire que recevrait un journalier exécutant le même ouvrage et ne fournissant que les outils................	»	7 70

DÉPENSES.

Intérêt (5 p. 100) de la valeur des outils (14f 50).....................	»	0 70
Frais d'entretien de ces outils.........	»	2 00
Supplément de salaire résultant de la substitution du travail à la tâche au travail à la journée (0f 25 par jour)................................	»	5 00
Total comme ci-dessus................	»	7 70

	VALEURS	
	en nature.	en argent.

H. — Spéculation relative aux travaux d'aiguille exécutés a la tache par la femme aidée de sa fille aînée.

RECETTE.

Somme obtenue du travail en sus du salaire que recevrait une ouvrière travaillant à la journée.. | » | 24ᶠ 00 |

DÉPENSES.

Frais du matériel spécial : achat d'aiguilles et de fil................... | » | 8 00 |
Supplément de salaire résultant de la substitution du travail à la tâche au travail à la journée (0ᶠ 13 par jour)................................. | » | 16 00 |

Total comme ci-dessus................ | » | 24 00 |

J. — Spéculation relative au travail a la tache concernant la fabrication de carreaux communs en terre séchée.

RECETTE.

Somme obtenue du travail en sus du salaire que recevrait un journalier exécutant le même ouvrage et ne fournissant que les outils................ | » | 7 80 |

DÉPENSES.

Frais du matériel spécial :
Intérêt (5 p. 100) de la valeur des outils.......................... | » | 0 30 |
Entretien de ces outils.. | » | 1 50 |
Supplément de salaire résultant de la substitution du travail à la tâche au travail à la journée (0ᶠ 30 par jour).............................. | » | 6 00 |

Total comme ci-dessus................ | » | 7 80 |

K. — Résumé des comptes des bénéfices résultant des industries (A à J).

RECETTES TOTALES.

	en nature.	en argent.
Produits employés en nature pour la nourriture de la famille...............	96ᶠ 48	102 77
Recettes en argent appliquées aux dépenses du ménage ou concourant à l'épargne..	»	6 03
Recettes en argent à employer de nouveau pour les industries elles-mêmes..	»	163 97
Totaux.............................	96 48	272 77

DÉPENSES TOTALES.

	en nature.	en argent.
Intérêt des propriétés possédées par la famille et employées par elle aux industries.. (14, Soⁿ I)	8 93	1 70
Produits des subventions reçues par la famille et employées par elle aux industries.. (14, Soⁿ II)	4 50	7 00
Salaires afférents aux travaux exécutés par la famille pour les industries... (14, Soⁿ III)	19 50	»
Salaires afférents à d'autres travaux exécutés par la famille pour les industries...	31 50	»
Produits des industries dépensés en nature et dépenses en argent qui doivent être remboursés par des recettes résultant des industries................	»	163 97
Totaux des dépenses (237ᶠ 10)..........	64 43	173 67
Bénéfices totaux résultant des industries (132ᶠ 15)......................	32 05	100 10
Totaux comme ci-dessus................	96 48	272 77

	VALEURS	
	en nature.	en argent.

SECTION II.

COMPTES RELATIFS AUX SUBVENTIONS.

L. — Récolte du fumier sur la voie publique.

RECETTES.

Fumier employé pour fumer le jardin et le champ......................	31ʳ50	»
Fumier vendu..	»	36ʳ75
Totaux..........................	31 50	36 75

DÉPENSES.

Travaux de la femme : 20 journées à 1ʳ00......................	20 00	»
Travaux des enfants : 10 journées à 0ʳ25 et 45 à 0ʳ20..........	11 50	»
VALEUR à attribuer au fumier avant la récolte..................	»	36 75
Totaux comme ci-dessus...............	31 50	36 75

SECTION III.

COMPTES DIVERS.

M. — Compte relatif au blanchissage.

8 lessives faites chaque année coûtent :

Travaux de la femme : 16 journées à 0ʳ75......................	12 00	»
Savon : 8ᵏ à 1ʳ00..	»	8 00
Cendres du foyer : 125 litres..............................	4 00	»
Intérêt des outils employés................................	0 32	»
Totaux des dépenses pour le blanchissage..	16 32	8 00

N. — Compte de la dépense annuelle pour étoffes et vêtements achetés.

Art. 1ᵉʳ. — Vêtements de l'ouvrier.

	PRIX d'achat.	DURÉE.	DÉPENSE annuelle.
Vêtements du dimanche :			
1 veste de gros drap........................	12ʳ00	6 ans.	2ʳ00
1 blouse de toile bleue, neuve..............	7 00	3	2 33
1 gilet en étoffe de laine..................	4 00	4	1 00
1 pantalon de laine........................	4 00	3	1 33
1 cravate de laine.........................	2 00	8	0 25
1 paire de souliers avec réparation annuelle.	9 00	3	3 00
6 mouchoirs de poche en coton..............	3 00	9	0 33
1 chapeau de feutre gris et 1 casquette.....	4 00	3	1 33
6 paires de chaussettes laine et coton......	6 00	3	2 00
Vêtements de travail :			
Vieux vêtements du dimanche................	»	»	»
1 gilet avec manches en coton..............	1 50	2	0 75
2 pantalons en toile bleue légère..........	4 00	1	4 00
2 gilets tricotés en coton.................	3 00	2	1 50
1 paire de souliers plusieurs fois réparés..	3 00	2	1 50
1 paire de bottes en cuir rouge, dit de Russie, pour exécuter des travaux de terrassement dans les lieux humides....	15 00	3 1/2	4 25
2 paires de sabots à 0ʳ60 la paire, avec chaussons tricotés par la femme ou faits de débris de vêtements..........	2 50	1	2 50
À reporter..................	80 00		28 07

	PRIX d'achat.	DURÉE.	DÉPENSE annuelle.

ART. 1er. — *Vêtements de l'ouvrier (suite).*

Report....................	80 00		23 07
Vêtements de travail (suite) :			
8 chemises de grosse toile à 5f 00.............	40 00	6 ans.	6 66
1 ceinture, dite de *gymnastique*, dont l'ouvrier fait usage pour se serrer les reins pendant le travail..............	1 00	2	0 50
Totaux..........	121 00		35 23

ART. 2. — *Vêtements de la femme.*

Vêtements du dimanche :			
1 robe de laine.....	10 00	3	3 33
2 jupons de laine.....	5 00	3	1 66
1 tablier de laine noire.....	3 00	6	0 50
1 corset.....	2 00	2	1 00
2 fichus d'indienne imprimée.....	2 00	2	1 00
6 mouchoirs de poche en coton.....	4 00	12	0 33
4 paires de bas de laine.....	8 00	3	2 66
2 bonnets.....	6 00	2	3 00
1 paire de sabots de luxe avec dessus de cuir.....	1 50	1	1 50
1 paire de souliers.....	5 00	2	2 50
Vêtements de travail :			
Vieux vêtements du dimanche.....	»	»	»
1 robe d'indienne.....	4 00	2	2 00
1 tablier d'indienne.....	1 50	2	0 75
4 paires de bas de coton.....	6 00	3	2 00
4 mouchoirs d'indienne pour envelopper la tête (dits *marmottes*)..	4 00	4	1 00
2 camisoles en coton.....	6 00	3	2 00
2 jupons, l'un d'hiver, l'autre d'été, faits avec de vieux vêtements..	1 00	4	0 25
2 coiffes de travail en indienne (*béguinettes*).....	1 00	2	0 50
2 chapeaux de paille grossière, dits casquettes, faits de manière à preserver la tête du soleil, en été.....	2 00	4	0 50
2 paires de sabots à 0f 60.....	1 20	1	1 20
2 paires de pantoufles ou chaussons faits par la femme avec des morceaux de vieux vêtements.....	2 00	2	1 00
1 paire de gros souliers.....	5 00	2	2 50
10 chemises en toile de chanvre et en coton.....	20 00	8	3 75
Totaux.....	110 20		34 93

ART. 3. — *Vêtements des deux filles (10).*

Dépense annuelle pour la fille aînée, évaluée à..............................			20 00
— pour la fille cadette, évaluée à..............................			7 00

O. — COMPTE DE LA DÉPENSE ANNUELLE POUR LA CONFECTION DES VÊTEMENTS EN ÉTOFFES ACHETÉES ET POUR L'ENTRETIEN DES VÊTEMENTS DE LA FAMILLE.

	VALEURS	
	en nature.	en argent.

ART. 1er. — *Dépense pour le ménage tout entier.*

Achat de laine, de fil et d'aiguilles.....	»	5f 95
36 journées de travail de la femme, estimées à 0f 75 par jour.............	27f 00	»
Totaux.............	27 00	5 95

ART. 2. — *Distribution de cette dépense sur les divers membres du ménage.*

Dépense pour la confection et l'entretien des vêtements :		
De l'ouvrier.....	6 75	1 75
De la femme.....	9 75	1 85
Des deux filles.....	10 50	2 35
Totaux comme ci-dessus.............	27 00	5 95

ÉLÉMENTS DIVERS DE LA CONSTITUTION SOCIALE

FAITS IMPORTANTS D'ORGANISATION SOCIALE;
PARTICULARITÉS REMARQUABLES;
APPRÉCIATIONS GÉNÉRALES; CONCLUSIONS.

§ 17.

CAUSES D'ÉBRANLEMENT QUI AGISSENT EN CHAMPAGNE DANS LA LOCALITÉ QU'HABITE LA FAMILLE DÉCRITE ET DANS LES RÉGIONS CONTIGUËS.

Après les influences contraires qu'elle a subies, la Champagne est l'une des provinces françaises qui conserve, avec leurs traits les plus fâcheux, les idées et les mœurs des Gaulois. Mal pourvue de pâturages permanents et privée de rivages maritimes, elle n'a point offert à ses premiers habitants les productions spontanées qui ont créé les races stables du Nord et de l'Orient. Comme les Indiens chasseurs de l'Amérique du Nord, les principales tribus gauloises n'ont trouvé dans leurs forêts, ni les conditions de la famille patriarcale (II, In. 2), ni celles de la famille-souche (III, In. 5).

En Champagne, comme dans la majeure partie du territoire actuel de la France, les forêts et les animaux qui s'y développent, sous ce climat, à l'état de nature, furent les principales productions spontanées auxquelles les premiers habitants demandèrent leurs moyens de subsistance. La chasse des grands animaux était l'industrie dominante des âges préhistoriques dont la géologie retrouve journellement les restes; et elle occupait encore, aux premiers âges de l'histoire, une place importante parmi les Gaulois. Or, chez les peuples chasseurs, les qualités qui assurent le mieux la subsistance ne sont pas, comme chez les pasteurs et les pêcheurs-côtiers, la sagesse et l'expérience de l'âge mûr ou de la vieillesse. Sans doute, le respect dû à la sagesse des vieillards est la principale condition de succès pour les chasseurs, comme pour les autres races d'hommes. Selon les observations recueillies, depuis trois siècles, sur les Indiens de l'Amérique du Nord, les tribus chez lesquelles la stabilité avait quelque durée étaient celles qui assuraient aux vieillards une autorité prépondérante. Dans cette organisation sociale, en effet, les vieillards ont seuls la prudence nécessaire pour maintenir, au contact des tribus voisines, la paix qui donne la sécurité au travail de chaque jour. Cependant les jeunes gens et les enfants eux-mêmes font très-promptement l'apprentissage de la chasse; et ils possèdent mieux que leurs parents l'agilité du corps et la passion du hasard qui sont au premier rang parmi les conditions de succès : ils sont donc, par la nature même des choses, les principaux pourvoyeurs de leur voisinage; et ils y acquièrent une influence précoce plus aisément que dans les travaux qui sont propres aux pasteurs ou aux pêcheurs-côtiers.

Cette nature du travail principal entraîne ldusieurs conséquences directes, en ce qui touche la constitution sociale des peuples chasseurs. Dès qu'ils arrivent à l'âge adulte, les enfants n'attendent plus de leurs parents les moyens de subsistance, et, si la notion du devoir s'affaiblit, ils ont tout intérêt à se separer d'eux. Devenus indépendants, les jeunes chefs de ménage se disputent la renommée dans les luttes de la chasse et de la guerre; et, sous cette influence, les actes de courage comptent plus que les conseils de la sagesse dans les délibérations de la tribu. Cette prépondérance de la jeunesse s'est longtemps manifestée entre la Manche et la Méditerranée par le défaut de réflexion et de persévérance : c'est donc avec raison que les premiers historiens ont opposé ces dispositions des Gaulois à la discipline et à la ténacité des races du Nord. En s'accumulant dans leurs forêts, les Gaulois demandèrent de nouveaux moyens de subsistance au pâturage et à l'agriculture : les jeunes ménages défrichaient des lambeaux de forêts comme le font aujourd'hui ceux de l'Orient (II, IV, 19) et du Nord (III, 1, 17). Devenus pasteurs et agriculteurs, les cohéritiers divisèrent entre eux les bestiaux et les champs, de même que les ancêtres chasseurs s'étaient toujours partagé les armes et les engins. Grâce à la prépondérance traditionnelle dont jouissait la jeunesse, l'instabilité créée par la force des choses, chez les familles vivant de la chasse, se perpétua parmi les familles devenues agricoles. Bien avant l'ère chrétienne, les Gaulois avaient approprié le sol cultivé à leurs convenances traditionnelles. Dès qu'une forêt était défrichée, les générations successives procédaient aux partages après décès et morcelaient le sol à l'infini. Ce morcellement n'était pas spécial aux plaines situées entre l'océan Atlantique et le Rhin : il s'était étendu, en certaines directions, sur la rive droite de ce fleuve, sous l'influence de diverses races constituées par des chasseurs.

Les influences qui transformèrent les Gaulois en Français introduisirent souvent une modification profonde dans la famille et la propriété rurale. La domination romaine mit en lumière la fécondité de l'autorité paternelle appuyée sur le testament. Le christianisme, en propageant le Décalogue, rappela que cette autorité est la sanction pratique de la loi morale et l'une des sources du bonheur temporel. Les invasions successives des races du Nord par le Rhin et la Manche et leurs établissements mirent en évidence la supériorité qu'offraient la discipline et la stabilité de ces races sur l'instabilité et l'indiscipline des indigènes. Enfin les beaux modèles d'organisation sociale du moyen âge démontrèrent aux populations que l'alliance et la transmission intégrale des trois formes de la propriété foncière (IV, In. 2 à 7), complétées par un judicieux régime d'émigration, assuraient, mieux que toute autre constitution sociale, le bien-être au milieu d'une race d'hommes. Sous ces influences réunies, l'autorité paternelle, restaurée dans les esprits, fit son œuvre sans le concours d'aucune contrainte légale. Les grands et les petits domaines se reconstituèrent, même sur les plaines crayeuses émiettées par les Gaulois. Cette transformation fut plutôt sociale que territoriale ; mais elle acquit toute sa fécondité, grâce aux sentiments propagés par les familles-souches de gentilshommes, de paysans et de bordiers (III, IV, 17) ; et de là sortit une admirable organisation du pâturage et de l'agriculture. La prospérité émanant de cette organisation s'accrut dans les campagnes, même au milieu des désordres provoqués par la rébellion des grands vassaux ou par la corruption des classes dirigeantes ; et elle ne prit fin qu'au xvi⁰ siècle, à l'époque des guerres de religion. Depuis lors, les règnes réparateurs de Henri IV et de Louis XIII, plus récemment l'ère de paix qui a suivi les guerres de la révolution et de l'empire, ont rendu aux campagnes le bien-être matériel. Mais, à partir du gouvernement personnel de Louis XIV, presque tous les pouvoirs publics se sont employés à détruire, dans son principe, l'œuvre morale du moyen âge. Par le spectacle de leur corruption et surtout par des contraintes légales, ils ont ramené, dans nôtre race, les sentiments d'antagonisme et d'instabilité qui, avant la domination des Romains, des Francs et des Normands, présidèrent au défrichement des forêts. Malgré quelques symptômes de retour à la vérité, les influences prépondérantes créées par la révolution de 1789 restent imprégnées d'erreurs que condamnent tous les peuples prospères. En ce qui touche notamment l'organisation territoriale, elles font rétrograder notre race jusqu'aux plus dangereuses traditions de la Gaule.

En Champagne, comme dans le reste de la France, ces vicissitudes se sont produites selon les lieux, avec des particularités spéciales. C'est ce qui est arrivé notamment sur la formation de craie blanche qui a été le théâtre des faits signalés dans la présente monographie. Même aux bonnes époques où l'autorité paternelle avait repris son empire, le sol de ces vastes plaines est resté morcelé en bandes étroites à ce point que la largeur en est réduite parfois à cinq sillons de charrue. Au centre de la banlieue ainsi morcelée, sont groupés les petits bâtiments qui abritent les familles, les animaux domestiques et les diverses sortes de récoltes. Ces bâtiments peuvent recevoir séparément et au besoin réunir les trois destinations. Sous ce rapport, des transformations continuelles surviennent au gré des propriétaires dont les convenances personnelles varient à l'infini, selon qu'ils sont en voie de prospérité ou de décadence, et surtout quand ils ont à se partager le domaine de leurs parents. Dans ces villages à banlieue et à bâtiments morcelés, les domaines se sont parfois transmis intégralement de génération en génération, à certaines époques de stabilité et d'autorité paternelle; mais, depuis l'établissement du partage forcé, ils se sont adaptés à toutes les convenances de ce régime.

Ils résolvent le problème de partager entre plusieurs cohéritiers la propriété rurale, à peu près aussi facilement qu'un sac d'écus.

Sous le régime du partage forcé, cette organisation territoriale engendre des populations qui se distinguent des autres races rurales par des caractères très-spéciaux. En raison des facilités extraordinaires qu'elle offre au commerce de la terre, la Champagne pouilleuse produit deux classes d'hommes entre lesquelles se perpétue un contraste profond. Les natures prévoyantes, énergiques et sobres, issues des familles pauvres, s'enrichissent en annexant rapidement les bâtiments et les parcelles de terre arable au premier lambeau de propriété que leur procure le travail ou l'héritage. Les natures imprévoyantes, molles et sensuelles, nées dans ce même milieu, n'en sortent point, parce qu'elles ne trouvent guère autour d'elles les conseils et les secours qu'offrent ailleurs les sociétés stables. Un partage analogue s'opère parmi les enfants des paysans riches : les mieux doués, partant de plus haut que leurs parents, s'élèvent plus qu'eux dans la hiérarchie; au contraire, les imprévoyants et les vicieux, ayant d'abord plus de moyens de se livrer au mal, tombent, plus encore que les pauvres de naissance, aux derniers degrés de la corruption et du dénûment. Les défaillances qui se produisent ainsi dans la postérité des cultivateurs qui possèdent le sol morcelé de la Champagne sont moins rares que chez les propriétaires qui, sans s'élever à un plus haut degré d'aisance, cultivent dans les autres régions des domaines stables et agglomérés.

Les paysans aisés, à domaines morcelés, de la Champagne et des régions du Laonnais qui y confinent sont l'objet spécial d'une monographie insérée au tome VI. Ils se classent au premier rang parmi ceux qui s'acharnent, tant que les forces ne leur font pas défaut, à conquérir la propriété rurale par le travail et l'épargne. Par l'ardeur qu'ils apportent à la poursuite de la richesse, ils égalent presque les Israélites qui exploitent en Pologne toutes les branches de commerce. Toutefois, ils leur sont fort inférieurs en ce qui touche le respect des parents et les sentiments de charité qu'inspire l'esprit de solidarité. Le paysan champenois, très-dur pour lui-même, est peu bienveillant pour les journaliers ruraux qui ont le travail des bras pour unique moyen d'existence. Ils n'accordent pas, même à ceux qu'ils emploient pendant la moisson, le patronage qui est habituel chez les paysans stables et les grands propriétaires des campagnes bien constituées. Leurs sentiments à l'égard de ceux qui vivent du salaire quotidien se font jour avec naïveté dans le terme « petites gens » par lequel ils les désignent. Plus que dans les autres régions, et en s'aidant de moyens plus condamnables, ils cherchent à diminuer, par la stérilité du mariage, les inconvénients du partage forcé. Ils sont devenus presque étrangers au christianisme et à toute notion religieuse. Souvent, dans les plaines qui s'étendent au pied des coteaux de la Brie, un seul curé dessert quatre anciennes paroisses ; et il réussit tout au plus à réunir quelques enfants au catéchisme et quelques femmes au service divin. On a souvent signalé au sénat du second empire l'un des vices habituels de ces races de paysans : on a flétri les mauvais traitements infligés par les jeunes ménages aux vieillards qui réclament trop longtemps la rente viagère stipulée en échange d'une cession de l'héritage.

Il n'y a donc pas lieu de s'étonner si les journaliers ruraux de la Champagne tombent, au point de vue moral, dans l'état de dégradation signalé pour la famille décrite dans la présente monographie. Seules, les natures d'élite résistent au mauvais exemple des paysans qui sont pour eux « la classe dirigeante ». Les salariés sont, pour la plupart, inférieurs à leurs maîtres, car ils n'ont pas, comme ces derniers, pour préservatifs les vertus solides, quoique matérielles en quelque sorte, qui émanent du travail spontané et de l'épargne. Le type qui fait l'objet de ce chapitre est loin de donner une idée complète de la déchéance que peut subir une race d'hommes sous un régime où règnent, à première vue, les apparences de l'ordre social. Pour connaître toute l'étendue de la dégradation des « petites gens », en Champagne et dans les régions contiguës, il faut observer méthodiquement les localités où ils s'agglomèrent : telles sont, entre autres, les fabriques de tissus de la ville de Reims et certains domaines exploités par les riches fermiers de l'Ile-de-France et de la Picardie. La présente monographie laisse à peine entrevoir

les traits les plus odieux de cette corruption : les attentats commis sur les jeunes filles pauvres, jusque sous les yeux de leurs
parents. Pendant trente années de voyages, je n'ai observé
aucun désordre qui engage à ce point, devant Dieu et devant les
gouvernants, la responsabilité des classes dirigeantes. F. L-P.

§ 18.

INFLUENCE FACHEUSE EXERCÉE SUR LES MŒURS RURALES
PAR LES OUVRIERS NOMADES DES TRAVAUX PUBLICS.

Pour compléter le système des canaux et développer rapidement le réseau des chemins de fer, on a exécuté depuis vingt
années de grands travaux d'art sur tous les points du territoire.
Ces travaux, inconnus aux générations précédentes ou terminés
par elles dans de longs délais, ont dû s'achever de nos jours
avec une extrême rapidité; et il a fallu, pour atteindre ce résultat,
rassembler un grand nombre d'ouvriers. Les uns, tels que les
charpentiers et les maçons pour lesquels un long apprentissage
est indispensable, ont été empruntés à des corps d'état déjà
constitués. Ceux-là ont apporté, sur le théâtre de ces travaux,
des habitudes de race ou de profession. Ces habitudes ont eu
pour sauvegarde : chez les premiers, l'institution du compagnonnage (IX, 18); chez les seconds, venus en général du Nivernais
ou du Limousin, le désir de rapporter au pays le fruit de leurs
épargnes. Ces maçons, d'ailleurs habitués à l'émigration, n'ont
pas subi un ébranlement anormal. Au lieu de venir dans les
villes, ils se sont rendus sur les points où les appelaient les travaux; mais partout ils ont conservé leur manière de vivre.

A côté de ces ouvriers d'élite, peu nombreux relativement,
il a fallu réunir toute une population de terrassiers, de mineurs
et de manœuvres de toute espèce. Ces fonctions n'exigent qu'une
certaine vigueur physique. Il est donc venu de tous côtés pour
les remplir des hommes habitués à la fatigue et entraînés loin de
leur pays par l'espoir d'un salaire plus élevé et en général le
désir d'une situation meilleure. Certaines provinces, comme

l'Alsace et les régions voisines de l'Allemagne, le nord de la France et les Flandres d'un côté, la Savoie et le Piémont de l'autre, ont fourni un grand nombre de ces ouvriers émigrants. Mais de tous les points sont venus se joindre à ce contingent les ouvriers des villes ou des campagnes jetés hors de leur voie par une cause quelconque : les chômages industriels, le mépris d'une vie plus calme, le goût de la dépense et souvent aussi le besoin de fuir une mauvaise réputation.

Une réunion d'hommes ainsi composée ne présente guère de garanties d'ordre et de moralité. La plupart sont célibataires et, n'ayant pas été initiés aux habitudes de prévoyance, ils dépensent presque tous la totalité de leur salaire, dont ils pourraient épargner une partie. Ceux qui sont mariés échappent, à cause de l'éloignement, aux salutaires influences de la famille et cèdent à l'exemple ou à l'entraînement. Un assez grand nombre enfin vivent dans le concubinage et subissent les déplorables conséquences de ces sortes d'unions, sans cesse en querelle avec des compagnes de hasard qui n'agissent sur eux que pour les pousser au désordre.

Aucun lien n'existe entre ces hommes grossiers et étrangers les uns aux autres; et ils n'ont, ni habitudes, ni traditions communes. Ils restent en dehors de toute pratique religieuse; et ceux mêmes qui avaient été élevés dans des idées de piété les perdent au contact de leurs compagnons. Il ne reste donc plus parmi ces hommes aucune des institutions qui se retrouvent, à des degrés différents, dans les sociétés stables. L'individu est là complétement isolé, et, en général, aussi mal préparé que possible à accepter la responsabilité qui résulte pour lui de cet isolement. Quelquefois cependant l'isolement n'est pas aussi absolu. On voit les ouvriers originaires d'une même province constituer des groupes où se retrouve un certain esprit d'unité. Les étrangers surtout, Piémontais, Allemands et Belges, se rassemblent ainsi en familles, qui travaillent et vivent en commun, qui même soutiennent leurs intérêts collectifs menacés par d'autres groupes d'ouvriers. Assez souvent aussi, ces unions servent de points de départ pour des coalitions dont le but est de forcer les entrepre-

neurs à élever les salaires. Ces rivalités d'intérêt amènent des
luttes quelquefois sanglantes, et des désordres de cabaret si fréquents, qu'il faut presque toujours, dans le voisinage, doubler
les brigades de gendarmerie. Mais ceux-là mêmes qui échappent
à l'isolement complet par ces espèces d'associations nationales
ne sont pas pour cela préservés du désordre. Le besoin de distraction, et l'impossibilité pour eux d'en trouver ailleurs, les conduisent au cabaret. Pour les hommes réunis dans ces conditions,
le cabaret tient aujourd'hui la place que l'Église occupait dans
l'ancienne société. C'est là que se passe tout le temps qui n'est
pas donné aux repas ou au travail. L'invincible attraction exercée par le cabaret sur ces ouvriers les rend incapables de travail
dès qu'ils ont quelque argent. C'est à ce fait bien connu qu'est
due en partie l'habitude, prise par les entrepreneurs, de ne payer
qu'à la fin du mois au lieu de le faire chaque semaine. Une des
conséquences de cette habitude a été de supprimer à peu près
complétement la célébration du dimanche. Mais, à la place du
repos hebdomadaire, il s'est institué une fête de fin de mois que
célèbrent même les ouvriers les plus rangés. Cette fête dure deux
jours pour la masse des ouvriers; mais beaucoup la prolongent
jusqu'à ce qu'ils aient dépensé la totalité du salaire disponible.
Tant que ce but n'est pas atteint, les entrepreneurs intéressés
au prompt achèvement des travaux ne peuvent les arracher du
cabaret. Souvent les excès de tous genres auxquels ils se livrent,
pendant ces journées, les rendent malades; et ils doivent se
reposer de ces excès avant de se remettre au travail. Aussi beaucoup d'entre eux comptent-ils quatre jours de chômage à la fin
de chaque mois.

Le voisinage de ces ouvriers est redouté des populations
rurales, dans les pays où ils ont déjà travaillé. C'est ce qui
arrive aux environs de Reims, où depuis seize ans ils ont été
rassemblés en grand nombre pour la construction des canaux et
des chemins de fer. Partout ils ont une réputation détestable.
Cependant le désir du gain les fait accueillir dans tous les villages, où souvent ils sont nourris et même logés par les habitants. Il s'établit donc entre les uns et les autres des rapports

continuels. Au point de vue pécuniaire, les paysans tirent grand profit de ces relations, à la condition pourtant d'être vigilants au sujet du paiement. Ces ouvriers, en effet, ne respectent point leurs engagements : ils s'étudient à tromper la surveillance de leurs créanciers; et ils réussissent assez souvent à s'échapper sans acquitter leurs dettes. Ce trait de leur caractère est si bien connu que partout des précautions sont prises pour éviter ces pertes. Quelquefois on exige la garantie des entrepreneurs : plus souvent ces derniers appellent les intéressés aux jours de paie et les soldent directement, ou bien les créanciers se font payer sur l'heure par l'ouvrier qui vient de recevoir son argent. Ces sortes de spéculations ont développé, chez les paysans les plus habiles, le goût du négoce et des entreprises commerciales. Habitués à n'obtenir de leurs travaux qu'un faible salaire et à attendre pendant une année entière les résultats de leurs cultures, ils ont été séduits par ces spéculations qui donnent, à jour fixe et à termes peu éloignés, des bénéfices en argent relativement considérables.

Sous le rapport moral, l'influence des ouvriers nomades dans les campagnes a été désastreuse. Partout, sur leur passage, il y a eu des filles séduites et des ménages troublés (2). Dans plus d'un cas, des femmes mariées ont été enlevées à leur famille et ne sont plus revenues, vouées désormais à la vie errante de ceux qui les emmenaient. On a remarqué que sous ce rapport les ouvriers les plus dangereux ne sont pas les plus grossiers, mais plutôt ceux qui, mêlés pendant quelque temps à la vie des villes, ont gardé certaines habitudes de luxe et d'élégance. Tels sont les tailleurs de pierre, et surtout les charpentiers, qui, gagnant des salaires élevés, vivant d'ailleurs sans se mêler aux autres ouvriers et considérés comme d'une classe plus distinguée, possèdent, à ces différents titres, des moyens puissants de séduction. Les grossiers manœuvres et les terrassiers ont en général moins de succès près des villageoises; mais ils contribuent plus encore à la démoralisation en faisant venir des villes voisines des prostituées de la plus basse classe (3). La présence de ces femmes est presque toujours l'occasion de quelque scandale. Elles se montrent au public en état d'ivresse; et elles se que-

rellent ou échangent des propos grossiers avec ceux qui les ont
amenées. Les habitants, les femmes et les jeunes filles même,
à peine surveillées, accourent à ce spectacle. Enfin les rapports
qui s'établissent entre les concubines de certains ouvriers et les
femmes des localités où ils vivent ont aussi leur part dans cette
déplorable invasion des mauvaises mœurs. Les effets en sont
irrémédiables; et on pourrait citer plus d'un village des environs
de Reims où les habitudes de désordre et d'immoralité se sont
développées encore depuis le départ des ouvriers qui les y ont
importées. Les cabarets qui n'existaient pas prospèrent aujour-
d'hui et sont fréquentés par presque tous les habitants. Les jeunes
gens surtout ont pris le goût des dépenses, et se sont créé des
besoins nouveaux, tels que l'usage du tabac et des liqueurs qui
tendent à se substituer au vin.

Une des suites fréquentes du passage des ouvriers a été de
donner lieu à des mariages entre les jeunes filles séduites et leurs
séducteurs (12). Le plus souvent, les nouvelles mariées ont quitté
le pays pour suivre leurs maris. Celles-là n'ont trouvé en général qu'une vie misérable auprès de ces hommes qui fournissent
à peine à leurs besoins, les maltraitent et souvent les abandonnent. Aussi n'est-il pas rare de voir ces femmes, après quelques
années d'absence, revenir demander asile à leurs familles. Il en
est qui parviennent à changer les habitudes de leurs maris, et
qui les déterminent à se fixer dans le pays. Ces ménages peuvent alors prospérer; mais il est rare que les maris deviennent
complétement rangés, et ils restent plus ou moins séparés de la
population. Ordinairement ils sont désignés par un sobriquet qui
rappelle leur fâcheuse origine. Ainsi, par exemple, ils continuent
à être nommés « canalistes », ou « chemins de fer ». Quelques-
uns, il est vrai, mariés à des filles de paysans aisés, sont arrivés
à un certain degré de considération; mais, en général, ils la
méritent moins par la dignité de leur vie que par l'intelligence
dont ils font preuve dans la conduite de leurs affaires.

Les faits qui viennent d'être cités ont été pour la plupart
observés aux environs de Reims; mais ils peuvent être recueillis
sur tous les points où ont séjourné les ouvriers nomades, et spé-

cialement sur le parcours des lignes de fer. Partout en France ces ouvriers appportent les mêmes habitudes, et partout aussi les populations rurales sont gâtées par leur contact. Celles mêmes qui avaient le mieux conservé leurs mœurs n'ont pas échappé à ces funestes influences. Ainsi, dans les Vosges, au point où le pays est traversé à la fois par le canal de la Marne au Rhin et par le chemin de fer de Strasbourg, les habitudes et le caractère des montagnards ont subi de profonds changements. A une autre extrémité de la France, dans les landes de Bordeaux, la moralité des habitants a été atteinte d'une manière plus grave. Des jeunes filles et des femmes, travaillant comme les hommes aux terrassements, passaient les nuits avec les ouvriers sous des baraques provisoires, et vivaient avec eux dans un état voisin de la promiscuité. Au point de vue moral, ce désordre a eu de déplorables conséquences. Au point de vue hygiénique, il a mis en grand danger l'avenir de ces populations, car il a répandu parmi elles les plus graves maladies. Il serait facile de multiplier ces exemples; mais ce qui vient d'être dit suffit pour montrer combien est funeste l'influence exercée sur les populations par les ouvriers nomades. Si on réfléchit à la multiplicité des travaux qui amènent ces ouvriers sur tous les points du territoire, on trouvera sans doute que ces faits ont une extrême importance et qu'ils doivent attirer l'attention de ceux qui s'occupent d'économie sociale.

§ 19.

MODE D'EXISTENCE DES OUVRIERS NOMADES ATTACHÉS AUX TRAVAUX PUBLICS.

Les ouvriers nomades arrivent ordinairement, sur le théâtre des travaux, sans argent et précédés d'une réputation qui leur ôte toute chance de crédit. Souvent aussi les ressources manquent, ou sont insuffisantes dans les localités où ils s'installent. Il en résulte que presque toujours les entrepreneurs doivent intervenir pour leur assurer les moyens de subsistance. Cette obligation

suscite en général des difficultés assez graves ; et, dans certains
cas où les obstacles avaient été mal calculés, ces difficultés ont
été telles que le succès des entreprises a été compromis. Ainsi,
sur le chemin de Bordeaux à Bayonne, les entrepreneurs ont
subi des pertes considérables, obligés qu'ils étaient de faire des
dépenses énormes pour amener des convois de vivres au milieu
des Landes et pour loger leurs ouvriers dans ces plaines désertes.
En dehors de ces conditions exceptionnelles, on a recours d'ordinaire à l'une des trois combinaisons suivantes :

1° Quelquefois, l'entrepreneur général d'un grand travail fait
installer plusieurs cantines où les ouvriers trouvent à la fois la
nourriture et le logement. Dans ce cas, les cantiniers opèrent à
leur compte ; mais l'entrepreneur leur garantit une somme fixe,
2' par jour et par homme, en moyenne. Cette somme est payée
chaque mois, au moyen d'une retenue préalable faite sur le
salaire de l'ouvrier. L'entrepreneur prélève lui-même 3 p. 0/0
sur cette somme, non pas à titre de bénéfice, mais comme compensation aux pertes nombreuses qu'il supporte. En raison de
cet inconvénient, le régime des cantines n'est employé que dans
le cas où les ressources manquent à peu près complétement sur
le lieu des travaux.

2° Quand le pays offre des ressources suffisantes pour que les
ouvriers puissent se loger et faire préparer leur nourriture, l'entrepreneur n'a qu'à fournir les matières premières. Quelquefois
alors un entrepreneur se fait fournisseur général. Il achète de
grandes quantités de marchandises, de première main et au meilleur marché possible ; et il les livre en détail aux ouvriers, au
prix de revient. Il soustrait ainsi les ouvriers aux exigences abu-
sives du commerce de détail.

3° Souvent, ce même système est mis en pratique d'une
autre manière. Ce sont des tâcherons qui se chargent de fournir,
aux ouvriers travaillant avec eux ou pour eux, tous les objets de
consommation. Ils achètent en gros chez les marchands des villes
voisines ; et ils cèdent presque toujours aux prix de facture ou
de taxe. Mais les acheteurs obtiennent des marchands une remise qui assure au service une juste rémunération. C'est ordi-

nairement la femme de l'acheteur qui fait emploi des denrées. Dans ce cas, les ouvriers étant peu nombreux et la surveillance sévère, il y a peu d'abus à craindre. La remise obtenue est donc un bénéfice net; mais elle est due comme compensation à un commerce désagréable. Il est des cas cependant où le bénéfice prélevé est exagéré, non pas sur les objets de consommation, mais sur les fournitures d'outils faites aux ouvriers par les tâcherons. Dans ces deux derniers systèmes, les ouvriers intelligents et économes, les maçons en particulier, se mettent en demi-pension et achètent eux-mêmes les matières premières. Ils paient une somme modique, 12 ou 15ᶠ, moyennant laquelle le logeur pourvoit à tous leurs besoins de nourriture et d'abri. Ce sont d'ordinaire des familles de paysans, quelquefois aussi des ouvriers mariés, qui entreprennent ces spéculations très-fructueuses, comme on a pu en juger par l'exemple cité dans la présente monographie (8). La plupart des ouvriers prennent des pensions complètes; ils sont ainsi dispensés d'acheter leurs aliments; mais, comme ce sont en général des aubergistes qui tiennent ces pensions, ces ouvriers demeurent en réalité au cabaret. C'est là une condition déplorable pour eux, car ils se trouvent sans cesse sollicités à faire de nouvelles dépenses par les visiteurs, et surtout par les cabaretiers eux-mêmes qui exploitent avec habileté leur imprévoyance et leurs vices.

Les entrepreneurs de travaux, lorsqu'ils sont obligés de se faire fournisseurs, n'abusent pas de cette position pour réaliser aux dépens de leurs ouvriers des bénéfices illicites. Ils ne s'adonnent point aux coupables manœuvres qui ont été pratiquées, en Angleterre, sous le nom de *Truck system*. En résumé, la condition la plus favorable pour les ouvriers nomades est celle dans laquelle ils peuvent vivre, en pension complète ou en demi-pension, chez des familles de paysans. Ils se trouvent là dans un milieu plus moral que dans les cantines des logeurs, et ils sont moins exposés aux dangereuses tentations du cabaret.

CHAPITRE VIII

MAITRE-BLANCHISSEUR DE CLICHY

(BANLIEUE DE PARIS)

OUVRIER CHEF DE MÉTIER ET PROPRIÉTAIRE

dans le système du travail sans engagements,

AVEC UN PRÉCIS DE LA MONOGRAPHIE AYANT POUR OBJET

LE MARÉCHAL-FERRANT DU MAINE (22),

D'APRÈS LES RENSEIGNEMENTS RECUEILLIS SUR LES LIEUX,
EN 1852,

SUR LES INDICATIONS DE M. F. LE PLAY,

PAR M. E. LANDSBERG.

OBSERVATIONS PRÉLIMINAIRES

DÉFINISSANT LA CONDITION DES DIVERS MEMBRES DE LA FAMILLE.

Définition du lieu, de l'organisation industrielle et de la famille.

§ 1.

ÉTAT DU SOL, DE L'INDUSTRIE ET DE LA POPULATION.

L'ouvrier habite le village de Clichy, situé sur la rive droite de la Seine, sur la nappe de terrain d'alluvion que traverse le fleuve entre les collines gypseuses de Montmartre et du Mont-Valérien. Le sol, médiocrement fertile, produit cependant de riches récoltes, avec le concours des fumiers que Paris fournit en abondance, et grâce au travail assidu des cultivateurs. Il est exploité par des maraîchers, qui cultivent les plantes potagères destinées à la consommation de Paris, et par des nourrisseurs de vaches laitières (20). Ces derniers trouvent également à Paris le débouché de leur lait, et leur industrie consiste surtout à produire les fourrages (seigles verts et luzernes), les racines (betteraves et navets) et les pommes de terre, qui composent, avec la paille d'avoine et le son de froment, la nourriture des vaches. La proximité de l'eau fournie par la Seine, ou par des puits ayant au plus 6 mètres de profondeur, a exercé une grande influence sur le développement de l'industrie des maraîchers. Elle a, en outre, depuis une époque fort ancienne, donné naissance, sur ce point, au blanchissage du linge, que l'on peut considérer comme la principale industrie du pays, en ce sens qu'elle donne du travail à la majeure partie des habitants. A cette population de blanchisseurs, de maraîchers et de nourrisseurs, sont venus s'adjoindre, depuis 1845, des familles étrangères à la localité, et qui y ont été attirées par la création de plusieurs grands ateliers industriels (cristalleries, teintureries et fabriques de produits chimiques). Ces familles, peu sédentaires et provenant de localités fort diverses, tranchent fortement, par leurs mœurs et leurs habitudes, avec l'ancienne population indigène.

Les ouvriers-journaliers des deux sexes originaires de Clichy sont, pour la plupart, animés, dès le début de leur carrière, du désir de s'élever, dans la hiérarchie industrielle, au-dessus de la condition dont ils doivent d'abord se contenter ; mais ils restent, en général, attachés au même patron dans chacune des positions qu'ils occupent successivement. Dans l'industrie du blanchissage, en particulier, ils travaillent ordinairement pour une clientèle d'ouvriers chefs de métier, en consacrant à chacun d'eux, suivant un ordre qui se reproduit régulièrement, un ou plusieurs jours par semaine (5). Cette organisation, qui se représente pour beaucoup d'autres professions dans les contrées de l'Occident où domine le régime des engagements momentanés, a tous les avantages qui sont propres aux rapports permanents des patrons et des ouvriers. Elle donne d'ailleurs à ces derniers plus d'indépendance que n'en comportent ordinairement les relations avec un patron unique. Les ouvriers chefs de métier (blanchisseurs, maraîchers et nourrisseurs), travaillant pour une nombreuse clientèle ou pour le marché public, peuvent être considérés, pour la plupart, comme se rattachant au système du travail sans engagements.

§ 2.

ÉTAT CIVIL DE LA FAMILLE.

La famille comprend les deux époux et deux enfants. Un garçon de 15 ans, étranger à la famille, est attaché au ménage en qualité d'ouvrier-domestique.

1. Louis B***, chef de la famille, marié depuis 14 ans, né à Neuilly.. 40 ans.
2. Marie D***, sa femme, née à Clichy........................... 40 —
3. Léonie T***, leur fille aînée, d'un premier lit, née à Clichy....... 16 —
4. Agathe B***, leur 2ᵉ fille, née à Clichy...................... 13 —
5. Antoine L**, ouvrier-domestique............................ 15 —

La femme était veuve quand l'ouvrier l'a épousée. La fille âgée de 16 ans provient de son premier mariage.

§ 3.

RELIGION ET HABITUDES MORALES.

Tous les membres de la famille sont nés dans la religion catholique romaine. Il est rare qu'ils suivent les exercices du culte, soit parce que l'éducation reçue jusqu'à l'époque de la première communion est insuffisante pour développer la ferveur religieuse, soit parce que les deux époux, désireux de se créer des ressources pour leur vieillesse, consacrent au travail autant de temps que le comportent les forces humaines. On remarque cependant, dans toute la conduite des deux époux, des symptômes évidents du sentiment religieux. C'est ainsi que leur préoccupation constante pour le gain et l'épargne n'engendre point la

dureté de cœur qui se développe souvent ailleurs sous les mêmes
influences, et qui se rencontre même habituellement dans plusieurs localités de la banlieue de Paris (19). L'effet en est contre-
balancé par l'esprit de charité et de bonhomie qui est traditionnel
dans le village (23). Dans la famille décrite par la présente
monographie, c'est surtout le mari qui tempère par son influence
ce qu'il y a d'excessif dans l'esprit de prévoyance de la femme.

Le voisinage de Paris et le contact continuel que la profession établit entre tous les membres de la famille et la classe
bourgeoise développent une tendance au luxe qui se révèle dans
quelques habitudes. Cette tendance est surtout marquée dans le
mobilier et les vêtements (19). Cependant, l'esprit d'ordre et
d'économie inspiré par la femme retient, à cet égard, la famille
dans de justes bornes. L'ouvrier ne va jamais au cabaret; et les
dépenses de nourriture sont strictement proportionnées aux
besoins que fait naître un travail rude et soutenu (18).

L'amour du travail et les bonnes mœurs ne sont pas développés au même degré dans toutes les familles de blanchisseurs.
Cependant on peut admettre que, sur cent familles appartenant
à cette profession, vingt-cinq environ obtiennent le succès que
constate la présente monographie; cinquante autres, sans arriver
à la propriété, se maintiennent dans l'aisance; vingt-cinq seulement s'endettent et tombent dans une condition inférieure, au
point de se voir réduites à travailler pour le compte d'autrui. La
classe des maraîchers, soumise à des influences plus morali-
santes, offre les types supérieurs en proportion plus considérable. Soixante familles au moins sur cent s'élèvent à la propriété; vingt se contentent de vivre dans l'aisance, et vingt
seulement sont obligées de déchoir de la position qui leur avait
été faite par leurs parents.

Les mœurs des jeunes gens des deux sexes ont eu à souffrir
du contact ou de l'exemple des ouvriers nomades attirés dans le
pays par l'industrie manufacturière (17). Cependant la majorité
échappe jusqu'ici à cette influence. Il est, d'ailleurs, fort rare
que les liaisons illicites ne soient pas légitimées par le mariage,
avant la naissance des enfants.

§ 4.

HYGIÈNE ET SERVICE DE SANTÉ.

La localité est salubre. Malgré sa continuité, le travail du blanchissage, lorsqu'il s'exerce avec un bon régime alimentaire, fortifie la constitution au lieu de l'affaiblir. Il en est de même pour les autres professions de Clichy (1); aussi n'est-il pas rare d'y voir des vieillards ayant dépassé l'âge de 80 ans. La maladie habituelle des blanchisseurs est le rhumatisme dû à la suppression brusque de la transpiration. Elle n'amène guère une interruption de travail, et prend fin d'ailleurs, en beaucoup de cas, à la suite d'une transpiration nouvelle. La famille présentement décrite jouit depuis longtemps d'une bonne santé. Elle n'a eu recours que dans des cas fort rares à l'assistance de l'un des trois médecins établis dans la localité.

§ 5.

RANG DE LA FAMILLE.

L'ouvrier appartient à la catégorie des chefs de métier; il exploite une clientèle de vingt familles environ, résidant presque toutes dans l'intérieur de Paris. Il est secondé par quatre personnes faisant partie du ménage et par plusieurs brigades d'ouvriers qui viennent à tour de rôle exécuter les divers travaux qui se rattachent au blanchissage. Dès que les ouvriers de cette catégorie veulent faire exécuter la totalité de leurs travaux par des ouvriers loués à cet effet, leurs affaires se dérangent. Ils échouent même tôt ou tard, quand la famille ne concourt pas au moins pour moitié à l'exécution des travaux. L'habileté d'un blanchisseur parvenu à cette limite consiste donc à améliorer sa clientèle plutôt qu'à l'étendre. Ce fait est tellement reconnu qu'un blanchisseur n'hésite jamais à renoncer à la portion de clientèle qui lui échoit par héritage, lorsque déjà il est convenablement pourvu.

La limite supérieure des opérations qu'un seul blanchisseur peut utilement entreprendre est fixée par la quantité de linge qu'il peut recevoir et distribuer en un jour au moyen d'une voiture à un cheval. Il est rare qu'on puisse servir à la fois plus de trente ou trente-cinq ménages. Les clientèles les plus recherchées se composent seulement de cinq ou six ménages. L'étendue ordinaire d'une exploitation de maraîcher est comprise entre un demi-hectare et un hectare. Le nombre des vaches qu'un nourrisseur peut entretenir avec le plus d'avantage est ordinairement compris entre seize et vingt.

Moyens d'existence de la famille.

§ 6.

PROPRIÉTÉS.

(Mobilier et vêtements non compris.)

IMMEUBLES 0ᶠ 00

L'ouvrier, ayant été agriculteur dans sa jeunesse (12), aimerait à consacrer ses économies à des acquisitions de terrain ; il s'abstient cependant, parce que ce genre d'acquisition n'est profitable qu'à ceux qui peuvent exploiter de leurs propres mains. Il se borne à cultiver par récréation un jardin qu'il loue avec l'habitation.

ARGENT........................... 16,000ᶠ 00

Somme placée sur hypothèque, à 5 p. 100, 6,000ᶠ 00 ; — somme placée en rentes sur l'État (4 1/2 p. 100), 3,000ᶠ 00 ; — somme placée en actions de chemins de fer, 4,000ᶠ 00 ; — somme amassée au logis, jusqu'au moment où l'on pourra trouver un placement favorable, 3,000ᶠ 00.

ANIMAUX DOMESTIQUES entretenus toute l'année... 30ᶠ 00

12 poules, 24ᶠ 00 ; — 2 canards, 6ᶠ 00 ; — 1 chien (pour mémoire).

ANIMAUX DOMESTIQUES entretenus seulement une partie de l'année 2ᶠ 00

5 lapins d'une valeur moyenne de 12ᶠ 00, entretenus pendant 2 mois : la valeur moyenne calculée pour l'année entière équivaut à 2ᶠ 00.

MATÉRIEL SPÉCIAL des travaux et industries. 802ᶠ 00

1° *Pour les travaux de blanchissage.* — Dans la salle dite coulerie : 1 grand cuvier en bois, 120ᶠ 00; — 2 cuviers moyens, 120ᶠ 00 ; — 6 petits cuviers, dits *tinettes,* 48ᶠ 00; — 1 madrier pour battre le linge, dit *batterie,* 25ᶠ 00; — 1 chaudière en fonte avec maçonnerie en briques, 100ᶠ 00; — 10 battoirs, 5ᶠ 00; — 4 seaux, 10ᶠ 00; — dans la salle à repasser : 1 poêle en briques avec cuvette en fonte, 90ᶠ 00; — 1 grande table à repasser avec 5 petits tréteaux, 20ᶠ 00; — 1 grande table pour plier le linge, et planche pour le mettre en paquets, 30ᶠ 00; — 20 fers à repasser, 25ᶠ 00; — cordes pour étendre le linge : dans la salle à repasser, 10ᶠ 00; — dans le grenier, 10ᶠ 00; — dans le champ, 20ᶠ 00; — échalas ou perches auxquels on fixe les cordes (dans le champ), 150ᶠ 00; — 1 brouette, 10ᶠ 00; — 1 maillet, 0ᶠ 50; — (dans la cour, une tonne à eau appartient au propriétaire de la maison). — Total, 793ᶠ 50.

2° *Pour la culture du jardin (loué par la famille).* — 1 bêche, 3ᶠ 00; — 1 râteau et 1 fourche, 3ᶠ 00; — 1 arrosoir, 2ᶠ 50. — Total, 8ᶠ 50.

Le champ où se fait, en été, l'étendage du linge, est pourvu d'une baraque où l'on rentre le linge dès que la pluie survient. Cette baraque, construite par le propriétaire, est louée avec le champ (16, A).

FONDS DE ROULEMENT des travaux et industries. .   500ᶠ 00

Il est dû régulièrement à la famille une somme de 300ᶠ 00 par sa clientèle; on peut admettre que cette somme représente les trois cinquièmes du fonds de roulement en argent dont la famille a besoin pour l'exercice de son industrie principale; le surplus du fonds de roulement se compose de la valeur des approvisionnements (savon et sel de soude).

DROIT ÉVENTUEL aux allocations d'une société d'assurances mutuelles 0ᶠ 00

La famille ne fait pas partie de la société d'assurances mutuelles, qui compte dans l'endroit beaucoup d'adhérents (13).

VALEUR TOTALE des propriétés. .   17,334ᶠ 00

§ 7.

SUBVENTIONS.

Une famille placée dans la situation décrite par la présente monographie se suffit complétement à elle-même dans toutes les éventualités qui peuvent se présenter. Elle ne reçoit de subventions à aucun titre, et se plaît au contraire à assister les personnes nécessiteuses. Les pauvres de la localité ne se livrent pas à la mendicité sur la voie publique ; mais ils viennent de temps en temps recevoir quelques secours en faisant la conversation dans les maisons où on les accueille. Une grande partie des ouvriers de Clichy est affiliée à une société d'assurances mutuelles (13), qui leur donne des secours en cas de maladie. La recette moyenne des souscripteurs correspond au montant de leurs versements augmenté des souscriptions faites par les membres honoraires ou patrons de la société, qui s'associent aux charges sans jamais réclamer leur part d'avantages. Les mêmes hommes pieux qui accordent ce patronage aux ouvriers se dévouent, en outre, en qualité de membres d'une conférence de Saint-Vincent de Paul, à assister les indigents, en se soumettant à l'obligation de les visiter au moins une fois chaque semaine.

§ 8.

TRAVAUX ET INDUSTRIES.

TRAVAUX DE L'OUVRIER. — Le travail principal de l'ouvrier et de son aide a pour objet les diverses manipulations propres à l'industrie du blanchissage. Il offre un des exemples les plus remarquables d'activité qu'il soit possible d'observer en Europe (18). On conçoit qu'en présence d'un travail aussi absorbant les travaux secondaires n'aient qu'une médiocre importance. L'ouvrier emploie les moments de loisir, que lui laissent l'étendage et le séchage, à cultiver des légumes dans un jardin qu'il a créé lui-même avec une partie du champ loué pour l'étendage. Les soins qu'il donne à ses canards sont pour lui une récréation plutôt qu'un travail proprement dit.

TRAVAUX DE LA FEMME ET DES DEUX FILLES. — Le travail principal est le même que celui qui absorbe le temps du chef de famille : seulement les femmes sont plus spécialement chargées de certains détails (18). Les travaux secondaires consistent seulement dans la préparation des aliments : celle-ci a lieu, sans perte de temps, dans la salle même où s'exécutent les autres travaux. Le linge de la famille est blanchi et raccommodé en même temps que celui des pratiques. L'entretien des animaux domestiques ne réclame chaque jour que quelques instants.

Mode d'existence de la famille.

§ 9.

ALIMENTS ET REPAS.

Pendant chacun des six jours que la famille passe à la maison, elle fait quatre repas, tous composés de pain et de mets indiqués ci-après :

1er déjeuner (5 heures du matin) : café (avec chicorée) au lait et au sucre; beurre.

2e déjeuner (9 heures du matin) : les restes du souper du jour précédent, ou une omelette.

Dîner (2 heures après midi) : soupe au pain; viande avec légumes; quelquefois de la salade. Dans l'hiver, lorsque le travail presse beaucoup, on prépare quelquefois un plat de haricots ou de lentilles avec du gras de lard.

Souper (8 heures du soir) : viande avec légumes ou poisson de mer; puis beurre ou fromage.

On mange le pain rassis apporté la veille par le boulanger. La viande est fournie par un boucher de la banlieue, l'une des pratiques du blanchisseur. Les légumes sont en partie fournis par le jardin, en partie achetés d'un colporteur qui apporte aussi le poisson. Le vin, acheté en tonneau, est mis en bouteilles par le chef de famille. Toute la famille boit du vin au dîner et au souper; elle n'observe, ni les jours maigres, ni les jours d'abstinence. Le mercredi, jour consacré au service des pratiques résidant à Paris, la famille déjeune avant de quitter la maison, et soupe après y être rentrée. Pendant la journée, elle prend, chez un traiteur de Paris fréquenté par d'autres blanchisseurs, un plat de viande et du fromage, avec du pain et du vin. Lorsque le temps manque, elle se borne à acheter quelques comestibles ; et elle prend son repas dans la voiture, en se rendant chez les diverses pratiques.

§ 10.

HABITATION, MOBILIER ET VÊTEMENTS.

La famille occupe à loyer, dans une maison à deux étages, le rez-de-chaussée et le grenier, avec une partie du premier étage et de la cave. Le rez-de-chaussée comprend quatre pièces, savoir : une salle carrée de 5 mètres, très-claire, donnant sur la rue, servant au repassage du linge ; une chambre dallée, dite *coulerie*, de 8 mètres sur 5 mètres, contiguë à la première, ayant la porte d'entrée sur la cour, servant à la lessive et au savonnage ; une grande cuisine, dans laquelle on emmagasine la provision de savon (6) ; enfin une petite chambre pour l'ouvrier-domestique (2). Au premier étage se trouvent la chambre à coucher des deux filles, un cabinet et la chambre à coucher des deux époux, qui est en même temps la pièce de luxe de la famille. Le grenier sert à sécher le linge pendant les temps humides. On place dans la cave la provision de vin. La provision de coke n'excède jamais 2,000 kilogrammes : on peut toujours, en effet, la renouveler quand le besoin s'en fait sentir ; elle est déposée dans la cour.

Le mobilier de la famille dénote l'aisance et même une tendance au luxe bourgeois (3) ; on y remarque surtout une pendule, deux grandes glaces et deux vases d'ornement. Ces derniers ont été acquis, à titre de prime, au moyen d'une souscription à un ouvrage illustré paraissant par livraisons.

MEUBLES : ensemble complet ; bon état d'entretien.   958' 00

1° *Lits.* — 1 lit pour les 2 époux : bois de lit en noyer, 4 matelas de laine, 1 matelas de plume, 2 couvertures, 1 édredon, 1 traversin, 2 oreillers, 290' 00 ; — 1 lit pour les 2 filles, 50' 00 ; — 1 lit pour l'ouvrier-domestique, 35' 00. — Total, 375' 00

2° *Mobilier.* — 1 table ordinaire, 6ᶠ 00; — 1 table ronde, de luxe, 20ᶠ 00; — 8 chaises et 1 banc, 12ᶠ 00; — 1 commode et 1 secrétaire en noyer, 130ᶠ 00; — 2 vieilles commodes (1 pour les 2 filles, 1 pour l'ouvrier-domestique), 15ᶠ 00; — 1 buffet en noyer avec porte vitrée, 30ᶠ 00; — poêles (voir : outils, 6); — 1 pendule (dans la chambre à coucher des deux époux), 150ᶠ 00; — 2 vases (dans la chambre à coucher des deux époux), 30ᶠ 00; — 4 tableaux (dans la chambre à coucher des deux époux) (histoire de Mˡˡᵉ de la Vallière), 10ᶠ 00; — 2 grandes glaces, 100ᶠ 00. — Total, 503ᶠ 00.

3° *Livres.* — 1 petite bibliothèque, composée de livres élémentaires de lecture et d'un ouvrage d'Histoire de France illustré, acquis par souscription, 80ᶠ 00.

USTENSILES : suffisant à tous les besoins.....   194ᶠ 00

1° *Pour le service de l'alimentation.* — 1 chaudron en cuivre, 10ᶠ 00; — 1 appareil à tourne-broche, 10ᶠ 00; — 1 grande marmite en cuivre, 10ᶠ 00; — 3 casseroles en cuivre, 24ᶠ 00; — quelques plats et 60 assiettes, en porcelaine et en faïence, 18ᶠ 00; — cafetière de luxe (cadeau de noce), 8ᶠ 00; — 24 tasses à café (cadeau de noce), 20ᶠ 00; — 2 carafes en cristal, 5ᶠ 00; — 12 couteaux, 3ᶠ 00; — 12 fourchettes et 12 cuillers en étain, 8ᶠ 00; — 6 petites cuillers argentées, 12ᶠ 00; — 4 tonneaux à vin, 8ᶠ 00; — 400 bouteilles à vin, 40ᶠ 00. — Total, 176ᶠ 00.

2° *Foyer.* — Pincette et pelle pour feu de cheminée, 4ᶠ 00.

3° *Toilette.* — Lavabo et ustensiles pour la toilette, 4ᶠ 00.

4° *Usages divers.* — 1 parapluie et 2 ombrelles, 10ᶠ 00.

LINGE DE MÉNAGE : très-nombreux et provenant en partie de retenues faites sur des pratiques insolvables....   437ᶠ 00

19 paires de draps de lit, 310ᶠ 00; — rideaux de lit, 20ᶠ 00; — rideaux de fenêtre, 15ᶠ 00; — 36 serviettes, 72ᶠ 00; — 48 torchons, 20ᶠ 00.

VÊTEMENTS : les vêtements ordinaires de la famille sont d'une extrême simplicité; ceux du dimanche, au contraire, sont fort recherchés 1,800ᶠ 00

VÊTEMENTS DE L'OUVRIER (350ᶠ 00).

L'ouvrier est ordinairement en blouse, même lorsqu'il va à Paris; en hiver, il met sous sa blouse une veste ou un gilet de tricot. Il se coiffe, pendant le travail, avec le bonnet de coton; pendant les voyages à Paris, avec une casquette.

1° *Vêtements du dimanche.* — 1 habit, 50ᶠ 00; — 1 redingote, 50ᶠ 00; — 1 chapeau, 5ᶠ 50; — 1 paire de bottes, 16ᶠ 00. — Total, 121ᶠ 50.

2° *Vêtements de travail.* — 3 blouses, 12ᶠ 00; — 1 veste, 12ᶠ 00; — 3 gilets de tricot en coton, 7ᶠ 00; — 3 gilets, 10ᶠ 00; — 3 pantalons en drap, 50ᶠ 00; — 3 pantalons en toile, 11ᶠ 00; — 3 cravates en indienne, 2ᶠ 75; — 12 mouchoirs de poche, 10ᶠ 00; — 12 chemises en toile, 84ᶠ 00; — 6 paires de chaussettes en fil, 3ᶠ 00; — 2 paires de souliers, 15ᶠ 00; — 1 casquette, 2ᶠ 75; — 12 bonnets de coton, 9ᶠ 00. — Total, 228ᶠ 50.

VÊTEMENTS DE LA FEMME (1,000ᶠ 00).

L'habillement ordinaire de la femme, lorsqu'elle est à la maison, consiste en 1 chemise, 1 camisole de laine sous la chemise, 1 jupon, des bas et des chaussons de lisière. Lorsqu'elle va à Paris, elle met une robe d'une étoffe ordinaire, 1 par-dessus, 1 tablier, des bottines, des bas blancs et 1 bonnet blanc à dentelles dont la forme varie avec la mode. Enfin, dans les rares occasions (11) où la femme sort pour aller voir ses parents, pour assister à une noce ou pour prendre part à la fête patronale, elle met une robe de mérinos ou de mousseline de laine, un bonnet de prix, des gants jaune-paille, une montre avec une chaîne en or, un bracelet et un grand châle, façon cachemire.

1° *Vêtements du dimanche.* — 8 robes de mérinos, de mousseline de laine et d'indienne, 120ᶠ 00; — 6 tabliers en satin de laine et en soie noire, 54ᶠ 00; — 1 corset, 10ᶠ 00; — 1 collerette de prix, 18ᶠ 00; — 1 paire de bottines, 8ᶠ 00; — 4 bonnets de prix ornés de dentelles (valencienne), 40ᶠ 00; — 2 bonnets ornés de rubans, 36ᶠ 00; — 1 grand châle (façon cachemire), 70ᶠ 00; — gants, 5ᶠ 00. — Total, 361ᶠ 00.

2° *Vêtements de travail.* — 4 robes ordinaires, 40ᶠ 00; — 3 par-dessus, 40ᶠ 00; — 6 tabliers en indienne, 8ᶠ 00; — 12 jupons en indienne, 36ᶠ 00; — 2 corsets, 10ᶠ 00; — 36 mouchoirs de poche, 24ᶠ 00; — 6 collerettes, 4ᶠ 00; — 24 paires de bas blancs et de couleur, 48ᶠ 00; — 3 paires de souliers, 20ᶠ 00; — 2 paires de chaussons de lisière, 4ᶠ 00; — 24 chemises en toile, 100ᶠ 00. — Total, 334ᶠ 00.

3° *Bijoux.* — Boucles d'oreilles, 15ᶠ 00; — montre et chaîne d'or, 275ᶠ 00; — bracelet en or, 15ᶠ 00. — Total, 305ᶠ 00.

Vêtements de la fille âgée de 16 ans (350ᶠ 00).

Vêtements de la fille âgée de 13 ans (100ᶠ 00).

VALEUR TOTALE du mobilier et des vêtements... 3,389ᶠ 00

§ 11.

RÉCRÉATIONS.

L'ouvrier et sa femme trouvent leur principale récréation dans les réflexions et les entretiens ayant pour objet le placement et l'accroissement du capital qu'ils ont déjà épargné (6). En ce qui le concerne spécialement, l'ouvrier ne se livre à aucun plaisir dispendieux : il consacre ses rares moments de loisir à cultiver son jardin, à soigner ses canards et à exercer l'intelligence et le dévouement de son chien. La femme aime à se parer avec luxe dans les rares occasions où elle quitte le travail pour assister à une noce ou pour faire une visite aux parents du mari, établis à 4 kilomètres de Clichy. De temps en temps, la famille reçoit à son tour la visite de ses parents; et, dans ce cas, elle les convie à un repas dont le principal contingent est fourni par la basse-cour. La mère et ses deux filles se rendent en grande tenue aux réunions qui ont lieu, deux dimanches consécutifs, à l'occasion de la fête patronale de la commune. Elles suivent à cet égard les usages de la banlieue de Paris. A cette occasion, on prend le plaisir de la danse et on assiste à un feu d'artifice. De loin en loin, le dimanche, les deux filles quittent le travail pour jouer une heure au jeu nommé « le volant ». La fête patronale est signalée à Clichy par un divertissement populaire nommé « course au tonneau ». Des jouteurs, placés dans un tonneau sur une voiture lancée au galop, et armés d'une longue perche en guise de lance, prennent part à une sorte de jeu de bague grotesque dont le matériel rappelle l'industrie dominante de la localité. Le but est une fente pratiquée dans une planche fixée à un seau plein d'eau, suspendu comme une lanterne d'éclairage. Le jouteur maladroit imprime une forte secousse au seau, et se trouve aspergé quand la voiture passe au-dessous; celui qui atteint le but y fait passer la perche sans se mouiller, et reçoit, à titre de prix, un objet de vêtement acheté aux frais de la commune. Il est intéressant de constater que ce même jeu est très-répandu dans quelques districts de la Belgique, et notamment dans les environs d'Anvers.

Histoire de la famille.

§ 42.

PHASES PRINCIPALES DE L'EXISTENCE.

Pendant le premier âge, les enfants ne peuvent guère être convenablement soignés par des parents qui, dans toutes les professions propres à la localité, sont soumis à un travail très-absorbant. Ils peuvent être admis dans un « asile », gratuit pour les pauvres, et payé journellement 0' 10 par les familles aisées. Les maraîchers (1) tirent quelque profit du travail de leurs enfants âgés de 4 à 6 ans; ils ne les envoient guère régulièrement à l'école; ils leur font quelquefois donner des leçons le soir à la maison. Dans les autres familles, les garçons et les filles sont, pour la plupart, vers l'âge de 6 ou 7 ans, envoyés à deux écoles distinctes. Celles-ci, comme l'asile, sont gratuites pour les familles nécessiteuses. Les ouvriers les plus aisés, cédant quelquefois à la tendance irréfléchie qui les pousse à imiter la classe bourgeoise (3), placent leurs garçons dans une institution de Paris; le contact qui s'y établit avec des jeunes gens destinés au commerce ou aux professions libérales exerce sur ces enfants une funeste influence, et les rend impropres à continuer le métier de leurs parents. Ceux que cette éducation a le moins gâtés ne consentent guère à travailler de leurs mains. Ils se bornent à surveiller le travail des ouvriers qu'ils emploient. Dans cette fausse situation, ils ne tardent pas à tomber au-dessous de la condition que leurs parents avaient acquise; et ils se trouvent bientôt obligés de renoncer à leur profession. Lorsqu'ils restent au village, les garçons, après avoir appris, à l'école, à lire, à écrire et à calculer; les filles, après avoir, en outre, reçu des leçons de couture et de broderie, font leur première communion vers l'âge de 12 à 14 ans. Dès ce moment, ils se rendent utiles, soit en travaillant avec leurs parents, soit en s'attachant, en qualité d'ouvriers-domestiques, à un ménage de maraîcher, de nourrisseur ou de blanchisseur. Quelques-uns se font admettre dans une des manufactures des environs (1). Les ouvriers-domestiques attachés à un maître-blanchisseur dans les conditions présentement décrites gagnent seulement, jusqu'à l'âge de 18 ans, 15 fr. par mois, c'est-à-dire la somme nécessaire à leur entretien. Mais, à dater de cette époque, le salaire augmentant progressivement, ils font quelques économies, à l'aide desquelles ils peuvent à leur tour s'établir comme maîtres-blanchisseurs. Les filles ayant de l'activité, de l'intelligence et une bonne conduite, réussissent encore mieux dans cette profession; et, lorsqu'elles se marient, ce sont elles ordinairement qui fournissent la majeure partie des fonds nécessaires à l'établissement du ménage.

Les maraîchers et les blanchisseurs dont l'intelligence est extrêmement développée apprécient parfaitement les inconvénients qui s'attachent au morcellement de la terre et des clientèles. Ils ont donc adopté, à cet égard, des habitudes diamétralement opposées (20) à celles qui dominent chez la plupart des petits propriétaires français.

Quelques traits spéciaux compléteront l'histoire de la famille décrite par la présente monographie. La femme, ayant fait chez ses parents l'apprentissage de la profession de blanchisseuse, a épousé, sans dot, en premières noces, un blanchisseur déjà pourvu d'une clientèle considérable. Elle n'a eu aucune part à la clientèle de ses propres parents (celle-ci ayant été cédée tout entière à sa sœur aînée, mariée elle-même à un blanchisseur). Restée veuve, peu de temps après, avec un enfant en bas âge, elle a épousé en secondes noces un jeune agriculteur, qui a vendu au prix de 3,000 francs la terre qu'il cultivait, pour venir exploiter à Clichy la clientèle apportée par sa femme. Les deux époux, grâce à leur activité et à leurs excellentes qualités (3), ont joui, depuis leur mariage, d'une prospérité sans cesse croissante. Une seule circonstance a retardé l'essor de leur fortune : la sœur aînée de la mère de famille, n'ayant pu réussir à conserver la clientèle qui lui avait été cédée par ses parents, est devenue incapable de servir la rente viagère qui avait été stipulée pour prix de cette cession ; cette charge a dû être supportée dès lors par le ménage. Les deux époux voient approcher le moment où, après avoir établi leurs deux filles et cédé leur clientèle à l'une d'elles, ils pourront vivre dans l'aisance, du revenu de leur capi - tal et de la rente viagère qui sera stipulée pour la cession de leur établissement.

§ 13.

MŒURS ET INSTITUTIONS ASSURANT LE BIEN-ÊTRE PHYSIQUE ET MORAL DE LA FAMILLE.

La famille trouve dans ses qualités personnelles (3) toutes les garanties désirables de sécurité, tant pour le présent que pour l'avenir. Sous ce rapport, elle n'a jamais eu, et n'aura jamais à recourir à une assistance étrangère.

Beaucoup d'ouvriers ne possèdent point en eux-mêmes ces

éléments de sécurité; et ils ne peuvent guère compter sur le
patronage des chefs d'industrie auxquels ils sont momentanément attachés. Pour suppléer, à cet égard, à leur impuissance,
ils cherchent la protection qui leur est nécessaire dans une
société d'assurances mutuelles (21).

Les familles indigentes trouvent assistance dans la charité
privée, et souvent dans une institution dite « conférence de
Saint-Vincent de Paul. » Ces conférences, fondées à Paris, où
est établi le chef-lieu de l'institution, se composent de laïques
de tout âge qui contractent deux obligations volontaires : pratiquer les devoirs religieux prescrits par l'église catholique;
visiter personnellement les pauvres pour leur apporter des
secours matériels, des conseils et des consolations. A Paris, plusieurs conférences sont surtout formées de jeunes gens qui fréquentent les écoles de l'enseignement supérieur; et elles ont
exercé l'influence la plus heureuse sur les mœurs de cette jeunesse. Jusqu'alors, en effet, les étudiants restaient privés à Paris
de la surveillance paternelle qui est organisée dans les autres
universités européennes. Les conférences de Saint-Vincent de
Paul se sont rapidement développées après la révolution de 1830.
Elles sont fort répandues aujourd'hui, non-seulement à Paris et
dans les grandes villes de France, mais encore dans une grande
partie du monde catholique.

A Clichy, comme dans plusieurs autres communes de la
banlieue parisienne, le clergé apporte un appoint considérable
aux aumônes faites par les conférences de Saint-Vincent de Paul
et par les particuliers. Cependant il remplit une mission plus
féconde encore : il restaure dans les âmes, surtout chez les
enfants et les jeunes gens des deux sexes, les forces morales
qu'ils pourront opposer plus tard aux tendances vicieuses qui
engendrent la pauvreté. Quelques prêtres, en particulier, ont
compris la nécessité de remédier, par des efforts énergiques, aux
souffrances physiques et morales qui désorganisent les populations de Paris et de la banlieue; et ils poursuivent cette tâche
avec un dévouement presque surhumain.

§ 44. — BUDGET DES RECETTES DE L'ANNÉE.

SOURCES DES RECETTES.	ÉVALUATION approximative des sources de recettes.	VALEUR des propriétés.

SECTION Irᵉ.

Propriétés possédées par la famille.

ART. 1ᵉʳ. — PROPRIÉTÉS IMMOBILIÈRES.

(La famille ne possède aucune propriété de ce genre)................................   »

ART. 2. — VALEURS MOBILIÈRES.

ARGENT :

    Somme placée sur hypothèque.............................   6,000ᶠ00
    Somme placée en rentes sur l'État..........................   3,000 00
    Somme placée en actions de chemins de fer...................   4,000 00
    Somme disponible jusqu'au choix d'un placement...............   3,000 00

ANIMAUX DOMESTIQUES entretenus toute l'année :

    12 poules, 24ᶠ00 ; — 2 canards, 6ᶠ00..........................   30 00

ANIMAUX DOMESTIQUES entretenus seulement une partie de l'année :

    5 lapins : valeur calculée.............................(6   2 00

MATÉRIEL SPÉCIAL des travaux et industries :

    Outils, mobilier et ustensiles pour les travaux de blanchissage.........(6   793 50
    Outils pour la culture du jardin (pris à loyer)...........(6   8 50

FONDS DE ROULEMENT des travaux et industries :

    Somme d'argent due normalement à la famille par ses pratiques.............   300 00
    Valeur des approvisionnements de la famille.....................   200 00

ART. 3. — DROITS AUX ALLOCATIONS DES SOCIÉTÉS D'ASSURANCES MUTUELLES.

[La famille ne fait pas partie de la société (13) établie dans la localité.]..............   »

    VALEUR TOTALE des propriétés.....................   17,331 00

SECTION II.

Subventions reçues par la famille.

(La famille ne reçoit aucune espèce de subvention)................................

§ 14. — BUDGET DES RECETTES DE L'ANNÉE.

RECETTES.	MONTANT DES RECETTES.	
	VALEUR des objets reçus en nature.	RECETTES en argent.
SECTION Iʳᵉ.		
Revenus des propriétés.		
ART. 1ᵉʳ. — REVENUS DES PROPRIÉTÉS IMMOBILIÈRES.		
(La famille ne jouit d'aucun revenu de ce genre)........................	»	»
ART. 2. — REVENUS DES VALEURS MOBILIÈRES.		
Intérêt (5 p. 100) de cette somme......................	»	300 00
— (4 1/2 p. 100) de cette somme.....................	»	135 00
— (5 p. 100) de cette somme	»	200 00
(Cette somme ne donne pour le moment aucun revenu)...............	»	»
Intérêt (6 p. 100) de la valeur de ces animaux...................	1 80	»
— — —	6 12	»
Intérêt (5 p. 100) de la valeur de ces objets...................	»	39 65
....	0 42	»
— attribué à cette somme...................	»	15 00
....	»	10 00
ART. 3. — ALLOCATIONS DES SOCIÉTÉS D'ASSURANCES MUTUELLES.		
(La famille ne reçoit aucune allocation de ce genre)...............	»	»
TOTAUX des revenus des propriétés............	8 34	699 65
SECTION II.		
Produits des subventions.		
(La famille ne jouit d'aucun produit de ce genre)...............	»	»
TOTAL des produits des subventions...............	»	»

§ 46. — BUDGET DES RECETTES DE L'ANNÉE (SUITE).

SOURCES DES RECETTES (SUITE).

DÉSIGNATION DES TRAVAUX ET DE L'EMPLOI DU TEMPS.	QUANTITÉ DE TRAVAIL EFFECTUÉ.				
	père	mère	fille aînée	fille cadette	ouvrier-domestique
	journées	journées	journées	journées	journées
SECTION III.					
Travaux exécutés par la famille.					
TRAVAIL PRINCIPAL, exécuté au compte de la famille :					
Travaux divers concernant le blanchissage du linge (y compris le linge du ménage)....................	355	360	350	350	»
Travaux divers concernant le blanchissage du linge (exécutés par l'ouvrier, en qualité d'aide du maître)...............	»	»	»	»	360
TRAVAUX SECONDAIRES, exécutés au compte de la famille :					
Travaux de ménage : préparation des aliments (le blanchissage du linge, dont le salaire se monte à 100f 00, est compris dans le travail principal de la famille)..............	»	12	12	12	»
Culture du jardin (pris à loyer) (récréation de l'ouvrier)....	21	»	»	»	»
Soins donnés aux poules (6 journées) et aux lapins (3 journées)..	»	2	3	3	»
Soins donnés aux canards................................	2	»	»	»	»
NOTA. — Les 2 filles travaillent comme auxiliaires du père et de la mère.					
TOTAUX des journées de tous les membres de la famille..	378	374	365	365	360

SECTION IV.

Industries entreprises par la famille

(à son propre compte).

INDUSTRIES entreprises au compte de la famille :

Travaux de blanchissage...

Culture du jardin (pris à loyer)...

Exploitation des poules...

des canards...

des lapins...

§ 14. — BUDGET DES RECETTES DE L'ANNÉE (SUITE).

PRIX DES SALAIRES JOURNALIERS.					RECETTES (SUITE).	MONTANT DES RECETTES.	
						VALEUR des objets reçus en nature.	RECETTES en argent.
père	mère	fille aînée	fille cadette	ouvrier-domestique			
fr. c.	fr. c.	fr. c.	fr. c.	fr. c.			
					SECTION III.		
					Salaires.		
3 00	3 00	2 00	1 50	»	Salaire total attribué à ce travail..	100f 00	3,270f 50
»	»	»	»	1 554	Salaire payé, sous diverses formes, à l'aide, et remboursé par les recettes générales provenant du blanchissage...	»	559 65
»	»	»	»	»	(Aucun salaire ne peut être attribué à ces travaux)......	»	»
2 00	»	»	»	»	Salaire total attribué à ce travail..	48 00	»
»	1 00	1 00	1 00	»	— — ..	8 00	»
1 00	»	»	»	»	— — ..	2 00	»
					TOTAUX des salaires de la famille............	158 00	3,830 15
					SECTION IV.		
					Bénéfices des industries.		
					Bénéfice résultant de cette industrie.......................... (16, A)	»	262 50
					(Cette exploitation doit être regardée comme une récréation de l'ouvrier).. (15, Sec IV)	»	»
					Bénéfice résultant de cette industrie......................... (16, B)	7 56	»
					(Cette exploitation doit être regardée comme une récréation de l'ouvrier).. (15, Sec IV)	»	»
					Bénéfice résultant de cette industrie......................... (16, C)	3 63	»
					TOTAUX des bénéfices résultant des industries....... ..... (16, D)	11 19	262 50

NOTA.—Outre les recettes portées ci-dessus en compte, les industries donnent lieu à une recette de 5,120f 60 (16, D), qui est appliquée de nouveau à ces mêmes industries ; cette recette et les dépenses qui la balancent (15, Sec V) ont été omises dans l'un et l'autre budget.

| | | | | | TOTAUX DES RECETTES de l'année (balançant les dépenses)....... (4,957f 83) | 165 53 | 4,792 30 |

§ 45. — BUDGET DES DÉPENSES DE L'ANNÉE.

DÉSIGNATION DES DÉPENSES.	POIDS et PRIX des ALIMENTS		MONTANT DES DÉPENSES.	
	POIDS consommé	PRIX par kilogr.	VALEUR des objets consommés en nature.	DÉPENSES en argent.
SECTION 1re.				
Dépenses concernant la nourriture.				
ART. 1er. — ALIMENTS CONSOMMÉS DANS LE MÉNAGE.				
[Par l'ouvrier, la femme, 2 filles de 16 et de 13 ans et 1 ouvrier-domestique de 15 ans, pendant 365 jours (52 repas exceptés), et par 1 ouvrière auxiliaire pendant 52 jours.]				
CÉRÉALES :				
Froment : évalué à l'état de pain, 1,035 kil. à 0f325, 355f88 ; — évalué à l'état de farine (pour les sauces), 8 kil. à 0f43, 3f44..	1,103k0	0f326	»	339f32
Riz (pour gâteaux)......................................	1 0	0 800	»	0 80
Poids total et prix moyen.............	1,104 0	0 326		
CORPS GRAS :				
Beurre de vache salé (de Bretagne).....................	52 0	2 200	»	114 40
Gras de lard...	18 0	1 600	»	28 80
Huile (pour salade)....................................	13 0	1 600	»	20 80
Poids total et prix moyen............ .	83 0	1 976		
LAITAGES ET ŒUFS :				
Lait de vache..	340 0	0 320	»	108 80
Fromage de Gruyère.....................................	6 0	2 000	»	12 00
Œufs de poules : de la basse-cour du ménage, 960 pièces à 0f10, 96f00 (16, B) ; — achetés, 200 pièces à 0f075, 15f00........	58 0	1 914	12f00	99 00
Poids total et prix moyen.............	404 0	0 574		
VIANDES ET POISSONS :				
Viande de boucherie : Bœuf ou vache, 156k à 1f20, 187f20 ; — mouton, 104k à 1f20, 124f80.............................	260 0	1 200	»	312 00
Gibier : 5 lapins ....(16, C)	18 0	0 800	5 75	8 75
Volailles : 3 poulets et 1 vieille poule...............(16, B)	3 0	1 000	3 00	»
Poissons : Hareng frais, merlan, raie..................	60 0	0 500	»	30 00
Poids total et prix moyen.............	341 0	1 054		

§ 15. — BUDGET DES DÉPENSES DE L'ANNÉE (SUITE).

DÉSIGNATION DES DÉPENSES (SUITE).	POIDS et PRIX des ALIMENTS		MONTANT DES DÉPENSES.	
	POIDS consommé	PRIX par kilog.	VALEUR des objets consommés en nature.	DÉPENSES en argent.
SECTION Ire.				
Dépenses concernant la nourriture (suite).				
LÉGUMES ET FRUITS :				
Tubercules : Pommes de terre : du jardin, 80ᵏ ; — achetées, 80ᵏ.	160ᵏ0	0ᶠ080	6ᶠ40	6ᶠ40
Légumes farineux secs : Lentilles, 8ᵏ à 0ᶠ80, 6ᶠ40 ; — haricots secs, 8ᵏ à 0ᶠ80, 6ᶠ40..........................	16 0	0 800	»	12 80
Légumes verts à cuire : Choux, 70ᵏ à 0ᶠ15, 10ᶠ50 ; — petits pois, 4ᵏ à 0ᶠ90, 3ᶠ60 ; — haricots (mangés verts), 12ᵏ à 0ᶠ30, 3ᶠ60..	86 0	0 206	17 70	»
Légumes épices : Oignons............................	6 0	0 150	0 90	»
Salades : Romaine du jardin, 6ᵏ à 0ᶠ35, 2ᶠ10 ; — romaine achetée, 4ᵏ à 0ᶠ35, 1ᶠ40 ; — chicorée, 4ᵏ à 0ᶠ50, 2ᶠ00 ; — céleri, 3ᵏ à 0ᶠ80, 2ᶠ40...........................Ầ.........	17 0	0 465	2 10	5 80
Fruits à pepin et à noyau : Pommes............	50 0	0 050	»	2 50
Poids total et prix moyen.............	335 0	0 163		
CONDIMENTS ET STIMULANTS :				
Sel...•	13 0	0 200	»	2 60
Épices : Poivre	0 1	5 000	»	0 50
Vinaigre..	6 0	0 400	»	2 40
Matières sucrées : Sucre blanc........................	39 0	1 600	»	62 40
Boissons aromatiques : Café, 13ᵏ à 4ᶠ00, 52ᶠ00 ; — chicorée, 4ᵏ à 1ᶠ20, 4ᶠ80	17 0	3 341	»	56 80
Poids total et prix moyen.............	75 1	1 660		
BOISSONS FERMENTÉES :				
Eau-de-vie : Cognac reçu en cadeau de l'épicier chez lequel la famille s'approvisionne ordinairement, 1ᵏ à 2ᶠ00 (16, E) ; — cognac acheté, 3ᵏ à 2ᶠ00, 6ᶠ00........................	4 0	1 500	»	6 00
Vin (petit vin de Bourgogne acheté en tonneau)...............	1,160 0	0 250	»	290 00
Poids total et prix moyen.............	1,164 0	0 254		
ART. 2. — ALIMENTS PRÉPARÉS ET CONSOMMÉS EN DEHORS DU MÉNAGE.				
ALIMENTS DIVERS :				
Pain, fromage, viandes de boucherie ou de porc et vin consommés à Paris chez un traiteur par le ménage entier en 52 repas, à 3ᶠ50..			»	182 00
Totaux des dépenses concernant la nourriture..........			47 85	1,724 87

§ 45. — BUDGET DES DÉPENSES DE L'ANNÉE (SUITE).

DÉSIGNATION DES DÉPENSES (SUITE).	MONTANT DES DÉPENSES.	
	VALEUR des objets consommés en nature.	DÉPENSES en argent.
SECTION II.		
Dépenses concernant l'habitation.		
LOGEMENT :		
Loyer : partie du loyer de la maison à attribuer à l'habitation (16, G), 100ᶠ00 ; — entretien de la maison (la dépense principale est au compte du propriétaire) : petites réparations, 3ᶠ 00..	»	103ᶠ00
MOBILIER :		
Entretien des draps de lit, serviettes, torchons, ustensiles, etc......................	»	35 00
CHAUFFAGE :		
[Le chauffage ne donne lieu à aucune dépense particulière, le feu, entretenu pour l'exercice du métier, suffisant complètement pour le chauffage domestique (16, A)]...	»	»
ÉCLAIRAGE :		
L'éclairage entretenu pour l'exercice du métier suffit pour l'éclairage domestique.. (16, A)	»	»
TOTAL des dépenses concernant l'habitation...............	»	138 00
SECTION III.		
Dépenses concernant les vêtements.		
VÊTEMENTS DE L'OUVRIER :		
Objets achetés, étoffes achetées, travaux de confection, raccommodages...... (16, H)	»	85 05
VÊTEMENTS DE LA FEMME :		
Objets achetés, étoffes achetées, travaux de confection, raccommodages....... (16, H)	»	115 00
VÊTEMENTS DES DEUX FILLES :		
Objets achetés, étoffes achetées, travaux de confection, raccommodages ; dépense évaluée à......	»	100 00
BLANCHISSAGE ET SOINS DE PROPRETÉ :		
Blanchissage des vêtements et du linge de la famille ; travaux exécutés par le ménage, 100ᶠ00 ; — fournitures diverses pour ces travaux (savon, etc.), 20ᶠ00 ; — blanchissage des vêtements et du linge de l'ouvrier-domestique (16, F), 25ᶠ00 ; — blanchissage et repassage des bonnets de la femme (exécutés à prix d'argent par une blanchisseuse en fin), 3ᶠ00 ; — barbier (pour le blanchisseur), 24ᶠ00 ; — cirage, 1ᶠ50 ; — savon fin, cosmétiques, 3ᶠ50...	100ᶠ00	77 00
TOTAUX des dépenses concernant les vêtements............	100 00	377 05
SECTION IV.		
Dépenses concernant les besoins moraux, les récréations et le service de santé.		
CULTE :		
(L'exercice du culte ne donne lieu à aucune dépense)......	»	»
INSTRUCTION DES ENFANTS :		
(Les enfants déjà grands ne donnent plus lieu à aucune dépense de cette nature)......	»	»
SECOURS ET AUMÔNES :		
Pension payée à la mère de la femme, 144ᶠ00 ; — aumônes données à divers, 18ᶠ00.....	»	162 00

§ 45. — BUDGET DES DÉPENSES DE L'ANNÉE (SUITE).

DÉSIGNATION DES DÉPENSES (SUITE).	MONTANT DES DÉPENSES.	
	VALEUR des objets consommés en nature.	DÉPENSES en argent.
SECTION IV.		
Dépenses concernant les besoins moraux, les récréations et le service de santé (suite).		
RÉCRÉATIONS ET SOLENNITÉS :		
Dépense supplémentaire pour dîners donnés à l'occasion des visites de parents, 5ʳ00 (le reste de la dépense est compris dans la Sⁿ I) ; — culture du jardin, 21ʳ32 ; — entretien des canards, 26ʳ36 ; — prix d'entrée aux deux bals de la fête patronale pour la mère et les deux filles, 1ʳ80..................................	17ʳ68	36ʳ80
DIVERS :		
Cadeaux donnés à des parents à l'occasion de leur mariage, 15ʳ00 ; — cadeaux faits aux enfants des parents au 1ᵉʳ jour de l'an et à l'occasion de visites, 5ʳ00.............	»	20 00
SERVICE DE SANTÉ :		
Visites de médecins et médicaments....................	»	10 00
TOTAUX des dépenses concernant les besoins moraux, les récréations et le service de santé....................	17 68	228 80
SECTION V.		
Dépenses concernant les industries, les dettes, les impôts et les assurances.		
DÉPENSES CONCERNANT LES INDUSTRIES :		
Rétribution en argent allouée comme gages à l'ouvrier-domestique, qui l'emploie pour les vêtements et pour les autres dépenses auxquelles la famille ne pourvoit pas par des allocations en nature (16, F) (12)....................	»	180 00
NOTA. — Les autres dépenses concernant les industries entreprises au compte de la famille montent à........................(16, D) 5,194ʳ81, Elles sont remboursées par les recettes provenant de ces mêmes industries, savoir : Argent et objets employés pour les consommations du ménage (ouvrier-domestique compris) ou faisant partie de ses épargnes, et portés à ce titre dans le présent budget................. 74ʳ21 } Argent et objets appliqués de nouveau aux industries (14, Sⁿ IV), comme emploi momentané du fonds de roulement, et qui ne peuvent conséquemment figurer parmi les dépenses du ménage. 5,120 60 } 5,194 81		
INTÉRÊTS DES DETTES :		
(Aucune dette, même passagère, n'a été contractée par la famille).................	»	»
IMPÔTS :		
Impôt mobilier, des portes et fenêtres, 17ʳ30 ; — patente, 50ʳ00....................	»	67 30
ASSURANCES CONCOURANT A GARANTIR LE BIEN-ÊTRE PHYSIQUE ET MORAL DE LA FAMILLE :		
La famille trouve toutes les garanties désirables de sécurité dans les habitudes d'ordre et d'activité qui assurent la conservation de sa clientèle, dans l'esprit de prévoyance qui lui fait épargner chaque année une somme considérable, enfin dans le discernement avec lequel elle sait faire fructifier cette épargne par des placements judicieux. Elle n'a donc à faire aucune dépense spéciale pour cet objet....................	»	»
TOTAL des dépenses concernant les industries, les dettes, les impôts et les assurances....................	»	247 30
ÉPARGNE DE L'ANNÉE :		
A placer en rentes sur l'État, en actions industrielles ou sur hypothèque.............	»	2,076 28
TOTAUX DES DÉPENSES de l'année (balançant les recettes)....... (4,957ʳ83)	165 53	4,792 30

§ 46.

COMPTES ANNEXÉS AUX BUDGETS.

SECTION I.

COMPTES DES BÉNÉFICES

Résultant des industries entreprises par la famille (à son propre compte).

A. — INDUSTRIE PRINCIPALE DE LA FAMILLE : TRAVAUX DE BLANCHISSAGE.

	VALEURS	
	en nature.	en argent.
RECETTES.		
Somme obtenue annuellement en rétribution des travaux de blanchissage exécutés pour les diverses pratiques : en moyenne 165 francs par semaine..........	»	8,580ᶠ 00
Valeur à attribuer aux travaux de blanchissage exécutés sur le linge de la famille : travaux, 100ᶠ00; — fournitures, 20ᶠ00.........	100ᶠ00	20 00
Valeur à attribuer aux travaux de blanchissage exécutés sur le linge de l'ouvrier-domestique : travaux et fournitures..............(F)	»	25 00
Totaux...	100 00	8,625 00
Somme qu'obtiendrait la famille, si elle exécutait les mêmes travaux à la journée pour le compte d'un chef d'industrie..............(14, Sⁿ III)	100 00	3,270 50
DIFFÉRENCE ou somme obtenue par la famille en sus des salaires qui seraient attribués, dans les mêmes conditions, à de simples journaliers..........	»	5,354 50
DÉPENSES.		
Loyer de la partie de la maison appliquée à l'industrie du blanchissage....(G)	»	250 00
Loyer du champ où se fait, pendant l'été, l'étendage du linge..........(8)	»	45 00
Salaires payés aux ouvrières :		
936 journées de blanchisseuses et de repasseuses à 2ᶠ00...............	»	1,872 00
52 journées de couturière (non compris la nourriture portée en compte avec celle du ménage, 15, Sⁿ I).......................	»	52 00
Gages annuels de l'ouvrier-domestique.......................(F)	»	559 65
Prix de location d'un cheval et d'une voiture (1 jour par semaine) pour effectuer les transports du linge et de la famille entre Paris et Clichy : 7ᶠ50 par jour......................	»	390 00
Dépenses occasionnées par le chien (qui garde la maison pendant l'absence de la famille) : 0ᶠ10 par jour.....................	»	36 50
Fournitures de matériaux divers :		
Coke (acheté dans une usine à gaz) : 16,200 kilogrammes....... 472ᶠ50		
Cotrets (fascines de bois fendu pour l'allumage du coke) : 200 pièces à 0ᶠ25............... 50 00		
Sel de soude............ 550 00		
Savon : 480ᵏ à 1ᶠ00............ 480 00		
Bleu............ 10 00		
Amidon : 13ᵏ à 0ᶠ90............ 11 70		
Eau de Javelle............ 25 00		
Eau de la Seine fournie par une administration qui élève, au moyen d'une machine à vapeur, l'eau de la Seine pour la conduire à Clichy et dans plusieurs villages voisins : abonnement annuel............ 100 00		
Huile pour éclairage : 40ᵏ à 1ᶠ00............ 40 00		
Chandelle pour éclairage : 15ᵏ à 1ᶠ20............ 18 00		
1,757 20	»	1,757 20
A reporter......................	»	4,962 35

	VALEURS	
	en nature.	en argent.

DÉPENSES (SUITE).

Report..	»	4,962ᶠ 35
Frais du matériel spécial :		
Intérêt (5 p. 100) de la valeur des outils, du mobilier et des ustensiles employés pour les travaux de blanchissage (793ᶠ 50) (6)...............	»	39 65
Entretien de ces objets : cordes, 25ᶠ 00 ; — échalas ou perches, 10ᶠ 00 ; — fers à repasser, 2ᶠ 50 ; — objets divers, 7ᶠ 50.................	»	45 00
Intérêt (5 p. 100) du fonds de roulement (500ᶠ 00)................	»	25 00
Objets de vêtement et de lingerie perdus ou égarés, à payer aux pratiques..	»	20 00
Bénéfice résultant de l'industrie..................................	»	262 50
Total comme ci-contre...............	»	5,354 50

Le bénéfice de 262ᶠ 50 équivaut à un supplément journalier de 0ᶠ 37 sur le salaire normal de 3ᶠ 00 attribué ci-dessus à l'ouvrier et à sa femme, ou à un bénéfice de 0ᶠ 13 sur le salaire attribué à chaque journée des ouvriers auxiliaires (les deux filles de la maison et l'ouvrier-domestique compris).

On aurait pu établir d'une manière plus précise encore la comptabilité de l'industrie du blanchisseur, en comprenant parmi les dépenses la valeur de la nourriture donnée à la couturière (voir ci-dessus) et l'augmentation des dépenses de nourriture dues au voyage que la famille fait à Paris chaque semaine. D'un autre côté, on aurait dû retrancher, de la consommation de coke, d'huile et de chandelle, la dépense que la famille devrait, en tout état de choses, faire pour la consommation domestique. Toutefois, en faisant abstraction, pour plus de simplicité, de ces circonstances qui se balancent à peu près, on s'est écarté fort peu du résultat qu'il s'agissait de constater.

B. — EXPLOITATION DES POULES.

RECETTES.

Œufs : 960 pièces à 0ᶠ 10 (consommés par le ménage)................	12ᶠ 00	84 00
3 poulets et 1 vieille poule (consommés par le ménage)...............	3 00	»
Totaux...............	15 00	84 00

DÉPENSES.

Intérêt (6 p. 100) de la valeur des poules (24ᶠ 00)...................	1 44	»
Nourriture :		
Avoine, 700ᵏ à 0ᶠ 12........................	»	84 00
Débris de la nourriture du ménage (pour mémoire)...............	»	»
Travaux de la femme et des deux filles...... (14, Sᵒⁿ III)	6 00	»
Bénéfice résultant de l'industrie..........................	7 56	»
Totaux comme ci-dessus...............	15 00	84 00

C. — ÉLEVAGE DES LAPINS.

RECETTES.

5 lapins (consommés par le ménage) valant................	5 75	8 75
5 peaux de lapin..................................	»	0 50
Totaux...............	5 75	9 25

	VALEURS	
DÉPENSES.	en nature.	en argent.
Achat de 5 jeunes lapins à 1f25..........................	»	6f25
Intérêt (6 p. 100) de la valeur calculée des lapins (2f00) (6)............	0f12	»
Herbes pour nourriture (achetées).......................	»	3 00
Travaux de la femme et des deux filles....................	2 00	»
Bénéfice résultant de l'industrie.......................	3 63	»
Totaux comme ci-contre............	5 75	9 25

D. — Résumé des comptes des bénéfices résultant des industries (A à C).

RECETTES TOTALES.

Objets employés en nature pour la nourriture de la famille...............	20 75	92 75
Recettes en argent à employer pour les industries elles-mêmes..............	»	5,120 60
Recettes en argent appliquées aux dépenses du ménage, ou converties en épargne..	»	234 40
Totaux........................	20 75	5,447 75

DÉPENSES TOTALES.

Intérêts des propriétés possédées par la famille et employées par elle aux industries... (14, Son I)	1 56	64 65
Salaires afférents aux travaux exécutés par la famille pour les industries.. (14, Son III)	8 00	»
Dépenses en argent qui doivent être remboursées par des recettes résultant des industries....................................	»	5,120 60
Totaux des dépenses (5,194f81)...........	9 56	5,185 25
Bénéfices totaux résultant des industries........................	11 19	262 50
Totaux comme ci-dessus...............	20 75	5,447 75

SECTION II.
COMPTES RELATIFS AUX SUBVENTIONS.

Nota. — La famille, exploitant son industrie dans les conditions d'indépendance propres aux chefs de métier, ne jouit d'aucune subvention.

SECTION III.
COMPTES DIVERS.

E. — Cadeaux reçus par la famille.

L'épicier chez lequel la famille achète ordinairement sa provision de café et de sucre, lui fait cadeau, à l'occasion du jour de l'an, d'une bouteille de cognac : la valeur de ce cadeau serait à retrancher du prix d'achat du café, que la famille achète chez l'épicier. Pour simplifier, on n'a pas fait cette réduction du prix, et, par contre, l'on n'a attribué aucune valeur à ce spiritueux dans les dépenses du ménage (15, Son I).

F. — Compte de la rétribution annuelle donnée par la famille à l'ouvrier-domestique.

Gages payés en argent : 15f00 par mois,.....................	»	180 00
Nourriture évaluée à 1/5 du montant de la dépense du ménage pour nourriture...................................... (15, Son I)	»	354 65
Logement, chauffage, éclairage (pour mémoire)...............	»	»
Blanchissage évalué à 25f00, savoir : travaux, 20f00 ; — fournitures, 5f00....	»	25 00
Total................................	»	559 65

	VALEURS	
	en nature.	en argent.

G. — DISTRIBUTION DU LOYER PAYÉ PAR LA FAMILLE SUR LES DIVERS OBJETS LOUÉS.

La famille paie par année un loyer de............................	»	400f 00
On peut distribuer cette dépense ainsi qu'il suit :		
Partie de la maison appliquée à l'habitation.................. (15, Son II)	»	100 00
Partie de la maison appliquée à l'industrie du blanchissage............ (A)	»	250 00
Partie du champ appliquée à l'étendage du linge.................... (A)	»	45 00
Partie du champ convertie en jardin............................	»	5 00
Total comme ci-dessus.............	»	400 00

H. — COMPTE DE LA DÉPENSE ANNUELLE POUR ACHAT DE VÊTEMENTS.

ART. 1er. — *Vêtements de l'ouvrier.*

	PRIX d'achat.	DURÉE.	DÉPENSE par an.
1 habit...	60f 00	15 ans.	4f 00
1 redingote...	60 00	10	6 00
3 blouses..	15 00	4 1/2	3 30
1 veste...	15 00	5	3 00
3 gilets de tricot, en coton.............................	7 50	3	2 50
3 gilets..	12 00	6	2 00
3 pantalons en drap....................................	60 00	9	6 65
3 pantalons en toile...................................	12 00	3	4 00
3 cravates en indienne.................................	3 00	3	1 00
12 mouchoirs de poche..................................	12 00	3	4 00
12 chemises en toile...................................	96 00	8	12 00
6 paires de chaussettes en fil..........................	3 60	1	3 60
1 paire de bottes......................................	18 00	2	9 00
2 paires de souliers...................................	18 00	2	9 00
Raccommodages..	»	»	6 00
1 chapeau..	6 00	6	1 00
1 casquette..	3 00	1	3 00
12 bonnets de coton....................................	15 00	3	5 00
Totaux........................	410 10		85 05

ART. 2. — *Vêtements de la femme.*

	PRIX d'achat.	DURÉE.	DÉPENSE par an.
8 robes de mérinos, de mousseline de laine et d'indienne.......... (On fait faire une robe par an, quand même les anciennes ne sont pas usées.)	160 00	8	20 00
4 robes ordinaires.....................................	48 00	4	12 00
3 par-dessus..	45 00	6	7 50
6 tabliers du dimanche en satin de laine et en soie noire..........	60 00	12	5 00
6 tabliers ordinaires en indienne........................	9 00	6	1 50
12 jupons en indienne..................................	48 00	12	4 00
3 corsets..	24 00	12	2 00
36 mouchoirs de poche.................................	36 00	12	3 00
6 collerettes ordinaires................................	6 00	6	1 00
1 collerette de prix....................................	20 00	10	2 00
24 paires de bas blancs et de couleur...................	60 00	12	5 00
4 paires de souliers et de bottines......................	32 00	4	8 00
Raccommodages..	»	»	2 00
2 paires de chaussons de lisière pour la maison...........	5 00	1	5 00
24 chemises en toile...................................	120 00	12	10 00
4 bonnets de prix ornés de dentelle (valencienne)........	48 00	4	12 00
2 bonnets de prix ornés de rubans......................	40 00	8	5 00
1 grand châle (façon cachemire)........................	80 00	»	»
Gants et objets divers..................................	»	»	10 00
Totaux............................	841 00		115 00

ÉLÉMENTS DIVERS DE LA CONSTITUTION SOCIALE

FAITS IMPORTANTS D'ORGANISATION SOCIALE;
PARTICULARITÉS REMARQUABLES;
APPRÉCIATIONS GÉNÉRALES; CONCLUSIONS.

§ 47.

CAUSES D'ÉBRANLEMENT OBSERVÉES DANS L'UNE DES COMMUNES DE LA BANLIEUE DE PARIS OÙ LES BONNES MŒURS SE CONSERVENT ENCORE AVEC LE PLUS DE FERMETÉ.

Des causes nombreuses de corruption ont agi sur Paris et sa banlieue pendant toute la durée du XVIII⁰ siècle. Elles émanaient généralement des classes riches ou dirigeantes. Les foyers du mal étaient parfois moins contagieux dans la ville que dans certaines communes de la banlieue. Les individualités scandaleuses y étaient plus en évidence; et l'on retrouve encore aujourd'hui des traces visibles de ces influences locales. En revanche, on peut observer plusieurs communes où les conditions matérielles de la prospérité ont en partie suppléé à l'affaiblissement des forces morales. La commune de Clichy, où ont été recueillis les éléments de la présente monographie, se distingue sous ce rapport entre toutes.

La population indigène, qui justifie cet éloge, est composée de blanchisseurs, de maraîchers, de jardiniers fleuristes et de nourrisseurs de vaches. Elle est cependant fortement ébranlée : sur les sept éléments nécessaires à une bonne constitution sociale (IV, In. 6), six sont combattus par les influences dominantes, et quelques-uns font à peu près défaut. Le Décalogue, l'autorité paternelle et la religion conservent peu d'empire sur les cœurs. Le clergé, il est vrai, reprend enfin l'œuvre de régénération qui fut accomplie, au XVII⁰ siècle, devant la corruption propagée par les derniers Valois ; mais les défaillances de l'époque

précédente ont laissé leurs traces; et il n'est point encore soutenu par l'opinion. La souveraineté a perdu son ascendant : elle
est donc impuissante à commencer les réformes, alors même que
certains gouvernants en comprennent la nécessité. En l'absence
de la communauté et du patronage, la propriété individuelle est
la seule force matérielle qui supplée à la désorganisation des
forces morales. Heureusement, elle opère ici avec une continuité
et une énergie que je n'ai point rencontrées ailleurs dans le cours
de mes voyages. Je donne, au paragraphe suivant, un précis de
ces prodiges d'activité, spéciaux aux quatre types principaux de
la banlieue. Ces qualités ne pourront pas toujours soutenir une
constitution sociale privée de ses appuis moraux; mais elles
conjureront un écroulement immédiat; et elles apporteront un
concours précieux à nos gouvernants, si l'esprit de réforme remplace enfin chez eux les stériles agitations de la politique. Après
chaque catastrophe amenée par nos classes dirigeantes, je me
reprends à espérer, en constatant cette vitalité de la race française; et je m'assure de plus en plus dans l'admiration et le
respect des ancêtres qui créèrent les forces morales que nous
gaspillons depuis 200 ans.

Les blanchisseurs, les maraîchers, les jardiniers et les nourrisseurs résistent assez bien, sous l'influence du travail et de la
propriété individuelle, à certaines défaillances morales qui se sont
produites au sein de leurs foyers domestiques; mais, depuis
quelques années, ce genre de danger devient plus redoutable. La
grande industrie manufacturière commence à se développer; et
elle attire, au milieu de l'ancienne population relativement saine,
le personnel que les familles françaises ne fournissent plus sous le
régime actuel de partage forcé et d'unions stériles. Les ouvriers
de ces nouvelles entreprises affluent incessamment en France
par les frontières de l'Est et du Nord; et ils nous amènent les
déclassés et les nécessiteux de l'Europe entière. Ces étrangers
vivent en partie à l'état nomade; et ils descendent à l'état de
dégradation qui a été décrit précédemment pour un atelier de
travaux publics (VII, 18). Par leurs déplorables exemples, ils
augmentent beaucoup la difficulté qu'éprouve la population indi-

gêne, déjà privée de ses forces morales, à maintenir chez les jeunes générations les derniers sentiments du devoir. Il est à craindre que l'invasion des nomades n'achève bientôt la désorganisation de cette localité; et l'on peut déjà prévoir que les richesses créées avec l'aide d'agents aussi dangereux n'augmenteront point la prospérité de la France.   F. L.-P.

§ 18.

ACTIVITÉ EXTRAORDINAIRE DÉVELOPPÉE CHAQUE SEMAINE PAR UNE FAMILLE DE BLANCHISSEURS.

Chaque semaine, le mercredi, l'ouvrier, accompagné de tous les membres du ménage (2), transporte à Paris, au moyen d'une voiture à un cheval louée à cet effet, le linge qu'il avait reçu, la semaine précédente, pour le blanchir. Laissant ainsi la maison sous la garde d'un chien, l'un des agents essentiels de son industrie, la famille part, à cinq heures du matin en été, à huit heures en hiver, pour ne rentrer que de huit à onze heures du soir, avec le linge à blanchir. Dès le jeudi matin, on procède au triage de ce linge : la moindre partie est directement savonnée par deux ouvrières travaillant à la journée; le reste est soumis à une lessive qui se poursuit jusqu'au vendredi matin, avec le concours de tous les membres de la famille. Aussitôt que la lessive est finie, la femme, assistée de ses deux filles et de quatre ouvrières qui viennent à ce moment prêter leur concours, s'applique au savonnage. De son côté, l'ouvrier, secondé par son aide, transporte le linge complétement lavé au lieu où doit se faire le séchage : pendant l'hiver, dans la salle à repasser et dans le grenier; pendant la belle saison, dans le champ loué à cet effet. Le dimanche, toute la famille s'occupe du pliage du linge, qu'elle prépare ainsi pour le travail de repassage. Celui-ci est exécuté le lundi et le mardi, par la femme, assistée des deux filles et des quatre ouvrières. Enfin, le mardi soir et souvent la nuit suivante, on classe le linge et l'on confectionne les paquets qui doivent être portés à Paris le lendemain et remis à chaque pratique.

§ 19.

MŒURS DES PETITS PROPRIÉTAIRES DE LA BANLIEUE DE PARIS.

En aucune contrée d'Europe, la classe des petits propriétaires n'est plus développée que dans la zone, large de 3 à 10 kilomètres, qui s'étend autour du mur d'enceinte de la ville de
Paris. Leur industrie principale consiste à produire les plantes
potagères, les légumes, les fruits, le lait, les œufs et les fleurs,
dont les marchés de cette ville offrent, en toute saison, le placement assuré. Sur les coteaux convenablement exposés, ils cultivent, en outre, des vignes donnant un vin de qualité inférieure,
auquel l'impôt de consommation établi dans l'intérieur de la
capitale assure dans la banlieue un débouché avantageux. Indépendamment des objets destinés à la vente, les familles de petits
propriétaires produisent elles-mêmes la plupart des objets nécessaires à leur nourriture. Le succès inouï de ces petites cultures
ne dépend pas seulement du débouché presque illimité qu'offre
la consommation parisienne. Il est dû, en partie, aux immenses
quantités d'engrais que Paris livre à bas prix à la banlieue.
Enfin, il doit être attribué aussi aux habitudes laborieuses de la
population (18). Jamais, en effet, dans le cours des études
entreprises à l'occasion de cet ouvrage, on n'a rencontré une race
d'hommes appliquée au travail d'une manière aussi soutenue,
aussi énergique, on pourrait dire aussi acharnée.

Appliquée à un sol naturellement ingrat, cette activité réalise
des merveilles de production, inconnues dans les grandes cultures
des régions les plus fertiles. Depuis le lever jusqu'au coucher
du soleil, la famille tout entière travaille aux champs, dans les
jardins, ou près des bâches où se cultivent les primeurs et les
produits d'arrière-saison. Les enfants eux-mêmes font, dès le premier âge, l'apprentissage de ce dur métier. La soirée est employée
à emballer et à charger sur la voiture la récolte faite pendant
la journée; la nuit, à transporter cette récolte dans l'intérieur
de Paris. Après minuit, dès que les règlements de police per-

mettent aux maraîchers d'occuper les emplacements réservés
jusqu'alors pour la circulation générale, on voit ces cultivateurs,
souvent leurs femmes et leurs enfants, prendre rang avec leurs
voitures pour être admis à la vente qui a lieu dans la halle, de
quatre à cinq heures du matin. C'est ordinairement pendant cette
station forcée qu'il leur est permis de prendre un peu de repos,
car ils doivent se remettre au travail aussitôt qu'ils sont revenus
à la maison.

Une préoccupation exclusive, incessante, donne aux deux
époux la force d'accomplir cette tâche presque surhumaine : c'est
le désir d'ajouter de nouvelles parcelles de terrain à celles qu'ils
possèdent déjà. Il n'est donc pas étonnant de voir, dans les localités les plus favorables à la culture, ces parcelles se morceler
à l'infini et se vendre à un taux qui dépasse parfois 20,000 francs
l'hectare. Tel chef de famille, sans s'élever au-dessus de la condition d'ouvrier-propriétaire, et sans être obligé, pour cultiver sa
terre, de recourir à des bras étrangers, parvient, dans le cours
de son existence, à acquérir, dans une région de sa commune,
plusieurs centaines de parcelles non contiguës.

Les maraîchers, les jardiniers et les nourrisseurs de vaches
de la banlieue de Paris possèdent, pour la plupart, les vertus qui
se lient à l'amour du travail et à la possession de la propriété
individuelle. Ces vertus se rencontrent à un degré éminent chez
ceux qui réussissent le mieux dans leur profession. Les femmes
restent chastes et les hommes tempérants au contact d'une profonde corruption. Une économie exemplaire préside toujours à
l'administration domestique; mais, chez les types les plus distingués, elle est tempérée par l'intelligence des besoins réels de la
famille et des convenances sociales : elle ne dégénère donc point,
ainsi qu'il arrive chez beaucoup de familles d'ouvriers ruraux, en
une lésinerie aveugle. Les femmes sont traitées avec déférence ;
souvent même, comme dans la plupart des autres contrées de la
France, elles exercent une influence prépondérante dans les
affaires de la communauté. On comprend la nécessité de donner
de l'instruction aux enfants, au prix de quelques sacrifices. Souvent, en cas de maladie de l'un des membres de la famille, on

n'hésite pas à faire toutes les dépenses nécessaires pour la guérison. Les propriétaires les plus aisés, quand ils se font aider par
un journalier, ne manquent jamais de l'admettre à leur table et
de le traiter exactement comme eux-mêmes. Le sentiment religieux, en l'absence d'une éducation convenable, manque souvent dans les familles. Le défaut de délicatesse dans les transactions ne dépasse point certaines bornes, et conseille rarement un
acte formel d'improbité. Les familles où les habitudes religieuses
se sont conservées ont sur toutes les autres une supériorité évidente, particulièrement en ce qui concerne les affaires d'intérêt
et l'organisation de la famille. L'autorité paternelle s'y maintient
plus ferme; et les parents éprouvent moins de difficulté à garantir leurs enfants des influences corruptrices qui émanent sans
cesse d'un grand centre de population.

Le développement des sentiments moraux varie considérablement d'une commune à l'autre. Dans plusieurs régions de la
banlieue, les mœurs ont été souvent abaissées, chez les dernières
générations, par le manque de direction religieuse. Plus récemment, elles ont été compromises par l'introduction de l'industrie
manufacturière et par les vices de la population nomade qui y
est employée (1). Par contre, on a souvent lieu de constater
l'influence bienfaisante exercée par des prêtres dévoués et par
les associations de laïques pieux, connus sous le nom de Conférence de Saint-Vincent de Paul (13). On ne remarque pas seulement cette influence dans les communes rurales de la banlieue;
celle-ci est plus marquée peut-être chez les petits cultivateurs
qui n'ont point encore été expulsés de l'enceinte de Paris par
l'envahissement des constructions urbaines. Au contraire, dans
les communes où ces influences ont manqué, l'amour du gain
s'est incessamment développé sans contre-poids. Il a provoqué des
tendances répréhensibles, qui ne s'arrêtent, en général, qu'aux
limites où elles encourraient les sévérités de la loi. Il engendre
des traits d'égoïsme, qui ne s'offrent point à l'observateur chez
les races sauvages. L'amour désordonné du gain fait naître une
envie haineuse contre les classes supérieures de la société; souvent il éteint tout dévouement pour la chose publique. Cette

passión provoque même l'oubli des sentiments les plus intimes
de la nature humaine. Ainsi, dans quelques communes spécialement adonnées à la culture de la vigne, il n'est pas rare de voir
des chefs de ménage, déjà pourvus du bien patrimonial qui leur
a été cédé à la condition de servir une rente viagère, manifester
hautement le désir qu'ils ont de voir cette charge cesser par la
mort de leurs parents. Parfois les parents, notamment ceux qui
ont été mauvais fils, sachant que rien ne peut amortir ces passions cupides, ne craignent pas d'engager contre leurs enfants
une lutte d'égoïsme et d'avidité. On en voit, en effet, qui, parvenus à l'âge du repos et jouissant d'une fortune supérieure à
leurs besoins, mettent leurs enfants en demeure de servir une
rente usuraire pour le bien qui leur est cédé, ou de voir ce bien
aliéné sans chance de retour. Ces mœurs déplorables font régner
l'esprit de lutte et de haine jusque dans le sanctuaire de la
famille, où les lois divines et humaines assurent ailleurs un
refuge contre les atteintes de l'antagonisme.

§ 20.

TRANSMISSION INTÉGRALE DE LA PETITE PROPRIÉTÉ TERRI-
TORIALE ET DES CLIENTÈLES CHEZ LES MARAÎCHERS, LES NOUR-
RISSEURS DE VACHES ET LES BLANCHISSEURS DE LA BANLIEUE
DE PARIS.

Les principaux chefs de métier de la commune de Clichy ne
divisent point ordinairement entre leurs enfants la terre ou la
clientèle qui servent de base à leur industrie. L'expérience et
l'étude intelligente de leurs véritables intérêts leur ont révélé la
fécondité du principe de la transmission intégrale des biens de
famille. Ils ont acquis par la pratique de leur vie entière l'intelligence de la vérité qui assure le mieux la prospérité des Anglo-
Saxons (III, IX, 17). Les maraîchers, par exemple, ne partagent
point les exploitations dont l'étendue est inférieure à un demi-
hectare; car une étendue moindre, ne suffisant pas pour occuper
le temps d'une famille, ne permettrait point à celle-ci de prospérer. D'un autre côté, une famille perdrait beaucoup de temps

et éprouverait une grande difficulté à cultiver et à surveiller plusieurs parcelles non contiguës. En effet, le morcellement des cultures, dans une industrie qui réclame un travail journalier, offre des obstacles qui n'existent pas au même degré dans la culture des céréales et de la vigne, où le travail est intermittent.

Les héritiers d'un petit maraîcher exploitant le minimum de terrain que comporte cette industrie cèdent ordinairement la propriété tout entiè   à celui d'entre eux qui est le plus capable d'en tirer parti et de payer aux autres une soulte en argent. A défaut d'une telle combinaison, ils se décident ordinairement à vendre l'héritage paternel à un cultivateur offrant les garanties convenables et à partager le produit de la vente; en sorte que, dans tous les cas, le sol est préservé du morcellement exagéré qui entrave souvent l'agriculture de la France.

La transmission intégrale des clientèles est encore plus habi-tuelle dans les entreprises de blanchissage. Un blanchisseur se retire ordinairement des affaires après avoir successivement établi tous ses enfants; il laisse son établissement principal à celui d'entre eux qu'il juge être le plus capable de l'exploiter avec succès, en lui imposant l'obligation de servir une rente viagère. Ce mode de transmission, bien qu'il ne donne pas toujours satis-faction au principe de l'égalité du partage, est, en général, approuvé par l'opinion publique. Il ne soulève de difficultés que dans le cas où l'héritier, ne sachant point tirer parti de sa posi-tion, ne peut subvenir aux besoins des parents et laisse retomber cette obligation sur les enfants les moins pourvus (12).

§ 24.

RÉSUMÉ DES OPÉRATIONS D'UNE SOCIÉTÉ D'ASSURANCES MUTUELLES DE LA BANLIEUE, PRÈS DE CLICHY.

La société se compose de 130 membres. Parmi ceux-ci sont 4 membres honoraires qui ne réclament jamais leurs droits de sociétaires. Quelques membres, moins aisés, ne font valoir ces droits que de loin en loin. La société ne donne pas de subsides en argent aux malades; et elle porte à 200ᶠ la somme payée aux veuves et aux orphelins des sociétaires.

Les recettes effectuées depuis la fondation de ladite société (1840) jusqu'à la fin de l'année 1851 sont indiquées ci-après, savoir : versements des 130 membres actuels de la société (le versement total le plus élevé a monté à 360ᶠ 00), 24,612ᶠ 80; — versements des sociétaires rayés ou décédés, 8,710ᶠ 80; — versements de 4 membres honoraires, 1,156ᶠ 00; — intérêts des capitaux placés en rentes ou à la caisse d'épargne, 3,694ᶠ 30; — sommes payées par divers sociétaires pour être exempts de certaines obligations à remplir à tour de rôle, 119ᶠ 00; — recettes diverses, quêtes faites à l'occasion des fêtes annuelles, 1,979ᶠ 00. — *Total des recettes*, 40,271ᶠ 90.

Les dépenses se répartissent ainsi qu'il suit : frais de maladie, d'inhumation et de fournitures diverses faites à des sociétaires, 17,902ᶠ 90; — frais d'administration, 2,842ᶠ 00; — capital en caisse, 19,527ᶠ 00. — *Total comme ci-dessus*, 40,271ᶠ 90.

Les recettes de l'année 1851 sont indiquées ci-après : revenu donné par un capital de 16,009ᶠ 00, placé en rentes 3 p. 100, 700ᶠ 00; — revenu donné par un capital de 800ᶠ 00, placé en rentes 4 1/2 p. 100, 34ᶠ 00; — une somme de 292ᶠ 95 se trouve dans la caisse du trésorier et ne donne par conséquent point de revenu; — versements mensuels et extraordinaires, revenus donnés par le placement des versements partiels à la caisse d'épargne, quête à l'occasion de la fête patronale, 4,527ᶠ 60. — *Total des recettes pour 1851*, 5,261ᶠ 60.

Les dépenses sont ainsi réparties : frais de médecin et de médicaments pour 59 sociétaires malades (les dépenses ont monté, pour un sociétaire, à plus de 300ᶠ 00, et ont dépassé, pour 4 autres, la somme de 100ᶠ 00), 2,327ᶠ 35; — fournitures diverses faites à des sociétaires infirmes et autres, 23ᶠ 00; — frais d'inhumation de 2 sociétaires, 144ᶠ 00; — frais d'inhumation de 2 femmes de sociétaires, 72ᶠ 00; — somme payée à la veuve d'un sociétaire mort dans l'année, 200ᶠ 00; — frais d'administration, 70ᶠ 00; — accroissement du fonds social, 2,425ᶠ 25. — *Total comme ci-dessus*, 5,261ᶠ 60.

§ 22.

PRÉCIS D'UNE MONOGRAPHIE AYANT POUR OBJET
LE MARÉCHAL-FERRANT DU MAINE.

I. Définition du lieu, de l'organisation industrielle et de la famille.

L'ouvrier présentement décrit exerce son industrie dans le système du travail sans engagements; il est en même temps propriétaire et ouvrier chef de métier.

L'ouvrier habite la commune de Louvigny (Sarthe). Après avoir travaillé, dans sa jeunesse, pour divers patrons avec lesquels il n'avait contracté que des engagements momentanés, conformément aux habitudes décrites ci-après, l'ouvrier, devenu patron à son tour, travaille maintenant pour son propre compte, avec le concours d'un apprenti.

La famille comprend les deux époux et quatre enfants. Le père, né à Mamers, marié depuis 12 ans, est âgé de 37 ans. La femme, née dans un village voisin, est âgée de 33 ans. Leurs quatre enfants sont âgés, les trois aînés de 11, 7 et 4 ans, et le dernier de 6 mois. Un ouvrier-domestique, âgé de 20 ans, fait partie de la communauté.

La famille a été élevée dans la religion catholique romaine. Les sentiments religieux, appréciables chez la femme, sont nuls chez l'ouvrier. Les bonnes mœurs, ou plutôt les habitudes régulières qui distinguent ce dernier, sont entretenues par les sentiments et les préoccupations qui se rattachent aux jouissances de la propriété. Le principe de sa moralité est évidemment dans le travail opiniâtre auquel il se livre, et dans les privations qu'il s'impose pour accroître incessamment la propriété territoriale qu'il a déjà acquise. Ces dispositions, et surtout l'énergie apportée au travail, établissent une distinction profonde entre ce type et celui du journalier-agriculteur de la même localité, qui sera décrit au tome suivant; mais la plupart des autres traits du caractère lui sont applicables. Peut-être même y a-t-il lieu de constater que la vertu de l'épargne, à l'aide de laquelle seulement peut être franchie la barrière qui sépare l'ouvrier du propriétaire, empire souvent les dispositions du caractère manceau ; elle détruit, chez beaucoup d'enfants, les sentiments de respect et d'affection pour les parents ; elle dégénère parfois, chez les personnes d'un âge mûr, en une lésinerie sordide qui détend tous les liens sociaux ; trop souvent elle éteint toute disposition à l'enthousiasme, au dévouement, au sacrifice personnel. Ordinairement, ces traits du caractère des ouvriers les plus enclins à l'épargne n'altèrent point l'harmonie des ménages, où la femme enchérit sur l'avarice du mari. Chez certains ouvriers-propriétaires de cette localité, cet âpre désir du gain conduit souvent au délit de l'usure (24).

La constitution physique et la santé des membres de la famille laissent peu à désirer. Dans les maladies très-graves, on appelle un médecin d'une petite ville voisine. Répartis sur plusieurs années consécutives, les honoraires du médecin et les frais de médicaments ne dépassent pas une moyenne annuelle de 10 francs.

Le maréchal-ferrant, qui a fait son apprentissage comme ouvrier-domestique, a acquis, à force de travail et d'économie, les moyens de s'établir à son propre compte ; les propriétés territoriales acquises plus tard ont aussi permis à la femme d'appliquer une grande partie de son activité à des travaux exécutés au compte de la famille : conformément aux définitions établies dans le précis méthodique annexé à ce volume, la famille se rattache donc, à la fois, à la catégorie des chefs de métier et à celle des ouvriers-propriétaires.

II. Moyens d'existence de la famille.

Immeubles : maison valant 1,450ᶠ 00, dont 3/5 pour la partie servant d'habitation à la famille, soit 870ᶠ 00 ; — jardin-verger de 5 ares, attenant à la maison, 350ᶠ 00 ; — champs à céréales de 80 ares, 1,100ᶠ 00 (ces immeubles ont été acquis exclusivement avec les épargnes du ménage). — *Argent :* sommes dues par les pratiques ordinaires, 250ᶠ 00. — L'ouvrier laisse ordinairement l'argent qui constitue une épargne annuelle aux bonnes pratiques et aux fermiers aisés auxquels il a fait des fournitures, jusqu'au moment où il a besoin de verser le prix d'une acquisition de terrain ; mais, par compensation, ses débiteurs lui rendent de temps en temps quelques services, surtout en l'assistant dans son exploitation agricole. Quelquefois, il prête son argent sur simple billet, plus rarement sur hypothèque, aux fermiers et aux propriétaires voisins : jamais il ne le dépose à la caisse d'épargne. — *Animaux domestiques entretenus toute l'année :* 5 poules avec élèves 10ᶠ 00. — *Animaux domestiques entretenus seulement une partie de l'année :* 1 porc, d'une valeur moyenne de 38ᶠ 00, entretenu pendant 6 mois; la valeur moyenne calculée pour l'année entière équivaut à 19ᶠ 00. — *Matériel spécial des travaux et industries :* partie de la maison qui sert d'atelier, 580ᶠ 00; — outils de la forge : 1 enclume pesant 175 kil., ayant coûté, neuve, à 1ᶠ 80 le kil., 315ᶠ 00, valant encore 265ᶠ 00; — 1 soufflet de forge avec plaque en fonte pour garnir la tuyère, 135ᶠ 00; — 1 meule, 80ᶠ 00; — 1 étau, 80ᶠ 00; — 1 bigorne, 30ᶠ 00; — 12 tenailles, 24ᶠ 00; — 12 marteaux, 48ᶠ 00; — potence et crémaillère pour fabriquer les essieux, 10ᶠ 00; — broches et mandrins, 30ᶠ 00; — bigornes, limes et filières, 40ᶠ 00; — balance avec ses poids, 25ᶠ 00; — moules à clous, 6ᶠ 00; — 2 seaux et une auge en pierre, 16ᶠ 00; — 1 tablier en cuir avec poche, 15ᶠ 00; — outils servant à l'exploitation agricole : 2 faucilles, 3ᶠ 00; — 2 bêches, 8ᶠ 00; — 1 râteau, 2ᶠ 00; — 1 brouette, 1ᶠ 00 (la maison et les outils de forge ont été acquis avec les épargnes faites par les deux époux, tant avant qu'après le mariage). — *Fonds de roulement des travaux et industries :* l'ouvrier a une faible quantité de fer et de charbon en magasin, mais, comme il a acheté ces matières à crédit, on admet que son approvisionnement n'exige aucun fonds de roulement appréciable. — *Valeur totale des propriétés,* 3,997ᶠ 00.

La famille, déjà parvenue à l'aisance, renonce naturellement à une partie des subventions qui, dans la même localité, sont indispensables à l'existence des journaliers. Cependant, pour préparer le fumier nécessaire à la culture des champs et du jardin, les enfants ramassent sur les voies publiques les excréments d'animaux, comme le font les enfants des plus pauvres ouvriers.

Travaux de l'ouvrier (maître). — Le travail principal comprend les diverses occupations auxquelles se livrent, dans toutes les communes rurales, les forgerons en bâtiment et les maréchaux-ferrants. L'ouvrier est assisté par un aide, qui est entré dans la famille en qualité d'apprenti, et qui, devenu compagnon, continue, en ce qui concerne la nourriture et l'habitation, à faire partie de la communauté. L'ouvrier consacre, au travail de forge et de maréchalerie, 300 journées estimées à 2' 10. Les travaux secondaires sont : le concours apporté à la femme pour la culture du jardin et des champs (6 journ.), et l'entretien de la maison (2 journ.). — *Travaux de la femme*. — Le travail principal a pour objet les travaux de ménage (130 journ.). Parmi les travaux secondaires, le filage du chanvre, pour les besoins du ménage ou pour le compte de diverses personnes, occupe la majeure partie du temps (126 journ.). Ce travail, si peu lucratif ailleurs, donne ici à la femme, grâce à une activité soutenue et à une adresse peu commune, un salaire relativement assez élevé (0' 34 par jour). Les autres travaux de la femme sont : la culture du jardin et des champs à céréales (27 journ.), l'exploitation des animaux domestiques (16 journ.), et la confection des vêtements (20 journ.). — *Travaux des deux enfants aînés*. — Les deux enfants aînés secondent la mère dans ses travaux et ramassent du fumier sur les voies publiques. — *Industries entreprises par la famille*. — Parmi ces industries, l'exploitation de la forge maréchale occupe le premier rang. La famille tire, en outre, de notables bénéfices de la culture du jardin et des champs, de l'élevage des poules et de l'engraissement du porc.

III. Mode d'existence de la famille.

Contrairement aux habitudes que provoque, dans d'autres contrées, l'exercice des travaux de forge, les produits animaux n'occupent qu'un rang secondaire dans la nourriture de la famille; ses aliments principaux sont le pain et une boisson fermentée, nommée *cidre*, faite avec des pommes. On a constaté. en comparant les diverses monographies de cet ouvrage, qu'il est peu de familles européennes où l'on fasse, toute proportion gardée, une consommation de pain aussi considérable. Le nombre et la composition des repas sont établis ainsi qu'il suit, dans les saisons d'été et d'hiver. — 1° Du 1ᵉʳ juin au 31 août : déjeuner (six heures) : pain avec beurre ou fromage; — diner (midi) : soupe maigre (au pain) et légumes cuits, auxquels on ajoute du lard le dimanche et un autre jour de la semaine; — goûter (quatre heures) : pain, fromage ou fruits, et souvent une *Miée*, c'est-à-dire de la mie de pain trempée dans du cidre; — souper (huit heures) : soupe faite comme celle du diner, et pain avec fromage. — 2° Du 1ᵉʳ septembre au 31 mai : déjeuner (huit heures) : soupe (au pain), puis pain avec fromage, beurre ou légumes cuits à l'eau et au sel; — diner (une heure) : pain avec fruits ou fromage; le dimanche seulement, on ajoute à cet ordinaire le lard avec lequel la soupe du déjeuner a été faite; — souper (huit heures) : soupe maigre (au pain), puis pain avec fromage. — La famille, y compris l'aide-ouvrier, boit par jour 3 à 4 litres d'une boisson composée de trois quarts de cidre pur et d'un quart d'eau.

La maison occupée par la famille se compose d'un atelier de forge, d'une grande chambre au rez-de-chaussée, d'une cave et d'un grenier. Les lits de la famille se trouvent dans la chambre du rez-de-chaussée, celui de l'aide est placé au grenier, dans un compartiment formé avec des cloisons en planches. Le mobilier comprend les différents objets désignés ci-après. — *Meubles :* 1 lit pour les deux époux, 1 lit pour les enfants, 1 lit pour les plus jeunes enfants, 1 lit pour l'aide-ouvrier, 1 berceau, 1 table, 10 chaises, 1 armoire neuve, 1 armoire vieille, 1 buffet, 1 coffre, 1 garniture de cheminée, 1 horloge à poids, 1 glace, 317ᶠ 25. — *Ustensiles :* 2 pipes (tonneaux) pour cidre, 2 poinçons pour tonneaux, 2 marmites, 6 plats, 48 assiettes, 12 verres, 2 pots, 2 pintes, 4 couteaux, 12 cuillers et 12 fourchettes,

1 coffre à sel, 1 saloir pour la viande de porc, 1 grille, 1 lanterne, 1 chandelier, 2 fers à repasser, 1 rouet à filer, 1 hache,
1 serpe, 92ᶠ 50. — *Linge de ménage :* 10 paires de draps
de chanvre, 4 nappes, 6 essuie-mains, 6 torchons, serviettes, 83ᶠ 00. — *Vêtements :* ils se réduisent au strict nécessaire, sauf en ce qui concerne les chemises du trousseau. —
Vêtements du maître : pour le dimanche : 1 veste, 1 gilet et
1 pantalon de drap pour l'hiver ; 1 veste, 1 gilet et 1 pantalon
d'étoffe de coton pour l'été ; 1 cravate de coton ; 1 paire de souliers ; 1 chapeau de feutre, 40ᶠ 00 ; — pour le travail : 2 blouses,
2 vestes et 2 pantalons, 2 cravates, 2 paires de bas, 1 paire de
souliers, 1 casquette, 3 bonnets de coton et 10 chemises, 56ᶠ 80.
— Vêtements de la femme : pour le dimanche : 2 robes, 2 tabliers et 4 fichus, 1 paire de souliers, 4 coiffes, 6 mouchoirs de
poche, croix, épingles et anneaux en or, 79ᶠ 00 ; — pour le travail : 2 jupons et 2 tabliers, 6 tabliers de travail, 6 fichus, 4 paires
de bas, 1 paire de souliers, 24 chemises, 66ᶠ 50. — Vêtements
des enfants : pour le dimanche, 28ᶠ 00 ; — pour le travail, 12ᶠ 00.
— *Valeur totale,* 775ᶠ 05.

Les récréations sont à peu près les mêmes que pour la
famille du journalier-agriculteur décrit dans le tome suivant ; il
est à remarquer que les dépenses personnelles de l'ouvrier, con-
tenues par l'esprit d'économie, sont loin de s'accroître en raison
du degré d'aisance auquel il s'élève. La récréation favorite d'un
ouvrier de cette condition moins enclin à l'épargne est le tir à la
cible, où les concurrents se disputent un prix payé par les cabaretiers qui provoquent ordinairement, dans l'intérêt de leur
commerce, ce genre de réunion.

IV. Histoire de la famille.

Les enfants d'un ouvrier placé dans la condition décrite par
ce précis fréquentent l'école jusqu'à l'âge de 14 ans ; ceux qui
ne sont point pris par le père en qualité d'apprentis entrent alors
ordinairement au service d'un fermier. Ils font chez ce dernier
l'apprentissage de la profession d'agriculteur, et se mettent ainsi

en mesure d'entreprendre, avec les capitaux avancés par leurs parents, l'exploitation d'une ferme et plus tard celle de leur héritage. Lorsque le maréchal-ferrant ne prend pas son apprenti parmi ses enfants, il le choisit parmi ceux des ouvriers-journaliers de la localité qui se recommandent le mieux par leur vigueur physique et par leur aptitude au travail; à qualités égales, il le prend de préférence parmi ses parents. Suivant l'ancienne coutume qui s'est conservée intacte chez cette classe d'artisans ruraux (23), le jeune apprenti entre, à 14 ans, chez son patron; pendant un an, il y reçoit simplement la nourriture, le logement et le blanchissage; à dater de son entrée, il fait véritablement partie de la famille; pendant les deux années suivantes, il reçoit, en outre, un salaire de 6 à 7 francs par mois. Après ces trois ans, l'apprenti, devenu compagnon, continue à rester chez le maréchal-ferrant, et y reçoit alors 12 à 13 francs par mois; des indemnités, des pourboires viennent s'ajouter à cette recette, et lui permettent de faire annuellement une certaine épargne. Si donc il est économe et industrieux, il peut arriver lui-même à la condition où l'exposé de ce précis suppose le patron parvenu, alors même qu'il n'aurait aucun secours de ses parents. Outre ses épargnes, qui constituent la base de son succès, il a en perspective diverses chances d'améliorer sa position : il peut prétendre à épouser une fille possédant une certaine dot, souvent même la fille de son patron; en cas de mort prématurée de ce dernier, ce sera lui, en général, qui sera appelé à exploiter la clientèle d'un commun accord avec la veuve et les enfants. Dans tous les cas, ses économies le mettront sûrement en position de s'établir lui-même un jour dans le pays environnant, sinon dans le même village. L'ouvrier qui, comme compagnon et célibataire, avait contracté l'habitude de l'épargne, la conserve après son mariage et lorsqu'il s'est à son tour établi comme chef de métier. Dans ces conditions, il ne tarde pas à devenir propriétaire de son habitation et de plusieurs lots de terre arable dont il augmente le nombre aussi longtemps qu'il peut continuer l'exercice de sa profession. L'admission de l'apprenti dans la famille du patron subsiste encore pour beaucoup de professions;

elle domine même à Paris dans plusieurs métiers. Il n'en est pas de même pour les compagnons, qui, dans les villes, font rarement partie du ménage auquel ils sont attachés par leur travail. L'admission du compagnon dans le ménage du maître présente cependant une combinaison recommandable à beaucoup d'égards : elle assure au patron un concours exclusif, assidu et dévoué ; elle préserve le jeune ouvrier contre les écueils de l'isolement ou d'une trop grande liberté ; elle fait participer l'un et l'autre à tous les avantages matériels et moraux de la vie en commun.

V. Budget domestique annuel et avenir de la famille.

Recettes de la famille. — Revenus des propriétés, 171ᶠ 50 ; — produits des subventions, 1ᶠ 00 ; — salaires, 1,041ᶠ 00 ; — bénéfices des industries, 373ᶠ 50. — *Total des recettes,* 1,587ᶠ 00.

Dépenses de la famille. — Nourriture, 706ᶠ 50 ; — habitation, 153ᶠ 00 ; — vêtements, 173ᶠ 00 ; — besoins moraux, récréations et service de santé, 66ᶠ 50 ; — industries, dettes, impôts et assurances, 178ᶠ 00. — *Total des dépenses,* 1,277ᶠ 00.

Les recettes donnent sur les dépenses un excédant annuel de 310ᶠ 00 ; cette épargne résulte de la valeur des fournitures livrées aux pratiques ordinaires de la forge ; l'ouvrier ne réclame cette somme que lorsqu'il trouve l'occasion d'acquérir un lot de terre ou de la prêter à intérêt. Ce précis offre l'exemple d'une famille établie dans une contrée dépourvue de ressources industrielles et surchargée de bras, qui parvient, à l'aide du travail, de la sobriété et de l'économie, à se créer une existence assurée et indépendante. Ce cas est fréquent, en Europe, dans la classe intéressante des artisans ruraux : il prouve que la possession de certaines qualités morales est la condition essentielle de l'indépendance, tandis que l'absence de ces mêmes qualités retient dans une condition précaire les ouvriers placés dans le milieu social le plus favorable à l'élévation des individualités inférieures (III : vi et vii, 12). Les maréchaux-ferrants et les forgerons en bâtiment sont les petits chefs de métier ruraux qui résistent le mieux aux envahissements de la grande industrie.

§ 23.

BONNES MŒURS CONSERVÉES PARMI CERTAINS TYPES D'OUVRIERS RURAUX.

Nous avons indiqué dans une autre monographie (IV, VII, 20) les mémorables découvertes qui, en substituant, dans le cours du XVIIᵉ et du XVIIIᵉ siècle, le travail des moteurs inanimés et celui des machines au travail des bras, ont dénaturé peu à peu le caractère des fabriques rurales collectives, et fait tomber en désuétude l'antique organisation des corporations urbaines d'arts et métiers (I, 19). C'est à ces découvertes, beaucoup plus qu'aux nouvelles convenances sociales et politiques, qu'il faut attribuer les modifications profondes qui se sont introduites dans l'ancienne organisation de l'industrie.

Cependant l'esprit des anciennes institutions industrielles ne s'est point complétement perdu en France : il s'est conservé, en partie, dans les usines métallurgiques alimentées par le combustible végétal (VI, 21), et, en général, dans les grandes usines qui, à raison de la supériorité de leurs produits, ont pu se défendre mieux que les autres contre les atteintes de la mauvaise concurrence. L'ancienne organisation est à peu près intacte dans les petits ateliers ruraux des fabriques collectives qui ne se sont point écartées de leur principe. Enfin, les ateliers ruraux affectés au service de la population locale, et par exemple celui qu'exploite la famille décrite dans le présent chapitre (22), ont gardé les relations de communauté qui existaient, dans les anciennes corporations industrielles, entre les maîtres, les compagnons et les apprentis. On peut même observer encore aujourd'hui de petits ateliers où le principe fondamental de l'ancien régime, la solidarité perpétuelle du patron et de l'ouvrier, a été fermement maintenu, par dérogation aux principes généraux de la législation moderne. Dans plusieurs localités où ces relations subsistent encore, avec le consentement mutuel des maîtres et des ouvriers, l'harmonie sociale est fermement garantie. La quiétude même

où vivent les populations soumises à ce régime n'a guère permis
que l'attention publique se dirigeât vers ces districts exceptionnels. Les personnes qui, dans ces derniers temps, ont critiqué
l'organisation actuelle de l'industrie, auraient souvent été con-
duites à d'autres conclusions, si elles avaient su que plusieurs
institutions, proposées comme des réformes utiles à l'Occident, y
ont été abrogées par le progrès même des nouveautés de l'époque
actuelle. Elles ne sont restées en vigueur, çà et là, que sous
l'influence de circonstances particulières. Parmi les catégories
d'ouvriers qui ont ainsi conservé l'esprit des anciennes institutions européennes, le *saunier-lettrier* de la Saintonge est un des
types les plus curieux que l'on puisse étudier.

L'art du saunier consiste à extraire, pendant la saison
chaude, le sel marin des eaux de la mer. Ces eaux, admises
dans de vastes réservoirs inférieurs au niveau des plus hautes
marées, sont ensuite distribuées sur de vastes espaces où elles
subissent l'action des vents et du soleil. Concentrées progressivement sur une série d'aires d'évaporation, elles laissent enfin
déposer, à l'extrémité de ce système de circulation, le sel qu'elles
tiennent en dissolution. Le saunier préposé à la direction de
chaque atelier exerce cette industrie de ses propres mains, avec
le concours de sa femme, de ses enfants et quelquefois d'un
apprenti. Le simple saunier exploite en vertu d'un engagement
contracté avec le propriétaire du sol, et dont la durée peut, à la
volonté de chacune des parties, ne pas excéder le terme d'une
année. Le saunier-lettrier, au contraire, exploite en vertu d'une
lettre, c'est-à-dire d'un acte authentique ou sous seing privé,
d'une date fort ancienne, qui lui confère, ainsi qu'à ses héritiers,
le droit de sauner à perpétuité sur une étendue déterminée de
marais, alors même que celui-ci viendrait à être subdivisé entre
plusieurs propriétaires. Cette convention grève la propriété, au
profit de l'ouvrier, d'un véritable droit exclusif au travail : souvent, la lettre ayant été égarée, ce droit repose seulement sur
la notoriété publique. L'ouvrier peut en disposer de son vivant
en faveur de l'un de ses héritiers; il est également autorisé par
l'usage à le constituer en dot à l'un de ses enfants. Comme

rétribution de son travail, le saunier reçoit le tiers du prix de la
récolte de sel vendue par le patron. Il jouit, en outre, de tous les
produits accessoires du marais, produits importants pour l'économie domestique de la famille, et qui peuvent être considérés
comme de véritables subventions. Au nombre des plus essentiels,
il faut compter les céréales et les légumes récoltés sur les *Bossis*,
c'est-à-dire sur les banquettes fertiles qui séparent les réservoirs
des aires d'évaporation ; viennent ensuite : l'herbe des pâturages
naturels formés par les terrains qui ne sont que momentanément submergés, le poisson et les huîtres élevés dans des réservoirs spéciaux construits par le saunier, enfin le bois de chauffage provenant de la coupe réglée des arbrisseaux croissant dans
le marais. En échange de ces avantages, le saunier est tenu
d'exécuter tous les travaux de saunage, y compris l'accumulation du sel dans les dépôts où ce produit est repris pour être
immédiatement transporté à bord des navires. Toutes les réparations, et une partie des établissements nouveaux à créer dans le
marais, sont à la charge de l'ouvrier ; mais le propriétaire supporte de moitié avec lui les dépenses relatives à l'abaissement,
au surhaussement ou à la reconstruction complète des aires du
marais.

L'industrie du saunier a donc conservé en France, jusqu'à
ce jour, les habitudes qui forment encore la base de l'organisation industrielle de l'Orient. Ce régime garantit contre toute
éventualité l'existence des ouvriers, en leur assurant un droit
au travail aussi stable que la propriété elle-même ; il identifie
l'intérêt de l'ouvrier et celui du propriétaire ; il écarte les questions irritantes que soulève la fixation du salaire ; enfin il réalise,
sous la forme la plus positive et la plus directe, cette association
du capital et du travail qui se retrouve également dans beaucoup d'institutions agricoles de l'Europe méridionale. Plusieurs
économistes, frappés des imperfections du régime moderne,
indiquent justement ces associations comme le meilleur remède
à certains embarras de cette époque.

Au nombre des types anciens qui se sont conservés jusqu'à
nos jours, contrairement à l'esprit des lois modernes et nonob-

stant la volonté des propriétaires, on peut encore citer les cultivateurs du pays de Cambrai et de plusieurs districts ruraux du
nord de la France, qui, en se fondant sur d'anciennes conces-
sions, revendiquent, de génération en génération, le droit exclusif
d'exploiter certaines propriétés dans le régime qui est encore
désigné dans ce pays sous le nom de *mauvais gré*. La description que Fénelon en a tracée dans les termes suivants[1] est encore
applicable à l'état de choses qui règne aujourd'hui.

« Les propriétaires des censes ou des terres du Cambrésis,
les ayant une fois données à ferme, n'en peuvent plus disposer
dans toute la suite en faveur d'autres fermiers. Les peuples se
sont fait un point d'honneur de demeurer chacun dans leurs
occupations de censes ou de terres, malgré les propriétaires et
malgré tous ceux qui voudroient les en déposséder. D'autres fermiers n'osent, ni enchérir les fermes, ni les prendre à un moindre
prix; car, ou bien ils seroient tuez dans le temps qu'ils seroient
le moins sur leurs gardes, ou bien la cense ou la grange où ils
auroient mis les grains de leur première récolte seroient infailliblement brulez. Ce malheur fait gémir plusieurs provinces
entières, comme le Hainaut, le Cambrésis, l'Artois, la chas-
tellenie de Lille, la plus grande partie de la Flandre et de la
Picardie... »

§ 24.

VICES RÉCEMMENT DÉVELOPPÉS PARMI CERTAINES CLASSES DE PRÊTEURS, DE COLPORTEURS ET DE CABARETIERS.

Parmi les types sociaux dont cette monographie offre un
exemple, et particulièrement dans la classe des petits marchands,
des colporteurs et des cabaretiers, il s'est développé en France,
à côté des personnes qui remplissent honorablement ces profes-

---

1. J'ai obtenu, par l'obligeante intervention de M. le comte de Caulaincourt, cette
pièce intéressante de M. Le Glay, directeur des archives générales du département du
Nord. M. Le Glay a trouvé, dans les papiers de Fénelon, ce document écrit de la main
de l'abbé Des Anges, secrétaire intime de l'archevêque.   F. L.-P.

sions, des types qui sont au milieu de notre société une cause permanente de démoralisation. Ces funestes individualités sont également développées en Angleterre et dans toutes les contrées où les ouvriers ne sont point défendus, contre les maux résultant de l'exercice inintelligent de leur libre arbitre, par le patronage des propriétaires et des chefs d'industrie. Parasites de la plus dangereuse espèce, ces individus vivent aux dépens des ouvriers imprévoyants dont ils s'appliquent à exciter les vices et les passions. Il est difficile de réprimer leur influence dans les pays où les institutions, n'ayant point prévu ce danger, visent à donner aux transactions la plus grande somme de liberté.

De tous les symptômes de désorganisation sociale, le plus affligeant peut-être est offert par les chefs d'industrie qui se coalisent avec les petits marchands de la localité pour démoraliser leurs ouvriers et pour reprendre, par une voie détournée, une partie du salaire nominal. Tel est, en particulier, le cas des fabricants du Staffordshire qui pratiquent le *Truck system,* c'est-à-dire qui obligent leurs ouvriers à prendre à compte sur le salaire, dans des boutiques désignées, des objets de consommation dont le prix est porté au-dessus des cours ordinaires du commerce.

Il ne paraît pas que les ouvriers français aient à souffrir de semblables manœuvres ; mais, en revanche, ils sont exposés aux embûches de diverses catégories d'usuriers. Parmi ces derniers, les plus redoutables exploitent l'entraînement irréfléchi qui porte vers l'acquisition des propriétés immobilières l'ouvrier possesseur de quelques épargnes, et surtout le petit propriétaire désireux de s'arrondir. Excitant l'ouvrier à acquérir plus de terre qu'il n'en peut actuellement payer, ils dissimulent habilement le délit d'usure en ne réclamant qu'un intérêt modéré sur un prix de vente bien supérieur à la valeur réelle de la parcelle vendue. Dès qu'un pareil marché est conclu, le propriétaire est menacé d'une ruine certaine, car le profit annuel à tirer de son acquisition reste toujours inférieur à l'intérêt qu'il est obligé de servir. Après un délai que l'usurier peut tout d'abord calculer, l'imprudent propriétaire doit être dépossédé de ses nouvelles acquisitions, souvent de son héritage. Les usuriers qui vendent à crédit les bestiaux exercent aussi de grands ravages chez les populations qui, n'ayant pas assez d'empire sur elles-mêmes pour amasser la somme nécessaire à l'acquisition des animaux domestiques, veulent cependant tirer parti des pâturages communaux. Le délit d'usure est encore exercé, avec une variété infinie de combinaisons, par les marchands d'objets de consommation usuelle, qui placent les ouvriers dans leur dépendance en les excitant à contracter une dette qu'ils ne puissent facilement acquitter, et qui se servent ensuite de l'ascendant acquis de cette manière pour obliger la famille à accepter des livraisons de qualité inférieure ou de mesure insuffisante. Enfin, les ouvriers des petits hameaux et des habitations éparses, qui échappent aux exactions des usuriers établis, sont exploités par des brocanteurs ambulants qui joignent souvent à leurs opérations ostensibles un commerce clandestin de l'ordre le plus dangereux : tel est le cas des colporteurs qui font le commerce des objets volés, qui distribuent dans les campagnes des images et des objets obscènes, ou des livres attaquant la société et la morale.

En France, la classe la plus pernicieuse pour la santé et les mœurs des ouvriers est celle des cabaretiers, des logeurs et des aubergistes de bas étage : elle exploite leur imprévoyance, leurs passions et leurs vices, avec une finesse et une habileté dont on se fait difficilement une idée quand on n'a point eu occasion d'observer leurs manœuvres. Dans la nouvelle organisation sociale, le cabaretier prend devant les ouvriers imprévoyants la place qu'occupaient, sous l'ancien régime, les corporations, le patron ou le prêtre. Toutes les secousses qui rompent quelque tradition ancienne, dans une société imparfaitement préparée pour un nouvel ordre de choses, n'ont guère d'autre résultat matériel que d'accroître subitement le nombre des cabarets. L'une des causes les plus actives de cet envahissement est la suppression des habitudes qui assuraient aux ouvriers une honnête diversion au travail. Les meilleurs ouvriers commencent à fréquenter le cabaret pour y prendre la distraction qu'ils ne trouvent plus chez le patron, dans les corporations ou dans l'église ; mais ce besoin légitime dégénère bientôt en intempérance ; et la famille se trouve exposée à une cause permanente de désorganisation.

En Angleterre, en Norvége, aux États-Unis, où une extrême liberté est laissée aux entreprises individuelles, ces mêmes désordres se font sentir : l'influence du climat, et, à ce qu'il semble aussi, une disposition particulière de la race, y ont même développé encore plus qu'en France le nombre des cabarets. Mais, par compensation, les chefs d'industrie y regardent, pour la plupart, comme un devoir de conjurer le mal en donnant aux ouvriers l'exemple des pratiques religieuses. En outre, et sans réclamer d'autres auxiliaires que la force des mœurs privées, ils ont combattu d'une manière encore plus directe l'influence des cabaretiers par la création des *sociétés de tempérance* dont le principe est indiqué précédemment (III, II, 19).

CHAPITRE IX

CHARPENTIER (DU DEVOIR)

DE PARIS

OUVRIER-JOURNALIER

dans le système des engagements momentanés,

D'APRÈS LES RENSEIGNEMENTS RECUEILLIS SUR LES LIEUX,
EN AVRIL ET MAI 1856,

PAR MM. A. FOCILLON ET F. LE PLAY.

OBSERVATIONS PRÉLIMINAIRES

DÉFINISSANT LA CONDITION DES DIVERS MEMBRES DE LA FAMILLE.

Définition du lieu, de l'organisation industrielle et de la famille.

§ 1.

ÉTAT DU SOL, DE L'INDUSTRIE ET DE LA POPULATION.

La famille habite, à Paris, une maison située sur un des quais de la rive droite de la Seine (9me arrondissement). Cette maison est composée de plusiéurs corps de bâtiment à 5 étages; on y compte 62 locataires (familles entières ou célibataires). L'ouvrier, qui s'est acquis une certaine réputation dans son art, est attaché à un chantier de charpente pour les constructions. En 1845, il y avait, à Paris et dans la banlieue, 7,500 ouvriers de cette profession; mais, depuis cette époque, l'emploi du fer et de la fonte, en restreignant incessamment l'emploi du bois, a réduit ce nombre à 3,000 environ.

Ces ouvriers sont ainsi partagés : 500 compagnons du Devoir (18), auxquels il faut ajouter 1,500 ouvriers mariés, anciens membres de cette corporation ; 600 compagnons de Liberté, jeunes et anciens, membres de la société rivale de celle du Devoir ; enfin, 400 charpentiers non compagnons, qui ne sont liés que par une société de secours mutuels. En vertu de contrats intervenus à certaines époques entre les ouvriers coalisés (21) et les patrons, le principe de l'invariabilité et de l'égalité des salaires est depuis longtemps mis en pratique pour les compagnons de ce corps d'état ; mais les chefs de chantier sont payés d'après des conditions spéciales débattues avec le patron (22). La plupart des maîtres charpentiers sont d'ailleurs d'anciens ouvriers que les souvenirs du compagnonnage unissent à ceux qu'ils emploient. Bien que les rapports des deux classes soient fondés en principe sur un régime d'engagements momentanés, le séjour prolongé chez un même patron n'est pas un fait rare parmi les charpentiers de Paris.

§ 2.

ÉTAT CIVIL DE LA FAMILLE.

La famille comprend les deux époux et deux enfants, savoir :

1. Jean M**, chef de famille, marié depuis 13 ans, né à Troyes (Aube). 41 ans.
2. Marie R**, sa femme, née à L** (Meurthe).......................... 42 —
3. Joseph M**, leur fils, né à Paris............................. 12 —
4. Marie-Augustine M**, leur fille, née à Paris................... 7 —

Quant aux parents des deux époux, le père de l'ouvrier, charpentier comme lui, et ancien soldat, est seul survivant. Il habite encore la ville de Troyes, avec une femme épousée en secondes noces, et dont il a quatre enfants. Son travail et une pension militaire soutiennent encore aujourd'hui sa nouvelle famille. Marie R** a perdu son père et sa mère ; elle avait 3 frères et 1 sœur, qui ont su se créer, par le travail, des ressources honorables. Éloignés depuis vingt ans des lieux de naissance, les deux époux ont peu de rapports avec leurs parents.

§ 3.

RELIGION ET HABITUDES MORALES.

Les deux époux sont nés de parents catholiques. L'ouvrier paraît n'avoir reçu qu'un enseignement religieux insuffisant. La perte prématurée de sa mère, les changements considérables survenus à cette époque dans la vie de son père, l'ont éloigné de sa famille dès l'âge de 14 ans. Le compagnonnage est la seule influence morale qui ait agi sur lui depuis cette époque. Il lui doit une certaine distinction que l'on trouve rarement chez les ouvriers isolés. Soumis, dès son début dans la profession, à une surveillance sévère qui contrôlait sa conduite et en eût, au besoin, réprimé les écarts, il s'est formé bientôt à des habitudes d'ordre et à l'observation journalière d'une loi morale. L'ouvrier a encore appris dans le compagnonnage à s'imposer une tenue décente. La foi dans les traditions de la société, le respect pour la « Mère » (18), figurent aussi parmi les traits les plus remarquables de cette éducation qui, pour lui, a suppléé jusqu'à un certain point à celle de la religion. La Mère personnifie, pour les compagnons, l'association qui a protégé leur jeunesse. Les sentiments que ce nom excite chez eux, depuis une époque reculée, offrent un reflet de ceux que le nom du roi, image vivante de la patrie, entretenait autrefois chez les populations.

En matière religieuse, l'ouvrier est d'une indifférence complète ; et il n'observe lui-même aucune pratique du culte. Il se plaît cependant à se rendre à la messe solennelle du jour de Saint-Joseph, fête des charpentiers (19). Doué d'un naturel tranquille, il attache du prix à l'estime de ses camarades et de ses patrons, et ambitionne surtout la réputation d'ouvrier honnête et habile. Régulier dans ses mœurs, il a cependant perdu, au contact de la corruption d'une grande ville, l'énergie et la susceptibilité de certains sentiments moraux. Il s'applaudit d'ailleurs des progrès que lui semblent avoir faits depuis 25 ans ses camarades, en se corrigeant des habitudes d'ivresse et de débauche bruyante. Enfin, comme la plupart des ouvriers, celui-ci vit dans une complète imprévoyance (2 3); et, ainsi qu'il arrive souvent en pareil cas chez les ouvriers parisiens, une générosité facile forme un trait aimable de son caractère. A une époque où ses moyens d'existence étaient compromis (1848 à 1851), il adoucissait les derniers jours de sa belle-mère en lui dissimulant, avec une courageuse abnégation, les charges que la famille s'imposait pour elle. Aujourd'hui, dans une situation plus heureuse, il écarte toute préoccupation d'avenir, pour accroître, jusqu'à l'extrême limite de ses ressources, le bien-être matériel de la communauté.

La femme a été élevée par sa mère dans les habitudes de religion, et les a conservées pendant toute sa jeunesse. Intelligente, active et résolue, elle paraît n'avoir jamais connu de passion qui l'ait dominée. Son travail opiniâtre lui a permis de soulager, par des envois d'argent, sa mère dont elle connaissai les chagrins domestiques (1 2), et de se ménager à elle-même quelques épargnes. Sa conduite semble avoir été exempte de tou reproche ; mais on ne trouve guère en elle plus de délicatesse morale que chez son mari. Ses croyances religieuses ont perdu toute énergie ; et leur influence ne se retrouve guère que dans les sentiments qui maintiennent la régularité de sa conduite. Le maigre du Vendredi-Saint est la seule pratique religieuse dont elle ait maintenu l'observation dans la famille. Elle va assez souvent à la messe le dimanche ; et elle veut que ses enfants s'y rendent habituellement. Elle leur interdit les mots grossiers, et attache un grand prix à leur instruction. Moins soucieuse de leur moralité, elle leur permet trop souvent de jouer seuls sur les promenades publiques, sans s'inquiéter des chances de dépravation dont la gravité lui a été déjà signalée à plusieurs reprises. Respectueuse envers son mari, elle exerce utilement, et du consentement tacite de celui-ci, une influence prépondérante dans la famille. Elle reçoit immédiatement en dépôt le montant de la paie mensuelle ; et c'est elle qui, chaque matin, donne à son mari l'argent nécessaire pour les repas qu'il prend hors du ménage. A elle seule, en un mot, conformément à la coutume qui domine chez les ouvriers français, sont confiées l'administration intérieure et la libre disposition des ressources de la famille.

L'instruction de l'ouvrier, prise surtout dans les écoles du compagnonnage (18), est toute spéciale à sa profession. Elle comprend la lecture, l'écriture, le calcul, le dessin linéaire et quelques éléments de géométrie descriptive. La femme sait à peu près lire; mais elle ne peut tracer que quelques lettres. Les enfants reçoivent aux écoles de la ville l'instruction primaire; et le fils se prépare avec assez de soin à sa première communion.

La famille est entièrement étrangère aux préoccupations politiques qui, depuis 1848, existent chez d'autres corps d'état. Satisfaite de son sort, elle n'a, ni haine, ni envie, pour ceux qui, partis du même niveau social, se sont élevés à la condition de maîtres (5).

§ 4.

HYGIÈNE ET SERVICE DE SANTÉ.

L'ouvrier est de moyenne taille (1ᵐ 68), et de force ordinaire. Il annonce un tempérament sanguin sans plénitude; ses cheveux sont châtains; le sommet de la tête est entièrement dégarni. Les seules maladies de son enfance ont été : la petite vérole, qui lui est survenue à 3 ans 1/2, et qui a laissé des traces sur son visage; la rougeole et la fièvre scarlatine. Maintenant il n'éprouve d'autre indisposition que des congestions pulmonaires très-communes chez les charpentiers, et dont ils expriment assez bien la cause en les nommant des *sueurs rentrées.* Chez lui, elles cèdent facilement à quelques soins de sa femme. Il a reçu, dans l'exercice de sa profession, cinq blessures graves, dont quatre intéressaient les membres supérieurs. Traitées, tantôt par les médecins, tantôt par les empiriques nommés *rebouteurs,* elles n'ont donné lieu à aucune suite fâcheuse.

La femme est également de taille moyenne (1ᵐ 62); son aspect annonce la force, la bonne humeur et l'intelligence. Elle a les cheveux châtains, le visage pâle; ses formes générales sont larges et carrées. Depuis l'âge de 16 ans, elle souffre habituellement d'accidents nerveux, qui ont en grande partie le caractère hystérique et que nul traitement n'a pu modifier. Le mariage, des couches nombreuses n'ont pas eu plus d'influence, et même, en 1851, après de fatigants efforts pour exercer le métier de polisseuse, elle fut atteinte d'une paralysie du bras droit qui ne se dissipa que lentement. Les accidents nerveux sont d'ailleurs communs dans sa famille; un de ses frères est atteint d'un ramollissement cérébral qui l'a privé de la raison; sa sœur, morte à 52 ans, était depuis 27 ans épileptique. L'examen détaillé des faits semble indiquer qu'il faut attribuer ces graves altérations de la santé des enfants aux habitudes d'ivresse qui ont abrégé la vie du père.

Mariée à 29 ans, Marie R** a eu, dans l'espace de 8 années, 6 couches heureuses; quatre des enfants, élevés au biberon, sont morts d'affections intestinales avant l'âge de 18 mois. Le garçon, qui est l'aîné des six, est fort et d'une bonne carnation; la fille, née de la 4ᵐᵉ couche, est petite et chétive, mais sa santé est habituellement bonne.

Les charges de la maladie sont supportées par la famille. Pour épargner les ressources du ménage, la femme a fait quatre couches à l'hôpital; la première et la sixième eurent lieu chez elle : l'une entre les mains d'un médecin, au prix de 40 fr.; l'autre par les soins d'une sage-femme, à qui l'on donna 9 fr. La femme se croit expérimentée dans certaines pratiques de la médecine usuelle, et traite elle-même les indispositions qui surviennent dans la famille. Confiante dans les idées hygiéniques d'un praticien populaire, elle fait grand usage de l'eau sédative et des préparations camphrées; elle a même fait contracter à son mari l'habitude d'inspirer de temps en temps des cigarettes au camphre. Elle a eu recours elle-même au tabac à priser, pour combattre les somnolences qui caractérisent ses accidents hystériques. La plupart de ces pratiques d'hygiène, très-habituelles en d'autres contrées, se retrouvent communément chez les femmes d'ouvriers parisiens, qui s'attribuent volontiers dans la famille les fonctions de médecin et se transmettent ainsi un certain nombre de recettes traditionnelles.

§ 5.

RANG DE LA FAMILLE.

L'ouvrier, avant son mariage, occupait dans son compagnonnage un rang distingué; plusieurs fois il en a reçu des
marques de confiance (12), et il y a laissé une réputation honorable. Il est un des anciens (18) que viennent parfois consulter
les compagnons lorsqu'ils ont besoin d'être informés des vieux
usages de la Société. Estimé de ses camarades et de ses patrons,
il exerce dans le chantier les fonctions de chef ou *gâcheur* (22). En
cette qualité, il dirige les ouvriers et leur distribue l'ouvrage; il
fait la ville, c'est-à-dire qu'il est chargé des travaux exécutés au
dehors, au compte de son patron, chez divers propriétaires. Son
caractère et sa capacité l'ont mis au-dessus des habitudes d'engagements momentanés. Il est du petit nombre de ceux que l'on
occupe encore aux époques de chômage. Depuis 5 ans il travaille
chez le même patron; et il y est retenu par des liens mutuels
d'estime et d'affection. Le compagnonnage lui a donné une haute
opinion de son état, et il tient à s'y distinguer. Il a tenté de
s'élever par une entreprise à une position plus indépendante;
mais, ayant aperçu bientôt qu'il devait y échouer, il s'est résigné
à sa condition, comprenant qu'il n'était pas fait pour en sortir.
Il a vu plusieurs de ses camarades devenir maîtres charpentiers;
et l'un d'eux est aujourd'hui son patron. Jean M** attribue leur
succès à quelques chances heureuses, sans se rendre bien compte
des vraies causes de leur supériorité. Il a tenté momentanément de
les imiter; mais ses échecs n'ont laissé en lui, ni regrets, ni envie.

La famille n'a, ni les idées, ni les qualités nécessaires pour
s'élever au-dessus de sa position. Peu inquiète de l'avenir, elle
trouve dans son état actuel de bien-être la situation la plus heureuse qu'elle puisse espérer. En résumé, une cause principale
retient le chef de famille dans la condition inférieure qu'il accepte
de bonne grâce : une tendance innée à l'imprévoyance, développée par l'éducation urbaine du compagnonnage.

Moyens d'existence de la famille.

§ 6.

PROPRIÉTÉS.

(Mobilier et vêtements non compris.)

IMMEUBLES 0ᶠ 00

La famille n'a aucune propriété immobilière et ne songe même pas à la possibilité d'en acquérir jamais.

ARGENT 208ᶠ 88

Somme déposée à la caisse d'épargne et provenant d'un legs fait à la femme par sa sœur (23), 40ᶠ00 ; — rente annuelle de 8ᶠ00 en fonds français (4 1/2 p. 100), léguée à la femme par sa sœur (évaluée au cours de 94ᶠ00), 168ᶠ88.

MATÉRIEL SPÉCIAL des travaux et industries 12ᶠ 15

1º *Outils de charpentier.* — 1 *Jauge*, ou règle, de 0ᵐ 35 sur 0ᵐ03, servant à tracer les mortaises et les tenons, 0ᶠ20 ; — 1 *Rainette*, ou instrument propre à entailler les mortaises, et, en même temps, à aiguiser les scies, 3ᶠ00 ; — 1 compas en fer, 0ᶠ75 ; — 1 cordeau de coton sur un virolet en bois, 1ᶠ50 ; — 1 niveau à plomb, 0ᶠ50 ; — 1 râcloir pour les escaliers, 0ᶠ75 ; — blanc d'Espagne pour blanchir le cordeau et tracer les lignes, 0ᶠ60. — Total, 7ᶠ30.

Ce matériel est celui que les ouvriers charpentiers sont tenus de fournir dans les villes du Tour de France (18); dans d'autres pays, comme en Normandie, ils doivent posséder, en outre, des outils plus coûteux, tels que haches et besaiguës. Cette coutume éloigne les compagnons des contrées où elle est en vigueur.

2º *Matériel pour le blanchissage des vêtements et du linge.* — 1 baquet, 1 battoir en bois, 1 brosse de chiendent, 2 fers à repasser avec 1 gril pour les chauffer au charbon de bois, 4ᶠ 85.

VALEUR TOTALE des propriétés 221ᶠ 03

§ 7.

SUBVENTIONS.

Les seules subventions dont jouisse la famille consistent en allocations d'objets ou de services. Le patron abandonne à l'ouvrier, pour les besoins de son ménage, tous les morceaux de bois mesurant moins de 0ᵐ 33 de longueur et provenant de la coupe des pièces de charpente exécutée hors du chantier. L'ouvrier a ainsi à sa disposition tout le combustible nécessaire au chauffage domestique ; il n'est donc pas intéressé à aller sous ce rapport jusqu'à l'abus ; il pense d'ailleurs que ce serait manquer à ses devoirs envers le patron. Il consomme ainsi chaque année 1,500 kilogrammes de sapin et de chêne, qu'il rapporte chez lui par charges de 50 kilog. Cette subvention est un des privilèges de la position élevée qu'il occupe dans son chantier (5) ; le surplus de ces déchets est partagé entre les autres ouvriers ; il doit en outre chaque année à la libéralité du patron 4 sacs de copeaux de charpente, pesant 48 kilog. Cette subvention concernant le chauffage, si importante pour le bien-être de la famille, n'est pas la conséquence d'un usage établi ; c'est un fait particulier dont il est d'autant plus utile de constater la bienfaisante influence. L'ouvrier reçoit encore de son patron les morceaux de bois et les clous nécessaires pour l'entretien des meubles du ménage. La dépense annuelle que cette nouvelle subvention épargne à la famille peut être évaluée à 1ᶠ 50 ; mais le patron ne la limite pas, et s'en rapporte à la discrétion de l'ouvrier.

La femme doit à ses occupations antérieures des subventions d'une autre nature. Elle a autrefois (de 1848 à 1852) vendu, à la halle, des légumes et des fruits ; et, en souvenir des relations contractées à cette époque, elle obtient, des marchandes, certaines réductions sur le prix des principales denrées alimentaires, et même quelques dons de menus objets. La recette ajoutée ainsi, dans le cours d'une année, aux ressources de la famille a pu être évaluée à 25ᶠ 29. Les ouvriers demeurant à Paris près des halles reçoivent assez souvent des subventions de ce genre, en échange de menus services rendus aux marchandes. Il faut encore considérer comme une subvention l'instruction gratuite donnée aux deux enfants dans les écoles publiques. Pour leur procurer la même instruction, la famille aurait à supporter, en recourant aux écoles privées pendant les onze mois consacrés aux études, une dépense mensuelle de 6ᶠ pour le garçon et de 3ᶠ pour la fille.

§ 8.

TRAVAUX ET INDUSTRIES.

TRAVAUX DE L'OUVRIER. — Tout le travail de l'ouvrier est exécuté au compte d'un patron, hors du chantier et à la journée. Il a pour objet la confection et la pose des pièces de charpente employées dans les constructions, telles que pans de bois, planchers, échafaudages, combles et mansardes. Ces deux derniers genres de travaux présentent souvent de grandes difficultés, et les coupes variées qu'on y rencontre sont d'abord tracées géométriquement par les charpentiers, afin d'être exécutées avec précision. En outre, l'ouvrier exerce partout où il travaille, les fonctions de *gâcheur de levage* (22). Il surveille les travaux ; il prend les instructions de l'architecte ou de l'entrepreneur du bâtiment ; enfin il distribue l'ouvrage aux compagnons et tient le compte de leurs journées (22). Depuis 1845 (21), l'heure de travail est rétribuée à raison de 0^f 50. En été, du 1er mars au 1er décembre, les journées sont de 10 heures de travail effectif ; pendant les mois de décembre, de janvier et de février, les journées de travail deviennent rares et ne comprennent que 8 heures, vu la brièveté des jours. Cette organisation du salaire s'applique uniformément à tous les ouvriers charpentiers de Paris. Outre le chômage d'hiver, il faut habituellement en compter un, d'une quinzaine de jours, à la fin de juillet. Souvent, après le temps ordinaire de la journée, l'ouvrier fournit à son patron des heures supplémentaires de travail ; celles-ci, lorsqu'elles sont au moins au nombre de deux le même jour, sont payées à raison de 0^f 75. Enfin, les fonctions de gâcheur de levage lui valent de temps en temps des suppléments de salaire fixés de gré à gré avec le patron. On peut considérer comme des travaux secondaires de l'ouvrier le transport du bois de chauffage accordé par le patron, et les réparations faites, de loin en loin, aux objets en bois qui font partie du mobilier domestique.

TRAVAUX DE LA FEMME. — La femme consacre tout son

temps aux soins du ménage. Après des tentatives infructueuses qu'elle a faites pour se créer une profession lucrative, elle a dû se dévouer presque exclusivement aux travaux qui concernent la famille. Elle confectionne pour son mari les chemises, les gilets de flanelle et les vêtements de travail. Elle arrange, avec les vieux habits du père, des vêtements pour le fils. Elle confectionne aussi ses propres vêtements et en tire parti, lorsqu'ils sont vieux, pour habiller sa fille. Elle emploie une autre partie de son temps à l'achat et à la cuisson des aliments, à la tenue du ménage, aux soins qu'exigent les enfants, au blanchissage du linge et des vêtements de la famille. Enfin, les heures que laissent libres ces occupations sont consacrées par elle à des travaux de couture pour diverses personnes.

TRAVAUX DES ENFANTS. — Les enfants n'exécutent aucun travail lucratif. Le fils suit l'enseignement de l'école primaire communale. La fille, qui suit également l'école des filles, aide parfois sa mère dans quelque travail d'aiguille à la portée de son âge.

INDUSTRIES ENTREPRISES PAR LA FAMILLE. — L'ouvrier a pour industrie la surveillance exercée au compte du patron sur les travaux exécutés hors du chantier. La femme a pour principale industrie le blanchissage des vêtements et du linge. En outre, son expérience de la vente des denrées alimentaires lui permet d'en effectuer l'achat par des moyens économiques, constituant une véritable industrie qui contribue essentiellement au bien-être de la famille.

Mode d'existence de la famille.

§ 9.

ALIMENTS ET REPAS.

La famille fait en toute saison 3 repas par jour; mais l'ouvrier ne peut prendre part qu'à celui du soir. Il fait les 2 autres repas chez un cabaretier, près du lieu de son travail. Cette

nécessité lui est onéreuse et occasionne une dépense annuelle de
400ᶠ, non compris un demi-kilogramme de pain emporté chaque
jour de la maison. On peut évaluer cette dépense au double de
celle qui a lieu dans les circonstances rares où l'ouvrier peut
venir prendre tous ses repas chez lui. L'ouvrier quitte donc sa
famille à 5 h. 1/2 du matin en été, à 6 h. 1/2 en hiver. A
8 heures, la mère et les enfants font un déjeuner composé de
soupe ou de café au lait, avec du pain. Quelquefois, pour régaler
les enfants, la mère de famille prépare du chocolat au lait. Après
le déjeuner, le fils et la fille vont chacun à son école, emportant
ordinairement pour le goûter une tartine de fromage ou quelque
reste du dîner de la veille. Si la mère n'a rien à leur donner en
nature, elle remet à chacun 0ᶠ 05 pour acheter, chez le portier
de l'école, une petite ration de légumes cuits, ou de fruits, qu'ils
appellent une *gamelle*. Cette dépense s'élève par an à 4ᶠ. La
mère prend elle-même à 2 heures, pour son goûter, un peu de
pain, accompagné, en hiver de fromage, en été de quelques
fruits.

Vers 6 h. 1/2 du soir l'ouvrier rentre, et la famille se réunit
pour souper. C'est là, sous tous les rapports, le meilleur repas
de la journée. Il comprend : une soupe au pain, un plat de
viande, un plat de légumes ou une salade. On le complète parfois avec un dessert de fromage ou de pruneaux cuits. Deux fois
par semaine environ, la famille met le pot-au-feu, qui fournit
la soupe grasse et le bœuf bouilli. Les soupes maigres sont ordinairement faites avec l'eau de cuisson des légumes, ou avec des
oignons cuits ; cette dernière soupe est fort en usage parmi les
ouvriers parisiens. Le plat de viande est assez varié. Guidée
surtout dans ses achats par les occasions de bon marché, la
femme, outre le bœuf bouilli, sert : tantôt du foie de bœuf;
tantôt du gras-double, ou estomac de bœuf roulé en paquet et
coupé par tranches ; tantôt du mouton ou du veau. Les langues
de mouton en ragoût, le mou de veau, le pied de veau accom-
modé à l'huile et au vinaigre, après avoir été cuit dans le pot-
au-feu, sont aussi des mets fort recherchés par la famille. En
hiver, on substitue parfois à ces viandes un morceau de porc salé.

Le poisson, lorsque le prix en est modéré, figure aussi sur la table pour le souper. Deux fois par an environ, la famille mange une oie, dont la graisse est mise en réserve pour faire la cuisine. Ce régal ne se lie pas, comme il arrive souvent ailleurs, à une solennité annuelle : le bon marché en est la condition première. Les graisses employées pour faire la cuisine sont : le beurre, en été; la graisse de porc ou saindoux, en hiver. À la viande de qualité inférieure, on ajoute, pour en relever le goût, de la chair à saucisses, ou viande de porc hachée menu. Les légumes consommés par la famille varient avec les saisons; les pommes de terre et les farineux secs ou verts, tels que les haricots, y occupent une place importante. La diversité des salades est un des caractères remarquables de cette alimentation; les ressources du climat parisien permettent aux ménages d'ouvriers d'en manger toute l'année (24). Le fromage est principalement consommé par les enfants; pour le goûter qu'ils font à l'école, la mère prépare une conserve ainsi composée : elle fait fondre 0^k 400 de fromage de Marolles, et 0^k 060 de beurre dans 0^k 334 de lait crémeux; cette conserve dure environ un mois, et se prépare 3 fois par hiver. Le vin est la boisson habituelle de la famille; mais, en ce moment, son prix élevé en a fait abandonner l'usage dans les ménages d'ouvriers. La femme y supplée en préparant elle-même, avec des raisins secs, de l'eau et du genièvre, une liqueur à laquelle on donne assez improprement le nom de *cidre* (16, F). Le mari consomme hors de chez lui, en faisant ses deux repas, 0^l 75 de vin : il croit cette boisson indispensable à l'entretien de ses forces. On ne boit d'eau-de-vie dans la famille qu'à de très-rares occasions : par exemple, lorsqu'on reçoit à dîner des parents ou des amis.

§ 10.

HABITATION, MOBILIER ET VÊTEMENTS.

La famille occupe, au 5e étage, deux pièces, dont une seule tire l'air et la lumière d'une fenêtre et d'une lucarne ovale. La pièce d'entrée n'est éclairée et aérée qu'indirectement. La surface totale de ce petit logement est de 21 mètres quarrés, savoir : chambre à coucher, avec cheminée, fenêtre et lucarne, 12^m; pièce d'entrée avec poêle, 9^m. La hauteur de la pièce est de 2^{m}02. A ce logement est annexé un petit grenier sous combles, où l'on ne peut se tenir debout, et qui sert à placer le linge sale et quelques objets. Le père et la mère couchent dans la chambre principale; les deux enfants couchent, chacun séparément, dans la chambre d'entrée.

La maison est médiocrement tenue; mais le logement lui-même est aussi propre que le permettent l'exiguïté de l'espace et la nécessité de cuire les aliments à la cheminée de la chambre à coucher, ou au poêle de la pièce d'entrée. Sauf ses dimensions trop resserrées, ce logement est sain. Exposé au sud-ouest, il reçoit le soleil et domine un des espaces les mieux aérés de Paris. La famille paie, par trimestres, un loyer annuel de 180^f; la portière qui, en l'absence du propriétaire, exerce l'autorité dans la maison, y ajoute, à titre d'étrennes ou d'amendes pour rentrées tardives, un supplément de 3^f par an (25).

Le mobilier est exempt de ces recherches de luxe qui marquent une tendance vers la vie bourgeoise. On en peut fixer la valeur ainsi qu'il suit :

MEUBLES : simples, mais tenus avec propreté.... 868^{f}70

1° *Lits.* — 1 bois de lit en noyer avec sangle, 75^{f}00; — 3 matelas de laine, 87^{f}00; — 2 matelas de plume commune, 60^{f}00; — 1 traversin de plume commune, 8^{f}00; — 2 oreillers, 10^{f}00; — 1 édredon commun, 17^{f}00; — 1 couverture de molleton de laine, 45^{f}00; — 1 paire de rideaux de lit et 1 couvre-pieds en calicot blanc, 29^{f}00; — 1 lit de sangle (pour le fils), 5^{f}00; — 1 matelas de plume commune et 1 matelas de laine, 19^{f}00; — 2 couvertures, 24^{f}00; — 1 oreiller, 5^{f}00; — 1 petit bois de lit en merisier (pour la fille), 10^{f}00; — 1 paillasse, 4^{f}50; — 1 couvre-pied, 2^{f}00; — 1 oreiller, 4^{f}50; — 1 traversin, 4^{f}00; — 1 couverture grise, 3^{f}00; — 2 courte-pointes de laine, 3^{f}00; — 2 petits rideaux de calicot, 5^{f}00. — Total, 427^{f}00.

2° *Meubles de la chambre à coucher.* — 1 armoire en noyer, avec porte à deux vantaux, 65^{f}00; — 1 table de nuit en noyer, 30^{f}00; — 1 commode en noyer, 30^{f}00; — 1 table à manger avec toile cirée, 23^{f}00; — 6 chaises en bois de noyer garnies de paille, 36^{f}00; — 1 glace de 1 mètre sur 0^{m}80, 68^{f}00; — 1 glace de 0^{m}70 sur 0^{m}50, 45^{f}00; — 1 pendule en bois sculpté sous un cylindre de verre, 60^{f}00; — 1 corbeille de fleurs, sous verre, 4^{f}50; — 1 cadre contenant une image coloriée, 0^{f}75; — 1 statuette de la Sainte Vierge, 0^{f}60; — 1 cage pour l'oiseau, avec ses ustensiles, 3^{f}00. — Total, 384^{f}35.

3° *Meubles de la pièce d'entrée.* — 1 table de cuisine, 8ᶠ 00; — 1 poêle de cuisine en fonte, avec tuyaux, 25ᶠ 20; — 3 tablettes posées par l'ouvrier, 3ᶠ 75. — Total, 36ᶠ 95.

4° *Livres.* — 4 livres d'église (paroissiens), 2 Imitations de Jésus-Christ, Combat spirituel, Instruction chrétienne, cantiques de Saint-Sulpice, catéchisme, exercice spirituel, mémorial des Vierges chrétiennes, Ange conducteur, l'Ame élevée vers Dieu, dictionnaire français de Catineau, livre des Codes, les règles de la bienséance par La Salle, 2 livres de cuisine, nouvelle géographie de Ardent, histoire de la Révolution de Février par Alfred Delveau, architecture pratique de Bullet, 21 livraisons de l'Histoire de France d'Anquetil, papier à écrire, plumes, encrier, 20ᶠ 00.

LINGE DE MÉNAGE : suffisant et entretenu avec soin.   194ᶠ 20

12 draps de lit en chanvre, 150ᶠ 00; — 3 draps d'enfant, 6ᶠ 30; — 7 serviettes de table, 21ᶠ 00; — 3 rideaux de fenêtre, 4ᶠ 70; — 1 nappe, 4ᶠ 00; — 10 serviettes de toilette, 5ᶠ 00; — 8 torchons, 3ᶠ 20.

USTENSILES : comprenant les articles de cuisine et de table nécessaires pour recevoir deux amis..............   69ᶠ 65

1° *Dépendant de la cheminée et du poêle.* — 1 pelle à feu, 1 trépied en fer, 3 paires de pincettes, 2ᶠ 00.

2° *Employés pour la préparation des aliments.* — 2 poêlons en terre, 3 plats en terre ou en faïence, 1 marmite en terre, 1 soupière en faïence, 4 tasses à café en faïence, 5ᶠ 10; — 15 cruchons et bouteilles pour contenir la boisson domestique, 10 verres à boire, 7ᶠ 90; — 3 vases en fonte pour la cuisine, 1 casserole en fer battu, 36 assiettes en terre de pipe, cuillers, fourchettes et couteaux, 17ᶠ 35; — 1 fourneau de cuisine, 3ᶠ 00; — 1 fontaine avec un seau en zinc, 1 terrine en poterie, 1 cruche en terre, 17ᶠ 60; — 1 cafetière avec filtre, 2ᶠ 50; — 1 passoire et 1 écumoire, 2ᶠ 30. — Total, 51ᶠ 85.

3° *Employés pour les soins de propreté.* — 1 miroir à barbe, 0ᶠ 35; — 1 paire de rasoirs, 2ᶠ 00; — 1 pot-à-l'eau et 1 cuvette, 1ᶠ 10. — Total, 3ᶠ 45.

4° *Employés pour usages divers.* — 1 lampe à triangle, 4ᶠ 00; — 1 paire de mouchettes, 0ᶠ 50; — 2 chandeliers de cuivre, 4ᶠ 00; — 1 thermomètre à alcool, 0ᶠ 75. — Total, 9ᶠ 25.

VÊTEMENTS : les deux époux aiment à porter, même les jours de travail, des vêtements convenables..............   737ᶠ 45

VÊTEMENTS DE L'OUVRIER : semblables à ceux de la petite bourgeoisie (167ᶠ 35).

1° *Vêtements du dimanche.* — 1 surtout (paletot) d'hiver en drap noir, 30ᶠ 00; — 1 habit bleu, que l'ouvrier met rarement, et qui date de 14 ans, 20ᶠ 00; — 1 gilet de cachemire, 14ᶠ 00; — 1 pantalon de drap de couleur foncée, 21ᶠ 00; — 1 chapeau noir de soie, 8ᶠ 00; — 1 cravate de satin noir, 2ᶠ 35. — Total, 95ᶠ 35.

2° *Vêtements de travail.* — 1 paletot de drap bleu, acheté d'occasion, 6ᶠ 00; — 1 gilet de cachemire, 2ᶠ 00; — 1 gilet d'hiver en drap et à manches, 3ᶠ 20; — 3 pantalons d'été, usés, 1ᶠ 00; — 3 pantalons en grosse toile, 4ᶠ 50; — 3 bourgerons (blouses courtes) en toile, 3ᶠ 75; — 7 chemises en toile de chanvre, 25ᶠ 00; — 4 chemises en coton, 7ᶠ 00; — 2 gilets de flanelle, 3ᶠ 00; — 3 cravates de coton, 0ᶠ 45; — 1 cravate longue en mérinos, pour l'hiver, 1ᶠ 80; — 1 caleçon de tricot de coton, pour l'hiver, 0ᶠ 75; — 5 paires de bas de coton, 2ᶠ 20; — 4 paires de bas de laine, 3ᶠ 00; — 2 paires de bottes, 14ᶠ 00; — 1 casquette, 1ᶠ 25. — Total, 82ᶠ 10.

Vêtements de la femme : costume populaire avec le bonnet (506' 70).

1° *Vêtements du dimanche.* — 1 robe noire en laine, 29' 00; — 1 robe en laine, de couleur foncée, achetée d'occasion, 8',00; — 1 robe de soie noire, qu'elle met rarement (c'est la robe des noces), 40' 00; — 1 châle, 42' 00; — 1 tablier de laine noire, 2' 75; — 5 jupons blancs, 9' 00; — 3 jupons blancs reçus en héritage de la sœur, 6' 00; — 1 paire de bottines, 4' 00; — 1 bonnet en tulle noir avec une petite dentelle noir et des rubans bleus, 3' 50. — Total, 135' 25.

2° *Vêtements de travail.* — 1 robe à carreaux de couleur sur fond blanc, en laine, dite flanelle, 3' 00; — 4 robes de laine, reçues en héritage de la sœur, 3' 00; — 1 robe en coton imprimé, pour l'été, 3' 00; — 2 robes en coton imprimé, reçues en héritage de la sœur, 5' 00; — 2 châles, 25' 00; — 3 tabliers de cotonnade brune, reçus en héritage, 2' 50; — 6 jupons confectionnés avec de vieilles robes, 11' 00; — 2 jupons de tricot de coton, 3' 50; — 2 gilets de tricot de coton, 1' 00; — 1 gilet de tricot de laine, reçu en héritage, 1' 75; — 1 corset, presque usé, 0' 50; — 4 vieilles chemises de toile, 3' 50; — 6 chemises de toile, reçues en héritage de la mère, il y a cinq ans, 7' 00; — 47 chemises de toile, reçues en héritage de la sœur (déduction faite de 40' 00 pour 40 chemises actuellement engagées au Mont-de-Piété), 40' 00; — 2 paires de bas de laine, pour l'hiver, 1' 50; — 2 paires de bas de coton, pour l'été, 2' 00; — 1 paire de souliers en cuir, 2' 00; — 1 paire de sabots, 0' 30; — 1 paire de gros chaussons de laine, portée dans les sabots, 1' 00; — 2 bonnets du matin en percale blanche, 0' 25; — 7 mouchoirs de cou en coton (calicot), 1' 05; — 5 mouchoirs de cou en coton (calicot), reçus en héritage, 0' 75; — 1 mouchoir de cou, en soie, 1' 00; — 1 vieux mouchoir de cou, en soie, 0' 25. — Total, 150' 45.

3° *Bijoux.* — 1 paire de boucles d'oreilles en or émaillé, 5' 50; — 1 broche en or avec verroteries, trouvée dans la rue, 1' 50; — 1 montre en argent et 1 chaîne en or, achetées avec l'argent reçu en héritage de la sœur, 210' 00. — Total, 217' 00.

Vêtements des deux enfants : ils sont tenus avec propreté (63' 40).

1° *Vêtements du garçon.* — 4 pantalons, 3' 75; — 4 blouses, 8' 00; — 5 chemises, 2' 10; — 1 caleçon, 0' 50; — 3 paires de bas, 0' 45; — 2 cravates d'été, 0' 30; — 1 col de satin noir, donné par la marraine, 0' 75; — 1 casquette, 1' 10; — 1 paire de souliers, 2' 30. — Total, 19' 25.

2° *Vêtements de la fille.* — 5 bonnets, 0' 95; — 1 robe de laine donnée par marraine, 2' 00; — 3 autres robes de laine ou de toile, 1' 70; — 4 tabliers d'indienne, 1' 80; — 5 paires de bas, 1' 30; — 4 chemises de toile, 1' 60; — 3 caleçons de tricot de coton, 1' 80; — 7 jupons, 1' 30; — 2 paires de bottines, 6' 10; — 5 châles, reçus en héritage de la tante, 25' 00; — 1 surtout de corsage (corsco) en laine noire, 0' 60. — Total, 44' 15.

VALEUR TOTALE du mobilier et des vêtements... 4,870' 00

§ 11.

RÉCRÉATIONS.

Les dépenses qu'ils font pour le bien-être quotidien interdisent tout plaisir coûteux. La famille va au spectacle une fois par an seulement, pour amuser les enfants. Elle préfère les théâtres du Cirque, des Funambules ou des Délassements-Comiques. Deux fois depuis 13 ans, l'ouvrier a conduit sa femme au bal des compagnons (19). La dépense faite en cette occasion s'élève à 10ᶠ. Par opposition avec l'usage établi dans la majeure partie de l'Europe, la famille ne fête pendant l'année aucune solennité. Le mari n'interrompt son travail que le premier dimanche du mois, lendemain de la paie, et jour habituel de chômage dans les chantiers. La femme ne travaille pas le dimanche; elle va à la messe, ou tout au moins y envoie ses enfants. Le reste du temps, elle recherche particulièrement les causeries avec ses voisines. Les dimanches de paie, la famille sort avec les vêtements neufs, et se rend aux Champs-Élysées, à la Villette ou à quelque autre promenade voisine des barrières. Elle y fait parfois quelques menues dépenses pour les enfants. La famille a aussi ses relations d'affection dans la société d'un cousin, ouvrier maçon, chef de famille. Quatre fois par an environ, les deux familles se réunissent à un dîner habituellement composé du pot-au-feu (9), d'un ragoût de mouton ou de veau, d'une salade, de quelques fruits, d'une petite tasse de café à l'eau, avec un petit verre d'eau-de-vie pour chaque convive. Aux heures qu'il passe chez lui, l'hiver particulièrement, l'ouvrier s'occupe volontiers d'un oiseau (*Fringilla canaria*, Lath.) qui lui a été donné et que la femme nourrit et entretient avec soin dans une cage élégante. Il consulte aussi avec intérêt un thermomètre à alcool fixé dans l'embrasure de sa fenêtre.

Au milieu de ses habitudes de travail, l'ouvrier est assez fréquemment exposé à des causes de distraction, qui provoquent toujours quelque dépense chez le marchand de vin : c'est ce qui arrive surtout le jour de la paie. Chaque fois qu'une construction est terminée, le propriétaire donne aux ouvriers qui y ont pris part une somme, nommée *pourboire,* qui doit être partagée entre eux. Souvent ils la dépensent ensemble dans un repas où l'on boit assez copieusement : l'ouvrier aime à se rappeler la joyeuse surexcitation de cette ivresse qui n'excède pas cependant certaines bornes. Les charpentiers, même les plus rangés, considèrent ces réunions comme indispensables au maintien des bonnes relations qui doivent exister dans les ateliers.

Histoire de la famille.

§ 12.

PHASES PRINCIPALES DE L'EXISTENCE.

L'ouvrier est né à Troyes (Aube) en 1815; son père, son grand-père et ses oncles paternels étaient charpentiers. En 1825, il perdit sa mère et resta, avec son père, au pays natal. En 1827, le jeune homme commença, sous la direction de son père, l'apprentissage du métier. Quelques mois après, il gagnait déjà 0ᶠ 75 par jour. A la Saint-Joseph de l'année 1828, il entra chez un maître charpentier de Troyes, où il resta plusieurs années avec un salaire journalier de 1ᶠ. Exempté par une heureuse circonstance du service militaire, il vint à Paris en 1836, dans le désir de compléter son instruction professionnelle. Il entra aussitôt en relation avec des compagnons du devoir, qui travaillaient dans le même chantier, et, par leurs soins, il fut reçu aspirant ou *renard*. En 1838, conformément à l'usage adopté par les jeunes ouvriers de sa profession, il commença son « tour de France », et se rendit à Auxerre (Yonne), où la société des compagnons lui procura immédiatement de l'ouvrage. A la Saint-Pierre de l'année suivante, il y fut reçu compagnon; puis il commença à diriger des travaux, en recevant comme salaire journalier : à la ville, 3ᶠ; à la campagne, 1ᶠ 50, non compris le coucher et la nourriture donnés par le patron. Quelques démêlés violents avec les compagnons de liberté (18) le forcèrent à quitter Auxerre, et il se rendait à Lyon, lorsque sur la route il fut attaqué par des compagnons d'autres corps d'état, appartenant à des sociétés rivales. Après une lutte sanglante, il lui fallut changer de direction pour échapper aux poursuites de l'autorité; et il revint à Paris où, avec l'assistance du compagnonnage, il put immédiatement se procurer du travail. Sédentaire depuis cette époque, il n'a travaillé, en 15 années, que chez 3 patrons. En 1841, il eut l'honneur d'être désigné pour procéder, avec deux autres com-

missaires, au remplacement et à l'installation de la Mère des
compagnons charpentiers. En 1843, il se maria, et, conformément aux usages alors en vigueur dans la société, il cessa de
faire partie de son compagnonnage; mais il conserva avec les
membres actuels de bonnes relations. La grève de 1845 (21)
éleva de 0' 10 le prix de l'heure de travail; il en profita, sans
avoir joué aucun rôle dans la lutte. Depuis lors, l'uniformité de
sa vie n'a été interrompue que par la détresse qui suivit la révolution de février 1848. Dénué de ressources, privé de travail, il
entra aux ateliers nationaux; ensuite il se résigna, non sans
une profonde humiliation, à vendre dans les rues des journaux,
puis des fruits et des légumes. Sa femme, qui soutenait énergi-
quement cette épreuve, s'était établie marchande à la halle, quoiqu'elle commençât sa 4ᵐᵉ grossesse : tous leurs efforts abouti-
rent à gagner à peine 1,000' dans l'année. Peu à peu, le travail
reprit, et l'ouvrier put revenir à son métier; mais dans cette
crise avaient disparu, pour n'être jamais remplacés, les derniers
restes des économies que la femme avait apportées en se mariant.

Marie R** est née en 1814 à L** (Meurthe), d'un maréchal-
ferrant chargé d'enfants, bon ouvrier, mais adonné à l'ivro-
gnerie (4). Jusqu'à 22 ans, elle resta près de ses parents et con-
sola, par son affection et son énergie, sa mère, souvent victime
des brutalités du père de famille en état d'ivresse. Elle profita
peu du temps qu'elle passa à l'école; mais elle devint, ainsi que
sa sœur, une bonne ouvrière en couture. En 1836, elle voulut
entrer en service pour amasser quelques épargnes; elle fut successivement placée à E** (Meuse), à Paris et dans la banlieue.
Partout elle montra la même ardeur au travail. Tout en envoyant
à sa mère une partie de son gain, elle réunit en 7 années un petit
trousseau et des épargnes qui, à l'époque de son mariage, s'élevaient à 900'. C'est aussi pendant ces années de service dans des
maisons bourgeoises qu'elle acquit les habitudes de bonne administration domestique auxquelles il faut attribuer en partie le
bien-être matériel dont jouit la famille. Après son mariage, elle
tenta vainement de se créer une profession lucrative. Obligée par
sa santé, en 1853, de renoncer à vendre à la halle, elle ne put

davantage supporter le métier de polisseuse en métaux, qui ne lui rapportait d'ailleurs que 6' par semaine. Elle dut donc se borner à ses travaux actuels (8), qui concernent son ménage et y exercent une influence fort utile.

§ 13.

MŒURS ET INSTITUTIONS ASSURANT LE BIEN-ÊTRE PHYSIQUE ET MORAL DE LA FAMILLE.

Avant le mariage, l'ouvrier a trouvé, dans l'antique institution du compagnonnage (18), non-seulement des secours en cas de maladie, mais encore des moyens d'instruction, une direction morale et une protection efficace contre les dangers qu'entraîne, pour un jeune homme inexpérimenté, le séjour à Paris (17). Privé par son mariage des avantages de cette corporation, étranger aux préoccupations qui portent les individus plus prévoyants à se créer des ressources par l'épargne, ou du moins à s'affilier aux sociétés de secours mutuels, l'ouvrier n'a plus trouvé dès lors, dans nos institutions actuelles, aucun moyen de conjurer les chances fâcheuses de la vie humaine. Les deux époux comprennent cependant qu'en cas de revers ou de maladie, ils n'auraient d'autre ressource que la bienfaisance publique ou la charité privée. Mais, malgré les meilleures résolutions, ils ne peuvent se décider à rien retrancher, en vue de l'avenir, du bien-être dont ils jouissent aujourd'hui. C'est ainsi qu'ils n'ont pu encore mettre à exécution le projet, cent fois renouvelé, de s'affilier, moyennant une contribution première de 10', à la société de secours mutuels, dite des *Agrichons*, fondée entre les anciens compagnons du devoir mariés (20).

En résumé, la famille appartient à cette catégorie d'ouvriers qui abonde aujourd'hui en Occident. Malgré d'estimables qualités, elle souffre de l'état d'isolement qu'implique, de plus en plus, la constitution de plusieurs sociétés européennes; mais elle ne profite pas des moyens de succès que celles-ci présentent aux familles les plus prévoyantes et les plus énergiques.

§ 44. — BUDGET DES RECETTES DE L'ANNÉE.

SOURCES DES RECETTES.	ÉVALUATION approximative des sources de recettes.
	VALEUR des propriétés.
SECTION Iʳᵉ.	
Propriétés possédées par la famille.	
ART. 1ᵉʳ. — PROPRIÉTÉS IMMOBILIÈRES.	
(La famille ne possède aucune propriété de ce genre)...	»
ART. 2. — VALEURS MOBILIÈRES.	
FONDS reçus par héritage d'une sœur de la femme :	
Argent déposé à la caisse d'épargne..	40ᶠ00
Argent placé sur l'État en rente 4 1/2 p. 100..........................	163 88
MATÉRIEL SPÉCIAL des travaux et industries :	
Matériel du métier de charpentier.......................................	7 30
Matériel pour le blanchissage du linge..................................	4 85
ART. 3. — DROITS AUX ALLOCATIONS DE SOCIÉTÉS D'ASSURANCES MUTUELLES.	
(La famille ne participe à aucun droit de ce genre)...	»
VALEUR TOTALE des propriétés (sauf déduction des dettes mentionnées, 15, Sᵉᵉ V)..	221 03

SECTION II.

Subventions reçues par la famille.

ART. 1ᵉʳ. — PROPRIÉTÉS REÇUES EN USUFRUIT.

(La famille ne reçoit aucune propriété en usufruit)..

ART. 2. — DROITS D'USAGE SUR LES PROPRIÉTÉS VOISINES.

(La famille ne jouit d'aucun droit de ce genre)..

ART. 3. — ALLOCATIONS D'OBJETS ET DE SERVICES.

ALLOCATIONS concernant la nourriture..

— concernant l'habitation..

— concernant les besoins moraux et les récréations..

*§ 14. — BUDGET DES RECETTES DE L'ANNÉE.

RECETTES.	MONTANT DES RECETTES.	
	VALEUR des objets reçus en nature.	RECETTES en argent.
SECTION Iʳᵉ.		
Revenus des propriétés.		
ART. 1ᵉʳ. — REVENUS DES PROPRIÉTÉS IMMOBILIÈRES.		
(La famille ne jouit d'aucun revenu de ce genre)........................	»	»
. ART. 2. — REVENUS DES VALEURS MOBILIÈRES.		
Intérêt (4 1/2 p. 100) de cet argent................................	»	1 80
— de ce placement................................	»	8 00
Intérêt (5 p. 100) de ce matériel................................	0 24	0 36
— —	»	»
ART. 3. — ALLOCATIONS DES SOCIÉTÉS D'ASSURANCES MUTUELLES.		
(La famille ne jouit d'aucune allocation de ce genre)................	»	»
TOTAUX des revenus des propriétés................	0 24	10 16
SECTION II.		
Produits des subventions.		
ART. 1ᵉʳ. — REVENUS DES PROPRIÉTÉS REÇUES EN USUFRUIT.		
(La famille ne jouit d'aucun revenu de ce genre)........................	»	»
ART. 2. — PRODUITS DES DROITS D'USAGE.		
(La famille ne jouit d'aucun produit de ce genre)........................	»	»
ART. 3. — OBJETS ET SERVICES ALLOUÉS.		
Concessions faites, par les marchandes de la halle, sur le prix de certaines denrées.. (16, B)	»	25 29
Rognures de bois mesurant moins de 0-33 par an, 1,500 kil................ (7)	37 50	»
Copeaux de bois de charpente, 48 kil................................ (7)	2 40	»
Morceaux de bois et clous donnés par le patron, pour l'entretien du mobilier domestique..	1 50	»
Instruction gratuite donnée aux enfants par la ville de Paris................	99 00	»
Dons faits par le fournisseur de légumes pour la nourriture d'un oiseau........ (11)	3 00	»
TOTAUX des produits des subventions................	143 40	25 29

§ 45. — BUDGET DES RECETTES DE L'ANNÉE (SUITE).

DÉSIGNATION DES TRAVAUX ET DE L'EMPLOI DU TEMPS.	QUANTITÉ de travail effectué.	
	père	mère
	journées	journées

SECTION III.
Travaux exécutés par la famille

TRAVAIL PRINCIPAL, exécuté à la journée, au compte d'un chef d'industrie :		
Travail de charpente, pendant 9 mois de belle saison............................	257	»
— pendant 3 mois d'hiver.............................	63	»
Travail supplémentaire de charpente exécuté à la fin des journées ordinaires, évalué en journées de 10 heures.....................................	3,4	»
TRAVAIL PRINCIPAL, spécial à la femme :		
Travaux de ménage, achat et préparation des aliments, soins donnés aux enfants, soins de propreté concernant l'habitation et le mobilier, entretien des vêtements...........	»	179
TRAVAUX SECONDAIRES :		
Confection des vêtements et du linge à l'usage de la famille......................	»	43,6
Travaux de couture exécutés pour divers...............................	»	60
Blanchissage du linge et des vêtements................................	»	22
Transport du bois de charpente donné par le patron et consommé pour le chauffage domestique...	1,5	»
Entretien des meubles en bois du ménage..............................	1	»
NOTA. — Les enfants ne se livrent à aucun travail lucratif pour la famille.		
TOTAUX des journées des divers membres de la famille.	325,9	304,6

SECTION IV.
Industries entreprises par la famille
(à son propre compte).

ENTREPRISE relative aux travaux de charpente exécutés par l'ouvrier pour le compte du patron...........

TRAVAIL DE SURVEILLANCE que l'ouvrier exerce dans le chantier en qualité de gâcheur (32), en exécutant le travail de charpente pendant les journées de la belle saison......................................

INDUSTRIES entreprises au compte de la famille :
  Entretien du mobilier de bois du ménage...
  Blanchissage du linge et des vêtements de la famille..
  Achat à bon marché des aliments consommés par la famille.....................................

§ 46. — BUDGET DES RECETTES DE L'ANNÉE (SUITE).

PRIX des salaires journaliers.		RECETTES (SUITE).	MONTANT DES RECETTES.	
			VALEUR des objets reçus en nature.	RECETTES en argent.
père	mère			
fr. c.	fr. c.	**SECTION III.**		
		Salaires.		
5 00	»	Salaire des journées (10 heures) de la belle saison (déduction faite de l'intérêt du matériel, 14, S⁰ I)...................	»	1,234ᶠ 64
4 00	»	Salaire des journées (8 heures) de l'hiver..............	»	252 00
		Pourboire donné à l'ouvrier par les clients du patron...........	»	25 00
7 50	»	Salaire total attribué à ce travail...................	»	25 50
»	»	(Aucun salaire ne peut être attribué à ces travaux)...........	»	»
»	1 00	Salaire que recevrait une ouvrière exécutant le même travail	43ᶠ 02	»
»	1 00	— — — —		60 00
»	0 80	— — — —	17 60	»
3 00	»	Salaire total attribué à ce travail...................	4 50	»
5 00	»		5 00	»
		(Les enfants ne reçoivent aucun salaire).		
		TOTAUX des salaires de la famille...	70 72	1,647 14

	CALCUL du salaire journalier moyen.	VALEUR des objets reçus en nature.	RECETTES en argent.
SECTION IV.			
Bénéfices des industries.			
Salaire moyen que recevrait un simple compagnon pour le travail de charpente, en 390 journées....	4ᶠ 88		
Supplément de salaire accordé pour ce travail................	0 40	»	108 80
TOTAL du salaire journalier moyen de l'ouvrier........	5 28		
(Aucun bénéfice ne peut être attribué à cette industrie)......................		»	»
Bénéfice résultant de cette industrie............................. (16, A)		54 36	»
— — .... (16, B)		»	49 77
TOTAUX des bénéfices résultant des industries..................		54 36	152 57
TOTAUX DES RECETTES de l'année (balançant les dépenses).... (2,103ᶠ 88)...		268 72	1,835 16

§ 15. — BUDGET DES DÉPENSES DE L'ANNÉE.

DÉSIGNATION DES DÉPENSES.	POIDS et PRIX des ALIMENTS		MONTANT DES DÉPENSES	
	POIDS consommé	PRIX par kilogr.	VALEUR des objets consommés en nature.	DÉPENSES en argent.
SECTION Iʳᵉ. **Dépenses concernant la nourriture.** ART. 1ᵉʳ. — ALIMENTS CONSOMMÉS DANS LE MÉNAGE. (Par l'ouvrier, sa femme et ses 2 enfants, pendant 365 jours.)				
CÉRÉALES :				
Pains ronds de 3ᵏ, 1ʳᵉ qualité, ou pain blanc...............	780ᵏ0	0ᶠ330	»	257ᶠ40
Petits pains longs, dits *flûtes*, pour la soupe, pesant chacun 0ᵏ150 et coûtant 0ᶠ10 : 205 pièces.	30 7	0 667	»	20 50
Farine de froment pour la cuisine et pour quelques pâtisseries communes...............	4 0	0 540	»	2 16
Riz pour soupes et mets divers...............	4 0	0 600	»	2 40
Vermicelle et semoule...............	4 3	0 580	»	2 49
Poids total et prix moyen...............	823 0	0 346		
CORPS GRAS :				
Beurre pour la cuisine, principalement pendant l'été (de mai en octobre)...............	6 4	2 200	»	14 08
Graisse de porc, dite *saindoux*, pour la cuisine, principalement pendant l'hiver (d'octobre en mai)...............	10 8	2 000	»	21 60
Huile blanche (de navette, *Brassica Napus*, L. var.), pour les salades...............	4 8	2 100	»	10 08
Graisse d'oie, extraite dans le ménage, employée pour la cuisine..	1 6	2 800	»	4 48
Graisse de bœuf, extraite dans le ménage, employée pour la cuisine...............	1 7	1 350	»	2 29
Poids total et prix moyen...............	25 3	2 076		
LAITAGES ET ŒUFS :				
Lait écrémé, pour le café ou le chocolat...............	254 0	0 200	»	50 80
Lait crémeux, vendu sous le nom de *crème*, consommé avec le précédent...............	27 0	0 443	»	11 96
Fromage blanc (*caseum frais*), pour dessert...............	1 6	1 250	»	2 00
Fromages conservés de Brie, Gruyère, Compiègne, Marolles....	10 9	0 844	»	9 19
Fromage de Gruyère pour *macaroni*...............	0 4	1 109	»	0 44
Œufs diversement accommodés : 159 pièces à 0ᶠ07...............	10 0	1 113	»	11 13
Poids total et prix moyen...............	303 9	0 281		
VIANDES ET POISSONS :				
Viande de bœuf, 71ᵏ1 à 1ᶠ35, déduction faite de 1ᵏ7 de graisse, 93ᶠ695 ; — foie de bœuf, 2ᵏ2 à 1ᶠ20, 2ᶠ64 ; — gras-double (estomac de bœuf), 4ᵏ5 à 1ᶠ25, 5ᶠ625...............	76 1	1 340	»	101 96
Viande de mouton, 20ᵏ7 à 1ᶠ30, 26ᶠ91 ; — langues de mouton, 5ᵏ3 à 0ᶠ752, 3ᶠ99...............	26 0	1 188	»	30 90
Viande de veau, 9ᵏ4 à 1ᶠ70, 15ᶠ98 ; — pieds de veau, 6ᵏ3 à 0ᶠ428, 2ᶠ69 ; — mou (poumons) de veau, 13ᵏ5 à 0ᶠ60, 8ᶠ10 ; — fraise (intestins) de veau, 4ᵏ à 0ᶠ375, 1ᶠ50...............	33 2	0 852	»	28 27
Viande de porc, 11ᵏ à 1ᶠ40, 15ᶠ40 ; — charcuterie, 7ᵏ56 à 2ᶠ255, 17ᶠ04...............	18 6	1 744	»	32 44
Volailles : 2 oies, déduction faite de 1ᵏ6 de graisse..	4 3	1 480	»	6 36

§ 15. — BUDGET DES DÉPENSES DE L'ANNÉE (SUITE).

DÉSIGNATION DES DÉPENSES (SUITE).	POIDS et PRIX des MATIÈRES		RAPPORT DE DÉTAIL
	POIDS consommé	PRIX par kilogr.	VALEUR des objets consommés en nature / DÉPENSES en argent

SECTION Ire.

Dépenses concernant la nourriture (suite).

	POIDS	PRIX	
VIANDES ET POISSONS (SUITE) :			
Poissons : Maquereau, harengs, morceaux de raie, carrelets, 33ᵏ 2 à 0ᶠ 70, 23ᶠ 24 ; — mollusques : huîtres, 36 pièces, pesant 1ᵏ 6, à 1ᶠ 319 le kil., 2ᶠ 11	34 8	0ᶠ 729	»	27 35
Poids total et prix moyen	193 0	1 107		
LÉGUMES ET FRUITS :			
Tubercules : Pommes de terre : hollande jaune, 35ᵏ à 0ᶠ 178, 0ᶠ 23 ; — hollande rouge, 28ᵏ à 0ᶠ 142, 3ᶠ 976 ; — ronde, 26ᵏ à 0ᶠ 114, 2ᶠ 964	86 6	0 148	»	13 17
Légumes farineux secs : Haricots blancs, 16ᵏ 3 à 0ᶠ 577, 9ᶠ 41 ; — haricots rouges, 15ᵏ 7 à 0ᶠ 513, 8ᶠ 06 ; — lentilles, 0ᵏ 7 à 0ᶠ 515, 0ᶠ 36 .	32 7	8 545	»	17 62
Légumes verts à cuire : Haricots blancs, 10ᵏ à 0ᶠ 810, 8ᶠ 10 ; — haricots verts, 12ᵏ 9 à 0ᶠ 450, 5ᶠ 80 ; — pois verts, 10ᵏ 9 à 1ᶠ 065, 11ᶠ 61 ; — choux-fleurs, 2ᵏ 6 à 0ᶠ 351, 0ᶠ 90 ; — choux, 49ᵏ à 0ᶠ 114, 5ᶠ 58 ; — asperges, 5ᵏ 9 à 0ᶠ 288, 1ᶠ 70 ; — artichauts, 2ᵏ 7 à 0ᶠ 297, 0ᶠ 80 ; — chicorée, 1ᵏ 5 à 0ᶠ 750, 1ᶠ 12 ; — oseille, 1ᵏ 3 à 0ᶠ 40, 0ᶠ 52	96 8	0 878	»	36 13
Légumes racines : Carottes, 22ᵏ 9 à 0ᶠ 363, 8ᶠ 31 ; — panais, 6ᵏ 7 à 0ᶠ 180, 1ᶠ 20 ; — poireaux, 5ᵏ 6 à 0ᶠ 360, 2ᶠ 01 ; — navets, 10ᵏ 1 à 0ᶠ 103, 1ᶠ 04 ; — salsifis (Tragopogon pratense, L.), 7ᵏ 9 à 0ᶠ 239, 1ᶠ 89	53 2	0 272	»	14 45
Légumes épices : Oignons, 18ᵏ 9 à 0ᶠ 190, 3ᶠ 59 ; — ail, 1ᵏ 8 à 0ᶠ 8:2, 1ᶠ 49 ; — échalotes, 0ᵏ 7 à 1ᶠ 00, 0ᶠ 70	21 4	0 270	»	5 78
Salades : Cresson, laitue, romaine, chicorée, escarole, barbe de capucin, mâche, céleri, pissenlit . . . . (34)	46 6	0 417	»	19 54
Cucurbitacées : Citrouilles, 6ᵏ 3 à 0ᶠ 45, 2ᶠ 83 ; — melons, 3ᵏ 4 à 0ᶠ 75, 2ᶠ 55 ; — cornichons, 3ᵏ 4 à 1ᶠ 00, 0ᶠ 40 .	14 1	0 578	»	5 78
Fruits pour la famille : Cerises, 12ᵏ à 0ᶠ 25, 3ᶠ 00 ; — pommes, 15ᵏ 3 à 0ᶠ 475, 7ᶠ 27 ; — noix, 12ᵏ 5 à 0ᶠ 080, 1ᶠ 00 ; — prunes, 2ᵏ 2 à 0ᶠ 60, 1ᶠ 32 ; — raisin, 3ᵏ 4 à 0ᶠ 612, 2ᶠ 08 ; — pruneaux, 6ᵏ 3 à 0ᶠ 620, 2ᶠ 91 ; — fraises, 3ᵏ 2 à 0ᶠ 695, 2ᶠ 22 ; — groseilles à grappes, 2ᵏ à 0ᶠ 15, 0ᶠ 30 ; — framboises, 0ᵏ 5 à 0ᶠ 76, 0ᶠ 38	56 4	0 378	»	20 68
Fruits pour les enfants : Poires, 0ᵏ 6 à 0ᶠ 460, 0ᶠ 28 ; — noisettes, 7ᵏ 2 à 0ᶠ 185, 0ᶠ 97 ; — abricots et pêches, 0ᵏ 2 à 3ᶠ 50, 0ᶠ 70 ; — groseilles à maquereau, 1ᵏ 4 à 0ᶠ 988, 1ᶠ 35 .	9 4	0 351	»	3 30
Poids total et prix moyen	417 8	0 330		
CONDIMENTS ET STIMULANTS :			
Sel gris, 12ᵏ à 0ᶠ 30, 3ᶠ 60 ; — sel blanc, 3ᵏ à 0ᶠ 40, 1ᶠ 20 .	15 0	0 320	»	4 80
Poivre, girofle	0 4	3 200	»	1 28
Vinaigre pour salades, et pour la cuisine	8 0	0 600	»	4 80
Matières sucrées : Sucre blanc, 10ᵏ à 1ᶠ 60, 16ᶠ 00 ; — cassonade, 1ᵏ 5 à 1ᶠ 20, 1ᶠ 80 ; — caramel, 0ᵏ 4 à 1ᶠ 325, 0ᶠ 53 .	11 9	1 540	»	18 33
Boissons aromatiques : Café acheté en fèves brûlées, non moulues, 7ᵏ 8 à 4ᶠ 00, 31ᶠ 20 ; — thé, 0ᵏ 080 à 20ᶠ 00, 1ᶠ 60 ; — chocolat pour les enfants, 2ᵏ à 4ᶠ 00, 8ᶠ 00 .	9 9	4 121	»	40 80
Poids total et prix moyen	45 2	1 569		
BOISSONS FERMENTÉES :			
Vin acheté par paniers de 10 bouteilles, ou 10 litres . . . . . (14, G)	90 0	0 640	»	54 00
Eau-de-vie pour les jours de réunions d'amis ou de parents	1 1	2 000	»	2 20
Poids total et prix moyen	91 1	0 617		

§ 45. — BUDGET DES DÉPENSES DE L'ANNÉE (SUITE).

DÉSIGNATION DES DÉPENSES (SUITE).	COMPTE DES DÉPENSES	
	VALEUR des objets consommés en nature	DÉPENSES en argent
SECTION Ire.		
Dépenses concernant la nourriture (suite).		
ART. 2. — ALIMENTS PRÉPARÉS ET CONSOMMÉS EN DEHORS DU MÉNAGE.		
Repas pris chaque jour de travail (320 journées) par le mari, chez un cabaretier, à l'ordinaire.. (16, H)	»	49740
Suppléments de nourriture consommés par extra les jours de paie, et à l'occasion des pourboires.. (14, S^{on} III)	»	6 00
Eau-de-vie bue comme régal avec les camarades, 5^L9 à 2^f186	»	12 90
Nourriture prise parfois au milieu du jour par les enfants, et achetée chez le portier de l'école...	»	2 78
TOTAL des dépenses concernant la nourriture..................	»	1,225 20
SECTION II.		
Dépenses concernant l'habitation.		
LOGEMENT :		
Loyer de 2 pièces et 1 petit grenier au 5e étage.................... (16)	»	180 00
Amendes imposées par le portier pour rentrées tardives, 1^f00 ; — étrennes allouées au portier, 2^f00.. (85)	»	3 00
MOBILIER :		
Entretien des meubles en bois par l'ouvrier lui-même, 6^f50 ; — achat d'ustensiles et de linge, 12^f75..	6 50	12 75
CHAUFFAGE :		
Bois accordé par le patron, 1,500^k ; — copeaux accordés par le patron, 40^k...... (7)	44 40	»
Charbon de bois consommé pendant la saison chaude où l'on ne peut faire la cuisine à la cheminée...	»	5 30
ÉCLAIRAGE :		
Chandelle, 12^k6 à 1^f20, 15^f12 ; — huile à brûler, 5^L à 1^f40, 7^f00 ; — mèches de coton, 0^f25 ; — allumettes, 10 paquets à 0^f10, 1^f00....................	»	23 37
TOTAUX des dépenses concernant l'habitation................	50 90	224 42
SECTION III.		
Dépenses concernant les vêtements.		
VÊTEMENTS :		
Vêtements de l'ouvrier : du dimanche, 10^f92 ; — de travail, 23^f73........... (16, D)	7 79	91 83
— de la femme : du dimanche, 16^f20 ; — de travail, 46^f8z........... (16, D)	5 38	57 64
— des enfants...	30 45	36 39
BLANCHISSAGE :		
Blanchissage du linge et des vêtements................................ (16, A)	72 30	22 16
TOTAUX des dépenses concernant les vêtements................	115 88	207 72

§ 15. — BUDGET DES DÉPENSES DE L'ANNÉE (SUITE).

DÉSIGNATION DES DÉPENSES (SUITE).	MONTANT DES DÉPENSES.	
	VALEUR des objets consommés en nature.	DÉPENSES en argent.
SECTION IV.		
Dépenses concernant les besoins moraux, les récréations et le service de santé.		
CULTE :		
Dépenses accidentelles...............	»	1 45
INSTRUCTION DES ENFANTS :		
Donnée gratuitement par la ville de Paris, évaluée à 9f00 par mois pendant 11 mois, 99f00 ; — livres et papier, 2f28...............	99 00	2 28
SECOURS ET AUMÔNES :		
Donnés à des camarades de l'ouvrier frappés d'accident, ou à des amies de la femme...	»	4 20
RÉCRÉATIONS ET SOLENNITÉS :		
Repas pris par l'ouvrier avec les camarades; tabac à fumer et à priser; spectacles............... (16, E)	3 00	32 20
SERVICE DE SANTÉ :		
Frais de maladie et médicaments............... (16, F)	»	11 15
TOTAUX des dépenses concernant les besoins moraux, les récréations et le service de santé...............	102 00	51 28
SECTION V.		
Dépenses concernant les industries, les dettes, les impôts et les assurances.		
DÉPENSES CONCERNANT LES INDUSTRIES :		
Entretien du matériel du métier de charpentier...............	»	0 80
Entretien du matériel de blanchissage (compris dans celui du mobilier)............	»	
INTÉRÊTS DES DETTES :		
Effets déposés au Mont-de-Piété, et répondant pour une somme de 30f00 (intérêt à 16 p. 100)...............	»	4 80
La famille est habituellement endettée de 23f00 chez le boulanger. Les erreurs qui se reproduisent de loin en loin sur les comptes mensuels, au profit de ce dernier, équivalent environ à un intérêt de 50 p. 100, ou de...............	»	11 18
IMPÔTS :		
La famille ne supporte directement aucun impôt...............	»	»
ASSURANCES CONCOURANT A GARANTIR LE BIEN-ÊTRE PHYSIQUE ET MORAL DE LA FAMILLE :		
La famille ne participe à aucune assurance de ce genre; en cas de maladie, elle aurait recours aux hôpitaux; en cas de cessation de travail, aux bureaux de bienfaisance...............	»	»
TOTAL des dépenses concernant les industries, les dettes, les impôts et les assurances...............	»	16 48
ÉPARGNE DE L'ANNÉE :		
La famille dépense tout ce qu'elle gagne et tendrait plutôt à étendre ses dépenses, si les gains augmentaient, qu'à s'imposer aucun sacrifice pour épargner : il y a cependant de l'ordre dans le ménage, mais cet ordre consiste à faire, de l'argent dépensé, l'emploi le plus profitable pour le bien-être actuel de la famille.........	»	»
TOTAUX DES DÉPENSES de l'année (balançant les recettes)... (2,103f88)	268 72	1,835 16

	VALEURS	
	en nature.	en argent.

§ 16.

COMPTES ANNEXÉS AUX BUDGETS.

SECTION I.

COMPTES DES BÉNÉFICES

Résultant des industries entreprises par la famille (à son propre compte).

A. — BLANCHISSAGE DES VÊTEMENTS ET DU LINGE DE LA FAMILLE.

RECETTE.

	en nature	en argent
Prix qui serait payé pour le blanchissage des mêmes objets...............	72f 20	30f 10

DÉPENSES.

	en nature	en argent
Rétribution payée au propriétaire du bateau de lavage, pour le lessivage du linge...	»	5 50
Rétribution pour le lavage, à raison de 0f 03 par heure..................	»	5 50
Eau chaude achetée sur le bateau.......................................	»	1 10
Lessive achetée au bateau, 0f 05 le seau de 10 litres...................	»	2 75
Savon, 6f 80; — eau de Javelle, 1f 65; — bleu, 1f 10; — empois, 1f 25......	»	10 80
Charbon pour le repassage...	»	2 95
Rétribution pour séchage du linge au bateau pendant l'été..............	»	1 50
Travail de la femme, 22 journées à 0f 80...............................	17 60	»
Intérêt (5 p. 100) de la valeur du matériel...........................	0 24	»
Bénéfice résultant de l'industrie.....................................	54 96	»
Totaux comme ci-dessus..........	72 20	30 10

B. — ACHAT A BON MARCHÉ DES ALIMENTS.

RECETTES.

	POIDS consommé.	BÉNÉFICE par kilogr.	en nature	en argent
Laitages : fromages blancs et conservés.................	12k9	0f 058	»	0 75
Viandes : viande de bœuf...............................	77 8	0 240	»	18 67
— — de mouton................	26 0	0 274	»	7 12
— — de veau.................	33 2	0 147	»	4 86
— — de porc.................	18 6	0 312	»	5 80
Poissons...	34 8	0 194	»	6 76
Légumes et fruits : légumes farineux secs..............	32 7	0 105	»	3 43
— — verts à cuire..........	96 8	0 116	»	11 22
— — racines..............	53 2	0 089	»	4 74
— — épices.............	21 4	0 023	»	0 49
Salades..	46 5	0 088	»	4 12
Cucurbitacées..	10 1	0 127	»	1 28
Fruits...	58 4	0 100	»	5 82
Total	»		»	75 06

	VALEURS	
	en nature.	en argent.
DÉPENSES.		
Nulles..	»	»
BÉNÉFICE réalisé sous forme d'argent resté dans la maison et employé aux dépenses de la famille...	»	75f00

Les bénéfices mentionnés dans le présent compte figurent au budget des recettes en deux sommes portées, l'une (14, Sⁿ II) comme subvention, l'autre (14, Sⁿ III) comme montant des bénéfices d'une industrie. Les économies réalisées sur l'achat des aliments sont en effet, pour une part évaluée à 25f 29, une subvention due à des rapports de confraternité (7), et, pour une autre part évaluée à 49f 77, un véritable bénéfice résultant de l'industrie entreprise au profit de la famille.

C. — RÉSUMÉ DES COMPTES DES BÉNÉFICES RÉSULTANT DES INDUSTRIES (A et B).

RECETTES TOTALES.

Produits employés pour les vêtements de la famille............ (15, Sⁿ III)	72f 20	30 10
Recettes en argent appliquées aux dépenses du ménage.................. .	»	75 06
Totaux.......	72 20	105 16

DÉPENSES TOTALES.

Intérêt de la valeur des propriétés possédées par la famille et employées par elle aux industries,................................... (14, Sⁿ I)	0 24	»
Produits des subventions reçues par la famille et employés par elle aux industries... (14, Sⁿ II)	»	25 29
Salaires afférents aux travaux exécutés par la famille pour les industries... (14, Sⁿ III)	17 60	»
Dépenses en argent qui devront être remboursées par des recettes résultant des industries...	»	30 10
Totaux des dépenses (73f 23).........	17 84	55 39
BÉNÉFICES TOTAUX résultant des industries..................... (14, Sⁿ IV)	54 36	49 77
Totaux comme ci-dessus..............	72 20	105 16

SECTION II.

COMPTES RELATIFS AUX SUBVENTIONS.

Ces comptes se rapportent à des opérations fort simples; ils ont été en conséquence établis dans le budget lui-même.

	PRIX d'achat des objets.	VALEURS	
		en nature.	en argent.
SECTION III.			

COMPTES DIVERS.

D. — COMPTE DE LA DÉPENSE ANNUELLE CONCERNANT LES VÊTEMENTS.

ART. 1er. — *Vêtements de l'ouvrier.*

	PRIX d'achat des objets.	en nature.	en argent.
Vêtements du dimanche :			
1 surtout (paletot) de drap noir....	40 00	»	1 00
1 gilet de cachemire....	10 00	»	1 12
1 cravate de satin noir....	3 00	»	1 50
1 chapeau noir, en soie....	14 00	»	1 40
Dépenses chez le perruquier pour quatre barbes et six coupes de cheveux....	»	»	2 90
Vêtements de travail, dont plusieurs sont portés le dimanche lorsqu'ils sont neufs :			
1 surtout (paletot) de drap bleu, acheté d'occasion....	8 00	»	2 00
1 gilet à manches....	10 00	»	2 50
1 gilet d'été....	5 00	»	1 25
2 pantalons d'été....	16 00	»	8 00
1 pantalon de drap....	30 00	»	4 84
3 pantalons de fatigue en forte toile....	12 45	1 70	7 88
3 bourgerons (blouses courtes) en toile, pour le travail....	10 50	1 69	5 25
2 casquettes en drap....	3 50	»	1 66
3 cravates d'été....	0 90	»	0 45
1 cravate longue en mérinos....	4 00	»	2 68
2 chemises en toile de chanvre (à 1f 70 le mètre)....	14 00	2 00	6 70
1 chemise en coton (à 0f 80 le mètre)....	3 15	1 20	1 00
2 gilets de flanelle....	7 00	1 20	4 00
1 caleçon de coton....	1 50	»	1 13
2 paires de bas de laine....	3 50	»	2 80
5 paires de bas de coton....	3 50	»	2 79
2 paires de bottes, plusieurs fois raccommodées....	28 00	»	26 00
Totaux....	226 90	7 79	91 85

ART. 2. — *Vêtements de la femme.*

	PRIX d'achat des objets.	en nature.	en argent.
Vêtements du dimanche :			
1 robe de laine noire....	46 00	0 65	8 55
1 paire de bottines....	10 00	»	2 00
1 châle noir, qui sert aussi parfois les jours ordinaires....	32 00	»	2 70
Entretien des vêtements du dimanche....	»	1 00	1 30
Vêtements de travail :			
1 robe noire en laine....	30 00	0 65	7 00
1 robe en coton imprimé....	9 75	0 58	2 56
2 tabliers de cotonnade....	6 00	1 00	3 00
1 tablier de laine noire....	10 00	1 50	1 00
2 jupons de tricot de coton....	7 00	»	2 33
5 jupons blancs....	20 00	»	1 12
2 gilets de tricot de coton....	3 00	»	1 00
1 gilet de laine....	5 50	»	2 00
2 paires de bas de laine....	4 00	»	3 20
2 paires de bas de coton....	3 00	»	2 80
1 paire de souliers....	6 00	»	4 50
1 paire de sabots, avec les chaussons de laine que l'on porte en dedans....	3 00	»	2 76
1 bonnet en tulle noir, avec dentelles et rubans....	5 00	»	5 00
2 bonnets blancs en coton....	1 40	»	1 40
1 mouchoir de cou en soie....	5 00	»	2 37
Totaux....	206 65	5 38	57 64

ART. 3. — *Vêtements des enfants.*

	PRIX d'achat des objets.	en nature.	en argent.
Vêtements du dimanche et des jours de travail....	87 95	30 45	28 19
Total de la dépense concernant les vêtements....	521 50	43 62	177 68

	VALEURS	
	en nature.	en argent.

E. — COMPTE DE LA DÉPENSE ANNUELLE CONCERNANT LES RÉCRÉATIONS.

Dépenses faites deux fois en 13 ans pour fêter le jour de Saint-Joseph, patron des charpentiers : billets pour assister au bal donné par les compagnons, 1f 0; — rafraîchissements, 6f70; — déjeuner de famille le lendemain matin chez le traiteur, 2f80; — total, 11f00 : soit pour dépense annuelle........	»	1f69
Régal (11) prélevé sur les pourboires, et consommé par l'ouvrier avec ses camarades...	»	15 00
Spectacle en famille, une fois par an..............................	»	3 50
Dépenses accidentelles faites pendant les promenades de la famille, les dimanches qui suivent la paie................................	»	1 40
Dépenses concernant l'entretien et la nourriture d'un oiseau (11).....	3f00	5 41
Tabac fumé par l'ouvrier, et prisé par la femme....................	»	5 20
Totaux de la dépense annuelle concernant les récréations.......	3 00	32 20

F. — COMPTE DE LA DÉPENSE ANNUELLE CONCERNANT LE SERVICE DE SANTÉ.

Alcool camphré, pour les blessures de l'ouvrier, préparé dans la famille......	»	1 70
Eau sédative ammoniacale de Raspail.............................	»	1 50
Pommade camphrée pour les coupures et écorchures, préparée dans la famille.	»	0 80
Camphre pour inhalations à l'aide de cigarettes....................	»	0 40
Houblon pour les enfants.......................................	»	1 55
Frais de visites du médecin....................................	»	3 00
Purgatif au séné, dit *médecine du curé de Deuil*................	»	2 20
Total des dépenses concernant le service de santé...........	»	11 15

G. — PRÉPARATION D'UNE BOISSON LÉGÈREMENT FERMENTÉE SUBSTITUÉE AU VIN QUAND CE DERNIER EST D'UN PRIX TROP ÉLEVÉ.

La femme prépare cette boisson environ trois fois par mois; dans 15 litres d'eau de fontaine, elle met : raisins secs, 1 kil., 0f80; — genièvre, 0k0a5, 0f05; — total, 0f85 : soit, par mois, 2f55, et par an..............	»	30 60

La liqueur ainsi mélangée infuse à froid pendant 7 ou 8 heures, et donne après ce temps, par simple décantation, une boisson incolore, aigrelette et mousseuse. Cette boisson revient à 0f056 le litre, et la consommation s'élève à 540 litres par an. La famille ne fait d'ailleurs par ce moyen aucune économie réelle; cette liqueur fade et aqueuse ne peut suffire toujours à ses goûts; on y joint en diverses occasions quelques litres de vin qui ramènent la dépense à son taux habituel (15, 8on I).

H. — COMPTE DE LA DÉPENSE RELATIVE À LA NOURRITURE PRISE PAR L'OUVRIER HORS DU MÉNAGE (9).

Le matin avant le travail :		
Eau-de-vie, 0f06, mesure dite *petit verre*, consommation habituelle des ouvriers parisiens faite chez un marchand de vin....................	»	0 10
À 9 heures, déjeuner à l'ordinaire d'un cabaretier :		
Bouillon, 0k060; — bœuf bouilli, 0k235; — légumes, 0k100.............	»	0 35
Vin, 0f25...	»	0 25
Pain pris sur la provision journalière du ménage, 0k35..............	»	»
À 2 heures, goûter chez le marchand de vin :		
Fromage, 0k038...	»	0 05
Pain du ménage, 0k15.......................................	»	»
Vin, 0f50...	»	0 50
Total de la dépense pour un jour......................	»	1 25

ÉLÉMENTS DIVERS DE LA CONSTITUTION SOCIALE

FAITS IMPORTANTS D'ORGANISATION SOCIALE; PARTICULARITÉS REMARQUABLES; APPRÉCIATIONS GÉNÉRALES; CONCLUSIONS.

§ 17.

ENSEIGNEMENT OFFERT PAR LA CORPORATION DES CHARPENTIERS PARISIENS TOUCHANT LES MOYENS DE REMÉDIER A L'ÉBRANLEMENT QUE SUBIT, DEPUIS 1661, LA SOCIÉTÉ FRANÇAISE.

En poursuivant le cours de mes études sociales, je me reporte souvent par la pensée aux tableaux de corruption qui, depuis deux siècles, forment en quelque sorte le fond de notre histoire. Je mesure la rapidité de cette œuvre de désorganisation en me rappelant les faits qui se sont produits, pendant vingt-cinq ans, sous mes yeux; et je me demande chaque jour comment notre nation, après tant d'ébranlements, conserve encore certains restes de stabilité. Heureusement la méthode que j'emploie ne me montre pas seulement la gravité du mal; elle m'enseigne aussi les moyens d'y remédier. Je les trouve dans la pratique des grandes nations qui ont conquis l'ascendant social que la France possédait au milieu du XVII° siècle. Je garde même ma confiance dans l'avenir de notre race, parce que je rencontre journellement, dans tous les rangs de la société, des individus, et même des groupes d'hommes, fidèles à l'esprit de dévouement ou d'obéissance qui animait nos ancêtres. Tel est le cas pour la corporation des charpentiers parisiens.

Pendant toute la durée du XVIII° siècle, les ouvriers voués aux travaux des arts manuels ont offert un contraste complet avec les gouvernants, puis avec les lettrés qui prétendirent suppléer à la défaillance de ces derniers et donner l'impulsion à la société française. Tandis que les classes dirigeantes s'appliquaient à détruire dans les esprits, puis dans les institutions, tous les éléments fondamentaux de la constitution sociale, les classes ouvrières défendirent, autant qu'elles en eurent le pouvoir, les traditions de leurs métiers : elles résistèrent avec le parlement aux violences de Turgot; elles restèrent fidèles et soumises aux maîtres qui voulurent bien conserver les anciennes coutumes de patronage; et tel m'apparut le régime du travail lorsqu'en 1829, à mon retour de la plaine saxonne (III, iii, 2), je commençai, à Paris, l'application de mon plan d'observations comparées.

Depuis lors, il est vrai, cet état de choses s'est profondément modifié. Sous la Restauration, la bourgeoisie parisienne fut souvent amenée à fournir un appoint aux entreprises politiques des « lettrés militants », qui continuent et agrandissent, sous nos régimes parlementaires, le rôle funeste qu'ils jouèrent successivement dans les salons parisiens, puis dans les assemblées révolutionnaires. Elle commit une faute plus grave encore : elle associa ses ouvriers aux passions et aux actes de violence d'où sortit la révolution de 1830; puis elle se dispensa de remplir envers eux les devoirs que s'imposaient les classes dirigeantes, sous les révoltes de l'ancien régime. Sous la Ligue et la Fronde, en effet, puis en dernier lieu sous la Vendée, des liens intimes unissaient les nobles et les bourgeois aux paysans et aux ouvriers : la solidarité des deux classes était complète, aussi bien dans les sentiments et les actes qui créaient le désordre social que dans les souffrances qui en étaient le résultat inévitable. Au contraire, pendant les terribles chômages qui suivirent la Révolution de 1830, les fabricants de Paris et ceux des grandes agglomérations manufacturières se montrèrent infidèles à la tradition des ateliers : ils ne se crurent point obligés de fournir à leurs ouvriers le pain quotidien. C'est de ce moment que date le cruel déchirement qui menace l'avenir de la constitution française. L'ouvrier a senti instinctivement qu'il n'appartenait plus à la famille de son ancien patron. Voyant désormais en lui un étranger, il ne se croit plus tenu moralement de se dévouer au succès de l'atelier : il débat avec ténacité son intérêt personnel, sous le régime des « grèves », quand il croit l'occasion favorable, au risque de

ruiner son maître et de détruire ses propres moyens d'existence.
Beaucoup de sentiments se brisent dans le cœur des ouvriers
après ceux qui les unissaient aux patrons; et, depuis qu'ils ne se
sentent plus liés à l'atelier, ils se détachent peu à peu de la
patrie.

Seuls au milieu des ouvriers parisiens, les charpentiers ne se
sont pas associés à cette œuvre de désorganisation sociale. Les
causes de cette exception singulière sont complexes. Les unes
sont liées à la nature d'une industrie qui, plus que toute autre,
diminue en quelque sorte les frottements dans les rapports
mutuels du maître et de l'ouvrier; qui rend l'ouvrier moins
exigeant et le maître moins nécessaire; qui enfin permet à
l'ouvrier, mécontent de son état de dépendance dans les grands
travaux urbains, de s'établir maître dans les petits ateliers des
campagnes. Les autres causes dérivent, pour la plupart, des traditions du compagnonnage. L'art de la charpente consiste, en
grande partie, à manœuvrer des masses lourdes de bois, à l'aide
de moyens simples. Il est peu redevable à l'esprit de nouveauté
qui a introduit une transformation complète dans une foule d'industries manufacturières. Il a peu profité du progrès des sciences
exactes; et, au contraire, c'est lui qui a fourni des moyens de
développement à une branche de la géométrie. Le travail du
charpentier se transmet d'âge en âge par une science positive, et
surtout par la tradition; et, sous ce rapport, c'est l'art usuel qui
participe le plus à l'immuable enseignement de la vie morale.
C'est pourquoi les deux enseignements s'unissent si intimement
dans le compagnonnage de cette profession et lui donnent tant
de solidité. Ainsi s'expliquent les croyances fermes et la conduite
prudente qui se montrent encore chez ces artisans pauvres et
illettrés, tandis que les erreurs grossières et les actes insensés
débordent au sein des classes qui s'appuient sur toutes les ressources de la richesse et de l'enseignement scolaire.

Dans ses croyances naïves et dans ses coutumes traditionnelles, le compagnonnage conserve tous les éléments fondamentaux d'une bonne constitution sociale. L'origine de l'institution
remonte à la construction du temple de Jérusalem, c'est-à-dire à

cette époque mémorable de la tradition religieuse des chrétiens, où la transition de la vie nomade à la vie sédentaire, chez le peuple élu, eut pour couronnement les splendeurs du règne de Salomon. Le compagnonnage s'est d'ailleurs rattaché plus spécialement à l'origine du christianisme en prenant pour patron saint Joseph, le premier charpentier chrétien. Les charpentiers (du Devoir) de Paris continuent à l'honorer, le 19 mars, à l'église de Saint-Laurent, en joignant leurs rites traditionnels à ceux de la religion; et il m'a semblé que, depuis 1848, l'éclat de cette solennité augmente à mesure que les autres ouvriers parisiens se montrent plus disposés à abandonner les pratiques du culte. Assurément les compagnons charpentiers ne sont point à l'abri des fléaux déchaînés par les corruptions de l'ancien régime et les erreurs de la révolution; mais ils constituent peut-être la seule classe qui continue à respecter dans leur intégrité les traditions nationales confiées à sa garde. Les quatre forces morales sont représentées par les secrets et les rites du compagnonnage, savoir : le Décalogue par les souvenirs du temple, la religion par le culte du saint patron, l'autorité paternelle et la souveraineté par l'obéissance à la Mère. Quant aux trois forces matérielles de la propriété, elles ont pour équivalents sérieux, chez ces pauvres ouvriers, le lien de corporation, l'apprentissage du métier et l'assistance mutuelle.

Envahis par la corruption venue d'en haut, les ouvriers des autres professions ont généralement perdu les avantages du même genre qui leur étaient jadis partiellement acquis; mais tous s'accordent à reconnaître la supériorité sociale des compagnons charpentiers. Les preuves de l'ascendant acquis à leurs « autorités sociales » m'ont été souvent données. Ainsi, par exemple, j'ai pu quelquefois démontrer à des ouvriers intelligents que la paix sociale serait restaurée à leur grand avantage si l'on revenait à l'ancienne coutume des ateliers de travail : or, dans ces occasions, mes interlocuteurs exprimaient leur approbation en constatant que mon enseignement était conforme à celui de quelque sage charpentier. Récemment encore, un cordonnier, qui se mêle activement aux débats soulevés par la question du salaire, déclarait que certains faits allégués dans notre entretien étaient d'un grand prix à ses yeux, parce qu'ils s'accordaient avec une opinion professée par une des lumières du compagnonnage, par « Avignonnais-la-Vertu ».   F. L.-P.

§ 18.

COUTUMES DU COMPAGNONNAGE OBSERVÉES CHEZ LES CHARPENTIERS PARISIENS.

On nomme « compagnonnages » des sociétés formées entre les ouvriers d'un même corps d'état, dans un but d'assurance mutuelle, d'instruction professionnelle et de moralisation. Le lien qui unit les associés est resserré par la croyance à une antique origine, et par la possession exclusive de quelques traditions mystérieuses. Il existe entre les charpentiers deux sociétés de compagnonnage; l'une, qui paraît la plus ancienne et la plus puissante, est celle des « compagnons passants », ou « compagnons du Devoir ». A Paris, elle occupe principalement la rive droite de la Seine, sur laquelle est situé son chef-lieu. La seconde société, dont le chef-lieu est sur la rive gauche, paraît avoir été fondée par des dissidents de la première; ils portent le nom de « compagnons de Liberté ». La société des compagnons du Devoir comprend deux classes : les aspirants nommés « renards », et les compagnons qui sont appelés « chiens ». Jusqu'à ce qu'il obtienne le titre d'aspirant, l'apprenti est désigné sous le nom de « lapin »; le patron l'est habituellement sous celui de « singe », qui, comme les termes précédents, n'a d'ailleurs aucune acception injurieuse. Les compagnons doivent appartenir tout entiers à la société; aussi, pendant longtemps, ont-ils cessé d'en faire partie dès qu'ils se mariaient. Ils prenaient alors le nom « d'anciens compagnons » ou « Agrichons »; et, bien qu'ils ne prennent plus aucune part aux dépenses, ni aux secours de la société, ces anciens compagnons obtiennent encore un grand respect; et ils sont toujours les bienvenus aux solennités du compagnonnage. Depuis peu d'années, on a renoncé à cette exclusion, mais elle explique comment aujourd'hui on compte moins de compagnons du Devoir à Paris que de compagnons de Liberté (1), ceux-ci ayant toujours admis parmi eux les compagnons mariés.

La société des charpentiers du Devoir a pour but de former des ouvriers habiles et éprouvés ; elle exerce en même temps sur eux une pression morale dont l'influence est considérable. Elle les astreint à une certaine régularité de conduite, précisément à l'âge où les passions rendraient dangereuse pour eux la vie errante qu'ils mènent de ville en ville. A ces conditions, le compagnonnage leur assure partout sur leur route une protection fraternelle et des secours contre la détresse ou la maladie. Une antique organisation réalise ces heureux résultats. Elle se maintient, nonobstant le contraste qu'elle forme avec les habitudes modernes, en s'appuyant sur le respect des traditions et sur l'expérience journalière des avantages qu'en retirent ceux qui s'y soumettent. La ville de Lyon est le chef-lieu du compagnonnage des charpentiers du Devoir ; elle renferme les codes sacrés de cette corporation, et des archives qu'un incendie a malheureusement détruites en partie, il y a quelques années. Ce chef-lieu est tenu par une cabaretière que les compagnons ont choisie et qui, sous le titre de « Mère », personnifie en quelque sorte leur société. Elle est de leur part l'objet d'un respect filial. Un commis l'assiste pour l'expédition des affaires de la société. Près d'eux se trouve encore le « rouleur », plus spécialement chargé de recevoir les nouveaux venus et de leur procurer de l'ouvrage. Le rouleur et le commis sont choisis parmi les compagnons. De même que les corporations analogues qui existent encore dans les pays étrangers (III, 1, 18 : I, 18), la société des compagnons du Devoir se conforme à une tradition séculaire : elle a organisé en faveur des compagnons un voyage d'instruction, nommé « tour de France ». A cet effet, elle a fondé, à l'imitation de ce qui existe au chef-lieu, un certain nombre de bureaux, à la tête desquels se trouvent placées autant de Mères. Les villes qui offrent aux compagnons cet avantage sont nommées « villes du Devoir ». Leur ensemble constitue le tour de France ; ce sont aujourd'hui, à partir de Lyon : Nîmes, Toulouse, Agen, Bordeaux, Rochefort,

Nantes, Angers, Tours, Blois, Orléans, Paris, Auxerre et Dijon. Les autres villes situées sur le tour de France se nomment « villes bâtardes »; elles ne renferment pas assez de compagnons pour entretenir une Mère. La Mère est élue par les compagnons suivant des formes traditionnelles : c'est toujours une femme mariée. L'état de veuvage serait un obstacle à son élection, mais ne détermine pas l'exclusion d'une Mère déjà en fonctions. L'honnêteté, la régularité des mœurs sont les premières qualités qu'on exige d'elle. Des commissaires délégués par l'assemblée générale préparent son installation; ils font dresser l'acte notarié qui assure à la Mère la maison où la société s'établit; ils passent avec elle le contrat qui règle ses obligations. Après la réception qui est l'occasion d'une fête solennelle, elle a droit aux égards partout où elle paraît; sa présence est indispensable dans toutes les cérémonies; elle suit la première le convoi funèbre du compagnon; elle a la place d'honneur à la fête patronale des charpentiers (19).

Le commis est un compagnon rétribué par la société, parce qu'il lui donne tout son temps; à Paris il reçoit 1,800' par an. Il est tenu de rester chez la Mère pendant certaines heures du jour, et le soir. Si un voyage l'oblige à quitter Paris, dans l'intérêt de la société, celle-ci lui paie les frais de déplacement. Ses principales fonctions consistent à tenir le livre où s'inscrivent l'arrivée et le départ des compagnons, à régler les comptes, à recueillir les renseignements relatifs à la conduite des compagnons, et à convoquer les assemblées aux époques voulues. Il est en quelque sorte le chef de la société; et il en connaît les secrets et les traditions. Souvent ses connaissances à cet égard sont reconnues insuffisantes. On a recours dans ce cas à quelque ancien compagnon qui s'est créé une réputation dans la société : on va auprès de lui recueillir la tradition du compagnonnage pour y demeurer fidèle en tous points et en toutes circonstances. Le rouleur est un compagnon qui, pendant une semaine, donne son temps à la société; chacun paie cette dette à tour de rôle. Il reçoit les nouveaux venus; et, après leur inscription, il les fait embaucher, c'est-à-dire qu'il les met en rapport avec les patrons qui ont besoin d'ouvriers. A Paris, il n'a même pas cette mission qui serait trop difficile ; et il se borne à les adresser aux divers compagnons chefs de chantier (22). Il doit encore « lever les acquits » des compagnons qui partent. Cette formalité consiste à s'enquérir si l'ouvrier ne laisse aucune dette, ou n'a lui-même aucune réclamation d'argent à exercer. Cela constaté, il lui en délivre un certificat que l'ouvrier emporte pour justifier de sa position dans les villes du Devoir qu'il visitera successivement. Les compagnons du Devoir ont des assemblées mensuelles au chef-lieu de leur résidence ; elles ont pour but de traiter des intérêts de la société et d'en régler périodiquement les comptes. Il n'est dû par les compagnons aucune cotisation fixe : à la Saint-Joseph, à la Saint-Pierre et à la Toussaint, on annonce à l'assemblée le montant des obligations, et chaque membre en paie sa quote-part. A Paris, la cotisation d'un compagnon s'élève habituellement à 3 ou 4' par mois ; ce qui pour 500 compagnons passants suppose une dépense annuelle de 21,000'. Elle consiste en frais de réunion, frais de la fête patronale, secours aux compagnons malades, blessés, ou très-endettés sans inconduite, frais de réception des nouveaux venus, loyer du local occupé par la Mère et tenu par elle à la disposition de la société.

Les charpentiers reconnaissent pour patron saint Joseph, et les compagnons célèbrent sa fête le 19 mars dans toutes les villes du Devoir. Parmi les usages de cette solennité, il faut particulièrement remarquer l'hommage rendu aux personnes qui mettent leur influence et leur position de fortune au service de la société. Deux riches marchands de bois ont souvent rempli, dans ces dernières années, une mission de ce genre auprès des compagnons charpentiers du Devoir ; on les traite dans un repas spécial, un jour ou deux après celui qui réunit les compagnons à la fête patronale. L'apprenti charpentier qui désire s'instruire est affilié par quelques compagnons rencontrés dans les chantiers, et bientôt, par leur entremise, il est admis comme aspirant. Dès lors, il travaille sous leur direction et se perfectionne par leurs conseils, en même temps que le soir il étudie « le trait », qui

comprend le dessin linéaire et le tracé des coupes du bois. Le
trait est enseigné dans des écoles ouvertes par quelques compagnons habiles à démontrer ; les ouvriers qui suivent ces cours
paient une légère rétribution, et fournissent la chandelle, le papier,
les règles et les crayons. On peut citer, à Paris et dans la banlieue,
six écoles de trait, qui habituellement ouvrent à la Toussaint et
ferment vers la fin de mars ; elles se tiennent le soir, de 6 à
10 heures. Cette éducation se donne surtout pendant la durée du
tour de France ; elle fait connaître aux jeunes ouvriers toutes les
méthodes, et les met en contact avec les meilleurs maîtres.
L'aspirant obtient le titre de compagnon dans une épreuve
solennelle. Les réceptions ont lieu surtout à la Saint-Joseph, et,
en moindres proportions, à la Saint-Pierre et à la Toussaint. On
n'admet comme candidats que les aspirants libérés du service
militaire, exempts de dettes, et dont la conduite a été laborieuse
et honnête. A ces diverses époques, et dans les salles souter-
raines où se tiennent toutes les assemblées du compagnonnage,
chaque candidat subit un examen de 1 à 2 heures devant des
compagnons experts. Les plus capables (la moitié environ)
obtiennent leur titre, et aussitôt ils passent dans la salle spéciale
des réceptions, où le commis, assisté d'un ancien compagnon,
les initie aux secrets du compagnonnage. C'est alors que le nouveau compagnon prend, du consentement des deux fonctionnaires qui le reçoivent, un de ces noms de guerre qui désignent,
outre le pays natal, un des traits distinctifs du caractère. On y
ajoute habituellement dans les chantiers un sobriquet tiré de
quelque signe extérieur ou de quelque trait des mœurs du compagnon : *Vivarais le Conquérant,* dit *Sans-Barbe; Dauphinois
le Courageux,* dit *le Grand-Nez; Mâconnais la Vertu,* dit *le
Brun; Champagne la Sagesse,* dit *la Petite-Chopine; Manceau
la Prudence,* dit *la Grande-Soupière; Angevin la Fidélité,* dit *le
Louche; Parisien l'Ile d'Amour,* dit *Courte-Cuisse; Montauban
l'Enfant du génie,* dit *la Grande-Bouche; Nantais l'Ami du trait,*
dit *le Grêlé,* sont des noms de compagnons charpentiers du
Devoir. Les nouveaux admis prennent rang à la fête patronale
qui suit leur réception ; une place d'honneur leur est réservée

au souper; on y écoute volontiers quelques chansons où ils célèbrent leur admission.

Le titre de compagnon est, à la fois, aux yeux de l'ouvrier, un témoignage honorable pour sa vie passée, une obligation sévère pour l'avenir. Il est tenu de payer exactement ses dettes. Aux premières plaintes portées chez la Mère, le commis, informations prises, secourt le compagnon malheureux ou provoque une réprimande contre celui qui se conduit mal. Si le compagnon ne s'amende pas, il est exclu de la société et rayé du livre d'inscription. Le vol serait puni d'une expulsion ignominieuse. Pendant toute la durée du tour de France, le compagnon doit un compte sérieux de son temps. Pour se rendre d'une ville à une autre, il a un nombre de jours fixé. S'il est contraint de le dépasser, il doit en informer le commis de la ville la plus voisine, en indiquant où il s'est arrêté et quel motif le retient. Outre ces devoirs qui concernent la vie extérieure, le compagnon est tenu d'observer les statuts de la société, de lui garder un secret inviolable sur certains points, de lui consacrer une part déterminée de son temps, de secourir fraternellement ses compagnons en toutes circonstances, et de soutenir partout l'honneur de la corporation. Ces obligations morales donnent à l'ouvrier un certain empire sur lui-même et l'habituent à apprécier la valeur de ses actions. En même temps, la foi dans les traditions du compagnonnage, la soumission à la surveillance exercée par ses pairs, le respect pour les pratiques et les secrets de la société, le culte dévoué pour la Mère, sont des sentiments d'un ordre élevé, dont on ne trouve guère de trace chez les ouvriers isolés. Ces habitudes et ces traditions que les compagnons se plaisent à reculer jusqu'à la construction du temple de Salomon, les dénominations qu'ils prennent, leurs réceptions, et, en général, toutes leurs cérémonies, ont une couleur poétique, qui fait trop souvent défaut dans la vie moderne. L'ensemble de ces coutumes développe la délicatesse du cœur et les sentiments de dignité personnelle.

Les personnes disposées à rechercher dans les institutions les conséquences qui en peuvent logiquement sortir, plutôt que celles qui se produisent réellement, seraient peut-être, au pre-

mier aperçu, portées à redouter l'influence du compagnonnage.
Il est facile, en effet, d'imaginer les inconvénients que pourrait
entraîner, en ce qui concerne la moralité des ouvriers et la sécurité publique, une institution occulte réunissant, en une association puissante, des hommes sortis des classes les moins éclairées.
Mais les choses se présentent sous un autre jour, quand on
recherche, non ce qui pourrait arriver à la rigueur en certains
cas, mais bien ce qui a toujours eu lieu jusqu'à présent. Tous
ceux qui étudieront sans prévention la corporation des charpentiers de Paris se rallieront immédiatement à l'impression que
nous avons ressentie. Ils constateront que, sous l'empire des traditions établies, la corporation offre à cette catégorie d'ouvriers,
et à la société tout entière, des garanties qu'on est loin de rencontrer aujourd'hui dans le régime d'isolement où vivent, pour
la plupart, les autres ouvriers parisiens. Peut-être même est-il
vrai de dire que cette association, avec ses rites secrets, exerce
sur le bien-être et la moralité des charpentiers une influence
encore plus efficace que celle qui résulte de beaucoup de sociétés
de secours mutuels établies sous le patronage des maîtres et avec
l'appui de l'autorité publique.

§ 19.

SOLENNITÉS DU COMPAGNONNAGE DES CHARPENTIERS (DU DEVOIR).

Le 19 mars, jour de Saint-Joseph, les charpentiers compagnons du Devoir se réunissent, entre dix et onze heures, chez la
Mère, rue de Flandre, à Pantin ; tout le monde doit s'y trouver ;
les absents encourent une amende de 5[f], à moins qu'ils n'aient à
présenter une excuse légitime. Chacun doit être en costume de
cérémonie ; on n'admet, ni blouse, ni casquette ; mais le compagnon qui n'a pas le costume convenable est dispensé de ce devoir.
A onze heures, on se rend en corps à l'église Saint-Laurent pour
assister à la messe de midi ; la Mère, en grande toilette, est conduite en tête par un ancien qui lui donne le bras (en 1856, par
un temps pluvieux, elle vint en voiture ; les compagnons sui-

vaient à pied). Le chef-d'œuvre, exécuté en 1842, est porté en grande pompe dans le cortége ; c'est un modèle d'une pièce de charpente où sont réunies et surmontées les plus grandes difficultés de la coupe des bois. Comme toutes les œuvres de cette espèce, elle a été exécutée par les plus savants compagnons pour montrer le niveau d'habileté auquel s'est élevée la corporation. Le cortége est formé des compagnons, couverts de leurs insignes et marchant sur deux files parallèles. La musique d'un régiment les précède durant tout le trajet ; elle entre à l'église et joue pendant la messe. Les musiciens sont invités à souper le soir. A l'église, la Mère prend place dans le chœur ; on dépose le chef-d'œuvre en face du maître-autel ; et le curé dit lui-même la messe solennelle qui est suivie d'un sermon où l'on introduit l'éloge de la corporation des charpentiers. On quitte l'église ; on retourne à Pantin et l'on porte le pain bénit chez le maire, les adjoints, le commissaire de police, le curé de la paroisse, quelques fournisseurs, enfin chez deux marchands de bois qui exercent au profit de la société un patronage officieux, fort utile auprès des autorités et des personnages influents. A cinq heures, on revient chez la Mère pour le souper. Chacun paie 5' pour son écot ; les vins recherchés, l'eau-de-vie et le café se paient à part. La Mère reste jusqu'à la fin du repas, qui dure environ deux heures et demie. Ordinairement les convives occupent deux salles dans l'une desquelles la Mère siége à la place d'honneur, ayant en face d'elle les anciens de la corporation. Dans la même salle sont les compagnons récemment admis. A la fin du repas, la Mère rend compte, dans un discours préparé, de l'état de la société pendant l'année qui finit. Viennent ensuite les chansons de compagnons. Jamais une femme autre que la Mère n'assiste à ce repas. Après le souper, on va s'habiller pour le bal, qui a lieu dans une salle louée à cet effet. De 1848 à 1851, la gêne devenue générale fi' supprimer cette solennité ; depuis lors, elle a eu lieu chaque année au Jardin-d'hiver. Chaque compagnon a droit à deux cartes d'entrée, et un cavalier peut amener deux dames. Il s'y introduit de la sorte quelques filles de mauvaise vie, dont la présence est tolérée, pourvu que leur tenue soit convenable. La

Mère ouvre le bal avec l'ancien; elle se promène ensuite, recevant partout sur son passage les hommages empressés des compagnons; elle se retire après une couple d'heures; et le bal se prolonge ordinairement jusque vers quatre heures du matin.

Le compagnonnage a d'autres réunions moins solennelles. Une des plus touchantes est l'enterrement d'un compagnon. Sous peine d'une amende de 5', tous les compagnons de la ville doivent y assister avec certains insignes de deuil. La Mère marche à leur tête derrière le corps. Au cimetière, certains rites, accomplis sur la tombe et accompagnés de cris bizarres, terminent cette pieuse cérémonie. La conduite faite par les compagnons aux confrères quittant l'une des villes du Devoir était une de leurs cérémonies les plus fréquentes. C'était aussi celle qui, en exaltant les sentiments du compagnonnage, occasionnait le plus fréquemment les rixes entre les diverses corporations. Aujourd'hui l'industrie des chemins de fer fait tomber en désuétude les réunions provoquées par les voyages de compagnons : on se fait maintenant les adieux en buvant chez la Mère, la veille du départ. Les insignes portés par les charpentiers compagnons du Devoir varient selon les diverses solennités. A la fête de Saint-Joseph, on les revêt tous; ils consistent en une longue canne en jonc avec bout ferré et pomme en bois d'ébène portant les lettres de la société, V. G. T. U; deux boucles d'oreilles portant suspendues, d'un côté une petite besaiguë (instrument à double tranchant), de l'autre une petite équerre croisée avec un compas; enfin, des rubans ou couleurs que les charpentiers portent enroulés au haut de la forme du chapeau. Ces rubans sont de trois couleurs (rouge, blanc, noir), et il y en a 4 de chaque couleur : 2 larges de 6 centimètres et longs de 2 mètres, 2 étroits de 1 mètre de long sur 3 centimètres de largeur. Ils portent imprimés en or : les 4 lettres de la société, le nom du compagnon avec les figures symboliques du compas et de la besaiguë, et ordinairement quelques dessins relatifs à la passion de Notre-Seigneur Jésus-Christ. Les rubans ne se vendent qu'à Saint-Maximin, près de la Sainte-Beaume (Var). Un vieux compagnon (actuellement un ancien charpentier) est établi là pour les fournir aux membres des diverses sociétés de compagnonnage, mais à eux seuls. La Sainte-Beaume (ou sainte grotte), que les traditions désignent comme la retraite où vint mourir Sainte-Magdeleine, est le lieu sacré de tous les compagnonnages. Deux cents compagnons visitent habituellement chaque année la grotte et l'ermitage voisin ; ils apportent leurs rubans pour les faire toucher à la statue de sainte Magdedeleine ; et, moyennant 0' 15, le gardien appose, sur leurs livrets et sur les gravures qu'ils achètent, le cachet qui témoigne de leur passage au lieu consacré[1]. Le commis a d'ailleurs chez la Mère un dépôt de rubans, qu'il vend au compte de la société et sans qu'elle en tire aucun bénéfice. Les boucles d'oreilles se trouvent chez des bijoutiers spéciaux, mais non privilégiés. La canne est l'insigne, et au besoin l'arme, du compagnon ; il la porte en parcourant le tour de France, et ne peut se la voir enlever sans recevoir une injure qui est ressentie et vengée, s'il est possible, par toute la corporation. Les rubans s'emploient diversement : le rouge est la couleur des fêtes ; on fait une conduite avec le blanc et le rouge ; le blanc et le noir se portent aux enterrements.

§ 20.

SOCIÉTÉ DE SECOURS MUTUELS DES AGRICHONS.

La société des charpentiers compagnons du Devoir assure à ses membres des secours de tous genres, lorsqu'ils sont malades. Elle a son médecin, qu'elle paie à l'année pour leur donner des soins. Elle fournit en outre les médicaments, et alloue, comme secours, 2' par jour de maladie. Mais, dans les anciens usages de la corporation, le compagnon marié, ne prenant plus part aux charges de la société, n'avait plus droit à être assisté par elle. Dans cet état de choses, il retombait dans l'isolement et ne pouvait pourvoir que par sa prévoyance personnelle aux chances de la maladie. Depuis peu d'années, les compagnons du Devoir ont renoncé à exclure les compagnons mariés, mais sans rouvrir leur

1. Renseignements fournis par M. Féraud Giraud, conseiller à la Cour impériale d'Aix (Bouches-du-Rhône).

société aux anciens compagnons que le mariage en avait éloignés. En conséquence, ces derniers avaient été conduits à fonder une société spéciale de secours mutuels, dans laquelle chaque compagnon marié verse en entrant une somme de 10ᶠ, et paie une cotisation mensuelle de 2ᶠ. Pour les compagnons âgés de 40 ans révolus, le premier versement est de 16ᶠ, puis il augmente de 3ᶠ par année jusqu'à 45 ans ; passé cet âge, on ne peut plus être admis. Chaque membre a droit, lorsqu'il est malade, aux soins gratuits d'un médecin, aux médicaments, et à une allocation de 1ᶠ 50 par jour de maladie. La plupart des compagnons mariés se sont joints à cette société; ceux qui n'en font pas partie s'accordent cependant à en reconnaître les avantages (13). La famille décrite dans la présente monographie partage ce sentiment; mais elle n'a pu jusqu'ici se décider à prélever sur ses recettes la modique contribution d'entrée.

§ 21.

GRÈVE DES CHARPENTIERS DE PARIS EN 1845.

On appelle « grève », à Paris, une interruption de travail, provoquée par les ouvriers d'un corps d'état, en vue d'obtenir de leurs patrons une augmentation de salaire. Les charpentiers de Paris ont eu plusieurs fois recours à ce moyen. Ils font remonter à une grève de 1822 les conventions qui fixèrent uniformément leur salaire à 0ᶠ 35 par heure de travail; en 1833, une nouvelle grève le fit élever à 0 40; enfin ce tarif lui-même parut insuffisant douze ans plus tard. Le 8 juin 1845, au moment où les travaux étaient nombreux et pressants, les ouvriers se mirent en grève, et réclamèrent 0ᶠ 50 par heure. Plusieurs patrons consentaient à 0ᶠ 45; mais ils refusèrent d'aller au delà; tous les chantiers furent abandonnés et l'on organisa la grève pour assurer aux ouvriers les moyens de vivre malgré l'interruption des travaux. Il y avait alors, à Paris, 7,500 charpentiers, compagnons du Devoir, compagnons de liberté, ou bien ouvriers isolés, qui se réunirent tous pour défendre l'intérêt commun. Après avoir épuisé

dans ce but toutes leurs ressources, les deux sociétés trouvèrent
crédit auprès de plusieurs fournisseurs et de quelques anciens
compagnons. Les patrons qui acceptaient la condition imposée
pouvaient employer des ouvriers; mais ces derniers, ainsi pourvus
d'ouvrage, obéissant à une convention analogue à celle qui subsiste en permanence dans les unions de Sheffield (III, VII, 21),
remettaient à la communauté 1', sur leur journée, pour secourir
leurs camarades inoccupés. Quelques charpentiers essayaient de
travailler à l'ancien prix, malgré la grève. On ferma les yeux
pour ceux qui étaient chargés de famille; mais les autres furent
contraints d'abandonner les chantiers, et la police dut souvent
intervenir pour s'opposer à ces menées illégales. Dans ces conditions, les assemblées du compagnonnage ayant été interdites
par l'autorité, les ouvriers furent réduits à se réunir clandestine-
ment. Quelques arrestations eurent lieu; et la Mère elle-même fut
incarcérée pendant deux jours. Cependant cette suppression momentanée des ateliers de charpente interrompait toutes les constructions; les autres catégories d'ouvriers en bâtiment, les maçons, les serruriers, les menuisiers, se trouvaient indirectement
privés de travail. En vain le gouvernement tenta de venir au
secours des patrons, en mettant à leur disposition des charpentiers militaires. L'inexpérience de ces ouvriers, en fait de travaux
civils, et la nécessité où auraient été les patrons de leur fournir
des outils et des habits de travail, rendirent ce concours peu
utile. A la vérité, les ouvriers chargés de famille souffraient
beaucoup de cet état de choses; mais les affaires des patrons se
trouvaient compromises de la manière la plus grave; aussi ces
derniers se décidèrent-ils enfin, le 10 août, à accorder les conditions qu'on exigeait d'eux. C'est dans cette situation que les deux
parties signèrent le contrat qui, encore aujourd'hui, est adopté
par tous comme la charte des travaux de charpente. Les ouvriers
rentrèrent aussitôt dans les chantiers. Pendant le reste de la saison
et une partie de la campagne suivante, on préleva, sur la journée
de chaque ouvrier, 0'50 pour amortir les dettes contractées
pendant la grève par les deux compagnonnages. Depuis cette
époque, aucune modification n'a été apportée aux conditions

établies. En ce moment, les charpentiers continuent à respecter
ce contrat, nonobstant l'augmentation considérable qui a été
apportée récemment à Paris aux salaires des autres catégories
d'ouvriers. L'analogie signalée ci-dessus entre la grève des charpentiers de Paris et les agitations des couteliers de Sheffield se
retrouve, en général, dans l'ensemble des idées propres à ces
deux coalitions. Celles-ci, en effet, tendaient essentiellement à
faire prévaloir le principe de l'invariabilité des salaires, principe
qui, pour des ouvriers soutenus par l'esprit de corporation,
pourvus d'un enseignement méthodique, ou trouvant, dans la
profession même, une série de situations en rapport avec la
diversité des aptitudes, n'a pas tous les inconvénients qui se
présenteraient dans d'autres conditions.

Tout en condamnant ces interruptions systématiques de travail, on doit louer l'esprit de conciliation qu'ont montré à Paris,
comme à Sheffield, les deux classes rivales. Et c'est peut-être ici
le lieu de remarquer que l'esprit français, avec ses habitudes
impétueuses, peu compatibles avec une résistance calme et
méthodique, a rarement fourni l'occasion d'un tel éloge. Pendant
plus de deux mois, les ouvriers et les patrons, partagés en deux
camps ennemis, se sont maintenus dans un état d'antagonisme
direct, avec des intérêts vivement surexcités, sans qu'on ait eu
à déplorer une effusion de sang, ni même une violence grave.
Les ouvriers influents des deux corporations ont atténué autant
que possible, dans la forme, l'illégalité qui existait au fond de
leur entreprise. Ils se sont incessamment appliqués à contenir
les impatiences individuelles, comprenant qu'ils avaient intérêt
à se concilier, par cette conduite prudente, l'opinion publique.
Les patrons, de leur côté, sortis pour la plupart de la classe
ouvrière, disposés ainsi à comprendre ses passions et ses besoins,
ont fait preuve, en cédant à ses exigences, d'un louable esprit
de conciliation. Les deux parties n'ont eu, au reste, qu'à se
féliciter de la solution qui a été adoptée. Si les ouvriers y ont
trouvé, à l'origine, un salaire un peu supérieur à celui qu'eût
alors indiqué peut-être une appréciation rigoureuse de l'industrie du bâtiment, les patrons doivent aujourd'hui regarder ce

salaire comme modéré. En conséquence ils se trouvent dédom-
magés du sacrifice que la charte de 1845 leur a d'abord imposé.

§ 22.

ORGANISATION DES CHANTIERS DE CHARPENTE DANS LA VILLE DE PARIS.

L'organisation des chantiers de charpente paraît assez uniforme. Elle se rapporte à deux ordres de travaux : ceux qui
s'exécutent au chantier du patron ; ceux qui se font en ville dans
les bâtiments en construction ou en réparation. Les travaux du
chantier ont, pour chef, un ouvrier nommé « gâcheur de chantier » ; ceux du dehors sont dirigés par un « gâcheur de levage ».
L'un et l'autre travaillent par eux-mêmes comme ceux qu'ils
dirigent.

Le gâcheur de chantier surveille en outre, dans tous leurs
détails, l'exécution des plans, la taille et la mise en œuvre du
bois; il se concerte avec les architectes ou les entrepreneurs;
enfin, il embauche et congédie les ouvriers. Ceux-ci n'ont en
général de rapports qu'avec lui; le patron traite seulement avec
son chef de chantier ; et souvent il ne connaît pas les ouvriers
qu'il emploie. Le gâcheur de chantier a ordinairement un supplément de salaire journalier de 2^f. Dans quelques chantiers
considérables, il y a des chefs à l'année qui gagnent jusqu'à
5,000^f. S'il en est besoin, le gâcheur de chantier prend pour
l'aider un ou deux compagnons habiles, auxquels il fait accorder
un supplément de 0^f 25 par jour.

Le gâcheur de levage surveille les travaux du dehors. Comme
le précédent, il réunit, en sa personne, les deux conditions de
chef et d'ouvrier : c'est une surveillance qui ne coûte presque
rien au maître. Il distribue l'ouvrage aux charpentiers qu'il
dirige; il s'entend avec les architectes et les propriétaires en ce
qui concerne l'exécution des travaux; il tient compte des journées de ses ouvriers : il reçoit habituellement de 0^f 25 à 0^f 50
en sus du taux normal de la journée.

§ 23.

RÉACTION MORALE EXERCÉE CONTRE LES HABITUDES D'IM-
PRÉVOYANCE ET LES ASPIRATIONS AU BIEN-ÊTRE MATÉRIEL SOUS
L'INFLUENCE D'UN LEGS FAIT PAR L'AFFECTION D'UN PARENT A
LA FAMILLE DÉCRITE.

La famille décrite dans la présente monographie se montre
constamment disposée à dépenser tout ce qu'elle gagne : depuis
13 ans, aucune épargne n'a été réalisée; en aucun temps l'ouvrier
n'a pu avoir de l'argent à sa disposition sans l'employer aussitôt
à accroître le bien-être de sa famille (3). Si, à une certaine
époque, il a cherché à s'élever au-dessus de la condition d'ouvrier (5), c'était avec le désir de donner à ses profits la même
destination. Les projets que les deux époux aiment à faire aux
heures de causerie ont toujours pour but une dépense de ce
genre et jamais une épargne. Avant son mariage, la femme,
outre son trousseau, avait réuni environ 900 francs d'économies.
Cette somme, notablement diminuée par les frais d'entrée en
ménage, a bientôt disparu, et c'est à peine s'il en reste un
regret. On peut prévoir qu'elle ne sera jamais remplacée, car le
mari a peu à peu détruit toute habitude d'épargne chez sa femme,
et lui a fait accepter sa facile insouciance et son aimable générosité. En un mot, la nécessité seule semble pouvoir dorénavant
limiter les dépenses de la famille, qui seront toujours portées au
niveau des recettes.

Un fait très-digne de remarque contraste avec cet irrésistible
entraînement. En 1854, la sœur de la femme mourut à Nancy.
Célibataire et unie à sa sœur par des liens d'estime et d'affection,
elle lui légua par testament tout ce qu'elle possédait, en souvenir des soins dont Marie avait entouré la vieillesse de leur mère.
Ce legs comprenait du linge, des vêtements, 350^f placés à la
caisse d'épargne, et une rente annuelle de 8^f achetée sur l'État
en 4 1/2 p. 100. La famille ne considéra pas ces ressources
inattendues comme de nouveaux moyens de satisfaire ses goûts

ordinaires de bien-être imprévoyant. Après le prélèvement des
frais et de quelques dépenses qu'il fallut faire pour aller recueillir
l'héritage, il restait à la caisse d'épargne une somme de 245
que la femme songeait à conserver comme une économie;
le mari intervint et exigea que cet argent fût converti en un souvenir durable. Il ne voulut pas que cette somme courût les
mêmes chances que l'argent acquis par les voies ordinaires, et
fût, dans un moment de détresse, déplacée et absorbée dans les
dépenses journalières, de telle façon que la pensée de la mou-
rante fût anéantie avec le legs qui la représentait. Ces idées,
exprimées avec insistance dans une discussion qu'eurent à ce
sujet les deux époux, déterminèrent la femme à acheter, au prix
de 205ᶠ, une montre en argent et une chaîne en or. Le reste de
la somme fut laissé à la caisse d'épargne et y est encore actuelle-
lement. Quant à la rente de 8ᶠ, elle est demeurée intacte, et l'on
n'a même pas eu la pensée de toucher au petit capital qu'elle
représente. Enfin, pour compléter ce trait, il faut ajouter que,
par suite de la gêne qu'impose aux ouvriers le prix élevé des
subsistances, la famille fut obligée, pendant le chômage de 1855
à 1856, de faire un sacrifice, et de recourir au legs de la sœur.
La principale préoccupation fut de ne rien anéantir de ce qui en
faisait partie; au lieu de retirer les 40ᶠ qui restaient à la caisse
d'épargne, on se décida à engager au mont-de-piété, pour la
même somme, les chemises de toile provenant du même legs.
On a pu s'assurer ainsi que le dernier acte d'un être aimé avait
profondément touché les deux époux. L'influence morale qu'il a
exercée sur eux a heureusement neutralisé l'attrait irréfléchi qui
les porte à la satisfaction des appétits matériels. La volonté d'un
mourant a créé pour eux un devoir; il a transformé le modeste
héritage en une propriété d'un ordre supérieur; et l'on a tenu
à honneur de ne pas l'aliéner. L'action moralisante des testa-
ments a été souvent constatée pendant l'étude des familles décrites dans cet ouvrage. Si le legs de quelques objets mobiliers
a pu modifier à ce point un homme imprévoyant, on devine
l'influence qu'eût exercée sur lui un testament confiant à sa
garde le foyer domestique et le tombeau des ancêtres.

§ 24.

ABONDANCE DES SALADES DANS L'ALIMENTATION DES OUVRIERS PARISIENS.

Les nombreuses espèces de salades que l'on cultive sous le climat de Paris se produisent assez facilement pour que les ouvriers puissent en faire un usage habituel. La famille décrite dans la présente monographie consomme, selon les saisons : en mars et avril, le cresson (*Nasturtium officinale*, R. Br.), la laitue (*Lactuca sativa*, L.); en mai, juin et juillet, la romaine (*Lactuca sativa*, L., var.); en juillet, août, septembre et même octobre, la chicorée sauvage (*Cichorium Intybus*, L.), et l'escarole (*Cichorium Endivia*, L., var., *latifolia*); en novembre et décembre, la barbe-de-capucin (*Cichorium Intybus*, L., variété étiolée par la culture dans les caves); en décembre et janvier, la mâche (*Valerianella olitoria*, Mœnch.), le céleri (*Apium graveolens*, L.); enfin, en février et mars, le pissenlit (*Taraxacum Dens-leonis*, Desf.). Bien des contrées de l'Europe peuvent envier au climat de Paris et à l'industrie de ses maraîchers (VIII, 19) une telle variété de ressources alimentaires.

§ 25.

AUTORITÉ EXERCÉE DANS LES MAISONS DE PARIS PAR LES PORTIERS RÉGISSEURS.

Dans beaucoup de capitales et de grandes villes de l'Europe, les maisons sont occupées, pour la plupart, par une seule famille; à Londres même, dans la région la plus populeuse, un simple ouvrier occupe souvent une maison entière (III, VI, 10). C'est alors le locataire lui-même qui doit pourvoir à la réception des visiteurs et à l'exécution des règlements de la police municipale.

Il en est autrement à Paris. Les familles qui habitent seules une maison sont placées dans des conditions très-exceptionnelles.

Celles mêmes qui appartiennent aux classes riches se trouvent ordinairement réunies, en assez grand nombre, dans une maison commune dont les principaux appartements sont desservis par la même porte et le même escalier. Dans ce cas, le service de la voie publique, les soins de propreté qu'exige la partie commune de la maison, et la réception des visiteurs sont dévolus à un agent spécial, nommé portier ou concierge. En outre, lorsque le propriétaire n'habite pas la maison, le même agent se trouve souvent chargé de faire les locations et de recevoir le montant des loyers. Enfin, dans les maisons d'ouvriers, la force des choses conduit souvent le propriétaire absent à attribuer au concierge une véritable autorité sur les locataires pour les plier à certaines habitudes d'ordre, de propreté et de convenance. Ici, comme il arrive souvent pour les autres genres de propriété, l'absentéisme du propriétaire a de graves inconvénients; et il est parfois assez difficile d'apercevoir la limite existant entre l'abus et l'autorité utilement exercée.

Le portier reçoit du propriétaire des gages en rapport avec l'importance de la maison. Il obtient en outre, des locataires, certaines redevances, qui varient selon l'usage de chaque quartier. Un nouveau locataire donne, sous le titre de « denier à Dieu », une indemnité qui annonce l'intention de conclure le contrat de location dans les 24 heures. Une ancienne coutume, qu'on abandonne chaque jour, obligeait le locataire à une rétribution envers le portier, proportionnelle au prix du loyer, et que l'on nommait le « sou pour livre ». Cette rétribution se confond maintenant, dans la plupart des maisons, avec le prix du loyer. Le chauffage du portier est assuré par une redevance en nature sur le bois que chaque locataire fait apporter pour son propre usage. Cette redevance consiste en une grosse bûche par double stère, équivalant à 2 p. 100 environ de la consommation du locataire. L'emploi du charbon de terre tend chaque jour à détruire cette coutume traditionnelle.

Dans la maison que la famille habite avec 61 autres locataires (1), le portier occupe un logement exigu, au premier étage de l'escalier commun qui dessert tous les logements. Il exerce assez durement son autorité. Il l'emploie surtout à réprimer la gaieté bruyante des enfants, et à interdire les entrées et les sorties à partir d'une certaine heure. Les visiteurs sont expulsés de la maison à 11 h. 1/2; les locataires qui rentrent tardivement doivent payer, à titre d'amende, 0ᶠ 25 après minuit, et 0ᶠ 50 après 1 heure. La sanction de ces pénalités est le droit attribué au portier de renvoyer, dans le délai de 6 semaines, les locataires récalcitrants, et de les soumettre ainsi aux embarras et aux dépenses qu'impose toujours un déménagement. Malgré ses habitudes régulières, la famille décrite dans la présente monographie paie annuellement, à ces divers titres, en sus du loyer convenu, une somme de 3 francs. Le bois de chauffage étant fourni par le patron (7), et apporté peu à peu par l'ouvrier lui-même, la famille se dispense sur cet article de toute redevance.

Placé dans une condition voisine de la domesticité, ayant toutefois à exercer une certaine autorité pour maintenir le bon ordre dans la maison, le portier, pour remplir convenablement ses fonctions, doit posséder des qualités toutes spéciales. Ces qualités font souvent défaut chez des hommes qui ne sont descendus à cette condition qu'après avoir échoué, faute de jugement ou d'activité, dans une situation plus indépendante. Quelques-uns, par exemple, exercent une tyrannie tracassière ou montrent des prétentions ridicules qui ont plus d'une fois éveillé la verve des romanciers populaires. Ne recevant que des gages modiques, les portiers complètent pour la plupart leurs moyens d'existence en exerçant les métiers sédentaires de tailleur et de cordonnier; les femmes travaillent souvent de leur aiguille ou se chargent de servir les personnes seules ou peu aisées qui habitent les étages supérieurs de la maison.

PRÉCIS

MÉTHODIQUE ET ALPHABÉTIQUE

INDIQUANT SURTOUT

LA DÉFINITION DES MOTS ESSENTIELS A LA SCIENCE SOCIALE;
LES INFLUENCES QUI DOMINENT DANS LA CONSTITUTION SOCIALE DES
RACES ÉBRANLÉES DE L'OCCIDENT; LES DÉTAILS OBSERVÉS,
DE 1829 A 1855, TOUCHANT LES TRAVAUX, LA VIE DOMESTIQUE
ET LA CONDITION MORALE DE LEURS POPULATIONS OUVRIÈRES.

COMPOSÉ POUR LE TOME CINQUIÈME (2e ÉDITION).

SOMMAIRE

DU PRÉCIS

L'objet et la méthode du Précis. — Les éléments du Précis classés selon l'ordre alphabétique.

PRÉCIS

MÉTHODIQUE ET ALPHABÉTIQUE

L'OBJET ET LA MÉTHODE DU PRÉCIS.

Ce Précis du volume est aussi un *Dictionnaire de science sociale*. Il est spécialement appliqué à la connaissance des populations qui sont encore simplement « ébranlées », mais que menace la désorganisation décrite au volume suivant. Outre les faits qui caractérisent partout les ateliers de travail, les foyers domestiques et les familles, ce dictionnaire mentionne ceux qui se rapportent plus particulièrement aux idées, aux mœurs et aux institutions des sociétés en décadence. On y trouvera surtout des renvois fréquents aux nouveautés qui portent maintenant les populations européennes à oublier les vertus et les coutumes essentielles à la prospérité des races, notamment : la soumission au Décalogue, l'obéissance à l'autorité paternelle, la prépondérance de la vie rurale sur la vie urbaine, la solidarité intime perpétuée par la tradition entre les trois éléments qui constituent la population des campagnes. Cependant, on y verra encore indiqués les lieux et les institutions locales qui conservent, tout au moins en apparence, les éléments fondamentaux de la paix sociale. On signale surtout ceux qui assurent deux biens précieux aux classes extrêmes de la vie rurale : aux propriétaires, la récolte exclusive des produits créés par le travail; aux ouvriers non-propriétaires, la récolte indivise de certaines productions spontanées du sol.

Ce dictionnaire est spécialement destiné au lecteur qui veut consulter à son heure, plutôt que lire avec suite, les détails exposés dans ce volume. Les mots, quoique mêlés selon l'ordre alphabétique, appartiennent à trois catégories distinctes.

Les premiers constituent un vocabulaire social : ils définissent le sens attribué aux termes employés dans l'ouvrage, sans renvoyer le lecteur à aucun passage spécial de ce volume.

Les seconds signalent les subdivisions du cadre commun à toutes les monographies de familles : pour chaque détail relatif à l'une de ces familles, ils renvoient le lecteur à une ou plusieurs des 16 subdivisions fixes de ce cadre et aux paragraphes qui les suivent en nombre variable.

Les troisièmes se rapportent aux particularités qui distinguent, soit les familles décrites, soit les constitutions sociales dont les éléments sont présentés dans l'*Introduction* et dans les paragraphes qui complètent les 16 subdivisions fixes de chaque *Monographie de famille*. Les renvois placés à la suite de ces derniers mots sont de deux sortes. Ceux qui se rapportent aux treize paragraphes de l'Introduction sont faits par l'un des chiffres 1 à 13. Ceux qui sont relatifs aux neuf monographies sont marqués par deux chiffres : le premier (romain) indique le chapitre, et le second (arabe) le paragraphe de la monographie. Les faits locaux de la science sociale sont généralement désignés par les mots propres à la localité. Les faits plus généraux, mais peu signalés jusqu'à ce jour, sont désignés par des mots choisis, dans le langage ordinaire, parmi ceux qui, dans l'une de leurs acceptions, ne repoussent pas le sens attribué par la définition.

Pour saisir complétement le sens d'un mot défini dans le Précis, il faut souvent recourir à d'autres mots qui entrent dans cette définition. Ces derniers sont toujours désignés par une lettre capitale. Le lecteur est ainsi averti (sans renvoi spécial) qu'il peut trouver, en se reportant à ces mots, un complément d'information sur le sujet principal de sa recherche.

LES ÉLÉMENTS DU PRÉCIS

CLASSÉS SELON L'ORDRE ALPHABÉTIQUE.

A

Absentéisme. — Habitude du propriétaire foncier qui ne réside pas sur l'Atelier de travail dans lequel il puise ses principaux moyens de subsistance. Elle est vicieuse au double point de vue moral et matériel; et elle est surtout répréhensible chez le propriétaire rural.

Abus des mots. — Corruption du langage qui propage l'erreur par deux moyens principaux : par le seul énoncé d'un mot détourné du sens qu'il avait aux époques de vertu; par l'introduction d'un mot non défini. De notre temps l'abus a souvent porté sur les mots Égalité et Liberté, Démocratie et Civilisation.

Activité dans le travail. — Développée à un degré extraordinaire chez les Blanchisseurs de la banlieue de Paris, VIII, 18.

Adriatique (L') ET LE DANUBE. — Les Fiançailles et le Mariage chez les races Slaves habitant les régions contiguës, I, 23.

Age mûr (L') ET LA VIEILLESSE. — Ils jouent un rôle prépondérant au sein des sociétés modèles : leur supériorité est due à l'Éducation qu'ils ont puisée dans la pratique de la vie; et c'est par ce motif qu'ils sont partout préposés à la direction de l'enfance et de la jeunesse.

Agrichons. — Nom qui désigne les Charpentiers parisiens mariés, IX, 20.

Alimentation DES OUVRIERS PARISIENS. — Abondance et variété des Salades consommées par ces ouvriers, IX, 24.

Aliments des familles. — Le mode d'alimentation et les dépenses qui s'y rapportent sont indiqués, dans chaque monographie, aux §§ 9 et 15.

Allemagne. — Situation des ouvriers dans les ateliers et les usines du Nord-Ouest, II, 19.

Allemagne méridionale. — Organisation des anciennes corporations urbaines d'arts et métiers, I, 18.

Alliance des Travaux de l'atelier ET DES INDUSTRIES DOMESTIQUES. — La troisième pratique de la Coutume des ateliers. — Organisation du travail dans laquelle la famille complète, par l'exercice des industries accomplies au Foyer, les ressources fournies à son chef par l'Atelier.

Allocations D'OBJETS ET DE SERVICES accordées par les patrons à leurs ouvriers. — Énumérées et évaluées, dans chaque monographie de famille, aux §§ 7 et 14.

Anciennes communautés. — De l'Auvergne, composées de ménages, Propriétaires ruraux, IV, 20 ; — du Nivernais, composées de ménages, Propriétaires ruraux, VI, 20 ; — du Nivernais, composées de ménages, Fermiers ruraux, VI, 23.

Animaux domestiques POS-SÉDÉS PAR LES FAMILLES. — Ils sont énumérés et évalués, dans chaque monographie, aux §§ 6 et 14.

Antagonisme social. — Sentiments habituels dans l'état de souffrance ; ils sont caractérisés par l'affaiblissement du principe d'autorité et manifestés par l'esprit de révolte dans la famille, l'Atelier et les institutions de la Vie publique.

Argent (SOMMES D') POSSÉDÉES PAR LES FAMILLES. — La mention en est faite, s'il y a lieu, dans chaque monographie, au § 6.

Aristocratie. — Un des quatre éléments de la Constitution modèle d'un grand État : c'est celui qui s'applique au gouvernement de la Province. — Portion de l'Autorité publique, exercée par des sages que désigne, soit la nature des rapports sociaux, soit le choix du monarque ou du peuple. Elle se fortifie en raison des services rendus au public.

Artisan rural. — Petit chef de métier résidant à la campagne où il exerce, entre autres spécialités, les professions de forgeron, de charpentier, de maçon et de tisserand. Il possède ordinairement une Borderie qu'il exploite avec le concours de sa famille, quand il ne travaille pas, dans le Voisinage, pour le compte du Gentleman, des Paysans ou des Bordiers.

Arts libéraux. — Professions relatives au gouvernement, à la religion, à la justice, à la guerre, à la médecine et en général à la culture intellectuelle ou morale. Cette classe de professions est au moins représentée en chaque lieu par des individus veillant spécialement à la santé de l'âme et du corps.

Arts usuels. — Professions ayant pour objet la production ou l'extraction, les élaborations successives, le transport, la garde et la vente des objets matériels. C'est surtout cette classe de professions qui est exercée par les Sédentaires et notamment par les familles décrites dans les monographies.

Atelier de travail. — Lieu où s'exécutent les opérations caractéristiques de chaque profession usuelle ou libérale.

Ateliers ruraux. — Situation des ouvriers attachés à ces Ateliers dans les usines du nord-ouest de l'Allemagne, II, 19.

Autorités naturelles. — Individus dont le pouvoir est institué, dans la Vie privée, par la nature des hommes et des choses. Ces autorités sont : dans la famille, père; dans l'Atelier, le Patron; dans le Voisinage, le sage désigné par l'affection et l'intérêt de la population.

Autorité paternelle. — Un des sept éléments de l'Édifice social.

Autorités publiques. — Personnes ayant charge de la paix sociale dans les quatre éléments de la Constitution modèle d'un grand État.

Autorités sociales. — Individus qui sont devenus, par leurs propres vertus, les modèles de la Vie privée; qui montrent une grande tendance vers le Bien, chez toutes les races, dans toutes les conditions et sous tous les régimes sociaux; qui, par l'exemple de leurs Foyers et de leurs Ateliers, comme par la scrupuleuse pratique du Décalogue et des Coutumes de la Paix sociale, conquièrent l'affection et le respect de tous ceux qui les entourent.

Autorités sociales (D'APRÈS PLATON). — « Il se trouve toujours, parmi la foule, des hommes divins, peu nombreux, à la vérité, dont le commerce est d'un prix inestimable, qui ne naissent pas plutôt dans les États policés que dans les au-tres. Les citoyens qui vivent sous un bon gouvernement doivent aller à la piste de ces hommes qui se sont préservés de la corruption, et les chercher par terre et par mer, en partie pour affermir ce qu'il y a de sage dans les lois de leur pays, en partie pour rectifier ce qui s'y trouverait de défectueux. Il n'est pas possible que notre république soit jamais parfaite, si l'on ne fait ces observations et ces recherches, ou si on les fait mal. » (PLATON, *les Lois*, liv. XII.)

Autriche. — Province qu'habite le Compagnon-menuisier décrit au chapitre L. — Organisation des anciennes Corporations d'arts et métiers, I, 18.

Auvergne. — Région qu'habite le Mineur décrit au chapitre IV. — Causes d'ébranlement observées chez les populations de cette région, IV, 17. — Avantages divers assurés à plusieurs montagnes de cette province par l'exploitation des Mines métalliques et par le régime d'Émigration de ses habitants, IV, 19. — Anciennes communautés composées de ménages, Propriétaires ruraux, issus d'un commun ancêtre, IV, 20.

B

Banlieue de Paris. — Région qu'habite le Maître-blanchisseur décrit au chapitre VIII. — Causes d'ébranlement observées dans l'une des communes de la banlieue de Paris, où les bonnes mœurs se conservent encore avec le plus de fermeté, VIII, 17.

Bassin rhénan. — État ancien de Stabilité et causes récentes d'ébranlement chez les populations manufacturières de cette région, II, 17.

Basques français DU LABOURD. — Ancienne organisation des Secours mutuels, v, 20. — Ancienne émigration périodique en Espagne, v, 21. — Émigration transatlantique, v, 22.

Basques (PAYSANS). — Monographie d'un de ces paysans décrite au chapitre v. — Système de culture pratiqué par les Paysans du Labourd, v, 18.

Bavière (HAUTE-). — Contrée dans laquelle habite le Luthier décrit au chapitre II, 21.

Belgique. — Région qu'habite le Compositeur-typographe décrit au chapitre III. — États successifs de Stabilité et d'Ébranlement, III, 17.

Bien-être. — État dans lequel la population est et se croit heureuse. C'est l'un des biens inhérents à la Prospérité; c'est le criterium des supériorités sociales.

Bien-être PHYSIQUE ET MORAL. — Les mœurs et les institutions qui l'assurent aux familles décrites sont résumées, dans chaque monographie, au § 13.

Bien (LE). — Le Bien a deux aspects : d'une part, il est la règle imposée à la volonté par le Décalogue et les Coutumes de la Paix sociale; de l'autre, il est le régime créé par la conformité des actes et des pensées avec cette règle.

Blanchisseurs DE LA BANLIEUE DE PARIS. — Activité extraordinaire développée chez les Maîtres de cette profession, VIII, 18. — Transmission intégrale des clientèles, VIII, 20.

Blé. — Nom donné à l'espèce de céréale qui, chez beaucoup de peuples sédentaires, constitue la base principale de l'alimentation.

Blé CONSOMMÉ PAR LES FAMILLES. — La nature, la quantité et le prix en sont indiqués, dans chaque monographie, aux §§ 9 et 14.

Boissons fermentées. — La nature, la quantité et la valeur en sont indiquées, dans chaque monographie de famille, au § 15.

Bordier de la Champagne pouilleuse (MONOGRAPHIE DU). — Décrite au chapitre VII.

Bordiers. — Propriétaires ou Tenanciers n'occupant guère que leur habitation, dite Borderie, avec quelques dépendances agricoles. Le Bordier fournit son travail au Gentleman ou aux Paysans du Voisinage en échange de Salaires ou de Subventions. Les autres membres de la famille exploitent la Borderie. Chez les populations rurales bien organisées, la Borderie comprend souvent, entre autres dépendances, un droit de parcours sur les biens communaux, un jardin potager, un champ pour la culture des pommes de terre, une prairie, une chènevière, un cochon, une chèvre ou une vache laitière.

Bruxelles. — Ville de Belgique qu'habite le Compositeur-typographe décrit au chapitre III. — Sociétés de Secours mutuels fondées par les Ouvriers-typographes de cette ville, III, 18.

C

Cabaretiers. — Vices récemment développés parmi eux, VIII, 24.

Céréales CONSOMMÉES PAR LES FAMILLES. — La nature, la quantité, la valeur et le mode d'emploi en sont indiqués, dans chaque monographie, aux §§ 9 et 15. — Des détails complémentaires sur la production et l'élaboration sont parfois mentionnés au § 16.

Champagne pouilleuse. — Région qu'habite le Bordier rural décrit au chapitre VII. — Causes d'ébranlement observées chez les populations rurales de cette région, VII, 17.

Charpente (CHANTIERS DE). — Organisation des deux sortes de chantiers chez les Charpentiers parisiens, IX, 22.

Charpentier (du Devoir) de Paris (MONOGRAPHIE DU). — Décrite au chapitre IX. — Réaction morale exercée par un legs fait à la famille, IX, 23.

Charpentiers parisiens. — Coutumes du Compagnonnage observées chez cette classe d'ouvriers, IX, 18. — Solennités du Compagnonnage dont la tradition est conservée, IX, 19. — Société de Secours mutuels des Charpentiers mariés, dits Agrichons, IX, 20. — Caractères louables de la grève organisée, en 1845, par ce corps d'état, IX, 21. — Organisation des chantiers où ils travaillent, IX, 22.

Chasse. — L'un des principaux moyens de subsistance chez les Sauvages et l'un des moyens accessoires chez les Nomades pasteurs et les Sédentaires.

Civilisation. — Mot introduit à tort dans le langage moderne. Il est vague et inutile, s'il exprime simplement l'état d'un peuple qui s'agglomère en bâtissant des villes vouées à l'industrie manufacturière ou à la culture des arts, des sciences et des lettres. Il est faux et dangereux, s'il implique l'idée que cette agglomération offre le modèle du Bien et l'exemple du bonheur.

Classes sociales. — Groupes de familles entre lesquelles une distinction est établie par les institutions et les mœurs.

Clergé. — Classe d'hommes employés à l'enseignement du Décalogue et à l'exercice du culte, dans les contrées où le culte domestique de la vie patriarcale est devenu insuffisant.

Clientèles. — Transmission intégrale chez les Blanchisseurs de la banlieue de Paris, VIII, 20.

Coaction gouvernementale. — Caractère distinctif du gouvernement des races réputées «contraintes» et souffrantes, chez lesquelles les institutions confèrent surtout aux Autorités publiques le devoir de garder la Paix sociale.

Coaction paternelle. — Caractère distinctif des races réputées « libres » et prospères, chez lesquelles les institutions et les mœurs confèrent surtout aux pères de famille le devoir de garder la Paix sociale.

Colonies. — Établissements créés hors du territoire de la mère-patrie; nécessaires aux races fécondes. Ils sont essentiels à la constitution des Familles patriarcales et des Familles-souches.

Colporteurs. — Vices récemment développés parmi eux, VIII, 24.

Communauté. — L'un des trois régimes de la Propriété immobilière : la jouissance en est fréquente chez les Propriétaires ruraux groupés en Commune. — L'un des sept éléments de l'Édifice social.

Communautés. — Associations dont les membres exercent en commun, en tout ou en partie, les industries agricoles, manufacturières ou commerciales, et en général les travaux ayant le gain pour objet.

Communautés de l'Auvergne (ANCIENNES). — Composées de ménages, Propriétaires ruraux, issus d'un commun ancêtre, VI, 20.

Communautés du Nivernais (ANCIENNES). — Composées de ménages, Propriétaires ruraux, issus d'un commun ancêtre, VI, 20. — Composées de ménages, fermiers de domaines ruraux, VI, 23.

Communaux (PATURAGES). — Base de l'exploitation des brebis, chez les Basques français du Labourd, V, 19.

Commune. — Circonscription territoriale qui correspond au quatrième élément de la Constitution modèle d'un grand État : la Démocratie. Les familles s'y concertent en vue de pourvoir à certains besoins de la Vie publique. En Europe, dans les campagnes, elle se confond ordinairement avec la circonscription de la paroisse; dans les agglomérations urbaines, elle comprend habituellement plusieurs paroisses. Une solide organisation de la Famille-souche favorise le développement et l'indépendance des institutions communales.

Compagnon-menuisier de Vienne (MONOGRAPHIE DU). — Décrite au chapitre I.

Compagnonnage (COUTUMES DU). — Observées chez les Charpentiers parisiens, IX, 18.

Compositeur-typographe de Bruxelles (MONOGRAPHIE DU). — Décrite au chapitre III. — Augmentation de salaire attribuée, en 1857, à cette classe d'ouvriers, III, 19.

Condiments et stimulants. — La nature, la quantité et la valeur en sont indiquées, dans chaque monographie de famille, au § 15.

Conservation forcée. — L'un des trois régimes de succession. Le Foyer et l'Atelier, ou, en d'autres termes, les immeubles de la famille, s'y transmettent intégralement en dehors de la volonté du propriétaire.

Conserves de légumes. — Mode de préparation dans la Province rhénane, II, 20.

Constitution modèle D'UN GRAND ÉTAT. — L'autorité y comprend quatre éléments : la Théocratie dans le monde des âmes ; la Démocratie dans la commune ; l'Aristocratie dans la province ; et la Monarchie dans l'État, comme dans la famille.

Constitution sociale. — Ordre établi, dans toutes les branches d'activité d'une race d'hommes, par la nature des lieux, par les Coutumes, par les Lois écrites et, en général, par les idées, les mœurs et les institutions. Ces branches d'activité constituent deux groupes principaux : la Vie privée et la Vie publique. — Dans cet ensemble on peut distinguer sept éléments principaux. Si l'on a égard à leur importance, et si l'on assimile la Constitution sociale à un édifice, on peut les subdiviser en trois groupes, savoir : « deux fondements », le Décalogue éternel et l'Autorité paternelle ; deux « ciments », la Religion et la Souveraineté ; trois « matériaux », la Communauté, la Propriété individuelle et le Patronage.

Constitution sociale (ÉLÉMENTS DIVERS DE LA). — Indiqués et appréciés, dans chaque monographie, aux §§ 17 et suivants.

Corporations. — Associations dont les membres se livrent en commun à des travaux où l'intérêt intellectuel et moral domine l'intérêt matériel et financier.

Corporations urbaines D'ARTS ET MÉTIERS. — Organisation de ces anciennes corporations de l'Autriche et de l'Allemagne méridionale, I, 18. — Causes qui les menacent d'une dissolution prochaine, I, 19.

Corps gras. — Ceux qui sont consommés par les familles sont indiqués, dans chaque monographie, au § 15.

Corruption. — État d'une société qui abandonne la pratique du Décalogue et la tradition des peuples modèles ; qui, en d'autres termes, renonce aux Coutumes de la Paix sociale.

Corvées récréatives. — Travaux accomplis, par les habitants d'un Voisinage, au sujet d'une besogne urgente qui serait au-dessus des forces de l'un d'eux. C'est un acte d'obligeance fait, à charge de revanche, avec l'attrait de copieux repas offerts par l'obligé.

Coutume. — Ensemble des habitudes traditionnelles qui constituent les fondements de la vie morale et des intérêts matériels d'une société. La Coutume prend naissance à l'origine des sociétés prospères ; elle implique, plus que la Loi écrite, le Bien-être et l'indépendance des populations.

Coutume des ateliers. — Ensemble des six pratiques qui, chez toutes les races, conservent l'affection réciproque entre le patron et les ouvriers, en conjurant toute éclosion de l'Antagonisme social. Les six pratiques s'énoncent comme il suit : 1° permanence des Engagements ; 2° entente touchant le Salaire ; 3° alliance des travaux de l'Atelier et des Industries domestiques ; 4° habitudes d'Épargne ; 5° union indissoluble de la Famille et du

Foyer; 6° respect de la femme. Elles se résument dans la première qui implique les cinq autres.

Croyances religieuses. — Elles attachent les fidèles à la pratique d'un culte et elles assurent le respect du Décalogue en enseignant que les dix commandements, étant révélés par Dieu, ne sauraient être améliorés par la raison.

Croyances religieuses (ÉTAT DES). — Il est indiqué, pour les familles décrites, dans chaque monographie, au § 3.

Cueillette. — L'un des moyens principaux de subsistance chez les Sauvages et l'un des moyens accessoires chez les Nomades pasteurs et les Sédentaires.

Culte. — Celui qui est professé par les familles est indiqué, dans chaque monographie, au § 3.

Culte (PRATIQUES DU). — Dépenses faites à ce sujet par le Compagnon-menuisier de la ville de Vienne, I, 21.

Culture intellectuelle (LA). — L'un des charmes et l'un des trois écueils de la Prospérité. — Sous le régime de la Famille-souche, l'esprit de Nouveauté, appliqué aux sciences physiques et aux arts usuels, la développent souvent, jusqu'à compromettre les traditions du Bien. — Sous le régime de la famille patriarcale, ce développement est souvent entravé par l'esprit de Tradition; mais parfois aussi il s'opère dans une direction meilleure en s'appliquant, avec persistance, à l'ordre moral.

Culture (SYSTÈME DE). — Pratiqué par les paysans basques du Labourd, V, 18.

D

Danube (LE) ET L'ADRIATIQUE. — Les Fiançailles et le Mariage chez les races slaves des régions contiguës, I, 23.

Décadence. — État d'une société où se propage la Corruption. Elle a généralement pour cause l'abus de la Richesse accumulée, de la Culture intellectuelle et de la Puissance politique, qui ont été développées, à une époque antérieure, par la pratique du Décalogue et des Coutumes de la Paix sociale.

Décadence actuelle de la France. — Elle a été lentement développée, de 1661 à 1789, par la corruption de l'ancien régime; depuis lors, elle a été fort accélérée par le Partage forcé, VI, 17.

Décadence fatale. — Erreur qui, assimilant l'existence d'une race d'hommes à celle d'un individu, enseigne que chaque société doit fatalement passer par trois époques : la naissance, l'âge mûr, et la vieillesse, pour aboutir à la mort. Elle a pour prétexte un fait, savoir : que l'orgueil engendré par la Prospérité a été souvent le précurseur de la Décadence.

Décalogue éternel. — Réunion des dix préceptes de la loi divine qui, selon la croyance des peuples prospères, ont été révélés par Dieu au premier homme, et dont la pratique ou l'abandon a toujours entraîné, pour les sociétés, la Prospérité ou la Souffrance. — Le Décalogue éternel : 1° prescrit le culte de Dieu unique; 2° prescrit le respect de Dieu jusque dans son nom ; 3° prescrit le repos hebdomadaire ; 4° prescrit le respect du père et de la mère; 5° interdit le meurtre; 6° prescrit la chasteté; 7° interdit le vol ; 8° interdit le faux témoignage ; 9° prescrit le respect de la femme et l'union dans le mariage ; 10° interdit la convoitise du bien d'autrui. — L'un des sept éléments de l'Édifice social.

Déduction. — Système de raisonnement qui, partant d'un principe général admis comme certain, en tire, comme conséquences, des idées particulières.

Démocratie. — Un des quatre éléments de la Constitution modèle d'un grand État. — Portion de l'Autorité publique exercée dans chaque paroisse ou dans chaque commune pour la gestion d'intérêts spéciaux. — Elle comprend tout le gouvernement dans une petite société où les familles sont assez rapprochées, et assez soumises à la loi de Dieu, pour que le peuple assemblé puisse, tout en gardant la paix, régler souverainement ses intérêts communs.

Dépenses (BUDGET DES). — Subdivisé en 5 sections : *Nourriture; Habitation; Vêtements; Besoins moraux, récréations et service de santé;*

Industries, dettes, impôts et assurances; — il forme, dans chaque monographie, le § 15.

Dieu. — L'Être suprême que les peuples prospères ont tous considéré comme leur vrai souverain. Selon cette croyance, il a créé le ciel et la terre, il a élevé l'homme au-dessus des autres êtres de la création, en lui donnant le libre arbitre; et il a réglé l'usage de la Liberté en révélant au premier homme le Décalogue éternel.

Distinction PRATIQUE DU BIEN ET DU MAL. — Établie chez les peuples prospères par les Coutumes dérivées du Décalogue éternel.

Domestiques. — Catégorie spéciale de Serviteurs qui secondent les Maîtres dans les travaux du Foyer.

Droit de révolte. — L'un des trois faux dogmes déduits du principe de 1789 (la Perfection originelle) par le raisonnement ci-après. Les hommes naissent parfaits : ils créeraient partout le règne du Bien, s'ils pouvaient tous y concourir dans les conditions de Liberté et d'Égalité. Or, tous les gouvernements ont jusqu'ici maintenu les hommes dans des conditions opposées; et de là résulte la prédominance universelle du Mal. Il faut donc renverser par la force tous les gouvernants qui tolèrent, en quoi que ce soit, les régimes de contrainte et d'inégalité.

Droits d'usage POSSÉDÉS PAR LES FAMILLES. — La mention en est faite, dans chaque monographie, aux §§ 6, 7 et 14.

E

Ébranlement (CAUSES D'). — Observées specialement : — chez le Compagnon-menuisier de Vienne (Autriche), I, 17 ; — chez le Tisserand de Godesberg (Province rhénane), II, 17 ; — chez le Compositeur-typographe de Bruxelles (Belgique), III, 17 ; — chez le Mineur des filons argentifères de Pontgibaud (Auvergne), IV, 17 ; — chez le Paysan basque du Labourd (France), V, 17 ; — chez le Manœuvre-agriculteur du Morvan (Nivernais), VI, 17 ; — chez le Bordier de la Champagne pouilleuse, VII, 17 ; — chez le Maître-blanchisseur de la banlieue de Paris, VIII, 17 ; — chez le Charpentier (du Devoir) de Paris, IX, 17.

Écoles. — Institutions dans lesquelles des professeurs spéciaux enseignent les connaissances et inspirent les sentiments qui ne sont pas suffisamment propagés par l'Éducation. Chez les Nomades pasteurs, soumis exclusivement à l'autorité patriarcale, le père est professeur au Foyer domestique, comme il y est pontife et roi. Les Sédentaires, agglomérés en cités immenses, créent des écoles innombrables ; mais ils ne conservent la Paix que si les professeurs spéciaux, soumis à Dieu et au souverain, se considèrent comme les délégués du père.

Édifice social (SOCIÉTÉS HUMAINES COMPARÉES A UN). — Mention de ses sept éléments principaux

distingués en trois groupes, savoir : « deux fondements » : le Décalogue éternel et l'Autorité paternelle ; « deux ciments » : la Religion et la Souveraineté ; « trois matériaux » : la Communauté, la Propriété individuelle et le Patronage.

Éducation. — La majeure partie de l'Instruction normale : celle qui est puisée par chacun dans les enseignements du Foyer domestique, dans les travaux de l'Atelier, dans les relations du Voisinage, dans l'observation des Faits sociaux et, en général, dans la pratique de la Vie privée et de la Vie publique.

Égalité. — Mot dont le sens légitime est fixé par le Décalogue et les Coutumes de la Paix sociale. On en abuse aujourd'hui pour masquer la loi d'Inégalité, établie par Dieu, démontrée par l'observation des Faits sociaux, développée par l'usage du libre arbitre, indispensable au bon ordre des sociétés.

Égalité providentielle. — L'un des trois faux dogmes déduits du principe de 1789 (la Perfection originelle) par le raisonnement ci-après. Tous les hommes, naissant également parfaits, devraient exercer le même pouvoir et jouir des mêmes avantages dans une société fondée sur la Justice. Or, jusqu'ici toutes les institutions sociales ont eu pour but de produire l'ordre de choses opposé. Il faut donc rétablir l'ordre providentiel, en détruisant les institutions qui tendent, en quoi que ce soit, à maintenir l'inégalité des conditions.

Émigration. — Coutume propre aux races fécondes qui habitent un territoire complètement défriché. Elle attire dans les pays étrangers où la population fait défaut, et dans les colonies où le sol reste inculte, les individus qui ne peuvent s'établir convenablement au lieu natal. Dans les familles fécondes, on organise deux régimes opposés : l'*Émigration riche* propre aux familles stables, qui transmettent intégralement à un seul héritier le domaine patrimonial ; l'*Émigration pauvre* propre aux familles instables, qui, en se partageant indéfiniment les domaines, tombent dans la condition de propriétaires-indigents. L'Émigration est *permanente,* quand elle a lieu sans retour ; *momentanée,* quand l'émigrant revient se fixer au pays natal avec une fortune faite ; *périodique,* quand l'émigrant revient chaque année après avoir accompli au loin certains travaux temporaires.

Émigration périodique. — Des Basques français en Espagne, v, 21.

Émigration (RÉGIME D'). — Avantages assurés à plusieurs montagnes de l'Auvergne par ce régime, ɪv, 19.

Émigration riche (RÉGIME D'). — Lié intimement à l'organisation des deux sortes de familles stables : à la famille patriarcale et à la famille-souche.

Émigration transatlantique. — Des Basques français du Labourd, v, 22.

Engagements (LES TROIS SORTES D') ENTRE LES MAÎTRES-PATRONS ET LES OUVRIERS. — Ils correspondent à trois sortes de Constitutions, selon qu'ils sont *permanents forcés, permanents volontaires, momentanés.*

Engagements momentanés. — Organisation du travail dans laquelle les ouvriers sont liés momentanément : à un Maître ; souvent, en outre, à une Corporation ; rarement à une Communauté.

Engagements momentanés (SYSTÈME DES). — En vigueur : chez le Compagnon-menuisier de Vienne (Autriche), ɪ, 1 ; — chez le Tisserand de Godesberg (Province rhénane), ɪɪ, 1 ; — chez le Compositeur-typographe de Bruxelles (Belgique), ɪɪɪ, 1 ; — chez le Mineur des filons argentifères de Pontgibaud (Auvergne), ɪv, 1 ; — chez le Manœuvre-agriculteur du Morvan (Nivernais), vɪ, 1 ; — chez le Bordier de la Champagne pouilleuse, vɪɪ, 1 ; — chez le Charpentier (du devoir) de Paris, ɪx, 1.

Engagements permanents forcés. — Organisation du travail où les Ouvriers sont attachés, en permanence : à un Patron, quelquefois à une Communauté, par la Coutume ou par la Loi écrite.

Engagements permanents volontaires. — Organisation du travail dans laquelle les Ouvriers sont attachés, en permanence : à un Patron par leur volonté, guidée elle-même par la Coutume ou fixée par des contrats à long terme ; parfois à une Communauté.

Enseignement scolaire.— La moindre partie de l'Instruction normale : celle qui est donnée par la doctrine et la pratique des Écoles.

Enseignement scolaire DES ENFANTS. — Les faits concernant cet enseignement et les frais qu'il impose sont mentionnés, dans chaque monographie de famille, aux §§ 3 et 15.

Entente touchant le salaire. — La deuxième pratique de la Coutume des Ateliers. Elle assure la stabilité des bons rapports établis dans l'Atelier par la Coutume, en évitant les débats contradictoires relatifs à la fixation du salaire.

Épargne. — Répugnance que montrent certaines familles pauvres contre les habitudes de cette vertu, I, 20.

Épargne (HABITUDES D'). — La quatrième pratique de la Coutume des Ateliers. — Elles contribuent à la conservation de la famille par la frugalité et l'esprit d'économie qu'elles développent ; elles assurent

en même temps l'établissement des rejetons.

Erreur. — Ensemble des actes et des idées qui, plus encore que le vice, amènent la Souffrance des individus et des nations.

Esclavage. — Mot fréquemment employé en mauvaise part pour désigner la condition des Serviteurs, sous le régime des Engagements permanents forcés.

Espagne. —Émigration périodique des ouvriers français dans ce pays, V, 21. — État qu'habite le Mineur-émigrant décrit au ch. V, 23.

Essaimage des familles. — Mot employé pour désigner l'Émigration organisée par les deux sortes de Familles stables.

État. — Ensemble des institutions et des intérêts de toute nature, qui se rapportent aux peuples et aux territoires placés sous une même Souveraineté.

État civil DE LA FAMILLE. — Il est indiqué, dans chaque monographie, au § 2.

États allemands (MONOGRAPHIES D'OUVRIERS DES).—Compagnon-menuisier de Vienne (Autriche), I. — Tisserand de Godesberg (Province rhénane), II. — Luthier du Werdenfels (Haute-Bavière), II, 21.

F

Faits sociaux (OBSERVATION DES).— Vrai fondement de la science des sociétés, quand elle est guidée par un plan méthodique et par le respect de la vérité.

Famille (DÉFINITION DE LA).— Donnée, dans chaque monographie, aux §§ 2 à 13.

Famille (LA) ET SES TROIS TYPES. —Caractérisée surtout par la lutte entre l'Esprit de tradition et l'Esprit de nouveauté.

1er type : *la Famille patriarcale.* Elle conserve près des parents tous les fils mariés de plusieurs générations. Quand l'habitation est devenue trop étroite, elle favorise l'Essaimage par ménages complets, sous la direction d'un vieillard. Elle est dominée par l'Esprit de tradition. Mieux que les deux autres, elle conserve la Paix sociale. Elle la perpétue dans certaines Steppes, depuis les premiers âges; mais ailleurs elle est souvent détruite elle-même par le progrès des cultures et des cités.

2me type : *la Famille instable.* Les enfants issus d'un même mariage s'établissent tous successivement au dehors du Foyer, puis se divisent l'héritage laissé par les parents, dès que ceux-ci sont morts dans l'abandon. L'Esprit de nouveauté y domine. C'est le type qui, sous tous les régimes du travail, assure le moins la Paix sociale.

3me type : *la Famille-souche.* Elle conserve près des parents l'un des enfants marié et désigné comme héritier-associé. Elle établit au dehors du Foyer les autres rejetons de chaque génération, avec des dots formées par la totalité des produits de l'Atelier. Mieux que les deux autres, elle concilie ce qu'il y a de bon dans la Tradition et dans la Nouveauté. C'est le type qui, à défaut de la Famille patriarcale, conserve le mieux la Paix sociale au sein des cultures et des cités.

Fermiers ruraux (MÉNAGES DE). — Constitués en communautés coutumières ou taisibles, au midi du Morvan (Nivernais), VI, 23.

Féodalité. — Le régime qui assure le mieux le Bien-être de la classe inférieure. — Il a pour caractères : la dépendance réciproque du Patron et de l'Ouvrier; les devoirs d'assistance du Patron; l'usufruit perpétuel du Foyer et de l'Atelier assuré à la famille de l'ouvrier.

Fêtes et solennités DES FAMILLES. — Le détail en est donné, pour chaque monographie, aux §§ 11 et 15.

Fiançailles. — Institution fondamentale des races modèles. — Premier engagement du mariage, célébré en présence du ministre de la religion, des deux familles et de leurs amis. Selon les meilleures traditions des peuples prospères, elles intéressent les deux fiancés à s'assurer, par des efforts de travail et d'épargne, l'habitation, le mobilier et les vêtements qui seront nécessaires au futur ménage. Elles développent ainsi, grâce au plus puissant attrait de l'humanité, les habitudes et les vertus sur lesquelles sera fondé le bonheur des époux.

Fiançailles (LES) ET LE MARIAGE. — Chez les races slaves du Danube et de l'Adriatique, I, 23.

Fondeur (au bois) du Nivernais (PRÉCIS DE LA MONOGRAPHIE DU). — Exposé, comme appendice, au chapitre VI, 21.

Force armée. — Moyen de gouvernement qui contraint au

besoin les individus à obéir à la Coutume et aux Lois écrites, à se soumettre aux arrêts de la justice et à respecter la Paix sociale. Il est trop souvent employé pour la sanction ou la violation des traités, dans les rapports internationaux.

Forêts privées (ORGANISATION VICIEUSE DES). — Imposée aujourd'hui en France à ces Forêts et aux Usines à fer (au bois), VI, 22.

Foyer domestique (POSSESSION DU). — En vigueur : chez le Luthier du Werdenfels (Haute-Bavière), II, 21; — chez le Mineur des filons argentifères de Pontgibaud (Auvergne), IV, 6; — chez le Paysan-basque du Labourd (France), V, 6; — chez le Mineur-émigrant de la Galice, V, 23; — chez le Bordier de la Champagne pouilleuse, VII, 6; — chez le Maréchal-ferrant du Maine, VIII, 22.

France. — Causes qui entravent l'exploitation des Mines métalliques, IV, 18. — Instabilité actuelle de la petite Propriété rurale, VI, 18. — Condition fâcheuse des Manœuvres-agriculteurs dans plusieurs régions, VI, 19. — Organisation vicieuse imposée aujourd'hui aux Forêts privées et aux Usines à fer (au bois), VI, 22. — Influence fâcheuse exercée sur les Mœurs rurales par les Ouvriers nomades des travaux publics, VII, 18.—Mode d'existence des Ouvriers nomades attachés aux travaux publics, VII, 19.

France (MONOGRAPHIES D'OUVRIERS DE LA). — Mineur des filons argentifères de Pontgibaud (Auvergne), IV. — Paysan-basque du Labourd, V. — Manœuvre-agriculteur du Morvan, VI.— Fondeur (au bois) du Nivernais, VI, 21. —Bordier de la Champagne pouilleuse, VII. — Maître-blanchisseur de la banlieue de Paris, VIII. — Maréchal-ferrant du Maine, VIII, 22. —Charpentier (du Devoir) de Paris, IX.

G

Galice (ESPAGNE). — Province dans laquelle habite le Mineur-émigrant décrit au chapitre V, 23.

Gentleman. — Grand propriétaire qui réside sur son domaine et l'exploite avec le concours d'Ouvriers-domestiques ou de Tenanciers. Dans les bonnes constitutions sociales, il se charge de pourvoir, à titre gratuit, aux intérêts publics du Voisinage, de la Commune ou de la Province.

Godesberg (PROVINCE RHÉNANE). — Commune qu'habite le Tisserand décrit au chapitre II.

Gouvernement. — Partie de la Constitution sociale qui pourvoit aux intérêts de la Vie publique et spécialement au règne de la Paix. — Chez les grandes races, riches et lettrées, il comprend quatre éléments principaux : la Théocratie, la Démocratie, l'Aristocratie et la Monarchie.

Grève des charpentiers parisiens, en 1845. — Caractères louables spéciaux à cette lutte, IX, 21.

H

Habitation des familles. — La description en est faite, dans chaque monographie, au § 10.

Hiérarchie sociale. — Répartition de l'influence, des fonctions et du pouvoir, entre les membres d'une Société. Chez les sociétés modèles, elle s'accorde, autant que possible, avec la répartition de la richesse, du talent, de la prévoyance et de la vertu.

Histoire de la famille. — Elle est retracée, dans chaque monographie, aux §§ 12 et 13.

Houillères. — Le charbon qu'on en extrait ébranle aujourd'hui l'Europe, en transformant les méthodes de travail : l'époque actuelle sera donc justement nommée *l'âge de la houille*, III, 17. — Transformation opérée dans les usines à fer du Nivernais, VI, 21.

Hygiène. — Les conditions hygiéniques spéciales aux familles décrites sont indiquées, dans chaque monographie, au § 4.

I

Idées dominantes. — Ensemble des opinions qui règnent chez un peuple; qui déterminent les Mœurs et les Institutions; qui engendrent la Prospérité ou la Souffrance, selon qu'elles sont conformes ou opposées au Décalogue.

Immeubles des familles. — Propriétés qui comprennent presque exclusivement les Foyers domestiques et les Ateliers de travail. — Les immeubles possédés par les Ouvriers décrits, et le caractère de la possession, sont indiqués, dans chaque monographie de famille, aux §§ 5 et 14.

Imprévoyance. — Défaut des personnes qui s'abandonnent à l'impulsion de leurs désirs et de leurs appétits, qui ne cherchent pas à conquérir, par le travail et l'épargne, une situation garantissant la possession du pain quotidien, et qui ne songent pas même à assurer, en toute éventualité, les moyens de subsistance à leur famille.

Induction. — Système de raisonnement par lequel, de plusieurs faits observés, on conclut la loi générale qui semble les gouverner tous.

Industrie. — Ensemble des procédés de travail qui constituent un Art usuel. Ces procédés forment neuf groupes principaux : la Cueillette, la Chasse, la Pêche, l'art des Mines, l'art des Forêts, le Pâturage, l'Agriculture, l'art des Manufactures et le Commerce.

Industrie (ÉTAT DE L'). — Décrit, dans chaque monographie, au § 1.

Industries domestiques. — La nature et les produits de ces industries sont indiqués, dans chaque monographie de famille, aux §§ 8, 14 et 16.

Inégalité. — L'un des caractères dominants des Sociétés humaines. Elle dérive toujours des diversités qui existent dans les lieux, les aptitudes individuelles, les sexes, les âges, les traditions de famille, les besoins sociaux et, en général, dans les emplois du libre arbitre.

Instabilité. — État de souffrance qui se manifeste, au sein des familles, par le changement brusque des conditions, parfois même par la privation momentanée des moyens de subsistance.

Instabilité EN FRANCE. — Décadence, fruit du Partage forcé,

IV à VI, 17. — Ruineuse surtout pour la petite propriété, VI, 18.

Institutions. — Ensemble des Coutumes ou des Lois écrites qui règlent les rapports mutuels des individus, dans la Vie privée et dans la Vie publique.

Instruction normale. — Ensemble des connaissances et des sentiments qui, selon la diversité des lieux et des conditions sociales, complètent, dans une société prospère, le développement intellectuel et moral de l'individu. Elle est donnée essentiellement par l'Éducation, avec ou sans le concours de l'Enseignement scolaire. Conformément à l'opinion des races jouissant d'une paix complète, cet état de l'esprit et du cœur constitue la sagesse : il n'apparaît guère que dans l'Âge mûr et ne se complète que dans la Vieillesse.

Intestat (SUCCESSION AB). — Mode d'héritage réglé, en l'absence du testament : sous les régimes de Contrainte, par la Loi écrite ; sous les régimes de Liberté, par la Coutume.

J

Jardin potager EXPLOITÉ PAR LES FAMILLES. — Le mode de culture et les détails qui s'y rapportent sont mentionnés, dans chaque monographie, aux §§ 8 et 15. — Des détails complémentaires figurent, s'il y a lieu, dans les comptes annexés aux budgets domestiques.

Jeunesse (LA) ET L'ENFANCE. — Elles jouent un rôle subordonné au sein des Sociétés modèles. Leur infériorité est due à la persistance des Tendances innées vers le mal ; et elles sont, par ce motif, l'objet d'une surveillance assidue et, au besoin, d'une sévère correction.

Justice. — Mot dont le vrai sens est défini par le Décalogue, mais dont on abuse souvent pour propager les trois faux dogmes déduits de la croyance à la Perfection originelle.

L

Labourd. — District rural qu'habite le Paysan français décrit au chapitre v. — Système de culture usité dans ce pays, v, 18. — Exploitation des brebis fondée sur les Pâturages communaux, v, 19. — Ancienne organisation de Secours mutuels, v, 20.

Laitage et Œufs consommés par les familles. — Le détail en est donné, dans chaque monographie, au § 15.

Légistes. — Personnes qui, en France, ont aggravé sans raison les régimes de contrainte en codifiant les Coutumes et en multipliant les Lois écrites.

Legs faits aux familles. — Réaction morale exercée par un legs fait au Charpentier (du Devoir) décrit au chapitre ix, 23.

Légumes et Fruits consommés par les familles. — Le détail en est donné, dans chaque monographie, au § 15.

Lettrés. — Personnes ayant pour profession exclusive de produire des œuvres littéraires ou d'en propager la connaissance.

Liberté. — Mot qui exprime l'emploi de certaines facultés légitimes, mais dont on abuse souvent pour louer des idées ou des actes condamnés par le Décalogue et par les Coutumes de la Paix sociale.

Liberté systématique. — L'un des trois faux dogmes déduits du Principe de 1789 (la Perfection originelle) par le raisonnement ci-après. L'homme naissant parfait créerait partout le règne du Bien, s'il lui était permis de suivre ses inclinations naturelles. Or le Mal apparaît partout; et il ne peut provenir que des institutions coercitives qui jusqu'à présent ont été le fondement de toutes les sociétés. Il faut donc détruire systématiquement toutes les institutions qui entravent, en quoi que ce soit, depuis les premiers âges, la Liberté des individus.

Liberté testamentaire. — L'un des trois régimes de Succession. Le père de famille y règle souverainement le mode de transmission de son héritage.

Lieu (Définition du) habité par la famille. — Elle est donnée, dans chaque monographie, au § 1.

Linge de ménage employé par les familles. — La nature et la valeur en sont indiquées, dans chaque monographie, au § 10.

Liqueurs alcooliques consommées par les familles. — La nature, la quantité et la valeur en sont indiquées, dans chaque monographie, aux §§ 9 et 15.

Location du Foyer (Régime

DE). — En vigueur : chez le Compagnon-menuisier de Vienne (Autriche), I, 6 ; — chez le Tisserand de Godesberg (Province rhénane), II, 6 ; — chez le Compositeur-typographe de Bruxelles (Belgique), III, 6 ; — chez le Manœuvre-agriculteur du Morvan (Nivernais), VI, 6 ; — chez le Fondeur (au bois) du Nivernais, VI, 21 ; — chez le Maître-blanchisseur de Clichy (banlieue de Paris), VIII, 6 ; — chez le Charpentier (du Devoir) de Paris, IX, 6.

Lois écrites. — Prescriptions imposées au peuple par le pouvoir souverain, soit pour établir une pratique nouvelle, soit pour fixer ou modifier une Coutume.

Louvigny (MAINE). — Commune qu'habite le Maréchal-ferrant décrit, comme appendice, au chapitre VIII, 22.

Luthier du Werdenfels (PRÉCIS DE LA MONOGRAPHIE DU). — Exposé, comme appendice, au chapitre II, 21.

M

Maine. — Province de France qu'habite le Maréchal-ferrant décrit au chapitre VIII, 22.

Maître-blanchisseur de la banlieue de Paris (MONOGRAPHIE DU). — Décrite au chapitre VIII.

Maîtres. — Personnes de toute condition, dirigeant, soit seulement leur Foyer domestique, soit, en outre, leur Atelier de travail. Ils sont secondés dans leurs travaux, soit seulement par leurs familles, soit en outre par diverses catégories d'auxiliaires qu'on peut désigner sous le nom générique de Serviteurs.

Maîtres et Serviteurs. — Dans les Foyers et les Ateliers, stables et prospères, il existe entre eux les mêmes devoirs et les mêmes droits que, dans chaque famille, entre le père et les enfants.

Mal (LE). — Le contraire du Bien ou l'ensemble des actes et des pensées qui violent le Décalogue

Manœuvre-agriculteur du Morvan (MONOGRAPHIE DU). — Décrite au chapitre VI.

Manœuvres-agriculteurs. — Leur condition fâcheuse dans plusieurs régions de la France, VI, 19.

Maraîchers DE LA BANLIEUE DE PARIS. — Transmission intégrale de la petite Propriété, VIII, 20.

Marchands (PETITS). — Vices récemment développés parmi eux, VIII, 24.

Maréchal-ferrant du Maine (PRÉCIS DE LA MONOGRAPHIE DU). — Exposé, comme appendice, au chapitre VIII, 22.

Mariage des ouvriers. — Règlements établis à ce sujet dans la ville de Vienne (Autriche), I, 22.

Mariage (LE) ET LES FIANÇAILLES. — Chez les races slaves du Danube et de l'Adriatique, I, 23.

Matériel des travaux. — Celui qui est employé par les familles décrites figure, dans chaque monographie, au § 6.

Ménages en communautés. — De Propriétaires ruraux en Auvergne, IV, 20; — de Propriétaires ruraux en Nivernais, VI, 20; — de Fermiers ruraux au sud du Morvan (Nivernais), VI, 23.

Meubles des familles. — La nature, la quantité et la valeur en sont indiquées, dans chaque monographie, au § 10.

Mines métalliques. — Causes qui entravent en France l'exploitation de ces mines, IV, 18. — Avantages assurés à plusieurs montagnes de l'Auvergne par l'exploitation de ces mines, IV, 19.

Mineur des filons argentifères de Pontgibaud (Monographie du). — Décrite au chapitre IV.

Mineur-émigrant de la Galice (Précis de la monographie du). — Exposé, comme appendice, au chapitre V, 23.

Mittenwald (Comté de Werdenfels). — Commune qu'habite le Luthier décrit, comme appendice, au chapitre II, 21.

Modèles (Les). — Les familles et les sociétés qui prospèrent et vivent en paix en pratiquant le Décalogue et en évitant les vices que font naître souvent la Richesse, la Science et le Pouvoir.

Mœurs (Bonnes). — Conservées à Paris par certains types d'ouvriers ruraux, VIII, 23.

Mœurs et institutions assurant le bien-être physique et moral de la famille. — Elles sont indiquées, dans chaque monographie, au § 13.

Mœurs (Les). — Ensemble des habitudes qui se reproduisent journellement dans une société, sans lier légalement les individus comme le fait la Coutume.

Mœurs locales. — Observées chez les petits Propriétaires de la banlieue de Paris, VIII, 19.

Mœurs rurales. — Influence fàcheuse exercée en France par les Ouvriers nomades des travaux publics, VII, 18.

Mobilier. — Mentionné et évalué, dans chaque monographie, au § 10.

Mode d'existence des familles. — Il est défini, dans chaque monographie, aux §§ 9, 10, 11 et 15.

Monarchie. — Un des quatre éléments de la Constitution modèle d'un grand État. Pouvoir du chef préposé au gouvernement de toute Société. — Chez les Sociétés modèles, le chef se distingue par deux devoirs principaux : d'une part, la pratique du Bien ; de l'autre, la suprême garde de la Paix publique. Le chef est, tantôt élu, tantôt institué par une Coutume de succession.

Monographie de famille. — Étude spéciale conforme à la méthode appliquée dans cet ouvrage. — Elle comprend essentiellement trois parties : les observations préliminaires décrivant la condition de la Famille, §§ 1 à 13 ; les budgets des recettes et des dépenses, §§ 14 à 16; les éléments divers de la Constitution sociale, §§ 17 et suivants.

Moravie (Campagnes slaves de la). — Causes anciennes d'ébranlement existant dans cette région, I, 17.

Morcellement du sol. — Commencé en France, en plusieurs lieux, au temps des Gaulois, notamment dans les plaines crayeuses de la Champagne, 10; vii, 17.

Morvan (Nivernais). — Région de montagnes et de forêts qu'ha-

bite le Manœuvre-agriculteur décrit au chapitre vi. — Causes d'ébranlement qui, depuis le commencement du xixᵉ siècle, agissent sur les Populations rurales de ces montagnes, vi, 17. — Communautés coutumières composées de ménages, fermiers de domaines ruraux, vi, 23. — Transformation des mœurs, de 1755 à 1855, 9.

Moyens d'existence des familles. — Ils sont indiqués, dans chaque monographie, aux §§ 6, 7, 8, 14.

N

Naissance (La). — Le hasard en vertu duquel les nouveau-nés possèdent les avantages ou subissent les inconvénients attachés à la condition et à l'habitation des parents. Dans les meilleures constitutions sociales, ces inégalités sont compensées par la sollicitude de la Famille, mieux que par l'intervention des gouvernants.

Narcotiques (Usage des). — La mention et l'évaluation des narcotiques consommés par les familles sont faites, dans chaque monographie, aux §§ 11 et 15.

Nationalités (Le faux principe des). — Erreur ou doctrine insidieuse de certains peuples conquérants qui s'appuient, soit sur la similitude des langages, soit sur l'histoire du passé, soit sur la nature des lieux, pour violer les règles du droit des gens.

Naturalisme. — Fausse doctrine propagée surtout par certains lettrés allemands. Elle prétend établir que les vrais principes du Gouvernement des hommes sont les lois physiques qui régissent les autres êtres de la création ; elle est souvent réfutée par les écrits mêmes de ses adeptes.

Nivernais. — Région qu'habitent le Manœuvre - agriculteur décrit au chapitre vi, et le Fondeur (au bois) décrit au chapitre vi, 21. — Anciennes communautés, composées de ménages, Propriétaires ruraux, issus d'un commun ancêtre, vi, 20. — Ébranlement social opéré dans cette province par le Partage forcé, vi 17.

Noblesse (La). — L'élite des classes supérieures et dirigeantes, chez les Sociétés modèles. Les familles de la noblesse forment, d'après leur origine, deux catégories principales : les unes conservent, par les sentiments de devoir et de responsabilité, l'illustration conquise dans le cours d'une seule vie par les éclatants services d'un fondateur; les autres, sorties des derniers rangs de la société, perpétuent, sous l'inspiration des mêmes sentiments, les traditions qui ont élevé aux premiers rangs les générations successives de leurs ancêtres, par le travail et la sobriété, le talent, la soumission absolue à la loi morale et le dévouement aux intérêts publics. La vraie noblesse réside dans la transmission de ces deux dernières vertus, et non dans celle du sang, du nom et des titres. Sous les meilleures coutumes, le vrai noble se reconnaît aux caractères suivants. Il a pour résidence principale le grand domaine rural et forestier qui lui fournit ses moyens de subsistance. Il consacre gratuitement son temps et ses ressources au service public en qualité de soldat, de juge ou de gouvernant. Il atteint la perfection quand il concilie l'exercice de son devoir public avec celui d'une Autorité sociale, c'est-à-dire quand, dirigeant personnellement la population ouvrière attachée à la culture de son domaine, il conquiert, pour lui et pour sa famille, les sentiments de respect et de dévouement qui étaient accordés dans la localité à ses ancêtres. Il complète ces grands exemples en instituant, par son testament, l'héritier le plus capable de les continuer.

Nord de l'Europe (Le). — Région complétant, avec l'Orient et l'Occident, les 3 subdivisions adoptées dans cet ouvrage pour la description des Ouvriers européens. — Les populations de cette région sont représentées par neuf familles décrites dans le tome III.

Nourrisseurs de vaches DE LA BANLIEUE DE PARIS. — Transmission intégrale de la petite Propriété, VIII, 20.

Nouveauté (ESPRIT DE). — Ensemble des tendances qui portent à modifier, dans un sens favorable ou fâcheux, le régime établi.

O

Occident de l'Europe (L'). — Région du sud-ouest complétant, avec l'Orient et le Nord, les 3 subdivisions adoptées dans cet ouvrage pour la description des Ouvriers européens. — Les populations de cette région sont subdivisées en trois catégories principales, savoir: les *stables* (tome IV); les *ébranlées* (tome V); les *désorganisées* (tome VI).

Organisation industrielle (DÉFINITION DE L'). — Donnée, dans chaque monographie de famille, au § 1.

Orient de l'Europe (L'). —

Région du nord-est comprenant la Russie, la Hongrie, la Turquie et complétant, avec le Nord et l'Occident, les 3 subdivisions adoptées dans cet ouvrage pour la description des Ouvriers européens. — Les populations de cette région sont représentées par neuf familles décrites dans le tome II.

Ouvriers. — Personnes exécutant les travaux manuels des arts usuels. Ils s'élèvent souvent, par transitions insensibles, de la condition la plus modeste à la plus élevée. Selon les cas, ils sont Domestiques, Journaliers, Tâcherons, Tenanciers, Propriétaires, Bordiers, Artisans, Chefs de métier.

Ouvriers chefs de métier. —Chefs de ménage, parvenus plus ou moins à la condition de Maîtres, exploitant un métier et rétribués par la totalité des produits de leur travail.

Ouvriers (Conditions des). — Heureuse influence qu'exercent les subventions forestières ; principes économiques qui en conseillent le maintien, ii, 18. — Détails observés dans les Ateliers ruraux et les Usines du nord-ouest de l'Allemagne, ii, 19.

Ouvriers-domestiques. — Ouvriers faisant partie du ménage d'un patron, travaillant exclusivement pour le compte de ce dernier, rétribués principalement, ou même exclusivement, en proportion des besoins, par des allocations dites Subventions.

Ouvriers européens (Les). — Historique des études, commen-cées en 1829, qui ont amené la publication de cet ouvrage, III, iii, 21.

Ouvriers - journaliers. — Chefs de ménage, salariés ou subventionnés, dont le travail est mesuré par le nombre de journées que fournit l'Ouvrier.

Ouvriers (Mariages des). — Règlements établis à ce sujet dans la ville de Vienne (Autriche), i, 22.

Ouvriers nomades. — Influence fâcheuse qu'ils exercent en France : sur les mœurs des campagnes, vii, 18 ; sur les mœurs des villes et des manufactures, viii, 3. — Mode d'existence de ceux qui sont attachés en France aux travaux publics, vii, 19.

Ouvriers parisiens. — Abondance des Salades dans l'alimentation de ces ouvriers, ix, 24.

Ouvriers-propriétaires. — Chefs de ménage, parvenus plus ou moins à la condition de Maîtres, possédant une propriété immobilière, indépendamment des valeurs mobilières et des droits aux allocations de caisses d'assurances mutuelles.

Ouvriers ruraux. — Bonnes mœurs qu'ils conservent en certaines localités, viii, 23.

Ouvriers - tâcherons. — Chefs de ménage, salariés, dont le travail a pour mesure la quantité de produits livrés par l'Ouvrier.

Ouvriers - tenanciers. — Chefs de ménage et chefs d'industrie, exploitant des immeubles fournis par un propriétaire, produisant les matières brutes, rétribués, sauf le prélèvement du propriétaire, par les produits de leur travail.

Ouvriers-typographes DE

P

Paix et Stabilité. — Symptômes les plus évidents d'une bonne Constitution sociale. — Elles s'affaiblissent par la stérilité ou l'agglomération exagérée des familles; elles se fortifient par la fécondité et l'Émigration, 7.

Paix sociale. — L'un des symptômes évidents de la Prospérité. État d'une Société dont le principal caractère est la conservation de l'ordre public, sans le concours habituel d'une Force armée.

Paris. — Ville qu'habite le Charpentier (du Devoir) décrit au chapitre IX. — Enseignement offert par la corporation des Charpentiers parisiens, touchant les moyens de remédier à l'ébranlement que subit, depuis 1661, la société française, IX, 17. — Mélange de Bien et de Mal chez les populations de la banlieue de cette ville, VIII, 17.

Paris (BANLIEUE DE). — Région qu'habite le Maître-blanchisseur décrit au chapitre VIII. — Activité extraordinaire développée chez les Maîtres-blanchisseurs, VIII, 18. — Mœurs des petits Propriétaires, VIII, 19. — Transmission intégrale de la petite Propriété territoriale et des Clientèles chez les Maraîchers, les Nourrisseurs de vaches et les Blanchisseurs, VIII, 20. —

BRUXELLES. — Banquets et réunions annuelles qui sont en usage dans ce corps d'état, III, 20.

Sociétés de Secours mutuels, VIII, 21.

Paris (MAISONS DE). — Autorité exercée par les Portiers régisseurs, IX, 25.

Partage forcé. — L'un des trois régimes de Succession. L'héritage des parents est attribué, par portions égales, aux héritiers désignés par la loi, en vertu de la naissance, indépendamment de la volonté exprimée par le père de famille et de tout devoir accompli par les enfants.

Partage forcé (RÉGIME DU). — Ses fâcheux effets sont fréquemment signalés dans ce volume, notamment dans l'introduction et au § 17 des monographies.

Pasteurs. — Nomades ayant pour principal moyen de subsistance le Pâturage, plus ou moins complété par la Chasse, la Pêche et la Cueillette.

Patries de la vertu et de la simplicité. — Indication des deux régions qui peuvent être ainsi désignées : les steppes de l'Orient; les rivages septentrionaux de la mer du Nord, 2.

Patronage. — L'un des trois régimes de la Propriété. Les immeubles y sont de deux sortes : le Propriétaire a la jouissance exclusive des premiers; il conserve la nue propriété des seconds, mais il en délègue, moyennant redevance, l'usufruit perpétuel à des Tenanciers. — L'un des sept éléments de l'édifice social. — Organisation de la propriété et du travail, dans laquelle les Maîtres et les Ouvriers respectent la Coutume des Ateliers. Partout les Ouvriers y restent attachés tant que les Patrons en remplissent les charges.

Patrons. — Personnes qui dirigent les Ateliers en observant les six pratiques de la Coutume. La principale de ces Coutumes est la permanence des engagements entre les Maîtres et les Ouvriers.

Pâturage. — Moyen de subsistance utilisé principalement par les Nomades pasteurs; conservé plus ou moins chez les Sédentaires.

Pâturages communaux. — Base de l'exploitation des brebis, chez les Basques français du Labourd, v, 19.

Paupérisme. — État héréditaire de pauvreté, spécial à certains ouvriers de l'Occident, et sans exemple dans l'histoire. Il a pour caractères principaux : le manque de sécurité, la désorganisation de la famille et la permanence ou le retour périodique du dénûment.

Paysans. — Propriétaires ou Tenanciers qui exploitent leur domaine avec le concours de leur famille, complétée exceptionnellement par des Ouvriers-domestiques. La famille trouve sur ce domaine l'emploi complet de ses bras, sans avoir jamais à chercher du travail au dehors. Elle exerce souvent un droit de parcours sur des terrains communaux.

Paysan-basque du Labourd (MONOGRAPHIE DU). — Décrite au chapitre v. — Système de culture pratiqué dans ce pays, v, 18.

Paysans-charretiers. — Ils prennent une part importante à la prospérité des régions forestières quand il y a solidarité entre l'exploitation des forêts et celle de leur domaine. Ils sont particulièrement cités dans ce volume pour le Morvan, vi, 17.

Pêche. — L'un des moyens principaux de subsistance, chez les Sauvages; l'un des moyens accessoires chez les Nomades pasteurs et les Sédentaires.

Perfection originelle (CROYANCE A LA). — Erreur introduite en France, au xviii° siècle, par les Anglais; professée ensuite par J.-J. Rousseau; propagée par les salons parisiens; adoptée comme principe par les novateurs de 1789, de 1830, de 1848 et de 1870; admise, plus ou moins ostensiblement, par les théories modernes hostiles à l'esprit de Tradition. Tel est le cas pour les écoles de l'évolutionisme, du naturalisme et du droit de révolte. Selon les adeptes de cette erreur, l'enfant naît avec une inclination exclusive vers le Bien; et, en conséquence, le Mal qui apparaît partout provient de l'action corruptrice exercée par les institutions traditionnelles de l'humanité. Le Principe de 1789 ne repose donc que sur une affirmation dont la fausseté est universellement connue des mères, des nourrices, des médecins, des maîtres d'école; de tous ceux enfin qui sont en contact intime et journalier avec les enfants.

Permanence des engagements. — La première pratique de la Coutume des ateliers. Caractérisée par la dépendance réciproque du Patron et de l'Ouvrier; indispensable à l'ordre moral et matériel.

Politesse. — Manière d'agir et de parler qui est, pour chacun, un moyen usuel d'Éducation et, pour la société, un moyen efficace d'harmonie. Elle a surtout pour objet de marquer trois devoirs réciproques : le patronage chez les supérieurs; la bienveillance entre les égaux; le respect chez les inférieurs.

Pontgibaud. — District minéral d'Auvergne qu'habite le Mineur des filons argentifères décrit au chapitre IV.

Population (ÉTAT DE LA) AU MILIEU DE LAQUELLE HABITE LA FAMILLE. — Il est généralement indiqué, dans chaque monographie, au § 1.

Populations rurales. — Ensemble des familles qui habitent les campagnes et se livrent aux travaux de l'Agriculture, comme Propriétaires ou comme Tenanciers. Dans une bonne organisation sociale, ces familles forment trois classes principales : le Gentleman, le Paysan et le Bordier, caractérisées par l'étendue des domaines occupés. Il faut y joindre les Artisans ruraux, voués dans les campagnes à certains travaux concernant l'habitation, le mobilier, l'outillage et le vêtement.

Portiers régisseurs. — Autorité qu'ils exercent dans les maisons de Paris, IX, 25.

Précis de monographies EXPOSÉS COMME APPENDICES. — Luthier du Werdenfels (Haute-Bavière), II, 21. — Mineur-émigrant de la Galice (Espagne), V, 23. — Fondeur (au bois) du Nivernais (France), VI, 21. — Maréchal-ferrant du Maine (France), VIII, 22.

Prêteurs d'argent (PETITS). — Vices récemment développés parmi eux, VIII, 24.

Prêt sans intérêt. — Coutume du Patronage, touchant les besoins accidentels des ouvriers et les avances nécessaires aux jeunes ménages pour l'acquisition du logement, du mobilier et des animaux domestiques.

Prévoyance. — Qualité des personnes qui se tiennent en garde contre l'exagération de leurs désirs et de leurs appétits; qui aspirent à conquérir par le travail et l'épargne une situation plus élevée; qui, tout au moins, se préoccupent d'assurer en toute éventualité les moyens de subsistance à leur famille.

Prévoyance (HABITUDES DE). — Assurant la dignité et l'indépendance à plusieurs familles de l'Occident. Voir : II, 21; IV; V, 23; VI, 21; VII; VIII; VIII, 22.

Prime. — Addition au Salaire faite en vue d'exciter l'ouvrier à améliorer son travail.

Principe de 1789. — Ce prétendu principe, le seul qui soit propre aux révolutionnaires de 1789, repose sur un fait évidemment erroné : la Perfection originelle. On en déduit logiquement trois faux dogmes, lesquels désorganisent toutes les sociétés qui les adoptent, savoir : la Liberté systématique, l'Égalité providentielle, le Droit de révolte.

Productions spontanées. — Moyens de subsistance que fournissent naturellement le sol et les eaux, sans le concours du travail humain ; qui, en outre, sont à la disposition du premier occupant.

Propriétaire-indigent. — Individu attaché à une localité par un lambeau de terre qui ne lui procure aucune ressource appréciable et qui l'empêche indirectement de trouver ailleurs une meilleure condition. Il est un des types sociaux les plus fâcheux produits par le Partage forcé des immeubles.

Propriétaires. — Personnes possédant les biens dits immeubles, c'est-à-dire les Foyers et les Ateliers ; ayant pour principal moyen d'existence les produits ou la location de leur propriété.

Propriétaires (Petits). — Mœurs observées dans la Banlieue de Paris, viii, 19.

Propriétaires ruraux (Ménages de). — Constitués en communautés : en Auvergne, iv, 20 ; en Nivernais, vi, 20.

Propriété. — Nom générique qui, dans son sens le plus général, comprend les meubles et les immeubles. Souvent, quoique employé seul, il s'applique exclusivement à

ces derniers. La propriété privée des immeubles ne comprend guère que les Foyers domestiques et les Ateliers de travail. Elle est constituée sous trois régimes principaux : la Communauté, la Propriété individuelle et le Patronage.

Propriété (Constitution modèle de la). — Fondée sur l'alliance de la Communauté, de la Propriété individuelle et du Patronage.

Propriété individuelle. — L'un des trois régimes de la Propriété immobilière. La jouissance en est attribuée exclusivement à un Propriétaire exploitant. — L'un des sept éléments de l'Édifice social.

Propriété (Petite). — Transmission intégrale chez les Maraîchers et les Nourrisseurs de vaches de la banlieue de Paris, viii, 20.

Propriété rurale (Petite). — Son instabilité actuelle en France, vi, 18.

Propriétés possédées par les familles. — Les immeubles, l'argent, les meubles et les droits à diverses allocations d'argent sont indiqués, dans chaque monographie, aux §§ 6 et 14.

Prospérité (La). — État d'une Société qui, en pratiquant le Décalogue, conserve le Bien-être. Elle a pour symptômes : la Paix sociale, les croyances religieuses, la frugalité, la simplicité des idées. Elle a pour écueils trois avantages qui développent l'orgueil et engendrent la souffrance, savoir : la Richesse accumulée, la Culture intellectuelle et la Puissance politique.

Province. — Circonscription territoriale formant le plus haut degré du gouvernement local. Elle pourvoit aux besoins très-généraux de la vie publique, que ne pourraient régler ou servir seules les Communes ou les circonscriptions intermédiaires. Le souverain y est habituellement représenté par un haut fonctionnaire auquel il délègue une partie de ses pouvoirs.

Province rhénane. — Région qu'habite le Tisserand décrit au chapitre ɪɪ. — Mode de préparation de la choucroute (*sauer Kraut*), ɪɪ, 20.

Puissance politique (Lᴀ). — Ensemble des ressources qui fournissent à un Gouvernement le moyen d'assurer le règne de la Paix et, trop souvent, d'opprimer les sujets et les étrangers.

R

Rang de la famille. — Les détails qui s'y rapportent sont mentionnés, dans chaque monographie, au § 5.

Recettes (Bᴜᴅɢᴇᴛ ᴅᴇs). — Subdivisé en 4 sections : *Propriétés* ; *Subventions* ; *Salaires des travaux* ; *Industries de la famille* ; — il forme, dans chaque monographie, le § 14.

Récréations des familles, —Elles sont indiquées, pour chaque monographie, au § 11.

Religion. — Ensemble des dogmes, des rites et, en général, des Coutumes qui ont pour objet le culte de Dieu. La Religion est l'institution qui seconde le mieux le père de famille pour assurer le règne de la Paix et la soumission au Décalogue.

Religion et habitudes morales. — Elles sont indiquées, dans chaque monographie de famille, au § 3.

Religions d'État (Réɢɪᴍᴇ ᴅᴇs). — L'une des institutions fondamentales chez les peuples prospères. Elle unit dans une haute vue de bien public les agents de Dieu et du souverain : les prêtres et les gouvernants.

Repas des familles. — Les heures et la composition des repas, chez les familles, sont généralement indiquées, dans chaque monographie, au § 9.

Respect de la femme. — La sixième pratique de la Coutume des ateliers. — Elle concourt au Bien-être des populations, en retenant au Foyer la femme mariée et en protégeant la jeune fille contre la séduction.

Richesse accumulée (Lᴀ). — Fruits du travail et de l'épargne qui excèdent les besoins journaliers ou la consommation annuelle d'une Société, et qui constituent ses capitaux disponibles.

Routine (Esᴘʀɪᴛ ᴅᴇ). — Exagération de l'Esprit de tradition, allant jusqu'à repousser les innovations utiles.

S

Sagesse. — État de l'esprit et du cœur qui caractérise les sages et en fait partout les arbitres de la Paix sociale. Même chez les natures supérieures, il n'apparaît guère que dans l'Age mûr; et il ne se complète que dans la Vieillesse.

Salades (ABONDANCE DES). — Dans l'alimentation des Ouvriers parisiens, IX, 24.

Salaire. — Rétribution accordée à l'Ouvrier en échange de son travail. Chez les Sociétés modèles, elle comprend deux parties : l'une (le Salaire proprement dit) proportionnelle aux efforts de l'ouvrier; l'autre (les Subventions) proportionnelle aux besoins de sa famille.

Salaire DES FAMILLES. — L'évaluation en est faite, dans chaque monographie, aux §§ 7, 8 et 14.

Salaire (HAUSSE DU). — Accordée : en 1857, aux ouvriers typographes de Bruxelles, III, 19 ; en 1845, aux charpentiers de Paris, IX, 21.

Sauer-kraut (CHOUCROUTE). — Mode de préparation dans la Province rhénane, II, 20.

Sauvages. — Nomades ayant pour unique moyen de subsistance la récolte des Productions spontanées, par la Chasse, la Pêche et la Cueillette. Trois circonstances principales maintiennent ces formes de société. Dans la Polynésie, l'absence d'une tradition régulière touchant le respect du Décalogue.

Dans le centre de l'Amérique équatoriale, la fréquence des fléaux naturels qui, sur des sols fertiles, empêchent la population de se développer au delà des moyens de subsistance offerts par les Productions spontanées. Dans les régions boréales, la rigueur du climat, qui ne permet pas à une seule famille de s'attacher au sol par le pâturage et l'agriculture.

Science du monde (LA). — Ensemble de connaissances que certains esprits d'élite acquièrent par l'Éducation, beaucoup plus que par l'Enseignement scolaire. Elles ont surtout pour objet les idées, l'activité sociale et les institutions des races auxquelles la science doit s'appliquer. Ceux qui possèdent ces connaissances, lorsqu'ils sont soumis aux prescriptions du Décalogue, ont une aptitude toute spéciale pour concilier les intérêts matériels avec les intérêts moraux. La science du monde, ainsi définie, est donc indispensable aux gouvernants et aux prêtres dont le devoir consiste essentiellement à fonder, sur cette conciliation, le règne de la Paix sociale.

Science du monde SELON SAINT FRANÇOIS DE XAVIER (LA) — « En quelque lieu que vous soyez, n'y fussiez-vous qu'en passant, tâchez de savoir, par les habitants les plus honorables, les inclinations du peuple, les coutumes du pays, la forme du gouvernement, les opinions et tout ce qui touche à la vie civile... Cette connaissance acquise..., vous manierez plus facilement les esprits, vous aurez plus d'autorité sur eux, vous saurez sur quels points vous devez le plus appuyer dans la prédication... — On méprise souvent les avis des religieux, sous prétexte qu'ils ignorent le monde... Mais, lorsqu'on en rencontre un qui sait vivre et qui a l'expérience des choses humaines, on l'admire comme un homme extraordinaire... Tel est le fruit merveilleux de la science du monde. — Vous devez donc maintenant travailler à l'acquérir, avec autant de zèle que vous en aviez autrefois pour apprendre la doctrine des philosophes et des théologiens. Seulement, ce n'est pas dans les manuscrits, ce n'est pas dans les livres imprimés qu'on acquiert cette science : c'est dans les livres vivants, c'est dans les relations avec les personnes sûres et intelligentes. Avec cette science vous ferez plus de bien qu'avec tous les raisonnements des docteurs et toutes les subtilités de l'école. » (Instructions de Saint François de Xavier au père Gaspard Barzée partant pour la mission d'Ormuz, datées de Goa en 1549. — DAURIGNAC, *Histoire de Saint François de Xavier*, t. II, p. 34.)

Science (LA). — Mot souvent détourné de son sens légitime pour affirmer une erreur, savoir : que les savants modernes remplacent utilement, par leurs découvertes, les véri-

tés traditionnelles du genre humain.

Secours mutuels (SOCIÉTÉS DE). — Fondées par les Ouvriers-typographes de Bruxelles, III, 18.— Chez les Basques français du Labourd, V, 20. — Dans la banlieue de Paris, VIII, 21. — Chez les Charpentiers parisiens mariés, dits Ag ichons, IX, 20.

Sécurité DES INDIVIDUS. — L'un des biens qui caractérisent la Prospérité. — Assurée aux Ouvriers par le respect du Décalogue et de l'Autorité paternelle, par l'abondance des Productions spontanées, par la Communauté, par la Propriété individuelle et le Patronage. —Exemples : en Haute-Bavière, II, 21 ; en Auvergne, IV, 13 ; en Espagne, V, 23 ; dans le Nivernais, VI, 21 ; dans la banlieue de Paris, VIII, 13 ; dans le Maine, VIII, 22.

Sédentaires. — Peuples à demeures fixes, ayant pour principal moyen de subsistance l'Agriculture complétée par les Arts usuels. A ces moyens s'ajoutent souvent le Pâturage, la Chasse, la Pêche et la Cueillette.

Servage. — Mot fréquemment employé, en mauvaise part, pour désigner la condition de certaines classes de Serviteurs.

Service de santé (LE).—La nature de ce service et les frais qu'il impose sont mentionnés, dans chaque monographie, aux §§ 4 et 15.

Serviteurs.— Auxiliaires permanents ou temporaires, de conditions diverses, secondant les Maîtres dans leurs travaux. Ils forment deux catégories principales : les Domestiques qui sont attachés au Foyer; les Ouvriers qui travaillent dans l'Atelier.

Slaves (RACES). — Causes anciennes d'ébranlement survenues en Moravie, I, 17. — Les Fiançailles et le Mariage dans les communautés du Danube et de l'Adriatique, I, 23.

Société. — Groupe de familles vivant sur le même territoire, sous le même Gouvernement.

Sociétés de secours mutuels. — Fondées par les Ouvriers-typographes de Bruxelles, III, 18. — Chez les Basques français du Labourd, V, 20. — Chez les Charpentiers parisiens mariés, dits Agrichons, IX, 20.

Sociétés (LES TROIS ÉTATS DES). — Caractérisés par le principal moyen de subsistance, savoir : chez les Sauvages, par la récolte des productions spontanées; chez les Pasteurs, par le pâturage; chez les Sédentaires, par l'agriculture et par les autres industries extractives.

Sol disponible (ABONDANCE DU). — L'une des trois causes principales du Bien-être.

Solennités du compagnonnage. — Observées chez les Charpentiers (du Devoir), IX, 19.

Sol (ÉTAT DU). — Il est décrit, dans chaque monographie de famille, au § 1.

Solidarité sociale (SENTIMENTS DE). — Maintenus et développés par le dévouement des chefs d'industrie qui conjurent des maux dérivant du chômage, de la vieillesse et de la maladie. — Exemples :

en Auvergne, IV, 13; dans le Nivernais, VI, 13, 21.

Souffrance. — État d'une Société qui, en abandonnant le Décalogue, perd l'harmonie, le Bien-être et la Sécurité.

Souveraineté. — Pouvoir suprême, exercé par le souverain, c'est-à-dire par la personne et les autorités complémentaires qui ont, tout au moins, le droit et le devoir de maintenir la Paix publique dans l'État. — Organisée, chez les peuples bien constitués, à l'image des deux types de familles stables, notamment en Turquie et chez les peuples du Nord. — L'un des sept éléments de l'Édifice social.

Stabilité. — Condition heureuse qui se manifeste surtout au sein des familles par la conservation des avantages acquis et par la régularité des moyens de subsistance.

Steppes. — Constituées par de vastes plateaux où la végétation abondante et exclusive des herbes est assurée par l'accumulation des neiges pendant l'hiver. Elles sont éminemment propres à l'exploitation des troupeaux et à l'existence des Nomades pasteurs. Le principal de ces plateaux est la Grande-steppe de l'Asie centrale.

Subventions. — Partie du salaire qui est réglée, moins par la quantité de travail de l'ouvrier que par l'étendue des besoins de sa famille.

Subventions des familles. — Elles sont indiquées, dans chaque monographie, aux §§ 7 et 14.

Subventions forestières.

— Heureuse influence qu'elles exercent sur le Bien-être des ouvriers; principes économiques qui en conseillent le maintien, II, 18.

Succession (RÉGIMES DE). — Ils sont au nombre de trois : la Conservation forcée, le Partage forcé et la Liberté testamentaire. Ce dernier régime, mieux que la Conservation forcée, assure la Stabilité et la Paix. Il est plus propre que le Partage forcé, à garantir le Bien-être de tous les descendants du testateur.

T

Tabac (USAGE DU). — Récréation habituelle : chez le Tisserand de Godesberg, II, 11; — chez le Luthier du Werdenfels (Haute-Bavière), II, 21; — chez le Compositeur-typographe de Bruxelles, III, 11; — chez le Mineur-émigrant de la Galice, V, 23; — chez le Bordier de la Champagne pouilleuse, VII, 11; — chez le Charpentier (du devoir) de Paris, IX, 11.

Tenanciers. — Personnes occupant les biens dits Immeubles, c'est-à-dire les Foyers et les Ateliers, à charge de redevance envers les Propriétaires.

Tendances innées VERS LE BIEN ET LE MAL. — Toujours unies dans la nature humaine. Celles qui portent au mal sont prédominantes chez le jeune enfant. Elles y sont excitées par les appétits physiques et par l'orgueil. Elles provoquent rapidement le malheur de l'individu et la ruine de la Société, quand elles ne sont pas réprimées par l'Autorité paternelle.

Testament (Le). — Acte par lequel le père de famille règle souverainement la transmission de ses biens. Après le respect du Déca-logue, le respect du testament est le plus solide élément de Paix et de Stabilité.

Théocratie. — Un des quatre éléments de la Constitution modèle d'un grand État. Portion de l'autorité publique ou privée qui fait régner la paix dans le monde des âmes.

Tisserand de Godesberg (MONOGRAPHIE DU). — Décrite au chapitre II.

Tradition (ESPRIT DE). — Ensemble des tendances qui portent une race à conserver les avantages du régime établi. Quand il s'exagère au point de repousser des innovations utiles, il dégénère en esprit de Routine.

Traditions. — Ensemble des Idées, des Mœurs et des Institutions qu'une race a conservées d'âge en âge. Chez les races prospères, elles comprennent tous les fondements essentiels de la Prospérité.

Travail (ACTIVITÉ DANS LE). — Développée à un degré extraordinaire chez les Blanchisseurs de la banlieue de Paris, VIII, 18.

Travail sans engagements (SYSTÈME DU). — En vigueur : chez le Paysan du Labourd

V.

(France), v, 1; — chez le Mineur-émigrant de la Galice, v, 23; — chez le Maître-blanchisseur de la banlieue de Paris, viii, 1; — chez le Maréchal-ferrant du Maine, viii, 22.

Travaux de la Famille. — Ils sont énumérés et évalués, dans chaque monographie, aux §§ 8, 14, 16. — On y distingue ceux qui sont exécutés par le père, par la mère, par les enfants et, au besoin, par les auxiliaires de la famille.

Travaux publics (Ouvriers nomades des). — Influence fâcheuse qu'ils exercent en France sur les mœurs rurales et urbaines : vii, 18; viii, 17. — Leur mode d'existence en France, vii, 19.

U

Union indissoluble de la Famille et du Foyer. — La cinquième pratique de la Coutume des ateliers. Elle concourt au Bien-être des populations en favorisant la dignité de la famille, le respect des Traditions, l'Autorité du père et l'Éducation des enfants.

Usines a engins mécaniques. — Situation des ouvriers attachés à ces usines dans le nord-ouest de l'Allemagne, ii, 19.

Usines à fer (au bois). — Organisation vicieuse imposée aujourd'hui en France à ces usines, vi, 22.

Usines (Les grandes). — Elles comprennent trois catégories : les Usines rurales et forestières ; les Usines hydrauliques ; les Usines à vapeur. Elles constituent, avec les Fabriques collectives, les quatre organisations de la grande Industrie ayant pour objet l'extraction ou l'élaboration des matières brutes.

Usines métallurgiques. — Branches importantes de la grande industrie : dans le Nivernais, vi, 21.

Usines rurales et forestières. — Elles assurent la Stabilité aux Industries métallurgiques et manufacturières.

Ustensiles employés par les familles. — La nature, l'énumération détaillée, la quantité et la valeur en sont indiquées, dans chaque monographie, au § 10.

V

Vandenesse. — Commune du Nivernais, qu'habite le Fondeur (au bois) décrit au chapitre vi, 21.

Vêtements des familles. — La nature, la quantité et la valeur en sont indiquées, dans chaque monographie, au § 10.

Viandes et Poissons consommés par les familles. — La nature, la quantité et la valeur en sont indiquées, dans chaque monographie, aux §§ 9 et 15.

Vice originel (Existence du). — Reconnue, depuis les premiers âges, par tous les peuples prospères. Elle est le point de départ de toutes les fortes Constitutions sociales. Elle se résume d'ailleurs en un fait évident : les enfants naissent avec une inclination prédominante vers le Mal. Elle n'a jamais été mise en doute par ceux qui vivent en contact intime avec l'Enfance. Elle a fait naître, dans tous les temps, des Institutions dont le principal but est de réprimer les inclinations vicieuses qui apparaissent, chez les nouveau-nés, avec les premières manifestations de la volonté.

Vices RÉCEMMENT DÉVELOPPÉS. — Parmi certaines classes de petits Prêteurs d'argent, de petits Marchands, de Colporteurs et de Cabaretiers, VIII, 24.

Vieillesse (LA). — Elle constitue plus que tout autre âge de la vie le siége de la Sagesse. Elle est préposée avec l'Age mûr à la garde du Bien, chez les peuples modèles.

Vienne (AUTRICHE). — Ville qu'habite le Compagnon-menuisier décrit au chapitre I. — Causes récentes d'ébranlement observées dans cette ville et dans les régions contiguës, I, 17. — Règlements établis touchant le mariage des Ouvriers, I, 22.

Vie privée. — Branches d'activité sociale, dans lesquelles la Paix se conserve sous la direction des pères de Famille, quand ceux-ci, soumis à Dieu, exercent l'Autorité qui leur est déléguée par le Décalogue.

Vie publique. — Branches d'activité sociale dans lesquelles le souverain ou ses délégués interviennent pour maintenir la Paix, avec le concours de la justice et, au besoin, de la Force publique.

Villalba. — Village de Galice qu'habite le Mineur-émigrant décrit au chapitre V, 23.

Voisinage. — Petit groupe de familles rurales ou urbaines, rapprochées journellement par des rapports d'intérêt et d'amitié.

W

Werdenfels (COMTÉ DU). — Région de montagnes, de forêts et de prairies, faisant partie de la haute Bavière. C'est dans l'une des petites vallées de cette région qu'habite le Luthier décrit, comme appendice, au chapitre II, 21.

ÉPILOGUE

DE 1877

(TOME CINQUIÈME — 2e ÉDITION)

TOUCHANT

LES CHANGEMENTS PRINCIPAUX

SURVENUS, DEPUIS 1855,

(date de la 1re édition (in-folio) des *Ouvriers européens*)

DANS LA CONSTITUTION SOCIALE
DES POPULATIONS ÉBRANLÉES DE L'OCCIDENT.

SOMMAIRE
DE L'ÉPILOGUE.

---

§ 1er. Les progrès de la corruption et de l'erreur chez les populations ébranlées de l'Occident. — § 2. La longue durée de l'ère actuelle de corruption et les premiers symptômes de la réforme.

Exemple
des signes de renvoi au § 2 de l'Épilogue employés :

1. Le 1er volume est une préparation à la lecture des 5 autres. Chacun de ces derniers est un tableau de l'ordre de choses qu'offrait l'Europe en 1855, et comprend trois parties essentielles, savoir : l'*Introduction,* l'*Organisation des Familles* et le *Précis.* Aucune de ces parties invariables ne renvoie aux six *Épilogues* qui restent étrangers au corps de l'ouvrage, qui ne sont dans chaque volume qu'un complément relatif à l'époque de la dernière édition et qui, par conséquent, varient selon les temps.

ÉPILOGUE

---

§ 1.

LES PROGRÈS DE LA CORRUPTION ET DE L'ERREUR CHEZ LES POPULATIONS ÉBRANLÉES DE L'OCCIDENT.

En 1855, les agglomérations urbaines et manufacturières de l'Occident étaient déjà des foyers redoutables de corruption et d'erreur. Servies par les voies nouvelles de communication, elles commençaient à étendre leur influence jusqu'aux frontières de l'Orient (II, In. 6): par leurs inventions matérielles, elles stimulaient le désir des richesses; par leurs œuvres littéraires, elles pervertissaient les esprits. A la même époque, des agglomérations plus considérables s'étaient également constituées dans la région du Nord, en Angleterre (III, vi, 18). Elles n'exerçaient point encore, il est vrai, l'influence pernicieuse qui émanait des lettrés français et allemands (III, vi, 21). Toutefois, les manufacturiers anglais agissaient sur l'Europe entière avec plus de force que leurs émules de l'Occident; ils ébranlaient davantage les populations stables, en leur offrant l'appât des profits assurés par les nouvelles méthodes de travail.

Depuis 1855, ces trois pays initiateurs continuent à ébranler l'Orient (II, Ép. 4) et le Nord (III, Ép. 3 et 4); mais ils exercent cette action sur eux-mêmes, plus encore que sur les pays étrangers. C'est ainsi que les campagnes de la France, de l'Allemagne et de l'Angleterre participent à des désordres sociaux qui n'apparaissent encore en Orient que dans certaines capitales (II, Ép. 4). En réagissant l'un sur l'autre, les trois foyers du mal ont pris un surcroît de force contagieuse. Les lettrés anglais, par exemple, ont subi l'influence de leurs voisins du Continent (III, Ép. 5). Comme ces derniers, ils enseignent que les sociétés humaines peuvent prospérer sans l'aide de Dieu. Ils retombent dans les erreurs qu'avait repoussées la réforme morale et intellectuelle accomplie sous le règne de George III; et c'est parmi eux que se trouvent maintenant les plus habiles apôtres de l'évolutionisme (II, In. 6). Dans les trois pays, la prépondérance est désormais acquise aux écrivains qui combattent l'esprit de tradition, et aux classes qui s'adonnent au culte de la richesse. Sous cette direction nouvelle imprimée aux sociétés de l'Occident, se produisent partout les mêmes résultats : les populations stables sont de plus en plus envahies par le mal; puis ces populations ainsi ébranlées marchent vers la désorganisation. C'est ce que prouvent les faits exposés dans ce volume.

En Autriche, les corporations de mines et beaucoup d'établissements, privés ou publics, conservent leur ancien état de stabilité; mais l'ébranlement se communique, de proche en proche, à toutes les conditions sociales et à toutes les branches d'activité. Les grandes usines à engins mécaniques détruisent les fabrications domestiques et les petits ateliers. Les crises commerciales troublent souvent les existences privées et les intérêts publics. On n'a point rendu, sous une nouvelle forme, aux ouvriers les moyens de sécurité que leur offraient les anciennes corporations urbaines d'arts et métiers; et les atteintes portées à l'ordre moral par les règlements qui entravent le mariage des pauvres (I, 12) n'ont point encore été effacées par l'établissement d'un judicieux régime d'émigration.

Dans l'Allemagne du Nord, des transformations analogues ont été commencées plus tôt et poussées plus loin.
Sous l'influence des mines de houille exploitées sur une
grande échelle, à l'ouest près de Sarrebruck, à l'est en
Silésie, au nord-ouest sur la Ruhr (III, Ép. 4; IV, Ép. 5),
l'ébranlement social se montre avec les mêmes caractères
qu'en Belgique, en France et en Angleterre. L'antagonisme
devient le trait dominant du nouveau régime manufacturier. Les ouvriers ne sont plus dans la situation que j'ad-
mirais en 1851 (III, IV, 18 et 20). Voyant leurs moyens
de subsistance taris périodiquement par les crises finan-
cières, ils cèdent à des impressions toutes nouvelles. Ils
sentent que leur bien-être n'est plus garanti par leur patron; et ils se persuadent peu à peu que les deux intérêts
doivent être opposés. Dans leurs rapports actuels et dans
leurs vues d'avenir, ils sont conciliants, comme le sont
encore certains ouvriers français (IX, 17 et 21) et la plupart des ouvriers anglais (III, VII, 21). Ils semblent étrangers à l'esprit de violence déchaîné chez les classes dirigeantes de la France en 1789, et propagé, depuis 1830,
jusque dans les moindres agglomérations urbaines. Cependant, les Allemands du Nord n'offrent guère plus que
les Français des éléments de paix et de stabilité aux ateliers de travail. Les maîtres s'enrichissent en développant
leurs entreprises; mais ils oublient de plus en plus les
traditions du patronage. Les ouvriers les plus habiles emploient de larges suppléments de salaire à l'accroissement
de leur bien-être matériel. Ils sentent le besoin de la sécurité que le maître ne garantit plus; mais ils ne songent
guère à la conquérir par l'épargne. Les plus actifs semblent
chercher le mieux, non dans les traditions éternelles de
la paix, mais dans les nouveautés condamnées par l'expérience. En persévérant dans ces tendances, les sociétés

allemandes marcheraient bientôt de l'ébranlement à la désorganisation.

L'ébranlement social est à peu près le même en Belgique et en France (III. VI, VIII, 12). Il est dû surtout au développement exagéré des villes et des manufactures. L'abondance de la houille est l'une des causes qui favorisent, dans les deux pays, les agglomérations malsaines. Toutefois, le mal est plus général dans la Belgique, traversée de l'est à l'ouest par un riche bassin houiller, qu'en France, où de nombreuses régions demandent exclusivement le combustible aux forêts. La Belgique est soumise, comme la France, au partage forcé des foyers et des ateliers, c'est-à-dire à la cause d'ébranlement qui agit sur toutes les manufactures de l'Occident. Plus qu'en France, néanmoins, les traditions de famille et les libertés locales ont résisté au fléau propagé par l'action combinée du Code civil et des agents intéressés au morcellement des immeubles.

L'ébranlement qui était imprimé, dès 1855, à la France entière est indiqué dans ses traits principaux, pour les six localités qui font l'objet des six derniers chapitres. Depuis lors, le mal a pris partout des caractères plus graves. En Auvergne, le partage forcé a désorganisé les anciennes communautés de propriétaires ruraux, qui étaient depuis dix siècles un sujet d'admiration. Les trois classes rurales, affaiblies dans les pays de plaines et de collines, ne résistent guère que dans les montagnes, où les chemins de fer n'ont point pénétré, où se perpétuent les solides vertus des ancêtres, à la dure école de l'émigration périodique. A l'ouest des Pyrénées, chez les Basques français, les familles gardaient, en 1855, la stabilité, grâce à l'isolement intellectuel qui était maintenu, dans les montagnes, par de vieilles coutumes, et par l'usage d'une langue spéciale. Elles s'ébranlent maintenant, depuis que les chemins de fer et les voyageurs propagent la langue et les idées du Code civil. Dans le Morvan, les races de paysans et de bordiers ont été ébranlées, souvent même désorganisées, sous les mêmes influences. Les grands propriétaires ont mieux résisté; et ils perpétuent encore autour d'eux les anciennes coutumes de patronage. Cependant, ils sont loin d'avoir conservé toutes les bonnes traditions du siècle dernier. Les mœurs locales sont entamées par les idées subversives de l'ancien régime et de la révolution, par l'absentéisme des grands propriétaires et surtout par le luxe que développent maintenant les progrès agricoles et les nouvelles voies de communication. Enfin, dans les plaines dénudées de la Champagne pouilleuse, le partage forcé des immeubles continue à ébranler les populations; mais le mal se propage dans des conditions opposées à celles qui règnent dans les bocages. Ici, l'œuvre du Code civil n'a été entravée, ni par les montagnes, ni par les forêts, ni même par de simples clôtures boisées. Elle a été favorisée par un morcellement antérieur qui ne laissait subsister, ni un arbre, ni un mur en pierres sèches. Avec de tels précédents, l'instabilité sociale atteint, depuis 1855, ses plus extrêmes limites. Sur de vastes espaces, on ne rencontre plus, non-seulement un grand propriétaire, mais l'un de ces paysans et de ces bordiers qui, partout ailleurs, gardent les principes de l'ordre moral avec le foyer, le domaine et le tombeau des ancêtres (IV, IV, 17). Acharnés au travail, les possesseurs du sol n'accordent leur attention, ni aux erreurs propagées par les lettrés, ni aux vérités enseignées par le prêtre; en sorte que leur indifférence pour la religion ne va point jusqu'à la haine. La pulvérisation et la mobilité du sol stimulent la prévoyance; et souvent la majorité possède les vertus, en quelque sorte matérielles, que sus-

cite la conquête de la propriété rurale. La stérilité du sol
ne comporte point les vices qui émanent de la richesse ou
de l'oisiveté. Durs pour eux-mêmes et travaillant de leurs
bras, les paysans ne tolèrent point le voisinage des journaliers dégradés par l'intempérance; mais ils n'aident point
le prêtre à les réformer. Privé de conseils et contraint de
s'exiler lui-même, le pauvre ouvrier va demander du travail à des maîtres moins scrupuleux. Il a pour refuges les
grandes fermes, les fabriques de sucre et les villes manufacturières des régions contiguës. C'est ainsi que, dans les
villes et surtout à Paris, la corruption indigène reçoit un
large contingent fourni par les campagnes. Les deux derniers chapitres de ce volume montrent même qu'il existe,
dans les rangs inférieurs de la population parisienne, des
types qui conservent avec une ténacité extraordinaire nos
meilleures traditions urbaines. Le chapitre viii indique
comment des races énergiques de blanchisseurs, de maraîchers, de jardiniers et de nourrisseurs de vaches défendent la banlieue de Paris contre la corruption importée
par les ouvriers nomades, venus de la province et des
pays étrangers. Le chapitre ix signale un groupe nombreux d'ouvriers qu'on ne devait guère s'attendre à rencontrer au milieu de classes dirigeantes ébranlées par
les vices de l'ancien régime en décadence, égarées par les
erreurs de la révolution, et livrées à tous les excès que
propage l'esprit de nouveauté. Le compagnonnage des
charpentiers conserve, à Paris et dans les treize autres
grandes villes du « tour de France », les qualités morales
et les moyens d'éducation qui, dans cette profession, ont
donné la paix et la stabilité à une longue suite de générations. Il repousse encore avec fermeté les causes
d'ébranlement qui agissent depuis deux siècles sur les
gouvernants, les riches et les lettrés. Au milieu des dé-

bordements de l'esprit de nouveauté, de simples ouvriers tiennent à honneur de se transmettre fidèlement, avec leurs rites secrets, les traditions de paix sociale dont l'origine se perd dans la nuit des temps.

Je n'ai admis parmi les populations ébranlées de l'Occident aucun des exemples qu'auraient pu fournir, à la rigueur, les deux grandes péninsules du Sud-Ouest. L'Italie, l'Espagne et le Portugal ne sont point exempts de mal. Ces pays ont pris souvent des initiatives fâcheuses, en ce qui touche la corruption des mœurs et les commotions politiques; mais leurs lettrés commencent à peine à propager les faux dogmes qui ont cours en France, en Belgique, en Allemagne et en Angleterre. Ils présentent peu d'ailleurs les causes de l'ébranlement que les mines de houille ont imprimé, dans ces dernières contrées, aux agglomérations urbaines, commerciales et manufacturières.

En résumé, l'oubli de la loi morale, l'affaiblissement de la famille et la désorganisation du travail, propagent partout, en Occident, la souffrance, la discorde et le règne de la force. Les chemins rapides, dont nous sommes si fiers, enlèveront de plus en plus, aux localités qui conservent les traditions du bien, le pouvoir de résister à une agression injuste (In. 9). Ils attribueront successivement l'empire du mal à tous les peuples qui auront inventé le dernier engin de destruction.

§ 2.

LA LONGUE DURÉE DE L'ÈRE ACTUELLE DE CORRUPTION ET LES PREMIERS SYMPTÔMES DE LA RÉFORME.

Le premier tome de cet ouvrage offre la conclusion des faits exposés dans les cinq derniers. Il démontre que les

maux actuels de l'Occident ne sont pas sans remède. Je
crois utile cependant d'indiquer l'espoir d'un meilleur
avenir au lecteur qui a seulement le présent volume sous
les yeux.

Il faut se rappeler d'abord que le mal est invétéré et
que, par conséquent, les gens de bien, pour le guérir, doivent s'imposer une longue suite d'efforts et de sacrifices.
Les vices sensuels, développés dans les cours de l'Occident
à la fin du xviie siècle, sont descendus, de proche en proche,
jusqu'aux rangs inférieurs de la société. En France, ils ont
perdu les formes raffinées qu'offraient, au xviiie siècle, les
salons parisiens. Ils ont pris les caractères repoussants
qu'indiquent, dans le tome VI, la monographie de l'Ou-
vrier-tailleur de Paris (VI, viii) et celle du Débardeur de la
banlieue (VI, ix). Avertis par le martyre de l'infortuné
Louis XVI et par les catastrophes qui démontrent aux moins
clairvoyants la désorganisation croissante de la France,
les rois de l'Angleterre et du Continent sont revenus à la
pratique de leur devoir ; et, s'ils pouvaient suivre l'impulsion de leurs sentiments, ils donneraient aux gouvernants
actuels de la France l'exemple de la réforme et rétabli-
raient le règne de la paix sociale.

Malheureusement, cette action tutélaire des souverainetés ne se fait point encore sentir. Elle est entravée par
les deux classes d'hommes qui se disputent la direction de
l'esprit public : par ceux qui cherchent « le mieux » en s'inspirant de l'esprit de nouveauté ; et par ceux qui veulent
ramener le bien en restaurant l'esprit de tradition.

Les hommes de nouveauté sont à l'œuvre dans toutes
les contrées de l'Occident. Ils jouent, presque partout, un
rôle prépondérant, sinon par leur condition sociale, du
moins par leurs talents et leur activité. Ils continuent l'enseignement des lettrés du xviiie siècle, en ce qui touche la

critique et la réforme des sociétés. Ils voient la cause du
mal actuel dans les institutions traditionnelles de l'humanité, et non dans la corruption momentanée des hommes
qui avaient le devoir de perpétuer l'ascendant de ces traditions par leurs bons exemples. Ils croient à la perfection
originelle de chaque enfant; et ils sont profondément
divisés par les erreurs qui naissent de cette croyance. Les
hommes qui se sont fait une renommée en propageant
quelqu'une de ces erreurs sont donc incapables de dresser en commun le plan d'après lequel les sociétés nouvelles seraient ramenées au bien; mais ils sont d'accord
pour augmenter la division des esprits. Leur entente est
complète dès qu'il s'agit de détruire, au profit apparent
des classes souffrantes, l'un des éléments de l'ancienne
société. C'est cet accord qui explique les phénomènes
actuels d'ébranlement et de désorganisation.

Les hommes de tradition se sont relevés peu à peu de
la corruption où ils étaient tombés au dernier siècle. Ils
ont repris l'intelligence des éternels principes, en les affir-
mant courageusement aux époques de persécution. Quelques-uns commencent à s'unir pour opposer à l'œuvre de
destruction les forces fournies par la raison et l'expérience;
mais la plupart se complaisent encore dans la quiétude et
les défaillances émanant de la richesse. Les plus militants
n'ont point acquis les talents et l'activité de leurs adver-
saires : ils sont divisés comme eux; mais ils ne savent
pas encore, à leur exemple, s'entendre sur un principe
commun d'action. En France, ils semblent parfois enclins
à imiter les procédés violents usités surtout, depuis 1789,
par les hommes de nouveauté : ils pratiquent peu la méthode de persuasion que saint Paul employait excellem-
ment. Ils ne possèdent guère la sagacité temporelle que
saint François de Xavier exigeait de ses collaborateurs.

Souvent ils ignorent les méthodes que pratiquaient leurs ancêtres et celles qu'il faudrait enseigner à leurs enfants. Ils dédaignent d'ailleurs honnêtement les faciles moyens de succès que procure l'abus des mots chez les peuples qui se sentent mal dirigés. Ils n'invoquent point « la liberté et l'égalité » détournées de leur sens légitime; mais ils excitent, par des qualifications impropres, la méfiance des peuples souffrants. Ainsi, à une époque où il s'agit surtout de réformer un état flagrant d'erreur et de corruption, ils ont eu la malheureuse idée de se grouper sous le nom de « conservateurs ».

Mon enquête personnelle d'un demi-siècle m'a souvent montré la France plus désorganisée que le reste de l'Europe; mais elle commence à me faire entrevoir une vérité plus consolante. C'est en France, plus qu'ailleurs, qu'apparaissent les premiers symptômes de la régénération sociale. Nos catastrophes inouïes ont porté un utile enseignement. La jeunesse studieuse commence à voir dans ces désastres la condamnation définitive des faux dogmes de 1789. Elle est prête à fournir aux gouvernants, non des conservateurs, mais « le personnel de la réforme ».

FIN DU TOME CINQUIÈME.

TABLE ANALYTIQUE

DES

MATIÈRES CONTENUES DANS LE TOME CINQUIÈME.

INTRODUCTION

Touchant la constitution sociale des races ébranlées de l'Occident,

D'après les faits observés, de 1829 à 1855, pour la 1re édition (in-folio) des *Ouvriers européens.*

L'ORGANISATION DES FAMILLES

Décrites, en neuf chapitres, sous forme de Monographies.

Études sur les travaux, la vie domestique et la condition morale des Ouvriers
de l'Occident (IIme série. — Populations ébranlées),
d'après les faits observés, de 1829 à 1855,
pour la 1re édition (in-folio) des *Ouvriers européens*.

CHAPITRE I. — COMPAGNON-MENUISIER DE VIENNE

(Autriche).

MONOGRAPHIE DE LA FAMILLE.

ÉLÉMENTS DIVERS DE LA CONSTITUTION SOCIALE.

CHAPITRE IV. — MINEUR DE PONTGIBAUD

(Auvergne).

MONOGRAPHIE DE LA FAMILLE.

ÉLÉMENTS DIVERS DE LA CONSTITUTION SOCIALE.

CHAPITRE V. — PAYSAN-BASQUE DU LABOURD

(France).

MONOGRAPHIE DE LA FAMILLE.

ÉLÉMENTS DIVERS DE LA CONSTITUTION SOCIALE.

CHAPITRE VI.—MANŒUVRE-AGRICULTEUR DU MORVAN

(*Nivernais*).

MONOGRAPHIE DE LA FAMILLE.

ÉLÉMENTS DIVERS DE LA CONSTITUTION SOCIALE.

CHAPITRE VII.—BORDIER DE LA CHAMPAGNE POUILLEUSE

(*France*).

MONOGRAPHIE DE LA FAMILLE.

ÉLÉMENTS DIVERS DE LA CONSTITUTION SOCIALE.

PRÉCIS MÉTHODIQUE ET ALPHABÉTIQUE

Sur

la Constitution sociale et l'Organisation des familles
ébranlées de l'Occident.

ÉPILOGUE

DE 1877.

Les changements principaux survenus, depuis 1855,
dans la Constitution sociale des populations ébranlées
de l'Occident.

FIN DE LA TABLE DU TOME CINQUIÈME.